*Manual de*
# DIREITO ADMINISTRATIVO

B277m    Barros, Wellington Pacheco
          Manual de direito administrativo / Wellington Pacheco Barros. -- Porto Alegre: Livraria do Advogado Editora, 2008.
          415 p.;  25 cm.

          ISBN  978-85-7348-572-1

          1. Direito administrativo.  2. Regime jurídico administrativo.  3. Administração pública. I. Título.

                                                    CDU – 35


          Índice para o catálogo sistemático:

          Direito administrativo
          Regime jurídico administrativo
          Administração pública



          (Bibliotecária responsável: Marta Roberto,  CRB-10/652)

**Wellington Pacheco Barros**

# *Manual de*
# DIREITO ADMINISTRATIVO

*livraria*
DO ADVOGADO
*editora*

Porto Alegre, 2008

© Wellington Pacheco Barros, 2008

*Capa, projeto gráfico e diagramação*
Livraria do Advogado Editora

*Revisão*
Betina Denardin Szabo

*Direitos desta edição reservados por*
**Livraria do Advogado Editora Ltda.**
Rua Riachuelo, 1338
90010-273 Porto Alegre RS
Fone/fax: 0800-51-7522
editora@livrariadoadvogado.com.br
www.doadvogado.com.br

Impresso no Brasil / Printed in Brazil

# Sumário

Apresentação ............................................................. 7
**Título I – Da teoria geral do Direito Administrativo** ........................................ 9
**Título II – Da Administração Pública** ....................................... 21
    Capítulo I – Parte Geral ................................................. 21
    Capítulo II – Da Administração Pública enquanto pessoas jurídicas ............................. 25
    Capítulo III – Do município ............................................... 28
    Capítulo IV – Da Administração Pública enquanto organismo estruturado ....................... 36
    Capítulo V – Dos Poderes da Administração Pública ............................................ 50
**Título III – Dos princípios que regem a Administração Pública** ............................. 59
    Capítulo I – Da teoria geral dos princípios .................................... 59
    Capítulo II – Dos princípios que regem a Administração Pública em espécie ...................... 65
**Título IV – Dos atos administrativos** ........................................ 91
    Capítulo I – Da parte geral .............................................. 91
    Capítulo II – Dos atributos do ato administrativo .............................. 95
    Capítulo III – Dos elementos do ato administrativo ............................. 97
    Capítulo IV – Da classificação dos atos administrativos ......................... 100
    Capítulo V – Dos atos administrativo em espécie .............................. 102
    Capítulo VI – Da anulação, revogação e convalidação dos atos administrativos .................. 108
**Título V – Da licitação** ............................................... 119
    Capítulo I – Da teoria geral da licitação ................................... 119
    Capítulo II – Do processo de licitação ..................................... 139
**Título VI – Do contrato administrativo** ..................................... 173
    Capítulo I – Dos contratos em geral ....................................... 173
    Capítulo II – Da teoria geral dos contratos administrativos ....................... 184
    Capítulo III – Da formalização dos contratos ................................. 198
    Capítulo IV – Das garantias nos contratos administrativos ou dos contratos administrativos de garantias .. 204
    Capítulo V – Da alteração do contrato administrativo ........................... 210
    Capítulo VI – Da execução do contrato administrativo .......................... 216
    Capítulo VII – Da inexecução e rescisão do contrato administrativo ................ 219
    Capítulo VIII – Das sanções administrativas e penais ........................... 222
    Capítulo IX – Dos recursos administrativos .................................. 228
**Título VII – Dos bens públicos** ........................................... 231
**Título VIII – Dos serviços públicos** ........................................ 257
**Título IX – Dos servidores públicos** ........................................ 269
    Capítulo I – Da parte geral .............................................. 269
    Capítulo II – Do concurso público ......................................... 280
**Título X – Do controle da administração pública** .............................. 319
    Capítulo I – Da parte geral .............................................. 319
    Capítulo II – Do processo administrativo ou do autocontrole administrativo ........ 320

Capítulo III – Do controle legislativo ................................................. 351
Capítulo IV – Do controle judicial .................................................... 358
**Título XI – Da responsabilidade civil da Administração Pública** ............................. 387
**Título XII – Da improbidade administrativa** ............................................. 393
   Bibliografia .................................................................. 407
   Índice sistemático ............................................................ 409

## Apresentação

Em princípio, este livro foi desenvolvido para atender ao programa de Direito Administrativo do Curso de Preparação à Magistratura da Escola Superior da Magistratura da Associação dos Juízes do Estado do Rio Grande do Sul e resulta de pensamentos maturados em quase 20 anos de magistério.

No entanto, a abrangência de seu conteúdo pode servir muito bem de livro base para a cadeira de Direito Administrativo em qualquer curso de graduação ou mesmo de pós-graduação.

No seu desenvolvimento procurei primar por uma linguagem clara e direta na tentativa de facilitar a compreensão do Direito Administrativo, que muitas vezes é escrito ou ministrado de forma empolada e com isso pouco contribuindo para a sua difusão como um dos grandes direitos do estado.

Espero que a sua leitura possa servir de incentivo ao aprimoramento do direito.

Porto Alegre, junho de 2008.

*O AUTOR*

*Título I*

# DA TEORIA GERAL DO DIREITO ADMINISTRATIVO

## 1. DA EVOLUÇÃO HISTÓRICA

O Direito Administrativo brasileiro não é de criação nacional exclusiva. Sua evolução e o conseqüente estágio atual é um cadinho de compilações de direitos administrativos de outros países com breves atualizações à realidade do estado brasileiro. É como se na agricultura se tentasse plantar uma muda de uma árvore típica de uma determinada região em outra através de galho sem qualquer verificação dessa possibilidade. Essa muda ou não vai pegar ou, se pegar, sua produtividade será bem diferente da região onde estava adaptada.

Assim, de pouca tradição, se comparados aos países de onde importa seus institutos administrativos, o direito administrativo brasileiro ainda sofre com as constantes mudanças na estrutura estatal do País levada por governos que tentam marcar presença ou apenas deixar história sem nenhum apego ou pelo menos discussão social sobre tais mudanças. Muda-se por mudar porque isso é bom para o palanque da próxima eleição.

Apesar disso, é preciso que se conheça de onde o direito brasileiro busca elementos para existir como ramo autônomo do direito positivo pátrio.

### 1.1. Em Roma

O direito romano, embora contivesse abundantes normas relativas ao serviço público, não possuía cunho sistemático. As constituições imperiais de Alexandre Severo, Constantino e Deocleciano traçaram normas sobre administração pública, realçadas pela doutrina de Papiniano, Gaio, Paulo, Ulpiniano tornadas públicas no Digesto.

### 1.2. Na Idade Média

Na Idade Média tem-se a administração feudal calcada no pressuposto do arbítrio e do patrimônio, e, depois, comunal, que tomou como base a estrutura do município romano. Em qualquer dos momentos a estrutura administrativa é esparsa.

### 1.3. Na França

Sem dúvida, que é na França que começa a evolução sistemática do direito administrativo como hoje o conhecemos. O *Eléments de Jurisprudence Administrative*, de Macarel, em 1818, foi o pontapé inicial da contribuição do direito francês para a autonomia do direito administrativo.

Os constituintes franceses pós-revolucionários deram um alcance mais amplo à teoria da separação dos poderes (devido a seu apego a este princípio e a desconfiança em relação aos juízes do velho regime), entendendo que o judiciário não poderia solucionar os litígios dos quais a Administração Pública fizesse parte, vez que criaria uma subordinação de um Poder sobre outro.

Maria Silvia Zanella Di Pietro[1] comenta que, com esta idéia, surge o contencioso administrativo, apoiado no artigo 13 da Lei nº 16-24, de agosto de 1790, e, posteriormente, confirmada pelo Decreto de 16 frutidor do ano III.

A autora comenta que no ano VIII foi criado o Conselho de Estado, que somente passou a exercer a função verdadeiramente jurisdicional a partir de 1872, quando se tornou independente e suas decisões deixaram de submeter-se ao chefe de Estado. Por fim, ressalta que "foi a elaboração pretoriana desse órgão de jurisdição administrativa que se desenvolveram inúmeros princípios do Direito Administrativo, incorporados ao regime jurídico de inúmeros outros países".

O direito administrativo francês, em grande parte, não é legislativo, mas formulado pelo juiz, ante as lacunas legislativas. Desta forma, é correto afirma que a sua origem foi pretoriana. Havia uma rejeição às normas de direito privado.

Exemplo típico da influência do direito administrativo francês na evolução do direito administrativo brasileiro é o contencioso administrativo. Só que, diferentemente da origem, onde as decisões administrativas se exaurem na esfera própria, criando a coisa julgada administrativa, o contencioso administrativo brasileiro muitas vezes se torna apenas um caminho secundário produtor de delongas e não como fator de resolução de conflitos entre a Administração e os interessados. Penso que o contencioso administrativo poderia ser mais efetivo se houvesse por parte da Administração o cumprimento das regras de processo administrativo, entre elas o contraditório e a ampla defesa e, por parte dos interessados, a busca primeira da exaustão administrativa para só depois buscar o caminho judicial. Aqui vai muito da cultura arraigada de que o arcabouço de todo conflito entre a Administração e os particulares deve sempre desaguar no Poder Judiciário.[2]

### 1.4. Na Alemanha

Ainda Di Pietro[3] comenta que:

Na Idade Média, a proteção jurídica para a autoridade e para o particular era a mesma, sujeitando-se um e outro às instâncias jurisdicionais dos tribunais, cabendo, no entanto, ao príncipe um direito eminente (jus eminens), composto por uma série de prerrogativas e poderes que ele devia exercer no interesse da coletividade. Em uma segunda fase, após a Reforma, ampliou-se o poder do príncipe; constituindo-se o chamado jus politiae (direito da polícia), que, partindo da idéia de poder sobre a vida religiosa e espiritual do povo, concentrou em mãos dos príncipes poderes de interferir na vida privada dos cidadãos sob o pretexto de alcançar a segurança e o bem estar coletivo; houve, nesse período, uma separação entre a polícia e a justiça; o príncipe podia baixar regras de polícia, relativas à Administração, e normas relativas à justiça; estas últimas ficavam fora de sua ação e só podiam ser aplicadas pelos juízes; as outras eram aplicadas pelo príncipe e seus funcionários, que agiam exclusivamente sob normas dele emanadas e sem assegurar aos indivíduos apelo aos tribunais.

Como decorrência do poder do príncipe foi criada a *teoria do fisco*, segundo a qual o patrimônio público não pertence ao príncipe nem ao Estado, mas ao Fisco, que teria personalidade de direito privado, diversa da personalidade do Estado, associação política, pessoa jurídica de direito público, com poderes de mando, de império. Desta forma, o primeiro submetia-se ao direito privado e, em conseqüência, aos tribunais; o segundo regia-se por normas editas pelo príncipe, não sendo apreciadas pelos tribunais.

---

[1] DI PIETRO, Maria Sylvia Zanella. *Direito Administrativo*. 14ª edição. São Paulo: Atlas, 2002, p. 26-27.
[2] Pare uma melhor compreensão sobre o tema remeto o leitor ao meu *Curso de Processo Administrativo*, Porto Alegre: Livraria do Advogado, 2005
[3] *Op. cit.*, p. 30.

Pode-se dizer que na sistematização do direito administrativo alemão houve uma preocupação em formular dogmas específicos do direito público, com uma forte influência dos modelos construídos pelo direito privado.

### 1.5. Na Itália

Num primeiro momento, o direito administrativo Italiano sofreu influência da doutrina francesa e paralelamente inspirou-se nos esquemas do direito privado. Na segunda fase, foi abandonando os métodos do direito privado e assumindo um caráter científico, com uma sistematização própria, embora com influência estrangeira, principalmente do direito alemão.

### 1.6. Na Inglaterra e nos Estados Unidos

É importante frisar que, ao se falar do direito nos Estados Unidos e na Inglaterra, tem que se ter presente que esses países têm como fonte principal o precedente judiciário, o direito comum (*common law*), criado por decisões judiciárias, enquanto no direito francês, italiano e alemão, a principal fonte é o direito legislado (*statute law*). Trata-se, portanto, de dois sistemas jurídicos diferenciados em que as congruências são menores que as diferenças. Além disso, o direito anglo-saxão tem uma fonte de grande relevância que é a equidade, de aplicação quase nula no direito dos outros países.

Numa visão macroscópica desses dois sistemas jurídicos é possível concluir que o direito francês, alemão e italiano emana do estado legislador, enquanto o direito inglês e americano é fruto da captação do viver em sociedade ou das decisões judiciais sobre os fatos da vida.

Assim, na Inglaterra e nos Estados, ao contrário do que ocorreu na França, os revolucionários dos séculos XVII e XVIII receavam os excessos do Poder Executivo, motivo pelo qual houve uma tendência de atribuir ao Judiciário e ao Legislativo maiores poderes de controle.

Di Pietro[4] comenta que:

> Na Inglaterra e nos Estados Unidos, o Poder Judiciário exerce sobre a Administração Pública o mesmo controle que exerce sobre os particulares, graças ao apego aos princípios do rule of law, na Inglaterra, judicial supremacy e due process of law, nos Estados unidos.

### 1.7. No Brasil

O surgimento do direito administrativo brasileiro e seu desenvolvimento decorreram de estudos comparados de direito. Sofreu grande influência do direito francês, apesar de que no sistema constitucional adotado no Brasil não se permite o contencioso administrativo como estrutura autônoma, ao contrario do sistema francês (através do Conselho de Estado Francês).

Com a Constituição de 1824, era o Poder Moderador (nesta época, havia quatro poderes), presidido pelo Imperador, que julgava as questões de natureza jurídico-administrativa, mas aplicando o direito privado. Surge, então, Elementos de Direito Administrativo Brasileiro, de Pereira do Rego, datado de 1858, no que é seguido pela obra de Veiga Cabral, Direito Administrativo Brasileiro, em 1859. Outras obras pioneiras também foram publicadas neste período.

---
[4] *Op. cit.*, p. 34.

O Poder Moderador encontra seu fim com o início do período republicano. A Constituição de 1934 tinha um caráter socializante, marcado por uma intervenção do Estado cada vez maior na ordem social.

Em decorrência disso, o Estado passou a atuar no campo da saúde, da higiene, da educação, da economia, da assistência e da previdência social, deixando sua posição de guardião da ordem pública para se tornar um interventor efetivo. E a partir deste período começa a ocorrer um crescimento da máquina estatal devido à criação de novas pessoas jurídicas públicas (autarquias e territórios).

Ante a nova realidade social, o direito administrativo nacional não parou de crescer, sempre enriquecido por obras de grandes autores como José de Mattos de Vasconcellos (Direito Administrativo, de 1932); José Cretella Júnior (*Direito Administrativo do Brasil*, de 1956; *Curso de Direito Administrativo*, de 1964; *Tratado de Direito Administrativo*, de 1966/1972; *Lições de Direito Administrativo*, de 1970) e Hely Lopes Meirelles (*Direito Administrativo Brasileiro*, 1964), dentre outros não menos importantes.

Hoje, diante da realidade institucional brasileira, o direito administrativo nacional encontra-se num nível semelhante ao dos países de primeiro mundo, no que toca à normalização, à teorização, à doutrina e ao campo de realização. Embora essa mutação sirva para oxigenar a evolução desse direito, de outro lado ela contribui para que o direito administrativo dificulte a aculturação jurídica da população, já que enseja uma constante necessidade de aprimoramento, circunstância de certa forma difícil para o momento econômico nacional que é de grande dificuldade.

## 2. DO CONCEITO DE DIREITO ADMINISTRATIVO

Ao longo de seu desenvolvimento, o conceito e o conteúdo do direito administrativo variaram conforme os critérios adotados pela doutrina e as mutações por que passou o estado brasileiro. Foi diante disso que surgiram várias teorias buscando conceituá-lo, dentre elas: a legalista; a do Poder Executivo; a do serviço público; a teleológica e a negativista.

Pode-se dizer, sucintamente, que direito administrativo é o ramo do direito público que estuda as relações jurídicas que envolvem os órgãos, agentes e pessoas jurídicas administrativas integrantes da Administração Pública no trato entre si ou com os administrados.

O direito administrativo brasileiro apóia-se no modelo denominado europeu-continental (direito administrativo descritivo), originário do direito francês, opondo-se ao modelo anglo-americano. O primeiro tem por objeto a descrição e delimitação dos órgãos e serviços públicos, sendo derrogatório do direito privado, enquanto o segundo fulcra a atuação administrativa sem derrogação do direito privado.

## 3. DA CODIFICAÇÃO DO DIREITO ADMINISTRATIVO

Pode-se afirmar que há três posições entre os doutrinadores no que toca a codificação do Direito Administrativo, a saber: os que negam as suas vantagens; os que admitem a codificação parcial e os que propugnam pela codificação total.

O grande problema das leis esparsas é que estas, além de não dar uma visão panorâmica, torna-se de difícil conhecimento e obtenção pelos interessados.

No Brasil, é possível afirmar que já se passaram duas fases quanto à codificação: a primeira seria a criação de leis esparsas, e a segunda seria a criação de uma parcial codificação, citando-se, como exemplo, o Código das Águas, o Código Florestal, Código Brasileiro da Mineração, dentre outros. Já é possível encontrar coletâneas de legislação pertinente a esse ramo do direito. A próxima etapa é a total codificação do Direito Administrativo.

No entanto, diferentemente do que ocorre com os direitos tipicamente de emanação federal, como são os direitos civil, penal, processual civil e penal, entre tantos outros, o direito administrativo não se exaure exclusivamente na esfera de dicção da União, pela simples razão de que o Brasil é um estado federado, compondo-se de União, Estados, Distrito Federal e Municípios. Como cada uma dessas pessoas tem autonomia administrativa naquilo que não for regramento geral e constitucional, surge a dificuldade de se poder enfeixar numa mesma estrutura regras de aplicação uniforme. O exemplo mais clássico dessa dificuldade está em se estabelecer regramentos uníssonos sobre servidor público. Este tema por si só já indica a dificuldade de se enfeixar regras gerais sobre o tema sem ferir a autonomia administrativa de cada ente público político originária do princípio federativo. Some-se a isso a possibilidade de poder-se estabelecer regras próprias para pessoas administrativas, como as autarquias.

Apesar desse fundamento, Jose Cretella Júnior[5] enumera várias premissas em prol da codificação, como sejam:

a) os dados fornecidos pela história revelam constante tendência para os trabalhos gerais de codificação jurídica;
b) os vários ramos do direito, alguns recentíssimos, possuem Códigos, longe da perfeição, é claro, mas pacificamente aceitos;
c) a melhor doutrina dos tratadistas é favorável à codificação administrativa;
d) as experiências de codificação total no campo do direito administrativo, tidas como impossíveis e nefastas, são atualmente realidade de resultados quiçá positivos;
e) as causas apontadas como obstáculos irremovíveis à possibilidade codificadora são hoje objeto apenas de menção histórica;
f) há interesse teórico e prático na elaboração de um corpo uno e sistemático das normas administrativas;
g) a codificação administrativa total e oficial pode e deve ser posta atualmente em prática.

## 4. DO OBJETO DO DIREITO ADMINISTRATIVO

Ao longo de sua evolução, o objeto do direito administrativo teve inúmeras variações, sendo que, inicialmente, era em menor escala, já que a atividade da Administração Pública abrangia apenas a segurança interna e defesa contra o inimigo externo, além de alguns serviços tidos como essenciais. Atualmente se observa que há forte intervenção no domínio econômico e social, basta que se verifique o conteúdo constitucional atualmente vigente.

Portanto, como o direito administrativo tem imbricação completa com a estrutura do estado, é possível se concluir que seu objeto é servir de instrumento de exteriorização, desde quando o Brasil é um estado democrático direito, consoante preceito fundamental inserto no art. 1º da Constituição Federal.

## 5. DOS PRINCÍPIOS

Os princípios que embasam o direito administrativo brasileiro são os mesmos que vinculam a Administração Pública. Daí porque, em decorrência da relevância, serão eles estudos em capítulo próprio.

---

[5] CRETELLA JÚNIOR, José. *Curso de Direito Administrativo*. 18ª edição. Rio de Janeiro: Forense, 2002, p. 173.

## 6. DAS FONTES

Com relação às fontes que sustentam o processo administrativo é possível agrupá-las em: 1. nas Constituições Federal e Estaduais; 2. nas leis federais, estaduais a municipais; 3. nos princípios gerais do direito; 4. nos costumes; 5. na doutrina; 6. na jurisprudência; 7. no direito comparado.

A fonte primeira do direito administrativo é a Constituição Federal que, especialmente no seu art. 37, ao estruturar a administração pública brasileira, fixou os princípios de direito administrativo. Além disso, é também fonte constitucional de direito administrativo o art. 5º, inciso LIV e VV, que fixou como garantia do cidadão a necessidade de a Administração Pública se utilizar de processo administrativo quando, de qualquer forma, litigar com qualquer administrado em geral ou servidor em especial. Como garantia criada pela Lei Maior, as constituições estaduais são obrigadas à obediência. Dessa forma, quando cada uma trata de sua administração, em verdade, estão criando direito administrativo. Podem servir de exemplo as regras que tratam dos servidores públicos estaduais e municipais e as que especifiquem os sancionamentos dos agentes públicos estaduais e municipais.

A segunda fonte do direito administrativo são as *leis federais, estaduais e municipais,* que, dentro de cada competência específica, criam regras de direito administrativo material e processual a que se submetem cada Administração e administrados. São exemplos de criação de direito administrativo: a Lei nº 9.784/99, que criou normas básicas de processo administrativo no âmbito federal, a Lei nº 10.177/98 do Estado de São Paulo, a Lei Complementar nº 33/96 do Estado de Sergipe e as inúmeras leis que regem os servidores públicos e o processo administrativo no âmbito dos municípios.

Embora o direito administrativo material seja quase absolutamente regido por lei, existe espaço para aplicação dos princípios da razoabilidade, da proporcionalidade, da boa-fé, da segurança jurídica, entre outros, que integram os *princípios gerais do direito*, que é a denominação genérica dos elementos que, aceitos e adotados universalmente como verdades axiomáticas, atuam na formação da consciência jurídica. São princípios que, embora não escritos, podem muito bem ser evocados na aplicação do direito administrativo por se constituírem em regras gerais sempre presentes na ciência do direito.

*Costume* vem do latim *consuetudine* e significa o uso ou prática reiterada de um determinado fato. O *costume* é fonte para a sedimentação do direito administrativo. Se é verdade que o direito administrativo tem emanação quase exclusivamente estatal, não menos verdade é que situações costumeiras podem afastar a aplicação sistemática da lei. Por exemplo, qual a extensão do conceito que se deve dar ao termo *ato de bravura* para possibilitar que um servidor militar seja promovido? Ou do termo *companheiro* para fins de impedimento ou de *amizade íntima* para efeitos de suspeição do servidor ou da autoridade processante no processo administrativo? Evidentemente que possuindo os conceitos *ato de bravura* e *companheiro* ou de *amizade íntima* uma estrutura aberta, uma moldura a ser preenchida com fatos da realidade, é lógico que deverá ela ser preenchida com circunstâncias tópicas de origem costumeira. De outro lado, nos processos administrativos disciplinares, em outro exemplo, a autoridade processante terá de se louvar nos costumes praticados em determinados setores da sociedade ou região para bem delimitar a extensão da pena.

A *doutrina* significa opinião de autores sobre um determinado tema. E no direito administrativo a doutrina tem se constituído em fonte importante para a sedimentação desse direito. Como desembargador atuando em câmara de direito público ou na administração do Tribunal de Justiça do Estado do Rio Grande do Sul, integrando a Comissão de Concurso para juiz de direito, ou ainda no magistério de direito administrativo na Escola Superior da Magistratura da AJURIS, observei que uma obra se destaca das demais, especialmente sobre temas constitutivos da teoria geral do direito administrativo, que é o *Direito Administrativo Brasileiro*, de Hely Lopes Meirelles, ou, ainda, o pioneirismo de Odete Medauar com seu *A Processualidade no Direito Administrativo* (*Revista dos Tribunais, São Paulo, 1993*.

Não resta a menor dúvida que a *jurisprudência (*ou aquilo que decidem os juízes*)* tem sido importante fonte de criação de um direito administrativo autônomo. O dizer dos juízes no caso concreto, especialmente quando este dizer é manifestado por juízos especializados, tem contribuído para a oxigenação do direito administrativo. Por exemplo, o STJ já sumulou que a comprovação da escolaridade em concurso público se opera quando da posse e não por ocasião da inscrição. Este entendimento tem levado a que as leis administrativas a ele se adaptassem constituindo uma importante fonte de direito administrativo.

Por fim, não resta dúvida que o *direito comparado* se traduz em importante fonte de direito administrativo. A doutrina francesa, em especial, tem sido elemento de consolidação deste novel ramo do direito.

## 7. DA AUTONOMIA

*Autonomia* é palavra derivada do grego que significa o direito de se reger por suas próprias leis. O direito administrativo, como ramo do direito público, rege-se por regras próprias e por isso mesmo encontra no estudo do direito uma sistemática diferenciada. Essa autonomia pode ser: 1. doutrinária; 2. didática; 3. legislativa; 4. jurisprudencial; 5. judiciária.

*Doutrina* vem do latim *doctrina*, de *docere* (ensinar, instruir, mostrar), que, na terminologia jurídica, é tido, em sentido lato, como o conjunto de princípios expostos nos livros de direito, em que se firmam teorias ou se fazem interpretações sobre a ciência jurídica. Mas, em acepção mais estreita, quer significar a opinião particular admitida por um ou vários jurisconsultos, a respeito de um ponto de direito controvertido. Dessa forma, a existência de uma enorme quantidade de publicações sobre direito administrativo bem demonstra a sua autonomia doutrinária.

*Didática* é a técnica de dirigir e orientar a aprendizagem. Dessa forma, a inclusão do direito administrativo como cadeira obrigatória no curso de direito bem demonstra a autonomia didática dessa ciência jurídica.

Derivado de *legislar, legislativa* é geralmente empregado, na forma adjetiva, para assinalar tudo o que se refere ou diz respeito à legislação ou ao poder de legislar. Por conseguinte, a existência de princípios constitucionais positivos, de leis federais, estaduais e municipais, bem indicam a autonomia legislativa do direito administrativo.

*Jurisprudencial* é, segundo verbete do *Vocabulário Jurídico da Editora Forense*, derivação do latim *jurisprudentia,* de *jus* (direito, ciência do direito) e *prudentia* (sabedoria), significando literalmente que é a ciência do direito vista com sabedoria.[6] É firmado hoje

---

[6] Os romanos definiam jurusprudência, segundo Ulpiano, como o conhecimento das coisas divinas e humanas e a ciência do justo e do injusto: *divinarum atque humanarum rerum notia, justi atque injusti scientia*. E, segundo Demangeat, assim se exprimindo, Ulpiano quis mostrar que o verdadeiro jurisconsulto deve conhecer não somente a natureza divina, mas a natureza e o destino do homem, porque, para distinguir o justo do injusto, o moral do imoral, é preciso partir dos altos problemas filosóficos, que nos dão conhecimento das coisas divinas e humanas Modernamente, é jurisprudência aplicada também no sentido de Ciência do Direito. Mas, como já anotavam os comentadores romanos, traz consigo um sentido subjetivo e outro objetivo, de modo que não significa simplesmente a noção científica das leis, ligada à capacidade de aplicação aos casos concretos, mas compreende um sistema de doutrinas, que têm por objeto os direitos e as obrigações (Gluck). É claro o sentido literal: o Direito aplicado com sabedoria. Assim é que se entende a jurisprudência como sábia interpretação e aplicação das leis a todos os casos concretos que se submetam a julgamento da justiça. Ou seja, o hábito de interpretar e aplicar as leis aos fatos concretos, para que, assim, se decidam as causas. Desse modo, a jurisprudência não se forma isoladamente, isto é,

que a jurisprudência somente obriga a espécie julgada, não sendo, propriamente, fonte de direito. Mas, a verdade é que a jurisprudência firmada, em sucessivas decisões, vale como verdadeira lei. Extensivamente assim se diz para designar o conjunto de decisões acerca de um mesmo assunto ou a coleção de decisões de um tribunal. Dessa forma, a existência de decisões judiciais primando pela aplicação dos princípios e regras de direito administrativo dão a esse ramo da ciência jurídica absoluta autonomia jurisprudencial.

Por fim, o direito administrativo tem autonomia judiciária. *Judiciário* é derivado de *judiciarius,* que, adjetivamente, é empregado na linguagem forense, para designar tudo que se refira à justiça ou ao juiz. Substantivamente, é usado para designar um dos poderes públicos, a que se comete autoridade para administrar a justiça. Dessa forma, a existência na estrutura do Poder Judiciário brasileira de varas da fazenda pública, câmaras ou turmas de direito público, que exige o conhecimento específico de direito administrativo, dão-lhe esta autonomia.

## 8. DA INTERPRETAÇÃO

O direito administrativo tem regras de interpretação próprias decorrentes de sua própria essência. Como o direito constitucional, o direito administrativo se insere também na classe de direitos do estado. No entanto, diferente daquele que trabalha com o conceito de estado político no qual se inclui o estado propriamente dito e a sociedade que o compõe, o direito administrativo se estrutura por viabilizar as ações administrativas e suas execuções.

Por conseguinte, sendo o direito administrativo um instrumento de efetividade jurídica das ações administrativas estatais, sua interpretação tem que ter sempre presente que no cotejo entre direitos individuais e da administração, inexistindo regras positiva, tem de se proteger os interesses da administração, já que esta, em verdade, tem como fim buscar o bem comum ou produzir bem estar geral.

## 9. DA DIVISÃO INTERNA DO DIREITO ADMINISTRATIVO

O direito administrativo é um ramo autônomo do direito brasileiro, situando-se, na clássica divisão romana entre direito público e privado, no primeiro rol.

No entanto, ante a grande estrutura da Administração Pública brasileira, é possível subdividi-lo em dois grupos bem distintos: *Direito Administrativo geral* e o *Direito Administrativo especial.*

No Direito Administrativo geral incluem-se as normas fundamentais deste ramo do direito, os seus conceitos basilares, os seus princípios gerais, as regras genéricas aplicáveis a todas as situações, quaisquer que sejam as suas características particulares ou específicas. Designadamente, estudam-se as normas reguladoras da organização administrativa, da atividade administrativa em geral e das garantias dos particulares face à Administração Pública.

Quanto às normas do Direito Administrativo especial, são as que versam sobre cada um dos setores específicos da administração pública. Os ramos fundamentais do Direito

---

pelas decisões isoladas. É necessário que se firme por sucessivas e uniformes decisões, constituindo-se em fonte criadora do Direito e produzindo um verdadeiro jus novum. É necessário que, pelo hábito, a interpretação e explicação das leis a venham formar. Os romanos sempre a consideram como a fonte do Direito, designando-a como *auctoritas rerum perpetuo similiter judicatarum,* embora Justiniano aconselhasse que não se lhe desse uma autoridade exagerada, *cum non exemplis sed legibus judicandum sit.*

Administrativo são cinco, a saber: a) Direito Administrativo Militar; b) Direito Administrativo Cultural; c) Direito Administrativo Social; d) Direito Administrativo Econômico; e) Direito Financeiro.

O Direito Administrativo Militar ocupa-se da organização das Forças Armadas, do regime jurídico da defesa nacional, dos deveres e encargos impostos por razões de defesa nacional aos cidadãos e, em geral, das regras próprias de funcionamento das instituições militares. Ex: a Lei de Defesa Nacional e das Forças Armadas; a Lei do Serviço Militar; o Regulamento de Disciplina Militar; etc.

O Direito Administrativo Cultural abrange a regulamentação jurídica do sistema escolar; da ação cultural do Estado, da defesa do patrimônio artístico, histórico e arquitetônico do país, e da organização e funcionamento dos serviços públicos culturais, tais como museus, arquivos e bibliotecas; da investigação científica e tecnológica; do apoio à juventude e ao desporto; e dos espetáculos. Abrange, ainda, o regime jurídico da informação ou comunicação social, que alguns autonomizam como Direito da Informação.

O Direito Administrativo Social abrange, por sua vez, o regime jurídico dos serviços públicos de caráter social, nomeadamente hospitais e outros estabelecimentos de saúde pública, serviços de assistência social, serviços de previdência ou segurança social, etc.

O Direito Administrativo Econômico é hoje, um ramo que pelo seu desenvolvimento tende a separar-se do próprio Direito Administrativo, nos quadros do Direito Econômico – que de resto, é uma disciplina que já faz parte dos planos de estudos atuais dos cursos de direito, e muito bem. Nele se abrangem matérias da maior relevância como os aspectos jurídicos da intervenção do Estado na economia, sua formas e limites; empresas públicas, empresas nacionalizadas e empresas de economia mista; e planejamento econômico. Além disso, o Direito Administrativo Econômico inclui, ainda, o regime jurídico-administrativo da agricultura, do comércio e da indústria, das fontes de energia, dos transportes, das telecomunicações, das obras públicas, da habitação, do urbanismo, da proteção do ambiente, etc.

O Direito Financeiro inclui o chamado Direito Orçamental e da Contabilidade Pública, e o Direito Fiscal. Isto significa que, em nossa opinião, o Direito Financeiro e o Direito Fiscal fazem parte do Direito Administrativo.

## 10. DAS RELAÇÕES DO DIREITO ADMINISTRATIVO COM OUTROS RAMOS DO DIREITO

O direito administrativo, como ramo do direito positivo brasileiro, mantém relações com vários ramos do direito.

### 10.1. Com o Direito Constitucional

Com o Direito Constitucional o Direito Administrativo mantém estreita afinidade e íntimas relações, uma vez que ambos cuidam da mesma entidade: o Estado. Diversificam-se em que o Direito Constitucional se interessa pela estrutura estatal e pela instituição política do governo, ao passo que o Direito Administrativo cuida, tão somente, da organização interna dos órgãos da Administração, de seu pessoal e do funcionamento de seus serviços, de modo a satisfazer as finalidades que lhe são constitucionalmente atribuídas. Daí termos afirmado que o Direito Constitucional faz autonomia do Estado, cuidando de suas formas, de sua estrutura, de sua substância, no seu aspecto estático, enquanto o Direito Administrativo estuda-o na sua movimentação, na sua dinâmica.

### 10.2. Com o Direito Tributário e com Direito Financeiro

Com o Direito Tributário e com o Financeiro são sensíveis as relações do Direito Administrativo, dado que as atividades vinculadas à imposição e arrecadação de tributos, à realização da receita e efetivação das despesas públicas são eminentemente administrativas.

### 10.3. Com o Direito Penal

Com o Direito Penal a intimidade do Direito Administrativo persiste sob muitos aspectos, a despeito de atuarem em campos bem diferentes. Certo é que o ilícito administrativo não se confunde com o ilícito penal, assentando cada qual em fundamentos e normas diversas. Mas não é menos verdade que a própria Lei Penal, em muitos casos, tais como nos crimes contra a Administração Pública (CP, arts. 312 a 327), subordina a definição do delito à conceituação de atos e fatos administrativos. Noutros casos, chega, mesmo, a relegar à Administração prerrogativas do Direito Penal, como ocorre na caracterização de infrações dependentes das chamadas normas penais em branco.

### 10.4. Com o Direito Processual

Com o Direito Processual (Civil e Penal) o Direito Administrativo mantém intercâmbio de princípios aplicáveis a ambas as disciplinas, na regulamentação de suas respectivas jurisdições. Se, por um lado, a Justiça Comum não dispensa algumas normas administrativas na movimentação dos feitos, por outro, a jurisdição administrativa serve-se de princípios tipicamente processuais para nortear o julgamento de seus recursos. Não raro, são as próprias leis administrativas que determinam a aplicação de normas processuais comuns e princípios gerais do Direito Judiciário aos casos análogos da Administração.

### 10.5. Com o Direito do Trabalho

Com o Direito do Trabalho, e especialmente com as instituições de previdência e assistência ao assalariado, o Direito Administrativo mantém sensíveis relações, já porque tais organizações são instituídas, entre nós, como autarquias administrativas e também porque as relações entre empregadores e empregados, em boa parte, passaram do âmbito do Direito Privado para o campo do Direito Público, com o fim precípuo de mantê-las sob a regulamentação e fiscalização do Estado. Essa publicização do Direito do Trabalho muito o aproximou do Direito Administrativo, principalmente quando as autarquias e entidades paraestatais contratam empregados no regime de CLT para atividades de natureza empresarial.

### 10.6. Com o Direito Eleitoral

Com o Direito Eleitoral, novo ramo do Direito Público que tem se desenvolvido largamente entre nós, como atestam o Código Eleitoral (Lei Federal 4.737, de 15.7.65) e leis complementares, o Direito Administrativo tem muitos pontos de contato na organização da votação e apuração dos pleitos, no funcionamento dos partidos políticos, no ordenamento e fiscalização da propaganda partidária e em outros assuntos de caráter nitidamente administrativo, embora da competência da Justiça Eleitoral. Pode-se afirmar, mesmo, que toda parte formal dos atos eleitorais permanece sob a regência do Direito Administrativo, uma vez que aquele Direito não dispõe de métodos próprios para a execução das atividades que lhe são reservadas. Seus princípios específicos só alcançam os aspectos materiais dos atos eleitorais e o julgamento de seus recursos, sabido que a Justiça Eleitoral é parte integrante do Poder Judiciário (CF, arts. 118 a 121).

### 10.7. Com o Direito Municipal

Com o Direito Municipal, cronologicamente o último galho do Direito Público Interno, o Direito Administrativo mantém intensas relações, uma vez que operam ambos no mesmo setor da organização governamental, diversificando apenas quanto às peculiaridades comunais. O crescente desenvolvimento e a especialização das funções locais deram origem à autonomia do Direito Municipal, mas nem por isso prescinde ele dos princípios gerais do Direito Administrativo. Ao revés, socorre-se com freqüência das normas administrativas na organização de seus serviços, na composição de seu funcionalismo e no exercício das atividades públicas de seu interesse local. O Município, como entidade político-administrativa, rege-se, funcionalmente, pelos cânones clássicos do Direito Administrativo, mas se organiza e se autogoverna pelos princípios do moderno Direito Municipal. Daí a simbiose existente entre esses dois ramos do Direito Público.

### 10.8. Com o Direito Civil e Comercial

Com o Direito Civil e Comercial as relações do Direito Administrativo são intensíssimas, principalmente no que se refere aos contratos e obrigações do Poder Público com o particular. A influência do Direito Privado sobre o Direito Público chega a tal ponto que, em alguns países, aquele absorveu durante muito tempo o próprio Direito Administrativo, impedindo sua formação e desenvolvimento, como ocorreu no direito anglo-norte-americano.

Mas é inevitável essa influência civilista, já pela antecedência da sistematização do Direito Privado, já pela generalidade de seus princípios e de suas instituições, amoldáveis, sem dúvida, a todos os ramos do Direito Público. Muitos institutos e regras do Direito Privado são adotados no campo administrativo, chegando, mesmo, o nosso Código Civil a enumerar entidades públicas (art. 41), a conceituar os bens públicos (art. 99), a dispor sobre desapropriação (art. 1.275, V), afora outras disposições endereçadas diretamente à Administração Pública.

## 11. DAS RELAÇÕES DO DIREITO ADMINISTRATIVO COM OUTRAS CIÊNCIAS

Nenhum direito é uma ilha que possa bastar-se. Como ciência que envolve o comportamento do homem e da sociedade ele precisa imbricar-se com outros ramos do conhecimento humano para crescer.

Assim o direito administrativo mantém relação com as Ciências Sociais, principalmente com a sociologia, com a Economia Política, com a Ciência das Finanças e com a Estatística. Como disciplinas sociais, ou antropológicas, atuam no mesmo campo do Direito – a sociedade –, apenas com rumos e propósitos diversos. Enquanto as Ciências Jurídicas visam a estabelecer normas coercitivas de conduta, as Ciências Sociais (não jurídicas) preocupam-se com a formulação de princípios doutrinários, deduzidos dos fenômenos naturais que constituem o objeto de seus estudos, mas desprovidos de coação estatal.

A estas ciências o direito administrativo pede achegas para o aperfeiçoamento de seus institutos e de suas normas, visando a ajustá-los, cada vez mais e melhor, aos fins desejados pelo Estado, na conformidade da ordem jurídica preestabelecida.

*Título II*

# DA ADMINISTRAÇÃO PÚBLICA

## Capitulo I – Parte geral

### 1. DAS GENERALIDADES

Quando se estuda o direito administrativo, um tema se sobressai dos demais pela sua estrutura básica geral, porém orientadora de todo o dever ser desse direito. E esse tema é administração pública. Conhecer essa estrutura é adentrar-se na verdadeira teoria geral do direito administrativo. Entender como a Administração Pública se concretiza, age e mantém relações jurídicas é a base fundamental para a boa compreensão da essência do direito administrativo.

Sem pretender ser exaustivo, circunstância típica de um tratado de direito administrativo, mas tampouco telegráfico como numa resenha, procurarei analisar os temas mais pertinentes e atualizados desse direito do estado brasileiro.

### 2. DA EVOLUÇÃO HISTÓRICA DO ESTADO

Depois do Estado pessoal estruturado na pessoa do rei ou suserano surgiu o Estado coisa pública cujo interesse deixou de ser de um e passou a ser de todos. Daí porque a nomenclatura *res publica* passou a formatar a denominação república significando tudo aquilo que dizia respeito ao interesse comum a toda sociedade e por isso mesmo de interesse exclusivo do estado. E neste momento, portanto, surge o estado como o elemento preceptor da sociedade, conceito que ainda hoje vige.

Apesar dessa substancial mudança que significou uma reviravolta daquilo que era tido como coisa privada para a órbita do público gerando inclusive revoluções sangrentas, como é exemplo a Revolução Francesa, durante muito tempo uma nova discussão surgiu agora voltada para a premissa interna: a estrutura estatal era realmente necessária? Ou, em outras palavras, o povo teria condições de conviver sem a intervenção do Estado? Hoje, depois de grandes discussões filosóficas e jurídicas não mais se discute: o Estado é necessário. O anarquismo, ou a ausência de Estado, significou apenas um ideário sem qualquer base factual.

Passada essa fase discursiva e embrionária sobre a necessidade do Estado, hoje, o que mais se tem presente é o grau ideal dessa necessidade. Em decorrência disso surgem os conceitos de estados com maior ou menor estrutura, significando maior ou menor intervenção na sociedade, porém, nunca sem sua presença.

Mas, qualquer que seja o tamanho do Estado, é tranqüilo que esta estrutura só poderá ser constituída através de um processo eletivo, como regra, embora não raramente processos excepcionais, antidemocráticos, ainda persistam em sobreviver.

De qualquer forma, o resultado de um ou de outro processo, o que daí resulta é sempre um documento chamado de Constituição, Carta Social, Carta de Direito ou Carta Magna.

Quanto legítimo, tem-se a sociedade politicamente organizada. Quando ilegítimo, tem a ditadura.

O Estado constituído democraticamente ou mesmo por intermédio de um regime de exceção tem duas atribuições fundamentais. A primeira delas é a política ou principal. Por essa atribuição o Estado procura produzir bem estar coletivo. Trata-se de função típica consectária da própria existência do Estado derivando esse preceito da função de criatura que é. Por essa visão a criatura jurídica deveria sempre se subsumir ao interesse de seu criador, que seria a sociedade A segunda atribuição diz respeito com a própria ação de manutenção do estado e de execução daquilo que for determinado politicamente. Trata-se da atribuição administrativa ou secundária. Aqui o Estado se estrutura com pessoal e serviços para possibilitar que o Estado Político execute suas política. Essa atribuição seria de manutenção e de execução.

### 3. DO ESTADO E DA ADMINISTRAÇÃO

Estado e Administração Pública são conceitos que se subsumem quando se analisa a estrutura externa e política de um país. Um e outro, dentro dessa visão, são utilizados como sinônimos. No entanto, numa visão interna, são conceitos autônomos e bem diferenciados quanto às suas estruturas.

Estado, segundo Pedro Nunes[7] é o:

Organismo político – administrativo, que ocupa determinado território povoado, submetido a autoridade de governo próprio e a uma regra imperativa para governantes e governados com personalidade jurídica pública, reconhecida internacionalmente, quando soberano. É a nação, o país, jurídica, política e socialmente organizado e dirigido

Em um conceito que já se tornou clássico, Estado é sociedade politicamente organizada.

O artigo 1º da Constituição Federal caracteriza o Estado brasileiro como *estado democrático de direito*, ou seja, regulado por uma constituição que prevê uma pluralidade de órgãos dotados de competência distinta explicitamente determinada, onde aqueles que tomam as decisões políticas são escolhidos pelo povo.

Apesar de não aparecer na Constituição Federal explicitamente, o Estado atual é democrático de direito e social. Hoje, além dos direitos fundamentais e direitos políticos, há a previsão de direitos sociais, como o à moradia, à saúde e, os também chamados direitos de terceira ou de quarta geração, como meio ambiente, lazer e não ser lesado como consumidor.

A organização do Estado brasileiro, portanto, está prevista na Constituição Federal que fixa a divisão política do território nacional, a estruturação dos Poderes, a forma de Governo, o modo de investidura dos governantes e os direitos e garantias dos governados.

Mas também o Estado brasileiro tem estrutura federativa. E essa federação compreende a União, os Estados-membros, o Distrito-Federal e os Municípios.

Montesquieu criou uma separação de funções estatais (legislação, execução e jurisdição) que deveria ser atribuída a três órgãos distintos e totalmente independentes entre si. Essa idéia de separação dos poderes se difundiu em todo o mundo ocidental, consagrando-se em constituições e declarações de direito a partir do século XVIII.

---

[7] NUNES, Pedro. *Dicionário de Tecnologia Jurídica*. 8ª edição. Rio de Janeiro: Livraria Freitas Bastos, p. 586.

Além da organização política do Estado soberano, surge, através da legislação complementar e ordinária, a organização administrativa das entidades estatais, de suas autarquias e empresas estatais.

## 4. DO CONCEITO DE ADMINISTRAÇÃO PÚBLICA

Num conceito amplo, *administração pública* pode ser compreendida como uma das manifestações do Estado na gestão ou execução de atos ou de negócios políticos.

Nesse diapasão conceitual se confunde com a própria função política do poder público, expressando um sentido de governo, cujo conceito, por vezes, se entrelaça com o da administração, de tal forma que, dificilmente, se poderá, de pronto, traçar uma diferenciação exata entre os órgãos que estruturam o governo propriamente dito e as funções que indicam seu setor administrativo.

Todavia, se o governo, em sentido amplo, significa a totalidade de órgãos representativos da soberania, a administração pública, subordinada diretamente ao Poder Executivo, alcança simplesmente o complexo de funções que esse órgão exercita no desempenho de atividades, que interessam ao Estado e ao seu povo.

Desse modo, em conceito estrito, administração pública, sem divergir do sentido equivalente em administração privada, significa a simples direção ou gestão de negócios ou serviços públicos, realizados por todos os seus departamentos ou institutos especializados, com a finalidade de prover as necessidades de ordem geral ou coletiva.[8]

Diante desses pressupostos é possível fixar que a natureza do Estado enquanto Administração Pública é de verdadeiro múnus público já que exerce encargos de defesa, conservação e aprimoramento dos bens, serviços e interesse da coletividade, como bem acentua Hely Lopes Meirelles,[9] concluindo-se, por conta disso, que o seu fim é o bem comum da coletividade administrada.

Como se pode observar, quando se fala em Administração Pública, qualquer que seja a fundamentação que se dê, está se falando numa atribuição do Estado definível numa ótica moderna como de gerenciamento da coisa pública, onde a conveniência e oportunidade sedem lugar à obediência aos cânones legais e orçamentários, retirando do administrador público a ação essencialmente política e desvinculada de vetores técnicos para submetê-la a comportamentos essencialmente vinculados.

Em outro prisma, apesar de Estado e Administração Pública comportarem distinção bem delineada, é comum se utilizar um conceito por outro como se sinônimos fossem

---

[8] MEIRELLES, Hely Lopes. *Direito Administrativo Brasileiro*. 25ª edição. São Paulo: Malheiros, 2000, p. 59. Textualmente diz que:

"Governo – Em sentido formal, é o conjunto de Poderes e órgãos constitucionais; em sentido material, é o complexo de funções estatais básicas; em sentido operacional, é a condução política dos negócios públicos. Na verdade, o Governo ora se identifica com os Poderes e órgãos supremos do Estado, ora se apresenta nas funções originárias desses Poderes e órgãos como manifestação da Soberania. A constante, porém, do Governo é sua expressão política de comando, de iniciativa, de fixação de objetivos do Estado e de manutenção da ordem jurídica vigente. O Governo atua mediante atos de Soberania ou, pelo menos, de autonomia política na condução dos negócios públicos

Administração Pública – Em sentido formal, é o conjunto de órgãos instituídos para consecução dos objetivos do Governo; em sentido; material – é o conjunto das funções necessárias aos serviços públicos em geral; em acepção operacional, é o desempenho perene e sistemático, legal e técnico, dos serviços próprios do Estado ou por ele assumidos em benefício da coletividade. Numa visão global, a Administração é, pois, todo o aparelhamento do Estado preordenado à realização de serviços, visando à satisfação e as necessidades coletivas.

A Administração não pratica *atos de governo*; pratica, tão-somente, *atos de execução*, com maior ou menor autonomia funcional, segundo a competência do órgão e de seus agentes".

[9] MEIRELLES, Hely Lopes, ob. cit. p. 80.

levando os agentes titulares de uma ou de outra função a agirem em desvio de comportamento em ação típicas de nulidade administrativa.

Constituindo-se o País numa sociedade politicamente organizada através de uma Constituição legitimamente aprovada é o Brasil, um estado democrático de direito, o que corresponde dizer que o comportamento da sociedade e as ações do Estado, estas através de seus agentes políticos ou administrativos, só adquirem validade formal quando expressados através dos postulados criados pela ciência do direito.

Além da estrutura federativa, o Estado brasileiro comporta a organização dos poderes, idéia clássica de Montesquieu que hoje é parte inerente a qualquer proposta de estado democrática e legitimamente constituído, embora se observe uma imbricação relativa da proposta originária, pois, a bem a verdade, existem funções legislativas nos poderes Executivo e Judiciário, de funções administrativas nos Poderes Legislativo e Judiciário e de funções judiciárias nos poderes Legislativo e Executivo.

Delimitado que Estado e Administração Pública são conceitos bem diferenciados, é necessário que se fixe a competência desta última.

## 5. DA NATUREZA JURÍDICA DA ADMINISTRAÇÃO PÚBLICA

Derivado do latim *natura*, *natureza* designa o conjunto de seres e coisas criadas que constituem o universo. É o princípio criador, a inteligência diretora e criadora de tudo, emanados do poder divino. Na terminologia jurídica, assinala, notadamente, a essência, a substância ou a compleição das coisas. Assim, a natureza se revela pelos requisitos ou atributos essenciais e que devem vir com a própria coisa. Eles se mostram, por isso, a razão de ser, seja do ato, do contrato ou do negócio.

A natureza da coisa, pois, põe em evidência sua própria essência ou substância, que dela não se separa, sem que a modificação ou a mostre diferente ou sem os atributos, que são de seu caráter. É, portanto, a matéria de que se compõe a própria coisa, ou que lhe é inerente ou congênita.

Como bem diz Hely Lopes Meirelles,[10] "a *natureza da administração pública* é a de um *múnus público* para quem exerce, isto é, a de um encargo de defesa, conservação e aprimoramento dos bens, serviços e interesse da coletividade". Desta forma, deve o agente público observar e cumprir fielmente a lei, os princípios e os preceitos de moral e de direito que norteiam a Administração Pública.

Diante disso, impõe-se ao administrador público a obrigação de cumprir fielmente os preceitos do Direito e da moral administrativa que regem a sua atuação. Ao ser investido em função ou cargo público, todo agente do poder assume para com a coletividade o compromisso de bem servi-la, porque outro não é o desejo do povo, como legítimo destinatário dos bens, serviços e interesses administrados pelo Estado.

Na administração particular o administrador recebe do proprietário as ordens e instruções de como administrar as coisas que lhe são confiadas; na administração pública essas ordens e instruções estão concretizadas nas leis, regulamentos e atos especiais, dentro da moral da instituição. Daí o dever indeclinável de o administrador público agir segundo os preceitos do Direito e da moral administrativa, porque tais preceitos é que expressam a vontade do titular dos interesses administrativos – o povo – e condicionam os atos a serem praticados no desempenho do múnus público que lhe é confiado.

---

[10] MEIRELLES, Hely Lopes. *Direito Administrativo Brasileiro*. 24ª edição. São Paulo: Malheiros, 1999, p. 80.

## 6. DO FIM DA ADMINISTRAÇÃO PÚBLICA

O grande fim da administração pública é o bem comum da coletividade administrada, a defesa do interesse público. O agente público como elemento de exteriorização dessa vontade deve, portanto, cumprir os deveres que a lei lhe impõe.

O fundamento dessa afirmação reside no fato de que, sendo a Administração Pública a gestora das determinações políticas do Estado, e sendo este a perpetração dos interesses sociais, o fim do agir administrativo será sempre a prática do bem comum.

## 7. DA PESSOA E DA PERSONALIDADE

O Estado (ente abstrato) faz sentir sua presença, no mundo jurídico, por meio dos agentes públicos (pessoas físicas) e por meio de pessoas jurídicas, públicas e privadas.

Nos dizeres de José Cretella Júnior,[11] "no mundo, pessoa é o homem: no mundo jurídico, pessoa é o sujeito de direito, dotado de personalidade, isto é, de capacidade de ser sujeito de direito, ativo ou passivo".

Pessoa física é o ente humano como ser complexo constituído de vontade e corpo. Odete Medauar[12] diz que pessoas jurídicas são as "sociedades, associações, conjuntos patrimoniais e entidades às quais o ordenamento reconhece a condição de sujeitos de direitos".

# Capítulo II – Da Administração Pública enquanto pessoas jurídicas

## 1. DAS GENERALIDADES

Quando se fala no conceito de Administração Pública a imagem que se forma é difusa por não se poder determinar imediatamente de que Administração Pública se está falando. Mas, apesar disso, de logo se retira a conclusão que não se está falando do universo jurídico das pessoas físicas e, sim, das pessoas jurídicas públicas. Para que se materialize o conceito de que se está falando dessa ou daquela Administração Pública é preciso que se acrescente o complemento objetivador. Isso porque, sendo o Brasil uma federação constituída de vários entes políticos, para que se dê concretude ao conceito é preciso que se complemente que a Administração Pública referida é federal, estadual, distrital ou municipal, conhecida como Administração Pública direta, ou que integra o conceito de administração pública indireta agora integrada pelas autarquias, empresas públicas, sociedades de economia mista e fundações.

A estrutura da Administração Pública brasileira pode se visualizada no quadro sinótico a seguir:

---

[11] JÚNIOR, José Cretella. *Curso de Direito Administrativo*. 18ª edição. Rio de Janeiro: Forense, 2002, p. 26.
[12] MEDAUAR, Odete. *Direito Administrativo Moderno*. 6ª edição. São Paulo: ed. Revista dos Tribunais, 2002, p. 53.

## 2. DAS PESSOAS JURÍDICAS

O estado democrático de direito brasileiro não é unitário ou comporta uma administração única. Ele é pluralístico pela existência de vários órgãos dotados de competências distintas compondo, por isso mesmo, uma federação. A própria nomenclatura do País – *República Federativa do Brasil* – já denota que dentro do Estado brasileiro existem competências variadas gerando uma organização político-administrativa plúrima em que todos os órgãos que integram essa federação possuem autonomia.

O art. 18 da Constituição Federal claramente expressa que a federação é composta pela União, Estados, Distrito Federal e Municípios. Estas pessoas políticas, no entanto, não exaurem o conceito de Administração Pública, que é muito mais abrangente, o que torna, de certa forma, nebulosa uma delimitação apriorística do que seja efetivamente Administração Pública.

De forma prática, a Administração Pública só adquire concretude através das chamadas *pessoas jurídicas administrativas típicas* também conhecidas como *pessoas jurídicas de direito público* e das *pessoas jurídicas administrativas acidentais* também conhecidas como *pessoas jurídicas de direito privado* com atribuições administrativas.

### 2.1. Das pessoas jurídicas típicas ou de direito público

Foi dito no tópico anterior que Administração Pública é um conceito difuso por excelência, adquirindo visibilidade jurídica concreta pelo conjunto de dois grupos de pessoas jurídicas: as *pessoas jurídicas de direito público* e as *pessoas de direito privado com atribuições administrativas*.

No grupo das *pessoas jurídicas de direito público* estão: a) União; b) Estados-Membros; c) Distrito Federal; d) Municípios; e) Autarquias.

A estrutura jurídica representativa dos direitos e deveres da União está na Constituição Federal. Portanto, a União é aquilo que está assentando na Constituição. Não se cria competência fora da constituição.

A estrutura jurídica dos Estados está na Constituição Federal e na Constituição Estadual.

E dos Municípios, na Constituição Federal, na Constituição Estadual e na Lei Orgânica Municipal.[13]

---

[13] O Município, por sua importância dentro do contexto federativo, será estudado em capítulo próprio.

O Distrito Federal tem sua estrutura jurídica na Constituição Federal e nas leis que vier a criar.

As autarquias são estruturadas em *leis específicas* que definem suas atribuições, elencam seus patrimônios e estabelecem a natureza jurídica do pessoal. Este tema será estudado no Capítulo Organização da Administração Pública.

A União, os Estados, o Distrito Federal e os Municípios integram a chamada *administração direta*. As Autarquias, como as demais pessoas privadas com atribuições administrativas, a *administração indireta*.

## 2.2. Dos privilégios processuais das pessoas jurídicas públicas

As *pessoas jurídicas de direito público* têm privilégios especificados em leis esparsas. São eles: a) prazo em quádruplo para contestar; b) prazo em dobro para recorrer; c) pagamento de custas ao final; d) reexame necessário das decisões proferidas no 1º grau; e) proibição de concessão de liminar, cautelar ou tutela antecipada; f) prescrição qüinqüenal.

## 2.3. Das pessoas jurídicas administrativas acidentais ou de direito privado com atribuições administrativas[14]

As pessoas jurídicas administrativas acidentais ou de direito privado com atribuições administrativas são: a) Empresas públicas; b) Sociedades de economia mista; c) Fundações.

A Emenda Constitucional nº 19, de 04.06.1998, deu nova redação ao inciso XIX do art. 37 da Constituição Federal, estabelecendo que as empresas públicas as sociedades de economia mista e as fundações não mais seriam criadas por leis específicas, mas tão-somente autorizadas. Isso resultou numa substancial mudança, já que até então elas, como as autarquias, também dependiam de lei específica para serem criadas.

A emenda constitucional nitidamente limitou a competência do Poder Legislativo porquanto uma empresa pública, uma sociedade de economia mista ou a fundação tinha seu nascimento jurídico com a edição de lei específica. A lei autorizativa, por óbvio, não cria qualquer dessas pessoas privadas. Publicada a lei autorizando suas criações, os atos que as constituirão deverão ser levadas a registros.

As pessoas jurídicas de direito privado com atribuições administrativas integram o conceito de administração pública apenas quando a Constituição Federal e as leis determinarem. Nessa situação, seu campo de estudo é o direito administrativo. Caso contrário, suas ações são típicas de empresas e, portanto regidas pelo direito privado.

Assim, por exemplo, as pessoas jurídicas de direito privado com atribuições administrativas integram o conceito de Administração Pública:

a) quanto à investidura de seus cargos ou empregos públicos, já que estão obrigadas à realização de concurso público de provas ou de provas e títulos e às demais limitações impostas pela Constituição Federal;
b) quanto à contratação de obras, serviços, compras e alienações pois ficam vinculadas à necessidade de processo de licitação pública que assegure igualdade de condições a todos os concorrentes, com cláusulas que estabeleçam obrigações de pagamento, mantidas as condições efetivas da proposta;
c) quanto à aplicação de sanções por improbidade administrativa de seus agentes públicos limitados temporariamente pela prescrição a ser fixada em lei;

---

[14] Estas pessoas jurídicas serão estudadas com mais profundidade quando for analisado o tema sobre a organização administrativa.

d) quanto à responsabilidade objetiva pelos danos que seus agentes, nessa qualidade, causarem a terceiros, assegurada o direito de regresso contra o responsável nos casos de dolo ou culpa;

e) quanto à responsabilização criminal, já que seus agentes são conceituados como funcionários públicos;

f) quanto ao controle pelo Tribunal de Contas nos atos de contas praticados enquanto Administração Pública.

## Capítulo III – Do Município

### 1. DA ESTRUTURA CLÁSSICA DO MUNICÍPIO

O Município, como unidade político-administrativa autônoma, surgiu em Roma como decorrência das conquistas romanas e como forma de tutelar os conquistados. Essa é a gênese do Município mais aceita na história do direito.

Aos vencidos, Roma impunha sujeições às determinações do Senado Romano. No entanto, desde que os vencidos se sujeitassem à fiel obediência das leis romanas, os conquistadores lhes concediam determinadas prerrogativas que podiam variar de simples direito de casar e comercializar, até privilégios como eleger governadores e dirigir a própria cidade. Aquelas comunidades que se sujeitassem a essa situação eram consideradas Municípios, do latim *municipium*.

Segundo Hely Lopes Meirelles,[15] essas comunidades se dividiam em duas categorias: *municipia caeritis* e *municipia foederata*, conforme a maior ou menor autonomia que desfrutavam dentro do direito vigente, o *jus italicum*.

A administração dessas cidades era efetivada por um colégio de dois a quatro magistrados, eleitos pelos cidadãos do município, que eram constituídos pelos homens livres, os *cives munícipes*, e não pelos *incolae*, que eram os estrangeiros, assim considerados os vencidos habitantes da região dominada. Dentro do que Roma lhes permitia, os magistrados tinham poder supremo, inclusive de praticar justiça. Para auxiliá-los, existiam magistrados inferiores que se encarregam da administração propriamente dita e da polícia, além de um encarregado da arrecadação, da fiscalização dos negócios públicos, da defesa da cidade, além de notários e escribas.

As leis que estas comunidades editavam emanavam de um Conselho Municipal, composto por um elevado número de cidadãos escolhidos periodicamente tinham funções assemelhadas às do Senado Romano. Teria sido Lúcio Cornélio Sila, em 80 a.C., o primeiro legislador a definir as características do Município Romano, segundo Mommsen, citado do Dante Martorano.[16]

A idéia da origem romana do Município, no entanto, não é tranqüila e derivaria do simples fato de famílias vizinharem e necessitarem, por via de conseqüência, de satisfazerem as suas necessidades da vida comum. O Município, portanto, teria surgido naturalmente. Este é o pensamento de Ataliba Nogueira, citado por Diomar Ackel Filho.[17]

No entanto, foi a primeira idéia que chegou à França, Espanha e Portugal em decorrência da denominação bárbara que sucedeu à hegemonia romana.

---
[15] MEIRELLES, Hely Lopes. *Direito Municipal Brasileiro*. São Paulo: Editora Revista dos Tribunais.
[16] MARTORANO, Dante. *Direito Municipal*. Rio de Janeiro: Forense, 1985, p. 55.
[17] ACKEL FILHO, Diomar. *Município e Prática Municipal*. São Paulo: Editora Revista dos Tribunais, 1992, p. 18

A idéia romana de Município se expandiu além-fronteira e tempo afora. Assim, na Idade Média, o poder supremo do Município – o Conselho de Magistrados – passou a se denominar Colégio dos Homens Livres, que os germânicos denominaram de Assembléia Pública de Vizinhos, reunindo as funções administrativa, policial e judicial. Apesar da força da cultura árabe, a estrutura clássica idealizada pelos romanos foi mantida, sendo, no entanto, acrescido do pagamento de tributo e a criação dos cargos de alcaide (uma espécie de governador municipal), *alvazil* (uma espécie de oficial de diligência)

## 2. DO MUNICÍPIO BRASILEIRO ONTEM E HOJE

### 2.1. Do Município no Brasil-Colônia

A estrutura clássica do Município surgido na República Romana com as alterações impostas pelo julgo árabe chegou a Portugal e foi implantada de galho na então colônia, depois Brasil, pelas Ordenações Manoelina, Afonsina e Filipina. A esse respeito diz Hely Lopes Meirelles:[18]

> O Município português foi transplantado para o Brasil-Colônia com as mesmas organizações e atribuições políticas, administrativas e judiciais que desempenhavam no Reino.
> O Município no Brasil-Colônia tinha como administradores um presidente, três vereadores, dois almotacéis e um escrivão e, para resolver os conflitos, um juiz de fora vitalício e dois juízes comuns, eleitos com os vereadores, independentemente de seu tamanho.

### 2.2. Do Município na Constituição de 1824

Com a Constituição de 1824, aquela que estruturou o Brasil independente, foi mantida a administração municipal nas Câmaras Municipais a quem competia, na expressão textual do art. 169:

> O governo econômico e municipal das mesmas cidades e vilas e especialmente o exercício de suas funções municipais, formação das suas Posturas policias, aplicação das suas rendas e todas as suas particulares e úteis atribuições.

Como não tinha ainda sido criado o Estado-Membro, os municípios ficaram administrativamente vinculados ao poder central mantido pelo Imperador. O Município, na vigência da Constituição de 1824, nada mais foi de que um apêndice administrativo do Império, mas, no entanto, foi com ela que se iniciou a fase brasileira de sua história, segundo Castro Nunes, citado por Nelson Nery Costa.[19]

### 2.3. Do Município na Constituição de 1891

A Constituição de 1891, que estruturou a República e criou o Estado-membro, submeteu o Município à tutela desta outra figura administrativa, através do art. 68, quando lhe outorgou autonomia para se estruturar em tudo que dissesse respeito a seu peculiar interesse.[20]

---

[18] MEIRELLES, Hely Lopes, obra citada, p. 42.

[19] COSTA, Nelson Nery. *Direito Municipal Brasileiro*, 3ª edição. Rio de Janeiro: Forense, 2005.

[20] O art. 68 da Constituição de 1891 foi assim redigido:

Art. 68. Os Estados organizar-se-ão de forma que fique assegurada a autonomia dos Municípios, em tudo quanto respeite a seu peculiar interesse.

Para Dante Martorano:[21] "Basicamente estava delineado o modelo do Município brasileiro". Mas Hely Lopes Meirelles[22] diz que, apesar disso:

> Durante os 40 anos que vigorou a Constituição de 1891 não houve autonomia municipal no Brasil. O hábito do centralismo, a opressão do coronelismo e a incultura do povo transformaram os Municípios em feudos de políticos truculentos, que mandavam e desmandavam nos seus distritos de influência, como se o Município fosse propriedade particular e o eleitorado um rebanho dócil ao seu poder. Os prefeitos eram eleitos ou nomeados ao sabor do governo estadual, representado pelo "chefe" todo-poderoso da "zona". As eleições eram de antemão preparadas, arranjadas, falseadas ao desejo do coronel. As oposições que se esboçavam no interior viam-se aniquiladas pela violência e pela perseguição política do situacionismo local e estadual. Não havia qualquer garantia democrática. E, nessa atmosfera de opressão, ignorância e mandonismo, sem progresso, sem autonomia. Tal situação foi magistralmente focalizada por Nunes Leal em obra que traduz fielmente a política municipalista brasileira até 1946.

Em outras palavras, o peculiar interesse caracterizador da autonomia municipal criado pela Constituição de 1891 se tornou em verdadeira falácia. A subordinação do Município apenas mudou de lado, já que continuou atrelado aos interesses privados. Antes do Imperador, depois dos coronéis.

### 2.4. Do Município na Constituição de 1934

A Constituição Federal de 1934 outorgou autonomia financeira aos Municípios, possibilitando que eles pudessem criar rendas próprias, gerindo-se em tudo aquilo que fosse de seu peculiar interesse, especialmente quanto à eleição de prefeito e vereadores. Ela foi uma decorrência dos vícios criados pelo coronelismo na Constituição de 1891 e que redundou na Revolução de 1930 que levou Getúlio Vargas ao poder.

Para Hely Lopes Meirelles:[23]

> Depois de dar os lineamentos da autonomia, concretizando-a em providências, pas- sou a Constituição de 1934 a discriminar as rendas pertencentes ao Município (art.13, § 2º, I a V). Pela primeira vez uma Constituição descia a tais minúcias, para resguardar um princípio tão decantado na teoria quanto esquecido na prática dos governos anteriores. A brevíssima vigência da Constituição de 1934 não permitiu uma apreciação segura dos resultados das inovações (delineamento da autonomia e discriminação das rendas municipais) introduzidas na esfera municipal.9

Era um passo adiante na história do municipalismo brasileiro, mas que logo se desviou.

### 2.5. Do Município na Constituição de 1937

Com a imposição da Constituição de 1937 por Getúlio Vargas, através do que se chamou Estado Novo, uma nova ordem política é implantada, caracterizando-se por concentração de poderes no Executivo. O prefeito passou a ser nomeado pelo Governador do Estado, agora com o nome de Interventor, que enfeixou várias atribuições que eram da Câmara de Vereadores.

Segundo Hely Lopes Meirelles:[24]

> Instituiu-se, então, um sistema de subalternidade nacional, que descia do ditador ao mais modesto funcionário público, todos preocupados em agradar o "chefe" e esquecidos de seus deveres para

---

[21] MARTORANO, Dante. Ob. citada.
[22] MEIRELLES, Hely Lopes. Ob. cit. p. 31/32.
[23] Idem. p. 33.
[24] Ibidem.

com a coletividade. O código das Municipalidades era o Dec.-Lei Federal 1.202, de 8.4.39, modificado substancialmente pelo de nº 5.511, de 21.5.43 – diplomas, esses, passíveis das mais sérias censuras, inclusive a da inconstitucionalidade, como bem observa um de seus autorizados comentadores (Océlio de Medeiros).

## 2.6. Do Município na Constituição de 1946

Em decorrência da estrutura criada pelo próprio sistema constitucional imposto pela Constituição de 1937, o governo ditatorial que a instituiu foi deposto pelas Forças Armadas. Um clima de redemocratização surgiu no cenário nacional e que foi acolhido pela Assembléia Constituinte então instalada.

Com o advento da Constituição de 1946, o município se revigorou, pois ganhou autonomia política, administrativa e econômica, criando-se uma espécie de simetria entre os Poderes Legislativo e Executivo à imagem do Governo Federal. Com isso foi possível a eleição de Prefeito e Vereadores, retomando-se o que fora em 1934.

Para Dante Martorano:[25]

Uma intensa pregação municipalista, deflagrada desde o século passado, desaguou num modelo brasileiro de Município. Diferente nossa Federal da norte-americana, pois ela atribuía a cada Estado-membro a função de organizar, a seu arbítrio os governos locais. A divisão dos poderes também foi institucionalizada, ainda que não se referisse ao Poder Judiciário, mas claro o propósito da independência do Executivo e do Legislativo. Enfim, começou a história do Município tipicamente brasileiro, na sua peculiar autonomia. Mesmo que, logicamente, esta autonomia esteja sempre contida nos limites fixados pelo Estado brasileiro na sua Constituição Federal.

## 2.7. Do Município na Constituição de 1967

A Constituição de 1967 e sua Emenda de 1969 mantiveram a estrutura municipal, só que enfatizando uma gama de maiores poderes ao Poder Executivo, como a nomeação de Prefeitos das Capitais, das estâncias hidrominerais e áreas de segurança nacional; limitou o número de vereadores e a sua remuneração e impôs a fiscalização financeira e orçamentária.

Para Hely Lopes Meirelles:[26]

A modificação do sistema tributário, introduzido pela Constituição de 1969, teve o mérito de distribuir melhor a renda pública entre as três entidades estatais, mas o critério de atribuição de percentagem fixa e uniforme (20%) na participação do imposta estadual de circulação de mercadorias (ICM) criou uma gritante disparidade entre Municípios industrializados e Municípios de predominante atividade agrícola, ficando aqueles em situação privilegiada em relação a estes. Merece ainda destacar que esse sistema tributário, com as limitações constitucionais estabelecidas, corrigiu sérias distorções da tributação municipal, impedindo a proliferação de impostos e taxas tendo como base de cálculo o mesmo fato gerador, apenas com denominações diferentes e impróprias, o que sobrecarregava e tumultuava as finanças municipais.

## 2.8. Do Município na Constituição de 1988 e nas Emendas Constitucionais nºˢ 1/92, 16/97, 19/98 e 25/2000

A Constituição de 1988, quando promulgada, retomou os parâmetros da Constituição de 1.946, outorgou autonomia política ao Município para possibilitar, indistintamente, a eleição do Prefeito municipal e seu vice, bem como dos vereadores, para mandato de quatro

---

[25] MARTORANO, Dante. Ob. cit., p. 74
[26] MEIRELLES, Hely Lopes. Ob. cit., p. 36.

anos, mediante pleito direto e simultâneo realizado em todo País e que deveria ser realizado 90 dias antes do término do mandato dos que deviam suceder (art. 29, inciso I e II), ocorrendo a posse do Prefeito e do Vice-Prefeito no dia 1º de janeiro do ano subseqüente ao da eleição (art. 29, inciso III). O número de Vereadores foi fixado proporcionalmente à população do Município da seguinte forma (art. 2º e incisos IV, letras *a* a *c*):

a) mínimo de nove e máximo de vinte e um nos Municípios de até um milhão de habitantes;

b) mínimo de trinta e três e máximo de quarenta e um nos Município de mais de um milhão e menos de cinco milhões de habitantes;

c) mínimo de quarenta e dois e máximo de cinqüenta e cinco nos Municípios de mais de cinco milhões de habitantes.

Num processo paulatino de intervenção do poder central na esfera municipal, demonstrador de que existe uma cultura política de ingerência no município brasileiro, as conquistas consolidadas legitimamente em Assembléias Constituintes de 1988, e que são reconquistas de 1946, começam a ser eliminadas de forma lenta, mas gradual, através de emendas constitucionais de duvidosa constitucionalidade.

O processo de intervenção federal começa com a Emenda Constitucional nº1, de 31.03.1992, ao estabelecer que a despesa total com a remuneração dos Vereadores não poderia ultrapassar o montante de cinco por cento da receita do município. Este dispositivo é o atual inciso VII do art. 29, passando o original, bem como os demais, a ter nova renumeração. Com esta emenda, a autonomia municipal foi atingida, numa velada declaração de que o Município não sabe lidar com o dinheiro público e por isso precisa de parâmetro limitador dos duramente ganhos de seus Vereadores.

Embora a Emenda Constitucional nº 16, de 04.06.1997, não tenha produzido efetiva redução na autonomia municipal, no entanto, ao fixar que a eleição municipal deveria ter dia certo, estabelecendo o primeiro domingo de outubro do ano anterior ao término do mandato, para sua realização, em vez dos 90 dias antes do término do mandato a suceder, como era, circunstância que poderia ser determinada através de lei ordinária, deixou claro o poder do constituinte derivado de dizer sobre fatos tipicamente municipais.

Mas foi a Emenda Constitucional nº 19, de 04.06.1998, que violentou de forma dura a autonomia municipal, ao estabelecer que o subsídio do Prefeito, do Vice-Prefeito e dos Secretários Municipais seriam fixados por Lei Municipal e que os subsídios dos Vereadores, além de fixados também por lei municipal, ainda teriam como parâmetro máximo 75%, daquele estabelecido em espécie para os Deputados Estaduais. Sob o pretexto de enxugar a Administração Federal e com isso adequá-la a comprometimentos de organismos financeiros internacionais, o Congresso Nacional sacrificou o princípio federativo e desferiu um forte golpe nas autonomias estaduais e municipais. É de se observar que as intervenções impostas tanto pela Emenda Constitucional nº 1/92 como pela de nº 19/98 são de cunho financeiro.

Mais uma vez o recado foi dado: a administração municipal não tem competência para gerir a remuneração de seus agentes políticos. Nem bem a emenda da chamada reforma administrativa era implementada, o Congresso Nacional promulgava nova modificação constitucional atentatória contra a autonomia municipal através da Emenda Constitucional nº 25, de 14.02.2000, que, agora, estabeleceu que os subsídios dos Vereadores seriam fixados tendo por base os seguintes patamares (art. 29, inciso VI):

a) em Município de até dez mil habitantes, o subsídio máximo dos Vereadores corresponderá a vinte por cento do subsídio dos Deputados Estaduais;

b) em Municípios de dez mil e um a cinqüenta mil, o subsídio máximo dos Vereadores corresponderá a trinta por cento do subsídio dos Deputados Estaduais;

c) em Municípios de cinqüenta e um mil a cem mil habitantes, a quarenta por cento do subsídio dos Deputados Estaduais;

d) em Municípios de cem mil e um a trezentos mil habitantes, o subsídio máximo dos Vereadores corresponderá a cinqüenta por cento do subsídio dos Deputados Esta- duais;

e) em Municípios de trezentos mil e um a quinhentos mil habitantes, o subsídio máximo dos Vereadores corresponderá a sessenta por cento do subsídio dos Depu- tados Estaduais;

f) em Municípios de mais de quinhentos mil habitantes, o subsídio máximo dos Vereadores corresponderá a setenta e cinco do subsídio dos Deputados Estaduais.

Além disso, a Emenda 25/2000 acresceu um artigo à Constituição de 1988, nestes termos:

Art. 29-A. O total da despesa do Poder Legislativo Municipal, incluídos os subsídios dos Vereadores e excluídos os gastos com inativos, não poderá ultrapassar os se- guintes percentuais, relativos ao somatório da receita tributária e das transferências previstas no § 5º do art. 153 e nos arts. 158 e 159, efetivamente realizado no exercício anterior:

I – oito por cento para Municípios com população de até cem mil habitantes;

II – sete por cento para Municípios com a pulação entre cem mil e um e trezentos mil habitantes;

III – seis por cento para Municípios com população entre trezentos e um e quinhentos
mil habitantes;

IV – cinco por cento para Municípios com população acima de quinhentos mil habitantes.

§ 1º a Câmara Municipal não gastará mais de setenta por cento de sua receita com folha de pagamento, incluído o gasto com o subsídio de seus Vereadores.

Afora estas intervenções tipicamente financeiras na autonomia municipal, a Constituição em vigor deu inviolabilidade às opiniões, palavras e votos do Vereador quando no exercício do mandato e na circunscrição municipal (art. 29, inciso VIII); estabeleceu proibições e incompatibilidades para o exercício da vereança, de forma similar aos fixados para o Congresso Nacional e Assembléia Legislativa, no que fosse compatível (art. 29, IX); privilegiou o julgamento do Prefeito perante o Tribunal de Justiça (art. 29, X); estabeleceu a necessidade de inclusão na Lei Orgânica Municipal de organização das funções legislativas e fiscalizadoras da Câmara Municipal (art. 29, XI); fixou a possibilidade de cooperação das associações representativas no planejamento municipal (art. 29, XII) possibilitou o projeto de lei de iniciativa popular de interesse do Município, da cidade ou de bairros, através de manifestação de pelo menos cinco por cento do eleitorado (art. 29, XIII) e a perda do mandado do Prefeito, nos termos do art. 28, parágrafo único (O parágrafo único do art. 28 foi transformado em § 1º, pela Emenda Constitucional nº 19/98, e trata da perda do mandato do Governador que assumir outro cargo ou função na administração pública direta ou indireta, ressalvada a posse em virtude de concurso público. No caso do Prefeito, a ressalva ali disposta é que poderá optar entre o subsídio ou a remuneração do cargo).

Não resta a menor dúvida que as emendas constitucionais citadas limitaram a autonomia municipal. O ideário político que aflorou na Assembléia Constituinte e que culminou na Constituição de 1988 estava carregado de um forte pensamento humanístico de proteção à cidadania com visível limitação do estado e, no campo interno deste, de maior autonomia municipal. Paulatinamente, através de discutível constitucionalidade, já que atinge a cláusula pétrea que garante o princípio federativo, emenda após emenda, a Constituição Federal vem sendo modificada e, no campo específico do Município, observa-se uma indisfarçável intervenção federal no campo municipal.

A atual Constituição também estruturou a competência municipal quando criou regras de competência legislativa, tributária e administrativa, como se verá em análise a seguir.

## 3. DA ORGANIZAÇÃO DO MUNICÍPIO: CRIAÇÃO, DESMEMBRAMENTO, ANEXAÇÃO, INCORPORAÇÃO E FUSÃO

O Município é criado por lei estadual, consoante regência do § 4º do art. 18 da Constituição, com a redação dada pelo Emenda Constitucional nº 15, de 12.09.1996, nestes termos:

Art. 18. (...)
§ 4º A criação, a incorporação, a fusão, e o desmembramento de Municípios far-se-ão por lei estadual, dentro do período determinado por lei complementar federal, e dependerão de consulta prévia, mediante plebiscito, às populações dos Municípios envolvidos, após divulgação dos Estudos de Viabilidade Municipal, apresentados e publicados na forma da lei.

O processo de criação de um Município, portanto, tem tempos e momentos certos. Assim, embora a criação decorra efetivamente de lei estadual, prescinde ela de lei complementar federal autorizadora dessa criação, que, inclusive, fixará o período para que isso ocorra. Logo, lei estadual que crie Município sem a preexistência da lei complementar federal, ou mesmo fora do prazo nela estabelecido para criação, é lei inconstitucional. E como tal, despersonifica o Município criado como pessoa jurídica de direito público interno, tornando os atos administrativos por ele praticado nulos, já que emanados contra a legalidade.

Vigente a lei complementar federal e no período por ela estabelecido dos interessados representarão a criação do Município à Assembléia Legislativa, demonstrando a viabilidade dessa criação nos termos da lei. Preenchidos os requisitos mínimos e divulgados os Estudos de Viabilidade Municipal com ampla divulgação, a Assembléia Legislativa determina a realização de plebiscito com os eleitores da área abrangida. Realizado o plebiscito pela Justiça Eleitoral, a lei criadora é promulgada.

Enquanto não implementada a administração no novo Município, o Município-mãe fica responsável pela transição.

O Município brasileiro é criado de quatro formas: a) desmembramento; b) anexação; c) incorporação; d) fusão de territórios.

Ocorre *desmembramento* quando há separação de parte de um Município para constituir um outro. *Anexação*, quando há junção da parte desmembrada de um território a um Município já existente, que continua com a sua personalidade anterior. *Incorporação* é a reunião de um Município a outro, perdendo um deles a personalidade de pessoa jurídica de direito público interno e, por fim, *fusão* é a união de dois ou mais Municípios que perdem, todos eles, a sua primitiva personalidade, surgindo um novo Município.

Criado o Município, ele será regido por sua lei orgânica, votada em dois turnos, com interstício mínimo de dez dias, e aprovada por dois terços dos membros da Câmara Municipal, que a promulgará, respeitando os preceitos dos arts. 29, 29-A, 30 e 31 da Constituição Federal, com as redações impostas pelas Emendas Constitucionais 1/1992, 16/1997, 19/1998 e 25/2000.

## 4. DA AUTONOMIA MUNICIPAL: POLÍTICA, LEGISLATIVA, ADMINISTRATIVA E FINANCEIRA

O Município brasileiro não tem soberania. Esta é própria da República Federativa do Brasil, pessoa jurídica de direito público externo, e da União, seu correspondente no campo interno, que pode ser conceituado como o poder exclusivo e absoluto do Estado de organizar-se e dirigir-se de acordo com a vontade incoercitível e incontrastável. Soberania é o poder de autodeterminação e resulta da emanação direta do povo.

O Município brasileiro tem tão-somente autonomia, que é prerrogativa política outorgada pela Constituição a entidades estatais internas para se compor e prover sua administração segundo a ordem jurídica vigente.

O Município tem as seguintes autonomias: a) política; b) legislativa; c) administrativa; d) financeira.

O Município brasileiro tem *autonomia política* quando elege seu Prefeito, Vice-Prefeito e Vereadores, desde que respeitadas as limitações dos arts. 29 e 30 da Constituição Federal.

A *autonomia legislativa* municipal ocorre quando o Município legisla sobre assuntos de interesse local. Evidentemente que por interesse local tem que ser entendido interesse que constitucionalmente não tenha sido declarado como da União ou do Estado-Membro.

A *autonomia administrativa* do Município, embora fortemente vinculada aos parâmetros federais e, em menor escala, estaduais, sofreu, mais uma vez, uma forte limitação, como, aliás, toda administração pública, em decorrência da Emenda Constitucional nº 19/98 e da Lei Complementar nº 101, de 19.10.2000. Estas legislações, nitidamente marcadas por necessidade de acomodação e de adequação do País às exigências de devedores externos, como mais precisamente o Fundo Monetário Internacional (FMI), quase que aboliram a federal brasileira, já que toda administração pública, independente a que grau pertença, foi subordinada aos preceitos da Constituição Federal modificada.

Especificamente, a autonomia administrativa do Município está em:

a) criar, organizar e suprimir distritos, observada a legislação federal;
b) organizar e prestar, diretamente ou sob regime de concessão ou permissão, os serviços público de interesse local, incluído o de transporte coletivo, que tem caráter essencial;
c) manter, com a cooperação técnica e financeira da União e do Estado, programas de educação pré-escolar e de ensino fundamental;
d) prestar, no que couber, adequado ordenamento territorial, mediante planejamento e controle do uso, do parcelamento e da ocupação do solo urbano;
e) promover a proteção do patrimônio histórico-cultural local, observada a legislação e a ação fiscalizadora federal e estadual ;
f) nos termos da Emenda Constitucional nº 19/98, que modificou o art. 39 da CF, poder instituir conselho de política de administração e remuneração de pessoal, o que era vedado já que o município estava vinculado ao regime jurídico único.

A *autonomia financeira* do Município se caracteriza na possibilidade de poder ele instituir e arrecadar os tributos de sua competência, bem como aplicar suas rendas, sem prejuízo da obrigatoriedade de prestar contas e publicar balancetes nos prazos fixados em lei, consoante o disposto no inciso III, do art. 30 da CF. Essa era a competência originária. No entanto, através da Emenda Constitucional nº 25, foi acrescido o art. 29-A, nos seguintes termos:

Art. 29-A. O total da despesa do Poder Legislativo Municipal, incluídos os subsídios dos Vereadores e excluídos os gastos com inativos, não poderá ultrapassar os seguintes percentuais, relativos ao somatório da receita tributária e das transferências previstas no § 5º do art. 153 e nos arts. 158 e 159, efetivamente realizado no exercício anterior:
I – oito por cento para Municípios com população de até cem mil habitantes;
II – sete por cento para Municípios com população entre cem mil e um e trezentos mil habitantes;
III – seis apor cento para Municípios com população entre trezentos mil e um e quinhentos mil habitantes;
IV – cinco por cento para Municípios com população a cima de quinhentos mil habitantes.

§ 1º A Câmara Municipal não gastará mais de setenta por cento de sua receita com folha de pagamento, incluído o gasto com o subsídio de seus Vereadores.
§ 2º Constitui crime de responsabilidade do Prefeito Municipal:
I – efetuar repasse que supera os limites definidos neste artigo;
II – não enviar o repasse até o dia vinte de cada mês: ou
III – enviá-lo a menor em relação à proporção fixada na Lei Orçamentária.
§ 3º Constitui crime de responsabilidade do Presidente da Câmara Municipal o desrespeito ao § 1º deste artigo.

A já combalida autonomia financeira, também pela Lei Complementar nº 101, de 4 de maio de 2000, sofreu forte limitação, porquanto através de um controle rígido impôs uma severa ingerência nas contas municipais de duvidosa constitucionalidade frente ao princípio federativo.

## Capítulo IV – Da Administração Pública enquanto organismo estruturado

### 1. DAS CONSIDERAÇÕES GERAIS

Na visão externa, já vimos que os agentes integram órgãos que compõem pessoas e que estas dão visibilidade nas relações da Administração Publica com terceiros. Por esse prisma, a Administração Pública é integrada por pessoas jurídicas públicas e privadas com funções administrativas.

Na visão de organização interna, as pessoas, os órgãos e os agentes são dispostos de forma concatenada organizando a Administração Pública. Esta organização é feita, em regra, por lei. Excepcionalmente poderá ocorrer por decreto e normas inferiores (quando não exigir a criação de cargos ou não aumentar a despesa pública).

A organização da Administração Pública se concretiza através de duas estruturas típicas: a) administração direta; b) administração indireta.

### 2. DA ADMINISTRAÇÃO DIRETA

#### 2.1. Do conceito

De forma genérica, *administração direta* é o conjunto de órgãos integrados na estrutura da chefia do Executivo e na estrutura dos órgãos auxiliares daquela chefia. Na administração direta há uma hierarquia, um vínculo de subordinação, que parte do chefe do Executivo para seus auxiliares diretos e destes para seus subordinados, e assim por diante.

As alterações nos órgãos auxiliares diretos da chefia do Executivo ocorrem, geralmente, no início de cada mandato, através de textos legais que recebem o nome de *reforma administrativa* (servem para criar, fundir, extinguir e transformar órgãos, sempre especificando as providências decorrentes).

#### 2.2. Da concentração e desconcentração

Além do vínculo de subordinação, outra característica importante da administração direta é a *desconcentração*, ou seja, a divisão de tarefas e atividades de cada órgão, cada qual responsável pela sua parte. A *concentração* é justamente o contrário, ou seja, é o acúmulo de tarefas e atividades num único órgão.

*Desconcentração* não se confunde com *descentralização*. Apesar de serem parecidas, na *descentralização* há a transferência de determinadas competências a outras pessoas jurídicas, por força de lei, que podem ser estruturadas na forma do direito público ou na do direito privado. Na desconcentração, não há criação de outra pessoa jurídica, mas, tão-somente, atribuição de determinadas competências a serem exercidas no âmbito da mesma pessoa.

### 2.3. Da estrutura

*2.3.1. Da administração direta federal*

*2.3.1.1. Da Presidência da República*

A *Presidência da República* é o órgão supremo da administração direta federal, encabeçado pelo Presidente da República. O Presidente é eleito pelo povo, em eleição direta e seu mandato tem duração de 4 (quatro) anos (art. 82, da Constituição Federal, com redação dada pela Emenda Constitucional nº 5). Suas principais atribuições estão previstas no artigo 84 da Carta Magna.

*2.3.1.2. Dos Ministérios*

Hierarquicamente situados logo abaixo da Presidência da República, os Ministérios são órgãos da estrutura básica da Administração. Na sua chefia estão os Ministros de Estado, nomeados em comissão, por escolha do Presidente da República (artigos 84, I, e 87 da Constituição Federal) e exonerados pelo mesmo.

A criação ou a extinção dos ministérios depende de lei, nos termos do artigo 88 da Constituição Federal. Compete ao presidente da República a sua organização e funcionamento, desde que não acarrete em aumento de despesa, criação ou extinção de órgão público (artigo 84, VI, da Carta Magna).

*2.3.2. Da administração direta estadual*

A organização administrativa dos Estados é de sua própria competência (artigo 25, da Constituição Federal), devido à sua autonomia. À exemplo da administração direta federal, há um chefe do executivo que encabeça a Administração e tem como auxiliares os Secretários de Estado.

O Poder Executivo Estadual é exercido pelo Governador do Estado, auxiliado pelo Secretário de Estado (artigo 78 da Constituição do Estado do Rio Grande do Sul). As diversas matérias de competência do Estado são divididas entre as Secretarias, que também possuem suas subdivisões, como gabinetes, assessorias, departamentos, seções, etc.

*2.3.3. Da administração direta municipal*

Consoante o artigo 29 da Constituição Federal, o Município reger-se-á pela sua Lei Orgânica. O poder executivo da administração direta municipal é encabeçado pelo Prefeito Municipal. Quanto maior o município, mais complexa é a sua estrutura, podendo ter Secretarias, Departamentos, etc.

*2.3.4. Da administração do Distrito Federal*

O Distrito Federal é o ente federativo que sedia a capital do Brasil. É regido por lei orgânica e é constitucionalmente proibido de ser dividido em municípios (artigo 32). A chefia do seu Executivo é encabeçada pelo Governador que também exerce a direção geral da Administração, auxiliado por Secretários, chefes de secretarias.

## 3. DA ADMINISTRAÇÃO INDIRETA

A Administração indireta é composta pelas *autarquias*, *fundações* instituídas pelo Poder Público, *sociedades de economia mista* e *empresas públicas*.

Penso que também podem ser classificadas como administração indireta os *fundos especiais* e a *entidades controladas pelo Poder Público*.

### 3.1. Da autarquia

*3.1.1. Do conceito e generalidades*

O termo autarquia significa *poder próprio* ou *comando próprio*. É pessoa pública administrativa porque tem apenas o poder de auto-administração, nos limites determinados por lei, prestando serviço público descentralizado. São criadas por lei (inc. XIX do artigo 37, CF), com patrimônio, personalidade jurídica e receitas próprios. As autarquias se diferem da União, dos Estados-membros e dos Municípios por não terem capacidade política, ou seja, não poderem criar seu próprio direito. Seus fins e atividades são específicos e estão sujeitas ao controle ou tutela administrativa para que não se desviem de seus fins institucionais.

Deve-se observar que o termo *autônomo*, contido no inciso I do artigo 5º do Dec-Lei nº 200/67 (que contém o conceito legal de autarquia), deve ser interpretado como *não subordinado hierarquicamente*, já que as autarquias não são dotadas da mesma natureza que os Estados-membros, Municípios e Distrito Federal, que possuem autonomia política.[27]

Tanto as autarquias quanto as pessoas políticas respondem objetivamente pelos seus atos que provocarem danos, sejam esses lícitos ou ilícitos, nos termos do § 6º do artigo 37 da Constituição Federal. As autarquias gozam de prazo em dobro ou até em quádruplo (recurso ou contestação), e a prescrição de seus débitos é qüinqüenal.

*3.1.2. Da classificação*

Diversos critérios podem ser utilizados para classificar as autarquias, como, por exemplo, quanto: a) ao *tipo de atividade* (econômicas, de crédito, industriais, de previdência e assistência, profissionais ou corporativas e, culturais ou de ensino); b) à *capacidade administrativa* (geográfica ou territorial e de serviço ou institucional); c) à *estrutura* (fundacionais e corporativas); d) à *pessoa que a criou* (federal, estadual e municipal).

Existem também as chamadas autarquias especiais. A primeira lei a tratar delas foi a Lei nº 5.540/68, que em seu artigo 4º tratava das formas institucionais das universidades públicas. Também se enquadram nas autarquias especiais as *agências reguladoras*, que são vinculadas ao Ministério competente para tratar da respectiva atividade.

---

[27] Art. 5º Para os fins desta lei, considera-se: I – *Autarquia* – o serviço autônomo, criado por lei, com personalidade jurídica, patrimônio e receita próprios, para executar atividades típicas da Administração Pública, que requeiram, para seu melhor funcionamento, gestão administrativa e financeira descentralizada.

As autarquias, assim como as fundações, poderão receber tratamento diferenciado se forem qualificadas, por ato do Presidente da República, como *agência executiva* (artigo 51 da Lei nº 9.649/98 e artigo 1º, § 4º, do Decreto nº 2.487/98), principalmente no tocante à autonomia de gestão (artigo 52, *caput* e § 1º, da Lei nº 9.649/98).

### 3.1.3. Do capital e do patrimônio

O patrimônio das autarquias é considerado patrimônio público, com destinação especial e administração própria da entidade a que for incorporado, e é formado com a transferência de bens móveis ou imóveis da entidade-matriz. Seu regime de bens é de direito público, gozando de privilégios como inalienabilidade, imprescritibilidade e impenhorabilidade.

A transferência de bens para a autarquia se dá diretamente pela instituidora (situação a qual não é necessário o registro) ou a lei autoriza a incorporação, a qual se efetivará por *termo administrativo* ou por *escritura pública*, para posterior transcrição no Registro Imobiliário competente. Deve-se ressaltar que a transferência de bens imóveis não pode se efetuar por Decreto ou qualquer outro ato unilateral.

Os bens e rendas das autarquias podem ser alienados, onerados e utilizados para os fins da instituição, na forma de seu estatuto ou de seu regulamento, independentemente de autorização legislativa especial, salvo os casos de bens imóveis (inciso I do artigo 17 da Lei nº 8.666/93).

### 3.1.4. Do regime de pessoal

O regime de pessoal dos servidores autárquicos é o mesmo dos servidores da administração direta. No âmbito federal a Lei nº 8.112/90 impôs um regime único de pessoal para a administração direta, autarquias e fundações públicas. Desta forma, o regime dos servidores das autarquias é *estatutário* ou institucional e não contratual.

### 3.1.5. Da extinção e da destinação do patrimônio

Da mesma maneira que só podem ser criadas por lei, as autarquias também só podem ser extintas por lei. Os atos lesivos ao patrimônio autárquico são passíveis de anulação por ação popular (artigo 1º da Lei nº 4.717/65). Extinta a autarquia, todo o seu patrimônio reincorpora-se no da entidade estatal que a criou.

## 3.2. Das agências reguladoras

As agências reguladoras ou autarquias reguladoras surgiram com a extinção total ou parcial do monopólio estatal de alguns serviços públicos e outras atividades e com a transferência total ou parcial destes ao setor privado, através de concessões, permissões ou autorizações.

Sua função é praticamente a regulação e fiscalização de serviços públicos, apesar de existirem agências reguladoras com outros fins.[28] Como já dito, elas têm natureza de autarquias especiais. No âmbito federal, são vinculadas ao Ministério competente para tratar da respectiva atividade. Salvo os cargos em comissão, seus servidores devem se submeter a concurso público.

---

[28] MEDAUAR, Odete. *Direito Administrativo Moderno*. 7ª ed. São Paulo: Revista dos Tribunais, 2005.

### 3.2.1. Da criação

A criação das agências reguladoras se dá por lei, como, por exemplo, no âmbito federal:

a) Lei nº 9.427/96 – criou a Agência Nacional de Energia Elétrica – ANEEL, que busca fiscalizar a produção, transmissão, a distribuição e a comercialização de energia elétrica;
b) Lei nº 9.472/97 – criou a Agência Nacional de Telecomunicações – ANATEL, que regula as telecomunicações no Brasil;
c) Lei n 9.433/97 – criou a Agência Nacional de Águas – ANA, que regula os instrumentos da Política Nacional de Recursos Hídricos;
d) Lei nº 9.478/97 – criou a Agência Nacional de Petróleo – ANP, que regula a indústria de petróleo no país.
e) Lei nº 9.782/99 – criou a Agência Nacional de Vigilância Sanitária – ANVISA, regula o sistema de vigilância sanitária nacional;
f) Lei nº 9.961/01 – criou a Agência Nacional de Saúde Complementar – ANS – que sistematiza todos os planos de saúde no País;
g) Medida Provisória n° 2.228/01 – que criou a Agência Nacional do Cinema – ANCINE – que regula o sistema cinematográfico;
h) Lei nº 10.233/01, que criou a Agência Nacional de Transporte Terrestre – ANTT – e a Agência Nacional de Transporte Aquaviários – ANTAQ – que regulam os transportes terrestres e aquaviários no País;
l) Lei nº 11.182/05 – que criou a Agência Nacional de Aviação Civil – ANAC, que regula a fiscalização e as atividades da aviação civil e de infraestrutura aeronáutica e aeroportuária.

### 3.2.2. Do regime jurídico de pessoal

As diretrizes dos recursos humanos das agências reguladoras federais encontram-se na Lei nº 9.986/00 (com alterações dadas pelas Leis nº 10.470/02 e 10.871/04). O regime jurídico de pessoal das agências reguladoras é o estatutário, o que significa que são eles servidores públicos e não empregados públicos, ingressando no quadro através de concurso público. Os diretores dessas agências, no entanto, são nomeados pelo Presidente da República, após aprovação pelo Senado, para cumprir mandatos. Essa nomeação, apesar de ser por tempo certo, indica, de fato, uma subordinação da agência ao Poder Executivo.

### 3.3. Da sociedade de economia mista

#### 3.3.1. Do conceito

As *sociedades de economia mista* são estruturadas sob a forma de sociedade anônima, constituída por capital público e privado, devendo existir participação majoritária do Poder Público e participação na gestão da empresa, além da intenção de fazer desta um instrumento de ação do Estado, manifestado pela Lei que a instituiu e assegurada pela derrogação parcial do direito comum.

Apesar das sociedades de economia mista terem como objetivo a exploração da atividade econômica (inciso III do artigo 5º do Decreto-Lei nº 200/67), muitas foram instituídas para prestação de serviços públicos, com o respaldo na faculdade conferida ao Poder Público de escolher o modo de gestão de tais serviços.

Há controle estatal, operando-se o interno pelo Poder Executivo e o externo pelo Poder Legislativo, auxiliado pelo Tribunal de Contas (inciso X do artigo 49 e artigos 70 e 71 da Constituição Federal).

### 3.3.2. Da criação

Inicialmente as sociedades de economia mista, como as autarquias, também eram criadas por lei (artigo 5º, incisos II e III, do Decreto-Lei nº 200/67). A Emenda Constitucional nº 19/98 alterou o disposto no inciso XIX do artigo 37 da Constituição Federal, de forma que *somente por lei específica poderá ser criada autarquia e "autorizada a instituição" de empresa pública, de "sociedade de economia mista" e de fundação, cabendo á lei complementar, neste último caso, definir as áreas de sua atuação* (grifei). Desta forma, a lei apenas autoriza a criação da entidade, que se processa por atos constitutivos do Poder Executivo e transcrição no Registro Público.

A forma de organização das Sociedades de economia mista está prevista na Lei nº 6.404/76 (Lei das Sociedades por Ações), em seus artigos 235 a 241. A forma da sociedade é a mesma das sociedades anônimas e, não pode os Estados e os Municípios adotar outra forma de organização, por não terem competência para legislar sobre Direito Civil e Comercial (inciso I do artigo 22 da Constituição Federal).

As sociedades de economia mista não possuem privilégios próprios das autarquias e fundações, tais como impenhorabilidade de seus bens, juízo privativo (art. 109, CF), duplo grau de jurisdição, prazos dilatados, imunidade tributária (sobre patrimônio, renda ou serviços), prescrição qüinqüenal das dívidas, direitos e ações (Decreto nº 20.910/32).

### 3.3.3. Do objeto

O objeto das sociedades de economia mista deve ser previsto em lei, nos termos do art. 237 da lei das Sociedades por Ações:

> Art. 237. A companhia de economia mista somente poderá explorar os empreendimentos ou exercer atividades previstas na lei que autorizou a sua constituição.
> § 1º A companhia de economia mista somente poderá participar de outras sociedades quando autorizada por lei no exercício de opção legal para aplicar Imposto sobre a Renda ou investimentos para o desenvolvimento regional ou setorial.
> § 2º As instituições financeiras de economia mista poderão participar de outras sociedades, observadas as normas estabelecidas pelo Banco Central do Brasil.

A sociedade de economia mista deve ter como objeto a atividade econômica, nas condições e limites do artigo 173 da Constituição Federal, mas também admite-se sua criação para prestação de serviços públicos ou de utilidade pública.

### 3.3.4. Da natureza jurídica

Apesar das controvérsias doutrinárias, tendo em vista o conceito contido no inciso III do artigo 5º do Decreto-Lei nº 200/67, parece claro que a natureza jurídica das sociedades de economia mista é privada:

> Art. 5º Para os fins desta lei, considera-se:
> III – *Sociedade de Economia Mista* – a entidade dotada de personalidade jurídica de direito privado, criada por lei para a exploração de atividade econômica, sob a forma de sociedade anônima, cujas ações com direito a voto pertençam em sua maioria à União ou a entidade da Administração Indireta. *(Redação dada pelo Decreto-Lei nº 900, de 1969)*

A sociedade de economia mista desempenha atividade de natureza econômica, seja como serviço público assumido pelo Estado, seja como intervenção deste no domínio econômico. Assim, o direito a elas aplicável será sempre o privado, excetuando-se casos expressos em lei.

### 3.3.5. Do regime jurídico do pessoal

O regime jurídico dessas sociedades é misto, e não se aplicam aos servidores as normas contidas nos artigos 40 e 41 da CF quanto à aposentadoria e estabilidade, vez que, em regra, são regidos pela CLT. Desta forma, estão sujeitos às normas do artigo 7° da Constituição Federal, observando-se as derrogações contidas no artigo 37 e o disposto no § 1° do artigo 173.

Antes do advento da Constituição Federal de 1988, os empregados destas empresas eram recrutados mediante critérios subjetivos e pessoais. Com a nova Constituição, isto mudou, sendo necessária a aprovação em concurso público de provas e títulos.

### 3.3.6. Da extinção e destino do patrimônio

Ocorrendo a extinção da sociedade de economia mista, o patrimônio desta retornará às origens, dividido entre os acionistas, na proporção do capital integralizado de cada um.[29]

## 3.4. Da empresa pública

### 3.4.1. Do conceito

Nos termos do inciso II, do artigo 5°, do Decreto Lei n° 200/67:

> *Empresa Pública* – a entidade dotada de personalidade jurídica de direito privado, com patrimônio próprio e capital exclusivo da União, criado por lei para a exploração de atividade econômica que o Governo seja levado a exercer por força de contingência ou de conveniência administrativa podendo revestir-se de qualquer das formas admitidas em direito. (Redação dada pelo Decreto-Lei nº 900, de 1969).

O problema deste conceito é que existem empresas públicas que prestam serviço público. Trata-se, na verdade, de empresa estatal (não é pessoa jurídica de direito público), devendo sua instituição ser autorizada por lei específica, cabendo à lei complementar delimitar sua área de atuação (inciso XI do artigo 37 da Constituição Federal).

### 3.4.2. Do capital

Em princípio, formam-se por capital exclusivo da entidade política a que se vincula. No entanto, o artigo 5° do Decreto-Lei n° 900/69 admite a mescla de capital *desde que a maioria do capital volante permaneça de propriedade da União, será admitida, no capital da empresa pública, a participação de outras pessoas jurídicas de direito público interno, bem como de entidades da Administração indireta da união, dos Estados, Distrito Federal e Municípios.*

### 3.4.3. Da forma societária

A empresa pública pode revestir-se de qualquer das formas admitidas em direito. Dentre as formas societárias, tem-se usado mais a das sociedades anônimas e as por quotas de responsabilidade limitada.

---

[29] FARIA, Edimur Ferreira de. *Direito Administrativo*. 4ª edição. Belo Horizonte: Del Rey, 2001, p. 94.

### 3.4.4. Do objeto

O objeto da empresa pública poderá ser a exploração de atividades econômicas, situação na qual deverá a mesma observar as normas pertinentes às empresas privadas. No entanto, isto não impede que incidam muitas sujeições típicas dos órgãos administrativos.

Quanto às empresas públicas prestadoras de serviço público, essas podem usufruir de prerrogativas estatais, além de observar as sujeições atinentes.

### 3.4.5. Do regime jurídico do pessoal

Os dirigentes da empresa pública são nomeados pelo Chefe do Executivo da entidade política criadora, segundo critérios pessoais. O pessoal (empregados públicos) das empresas públicas são *celetistas*, ou seja, seu regime de trabalho é regido pela Consolidação das Leis do Trabalho. A investidura no emprego depende de concurso público. Não há estabilidade à semelhança de outros órgãos da Administração, por não se tratar de nomeação para provimento de cargo efetivo.

Incidem sobre os empregados as normas previstas nos incisos XVI e XVII do artigo 37 da Constituição Federal, assim como as normas penais e de improbidade administrativa que incidem sobre os demais servidores da Administração Publica.

### 3.4.6. Da extinção e destino do patrimônio

As empresas públicas assemelham-se às sociedades de economia mista no que toca a extinção e destino do patrimônio, de forma que o patrimônio apurado deverá ser reincorporado ao que lhe deu origem. Na proporção do capital subscrito e integralizado, cada entidade sócia receberá parte de seu patrimônio por ocasião de sua extinção.

## 3.5. Da fundação Pública

### 3.5.1. Das considerações gerais

Nos termos do Decreto Lei nº 200/67:

Art. 5º Para os fins desta lei, considera-se:
IV – *Fundação Pública* – a entidade dotada de personalidade jurídica de direito privado, sem fins lucrativos, criada em virtude de autorização legislativa, para o desenvolvimento de atividades que não exijam execução por órgãos ou entidades de direito público, com autonomia administrativa, patrimônio próprio gerido pelos respectivos órgãos de direção, e funcionamento custeado por recursos da União e de outras fontes. *(Incluído pela Lei nº 7.596, de 1987)*

Di Pietro conceituou as fundações públicas como sendo aquelas que têm:

o patrimônio, total ou parcialmente público, dotado de personalidade jurídica, de direito público ou privado, e destinado, por lei, ao desempenho de atividades do Estado na ordem social, com capacidade de auto-administração e mediante controle da Administração Pública, nos limites da Lei.[30]

Deve-se distinguir as *associações* das *fundações*: a primeira trata da reunião de pessoas que visam atingir um determinado fim, enquanto que a segunda tem um patrimônio afetado para um fim.

Existe divergência doutrinária quanto à natureza jurídica das fundações públicas. Há duas correntes principais, onde a primeira se posiciona no sentido de que a natureza jurídi-

---

[30] DI PIETRO, Maria Sylvia Zanella. *Direito Administrativo*. 14ª edição. São Paulo: Atlas, 2002, p. 373.

ca de todas as fundações criadas pelo poder público é privada, enquanto a segunda afirma ser possível a existência de fundações com personalidade pública ou privada.

Penso que é possível admitir-se a existência de fundações com personalidade de direito público ou de direito privado. O exemplo é a Lei nº 8.666/93, que trata das licitações e dos contratos administrativos, ao ensejar a interpretação de que, primeiro, é possível a existência de fundações públicas e privadas e, segundo, que aquelas seriam estruturadas como pessoas jurídicas de direito público, ao estabelecer, no parágrafo único do art. 1º, que estariam submetidas ao regime das *licitações* e, portanto, das contratações, dentre outros entes, *as fundações públicas*, porquanto as fundações privadas não se submetem a esse regime típico de ente público. Igualmente ao definir o que deveria ser entendido como Administração Pública, o art. 6ª, inciso XI, ao fazer referência às *fundações por ele instituídas ou mantidas* e, ainda no art. 119, que trata das disposições finais e transitórias, ao determinar que, além das sociedades de economia mista e das empresas públicas, as *fundações públicas* deveriam adaptar-se à Lei através de *regulamento,* que é poder típico de quem é Estado.

Diante disso, pode o Estado, ao criar pessoa jurídica sob a forma de fundação, atribuir regime jurídico administrativo, com todas as prerrogativas e sujeições que lhe são próprias, ou subordiná-la ao Código Civil, neste último caso, com derrogações por normas de direito público.

### 3.5.2. Do momento da aquisição da personalidade jurídica

No caso das fundações públicas de direito privado, tratadas pelo Decreto nº 200/67, essas não eram criadas por lei, vez que esta apenas autorizava o Poder Executivo a instituir determinada fundação para a finalidade prevista na mesma lei.

Nestes casos, a personalidade surgia do registro dos instrumentos institutivos no cartório competente, à semelhança do que ocorre com as sociedades de economia mista.

No entanto, no que toca as fundações estatais com personalidade de direito público, sua criação se dá por lei. Desta forma, sua personalidade surge a partir do momento da publicação da referida lei criadora.

### 3.5.3. Do regime jurídico de pessoal

Quanto ao regime jurídico de pessoal, com a edição da Emenda Constitucional nº 19/98, desobrigou a adoção do regime jurídico único. Por força da Lei nº 9.962/00 é possível a criação de emprego público na Administração direta federal e nas fundações e autarquias federais.

### 3.5.4. Da extinção e destino do patrimônio

A extinção da fundação pública se dá por lei específica e seu patrimônio retorna a pessoa jurídica que a criou.

## 3.6. Das agências executivas

As agências executivas, nos termos da Lei Federal nº 9.649/98 e dos Decretos Federais nº 2.487/98 e 2.488/98, são autarquias e fundações qualificadas. A qualificação e a desqualificação se dão mediante decreto do Presidente da República. O primeiro decreto retro-mencionado trata das entidades interessadas em credenciarem-se como agência executiva, enquanto o segundo trata das agências executivas em si mesma.

Diz o art. 1º do decreto nº 2.487/98:

> Art. 1º As autarquias e as fundações integrantes da Administração Pública Federal poderão, observadas as diretrizes do Plano Diretor da Reforma do Aparelho do Estado, ser qualificadas como Agências Executivas.
>
> § 1º A qualificação de autarquia ou fundação como Agência Executiva poderá ser conferida mediante iniciativa do Ministério supervisor, com anuência do Ministério da Administração Federal e Reforma do Estado, que verificará o cumprimento, pela entidade candidata à qualificação, dos seguintes requisitos:
> a) ter celebrado contrato de gestão com o respectivo Ministério supervisor;
> b) ter plano estratégico de reestruturação e de desenvolvimento institucional, voltado para a melhoria da qualidade da gestão e para a redução de custos, já concluído ou em andamento.

As entidades qualificadas como agência executiva, continuarão como tal enquanto for prorrogado ou renovado o contrato de gestão firmado entre ela e o Ministério superior. O § 3º, do artigo 1º do supramencionado Decreto nº 2.487/98 dispõe que:

> § 3º Fica assegurada a manutenção da qualificação como Agência Executiva, desde que o contrato de gestão seja sucessivamente renovado e que o plano estratégico de reestruturação e de desenvolvimento institucional tenha prosseguimento ininterrupto, até a sua conclusão.

As autarquias e fundações interessadas em se tornarem agências executivas devem divulgar amplamente, por meios físicos e eletrônicos, o plano estratégico de reestruturação e de desenvolvimento institucional, o contrato de gestão, os resultados das avaliações de desempenho e outros documentos relevantes para a qualificação, o acompanhamento e a avaliação da Agência Executiva, como forma de possibilitar o seu acompanhamento pela sociedade (artigo 5º do Decreto nº 2.487/98).

As agências executivas têm tratamento especial em relação às outras entidades da mesma natureza jurídica, não qualificadas como tal.[31] Um exemplo é a dispensa de ter de observar o limite de horas extraordinárias prevista no Decreto Federal nº 948/93, desde que haja previsão orçamentária e efetiva necessidade no serviço para o alcance das metas e objetivos colimados, estabelecidos no contrato de gestão (artigo 2º do Decreto nº 2.488/98).

### 3.7. Dos fundos especiais

*3.7.1. Do conceito*

O que são *fundos especiais*?

Em sua conceituação genérica *fundo* significa a concentração de recursos com o intuito de se promover setor da atividade pública ou privada.

O Estado, enquanto órgão político, cria alguns programas de trabalho que entende de importância vital para a sociedade e para isso determina à Administração Pública que o execute. Nesse mister ela necessita de fluxo contínuo de recursos financeiros que lhe garanta a execução programada, independente de previsão orçamentária.

Diante disso, através de lei, recursos provenientes de receitas públicas, que não as decorrentes de impostos e taxas, são canalizadas para o que se chama de *fundo*.

---

[31] Artigo 1º, do Decreto nº 2.488/98:
Art. 1º As autarquias e as fundações integrantes da Administração Pública Federal, qualificadas como Agências Executivas, serão objeto de medidas específicas de organização administrativa, com a finalidade de ampliar a eficiência na utilização dos recursos públicos, melhorar o desempenho e a qualidade dos serviços prestados, assegurar maior autonomia de gestão orçamentária, financeira, operacional e de recursos humanos e eliminar fatores restritivos à sua atuação institucional.

Mas, é o art. 1º, parágrafo único, da Lei nº 8.666/93, que, ao conceituar qual a Administração Pública se subordinaria aos seus ditames, incluiu *os fundos especiais*.

A base legal dessa administração excepcional é a Lei Federal nº 4.320/64,[32] que, no seu título VII, define fundos especiais da seguinte forma:

> Art. 71. Constitui fundo especial o produto de receitas especificadas que por lei se vinculam à realização de determinados objetivos ou serviços, facultada a adoção de normas peculiares de aplicação.
> Art. 72. A aplicação das receitas orçamentárias vinculadas a fundos especiais far-se-á através de dotação consignada na Lei de Orçamento ou em créditos adicionais.
> Art. 73. Salvo determinação em contrário da lei que o instituiu, o saldo positivo do fundo especial apurado em balanço será transferido para o exercício seguinte, a crédito do mesmo fundo.
> Art. 74. A lei que instituir fundo especial poderá determinar normas peculiares de controle, prestação e tomada de contas, sem de qualquer modo, elidir a competência específica do Tribunal de Contas ou órgão equivalente.

Segundo J. Teixeira Machado Jr. e Heraldo da Costa Reis:[33]

> Assim, chega-se a um conceito que deve estar presente: o fundo especial não é entidade jurídica, órgão ou unidade orçamentária, ou ainda uma conta mantida na Contabilidade, mas tão-somente um tipo de gestão financeira de recursos ou conjunto de recursos vinculados ou alocados a uma área de responsabilidade para cumprimento de objetivos específicos, mediante a execução de programas com eles relacionados.

*Fundos especiais*, portanto, são reservas de certas receitas públicas especificadas em lei para a realização pela Administração Pública de determinados objetivos ou serviços de interesse público. Em outras palavras, é dinheiro público, mas que não sai do Tesouro sob forma de pagamento de despesas fixadas no orçamento anual, adquirindo administração independente.

### 3.7.2. Das características

Os fundos especiais possuem as seguintes características:

1. São instituídos através de lei de iniciativa do Poder Executivo.
2. São formados através de receitas especificadas determinadas em lei e por isso possuem autonomia financeira de gerenciamento.
3. Vinculam-se às atividades públicas para cujo atendimento foram eles criados.[34]
4. Possuem orçamento próprio, denominado plano de aplicação, com regras específicas de prestação de contas e de controle.
5. No campo contábil transferem para o exercício seguinte eventual saldo positivo apurado em sua movimentação financeira anual, o chamado superávit financeiro.
6. Possuem personalidade jurídica pública excepcional.

### 3.7.3. Da criação por lei

Os fundos especiais são instituídos por lei específica, conforme previsão da Lei nº 4.320/64, no seu art. 71, embora sua iniciativa parta do Poder Executivo. Assim sua criação

---

[32] A Lei nº 4.320, de 17 de março de 1964, especificamente criou normas grais de direito financeiro para elaboração e controle dos orçamentos e balanços da União, dos Estados, dos Municípios e do Distrito Federal.

[33] MACHADO JR., J. Teixeira e Heraldo da Costa Reis – *A Lei nº 4.320 Comentada*. 27ª ed., Rio de Janeiro: IBAM, 1996, p. 133).

[34] O art. 8º, § único, Lei de Responsabilidade Fiscal assim determina, *Os recursos legalmente vinculados a finalidade específica serão utilizados exclusivamente para atender ao objeto de sua vinculação ainda que em exercício diverso daquele em que ocorrer o ingresso.*

não ocorre por ato administrativo, mas por força de legislação que estabelecerá como e de que forma o fundo especial deverá ser criado e administrado.

### 3.7.4. Das receitas específicas

Os fundos especiais são formados por receitas específicas determinadas em lei, desde que não sejam de *impostos* ou *taxas*. Isso porque a Constituição do Brasil (*art. 167, IV*) impede qualquer vinculação da receita de impostos à operação de fundos, ressalvados os casos previstos na própria Carta e as taxas, já que estas, por seu turno, estão, na prática, vinculadas ao custeio dos respectivos serviços.

Diante disso, as receitas passíveis de se vincularem ao funcionamento de fundos especiais são as seguintes:

a) Receitas Patrimoniais Imobiliárias (como por exemplo, aluguéis, taxas de arrendamento pagos pelo uso do patrimônio público);
b) Receitas Patrimoniais Mobiliárias (rendimentos resultantes de aplicação das disponibilidades do Fundo no mercado financeiro).
c) Receitas Diversas (como a contribuição sindical).
d) Indenizações (compensação financeira pela utilização de recursos hídricos, exploração de recursos minerais, extração de petróleo etc).
e) Transferências de Instituições Privadas (doações oriundas de empresas).
f) Transferências de Pessoas (doações provenientes de pessoas físicas).
g) Multas e Juros de Mora.
h) Transferências Intergovernamentais (convênios celebrados com a União e os Estados e Municípios, em decorrência de preceitos estabelecidos em leis especiais).

### 3.7.5. Das finalidades específicas

Os fundos especiais são criados com uma finalidade específica. Dessa forma a lei vincula a Administração Pública a utilizar o fundo especial para a finalidade que ela própria criou. Pode servir de exemplo o *Fundo de Amparo ao Trabalhador – FAT*, vinculado ao Ministério do Trabalho e Emprego – MTE e destinado ao custeio do Programa do Seguro-Desemprego, do Abono Salarial e ao financiamento de Programas de Desenvolvimento Econômico. A principal fonte de recursos do FAT é composta pelas contribuições para o Programa de Integração Social – PIS, criado por meio da Lei Complementar nº 7, de 7 de setembro de 1970, e para o Programa de Formação do Patrimônio do Servidor Público – PASEP, instituído pela Lei Complementar nº 8, de 3 de dezembro de 1970. FAT é gerido pelo Conselho Deliberativo do Fundo de Amparo ao Trabalhador – CODEFAT, órgão colegiado, de caráter tripartite e paritário, composto por representantes dos trabalhadores, dos empregadores e do governo, que atua como gestor do FAT.

### 3.7.6. Do orçamento próprio

Os fundos especiais possuem orçamento próprio, denominado *plano de aplicação*, com regras específicas de prestação de contas e de controle. Isso significa que o dinheiro repassado ao Fundo somente pode ser utilizado mediante plano de aplicação, que, em verdade, é o orçamento do fundo, consoante previsão expressa no art. 72 da Lei nº 4.320/64.

No *plano de aplicação* ou orçamento a receita do Fundo será distribuída entre as dotações eleitas pela administração levando-se em consideração as prioridades identificadas.

Ocorrendo a situação de que em plena execução do orçamento-programa haja necessidade de o Fundo realizar despesa para a qual não haja dotação orçamentária de idêntica natureza, o ente público a quem o fundo está vinculado solicitará autorização legislativa para abertura de *crédito adicional* especial, inserindo em seu orçamento nova dotação. Nesses termos, as fontes de cobertura são as mesmas que as relatadas para os créditos suplementares.

Dado importante é que os fundos especiais dispõem de dois tipos de conta vinculada, a serem mantidas exclusivamente em instituições financeiras oficiais (*art. 164, § 3º, CF; bancos e caixas estaduais, Banco do Brasil, Caixa Econômica Federal):* (a) conta para movimentação corrente e conta-aplicações financeiras (*desdobrada em face da modalidade de aplicação: FIF-DI, entre outras*).

Diante da autonomia financeira dos fundos especiais, deverá existir um ordenador de despesas que será o presidente do conselho gestor do fundo. Ordenador de despesas, segundo preceito legal, art. 80 do Decreto-Lei nº 200/67 é toda e qualquer agente público de cujos atos resultem emissão de empenho e autorização de pagamento.

### 3.7.7. Da contabilidade própria

Tendo os fundos especiais autonomia orçamentária, evidentemente que deverão ter contabilidade própria.

Desse modo, os saldos financeiros dos fundos terão individualização própria nos balanços e outros demonstrativos financeiros do ente público a que tiver vinculado, como balancete financeiro mensal, relatório mensal de atividades e relatório mensal de compras. É o que determina o art. 50, I, da Lei de Responsabilidade Fiscal.

Na contabilização, diferentemente do orçamento público, transferem para o exercício seguinte eventual saldo positivo apurado em sua movimentação financeira anual, o chamado *superávit financeiro*.

### 3.7.8. Da personalidade jurídica pública excepcional

Por definição legal (art. 71 da Lei nº 4.320/64) os fundos especiais não teriam personalidade jurídica, constituindo receitas públicas destinadas a um fim público específico, apenas gerenciados com autonomia. Em decorrência disso qualquer fundo especial seria parte da política de *desconcentração* promovida pela Administração Pública centralizada, que não se identifica com a política de *descentralização*, onde a Administração central transfere a execução dos serviços públicos a outra pessoa jurídica (como no caso das autarquias, fundações e empresas públicas).

No entanto, embora a doutrina categoricamente afirme que os fundos especiais não têm personalidade jurídica, penso que, quando a Lei nº 8.666/93, no seu art. 1º, parágrafo único, os contemplou como subordinados aos seus ditames, outorgou-lhes capacidade excepcional para licitar e contratar, como fez também com os órgãos públicos.

Isto significa que o conselho gestor do fundo, embora subordinado ao ente público por força de lei, pode licitar, formalizar, fiscalizar a execução, declarar adimplido o contrato administrativo ou até mesmo anular ou revogar os atos administrativos pertinentes a estes institutos, assumindo seu presidente a responsabilidade direta e pessoal por tais atos.

Fora dessas atribuições, os compromissos assumidos e danos provocados pelo Fundo Especial são de responsabilidade do ente público a que ele está vinculado por força de lei.

Nos atos administrativos de licitação e de contratação o presidente do conselho gestor de fundos é considerado agente administrativo para fins de responsabilização administrativa e penal.

### 3.8. Das entidades controladas pela União, Estados, Distrito Federal e Municípios

Já foi dito que o conceito de Administração Pública é variável de acordo com a dimensão que lhe atribuir a lei. Essa afirmação é demonstrada pelo que diz o art 1º, parágrafo único, da Lei nº 8.666/93, ao abranger sob as regras das licitações e contratos administrativos as entidades controladas direta ou indiretamente pela União, Estados, Distrito Federal e Municípios. Aliás, como fez também com os fundos especiais.

*Controlar* vem de *controle*, palavra derivada do francês *controler* (registrar, inspecionar, examinar) ou do italiano *controllo* (registro, exame) e vulgarmente significa a fiscalização organizada dentro de um estabelecimento para controlar todos os negócios que se vão realizando, seja por meio das conferências imediatas, seja por meio de registros especiais, que vão anotando tudo o que se vai fazendo. Também se aplica o vocábulo para indicar a fiscalização geral e periódica, promovida na escrita ou contabilidade de um estabelecimento, por meio de técnicos ou contadores vindos de fora, a pedido do próprio comerciante, ou por imposição de seus credores ou banqueiros.

Juridicamente, a palavra controle não perdeu seu significado original e no direito administrativo significa a intervenção feita pelo Estado em entes privados por razões de interesse público, sociais ou econômicos.

As entidades *controladas* pelo Poder Público são também chamadas de *entes de cooperação*,[35] *paraestatais*, ou *entes paradministrativos*. Hely Lopes Meireles, com propriedade, definiu:[36]

> Os Entes de Cooperação são pessoas de Direito Privado, criados ou autorizados por lei, geridos em conformidade com seus estatutos, geralmente aprovados por decreto, podendo ser subvencionados pela União ou arrecadar em seu favor contribuições parafiscais para prestar serviço de interesse social ou de utilidade pública, sem, entretanto, figurarem entre os órgãos da Administração direta ou entre as entidades da indireta. Realmente, os Entes de Cooperação, na sistemática da Lei da Reforma, não se enquadram entre os órgãos integrados na Administração direta nem entre as entidades compreendidas na Administração indireta (...) Todavia, existem, e em grande número, na Administração Federal, cooperando com o Governo na realização de atividades técnicas, científicas, educacionais, assistenciais e outras que refogem dos misteres burocráticos das repartições estatais centralizadas. Daí, porque preferimos agrupá-los sob a denominação genérica de Entes de Cooperação.

Estas entidades estão agrupadas entre os serviços sociais autônomos (como SESI, SESC, SENAI, SENAC etc), entidades disciplinadoras e fiscalizadoras das profissões libe-

---

[35] Esta denominação surgiu com THEMISTOCLES BRANDÃO CAVALCANTI (*Curso de Direito Administrativo*, 5ª ed. Rio de Janeiro: Freitas Bastos, 1958, p. 219 e 347/8 e MIGUEL DE SEABRA FAGUNDES (*O Controle dos Atos Administrativos pelo Poder Judiciário*, 4ª ed. Rio de Janeiro: Forense, p. 41). THEMISTOCLES expunha que algumas entidades existem que escapam à estrutura geral dos órgãos administrativos: são organizações de direito privado, mas criadas por lei e que gozam de certas prerrogativas a que se atribuem finalidades públicas. Não se confundem com a estrutura hierarquizada da administração clássica, mas estão sob a influência do Direito Administrativo.

[36] MEIRELES, Hely Lopes. *Direito Administrativo Brasileiro*, 21ª ed. São Paulo: Malheiros, 1996, p. 665/666

rais (com o os conselhos regionais e federais de medicina, engenharia etc), as universidades públicas não configuradas como autarquias ou fundações públicas.

Os entes controlados pelo Poder Público têm personalidade privada e sua criação é determinada por autorização legislativa. Além disso, recebem recursos públicos, podendo arrecadar, em seu favor, contribuições parafiscais. Com patrimônio público ou misto, são criadas para a realização de atividades, obras ou serviços de interesse coletivo, sob normas e controle do Estado, mas não se confundindo com as entidades estatais, nem com as autarquias ou fundações públicas. Os entes de cooperação estão, enquanto entidades instituídas e mantidas pelo Poder Público, submetidas ao controle externo do Legislativo, com o auxílio do Tribunal de Contas: CF, art. 71, II. Embora comumente se adotem as formas tradicionais do Direito Civil e Comercial, nada impede que o Poder Público crie entidades paraestatais com formas próprias e adequadas às suas finalidades.

E, de forma magistral, Hely Lopes Meireles comenta:

> O paraestatal não é o estatal, nem é o particular; é o meio-termo entre o público e o privado. Justapõe-se ao Estado, sem o integrar, como o autárquico; ou alhear-se, como o particular. Tem personalidade privada, mas realiza atividades de interesse público.
> A competência para instituir entidades paraestatais é ampla, cabendo tanto à União como aos Estados-membros e Municípios criar esses instrumentos de descentralização de serviços de interesse coletivo. A criação de tais entidades é matéria de Direito Administrativo e não interfere com a forma civil ou comercial com que se personifique a instituição. Esta, sim, é de Direito Privado, cujas normas pertencem exclusivamente à União, por expressa reserva constitucional. Mas a criação e a organização da entidade, como instrumento administrativo de descentralização de serviço, são do titular do serviço a ser descentralizado.[37]

## Capítulo V – Dos Poderes da Administração Pública

### 1. DAS GENERALIDADES

A Administração Pública, como estrutura executiva das decisões políticas do Estado, além de se estruturar através das pessoas jurídicas públicas, os chamados entes ou entidades públicas, como são a União, os Estados, o Distrito Federal, os Municípios e as autarquias, que comportam ainda órgãos e agentes, abrange também pessoas jurídicas privadas com atribuições públicas, como são as empresas públicas, as sociedades de economia mista e as fundações.

Essa estrutura complexa formadora do que se entende por Administração Pública possui características próprias que lhe dão identidade jurídica diferenciada e, por conseqüência, exigem do estudioso do direito administrativo uma compreensão específica.

E um desses compartimentos está no estudo do poder que tem a Administração Pública de agir como órgão executivo do Estado.

É sempre bom lembrar que *poder*, no conceito de direito público, é a força imanente do Estado para atingir sua finalidade, que é o bem comum, ordenando, dirigindo e se fazendo obedecer.

A doutrina de forma unânime divide o poder da Administração Pública em: a) regulamentar; b) disciplinar; c) hierárquico; d) vinculado; e) discricionário; f) de polícia.

---

[37] MEIRELES, Hely Lopes, op. cit., p. 320/322.

## 2. DO PODER REGULAMENTAR

### 2.1. Da introdução

A Administração Pública é um universo variado que compreende desde um pequeno município até a imensidão complexa da União. Em qualquer das situações, estas estruturas têm comportamento estritamente legal. Isso significa que qualquer ação administrativa deve ser pautada por um prévio comando determinado por lei. Num raciocínio mais abrangente isto quer dizer que o Estado, como abstração criada pelo direito positivo, deve agir segundo comandos externados por esta própria via.

O poder regulamentar é também conhecido como *poder normativo*, embora essa nomenclatura seja de menor aceitação.[38]

### 2.2. Do conceito

O poder regulamentar da Administração destina-se a explicitar o teor das leis. Através dele a Administração Pública estabelece regras que elucidem e facilitem a execução de uma lei. Esta regulamentação não pode substituir a função legislativa formal nem ultrapassar os limites que a lei explicita ou restringir seus preceitos.

A ausência de regulamentação, no Brasil, em regra, impede a eficácia da lei. Tanto é importante a sua presença, que muitas vezes a lei prevê a edição de regulamento. Isto não quer dizer que o Executivo pode ficar inerte quando a lei não determina prazo para a edição do regulamento. Deve-se considerar um prazo razoável para que o Executivo o faça, antes de se caracterizar sua omissão.

Nos casos de omissão ou inércia, resta reclamar o reconhecimento do direito na via jurisdicional.

### 2.3. Dos limites

Não se pode confundir o poder de explicitar a lei para uma uniforme aplicação na administração, conceituação do verdadeiro poder regulamentar, com a função excepcional legislativa que a Constituição Federal outorga tanto ao Poder Executivo quanto ao Poder Judiciário. O fazer leis, no sistema político de poder adotado no Brasil, não é exclusividade do Poder Legislativo, embora inegável que esta seja sua função constitucional. A medida provisória e os regimentos internos dos tribunais, embora formatados como atos administrativos respectivamente do Poder Executivo e do Poder Judiciário, são verdadeiras leis no âmbito de suas competências, tanto que são controlados através de ações diretas de inconstitucionalidade.

Fixemo-nos no poder que têm os tribunais de criarem seus regimentos internos, conforme competência privativa outorgada pelo art. 96, I, *a*, da Constituição Federal. Essa competência se insere nas atribuições do poder regulamentar, função administrativa típica, ou é uma função legislativa delegada que respeita a autonomia de cada poder de se reestruturar conforme seus próprios desígnios? Penso que o regimento interno de qualquer tribunal, como ato normativo que é, não é exteriorização do poder de regulamentar, mas a própria lei excepcionalmente criada através de processo legislativo anômalo.

---

[38] Maria Sylvia Zanella Di Pietro, no seu *Direito Administrativo*, Atlas, 7ª edição, p. 74, sustenta que prefere falar de poder normativo em vez de poder regulamentar porque este não esgota toda a competência normativa da Administração Pública. No entanto ao desenvolver seu texto fala indistintamente sobre o poder normativo e poder regulamentar.

Portanto, embora respeite posicionamentos divergentes, tenho que não se pode confundir o poder regulamentar com o poder normativo. Um está restrito à Administração Pública. O outro, ao exercício do poder político do Estado.

### 2.4. Da forma

O poder regulamentar se expressa, como regra, através de decreto, mas também por resolução, portaria, instrução, deliberação e parecer, já que não existe forma prescrita em lei.

## 3. DO PODER DISCIPLINAR

### 3.1. Do conceito

A função deste poder é apurar e punir as infrações administrativas praticadas por agentes públicos ou administrados que desrespeitam normas de comportamento geral, ou seja, condutas contrárias à realização normal das atividades do órgão e irregularidades de diversos tipos.

Importante ressaltar que poder disciplinar não se confunde com poder penal do Estado, que é exercido pelo Poder Judiciário, regido pelo processo penal. O primeiro é atividade administrativa, regida pelo direito administrativo segundo normas de processo administrativo. O ato do agente pode gerar sanção, concomitantemente, penal e administrativa. As condutas consideradas como infrações deverão estar legalmente previstas.

O poder disciplinar é na verdade um poder-dever, ou seja, havendo ciência de irregularidade no serviço público, a autoridade que tomar conhecimento obrigatoriamente deverá promover sua apuração para que, sendo o caso, seja aplicada a devida sanção (sempre observando a proporcionalidade entre o tipo de conduta e o tipo de pena).

### 3.2. Dos limites

O poder disciplinar não se exaure na discricionariedade administrativa. Desde que a Constituição Federal erigiu a princípio garantista fundamental a necessidade de processo administrativo sempre que ocorra conflito administrativo entre a Administração Pública e os administrados, quer sejam eles agentes da própria administração ou terceiros a ela submetidos pelo poder de polícia, equiparou este processo ao processo judicial e com isso outorgou-lhe a necessidade de previsão legal e respeito aos princípios do contraditório e da ampla defesa, da decisão motivada e do recurso. Com esta imposição o poder disciplinar passou a ser limitado porque sua execução sempre será decorrência de uma decisão administrativa que tenha força de coisa julgada administrativa.

Diante disso, não é mais possível a aplicação no direito administrativo brasileiro da figura do *fato sabido*, segundo a qual, tomando a Administração Pública conhecimento de qualquer fato tipificável como infração administrativa deveria, de logo, aplicar a respectiva punição, independentemente da preexistência de processo, por menor que seja a infração. Esta doutrina, própria de períodos de estado de exceção, não se coaduna com a normalidade de um estado democrático de direito por que passa o País na atualidade.

O poder disciplinar como exação punitiva da Administração Pública sobre fatos ilícitos administrativos, no campo processual, exige acusação formal, autoridade processante isenta, comunicação de atos e respeito a prazos, contradição ampla, instrução em que se possibilite a colheita de toda prova lícita, decisão fundamentada e possibilidade recursal.[39]

## 4. DO PODER HIERÁRQUICO

### 4.1. Do conceito

*Hierarquia* é a relação entre os funcionários subordinados e os superiores, por dever de obediência e mando, segundo os graus dos cargos ou funções de uns e outros, na administração pública. Em outra visão, é o instrumento pelo qual as atividades de um órgão ou agente que esteja subordinado sejam realizadas de modo coordenado, harmônico, eficiente, com observância da legalidade e do interesse público. Trata-se simplesmente do exercício de poderes e faculdades do superior sobre o subordinado, no âmbito da Administração Pública.

Dessa forma, *poder hierárquico*, no conceito de Direito Administrativo, é a soma de atribuições outorgadas aos superiores hierárquicos, para que estes, na qualidade de chefes de órgãos públicos, possam superintender a ação de seus subordinados, na execução dos serviços ou no desempenho dos encargos, que lhes são confiados.

No exercício deste poder, assim, inclui-se o direito de fiscalizar atos jurídicos e administrativos que venham a praticar os respectivos subordinados, de sustar sua execução, e, mesmo, de os reformar ou anular.

### 4.2. Dos limites

É sempre bom repetir que o poder hierárquico é competência da Administração Pública e não da pessoa do superior. Em respeito ao *princípio da impessoalidade*, o superior age em nome da Administração Pública que, como já se viu, tem por finalidade o bem comum que está estratificado em lei. Sendo abstração jurídica, o poder da Administração Pública necessita de exteriorização, ou especificamente, de ação física que dê publicidade a seus atos.

A ordem e as circunstâncias típicas que ela envolve, como a possibilidade de fiscalização, reversão, delegação e avocação, têm vinculação legal. O superior ordena não porque é detentor do poder hierárquico, mas porque é atribuição legal de seu cargo ou de sua função assim agir. Tanto que sequer lhe é dado o direito de não ordenar. Sua omissão, se causadora de dano à terceiro, leva à responsabilização da Administração de forma objetiva por ilegalidade omissiva, além de ensejar a instauração de processo administrativo disciplinar.

Na outra ponta está o dever de obediência do subalterno. Aqui, como lá, tem-se que o dever de cumprir a ordem decorre também das atribuições legais do cargo ou função exercida. Inimizade ou amizade íntima não são justificativas para que o subalterno deixe de cumprir a ordem emanada de seu superior. Somente se esta ordem extrapolar daquelas atribuições legais do superior pode o subalterno deixar de obedecer.

## 5. DO PODER DE POLÍCIA

### 5.1. Do conceito

Antes de tratar do próprio conceito de poder de polícia, é importante ressaltar que há diversas definições para *polícia*. Rui Cirne Lima, mencionado por Cretella Júnior,[40] de forma perfeita, diz que:

---

[39] Para um maior aprofundamento sobre esse tema sugiro *Curso de Processo Administrativo* de minha autoria, publicado pela Livraria do Advogado Editora, 2005.

[40] JÚNIOR, José Cretella. *Curso de Direito Administrativo*. 18ª edição, Rio de Janeiro: Forense, 2002, p. 413.

À polícia incumbe criar as condições gerais indispensáveis para que os indivíduos, em ordem e harmonia, logrem conduzir, através do convívio, o desenvolvimento de suas relações sociais, independentemente de coação em cada caso concreto" ou "toda restrição ou limitação coercitivamente posta pelo Estado à atividade ou propriedade privada, para o efeito de tornar possível, dentro da ordem, o concorrente exercício de todas as atividades e a conservação perfeita de todas as propriedades privadas.

Quanto à sua divisão, os autores a consideram de diversas formas, levando em consideração diversos fatores. Mas a que ficou mais conhecida é a divisão da polícia em administrativa, judiciária e mista. Também pode ser dividida em rural, municipal, estadual, federal, secreta e política.

O poder de polícia é uma faculdade da Administração, que legitima e fundamenta a própria existência da polícia. Segundo Álvaro Lazzarini,[41] poder de polícia é

Um conjunto de atribuições da Administração Pública, indelegáveis aos particulares, tendentes ao controle dos direitos e liberdades das pessoas, naturais ou jurídicas, a ser inspirado nos ideais do bem comum, e incidentes não só sobre elas, como também em seus bens e atividades.

Pedro Nunes de forma mais abrangente diz que poder de polícia:

É o poder e o dever que tem o Estado de, por intermédio de seus agentes, manter coercitivamente a ordem interna social, política, econômica, ou legal, e preservá-la e defendê-la de quaisquer ofensas à sua estabilidade, integralidade ou moralidade; de evitar perigos sociais, de reprimir os abusos e todo e qualquer ato capaz de perturbar o sossego público; de restringir direitos e prerrogativas individuais; de não permitir que alguém use do que é seu em prejuízo de terceiro; de interferir na indústria e no comércio internos e com o exterior, para lhes regular as funções; de proibir e limitar a exportação; de zelar pela salubridade pública, proteger e resguardar a propriedade pública e privada, a liberdade e o sossego do indivíduo e da família, para que haja segurança e paz, na vida coletiva.[42]

O poder de polícia decorre da supremacia do interesse público em relação ao interesse particular, resultando limites ao exercício de liberdade e propriedade deferidas aos particulares.

## 5.2. Da polícia administrativa e da polícia judiciária

A polícia administrativa é também chamada de *polícia preventiva*, tendo como finalidade impedir violações às leis, assegurando a ordem pública. Incide sobre direitos, bens ou atividades, impedindo, através de ordens, proibições e apreensões, o exercício anti-social dos direitos individuais. A polícia Judiciária é também denominada como *polícia repressiva* e tem como fim a investigação dos crimes e a instrução preparatória dos respectivos processos. Por exemplo: quando uma autoridade apreende uma carteira de motorista por infração de trânsito, pratica ato de polícia administrativa; quando prende o motorista por infração penal, pratica ato de polícia judiciária.

Há autores que afirmam que a verdadeira diferença está no fato de ter ocorrido ou não ilícito penal, vez que somente a polícia judiciária age neste momento, como bem diz Maria Sylvia Zanella Di Pietro ao citar Álvaro Lazzarini.[43]

## 5.3. Dos meios de atuação

Cabe aqui mencionar que no Brasil a polícia é mista, ou seja, cabe ao mesmo órgão a atividade preventiva e repressiva. Portanto, considerando-se a polícia no sentido mais am-

---

[41] LAZZARINI, Álvaro. *Estudos de Direito Administrativo*. 2ª edição, São Paulo: RT, 1999, p. 203.
[42] NUNES, Pedro. *Dicionário de Tecnologia Jurídica*. Volume II, Rio de Janeiro: Freitas Bastos, 1974, p.942.
[43] DI PIETRO, Maria Sylvia Zanella. *Direito Administrativo*. 14ª edição. São Paulo: Altas, 2001, p. 112.

plo, abrangendo as atividades do Legislativo e do Executivo, pode-se afirmar que o Estado age através de atos normativos (lei), atos administrativos, medidas preventivas e medidas repressivas.

As modalidades de sanção mais comuns são:

a) *multa* – é aplicada conforme a extensão da infração e critérios discricionários da autoridade competente;

b) *demolição de construção* – ocorre nos casos de prédios que ponham em risco os vizinhos e os transeuntes e nos casos de construção clandestina ou em desacordo com o plano diretor da cidade;

c) *interdição de atividade* – ocorre nos casos em que a atividade praticada ofereça algum risco à saúde ou algum incômodo às pessoas, como fabricação de produto inadequado ao fim a que se destina ou o barulho excessivo de uma casa noturna;

d) *fechamento de estabelecimento* – pode ocorrer por diversos motivos como a fabricação de produto proibido ou exercício de atividades ilícitas;

e) *destruição de objetos* – geralmente ocorre por motivos, técnicos (inadequados ou impróprios à sua finalidade) ou por serem proibidos (produtos resultantes de pirataria, contrabando, etc);

f) *inutilização de gêneros* – ocorre em caso de venda de alimentos em condições impróprias para o consumo, como arroz e feijão caruncbados ou carne armazenada em local quente, por exemplo;

g) *proibição do exercício do comércio de certos produtos* – um exemplo clássico seria a venda de medicamentos proibidos no país;

h) *proibição de instalação de indústrias ou de comércio em determinada região ou local* – ocorre em virtude de se preservar o meio ambiente e a boa qualidade de vida no local.

Independente de qual seja a sanção, deverá, sempre, ser instaurado prévio processo administrativo, garantindo-se o direito ao contraditório, à ampla defesa, necessitando a decisão sancionatória de motivação e facultando-se ao interessado a possibilidade de recurso administrativo.[44] Ademais deverá haver previsão legal da sanção e esta será auto-executável, ou seja, independe da participação do judiciário.

Aquele que sofrer o ônus da sanção poderá recorrer à Justiça (CF, art. 5º, inc. XXXV).

### 5.4. Das características

O poder de polícia é ato *discricionário, indelegável (exclusivo da Administração), auto-executável* e *coercitivo*. Excepcionalmente o ato será vinculado.

*Discricionário*, por ser reconhecida no direito a possibilidade do agente policial aferir e valorar a atividade policiada, segundo critérios de conveniência, oportunidade e justiça.

*Indelegável*, por ser atributo típico da Administração Pública, que, assim, não o pode delegar. No entanto, a lei pode excepcionar essa característica.

*Auto-executável*, porque o ato de polícia independe de prévia aprovação ou autorização do Poder Judiciário para sua concretização jurídico-material. No entanto, pode o Judiciário ser provocado (não age espontaneamente) por pessoa legítima, para intervir *a posteriori*, no controle jurisdicional do ato administrativo.

Por fim, *coercitivo*, pois é imperativo ao seu destinatário (devendo-se evitar de agir em excesso).

### 5.5. Dos limites do poder de polícia

Inicialmente, cabe ressaltar que a faculdade repressiva não é ilimitada. Nos dizeres de Cretela Júnior:[45]

---

[44] Sobre este tema e para maior aprofundamento sugiro o meu *Curso de Processo Administrativo*. Porto Alegre: Livraria do Advogado Editora, 2005.

[45] Op. cit., p. 424.

Não basta que a lei possibilite a ação coercitiva da autoridade para justificação do ato de polícia. É necessário, ainda, que se objetivem condições materiais que solicitem ou recomendem a sua inovação. A coexistência da liberdade individual com o poder de polícia repousa na harmonia ente a necessidade de respeitar essa liberdade e a de assegurar a ordem social.

O poder de polícia deve ser discricionário, não arbitrário. Deve observar limites como liberdade pessoal (§§ 5º e 6º do artigo 153 da Constituição Federal), manifestação de pensamento e à divulgação pela imprensa (§ 22 do artigo retrocitado), exercício das profissões (§ 23 do mesmo), liberdade ao comércio (artigo 160), direitos políticos (artigo 154), por exemplo. Está obrigado a observar o princípio da legalidade, dentre outros, estando sujeito ao controle jurisdicional. Como qualquer ato administrativo, o de polícia deve conter os requisitos da competência, finalidade, forma, necessidade, proporcionalidade, adequação e objeto.

### 5.6. Das modalidades de polícias por áreas de atuação

A polícia administrativa pode ser dividida da seguinte forma:

a) *de trânsito* – disciplina, controla e fiscaliza o trânsito de veículos automotores;

b) *de caça e pesca* – procura equilibrar a atividade pesqueira com a preservação dos animais;

c) *florestal* – busca manter o equilíbrio ecológico, através do controle do desmatamento e incentivo ao florestamento;

d) *sanitária* – fiscaliza a produção e a comercialização de produtos para consumo;

e) *dos costumes* – busca impedir comportamentos contrários aos costumes locais, como gestos obscenos;

f) *edilícia* – visa controlar e fiscalizar a construção civis no perímetro urbano;

g) *funerária* – cuida da manutenção de cemitérios, transporte e sepultamento das pessoas falecidas.

## 6. DO PODER VINCULADO E DO PODER DISCRICIONÁRIO

### 6.1. Da introdução

Um dos temas mais instigantes no direito administrativo reside no que significa o agir da Administração Pública vinculada à lei ou o que corresponderia ao agir com autonomia de vontade e no puro exercício de conveniência e oportunidade. Em outras palavras, quando a Administração Pública estaria agindo no exercício do poder vinculado ou do poder discricionário.

Inicialmente, é necessário lembrar que o administrador público não pode ultrapassar os limites que a lei traça à sua atividade, sob pena de ilegalidade do ato. Trata-se da aplicação do princípio da legalidade.

Diante disso, não se pode esquecer que o poder discricionário que goza a Administração permite ao agente, ao praticar os atos administrativos, uma liberdade limitada (pela lei), não se confundindo com arbitrariedade, que é uma liberdade sem fronteiras.

### 6.2. Do conceito

*Vinculação* vem de *vínculo* (do latim *vinculus*, laço, liame, ligação). Diz-se, portanto, que o ato administrativo é vinculado quando a lei não deixa outra forma do administrador agir, atingindo os vários aspectos de uma atividade determinada. O particular, nestes casos, tem um direito subjetivo de exigir da autoridade a edição de determinado ato, sob pena de, não o fazendo, sujeitar-se à correção judicial.

Mas o que é poder vinculado? Poder Vinculado, também denominado de regrado, é aquele que a lei confere à Administração Pública para a prática de ato de sua competência, determinando os elementos e requisitos necessários à sua formalização.

No exercício do poder vinculado, a Administração Pública fica inteiramente constrita aos dispositivos legais e não tem outra opção senão a de agir segundo os ditames da lei.

Assim, diante de um Poder Vinculado, o particular tem um direito subjetivo de exigir da autoridade a edição de determinado ato.

Antítese do poder vinculado está o poder discricionário, já que este, em tese, representa a liberdade de agir da Administração Pública.

*Discricionário*, de discrição, vem do latim *discretio*, de *discernere* (discernir, distinguir), e exprime o que se põe à discrição de outrem, o que se deixa a seu arbítrio, para que delibere ou resolva, segundo as necessidades do momento ou segundo as circunstâncias.

No direito, o conceito manteve a mesma origem e significa o que fica ao critério, ao juízo ou ao arbítrio de outrem.

Portanto, poder discricionário é a faculdade ou a autorização, que se comete à autoridade pública, para que, em certas circunstâncias ou em certos casos, possa deliberar ou resolver livremente, sem estar adstrita às regras jurídicas específicas ou a preceitos regulamentares próprios, que possam tratar da matéria. Trata-se de um poder amplo em virtude do qual a autoridade tanto pode determinar medidas não estabelecidas, como pode escolher os meios que julgue mais próprios à solução do caso em espécie.

Assim, quando a lei deixa certa margem de liberdade de decisão diante de um caso concreto, de modo que a autoridade possa optar por uma dentre várias soluções possíveis, está-se diante do poder discricionário. A Administração irá optar através de critérios de oportunidade, conveniência, justiça, eqüidade, próprios da autoridade, vez que não definidos pelo legislador, no entanto, deverá observar alguns aspectos legais, tais como competência, forma e finalidade. Resumindo, Poder Discricionário é aquele em que a Administração Pública pratica atos administrativos com liberdade na escolha de sua conveniência, oportunidade e conteúdo.

### 6.3. Do desvio de poder e dos motivos determinantes

Mas, se a Administração Pública ultrapassou o espaço livre deixado para o exercício da discricionariedade, age em desvio de poder. Há duas teorias que tratam deste assunto: a primeira seria a do desvio de poder, e a outra seria a dos motivos determinantes.

O desvio de poder ocorre quando a autoridade usa do poder discricionário para atingir fim diferente daquele que a lei fixou. Nestes casos o ato será nulo, podendo o Judiciário decretá-lo como tal.

A teoria dos motivos determinantes diz que os motivos que levaram a autoridade a praticar tal ato, quando indicados, devem ser verdadeiros, sob pena de nulidade do ato. Para decretar a nulidade, o Judiciário deve analisar os pressupostos de fato e as provas de sua ocorrência, ou seja, o motivo do ato.

Por fim, o Judiciário, quanto aos atos discricionários, não pode examinar os critérios de valor em que se baseou a autoridade administrativa. Alguns autores sugerem a aplicação do princípio da razoabilidade para inferir que a valoração subjetiva tem que ser feita dentro do razoável, ou seja, em consonância com aquilo que, para o senso comum, seja aceitável perante a lei e moral.

Mesmo tendo liberdade para decidir em alguns casos concretos, não pode a Administração ultrapassar os limites legais sob pena de estar agindo arbitrariamente.

Importante mencionar que o Judiciário pode apreciar os aspectos da legalidade e verificar se a Administração não ultrapassou os limites da discricionariedade, podendo invalidar o ato.

*Título III*

# DOS PRINCÍPIOS QUE REGEM A ADMINISTRAÇÃO PÚBLICA

## Capítulo I – Da teoria geral dos princípios

### 1. DO CONCEITO E DA ABRANGÊNCIA

*Princípio*, do latim *principium*, significa dizer, numa acepção empírica, início, começo, origem de algo, mas também significa preceito, regra, lei. Paulo Bonavides[46] refere que a noção deriva da linguagem da geometria onde designa as verdades primeiras.

Para a filosofia, princípio é a origem de algo, de uma ação ou de um conhecimento.

Princípios, no sentido jurídico, são proposições normativas básicas, gerais ou setoriais, positivadas ou não, que, revelando os valores fundamentais do sistema jurídico, orientam e condicionam a aplicação do direito, como ensina Luciano Sampaio Gomes Rolim.[47]

Para Celso Antonio Bandeira de Melo princípios são mandamentos nucleares de um sistema.[48]

Denomina-se princípio toda proposição, pressuposto de um sistema, que lhe garante a validade, legitimando-o. O princípio é o ponto de referência de uma série de proposições, corolários da primeira proposição, premissa do sistema, segundo José Cretella Júnior.[49] Sem a menor exceção, toda e qualquer norma ou relação no mundo jurídico há de ser pautada por tais vetores supremos, que reclamam uma permanente hierarquização axiológica, em função da qual todos os comandos se relativizam mutuamente e encontram o verdadeiro alcance nessa interação de sentidos devidamente hierarquizados pelo hermeneuta do Direito, mais do que a lei, consoante lição de Juarez Freitas.[50]

Penso que princípio é o norte, e as demais disposições são os caminhos que conduzem a ele. Os princípios não se atritam ou se subsumem uns nos outros, apenas se limitam ou se restringem. Como o princípio é norma emoldural, sofre limitações impostas pela própria lei. Não há conflito entre o princípio e a lei. Esta explicita aquele. No plural, significa as normas elementares ou os requisitos primordiais instituídos como base, como alicerces de alguma coisa. E, neste diapasão, os princípios revelam o conjunto de regras ou preceitos que se fixam para servir de norma a toda espécie de ação jurídica, traçando, assim, a conduta a ser tida em qualquer operação jurídica.

O sistema jurídico possui uma ordem de valores que o norteia, incubindo-lhe, como função, protegê-la. O valor em si constitui uma abstração em que a especificidade de seu conteúdo apresenta-se fluída. Constitui-se apenas uma idéia de Direito. Ao tornar-se prin-

---

[46] BONAVIDES, Paulo. *Curso de Direito Constitucional*. 12 ed. São Paulo: Malheiros, 2002. p. 228.

[47] ROLIM, Luciano Sampaio Gomes. Uma visão crítica do princípio da proporcionalidade. Disponível em <http://www1.jus.com.br/doutrina/texto.asp?id=2858>. Acesso em 12/08/04.

[48] MELLO, Celso Antônio Bandeira de. *Elementos de direito Administrativo*. São Paulo: RT, 1980. p. 230.

[49] CRETELLA JÚNIOR, José. *Curso de direito administrativo*. 13. ed. Rio de Janeiro: Forense, 1994. p. 6.

[50] FREITAS, Juarez. *O Controle dos Atos Administrativos e os princípios fundamentais*. 3. ed.atual.ampl. São Paulo: Malheiros. 2004. p. 48.

cípio, o valor assume um grau de concretização maior, no entanto, ainda não constitui uma disposição jurídica. Para tanto, os princípios gerais de Direito necessitam de uma concretização maior, que é realizada pelos subprincípios, como, por exemplo, o princípio do Estado Democrático de Direito ou princípio da dignidade da pessoa humana, conforme lição de Raquel Denize Stumm.[51]

David Blanquer,[52] assim conceituou os princípios gerais de direito, in verbis:

> Los princípios generales de derecho son normas jurídicas, pero de singular estructura, contenido y jerarquia. Frente a lo que es habitual en cualquier norma jurídica, su estructura no está compuesta de um presupuesto de hecho y de una consecuencia. Su contenido no consiste en la atribuición de derechos subjetivos ni en la imposición de obligaciones concretas, salvo la genérica obligación de pespectarlos, obligación negativa de cuyo incumplimiento surgem derechos reaccionales que sólo sierven para garantizar en la práctica la vigencia y la efectividad de los princípios generales de derecho. Son pues normas directivas que no contienen ni un mandato de ni una prohibición, sino que plasmam una determinada valoración de la justicia.

Nesse viés, leciona o mesmo autor, é impossível haver apenas regras em uma Constituição, pois a interpretação delas é determinada pelos princípios.[53]

Um princípio jurídico-constitucional, em rigor, não passa de uma norma jurídica qualificada. Qualificada porque, tendo o âmbito de validade maior, orienta a atuação de outras normas, inclusive as de nível constitucional. Exerce, tal princípio, uma função axiologicamente mais expressiva dentro do sistema jurídico. Tanto que sua desconsideração traz à sirga conseqüências muito mais danosas que a violação de uma simples regra. Mal comparando, diz Roque Antonio Carrazza:

> acutilar um princípio constitucional, é como destruir os mourões de uma ponte, fato que, por certo provocará seu desabamento. Já lanhar uma regra, corresponde comprometer uma grade desta mesma ponte, que apesar de danificada, continuará em pé.[54]

Dessa forma, segundo lição de Pazzaglini Filho,[55] os princípios constitucionais consubstanciam a essência e a própria identidade da constituição e, como normas jurídicas primárias e nucleares, predefinem, orientam e vinculam a formação, a aplicação e a interpretação de todas normas componentes da ordem jurídica.

Os princípios, ao lado das regras, são normas jurídicas. Entretanto, insertos no sistema normativo, aqueles exercem um papel diferente do das regras. Ao descreverem fatos hipotéticos, estas possuem a nítida função de regular, direta ou indiretamente, as relações jurídicas que se enquadrem nas molduras típicas por elas descritas. Diferente são os princípios, que se revelam normas gerais dentro do sistema.

Imperativo, ainda, efetuar a clarificação conceitual do que sejam normas e valores, diferenciando-se estes e aquelas dos princípios. Devem as normas, entendidas como preceitos menos amplos e axiologicamente inferiores, harmonizar-se com tais princípios conformadores. Quanto aos valores *stricto sensu*, em que pese o preâmbulo constitucional mencionar *valores supremos*, consideram-se quase com o mesmo sentido de princípios, com a única

---

[51] STUMM, Raquel Denize *O princípio da Proporcionalidade no Direito constitucional Brasileiro*. Porto Alegre: Livraria do Advogado, 1995. p 38-40.

[52] BLANQUER, David. *Introducción al derecho administrativo*. Valencia: Tirot lo Blanch libros, 1998. p. 244.

[53] Idem. Op. cit., p. 41.

[54] CARRAZA, Roque Antonio. *Princípios constitucionais tributários e competência tributária*. São Paulo: Revista dos Tribunais, 1986. p. 13.

[55] PAZZAGLINI FILHO, Marino. *Princípios constitucionais reguladores da administração pública: agentes públicos, discricionariedade administrativa, extensão da atuação do Ministério Público e controle do poder judiciário*. São Paulo: Atlas, 2000. p. 11-12.

diferença de que os últimos, conquanto sejam encarnações de valores, têm a forma mais elevada de diretrizes, que faltam àqueles, ao menos em grau de concretização.[56]

Canotilho,[57] em percuciente análise, sugeriu alguns critérios de diferenciação entre princípios e regras:

> a) O grau de abstração: os princípios são normas com grau de abstracção relativamente elevado; de modo diverso, as regras possuem uma abstracção relativamente reduzida.
>
> b) Grau de determinabilidade na aplicação do caso concreto: os princípios, por serem vagos e indeterminados, carecem de imediações concretizadoras, enquanto as regras são susceptíveis de aplicação direta.
>
> c) Carácter de fundamentalidade no sistema de fontes de direito: os princípios são normas com natureza ou com papel fundamental no ordenamento jurídico devido à sua posição hierárquica no sistema de fontes (ex: princípios constitucionais) ou à sua importância estruturante dentro do sistema jurídico (ex. princípio do estado democrático de direito).
>
> d) Proximidade da idéia de direito: os princípios são "standards" juridicamente vinculantes radicados nas "exigências de justiça" (Dworkim) ou na "idéia de direito" (Larenz); as regras podem ser normas vinculantes com um conteúdo meramente formal.
>
> e) Natureza normogenética: os princípios são fundamento de regras, isto é, são normas que estão na base ou constituem a ratio de regras jurídicas, desempenhando, por isso, uma função normogenética fundamentante.

Em outras palavras, as regras descrevem uma situação jurídica, vinculam fatos hipotéticos específicos, que preenchidos os pressupostos por ela descritos, exigem, proíbem ou permitem algo em termos definitivos, sem qualquer exceção. Os princípios, por sua vez, expressam um valor ou uma diretriz, sem descrever situação jurídica, nem se reportar a um fato particular, exigindo, porém, a realização de algo, da melhor maneira possível, observadas as possibilidades fáticas e jurídicas, segundo diz George Marlmelstein Lima.[58]

Em passado recente, os princípios, especialmente os constitucionais, eram tidos como meras normas programáticas, destituídas de imperatividade e aplicabilidade incontinente. Presentemente, os princípios constitucionais ostentam denso e superior valor jurídico, ou melhor, são normas jurídicas hegemônicas em relação às demais regras do sistema jurídico, de eficácia imediata e plena, imperativas e coercitivas para os poderes públicos e para a coletividade.

Em minucioso estudo, o professor Humberto Ávila apresenta uma proposta conceitual das regras e dos princípios, *in verbis*:

> As regras são normas imediatamente descritivas, primariamente retrospectivas e com a pretensão de decidibilidade e abrangência, para cuja aplicação se exige a avaliação da correspondência, sempre centrada na finalidade que lhes dá suporte ou nos princípios que lhes são axiologicamente sobrejacentes, entre a construção conceitual da descrição normativa e a descrição conceitual dos fatos.
>
> Os princípios são normas imediatamente finalísticas, primariamente prospectivas e com pretensão de complementaridade e de parcialidade, para cuja aplicação se demanda uma avaliação da correlação entre o estado das coisas a ser promovido e os efeitos decorrentes da conduta havida como necessária à sua promoção.[59]

---

[56] FREITAS, Juarez. *A interpretação sistemática do direito*. 2. ed. São Paulo: Malheiros, 1998, p. 189-90.

[57] CANOTILHO, J. J. Gomes. *Direito Constitucional e Teoria da Constituição*. 2. ed. Portugal: Almedina, 1998, p. 1034-5.

[58] LIMA, George Marlmelstein. A força normativa dos princípios constitucionais. Disponível em: <http://www.mundojuridico.adv.br/html/artigos/documentos/texto038.htm> Acesso em 23/08/04.

[59] ÁVILA, Humberto. *Teoria dos Princípios: da definição à aplicação dos princípios jurídicos*. 2. ed. São Paulo: Malheiros, 2003, p. 70.

Basicamente, três foram os critérios de dissociação encontrados pelo autor para a construção do conceito: a) critério da natureza do comportamento prescrito; b) critério da natureza da justificação exigida; c) critério da medida de contribuição da decisão.

Quanto ao primeiro, menciona a descritibilidade das regras, por estas estabelecerem obrigações, permissões e proibições perante a conduta a ser cumprida, uma espécie de previsão do comportamento, enquanto que os princípios são normas finalísticas que estabelecem um estado de coisas,[60] um estado ideal de coisas a ser atingido, para cuja realização é necessária a adoção de determinados comportamentos.[61]

No que tange ao critério da natureza da justificação exigida, ressalta que a aplicação e a interpretação das regras exigem uma avaliação da correspondência entre a construção conceitual dos fatos e a construção conceitual da norma e da finalidade que lhe dá suporte, ao passo que a interpretação e a aplicação dos princípios demandam uma avaliação da correlação entre o estado das coisas posto como fim e os efeitos decorrentes da conduta havida como necessária.[62]

Quanto ao critério de contribuição para a decisão, sustenta que os princípios são normas primariamente complementares e preliminarmente parciais, pois têm a pretensão de contribuir, não de gerar uma solução específica. Diferente são as regras, porque preliminarmente decisivas e abarcantes, possuindo o intento de gerar uma solução específica para a tomada de decisão.[63]

## 2. DA IMPORTÂNCIA E DAS FUNÇÕES DOS PRINCÍPIOS

Chade Resek Neto comenta que os princípios se caracterizam por serem um indispensável elemento de fecundação da ordem jurídica positiva, possuindo eles um grande número de soluções exigidas pela realidade.[64] A abertura normativa dos princípios permite que a interpretação e aplicação do Direito possam captar a riqueza das circunstâncias fáticas dos diferentes conflitos sociais, o que não poderia ser feito nos estritos limites das *fattispeciei* previstas nas regras legais, como afirma Helenílson Cunha.[65]

A partir do magistério de Canotilho,[66] extrai-se a lição de que os princípios são multifuncionais, possuindo basicamente uma função normogenética e uma função sistêmica. Quanto à primeira, significa que os princípios são predeterminantes do regramento jurídico, são os vetores que devem direcionar a elaboração, o alcance e o controle das normas jurídicas. As normas jurídicas inconciliáveis ou contrapostas ao conteúdo da essência dos princípios constitucionais são ilegítimas. No que tange à função sistêmica, esclarece que o exame dos princípios constitucionais de forma globalizada permite a visão unitária do texto constitucional, o que pode ensejar a unidade do sistema jurídico fundamental, a integração do direito, a harmonia e a superação de eventuais conflitos entre os próprios princípios e entre os princípios e as normas jurídicas. Entretanto, o rol de funções não se resume a elas.

---

[60] ÁVILA, Humberto. Op. cit., p. 63.
[61] Idem. Ibidem, p. 63.
[62] Idem. Ibidem, p. 65.
[63] Idem. Ibidem, p. 68.
[64] REZEK NETO, Chade. *O princípio da proporcionalidade no estado democrático de direito*. São Paulo: Lemos & Cruz, 2004, p 43.
[65] PONTES, Helenílson Cunha. *O princípio da proporcionalidade e o direito tributário*. São Paulo: Dialética, 2000, p. 29.
[66] Op. cit., p. 169.

A função orientadora quer dizer que os princípios constitucionais servem de norte à criação legislativa e à aplicação de todas as normas jurídicas, constitucionais e infraconstitucionais.

A função vinculante disciplina que todas as regras do sistema jurídico estão presas aos princípios constitucionais que as inspiraram. São parâmetros aos juízos de constitucionalidade das regras jurídicas e de legalidade das decisões administrativas delas originadas.

A função interpretativa, atualizada com os valores éticos, sociais e políticos, deve respeitar a harmonia entre o conteúdo das regras jurídicas com os princípios.

A função supletiva supre a aplicação do direito a situações fáticas que ainda não foram objeto de regulamento próprio; atuam os princípios na lacuna ou insuficiência de norma jurídica que o caso concreto necessite.

Outrossim, serve também o princípio como limite da atuação do jurista. Assim como funciona como vetor de interpretação, o princípio tem como função limitar a vontade subjetiva do aplicador do direito, pois estabelece balizamentos dentro dos quais o jurista exercitará sua criatividade, seu senso do razoável e sua capacidade de fazer a justiça do caso concreto.[67]

Igualmente, pode-se dizer que os princípios funcionam também como fonte de legitimação da decisão eis que, quanto mais o magistrado os torna eficaz, mais legítima será sua decisão, do contrário, carecerá de legitimidade a decisão que desrespeitar esses princípios constitucionais ou que não procura torná-los o mais legítimo possível.[68]

É importante assinalar, seguindo o entendimento de Luís Roberto Barroso,[69] "que já se encontra superada a distinção que outrora se fazia entre norma e princípio. A dogmática moderna avalia o entendimento de que as normas jurídicas podem ser enquadradas em duas categorias diversas: as norma-princípio e as norma-disposição. As normas-disposição, também referidas como regras, têm eficácia restrita às situações específicas às quais se dirigem. Já as normas-princípio, ou simplesmente princípios, têm, normalmente, maior teor de abstração e uma finalidade mais destacada dentro do sistema".

Ana Cristhina de Sousa Santana,[70] buscando explicitar o significado da palavra "princípios", cita Miguel Reale, que entende que:

> (...) os princípios são verdades fundantes de um sistema de conhecimento, como tais admitidas, por serem evidentes ou por terem sido comprovadas, mas também por motivos de ordem prática de caráter operacional, isto é, como pressupostos exigidos pelas necessidades de pesquisa e da praxis.

Maria Sylvia Zanella Di Pietro,[71] citando José de Cretella Júnior, diz que os princípios classificam-se em:

> a) onivalentes ou universais, comuns a todos os ramos do saber, como o da identidade e o da razão suficiente;
>
> b) plurivalentes ou regionais, comuns a um grupo de ciências, informando-as nos aspectos em que se interpretam. Exemplos: o princípio da causalidade, aplicável às ciências naturais e o princípio do alterum non laedere (não prejudicar a outrem), aplicável às ciências naturais e às ciências jurídicas;

---

[67] LIMA, George Marmelstein. *A multifuncionalidade dos princípios constitucionais*. Disponível em <http://www.georgemlima.hpg.ig.com.br/doutrina/funçoes.rtf>. Acesso em 17/08/04.

[68] Idem. *A hierarquia entre princípios constitucionais e a colisão de normas constitucionais*. Disponível em <http://www.ambito-juridico.com.br/aj/dconst0047.htmm>. Acesso em 28/07/04.

[69] BARROSO, Luís Roberto. *Interpretação e Aplicação da Constituição*. 4ª ed. São Paulo: Saraiva, 2002, p. 149.

[70] SANTANA, Ana Cristhina de Sousa. *Princípios administrativos aplicados a Administração Pública*. Disponível no site: <http://www.uj.com.br/publicacoes/doutrinas/default.asp?action=doutrina&iddoutrina=190 7>, visitado em 01/03/05.

[71] DI PIETRO. Maria Sylvia Zanella. *Direito Administrativo*. 14ª ed. São Paulo: Atlas, 2002, p. 66.

c) monovalentes, que se referem a um só campo do conhecimento; há tantos princípios monovalentes quantas sejam as ciências cogitadas pelo espírito humano. É o caso dos princípios gerais de direito, como o de que ninguém se escusa alegando ignorar a lei;

d) setoriais, que informam os diversos setores em que se divide determinada ciência. Por exemplo, na ciência jurídica, existem princípios que informam o Direito Civil, o Direito do Trabalho, o Direito Penal, etc.

## 3. DOS PRINCÍPIOS E DA ADMINISTRAÇÃO PÚBLICA

A Administração Pública, visualizada através das pessoas jurídicas públicas e privadas com funções públicas ou analisada através da organização interna de cada uma dessas pessoas, tem pauta de conduta jurídica bem diferenciada, tanto que seu estudo exigiu a criação de um sistema jurídico próprio, como é o direito administrativo.

E uma das pautas de conduta específica diz respeito aos princípios jurídicos sobre ela incidentes. Não é demais afirmar que é no comportamento jurídico da Administração Pública que mais se verifica a incidência da teoria dos princípios.

Assim, é importante ressaltar que nem todos os princípios que dizem respeito à Administração Pública estão contemplados expressamente no direito positivo. Mas, demonstrando a importância que a aplicação dos princípios tem sobre a Administração Pública, a Constituição Federal vigente inovou ao fazer expressa menção aos princípios da legalidade, da impessoalidade, da publicidade, da moralidade administrativa e da eficiência.

Entretanto, outros, como o da proporcionalidade, por exemplo, não se encontram explícitos nem na Constituição Federal de 1988, nem nas Constituições Estaduais, mas são igualmente aplicados nas relações administrativas porque integram a estrutura de conformação do próprio direito.

## 4. DA RELAÇÃO DOS PRINCÍPIOS QUE REGEM A ADMINISTRAÇÃO PÚBLICA

Podem ser citados como princípios norteadores da Administração Pública, expressos ou implícitos, os da: 1 – Legalidade; 2 – Impessoalidade; 3 – Presunção de legitimidade ou de verdade; 4 – Especialidade; 5 – Controle ou tutela; 6 – Hierarquia; 7 – Continuidade do serviço público; 8 – Razoabilidade e proporcionalidade; 9 – Publicidade; 10 – Moralidade administrativa; 11 – Eficiência; 12 – Segurança jurídica; 13 – Motivação; 14 – Ampla defesa; 15 – Contraditório; 16 – Supremacia do interesse público; 17 – Oficialidade; 18 – Informalismo em favor do administrado; 19 – Gratuidade; 20 – Igualdade; 21 – Dupla instância administrativa; 22 – Proibição de prova ilícita; 23 – Juízo natural; 24 – Atuação conforme a lei e o direito; 25 – Irrenunciabilidade de poderes ou competências administrativas; 26 – Objetividade no atendimento do interesse público; 7 – Atuação segundo padrões de probidade, decoro e boa-fé; 28 – Adequação entre os meios e os fins processuais; 29 – Observância das formalidades essenciais à garantia dos direitos dos administrados; 30 – Interpretação da norma administrativa conforme o fim público a que se dirige; 31 – Irretroatividade da nova interpretação; 32 – *Reformatio in pejus*; 33 – Economia processual; 34 – Ônus da prova; 35 – Verdade real; 36 – Sucumbência; 37 – Dialeticidade recursal; 38 – Unicidade recursal; 39 – Voluntariedade recursal.

# Capítulo II – Dos princípios que regem a Administração Pública em espécie

## 1. DAS CONSIDERAÇÕES SOBRE O TEMA

A nominata dos princípios que regem a Administração Pública é apresentada por cada autor segundo sua visão pessoal e conforme a dimensão que pretenda dar ao estudo. Uns preferem discorrer sobre os princípios constitucionais expressos. Outros, sobre os expressos e os implícitos. Alguns outros ainda adicionam alguns princípios gerais.

Assim, entendendo que qualquer dos elencos apresentados na doutrina não seria suficiente para abranger a pretensão de demonstrar a incidência dos princípios (aqui se entenda a busca da generalidade) sobre o comportamento da Administração, entre uma nominata e outra, acresci o maior número de princípios possível já que entendo que é necessário para bem se entender Direito Administrativo, que se possibilite ao estudioso como todos os princípios atuam na Administração.

Assim, princípios que serão analisados a seguir englobam os princípios constitucionais expressos na Constituição Federal ou estaduais, os implícitos decorrentes da estrutura administrativa criada nas normas constitucionais, aqueles previstos nas legislações administrativas específicas, que seja ela de cunho material ou processual, e nos integrantes da teoria dos princípios gerais do direito.

Apesar da extensão, não pretendo ser exaustivo, já que a exaustão temática no direito é de uma extensão que quase raia à impossibilidade, procuro alargar ao máximo o leque de princípios que regem a Administração Pública.

## 2. DO PRINCÍPIO DA LEGALIDADE

A Administração Pública, em toda a sua atividade, está vinculada aos mandamentos da lei, ou seja, só pode agir quando e como a lei autoriza, ao contrário do particular, que pode fazer tudo o que a lei permite e não proíbe (princípio da autonomia da vontade). O princípio da legalidade está previsto na Constituição Federal de 1988, no inciso II do artigo 5º, a saber: "Ninguém será obrigado a fazer ou deixar de fazer alguma coisa senão em virtude de lei".

Trata-se de um desdobramento da regra fundamental que rege o próprio País, segundo o qual a República Federativa do Brasil é um Estado Democrático de Direito, portanto, uma estrutura jurídica criada pelo poder de seu povo através da ciência do direito.

Por este princípio, o Estado-administração se vincula a um comportamento absolutamente legal. E mesmo o poder discricionário, elemento fundamental para que a Administração Pública execute suas políticas públicas, deve ter previsão na lei. A intervenção do Estado no direito de propriedade através da desapropriação, uma das mais fortes discricionariedades administrativas, por exemplo, só ocorre porque há disposição expressa na própria Constituição Federal, art. 5º, inciso XXIV.

No campo do direito administrativo processual, o *princípio da legalidade* pressupõe ação da Administração Pública e dos administrados para aplicação de dispositivo de lei material.

Enquanto o *princípio do devido processo legal* significa o cumprimento dos nele envolvidos conforme regras processuais prévias, o *princípio da legalidade*, mais abrangente, pressupõe o respeito a regras de direito material insculpidas em lei. No processo administrativo disciplinar, por exemplo, as disposições regrando o modo, tempo e lugar dos atos processuais respeita o *princípio do devido processo legal*, enquanto a acusação administrativa e a conseqüente penalização dizem respeito ao *princípio da legalidade*, já que alguém só pode ser acusado pela prática de uma infração administrativa e por ela ser condenado se houver uma prévia definição legal de tal sanção. Aplica-se aqui a mesma indagação formulada quanto ao *princípio do devido processo legal*: existe lei? Não? Então qualquer ação da Administração Pública neste sentido é ilegal e deve ser controlada administrativamente, de ofício ou por provocação, ou através das ações de controle, como o mandado de segurança.

A Lei Federal nº 9.784/99 não enumera o *princípio do devido processo* legal como regra geral, limitando-se exclusivamente ao *princípio da legalidade*. Assim também em quase todas as leis estaduais que tratam do processo administrativo. No entanto, a Lei nº 2.794/2003, do Estado do Amazonas, enumera os dois princípios, outorgando-lhes autonomias definidas.

O princípio da legalidade constitui uma das principais garantias de respeito aos direitos individuais, vez que, ao mesmo tempo em que a lei os define, estabelece também os limites da atuação administrativa que tenha por objeto a restrição ao exercício de tais direitos em benefício da coletividade.

Este princípio não se estende apenas às atividades administrativas, mas a todas as atividades do Estado, aplicando-se, portanto, também às funções legislativa e judiciária.

Qualquer inobservância das disposições legais pelos agentes da Administração pode gerar a nulidade dos atos e gerar a responsabilização, conforme o caso, administrativa, civil ou criminalmente, destes.

Um exemplo claro da aplicação deste princípio é a determinação prevista no *caput* do artigo 4º da Lei nº 8.666/93, que prescreve que "todos quantos participem de licitação promovida pelos órgãos ou entidades a que se refere o art. 1º têm direito público subjetivo à fiel observância do pertinente procedimento estabelecido nesta lei, podendo qualquer cidadão acompanhar o seu desenvolvimento, desde que não interfira de modo a perturbar ou impedir a realização dos trabalhos".

### 3. DO PRINCÍPIO DA IMPESSOALIDADE

Este princípio determina a proibição de qualquer tipo de favoritismo ou discriminação impertinente, devendo todos serem tratados com neutralidade. Com este princípio, busca-se quebrar o velho costume do atendimento administrativo em razão do prestígio do administrado ou porque a ele é devido algum favor.

A Administração não pode atuar com vistas a prejudicar ou beneficiar pessoas determinadas, vez que é sempre o interesse público que tem que nortear o seu comportamento. A exigência de impessoalidade pode ser em relação aos administrados como à própria Administração Pública.

Ao tratar da aplicabilidade do princípio da impessoalidade, Di Pietro,[72] citando José Afonso da Silva, comenta que

> Os atos e provimentos administrativos são imputáveis não ao funcionário que os pratica, mas ao órgão ou entidade administrativa da Administração Pública, de sorte que ele é o autor institucional do ato. Ele é apenas o órgão que formalmente manifesta a vontade estatal.

---

[72] DI PIETRO. Maria Sylvia Zanella. Op. cit., p. 71.

Outro exemplo da aplicação deste princípio é a exigência de concurso público para o ingresso em cargo, função ou emprego público, prevista no inciso II do artigo 37 da Constituição Federal, o que permite a todos competirem em pé de igualdade.

## 4. DO PRINCÍPIO DA PRESUNÇÃO DE LEGITIMIDADE OU DE VERACIDADE

Este princípio abrange duas características: a primeira diz respeito à *presunção de verdade* (certeza dos fatos); a segunda refere-se à *presunção de legalidade*, vez que, se a Administração se submete à lei, é de se presumir, até prova em contrário, que todos os seus atos sejam praticados em observância à legislação pertinente.

Importante ressaltar que a presunção que goza a Administração Pública não é absoluta, e sim relativa (*júris tantum*), admitindo-se prova em contrário.

Os efeitos deste princípio são a inversão do ônus da prova e a eficácia imediata das decisões administrativas e que por isso podem ser executadas prontamente pela própria Administração.

Como resultado tem-se que a Administração pode criar obrigações para os particulares, independente de sua concordância.

## 5. DO PRINCÍPIO DA ESPECIALIDADE

Trata-se este princípio da idéia de descentralização administrativa. A lei que cria os entes públicos, ao buscar descentralizar a prestação de serviços públicos, estabelece precisamente as finalidades que incumbe àqueles atender, estando seus administradores proibidos de afastarem-se dos objetivos previstos naquela.

Através deste princípio não pode, por exemplo, uma autarquia federal se desviar daquilo para a qual foi criada. Embora como pessoa jurídica de direito público tenha autonomia, no entanto, esta autonomia tem limites pois está vinculada, inicialmente, ao seu próprio objetivo especificado na lei criadora e, em segundo, às próprias orientações políticas governamentais emanadas do Ministério a que estruturalmente se vincula. Como pessoa administrativa que é não tem autonomia de fixar os rumos políticos do Estado.

Neste mesmo diapasão estão as empresas públicas, as sociedades de economia mista e as fundações públicas.

## 6. DO PRINCÍPIO DO CONTROLE OU TUTELA

Como decorrência do princípio da especialidade, está o *princípio do controle ou da tutela*, segundo o qual cabe ao poder delegante da administração direta o controle ou tutela da administração indireta. Portanto, através dele, busca-se que as entidades da administração indireta, observando o princípio da especialidade, elabore sua administração, tendo como orientação básica o princípio do controle ou da tutela, segundo o qual a administração pública direta pode e deve fiscalizar as atividades dos referidos entes delegados, para garantir a observância de suas finalidades institucionais. É verdade que este controle só pode ser exercido nos limites da lei.

Questão interessante surge quando o ente delegado se desvia da finalidade estabelecida pelo ente delegante, sob o fundamento de autonomia jurídica. Penso que neste caso é plenamente admissível o controle administrativo ou mesmo judicial deste sobre aquele por violação ao princípio em comento.

## 7. DO PRINCÍPIO DA AUTOTUTELA

O *princípio da autotutela* é uma decorrência do *princípio da legalidade*, porque, se a Administração esta sujeita à lei, cabe-lhe também o controle da legalidade. Este princípio representou diretriz consolidada nas Súmulas 346 e 473 do STF, a saber:

a) *Súmula 346* – A Administração publica pode declarar a nulidade dos seus próprios atos;

b) *Súmula 473* – A Administração pode anular seus próprios atos, quando eivados de vícios que os tornam ilegais, porque deles não se originam direitos; ou revogá-los, por motivo de conveniência ou oportunidade, respeitados os direitos adquiridos, e ressalvada, em todos os casos, a apreciação judicial.

No entanto, no âmbito federal, embora o art. 53 da Lei nº 9.784/99 tivesse acolhido o enunciado do STF, mudou radicalmente os limites da autotutela da Administração Pública Federal, as especificar no art. 54 o seguinte:

Art. 54 – O direito da Administração de anular os atos administrativos de que decorram efeitos favoráveis para os destinatários decai em cinco anos, contados da data em que foram praticados, salvo comprovada má-fé.

Dessa forma, embora no âmbito federal a autotutela tenha sofrido fortes limitações, a aplicação do princípio surge de forma mais abrangente no âmbito dos estados e dos municípios que ainda não adotaram o limitador legal do decaimento do direito de autotutela se decorridos mais de 5 anos.

Essa matéria será analisada com mais profundidade no capítulo que trata da nulidade administrativa.

## 8. DO PRINCÍPIO DA HIERARQUIA

Devido ao *princípio da hierarquia*, a Administração Pública se organiza estruturalmente, obedecendo a uma linha vertical de disposição e relação de órgãos, ficando em cima o de maior poder ao qual se subordinam os inferiores.

Deste princípio decorre uma série de prerrogativas para a Administração, tal como a de rever os atos subordinados ou o do órgão de maior hierarquia poder delegar competência ao subordinado ou avocar para si atribuições deste.

Da aplicação do princípio decorre uma série de prerrogativas para a Administração, como a de punir.

## 9. DO PRINCÍPIO DA CONTINUIDADE DO SERVIÇO PÚBLICO

A atividade da Administração Pública é ininterrupta ante as necessidades da sociedade, sendo que certos serviços prestados por aquela são imprescindíveis ao desenvolvimento e à segurança da comunidade.

No entanto, este princípio nem sempre significa atividade ininterrupta, mas tão-só regular, consoante sua natureza ou forma de prestação. Pode-se citar como exemplo o serviço de coleta de lixo, que ocorre em intervalos certos, como a cada dois dias.

Outro exemplo interessante é a vedação daquele que contrata com a Administração Pública de poder valer-se da exceção de contrato não cumprido, prevista nas relações civis, quando aquela, sem ter adimplido sua obrigação, exige a satisfação de obrigação de quem com ela contratou.

## 10. DO PRINCÍPIO DA RAZOABILIDADE E DO PRINCÍPIO DA PROPORCIONALIDADE

O *princípio da razoabilidade* vem sendo utilizado como meio inibidor do poder discricionário do administrador público. Na sua discricionariedade, o agente pode agir de forma antijurídica ou viciada juridicamente. Este princípio serve para orientá-lo, de forma que sua conduta atenda melhor à finalidade da lei e aos interesses públicos, de acordo com a conveniência e oportunidade.

O *princípio da razoabilidade* não se encontra expresso na Constituição Federal. A doutrina, no entanto, o tem como implícito. No entanto, várias constituições estaduais o admitem, como a do Estado do Rio Grande do Sul, que o faz no seu art. 19.

*Razoabilidade* é qualidade daquilo que é razoável, que, por sua vez, é a ação conforme a razão. E *razão* é a faculdade que tem o ser humano de avaliar, julgar conforme idéias universais. Em suma, *razoabilidade* é ação humana dentro do bom senso.

Marino Pazzaglini Filho[73] diz que a *razoabilidade*, como a proporcionalidade, são princípios decorrentes da legalidade e da finalidade e que a razoabilidade significa que a atuação do agente público e os motivos que a determinam devem ser razoáveis (adequados, sensatos, aceitáveis, não excessivos). Portanto, acrescenta mais adiante,[74] é irrazoável a atitude do agente sanitário que, no exercício do poder de polícia, fecha toda a praça de alimentação de um *shopping*, em vez de interditar as lojas que estão vendendo comida deteriorada; a atitude de agente público que, ao receber reclamação de poluição sonora em via pública, onde se localizam vários bares e casas noturnas, interdita todos, em vez de somente penalizar aqueles que efetivamente a estão causando; igualmente a conduta dos agentes públicos responsáveis pela segurança da coletividade que, no caso de reivindicação salariais, interrompem o policiamento da cidade, deixando a população indefesa à sanha dos delinqüentes e, por fim, a interdição de estabelecimento ou apreensão de mercadorias como meio coercitivo de pagamento de tributos.

No campo do direito administrativo sancionador razoável é aplicar-se os princípios de processo civil no âmbito administrativo. Dentre outras coisas, o princípio da razoabilidade exige proporcionalidade entre os meios que se vale a Administração e os fins que esta alcança. Esta proporcionalidade deve ser medida segundo padrões comuns na sociedade em que vive o administrador e não simplesmente segundo seus critérios pessoais.

*Razoabilidade* é qualidade daquilo que é razoável, que, por sua vez, é a ação conforme a razão. E *razão* é a faculdade que tem o ser humano de avaliar, julgar conforme idéias universais. Em suma, *razoabilidade* é ação humana dentro do bom senso.

Por sua vez, o *princípio da proporcionalidade* não está expresso na Constituição Federal. É um daqueles princípios chamados de implícito, tamanha a sua importância na estrutura do direito. A doutrina e a jurisprudência brasileiras o confundem com o princípio da razoabilidade e os aplicam como sinônimos.

*Proporcionalidade* é qualidade ou propriedade de proporcional, que é o ato de agir com proporção, com simetria, adequação, harmonia, regularidade ou conformidade. *Princípio da proporcionalidade*, portanto, é a norma que condiciona a ação da Administração Pública dentro da adequação, sem excessos.

O princípio da proporcionalidade no processo administrativo implica no desenvolvimento dos atos e termos processuais sem abuso ou formulismo.

---

[73] FILHO, Marino Pazzaglini. *Princípios Constitucionais Reguladores da Administração Pública*. Atlas, 2000, p. 43.
[74] Op. cit, p. 44/45.

## 11. DO PRINCÍPIO DA PUBLICIDADE

É através deste princípio que a Administração torna-se transparente para que a sociedade e os órgãos de controle possam tomar conhecimento de seus atos e impugná-los, se viciados ou em desacordo com a legalidade e a moral administrativa. Tamanha é a importância deste princípio que foi colocado no *caput* do artigo 37 da Constituição Federal, entre outros dispositivos constitucionais.

A Administração só não é obrigada a dar publicidade àqueles atos cuja publicação possa pôr em risco a segurança nacional.

O *princípio da publicidade* vincula toda e qualquer ação da Administração Pública do País. Trata-se de princípio limitador geral e obrigatório e substancialmente de controle. Dar publicidade ao que se decide administrativamente é limitar a discrição de administrar.

Ademais, sendo a Administração Pública a base estrutural do estado brasileiro, nada mais lógico que seus atos ganhem publicidade. Reza o parágrafo único do art. 1º da Constituição Federal, ao tratar dos princípios fundamentais do País, que todo poder emana do povo, que o exerce por meio de representantes eleitos ou diretamente. Portanto, detendo a Administração Pública grande parcela do poder do povo, tem este mesmo povo o direito de conhecer os atos praticados por quem administra o aparato estatal.

O *princípio da publicidade* impõe que todos os atos administrativos se tornem públicos e, com isto, condiciona a que a Administração Pública aja com transparência dando a conhecer todas as suas decisões. A obrigatoriedade de agir dando a conhecer formalmente como age, em decorrência do comando superior que é, cria direito para o administrado de exigir o respeito ao princípio, já que a necessidade de publicação do ato administrativo é condição formal de validade. O ato administrativo não publicado, por ferimento ao aspecto de validade formal imprescindível, é ato sem exigibilidade e, dessa forma, podendo ser submetido ao controle do Poder Judiciário.

Na esfera do direito administrativo processual, o *princípio da publicidade* adquire plenitude através do art. 5º, inciso LV, da Constituição Federal, quando estabelece que *a lei só poderá restringir a publicidade dos atos processuais quando a defesa da intimidade ou o interesse social o exigirem*. Portanto, os atos processuais são, de regra, públicos, sofrendo restrições apenas quando dispuserem sobre a intimidade do administrado ou o interesse social em discussão.

Tem-se, por conseqüência, que o *princípio da publicidade*, além de caracterizar obrigação da Administração Pública, constitui direito individual. Levar ao conhecimento de todos ou pôr à disposição dos interessados os atos concluídos ou em formação, os pareceres dos órgãos técnicos e jurídicos, os despachos intermediários e finais, as atas de julgamento e os atos e decisões proferidas no âmbito de um determinado processo administrativo, constitui dever de toda Administração Pública.

O desrespeito ao *princípio da publicidade* constitui omissão abusiva passível de controle pela própria Administração Pública ou pelo Poder Judiciário.

O *princípio da publicidade* também tem respaldo legal. Isto porque o inciso V, parágrafo único, art. 2º, da Lei Federal nº 9.784/99, que trata do processo administrativo no âmbito federal, dele também faz menção quando estabelece que os atos administrativos processuais devem ter divulgação oficial, salvo nas hipóteses de sigilo previsto na própria Constituição.

Leis estaduais sobre processo administrativo que se seguiram à lei federal também o contemplam. Assim, o inciso V, parágrafo único, art. 2º, da Lei nº 11.781/2000, do Estado de Pernambuco; inciso V, parágrafo único, art. 2º, da Lei nº 13.800/2001, do Estado de Goiás; inciso IV, art. 5º, da Lei nº 14.184/2002, do Estado de Minas Gerais; inciso V, parágrafo único, art. 2º, da Lei nº 2.794/2003, do Estado do Amazonas; inciso V, parágrafo único, art. 2º, da Lei 418/2004, do Estado do Roraima.

## 12. DO PRINCÍPIO DA MORALIDADE ADMINISTRATIVA

Aparentemente, a moral administrativa é distinta da moralidade comum, mas aquela tem seus fundamentos e idéias básicas influenciados pela segunda. Este princípio é baseado no princípio da legalidade.

Alguns autores entendem que o conceito de moralidade administrativa é vago e impreciso, sendo absorvido pelo próprio conceito de legalidade, por isto, não aceitam sua existência.

Na verdade, o *caput* do artigo 37 da Constituição Federal trata o *princípio da moralidade* como algo autônomo, separado do princípio da legalidade. A Lei nº 9.784/99, ao exigir *atuação segundo padrões éticos de probidade, decoro e boa-fé*, evidenciou os principais aspectos da moralidade administrativa, no parágrafo único do inciso IV do artigo 2º. O comportamento ofensivo à moral comum também implicam ofensa à moralidade administrativa.

Como já dito, o *princípio da moralidade* está insculpido no art. 37, *caput*, da Constituição Federal, tratando-se, portanto, de princípio constitucional expresso, aplicável à Administração Pública.

*Moralidade*, do latim, *moralitate,* é qualidade do que é moral. Para Pedro Nunes,[75] *moral* é a aplicação da ética às relações humanas; é parte da filosofia que trata do bem, dos bons costumes e dos deveres do homem social, e entra como elemento principal na formação do direito. É também o conjunto de normas de conduta em harmonia com a virtude; é a conformidade com o que é lícito e honesto; prática do bem e do justo.

Para Marino Pazzaglini Filho[76] o *princípio da moralidade* significa a ética da conduta administrativa; a pauta de valores morais a que a Administração Pública deve submeter-se para a consecução do interesse coletivo.

No campo do processo administrativo, o *princípio da moralidade* tem aplicação quando a Administração Pública na condução do processo age como se fora verdadeiro juiz, com isenção, não procurando criar entraves para dificultar o desenvolvimento válido do processo. A ação de um agente administrativo que se utiliza do processo para esconder ilicitudes administrativas; proteger ou beneficiar outrem, é ato imoral, portanto, ferindo o princípio da moralidade, possibilitando o controle quer pela própria Administração, quer pelo Poder Judiciário.

## 13. DO PRINCÍPIO DA EFICIÊNCIA

É necessário que o administrador público tenha em mente que ele é gestor de coisa pública, desta forma, deve planejar seus atos de forma menos onerosa possível para obter o máximo de resultado econômico e social.

Di Pietro[77] comenta que:

> O princípio da eficiência apresenta, na realidade, dois aspectos: pode ser considerado em relação ao modo de atuação do agente público, do qual se espera o melhor desempenho possível de suas

---
[75] NUNES, Pedro. *Dicionário de Técnica Jurídica*. 8ª ed. Vol. II. Rio de Janeiro: Livraria Freitas Bastos, 1974, p. 851.
[76] Op. cit, p. 28.
[77] DI PIETRO, Maria Sylvia Zanella. *Direito Administrativo*. 14ª ed. São Paulo: Atlas, 2002, p.83.

atribuições, para lograr os melhores resultados; e em relação ao modo de organizar, estruturar, disciplinar a Administração Pública, também com o mesmo objetivo de alcançar os melhores resultados na prestação do serviço público.

O *princípio da eficiência* encontra-se previsto no *caput* do artigo 37 da Constituição Federal, positivado pela Emenda Constitucional nº 19/1998. O § 6º deste mesmo artigo possibilita a responsabilização do agente público que atender tardiamente aos reclames individuais ou coletivos ou que preste serviço de má qualidade sem justificado motivo.

Segundo Marino Pazzaglini Filho,[78] não se trata de princípio novo porque a própria Constituição Federal já o admitia quando propugnava a necessidade de eficiência na avaliação dos resultados da gestão orçamentária, financeira e patrimonial dos órgãos e entidades da administração federal, através do art. 74, II.

Por ele, tem a Administração Pública, e por conseqüência, o administrador público que lhe dá vida e voz, o dever de produzir resultados, ser eficaz. Trata-se de um conceito moderno atribuído ao Estado-Administração. Os recursos públicos, pelo princípio, devem ser dispostos visando um retorno correspondente ao que foi empregado e não mais ao emprego disperso de resultado, como se os recursos públicos não devessem ser vinculados a um resultado. Para que a Administração Pública seja eficiência, produza equilíbrio entre o dispêndio público e o resultado obtido pressupõe estratégia administrativa e estudo de viabilidade econômico-social de ampla discussão a ser implementada nos orçamento. A Lei de Responsabilidade Fiscal, estabelecendo de forma rígida os limites de gastos que a Administração Pública pode fazer com pessoal, é uma demonstração de implementação pelo legislador ordinário do princípio da eficiência.

O Estado tem por finalidade produzir o bem comum, conceito difuso que abrange várias vertentes. Portanto, numa visão essencialmente empresarial, este é o seu produto. O bem comum está disperso em vários tópicos como saúde, educação, proteção ao menor e ao idoso, por exemplo. Assim, a eficiência no emprego das verbas públicas pressupõe administração competente.

O desvirtuamento do novo conceito de administração da coisa pública por emprego ineficiente de verbas orçadas impõe o necessário controle dos Tribunais de Contas e, se provocado, o controle do Poder Judiciário, já que ser eficiente passou a ser obrigação positiva e, portanto, deixou de ser discrição administração para se transformar em regra de cumprimento obrigatório.

No processo administrativo, o princípio da eficiência tem aplicação quando o administrador público não permite sua instauração em situações onde inexistem conflitos com administrados ou terceiros, impede a prática de atos administrativos impertinentes ou inoportunos que somente importarão em dispêndios para a Administração Pública e, ao fundamentar sua decisão, o considera como motivação importante.

## 14. DO PRINCÍPIO DA SEGURANÇA JURÍDICA

O *princípio da segurança jurídica* foi inserido entre os princípios da Administração Pública por força do artigo 2º, *caput*, da Lei nº 9.784/99, que trata do processo administrativo no âmbito da Administração Pública Federal.

O *princípio da segurança jurídica* tem matriz constitucional. De forma implícita, na Constituição Federal, porém de forma expressa em várias constituições estaduais.

---

[78] FILHO, Marino Pazzaglini. *Princípios Constitucionais Reguladores da Administração Pública*, Editora Atlas S.A., São Paulo, 2000, p. 32.

Conceitualmente, o *princípio da segurança jurídica* se pauta pela previsibilidade das ações dos atores do direito, que, por isso, operam seus comportamentos conforme pauta regrada antecipadamente pela ciência jurídica.

No campo do direito administrativo material, o princípio se instaura e se consolida através do agir administrativo conforme a previsão legal ou regulamentar quer da Administração Pública, quer também dos interessados.

Embora o *princípio da segurança jurídica* seja evocado com mais freqüência para colocação de barreiras no revisionismo cíclico do agir da Administração Pública que, por sua própria estrutura de poder, retoma sobre seus próprios passos com freqüência, com isso afetando situações já consolidadas no tempo, no entanto, o princípio é de respeito geral, no que se pode concluir por sua bilateralidade. Assim, exigir alguém que o administrador se porte conforme os postulados fixados em lei, em regramento administrativo ou até mesmo sobre a não declaração de nulidade de efeito *ex tunc* diante de decisão administrativa de longo período pretérito, é tão segurança jurídica quanto alguém se pautar conforme comportamento previsto nessa mesma lei ou em regramentos administrativos. Pretender alguém que a Administração Pública o admita em concurso público com idade ou escolaridade diferente daquela prescrita em lei é atentar contra a segurança jurídica que reside exatamente no respeito às regras positivas.

No campo do direito administrativo processual, o *princípio da segurança jurídica* se estrutura no respeito às regras que o regem. Dessa forma, respeita o princípio quando se age conforme as disposições previstas para a instauração do processo, quando a Administração Pública se comporta respeitando a competência para sua condução e julgamento, cumpre-se a forma, o tempo e o lugar dos atos processuais, não se desborda dos prazos, procede a Administração Pública na instrução com respeito ao princípio da ampla defesa e motiva a sua decisão, dentre outros.

## 15. DO PRINCÍPIO DA MOTIVAÇÃO

O *princípio da finalidade motivada* ou simplesmente *princípio da motivação*, embora não expresso na Constituição Federal, o é em várias constituições estaduais. A Constituição do Estado do Rio Grande do Sul formalmente o admite no seu art. 19. Daí porque sua inclusão como princípio constitucional expresso.

*Motivar* é expor, dar razões, fundamentar. Portanto, *motivação* é a exposição, as razões e os fundamentos de uma determinada decisão. Elevada à condição de princípio, significa o comportamento obrigatório da Administração Pública de fundamentar as suas decisões com indicação dos fatos e das razões de direito de forma explícita, clara e congruente.

Este princípio limita o agir da Administração Pública. Detentora do poder discricionário, que é a liberdade de tomada de decisões sem fundamentações ou explicações, por ele, no entanto, tem a Administração Pública o dever de explicar as razões de seu ato. Portanto, embora a regra é a de que todo ato administrativo tenha um fim público ínsito em si próprio, pelo *princípio da motivação*, este fim deve vir a lume, se tornar expresso.

Marino Pazzaglini Filho[79] diz que o *princípio da motivação* é a explicação dada pelo agente público dos motivos das decisões administrativas adotadas, isto é, de seus pressupostos ou fundamentos de fato e de direito.

No campo do processo administrativo, a aplicação do *princípio da motivação* se torna obrigatória, consoante disposição do inciso VII, parágrafo único, art. 2º (*nos processos*

---

[79] FILHO, Marino Pazzaglini. *Princípios Constitucionais Reguladores da Administração Pública*. São Paulo: Atlas, 2000, p..41.

*administrativos será observada a indicação dos pressupostos de fato e de direito que determinarem a decisão*) e art. 50 da *Lei Federal nº 9.784/99*, que criou os princípios processuais administrativos típicos, nos atos administrativos que:

a) neguem, limitem ou afetem direitos ou interesses;
b) imponham ou agravem deveres, encargos ou sanções;
c) decidam sobre concurso ou seleção pública;
d) dispensem ou declarem a inexigibilidade de processo licitatório;
e) decidam o recurso;
f) decorram de reexame necessário;
g) deixem de aplicar jurisprudência firmada sobre a questão ou discrepem de pareceres, laudos, propostas e relatórios oficiais;
h) importem anulação, revogação, suspensão ou convalidação de ato administrativo.

A não motivação do ato administrativo implica em sua nulidade passível de alegação e declaração pela própria Administração Pública ou através de ações de controle no Poder Judiciário.

### 16. DO PRINCÍPIO DA AMPLA DEFESA

O *princípio da ampla defesa* tem matiz constitucional – art. 5º, inciso LV, da Constituição Federal. A sua evolução histórica se confunde com o princípio do devido processo legal, porquanto não se podia imaginar processo sem respectiva defesa.[80]

Odete Medauar[81] comenta que o *princípio da ampla defesa* teve aplicação inicial no processo penal pelo caráter ostensivo do bem a ser afetado, como são a liberdade física, a locomoção e a própria vida. Salienta, ainda, que, entre nós, o princípio foi previsto no Constituição de 1891, através de seu art. 72, § 16, na de 1937, no art. 122, I, na de 1946, no art. 141, § 26 e que foi Themístocles Brandão Cavalcanti quem primeiro tentou inserir o princípio no direito administrativo quando elaborou projeto de Código de Processo Administrativo.

Coube à Constituição de 1988 o mérito de dar especificidade ao *princípio da ampla defesa*, cindindo-o do contraditório. Hoje, portanto, o *princípio da ampla defesa* tem a conceituação de possibilidade de produção de defesas concretas, podendo consistir elas de peças processuais ou de ampla produção de provas.

O princípio do contraditório é o conhecimento dos atos processuais, enquanto o princípio da ampla defesa importa na possibilidade de argumentação contrária a uma imputação administrativa quer através de peças processuais ou provas.

Para Robertônio Santos Pessoa,[82] pelo *princípio da ampla defesa* tem o administrado o direito de argumentar e arrazoar ou contra-arrazoar, oportuna e tempestivamente, sobre tudo que contra ele se alega, bem como de ser levado em consideração as razões por ele apresentadas.

No processo administrativo, tem-se a aplicação do *princípio da ampla defesa* quando:

a) a Administração Pública permite a apresentação de resposta ao interessado;
b) admite o depoimento pessoal do interessado como prova;

---

[80] Essa matéria será melhor analisado no temática que envolve o controle da Administração Pública.
[81] MEDAUAR, Odete. *A Processualidade no Direito Administrativo*. Editora Revista dos Tribunais, 1993, p.111.
[82] PESSOA, Robertônio Santos. *Processo Administrativo*. Texto disponível no site: <http://www.1.jus.com.br/doutrina/ texto.as?id=2107, acessado em 28.12.2004>.

c) permite a produção ampla de prova documental, testemunhal e pericial;
d) afasta a prova obtida por meios ilícitos,
e) faz consulta pública quando o processo envolver assunto de interesse geral;
f) motiva a decisão administrativa com base nos fatos e no direito;
g) admite recurso para uma instância superior.

Para Adrualdo de Lima Catão,[83] nos processos que não envolvam lide não há necessidade da incidência do direito à defesa:

> Depreende-se da leitura do artigo 5º, LV : Aos litigantes, em processo judicial ou administrativo e, aos acusados em geral, são assegurados o contraditório e a ampla defesa com os meios e recursos a ela inerentes.

Como exemplo, o autor, cita a seguinte decisão do STF:

> Com apoio no art. 129 e incisos, da Constituição Federal, o Ministério Público poderá proceder de forma ampla, na averiguação de fatos e na promoção imediata da ação penal pública, sempre que assim entender configurado ilícito. Dispondo o promotor de elementos para o oferecimento da denúncia, poderá prescindir do inquérito policial, haja vista que o inquérito é processo meramente informativo, não submetido ao crivo do contraditório e no qual não se garante o exercício da ampla defesa". (HC 77770/Santa Catarina. STF. Segunda Turma. Relator: Ministro Néri da Silveira. Publicado no DJ, em 03.03.2000).

## 17. DO PRINCÍPIO DO CONTRADITÓRIO

O princípio do contraditório tem matiz constitucional expressa – art. 5º, inciso LV, da Constituição Federal – quando é estabelecido que aos litigantes, em processo judicial ou administrativo, e aos acusados em geral são assegurados o contraditório e a ampla defesa. A sua inserção constitucional caracteriza um grande avanço na proteção dos direitos individuais. Isto porque, nas constituições anteriores, o contraditório era subentendido como elemento integrador do princípio da ampla defesa.

Trata-se de princípio que tem relação direta com o do devido processo legal, pois só pode falar com plenitude em devido processo se oportunizar ao litigante o direito de contradizer a imputação que lhe posta.

Para André da Cunha[84] o princípio do contraditório é inerente ao direito de defesa, decorre da bilateralidade do processo e se caracteriza pela possibilidade de alguém manifestar o ponto de vista, ante outro contrário.

Já para Robertônio Santos Pessoa,[85] o princípio do contraditório implica no conhecimento, por parte dos interessados, dos atos mais relevantes da marcha processual, mormente para aqueles que possam interferir na decisão a ser tomada ao cabo do processo, daí porque ele é um princípio eventual. E conclui afirmando que, por isso mesmo, o contraditório pode ser pleno ou restrito. Pleno, quando o processo envolver mais de um administrado com interesses contrapostos, como no caso das licitações, concursos públicos, concessões, franquias etc, e restrito, quando envolver apenas a Administração Pública e um particular.

---

[83] CATÃO, Adrualdo de Lima. *O direito à defesa no processo administrativo disciplinar*. Pode ser encontrado no site: <http://www1.jus.com.br/doutrina/texto.asp?id=3641>, acesso em 27.12.2004.

[84] CUNHA, André da. *Estudos Jurídicos*, vol 36, nº 96, janeiro/abril, 2003, p. 106.

[85] PESSOA, Robertônio Santos. *Processo administrativo*. Texto disponível no site: <http:www1.jus.com.br/doutrina/texto.asp?id=2107), acesso em 28.12.2004.

Nelson Nery Junior[86] sustenta que se deve entender o princípio do contraditório como a necessidade de dar-se conhecimento da existência da ação e de todos os atos do processo às partes, mas também a possibilidade de as partes reagirem aos atos que lhe sejam favoráveis.

Odete Medauar[87] afirma que o princípio do contraditório no processo administrativo representa mudanças de algumas concepções como as relativas (a) à supremacia do Estado, (b) à existência de um só juízo sobre o interesse público, (c) à posição do administrado como súdito, servil e submisso e (d) à predominância absoluta da autotutela.

Samira Hamud Morato de Andrade[88] sustenta que o princípio do contraditório implica na igualdade entre as partes e, com isso, coíbe a arbitrariedade e a parcialidade no curso do processo, implicando sua ausência em nulidade.

Pessoalmente, penso que o princípio do contraditório não é finalístico por si mesmo. Sendo essencialmente uma resposta, impõe-se que o ato a responder seja pleno. Atos incompletos, por omissão ou comissão, atentam contra o princípio do contraditório, possibilitando a autotutela ou o controle jurisdicional.

O ato administrativo que atentar contra o administrado, ou interessado que é o administrado na condição de parte no processo administrativo, tem que ser pleno para ensejar uma contradição também plena. Veja-se o seguinte exemplo: a Administração Pública instaura processo administrativo pretendendo sancionar servidor público com pena de suspensão. Na narrativa do fato omite a data, o onde e o quando teria ocorrido a infração administrativa. Ora, essa omissão impede que o servidor público exercite com plenitude o princípio do contraditório e, por via de conseqüência, viola a garantia constitucional constituindo-se de ato administrativo abusivo.

## 18. DO PRINCÍPIO DA SUPREMACIA DO INTERESSE PÚBLICO

Também conhecido como princípio da finalidade pública, o princípio da supremacia do interesse público norteia o legislador e vincula a autoridade administrativa em toda a sua atuação. Ligado a este princípio está o da indisponibilidade do interesse público. A Administração tem um poder-dever quanto a estes interesses, não podendo deixar de agir sob pena de responder pela omissão.

Este princípio encontra previsão expressa no artigo 2º, *caput*, da Lei nº 9.784/99, que determina que:

Art. 2º A Administração Pública obedecerá, dentre outros, aos princípios da legalidade, finalidade, motivação, razoabilidade, proporcionalidade, moralidade, ampla defesa, contraditório, segurança jurídica, interesse público e eficiência.

Ainda, o inciso II do artigo retromencionado deixa claro a ligação do princípio da indisponibilidade do interesse público com o da supremacia do interesse público, consoante se verifica:

II – atendimento a fins de interesse geral, vedada a renúncia total ou parcial de poderes ou competências, salvo autorização em lei;

O problema é que, com base nesta idéia de que deve prevalecer o interesse público sobre o particular, sempre há o risco de o administrador valer-se disto para prejudicar um inimigo ou obter vantagem pessoais ou dá-las a alguém. Nestes casos, ocorrerá desvio de finalidade pública (ou desvio de poder), o que torna o ato ilegal.

---

[86] JUNIOR, Nelson Nery. *Princípios do Processo Civil na Constituição Federal*, São Paulo: RT, 1996, p. 122/123.
[87] MEDAUAR, Odete. *A Processualidade no Direito Administrativo*. São Paulo: RT, 1993, p. 97.
[88] ANDRADE, Samira Hamud Morato de. O Princípio do Devido Processo Legal e o Processo Administrativo. In: *Revista de Direito Constitucional e Internacional*, nº 37, p. 208.

## 19. DO PRINCÍPIO DA OFICIALIDADE

O princípio da oficialidade tem matriz constitucional. Não de forma expressa, mas de forma implícita porque inerente ao próprio agir administrativo.[89]

Pelo princípio da oficialidade a Administração Pública tem o dever de dirigir o processo administrativo, ordenando-o e impulsionando-o com a finalidade única de resolver o conflito em discussão, sem descurar que, nesta sua obrigação institucional, deve atender a verdade material e não a verdade formal. A Lei Complementar nº 33, de 26 de dezembro de 1996, do Estado de Sergipe, no art 114, assim o definiu:

> Art. 114 – Além dos princípios gerais elencados na seção anterior, e de outros estabelecidos em lei, o procedimento administrativo obedecerá aos princípios:
> II – da oficialidade, significando que, uma vez instaurado o procedimento, é dever da Administração impulsioná-lo e conduzi-lo, tomando as providências necessárias ao desdobramento dos atos que se seguirão.

## 20. DO PRINCÍPIO DO INFORMALISMO EM FAVOR DO ADMINISTRADO

O *princípio do informalismo em favor do administrado* tem matiz constitucional ínsita na própria função da Administração Pública outorgada pela Constituição Federal. Isso porque, sendo um das funções do Estado, que tem como base existencial o regramento da sociedade conforme a lei, não pode aquela pautar sua conduta contra esta regra fundamental.[90]

É certo que as normas que pautam a conduta administrativa criam deveres para a Administração Pública e, de outro lado, direitos para o administrado. Dessa forma, como a função finalística da Administração Pública é produzir o maior grau de satisfação possível a todos, não seria razoável que ela imprimisse exigências não previstas em lei.

No campo do processo administrativo, há a concretização do *princípio do informalismo em favor do administrado* quando a Administração Pública se utiliza de forma menos gravosa para o administrado na ausência de preceito expresso. Pode servir de exemplo o fornecimento de informações a terceiro sobre dados de um processo administrativo de interesse coletivo, regra prevista na Constituição Federal. Portanto, exigir a Administração Pública que o terceiro seja identificado ou demonstre interesse no processo é utilizar-se de formalismo ilegal frente a uma regra que prima pela informalidade.

Além de princípio constitucional implícito, a regra tem previsão expressa em legislação ordinária. A Lei Federal nº 9.784/99, inciso IX, parágrafo único, art. 2º, o explicita quando afirma a necessidade de adoção no processo administrativo de formas simples, suficientes para propiciar adequado grau de certeza, segurança e respeito aos direitos do administrado. Várias leis estaduais também o adotaram.[91]

---

[89] O princípio da oficialidade é encontrado no inciso II, art. 114, da Lei Complementar nº 33, do Estado de *Sergipe*; inciso XII, parágrafo único, art. 2º, da Lei nº 11.781/2000, do Estado de *Pernambuco*; inviso XII, parágrafo único, art. 2º, da Lei nº 13.800/2001, do Estado de *Goiás*; inciso X, art. 5º, da Lei nº 14.184/2002, do Estado de *Minas Gerais*; inciso XII, parágrafo único, art. 2º, da Lei nº 2.794/2003, do Estado do *Amazonas* e inciso XII, parágrafo único, art. 2º, da Lei nº 418/2004, do Estado de *Roraima*.

[90] Este princípio é reconhecido pelo STJ, conforme esta decisão:

Administrativo – Princípio do informalismo – Processo. I – O processo administrativo goza do princípio do informalismo, o qual dispensa procedimento rígido ou rito específico. II – Não configura nulidade, "ab initio", o fato da instauração iniciar-se atraves de resolução em substituição a portaria. exigir a lavratura de portaria para abertura do inquerito administrativo e formalismo desnecessario. III – Depoimentos coligidos pela comissão processante constituem prova suficiente a embasar a penalidade. IV – Recurso improvido (RMS 2670/PR. STJ. Sexta Turma. Relator: Ministro Pedro Acioli. Publicado no DJ, em 29.08.1994).

[91] O princípio está previsto no inciso III, art. 114, da Lei Complementar nº 33, do Estado de *Sergipe*; inciso IX, parágrafo único, art. 2º, da Lei nº 11.781/2000, do Estado de *Pernambuco*; inciso IX, parágrafo único, da Lei nº 13.800/2001, do Estado de

## 21. DO PRINCÍPIO DA GRATUIDADE

O *princípio da gratuidade* está implícito nos contornos que a Constituição Federal outorga à Administração Pública e significa que, como regra, a Administração Pública não pode exigir o pagamento de custas ou de honorários advocatícios no processo administrativo, como exigido no processo civil. Isso não significa, no entanto, que deva ela arcar com as despesas feitas pelo administrado na defesa de seus interesses. Extração de cópias de peças de um processo ou a contratação de advogado são despesas pessoais do administrado que a Administração Pública não tem responsabilidade.

No entanto, a própria Constituição Federal, no seu art. 145, II, excepciona esta regra quando oportuniza que a Administração Pública cobre taxa como forma de contraprestação de um serviço, como, por exemplo, o fornecimento de alvará.

Além da previsão constitucional, o *princípio da gratuidade* tem respaldo legal. Assim é que a Lei Federal nº 9.784/99, no inciso XI, parágrafo único, art. 2º, o explicita, sendo seguido por leis estaduais que já regularam o processo administrativo no âmbito de suas competências.[92]

## 22. DO PRINCÍPIO DA IGUALDADE

O *princípio da igualdade* tem sustentação constitucional. Embora não disposto no elenco do art. 37 da Constituição Federal, que trata específica e diretamente dos princípios vinculadores da Administração Pública, o *princípio da igualdade* é encontrável no rol dos princípios fundamentais que protegem o indivíduo, exatamente no art. 5º, *caput*, ao afirmar *que todos são iguais perante a lei, sem distinção de qualquer natureza*.

Portanto, se a Constituição Federal o catalogou como estrutura essencial na categoria de direito fundamental do indivíduo, afirmou, de outro lado, a existência de uma obrigação merecedora de respeito por todos, inclusive pela Administração Pública.

É de se observar que a igualdade exaltada pela Constituição Federal tem parâmetro na lei. Isto significa que na aplicação da regra positiva todos são iguais. Dessa forma, não pode o exegeta aplicar a mesma lei de uma forma para A e de outra forma para B.

No entanto, no direito administrativo a lei pode estabelecer desigualdades especialmente para cumprimento das políticas públicas protetivas das minorias. O Estatuto da Criança e do Adolescente e o Estatuto do Idoso são exemplos de leis que primam pela desigualdade, já que buscam proteger de forma ampla a criança, o adolescente e o idoso e, com isso, relativizando outros direitos. A reserva de vagas na Administração Pública para os deficientes é outro exemplo.

Marino Pazzaglini Filho[93] salienta que a exigência constitucional pode ser resumida na necessidade de tratamento igual para situações iguais e desigual para situações desiguais na medida da desigualdade.

No campo do processo administrativo, embora a Administração Pública seja ao mesmo tempo parte e juiz, este conflito de atribuições é aparente. Quando a lei que rege o processo administrativo invoca regras de impedimento e suspeição para o condutor do pro-

---

*Goiás*; inciso VII, art. 5º, da Lei 14.184, do Estado de *Minas Gerais*; inciso IX, parágrafo único, art. 2º, da Lei nº 2.794/2003, do Estado do *Amazonas*; inciso IX, parágrafo único, art. 2º, da Lei nº 418/2004, do Estado de *Roraima*.

[92] O princípio se encontra regrado no inciso, VII, art. 114, da Lei Complementar nº 33, do Estado de *Sergipe*; inciso XI, parágrafo único, art. 2º, da Lei nº 11.781/2000, do Estado de *Pernambuco*; inciso XI, parágrafo único, art. 2º, da Lei nº 13.800/2001, do Estado de *Goiás*; inciso IX, art. 5º, da Lei nº 14.184/2002, do Estado de *Minas Gerais* e inciso XI, parágrafo único, art. 2º, da Lei nº 2.794/2003, do Estado do *Amazonas*.

[93] FILHO, Marino Pazzaglini. *Princípios Constitucionais Reguladores da Administração Pública*. São Paulo: Atlas, 2000, p. 37.

cesso e dele exige decisão fundamentada, entre outras situações, está deixando claro que o Administrador Público responsável pela condução do processo administrativo tem critérios objetivos a seguir e que, por isso, não pode confundir essa atribuição com a da Administração Pública na condição de parte.

A lei processual administrativa que fixar prazos mais alongados para a Administração Pública na condição de parte não fere o princípio da igualdade. O respeita, porque na busca da resolução do conflito Administração *versus* interessado, aquela representa o interesse público e este, o privado. Logo, no embate de interesses a lei pode buscar proteger o que entende de maior relevância. O que não pode ocorrer é, na ausência de disposição legal, o Administrador Público buscar proteger a Administração que integra. Se o faz, fere o princípio da igualdade e possibilita o controle jurisdicional de seu ato porque ilegal.

Não penso como Carmem Lúcia Antunes Rocha[94] que entende ser inconstitucionais os privilégios legais concedidos a qualquer pessoa, como ocorre com os prazos em quádruplo para contestar e em dobro para recorrer e o reexame necessário concedidos à Administração Pública. O *princípio da igualdade* tem seu limite na aplicação da lei, não na sua criação. O processo legislativo brasileiro está prenhe de exemplos de leis cujo fundamento existencial é a desigualdade entre as partes por elas envolvidas.

Uma constituição que está recheada de dispositivos nitidamente criados para proteger minorias só pode ser regulada por leis de igual invergadura, basta que se tome por exemplo o princípio da função social da propriedade.

## 23. DO PRINCÍPIO DA DUPLA INSTÂNCIA ADMINISTRATIVA

O *princípio da dupla instância administrativa* tem base constitucional. No campo do processo civil, ele é conhecido como *princípio do duplo grau de jurisdição*, que nada mais é do que a previsão legal de submissão da decisão proferida por juiz do primeiro grau a um órgão coletivo superior, estruturado na organização judiciária de Tribunal a que pertence. O art. 5º, inciso LV, da Constituição Federal, outorga fundamentação constitucional a esta afirmação, quando diz que *aos litigantes em processo judicial ou administrativo em geral são assegurados o contraditório e ampla defesa, com os meios e recursos a ela inerentes.* Como *recurso* é o meio de provocar a reforma ou a modificação de uma decisão desfavorável, excepcionalmente atribuída ao prolator da decisão atacada, mas, mesmo nestes casos, com previsão de recurso a um órgão superior, porque a regra é que seja ele dirigido sequencialmente a um outra esfera superior, tem-se que, quando a constituição fala em *recursos* em verdade está possibilitando a submissão de uma decisão desfavorável a uma instância administrativa superior, quando a decisão for administrativa, ou a um tribunal, quando a questão envolver jurisdição, que é a dicção do Poder Judiciário no conflito.

A opção pela nomenclatura de *dupla instância administrativa* e não pelo *duplo grau de jurisdição* deve-se, primeiramente, porque esta é a terminologia utilizada pela Lei nº 9.784/99, que é a base principiológica de todo processo administrativo brasileiro, quando, no seu art. 57, estabelece que *o recurso administrativo tramitará no máximo em três instâncias administrativas* e, em segundo lugar, porque *grau de jurisdição* está geneticamente imbricado com organização judiciária e suas conseqüências, como é a coisa julgada, situação bem diferente do que ocorre na esfera administrativa.

---

[94] ROCHA, Carmem Lúcia Antunes. Princípios Constitucionais do Processo Administrativo no Direito Brasileiro. In: *Revista Trimestral de Jurisprudência*, nº 17, p. 28.

O princípio da *dupla instância administrativa* é sucedâneo do *princípio do devido processo legal*, significando, por isso mesmo, que este só se completa com o exaurimento daquele.

Diferentemente do processo judicial, o processo administrativo, de regra, não tem multiplicidade de recursos. Sob o pálio *recursos*, o processo civil admite agravo de instrumento, apelação, embargos infringentes, embargos de declaração, reexame necessário, recurso ordinário, recurso especial e recurso extraordinário. No entanto, o processo administrativo sob a denominação de *recurso administrativo* possibilita a provocação de reforma ou a modificação de qualquer decisão administrativa desfavorável, estabelecendo um único procedimento recursal.

## 24. DO PRINCÍPIO DA PROIBIÇÃO DE PROVA ILÍCITA

O *princípio da proibição de prova ilícita* é princípio que rege a Administração no tocante ao processo administrativo e tem matriz constitucional e, como no processo civil, está diretamente vinculado ao princípio do devido processo legal, já que para que um processo cumpra os trâmites legais é preciso que a instrução se complete com a produção de provas admitida em lei.[95]

A natureza jurídica do princípio está no art. 5º, inciso LVI, da Constituição Federal ao afirmar que *são inadmissíveis, no processo, as provas obtidas por meios ilícitos*. *Meio ilícito* de prova é o expediente utilizado contrariamente à lei para demonstração de uma pretensão fática no processo civil ou administrativo.

Como o Código de Processo Civil, as leis que regem o processo administrativo, especialmente a Lei Federal nº 9.784/99, que estabelece normas básicas sobre processo administrativo no âmbito federal e que tem sido padrão de criação legislativa de todas as leis de processo administrativo criadas pelos Estados, reafirma o princípio quando sustenta, no art. 30, que *são inadmissíveis no processo administrativo as provas obtidas por meios ilícitos*. Assim, a escuta telefônica, quando não autorizada judicialmente, e a confissão mediante tortura são exemplos típicos de provas obtidas por meio ilícitos.

A obtenção de prova ilícita inocula o processo administrativo de nulidade, impossibilitando o seu conhecimento no julgamento da causa ou, se conhecida e relevante para a decisão do conflito administrativo, inquinando o ato administrativo decisório de nulidade absoluta.

## 25. DO PRINCÍPIO DO JUÍZO NATURAL

A aplicação do *princípio do juízo natural* também rege a ação da Administração Pública especialmente no campo do processo administrativo e tem natureza constitucional. Quando o artigo 5º, inciso LIII, da Constituição Federal afirma que *ninguém será processado nem sentenciado senão por autoridade competente*, está sustentando em outras palavras,

---

[95] ADMINISTRATIVO. MANDADO DE SEGURANÇA. DELEGADO DE POLÍCIA CIVIL. PROCESSO ADMINISTRATIVO DISCIPLINAR. DEMISSÃO. QUEBRA DE SIGILO FUNCIONAL. PROVA ILÍCITA. INVALIDADE. – O direito constitucional-penal inscrito na Carta Política de 1988 e concebido num período de reconquista das franquias democráticas consagra os princípios do amplo direito de defesa, do devido processo legal, do contraditório e da inadmissibilidade da prova ilícita (CF, art. 5º, LIV, LV e LVI). – O processo administrativo disciplinar que impôs a Delegado de Polícia Civil a pena de demissão com fundamento em informações obtidas com quebra de sigilo funcional, sem a prévia autorização judicial, é desprovido de vitalidade jurídica, porquanto baseado em prova ilícita. – Sendo a prova ilícita realizada sem a autorização da autoridade judiciária competente, é desprovida de qualquer eficácia, eivada de nulidade absoluta e insuscetível de ser sanada por força da preclusão. – Recurso ordinário provido. Segurança concedida (RMS 8327/MG. STJ. Sexta Turma. Relator: Ministro Vicente Leal. Publicado no DJ, em 23.08.1999).

que, em qualquer processo, civil ou administrativo, deve o litigante conhecer previamente o juízo ou autoridade competente que o irá processar e julgar.

*Competência* é a faculdade concedida por lei a alguém, um juiz ou autoridade administrativa, para processar e julgar um pleito.

Assim, no processo administrativo, quando a lei estabelece *como, de que forma* e *por quem* o pleito de alguém será processado e julgado, está respeitando o *princípio do juízo natural*. A previsibilidade legal da autoridade que processará e julgará a pretensão de alguém resguarda a segurança no andamento do processo e da isenção de seu julgamento.

O *princípio do juízo natural* impede que alguém possa escolher o juiz ou autoridade administrativa de sua conveniência ou interesse ou tente afastá-los por entender inconveniente aos seus interesses.

Não se pode confundir juiz ou autoridade competente, que é o órgão judicial ou o agente administrativo, funções pertencentes ao Estado, com a pessoa física que detém a jurisdição ou poder de decidir na esfera administrativa. Aquele é permanente e integra a estrutura do Estado, e, este, temporário, substituíveis por promoção, aposentadoria etc. Assim, a distribuição um processo de reintegração de posse, por exemplo, para a 1ª Vara Cível de Porto Alegre, ou o encaminhamento de um processo administrativo sancionatório contra servidor público para o superior hierárquico detentor da chefia do órgão em que se encontra lotado o processado, terão no juiz classificado naquela vara por previsão do Código de Organização Judiciária do Estado ou no servidor titular do poder hierárquico, conforme previsão do Estatuto do Servidor Público, os *juízes naturais* do processo judicial ou administrativo, respectivamente, pouco importando que posteriormente estas pessoas sejam substituídas.

No campo do processo civil, e durante muito tempo levou-se a extremos o *princípio do juízo natural*, sustentando-se, por exemplo, que o juiz que colhesse a prova pessoal estaria vinculado para o julgamento do processo. Hoje, ante a realidade da necessidade de modificações sempre constantes na organização judiciária, o princípio deixou o rigorismo e passou a uma relativização, permitindo que, se o juiz não se encontrar habilitado, poderá repetir a prova.

Naturalmente que as pessoas investidas na jurisdição ou na função de autoridade processante não podem ter interesse direto ou indireto na causa; ter parente participando como perito, testemunha ou representante de qualquer das partes porque, nesta situação, estariam impedidos de processar e julgar o feito. De outro lado, a existência de amizade íntima ou inimizade notória, como causas de suspeição, tornam o juiz ou a autoridade administrativa processante suspeitas para o processo. A permanência de qualquer delas na constância do impedimento ou da suspeição fere o princípio do juízo natural e inocula de vício os atos por elas praticados.

## 26. DO PRINCÍPIO DA ATUAÇÃO CONFORME A LEI E O DIREITO

O inciso I, parágrafo único, do art. 2º da Lei Federal nº 9.784/99 estabelece que deve ser observado no processo administrativo a *atuação conforme a lei e o Direito*, dispositivo que é repetido em quase todas as demais leis estaduais.[96]

---

[96] O dispositivo da Lei Federal é repetido pelo art. 2º, parágrafo único, da Lei 11.781/2000, do Estado de *Pernambuco*; art. 2º, parágrafo único, da Lei nº 13.800/2001, do Estado de *Goiás*; art. 5º, da Lei 14.184/2002, do Estado de *Minas Gerais*; art. 2º, parágrafo único, da Lei nº 2.794/2003, do Estado do *Amazonas*; art. 2º, parágrafo único, do Estado *de Roraima*. O art. 5º, da Lei nº 10.177 do Estado de *São Paulo* e também o art. 5º, da Lei nº 7.692/2002, do Estado de *Mato Grosso*, conquanto não especifiquem critérios de aplicação no processo administrativo, estabelecem que a norma administrativa deve ser interpretada e aplicada de forma que melhor garanta a realização do interesse público a que se dirige.

O *princípio de atuação no processo administrativo conforme a lei e o Direito* significa uma variante ampliativa do princípio da legalidade. Conquanto este vincule diretamente o agir da Administração Pública ao que dispuser a lei em qualquer de suas ações, inclusive no processo administrativo, aquele alarga esta abrangência de duas formas bem distintas. Primeiramente, porque também condiciona a ação do administrado no processo administrativo a parâmetros legais e, em segundo lugar, porque dimensiona ampliativamente o conceito de que, no processo administrativo, a atuação pode e deve se operar conforme o Direito, conceito bem mais abrangente do que a lei.

Portanto, a atuação das partes no processo administrativo permite a aplicação de elementos que, aceitos e adotados universalmente como verdades axiomáticas, atuam na formação da consciência jurídica do homem. Assim são admissíveis no processo administrativo todos os princípios gerais do direito constituídos por axiomas do direito natural, da sociologia, da filosofia, dos costumes, do direito comparado e da analogia.

Dessa forma, embora nenhuma das leis que trata do processo administrativo, nos âmbitos federal ou estaduais, regule a forma de concretização do contraditório ou da intervenção de terceiros, nem por isso estes institutos devem ser olvidados porque, por analogia, do processo civil, portanto, pelo princípio de atuação conforme o Direito, ele deve ser aplicado.

## 27. DO PRINCÍPIO DA IRRENUNCIABILIDADE DE PODERES OU COMPETÊNCIAS ADMINISTRATIVAS

O inciso II, do parágrafo único, do art. 2º da Lei Federal nº 9.784/99, que estabelece normas básicas sobre o processo administrativo no âmbito federal e tem servido de modelo para várias leis estaduais[97] que tratam do processo administrativo no âmbito de seus respectivos estados, catalogou como norma a ser seguida a impossibilidade de renúncia de poderes ou competências administrativas no âmbito processual administrativo.

Ao particular, em qualquer processo civil ou mesmo administrativo, é possível renunciar a direitos disponíveis ou desistir total ou parcialmente do pedido formulado, inclusive de forma tácita, quando, por exemplo, instado a cumprir determinada diligência de seu exclusivo interesse em prazo certo, mantém-se inerte. No entanto, esta possibilidade é vedada à Administração Pública por uma simples razão: os poderes e as competências atribuídas à Administração Pública o são por força de lei. Portanto, não pode um simples ato administrativo de cunho processual tornar inexistente aquilo que foi estabelecido por lei.

Quando a lei processual administrativa declara que são legitimados como interessados no processo administrativo as pessoas físicas ou jurídicas que o iniciem como titulares de direitos ou interesses individuais ou no exercício do direito de representação, aqueles que, sem terem iniciados o processo, têm direitos ou interesses que possam ser afetados pela decisão a ser adotada ou, ainda, as pessoas ou as associações legalmente constituídas quanto a direitos ou interesses difusos, como ocorre no art. 9º da Lei Federal nº 9.784/99, está criando direitos para tais legitimados e, por conseqüência, deveres para a Administração Pública, a quem cabe respeitar, sob pena de ferimento ao princípio do devido processo legal, acarretando nulidade dos atos praticados na constância da infração. De outro lado,

---

[97] O princípio ou critério, como é usualmente denominada a impossibilidade de renúncia de poderes ou competência administrativa no âmbito do processo administrativo, está expressado no inciso II, parágrafo único, art. 2º, da Lei nº 11.761/2000, do Estado de *Pernambuco*; inciso II, parágrafo único, art. 2º, da Lei nº 13.800/2001, do Estado de *Goiás*; inciso II, art. 5º, da Lei nº 14.184/2002, do Estado de *Minas Gerais*; inciso II, parágrafo único, art. 2º, da Lei Ordinária nº 2.794/2003, do Estado do *Amazonas*; inciso II, parágrafo único, art. 2º, da Lei nº 418/2004, do Estado de Roraima e, de forma genérica, sob o pálio de que *a norma administrativa deve ser interpretada e aplicada de forma que melhor garanta a realização do interesse público a que se dirige*, no art. 5º, da Lei nº 10.177/1998, do Estado de *São Paulo* e art. 5º, da Lei nº 7.692/2002, do Estado de *Mato Grosso*.

quando a lei estabelece que, em caso de risco iminente, poderá a Administração Pública, de forma motivada, adotar providências acauteladoras, sem a prévia manifestação do interessado, como ocorre com o art. 45 da citada Lei Federal n° 9.784/99, está criando com isso um direito-dever irrenunciável porque visível a intenção legislativa de proteção ao interesse público. Entender-se que este dispositivo é de aplicação facultativa, passível, portanto, de renúncia ou de desistência expressa ou mesmo tácita pelo agente público condutor do processo administrativo, enseja a conclusão de que, por mero ato processual administrativo, é possível agir-se contrariamente à lei. O que, convenhamos, é uma interpretação irrazoável, pois fere o bom senso, princípio que norteia qualquer exegese.

A renúncia de poderes ou competências administrativas só é possível quando autorizadas em lei.

Renunciado o poder ou a competência administrativa está-se diante de ato administrativo nulo, passível de declaração pela própria administração ou através de qualquer ação de controle, como o mandado de segurança.

## 28. DO PRINCÍPIO DA OBJETIVIDADE NO ATENDIMENTO DO INTERESSE PÚBLICO

O *princípio da objetividade no atendimento do interesse público* está expresso no inciso III, parágrafo único, art. 2º da Lei Federal nº 9.784/99 e em várias outras leis estaduais que trata do processo administrativo.[98] Portanto, é princípio que rege a Administração Pública.

*Objetividade* é o caráter da atitude ou do procedimento que é, ou pretende ser, estritamente adequado às circunstâncias, segundo o *Dicionário Aurélio – Século XXI*. Portanto, objetividade no atendimento do interesse público no processo administrativo significa o comportamento dos envolvidos, Administração Pública e interessados, utilizando-se dos meios processuais estritamente necessários que tenha em vista o interesse da coletividade.

A prática de atos processuais desnecessários, protelatórios ou tumultuários, como, por exemplo, a produção de prova com nenhuma pertinência no desfecho da questão, atenta contra a objetividade e desatende o interesse público.

A prática de atos processuais sem objetividade ou que desatenda o interesse público fere o princípio e deve ser evitada ou, se praticada, deve ser escoimada de ofício, por provocação da parte interessada ou até mesmo através de ações de controle judicial da Administração Pública, como é o mandado de segurança.

## 29. DO PRINCÍPIO DE ATUAÇÃO SEGUNDO PADRÕES ÉTICOS DE PROBIDADE, DECORO E BOA-FÉ

O *princípio de atuação segundo padrões éticos de probidade, decoro e boa-fé* tem fundamento legal, através do inciso IV, parágrafo único, art. 2º da Lei Federal nº 9.784/99, e em várias leis estaduais que tratam do processo administrativo.[99] É princípio que rege o comportamento da Administração Pública no campo da resolução do litígio administrativo.

---

[98] O dispositivo é encontrado no inciso III, parágrafo único, do art. 2º, da Lei nº 11.781/2000, do Estado de *Pernambuco*; inciso III, parágrafo único, art. 2º, da Lei nº 13.888/2001, do Estado de *Goiás*; inciso III, parágrafo único, art. 2º, da Lei nº 2.794/2003, do Estado do *Amazonas* e inciso III, parágrafo único, art. 2º, da Lei nº 418, do Estado de *Roraima*. O art. 5º, da Lei nº 10.177/1998, do Estado de *São Paulo* e o art. 5º, da Lei nº 7.692/2002, do Estado de *Mato Grosso*, admitem o princípio de forma implícita ao sustentarem que a norma administrativa deve ser interpretada e aplicada de forma que melhor garanta a realização do interesse público.

[99] Este princípio processual administrativo está previsto no inciso IV, parágrafo único, art. 2º, da Lei nº 11.781/2000, do Estado de *Pernambuco*; inciso IV, parágrafo único, art. 2º, da Lei 13.800/2001, do Estado de *Goiás*; inciso III, art. 5º, do

*Probidade* é a qualidade de quem é probo, íntegro, honesto. *Decoro* significa compostura e *boa-fé*, é a ausência de intenção dolosa. As três palavras possuem conceitos sinônimos quando se trata de definir padrões éticos de comportamento. Embora expressadas em lei, estas formas de agir integram o comportamento humano. Sua afirmação legal apenas torna expresso no âmbito do processo administrativo aquilo que deve integrar o patrimônio de todo homem. Assim, mesmo que o princípio não fosse declarado por lei ele integraria o rol dos princípios implícitos, já que diz respeito ao comportamento do homem em sociedade.

Portanto, o comportamento das partes no processo administrativo exige honestidade, compostura e ação isenta de dolo.

A atuação no processo administrativo de forma desonesta, sem compostura ou de má-fé, se praticada pela Administração Pública, é ato ilegal classificável como de improbidade administrativa e, dessa forma, passível de controle pela própria Administração ou pelo Judiciário, através de ações de controle. Quando praticado pelo interessado, deve ser afastado, com aplicação de sanções processuais, como, por exemplo, a proibição de retirada do processo em carga ou de se manifestar nos autos, por aplicação analógica do que ocorre no processo civil.

## 30. DO PRINCÍPIO DA ADEQUAÇÃO ENTRE OS MEIOS E OS FINS PROCESSUAIS

O *princípio da adequação entre os meios e os fins processuais* tem previsão no inciso VI, parágrafo único, art. 2º da Lei Federal nº 9.784/99, que regula o processo administrativo no âmbito da Administração Pública Federal e em várias leis estaduais que se seguiram.[100]

O princípio significa que deve haver correspondência entre os meios processuais utilizados e os fins para os quais ele foi instaurado. No processo administrativo sancionatório, por exemplo, se a portaria acusatória narra um fato punível apenas com pena de advertência, geralmente a de menor grau de punibilidade administrativa entre as previstas no estatuto do servidor, não pode o agente público responsável por aplicação de tal pena produzir uma instrução exaustiva como se fora para a aplicação da pena de demissão. Se assim age, está utilizando-se do meio processual inadequado. Aproveitando este mesmo exemplo, fere o princípio da adequação se a autoridade administrativa responsável pela aplicação da pena aplica a suspensão quando o fato é de mera advertência.

Este princípio de cunho estritamente processual tem imbricação com o princípio da razoabilidade e proporcionalidade.

A inadequação processual entre os meios e os fins possibilita o controle quer pela própria Administração Pública, quer pelo Poder Judiciário.

## 31. DO PRINCÍPIO DA OBSERVÂNCIA DAS FORMALIDADES ESSENCIAIS À GARANTIA DOS DIREITOS DOS ADMINISTRADOS

O *princípio da observância das formalidades essenciais à garantia dos direitos dos administrados* tem previsão nos incisos VIII e X, parágrafo único, art. 2º da Lei Federal nº 9.784/99, que estabeleceu normas básicas sobre o processo administrativo no âmbito

---

Estado de *Minas Gerais*; inciso IV, parágrafo único, art. 2º, da Lei 2.794/2003, do Estado do *Amazonas* e inciso IV, parágrafo único, art. 2º, do Estado de *Roraima*.

[100] Repetindo o princípio ungido pela lei federal, estão a Lei nº 11.781/2000, do Estado de *Pernambuco* (inciso IV, parágrafo único, art. 2º), a Lei nº 13.800/2001, do Estado de *Goiás* (inciso VI, parágrafo único, art. 2º); a Lei nº 2.794/2002, do Estado do *Amazonas* (inciso VI, parágrafo único, art. 2º) e a Lei nº 418/2004, do Estado de *Roraima*.

Administração Federal e em várias leis que regulam o processo administrativo no âmbito estadual e que tomaram a lei federal como parâmetro.[101]

Este princípio, ao determinar que se observasse as formalidades essenciais garantidoras dos direitos do administrado naturalmente que vinculou o comportamento da Administração Pública.

Isso porque, no processo administrativo, além dos direitos fundamentais outorgados na Constituição Federal, o administrado, chamado de *interessado* no processo, tem direitos perante a Administração Pública, conforme o art. 3º da Lei Federal nº 9.784/99, e que é repetido em todas as leis estaduais que já regulamentaram o processo administrativo no âmbito de sua competência, que podem ser assim enumerados:

I – ser tratado com respeito pelas autoridades e servidores, que deverão facilitar o exercício de seus direitos e o cumprimento de suas obrigações;
II – ter ciência da tramitação dos processos administrativos em que tenha a condição de interessado, ter vista dos autos, obter cópias de documentos neles contidos e conhecer as decisões proferidas;
III – formular alegações e apresentar documentos antes da decisão, os quais serão objeto de consideração pelo órgão competente;
IV – fazer-se assistir, facultativamente, por advogado, salvo quando obrigatória a representação, por força de lei.

O que o princípio estabelece é que, na implementação desses direitos, deve a Administração Pública observar as formalidades essenciais. Ou seja, embora o processo administrativo tenha na informalidade seu ponto forte, o que o diferencia substancialmente do processo civil, quando se tratar da implementação dos direitos processuais do administrativo, essa informalidade cede ao formalismo, já que, por força de lei, eles são considerados essenciais. Ser comunicado de todo ato processual administrativo no processo que possa resultar sanção ou nas situações de litígios, poder apresentar alegações finais, produzir provas e interpor recursos, são formalidades essenciais garantidores dos direitos dos administrados.

A inobservância desse formalismo na implementação dos direitos processuais do administrado, embora a lei expressamente não o diga, é causa de ilegalidade, e, por conseqüência, resultando a nulidade do ato administrativo processual infringente ou do próprio processo concluído em desrespeito ao princípio, consoante previsão exarada no art. 53 da Lei Federal nº 9.784/99, repetido nas várias leis estaduais que já regraram o processo administrativo no âmbito de sua competência e nos estados e municípios que ainda não regraram, por aplicação analógica.

O desrespeito ao princípio pode ser sanado pela própria administração ou através de controle jurisdicional.

## 32. DO PRINCÍPIO DA INTERPRETAÇÃO DA NORMA ADMINISTRATIVA CONFORME O FIM PÚBLICO A QUE SE DIRIGE

O princípio da interpretação da norma administrativa conforme o fim público a que se dirige é princípio administrativo típico cuja base legal se encontra no art. 2º, parágrafo

---

[101] O princípio se encontra repetido nos incisos VIII e X, parágrafo único, art. 2º, da Lei nº 11.781/2000, do Estado de *Pernambuco*; incisos VIII e X, parágrafo único, art. 2º, da Lei nº 13.800/2001, do Estado de *Goiás*; incisos VI e VIII, art. 5º, da Lei nº 14.184/2002, do Estado de *Minas Gerais*; incisos VIII e X, parágrafo único, art. 2º, do Estado do *Amazonas* e incisos VIII e X, parágrafo único, art. 2º, do Estado de *Roraima*.

único, inciso XIII, da Lei Federal nº 9.784/99 e também em várias leis estaduais que regram o processo administrativo.[102]

Interpretar é explicitar, aclarar determinada palavra ou texto dentro de um conteúdo literário. Interpretação de norma, portanto, conceito essencialmente jurídico, é a busca da verdadeira intenção do legislador para determinada palavra ou texto de lei.

Nas leis ou textos legais de conteúdo paradigmático ou emoldural, em que o legislador tão-somente enuncia uma intenção, deixando ao intérprete a função de preencher o vazio do conceito, é muito forte a influência da interpretação para a consolidação do direito. Pode servir de exemplos a inserção pelo Código Civil dos conceitos de função social dos contratos, probidade e boa-fé.

Mas, especialmente no direito brasileiro moderno, quase todo ele positivado pelo Estado, o legislador tem-se preocupado em jurisdicizar todas as relações sociais, se não isso, a quase totalidade dessas relações, chegando mesmo até nas minúcias, criando um cipoal de leis não raramente com imbricação de disposições. Isso deixa muito pouco ao intérprete e, o que é importante ou preocupante, ainda estabelece regras tipicamente conceituais do gênero para os efeitos desta lei, consideram-se, indicando ao aplicador da lei sobre os limites e intenções para sua aplicação.

O princípio da interpretação da norma administrativa conforme o fim público a que se dirige é exemplo típico de ingerência do legislador na função interpretativa do direito. O princípio, como criado na lei federal e nas leis estaduais, é de orientação específica àquele que tem a função de interpretar a norma administrativa quando em atuação no processo administrativo. Com esta orientação legal, na ausência de dispositivo específico, deve o intérprete administrativo aplicar a norma administrativa tendo como norte o fim público a que a norma se dirige.

No entanto, mesmo que o princípio ainda não tenha sido positivado por algumas Administrações Públicas, como é o caso do Estado do Rio Grande do Sul e de vários outros Estados, ele é de aplicação obrigatória porque, embora implícito, decorre da própria estrutura que orienta o direito administrativo, que é a proteção à Administração Pública, exegese sempre possível na ausência de regra protetiva ao indivíduo em obediência ao cânone de primazia do fim do Estado.

Fim ou finalidade pública é o dever inerente à própria existência do Estado. O Estado, como criatura, tem uma finalidade estrutural que justifica sua própria existência. E esta finalidade é o bem estar do povo como ponto mais distante e o atendimento às exigências administrativas como ponto mais próximo. Na função do Estado, portanto, estão ínsitas estas obrigações.

Decisões proferidas em afronta ao princípio são passíveis de revisão pela própria Administração Pública ou pelo Poder Judiciário.

---

[102] O dispositivo da lei federal está assim redigido:

Art. 2º...

Parágrafo único. Nos processos administrativos serão observados, entre outros, os critérios de:

XIII – interpretação da norma administrativa da forma que melhor garanta o atendimento do fim público a que se dirige;

O princípio se encontra previsto no art. 5º, da Lei nº 10.177/1998, do Estado de São Paulo; no inciso XIII, parágrafo único, art. 2º, da Lei nº 11.781/2000, do Estado de Pernambuco; no art. 5º, da Lei nº 7.692/2002, do Estado de Mato Grosso; no inciso XIII, parágrafo único, art. 2º, da Lei nº 13.800/2001, do Estado de Goiás; no art. 3º, da Lei nº 14.184/2002, do Estado de Minas Gerais; no inciso XIII, parágrafo único, art. 2º, da Lei nº 2.794/2003, do Estado do Amazonas e no inciso XIII, parágrafo único, art. 2º, da Lei nº 418/2004, do Estado de Roraima.

## 33. DO PRINCÍPIO DA IRRETROATIVIDADE DA NOVA INTERPRETAÇÃO

O princípio da irretroatividade da nova interpretação tem base positiva no art. 2º, parágrafo único, inciso XIII, parte final, da Lei Federal nº 9.784/99, quando, depois de afirmar que a interpretação da norma administrativa deve acolher o que melhor atenda o fim público, diz ser vedada a aplicação retroativa de nova interpretação. Esta redação é repetida em várias leis estaduais que regram o processo administrativo.[103]

Interpretar, no conceito de direito, é explicar, aclarar o sentido de determinada palavra ou texto legal.

A interpretação que se faça de qualquer dispositivo legal no processo administrativo é ato administrativo e, como tal, tem efeito *ex nunc*, ou seja, do momento de sua edição para adiante. Diferente é a declaração de invalidação de um ato por ilegalidade. Aí os efeitos são *ex tunc*, portanto, retroagem ao momento de sua edição.

Pelo princípio da irretroatividade da nova interpretação ficam limitados os efeitos da manifestação administrativa proferida anteriormente no processo administrativo. Trata-se de um típico limitador para o condutor do processo administrativo.

O princípio garante que o processo administrativo não sofra reversão no seu desenvolvimento por pura oscilação interpretativa do administrador que o conduz. Dessa forma, dada uma determinada interpretação a um conceito de direito na constância de um processo administrativo, desde que esta interpretação não viole disposição legal, não pode o responsável pelo processo voltar sobre seus passos sob o fundamento de que a nova interpretação é a mais justa para os fins administrativos.

Penso que efetuada a retroação da nova interpretação, está-se diante de uma violação ao princípio em análise e aos princípios da boa-fé processual e da segurança jurídica.

## 34. DO PRINCÍPIO DA *REFORMATIO IN PEJUS*

O princípio da *reformatio in pejus* encontra ressonância legislativa no art. 64 e seu parágrafo único, da Lei Federal nº 9.784/99, que tem esta redação:

> Art. 64. O órgão competente para decidir o recurso poderá confirmar, modificar, anular ou revogar, total ou parcialmente, a decisão recorrida, se a matéria for de sua competência.
> Parágrafo único. Se da aplicação do disposto neste artigo puder decorrer gravame à situação do recorrente, este deverá ser cientificado para que formule suas alegações antes da decisão.[104]

O interessado em qualquer processo administrativo tem como garantia constitucional a possibilidade de submeter a decisão administrativa em que foi sucumbente a uma segunda instância administrativa. Trata-se de aplicação do *princípio da dupla instância administrativa*, também chamado de *princípio da revisibilidade*, disposição também existente nos processos penal e civil.

O grande fator que diferencia o exame pela segunda instância no processo administrativo daquele feito pelo segundo grau na esfera penal ou civil é que, nestes, não existe a

---

[103] O princípio se encontra previsto na parte final, do inciso XIII, parágrafo único, art. 2º, da Lei nº 11.781/2000, do Estado do Pernambuco; parte final, do inciso XIII, parágrafo único, do art. 2º, da Lei nº 13.800/2001, do Estado de Goiás; no inciso XIV, do parágrafo único, do art. 2º, da Lei nº 2.794/2003, do Estado do Amazonas e na parte final, do inciso XIII, do parágrafo único, do art. 2º, da Lei nº 418/2004, do Estado de Roraima.

[104] Dispositivo idêntico é encontrado no art. 64 e seu parágrafo único, da Lei nº 11.781/2000, do Estado de *Pernambuco*; no art. 64 e seu parágrafo único, da Lei nº 13.800/2001, do Estado de *Goiás*; no art. 66, parágrafo único, da Lei nº 2794/2003, do Estado do *Amazonas* e no art. 64 e seu parágrafo único, da Lei nº 418/2004, do Estado de Roraima.

possibilidade de reforma da decisão contra o recorrente. Ou se julga improcedente o recurso ou se lhe dá provimento, total ou parcialmente.

A possibilidade do recurso administrativo interposto pelo interessado vir a sofrer modificação ou revogação, causando prejuízo ao recorrente, decorre da natureza do próprio litígio. O embate em qualquer processo administrativo coloca, de um lado, a Administração Pública e, de outro, o administrado ou interessado. Portanto, ela envolve um interesse público *versus* interesse privado. O conceito de interesse público não é algo vago ou absolutamente conceituável pela Administração Pública. Interesse público é aquilo que for definido na Constituição Federal, nas constituições estaduais e nas leis que as regulamentam, inclusive no âmbito municipal. O interesse público assim definido, no entanto, sofre limitação quer seja pelos direitos fundamentais do indivíduo e da sociedade constante na Constituição Federal, quer por direitos outros instituídos nas constituições estaduais ou em leis federais, estaduais ou municipais.

A possibilidade da *reformatio in pejus*, ou de reforma da decisão de primeira instância para pior, em recurso administrativo interposto pelo interessado, dessa forma, não é manifestação infundada do órgão decisor de segunda instância administrativa. Essa decisão, além de fundamentada, deve considerar que, no conflito de interesses em disputa, há supremacia do interesse da Administração Pública sobre o interesse privado do administrado ou do terceiro interessado.

A decisão da segunda instância que modifique ou revogue decisão anterior, se não for motivada ou, se motivada, embutir manifestação pessoalizada ou imoral, é decisão nula, que deve ser controlada no próprio âmbito administrativo ou pelo Poder Judiciário.

## 35. DO PRINCÍPIO DA ECONOMIA PROCESSUAL

O processo é um instrumento através do qual se busca obter a solução de um litígio. Portanto, suas regras se pautam por esta finalidade. Vai longe o tempo em que o processo era o fim em si mesmo.

Mas as regras do processo não são criação do juiz, no âmbito do processo penal ou civil, ou da administração, no âmbito do processo administrativo. Seu comportamento é fixado por regras objetivas. No seu desenvolvimento, portanto, deve-se executar regras previamente dispostas em leis processuais próprias.

No entanto, situações existirão que não foram previstas pelo legislador processual, mas que são necessárias para a solução da contenda. Neste caso, incide o *princípio da economia processual*, segundo o qual deve-se utilizar dos meios menos onerosos para o suprimento da lacuna.

No processo administrativo o *princípio da economia processual* deve ser aplicado sempre que houver lacuna na lei que o rege, buscando a Administração atingir a finalidade pretendida no processo de forma breve.

## 36. DO PRINCÍPIO DO ÔNUS DA PROVA

Desde o direito romano que se conhece o *princípio do ônus da prova*, segundo o qual compete àquele que alega demonstrar a existência de sua alegação.

O Código de Processo Civil adotou este princípio no art. 333, incisos I e II, apenas o estruturando com relação a quem faz a alegação: ao autor, quanto ao fato constitutivo de seu direito, e ao réu, quanto à existência de fato impeditivo, modificativo ou extintivo do direito do autor.

Este princípio também é aplicado ao processo administrativo de forma subsidiária e por isso mesmo vincula a Administração Pública.

## 37. DO PRINCÍPIO DA VERDADE REAL

Durante muito tempo grassou no direito processual a máxima da verdade formal, inclusive com valoração quantitativa sobre determinados tipos de provas. A confissão era a rainha das provas. Diante dela, soçobrava qualquer outra prova. Duas testemunhas valiam mais do que uma.

Hoje, a busca da verdade real, modernidade no direito processual, determina que na busca do que realmente aconteceu deve o magistrado ou o a autoridade administrativa processante buscar, independentemente da atuação da parte, comprovar elementos para embasar sua decisão.

Dessa forma, no processo administrativo o silêncio da administração ou do interessado não importa em confissão, podendo a autoridade administrativa responsável pelo processo determinar providências independentemente de manifestação da parte interessada.

Na aplicação do *princípio da verdade real* pode a autoridade processante, inclusive, indeferir a produção de prova impertinente ou procrastinatória.

O *princípio da verdade real* vincula a Administração Pública.

## 38. DO PRINCÍPIO DA SUCUMBÊNCIA

*Sucumbência* vem do latim *succumbentia,* que é o ato de sucumbir. Por sua vez, *sucumbir*, no conceito jurídico, significa ser vencido no processo ou ter perdido a causa.

Vulgarmente, o termo sucumbência passa a idéia de responsabilização de quem perdeu o processo e foi condenado em honorários advocatícios e despesas processuais. No entanto, isto significa apenas conseqüências pecuniárias de quem foi vencido na disputa processual.

No processo administrativo, diante do *princípio da gratuidade* (todos os atos praticados no processo são gratuitos) inexiste sucumbência na perspectiva de responsabilização pecuniária de quem perde a causa, mas o princípio existe para efeitos recursais.

Dessa forma, só pode recorrer quem sucumbiu, no todo ou em parte, do pedido administrativo formulado. Aplica-se aqui, de forma menos extensiva, o *princípio da sucumbência* do processo civil.

O vencedor da demanda administrativa, por óbvio, não tem legitimidade recursal, salvo se sucumbiu em parcela mínima.

Situação curiosa ocorrida no processo civil é a da parte que, embora vencedora no primeiro grau e beneficiária de verba honorária, interpõe recurso porque sabe que o entendimento do segundo grau é contrário ao manifestado pelo primeiro. Neste caso, o recurso é inadmissível porque não houve sucumbência.

O princípio da sucumbência, dessa forma, rege o comportamento da Administração Pública.

## 39. DO PRINCÍPIO DA DIALETICIDADE RECURSAL

O *princípio da dialeticidade recursal* presente no processo civil também é aplicado no processo administrativo.

Todo recurso deve ser interposto com argumentos, com razões que demonstrem ao julgador do segundo grau, na órbita do processo civil, ou da segunda instância, no processo administrativo, da necessidade de se modificar a decisão anterior. E argumentar para se contrapor a uma idéia oposta é procedimento dialético. Daí porque o princípio é denominado de *princípio da dialeticidade recursal*.

A argumentação em sentido contrário é essencial para o acolhimento ou não do recurso. Sem ela, não tem o julgador condições de sopesar se a decisão anterior é ou não correta.

Ademais, não existe na teoria do processo o recurso de ofício, como regra. Ele existe como exceção e apenas utilizado como forma de privilégio para as pessoas de direito público, como são a União, os estados, o Distrito Federal, os municípios e as autarquias, como deferência à própria condição de representarem o estado brasileiro.

Recurso sem razões fere o *princípio da dialeticidade* e, portanto, não deve ser recebido.

O art. 60 da Lei Federal nº 9.784/99 tangencia o princípio quando afirma que o recurso deve se interposto por meio de requerimento no qual o recorrente *deve expor os fundamentos do pedido de reexame*.

Embora a lei não atribua efeitos ao recurso sem fundamentos ou mal fundamentado, é de se ter sua necessidade como elemento intrínseco de sua admissibilidade.

O *princípio da dialeticidade recursal* tem plena aplicação no âmbito do agir da Administração Pública.

### 40. DO PRINCÍPIO DA UNICIDADE RECURSAL

O *princípio da unicidade recursal* significa que para cada decisão deve ser interposto um único recurso, mesmo que ele seja preparatório do seguinte, como é o caso dos embargos de declaração, e que, seja ele provido ou não, goste ou não o recorrente do que foi decidido, estará impedido de interpor outro recurso substitutivo do primeiro.

Pelo *princípio da unicidade recursal* não pode haver concomitância de recursos.

Este princípio típico do processo civil também é aplicado ao processo administrativo e, por conseqüência, vincula o agir da Administração Pública.

### 41. DO PRINCÍPIO DA VOLUNTARIEDADE RECURSAL

O *princípio da voluntariedade recursal* significa que recorrer é ato voluntário da parte.

Não existe recurso de ofício no processo administrativo.

No entanto, pode a autoridade processante, mesmo tomando conhecimento do recurso voluntário do interessado, modificar a decisão de primeira instância em desfavor do recorrente se encontrar nulidade ou a decisão proferida contrariar o interesse público.

*Título IV*

# DOS ATOS ADMINISTRATIVOS

## Capítulo I – Da parte geral

### 1. DA IMPORTÂNCIA DO TEMA

Existem institutos de direito administrativo que ganham importância maior do que outros por se caracterizar, no primeiro momento, como de conhecimento básico necessário e, depois, de aplicação generalizada em todos os demais institutos jurídico-administrativos que dele são decorrentes.

Assim, o bom conhecimento sobre ato administrativo, como também sobre a estrutura da Administração Pública, possibilita ao aluno uma boa base na compreensão do direito administrativo porquanto todos os demais institutos perpassam por estas temáticas para ganharem vida própria. Equiparo essa premissa àquela de que se deve conhecer a Lei de Introdução do Código Civil para bem entendê-lo, quando não para se conhecer como o direito positivo brasileiro deve ser interpretado.

### 2. DA DISTINÇÃO ENTRE ATO E FATO JURÍDICO

A teoria geral do direito faz a distinção entre ato e fato e suas repercussões no direito. O primeiro, do latim *actu*, significando aquilo que se faz, daí porque somente imputável ao homem e, o segundo, do latim *factu*, acontecimento, decorre de circunstâncias naturais que surgem independentemente da ação do homem ou que indiretamente dependam dele.

José Cretella Júnior diz que fato administrativo é:

> Toda atividade material que tem, por objetivo, efeitos práticos no interesse da pessoa jurídica que a executa, neste caso, a Administração, por intermédio de seus agentes.

Penso que é possível dizer-se que fato jurídico é o acontecimento de que decorrem efeitos jurídicos, independentemente da vontade humana (por oposição a ato). Enquanto ato jurídico é qualquer ato lícito cujo objetivo imediato é adquirir, transferir, resguardar, modificar ou extinguir direitos.

É importante mencionar que nem todo fato do mundo interessa ao direito, só importando aqueles com implicações jurídicas. Desta forma, dá-se ao ato do homem que tiver implicações de natureza jurídica o nome de ato jurídico.

### 3. DA ORIGEM DA EXPRESSÃO ATO ADMINISTRATIVO

A expressão ato administrativo surgiu com a Revolução Francesa, designando os atos da administração pública, que, em nome do princípio da tripartição dos poderes, não seriam objeto de apreciação pelo Judiciário. Assim, já em 24.8.1790, uma lei dispunha:

> As funções judiciárias são distintas e ficarão sempre separadas das funções administrativas. Os juízes não poderão, sob pena de prevaricação, perturbar as operações dos corpos administrativos.

Tais premissas foram confirmadas, mais tarde, pela Constituição de 3.9.1791, art. 3º, que vedava a apreciação judicial de qualquer ato administrativo.

Ato administrativo, hoje, é uma expressão universal e única designando sempre a manifestação de vontade do Estado-Administração.

## 4. DA DISTINÇÃO ENTRE ATO ADMINISTRATIVO E ATO CIVIL

No primeiro momento é possível afirmar-se que *ato administrativo* é espécie do gênero *ato civil* pela circunstância de que, este, além de integrar o ramo do direito civil, em verdade, estrutura a base daquilo que pode ser conhecido como teoria geral do direito, ou a estrutura geral básica através da qual se funda todos os ramos da ciência jurídica. Agente capaz, objeto lícito e forma prescrita e não defesa em lei são requisitos básicos de todo ato jurídico quer seja ele civil ou administrativo. Como exemplo, tem-se o ato tributário que também é espécie de ato civil que, para ser validamente emitido, exige os mesmos requisitos.

Especificamente, no entanto, pode-se afirmar que a principal distinção entre *ato administrativo* e *ato civil* é que o segundo não cria qualquer obrigação a terceiros sem que haja sua concordância, ao contrário do que ocorre com o primeiro, já que, pelo atributo da imperatividade inerente ao ato administrativo que, como emanação do estado na busca do fim comum, pode vir a ser editado, inclusive, contra interesses de terceiros. Podem servir de exemplo a demissão de servidor público e a desapropriação de uma propriedade privada.

## 5. DO CONCEITO DE ATO ADMINISTRATIVO

Diversos autores diferenciam *atos da administração* de *atos administrativos*, argumentando que o primeiro é algo mais amplo, englobando, inclusive, o segundo. Maria Sylvia Zanella Di Pietro,[105] apresenta uma diferenciação própria, ao catalogar os *atos da administração,* que abrangem os de direito privado (permuta, doação, compra e venda, locação); *atos materiais da administração* (sem manifestação de vontade e que envolvam apenas execução); *atos de conhecimento*, opinião, juízo ou valor; *atos políticos*; *contratos*; *atos normativos* e *atos administrativos*.

Di Pietro ainda define ato administrativo como

A declaração do Estado ou de quem o represente, que produz efeitos jurídicos imediatos, com observância da lei, sob regime jurídico de direito público e sujeita a controle pelo Poder Judiciário.

Penso que é possível *definir-se ato administrativo como toda manifestação do Estado calcado na lei tendente a criar, modificar ou extinguir direitos.*

## 6. DA ABRANGÊNCIA DO ATO ADMINISTRATIVO

É sempre bom frisar que o ato administrativo não se restringe exclusivamente ao Poder Executivo em qualquer grau federativo (poder executivo federal, estadual, distrital e municipal). Ele é bem mais amplo e abrange também os Poderes Legislativo e Judiciário.

Sabe-se que a divisão dos poderes é estrutura especificamente política. A lei e a sentença, por exemplo, são manifestações políticas do Estado. No entanto, para que a lei seja publicada e a sentença seja prolatada existe tudo um aparato administrativo, mesmo que

---

[105] DI PIETRO, Maria Sylvia Zanella. *Direito Administrativo*. 14ª ed. São Paulo: Atlas, 2002, p. 182-183.

nesta última situação existam atos processuais típicos. E os atos praticados para que os atos políticos se efetivem têm a mesma estrutura do ato administrativo praticado pelo Poder Executivo.

Um concurso público para preenchimento de cargos públicos no Poder Legislativo e no Poder Judiciário deve respeitar os mesmos princípios aplicados no concurso público realizado pelo Poder Executivo. Uns e outros manifestam sua vontade através do ato administrativo.

## 7. DA VIGÊNCIA E DA EFICÁCIA DO ATO ADMINISTRATIVO

De forma didática, *vigência do ato administrativo* é o período compreendido entre o momento em que ele passa a existir no mundo jurídico até sua extinção. Na delimitação desse conceito se observa a existência de duas teorias: a primeira sustentando que o início da vigência do ato administrativo se daria a partir da sua assinatura; a segunda, ao contrário, que era a partir de sua divulgação (publicação, notificação, intimação, ciência etc). Penso que, frente ao princípio da publicidade (art. 37, *caput*, da Constituição Federal) hoje não há mais dúvida que o ato administrativo passa a existir depois de publicado porque isso atende o interesse da Administração e de seus administrados.

Quanto à *eficácia do ato administrativo*, tem-se que o ato administrativo é *eficaz* quando seus efeitos não esbarram em nenhuma norma legal (*lato sensu*). Assim, antes da entrada em vigor do ato, não se pode cogitar a existência de sua eficácia. Na verdade, eficácia nada mais é do que a produção dos efeitos jurídicos do ato administrativo.

## 8. DA RETROATIVIDADE E DA IRRETROATIVIDADE DO ATO ADMINISTRATIVO

*Retroatividade* é a repercussão dos efeitos de um ato ou de um fato jurídico sobre atos ou fatos jurídicos já passados. Já *irretroatividade* é o princípio segundo o qual um ato jurídico não pode retroagir os seus efeitos para atingir atos ou fatos que lhes são anteriores.

Os princípios não são antípodas e, inclusive, se completam.

Em regra, o ato administrativo geral e especial tem efeito imediato, ou seja, aplica-se a partir de sua entrada em vigor, respeitando os efeitos jurídicos já produzidos. Entretanto, muitos atos produzem seus efeitos no passado, tomando como justificativa princípios constitucionais como o da continuidade do serviço público e o da legalidade.

De forma sumária é possível conjugar-se os conceitos de retroatividade e irretroatividade com a seguinte afirmação: a Administração Pública pode determinar a retroação dos seus atos, desde que isso não atinja direitos já adquiridos.

Como a grande carga dos atos administrativos é no sentido de produzir efeitos jurídicos em terceiros, tem-se que a irretroatividade do ato administrativo é a regra enquanto a retroatividade a exceção.

## 9. DO MÉRITO DO ATO ADMINISTRATIVO

*Mérito*, no conceito de direito administrativo, diz respeito à oportunidade e à conveniência de emanação do ato pela Administração Pública, tendo sempre presente o interesse público a atingir. Por sua vez, *oportunidade* significa o tempo apropriado para a prática de um ato e *conveniência*, quando ele é útil para o fim público.

É através do mérito que o agente irá ponderar sobre várias coisas, como economia, dia, hora, moralidade, eqüidade e razoabilidade do ato. Por isto alguns autores afirmam que só existe nos atos discricionários.

Discussão que tem acalentado tanto a doutrina como a jurisprudência é a respeito da possibilidade de controle do ato administrativo de mérito. Em princípio, é vedado o controle jurisdicional. Oportunidade e conveniência são circunstâncias próprias de quem administra a coisa pública. Em respeito à divisão de poderes não pode o Poder Judiciário imiscuir-se quanto a essa oportunidade ou conveniência do agir administrativo, pois estaria ele *administrando*. Mas é preciso estabelecer que a discrição administrativa não é absoluta. Ela tem limite legal. Logo, conveniência e oportunidade estarão infensas ao controle do Poder Judiciário se praticada dentro dos limites da lei.

## 10. DA MOTIVAÇÃO DO ATO ADMINISTRATIVO

O direito administrativo moderno caminha na direção de fixar que o ato administrativo tenha a motivação como regra. Isto representa uma guinada no conceito de administrar, pois abre ao conhecimento público as intenções da Administração Pública, aliás, como preconizado no art. 37, *caput*, da Constituição Federal, quando fixou a publicidade como princípio vinculador do agir administrativo. Tanto isso é verdade que a necessidade de motivação é princípio implícito na Carta Maior, mas expresso em várias constituições estaduais, como a do Rio Grande do Sul, no seu art. 19. E, como a Administração Pública se expressa através do ato administrativo, por óbvio, o ato deve ser motivado.

*Motivar* é expor, dar razões, fundamentar. Portanto, *motivação* é a exposição, as razões e os fundamentos de um determinado ato.

Não resta dúvida que a motivação limita o agir administrativo. Detentora do poder discricionário, que é a liberdade de tomada de decisões dentro da lei sem fundamentações ou explicações, a necessidade de motivar limita a vontade da Administração Pública. No entanto, sendo o País um Estado Democrático de Direito instituído na forma de federação pela união indissolúvel dos Estados, Municípios e Distrito Federal, tem ele no povo seu verdadeiro poder, consoante o disposto no art. 1º e parágrafo único da Constituição Federal. Por conseqüência e como exegese decorrente destes princípios é razoável afirmar-se que o povo tem o direito de saber as motivações que levam o Estado-administração a agir, inclusive para poder exercer o controle direto, como é o ajuizamento da ação popular contras os abusos.

Tecnicamente não se deve confundir *motivo* com *motivação*. *Motivo* é a razão, a circunstância que move a Administração Pública a agir. *Motivação* são os fundamentos desse agir. A jurisprudência não faz essa distinção técnica e utiliza motivo e motivação como sinônimos.

## 11. DOS PRINCÍPIOS DO ATO ADMINISTRATIVO

As pessoas físicas expressam sua vontade através da escrita, oral, ou através de gestos. Estes atos humanos podem ou não produzir efeitos no direito. Produzindo, são chamados atos jurídicos.

A Administração Pública é concretizada por pessoas jurídicas públicas ou privadas com múnus público, ou seja, por estruturas criadas pelo direito. Tal qual as pessoas físicas, as pessoas jurídicas também expressam sua vontade, embora não na mesma dimensão já que as pessoas físicas podem expressar vontades que não ingressam no mundo do direito.

Os atos caracterizadores como de expressão da vontade da Administração Pública são tidos como *atos administrativos*, como já analisado no início deste estudo.

Portanto, se o ato administrativo é expressão da vontade administrativa, a ele se emprega os mesmos princípios aplicáveis à Administração Pública. Por isso, deixa-se aqui de repeti-los, remetendo o aluno à temática *Princípios da Administração Pública*.

## Capítulo II – Dos atributos do ato administrativo

### 1. DAS GENERALIDADES

*Atributo*, do latim *attributu*, significa aquilo que é próprio de um ser. No campo de estudo do ato administrativo encontrar seus atributos significa determinar as qualidades essenciais dessa manifestação de vontade pública.

Existe uma diversidade de pensamento entre os doutrinadores na indicação dos atributos do ato administrativo. Apesar disso é possível nominar as mais importantes, como sendo: a) presunção de veracidade ou de legitimidade; b) imperatividade; c) exigibilidade; d) autoexecutividade; e) tipicidade.

### 2. DA PRESUNÇÃO DE VERACIDADE OU DE LEGITIMIDADE

O ato administrativo é a manifestação de vontade da Administração Pública, que por sua vez executa a vontade política do Estado. Em outras palavras, o ato administrativo é a manifestação do Estado concretizada. E o Estado tem como razão existencial o bem comum.[106]

*Presunção*, do latim *preasuntione*, significa um juízo baseado nas aparências. E *veracidade*, do latim medieval *veracitate*, verdade, é aquilo que é praticado conforme a realidade.

Diante disso a *presunção de veracidade* do ato administrativo pressupõe que sendo ele vontade do Estado e que tem como fim o bem comum, tem a aparência de verdadeiro. Por exemplo, uma certidão negativa de débito tributário significa que a Administração Pública está afirmando que a pessoa nela mencionada não tem nenhuma dívida pública.

*Legitimidade* vem de le*gítimo* e significa conforme o direito. Diferencia-se de legalidade, que é conforme a lei. A Administração, ou melhor, seus atos, gozam de fé pública, presumindo-se que foram feitos em observância ao direito.

Portanto através da presunção de veracidade e de legitimidade tem-se que o ato administrativo é verdadeiro e foi praticado conforme o direito. Dessa forma o requisito da necessidade de demonstração prévia do direito líquido e certo no mandado de segurança é imposto em respeito a este atributo. Se o impetrante pretender investir contra um ato administrativo acoimando-o de abusivo terá de demonstrar antecipadamente este vício que afronta o seu direito líquido e certo. Na dúvida protege-se o ato administrativo.

### 3. DA IMPERATIVIDADE

Clássica é a divisão das várias formas de manifestações de vontade da Administração em dois grupos: os chamados *atos de império*, também conhecidos como atos *de autorida*-

---
[106] Retome-se aqui o que já foi dito a respeito de Administração Pública

*de, atos de poder público* ou *atos de governo,* e os chamados *atos de gestão.* Atualmente, a doutrina não mais aceita esta divisão que surgiu exatamente para afastar a responsabilidade do Estado por atos que seus agentes viessem a praticar contra terceiros se tais atos se caracterizassem como de império, já que, nesta situação, estaria a sobrevivência da própria estrutura estatal. Com a responsabilização do estado de forma indiscriminada, a divisão deixou de ter relevância, passando apenas a ser um dado na evolução histórica do direito administrativo.

No entanto o conceito de *atos de império* tomou nova estrutura para agora significar os atos praticados pela Administração Pública impondo obediência a terceiros, independentemente de sua concordância (*ius imperii*). Um exemplo de ato de império é quando a Administração revoga um ato administrativo plenamente válido fazendo cessar qualquer efeito futuro, apenas resguardando os efeitos pretéritos que já ingressaram no patrimônio individual ou do direito adquirido. Aqueles que não implementaram o *iter* do ato administrativo revogado, mas estavam em vias de implementá-lo, são afastados pela vontade do Estado. Também serve de exemplo a desapropriação de um imóvel particular, porquanto o mérito (conveniência ou oportunidade administrativa) não pode ser sofrer questionamento. O *jus imperii* estatal de desapropriar o bem privado é inatacável.[107]

É bom frisar que a imperatividade não existe em todos os atos administrativos, mas tão-somente naqueles que impõem alguma obrigação.

## 4. DA AUTO-EXECUTORIEDADE

*Auto-executoriedade* é a qualidade, o atributo, que tem o ato administrativo de poder ser executado pela própria Administração Pública, sem a necessidade de intervenção do Poder Judiciário. No entanto, ela não existe em todos os atos administrativos, somente sendo possível:

a) naquelas situações previstas em lei, como por exemplo, a cassação de licença para dirigir ou, em matéria de contrato, a utilização de equipamentos e instalações do contratado para dar continuidade à execução do contrato e;

b) naquelas situações onde há medidas de urgência, que se não adotadas imediatamente, poderia ocorrer grande prejuízo ao interesse público, como por exemplo, a internação de uma pessoa com doença altamente contagiosa, como a gripe asiática.

Efetivamente, na esfera administrativa, diferente do que ocorre no âmbito do processo civil, a Administração não necessita provar, de antemão, que se estriba em título hábil, justificativo das providências, até violentas, que possa tomar.

Embora a auto-executoriedade seja um atributo do ato administrativo, existem situações em que ela se torna inexeqüível. Veja-se que o art. 54 da Lei nº 9.784/99, ao fixar o prazo de 5 anos para que a Administração Pública Federal possa anular seus atos viciados de ilegalidades, também estabeleceu que, ultrapassado esse lapso temporal e tendo agido o terceiro de boa-fé, decairia a Administração de poder assim agir. Ora, portanto, superado o qüinqüênio a auto-executoriedade consistente na anulação do vício estaria vedada.

De outro lado, penso que em situações já consolidadas pelo tempo, mas dentro do lapso temporal de revisão, a auto-executoriedade somente poderia ser implementada como conseqüência de um processo administrativo em que se respeite o contraditório, a ampla defesa, a decisão motivada e a possibilidade recursal, ou o art. 5º, inciso LIV e LV, da

---

[107] Neste exemplo o ato administrativo desapropriatório não pode sofrer qualquer controle se formalmente válido. Existindo vícios na emanação do mérito, o ato deixa de ser de império e passa a ser ato ilegal podendo sofrer controle da própria Administração ou do Poder Judiciário.

Constituição Federal. A auto-executoriedade seria, neste caso, um típico ato administrativo composto e não um ato administrativo simples. O agir administrativo em situações consolidadas em desrespeito às garantias constitucionais seria ato administrativo abusivo possibilitando o controle judicial.

## 5. DA TIPICIDADE

A *tipicidade* é uma conseqüência do princípio da legalidade, configurando-se no atributo que o ato administrativo deve corresponder a figuras definidas previamente por lei como aptas a produzir determinado resultado. Para cada ato do Estado deve haver uma previsão legal, evitando-se que sejam praticados atos inominados e limitando a discricionariedade da Administração.

Nos casos de contratos não existe tipicidade, vez que não há imposição da vontade da Administração porquanto que há uma dependência da vontade do particular. Desta forma, a tipicidade só existe nos atos unilaterais.

A ação administrativa em desrespeito ao atributo da tipicidade caracteriza ato abusivo possibilitando o controle do Poder Judiciário.

# Capítulo III – Dos elementos do ato administrativo

## 1. DAS GENERALIDADES

*Elemento*, do latim *elementu*, significa tudo aquilo que entra na composição de alguma coisa; é cada parte de um todo. Alguns autores falam que os atos administrativos possuem diversos elementos, como *termo*, *condição* e *modo*, entre outros, mas o que verdadeiramente é aceito na doutrina é que o ato administrativo é composto por cinco elementos básicos, a saber: a) competência; b) forma; c) objeto; d) motivo; e) finalidade:

## 2. DA COMPETÊNCIA

Na terminologia do Direito Público, a *competência administrativa* indica a soma de poderes que as leis outorgam às autoridades administrativas, para que possam administrar e gerir os negócios públicos.

Este conceito também é aplicável à *competência* como elemento do ato administrativo. Isso porque sendo o ato administrativo manifestação de vontade da Administração Pública só pode manifestá-la validamente o agente público detentor de poderes.

No direito administrativo, dessa forma, além de capacidade o sujeito tem que ter competência prevista em lei. As pessoas jurídicas políticas (União, Estados, Municípios e Distrito Federal) têm sua competência prevista na Constituição Federal; enquanto que os órgãos e servidores têm sua competência também tratada nas demais normas infraconstitucionais.

Ainda quando se fala em competência, é importante ressaltar que esta sempre decorre da lei (não pode o órgão, por si, estabelecer suas atribuições); é inderrogável, porquanto é conferida em benefício do interesse público, e pode ser delegada ou avocada, desde que não seja, por lei, considerada exclusiva daquele órgão ou agente.

O artigo 17 da Lei nº 9.784/99 (que trata do processo administrativo no âmbito federal), determina que:

> Inexistindo competência legal específica, o processo administrativo deverá ser iniciado perante a autoridade de menor grau hierárquico para decidir.

Nos demais âmbitos, em caso de omissão do legislador quanto à fixação da competência para a prática de determinados atos, tem-se entendido que o competente é o Chefe do Poder executivo.

### 3. DA FORMA

*Forma*, do latim *forma* (figura, aparência exterior), em sentido jurídico amplo quer exprimir o aspecto ou o revestimento exterior; a configuração externa indicativa da maneira por que a manifestação da vontade se opera ou o ato jurídico se executa; é o conjunto de solenidades que devem ser observadas para que a declaração da vontade de alguém tenha eficácia jurídica. Desta acepção decorre o aforismo jurídico *forma dat esse rei* ou é *forma que dá existência à coisa*.

Como elemento do ato administrativo, *forma* pode ser conceituada como a maneira pela qual o ato é exteriorizado (exemplo: forma escrita, verbal, através de resolução etc.). Alguns autores entendem que neste conceito estão incluídas todas as formalidades que devem ser observadas durante o processo de formação de vontade da Administração, inclusive os referentes à publicidade do ato. Importante ressaltar que a inobservância de forma ou a do procedimento resulta na ilicitude do ato. A motivação integra o conceito de forma do ato administrativo, vez que a sua ausência impede a verificação da legitimidade do ato.

Tratando-se de ato administrativo, a forma escrita é a regra e a oral a exceção. Excepcionalmente se admite ordens verbais, gestos, apitos, sinais luminosos (exemplo, apito de um policial ao tentar organizar o trânsito). Curioso lembrar que até mesmo o silêncio da Administração pode significar uma manifestação de vontade, se assim a legislação vigente o prever.

Por fim a forma do ato administrativo, entre outras classificações, pode ser dividida em *substancial e essencial*. A inobservância de forma no primeiro não gera nulidade, configurando-se muitas vezes em mera irregularidade. Já a não observância dos atos essenciais gera nulidade, por exemplo, um ato administrativo que deve ser publicado no Diário Oficial (esta publicação é essencial). Assim, se o ato ainda não foi publicado ele não é nulo, mas incompleto, por não ter completado seu círculo de formação. Ele só se tornará nulo caso decorra o tempo devido para que seja publicado.

### 4. DO OBJETO

*Objeto*, do latim *objectus*, de *objicere* (pôr adiante), é tudo aquilo sobre o qual incide um direito.

O *objeto* ou *conteúdo*, como elemento do ato administrativo, seria o efeito jurídico (criação, transformação ou extinção de um direito) imediato que o ato produz. Assim como no direito privado, o ato administrativo deve ser *lícito* (conforme a lei), *certo* (definido quanto ao destinatário, efeitos, tempo e lugar), *possível* (realizável no mundo dos fatos e do direito) e *moral* (em concordância com os padrões comuns de comportamento, aceitos como corretos, justos e éticos).

O objeto também pode ser *natural* ou *acidental*, assim como no direito privado. *Natural* é aquele que decorre da própria natureza do ato, tal como definido em lei. *Acidental* é aquele que surge devido a alguma alteração no objeto natural, tal como o termo, o modo e a condição.

Entende-se *termo* como o dia que se inicia ou termina a eficácia do ato. *Modo* é um ônus imposto ao destinatário do ato e *condição*, é a cláusula que se subordina o efeito do ato a evento futuro e incerto, podendo ser suspensiva (suspende o início da eficácia) ou resolutiva (faz cessar a produção dos efeitos do ato).

## 5. DO MOTIVO

M*otivo* é o pressuposto de fato e de direito que fundamenta o ato administrativo; é a razão determinante de sua edição; é o que move a Administração Pública a praticar um ato administrativo. A sua ausência ou vício invalida o ato. Tecnicamente, *motivo* não pode ser confundido com *motivação* do ato, que é a exposição das razões, por escrito, de que os pressupostos de fato realmente existiram, embora a jurisprudência use um e outro como sinônimo. Como *pressuposto de fato* tem-se o conjunto de circunstâncias que levam o administrador a praticar o ato. Já o pressuposto de direito é o dispositivo legal no qual se baseia o ato.

Há autores que entendem que a motivação só é obrigatória nos casos de ato vinculado, vez que, para este, deve sempre ser demonstrada a conformidade do ato com os motivos indicados na lei. Outros, no entanto, entendem que só é obrigatória nos atos discricionários, porquanto é nestes que a motivação se torna mais necessária, já que na sua ausência não há meios de controlar a legitimidade dos motivos que levaram a Administração a praticar o ato. Alguns doutrinadores ainda entendem que a motivação deve estar presente em qualquer caso.

Por fim, é impossível falar em motivo, em matéria de direito administrativo, e não tratar da *teoria dos motivos determinantes*. Tal teoria diz que a validade do ato se vincula com os motivos indicados com seu fundamento, de tal modo que, se inexistentes ou falsos, implicam a sua nulidade. Exemplo bastante comum é o caso onde a Administração exonera servidor sob a alegação de falta de verba e depois nomeia outro para a mesma vaga. Tal ato é nulo por vício quanto ao motivo.

## 6. DA FINALIDADE

A *finalidade* do ato administrativo é o resultado que a Administração quer alcançar. A autoridade administrativa não tem liberdade de opção para definir a finalidade que o ato deve alcançar, cabendo tal definição ao legislador. A finalidade distingue-se do motivo porque este antecede a prática do ato, correspondendo aos fatos que levaram a Administração a praticar o ato.

Também se distingue objeto e finalidade, vez que o primeiro é o efeito jurídico imediato que o ato produz (transformação, aquisição ou extinção de direitos), e a segunda é o efeito mediato.

Além destas circunstâncias, é importante mencionar que o agente deve ser competente para praticar os atos administrativos, ou seja, deve haver previsão legal de que tal agente pode praticar determinado ato. Competência pode ser definida como o conjunto de atribuições das pessoas jurídicas, órgãos e agentes, fixadas pelo direito positivo.[108]

---

[108] DI PIETRO, Maria Sylvia Zanella. *Direito Administrativo*. 14ª edição. São Paulo: Editora Atlas, 2002, p. 195.

# Capítulo IV – Da classificação dos atos administrativos

## 1. DAS GENERALIDADES

*Classificar* é determinar as categorias em que se divide um conjunto. Dessa forma, classificação dos atos administrativos é o estabelecimento de como eles podem ser distribuídos.

A classificação dos atos administrativos é extensa e varia de acordo com o entendimento de cada doutrinador. No entanto é possível detectar uma classificação comum na doutrina.

## 2. DOS ATOS DE IMPÉRIO E DE GESTÃO

Os atos administrativos são classificados, quanto às prerrogativas com que atua a Administração, como *atos de império* ou *de gestão*. Cretella Júnior[109] diz que esta diferenciação está ultrapassada, com o que concordo. Criada para delimitar a responsabilidade do Estado por atos dos seus agentes, hoje, pela abrangência do art. 37, § 6º, da Constituição Federal, isso não é mais possível.

Mas é possível afirmar-se que *atos de império* seriam aqueles aplicados pela Administração ao particular unilateral e coercitivamente, independentemente de autorização judicial. Portanto, seriam atos unilaterais impondo obrigações a terceiro, interferindo em sua esfera jurídica. Esta imperatividade só existiria nos casos de imposição de obrigações.

Já os *atos de gestão* se enquadrariam dentro daqueles praticados pela Administração em situação de igualdade com os particulares, para a conservação e desenvolvimento do patrimônio público e para gestão de seus serviços. Nestes atos, o Estado atuaria no mesmo plano jurídico dos particulares quando voltados para a coisa pública (*ius gestionis*). Aqui, haveria a intervenção, até com certa freqüência, da vontade dos particulares e, dessa forma, uma relação de prestação e contra-prestação entre a Administração e o particular, proveniente de um negócio jurídico.

## 3. DOS ATOS UNILATERAIS E BILATERAIS

*Unilateral* é o ato que se concretiza pela manifestação da vontade de um só agente; *bilateral* aquele que exige o concurso de duas manifestações de vontade para se efetivar, produzindo efeitos jurídicos.

Na maioria dos casos, a Administração, ao atender interesses próprios ou de seus administrados, age unilateralmente, sem consultar a vontade do cidadão ou do agente administrativo atingido pelo ato.

## 4. DOS ATOS SIMPLES, COLETIVOS, COMPOSTOS E COMPLEXOS

Pode-se dizer que *ato simples* é aquele que se concretiza pela manifestação da vontade de um só órgão da Administração, seja este singular ou coletivo (independe do número de seus membros).

Já nos *atos coletivos*, há uma concorrência ou convergência de várias manifestações de vontade formadoras do ato, desta forma, é todo o ato que se concretiza pela manifes-

---

[109] JÚNIOR, José Cretella. *Curso de Direito Administrativo*. 18ª ed. Rio de Janeiro: Forense, 2002, p. 161.

tação da vontade da maioria dos membros componentes de um órgão da administração constituído por vários titulares.

*Atos compostos* são aquelas manifestações de vontade pública que exige a participação de dois ou mais órgãos, sendo o posterior sempre uma derivação do anterior. A adjudicação de uma licitação é exemplo típico de um ato administrativo composto já que ela só se legitima com a preexistência dos demais atos praticados no processo licitatório. É também exemplo de ato administrativo composto a nomeação de servidor ou empregado público, já para que ela se concretize é necessário todo um processo administrativo de concurso.

Os atos ditos como *complexos* podem ser divididos em *iguais* e *desiguais* e de *complexidade interna* e *externa*. Inicialmente, *ato complexo* é todo o ato administrativo que só se concretiza pela manifestação de vontade, concomitantemente ou sucessiva, de mais de órgão do Estado, quer singular quer coletivo. Há uma identidade de conteúdo e de fins, onde há duas ou mais vontades para a formação de um ato único.

Os *atos administrativos complexos iguais* são aqueles que se concretizam através de vontade que encerram o mesmo valor jurídico. Os *desiguais* se concretizam através de vontades de valor jurídico diverso.

Dizem-se *atos complexos internos* aqueles que se concretizam através da vontade que emana de órgãos ou agentes da mesma entidade, e atos complexos externos, aqueles em situação contrária.

## 5. DOS ATOS VINCULADOS, DISCRICIONÁRIOS E ARBITRÁRIOS

Inicialmente, é necessário lembrar que o administrador público não pode ultrapassar os limites que a lei traça à sua atividade, sob pena de ilegalidade do ato. Trata-se da aplicação do *princípio da legalidade*.

Diante disso, não se pode esquecer que o poder discricionário que goza a Administração permite ao agente, ao praticar os atos administrativos, uma *liberdade limitada* (pela lei), não se confundindo com arbitrariedade, que é uma liberdade sem fronteiras.

Quanto à extensão, o ato administrativo pode ser classificado em discricionário, vinculado e arbitrário.

*Vinculação* vem de *vínculo* (do latim *vinculus*, laço, liame, ligação). Diz-se, portanto, que o ato administrativo é *vinculado* quando a lei não deixa outra forma do administrador agir, atingindo os vários aspectos de uma atividade determinada. O particular, nestes casos, tem um direito subjetivo de exigir da autoridade a edição de determinado ato, sob pena de, não o fazendo, sujeitar-se à correção judicial.

Quando a lei deixa certa margem de liberdade de decisão diante de um caso concreto, de modo que a autoridade poderia optar por uma dentre várias soluções possíveis, o ato será *discricionário*. A Administração irá optar através de critérios de oportunidade, conveniência, justiça, equidade, próprios da autoridade, vez que não definidos pelo legislador, no entanto, deverá observar alguns aspectos legais, tais como competência, forma e finalidade.

Importante mencionar que o Judiciário pode apreciar os aspectos da legalidade e verificar se a Administração não ultrapassou os limites da discricionariedade, podendo invalidar o ato. Mas isto somente ocorrerá se a autoridade ultrapassou o espaço livre deixado pela lei, agindo em desvio de poder. Há duas teorias que tratam deste assunto: a primeira seria a do *desvio de poder*, e a outra seria a dos *motivos determinantes*.

O *desvio de poder* ocorre quando a autoridade usa do poder discricionário para atingir fim diferente daquele que a lei fixou. Nestes casos o ato será nulo, podendo o Judiciário decretá-lo como tal.

A *teoria dos motivos determinantes* diz que os motivos que levaram a autoridade a praticar tal ato, quando indicados, devem ser verdadeiros, sob pena de nulidade do ato. Para decretar a nulidade, o judiciário deve analisar os pressupostos de fato e as provas de sua ocorrência, ou seja, o motivo do ato.

Por fim, o Judiciário, quanto aos atos discricionários, não pode examinar os critérios de valor em que se baseou a autoridade administrativa. Alguns autores sugerem a aplicação do *princípio da razoabilidade* para inferir que a valoração subjetiva tem de ser feita dentro do razoável, ou seja, em consonância com aquilo que, para o senso comum, seja aceitável perante a lei e a moral.

Mesmo tendo liberdade para decidir em alguns casos concretos, não pode a Administração ultrapassar os limites legais sob pena de estar agindo *arbitrariamente*.

### 6. DOS ATOS INTERNOS, EXTERNOS E MISTOS

A divisão dos atos administrativos em internos, externos e mistos é feita levando-se em consideração a esfera ou o raio de ação que atua os efeitos do ato.

Dizem-se *internos* àqueles atos administrativos que têm eficácia dentro da repartição pública. É dirigido aos servidores e órgãos, não gerando efeitos quanto a terceiros. Podem-se citar como exemplo as portarias que tratam de normas gerias ou de uma situação subjetiva.

Os atos *externos* se dirigem ao cidadão em geral. Nestes atos estão incluídas as atividades fundamentais do Estado, como, por exemplo, uma portaria tratando sobre o trânsito de veículos, ou seja, serviços que lhe são afetos e a atividades de ordenar e controlar a ação dos particulares.

Consideram-se *mistos* os atos que se iniciam entre órgãos da Administração, internamente, e projetam-se ao seu exterior, surtindo seus efeitos. Tal divisão é problemática, vez que os atos mistos confundem-se com os atos externos (todo o ato externo inicia-se no âmbito da Administração e depois se exterioriza, onde produz seus efeitos).

## Capítulo V – Dos atos administrativo em espécie

### 1. DAS GENERALIDADES

A doutrina administrativa é variadíssima em tipificar as espécies de atos administrativos, em geral agrupando-os em subespécies. Assim, é possível encontrar atos administrativos agrupados quanto à forma, quanto ao conteúdo, quanto às pessoas que os editam etc, gerando uma complexidade para aquele que se debruça sobre seu estudo.

Respeitando qualquer opinião em sentido contrário, penso que é bem mais didático apresentar as espécies de atos administrativos de forma geral, sem subdividi-los.

O elenco a seguir procurará demonstrar as mais usuais.

## 2. DA AUTORIZAÇÃO

Em qualquer sentido jurídico, que se lhe dê, *autorização* significa sempre a permissão ou consentimento dado ou manifestado por certa pessoa, seja física ou jurídica, pública ou privada, para que se pratique ato ou se faça alguma coisa, que não seriam legalmente válidos, sem essa formalidade.

Diante disso, no direito administrativo, *autorização* pode ser definida como:

> Ato administrativo unilateral, discricionário e precário pelo qual a Administração faculta ao particular o uso privativo de bem público, ou desempenho de atividade material, ou prática de ato que, sem esse consentimento, seriam legalmente proibidos.[110]

Um exemplo claro é a autorização para o porte de armas.

## 3. DA LICENÇA

Derivado do latim *licentia*, de *licet* (ser permitido, ser possível), *licença*, em sentido geral, quer exprimir a permissão ou a autorização dada a alguém para que possa fazer ou deixar de fazer alguma coisa.

No direito administrativo, *licença* é o ato administrativo vinculado, unilateral e declaratório pelo qual a Administração defere àquele que preencha os requisitos legais o exercício de uma atividade.

A licença se distingue da autorização porque a segunda é ato discricionário, constitutivo, envolvendo interesses enquanto, o primeiro, é ato vinculado, declaratório, envolvendo direitos.

## 4. DA ADMISSÃO

*Admissão* é o ato vinculado e unilateral pelo qual a Administração, preliminarmente, verificando o preenchimento dos requisitos legais pelo particular, defere-lhe determinada situação jurídica de seu interesse exclusivo ou predominante, como, por exemplo, o ingresso numa faculdade pública mediante vestibular.

## 5. DA PERMISSÃO

Derivado do latim *permissio*, do verbo *permitire* (permitir, consentir, autorizar), na terminologia jurídica *permissão* entende-se o consentimento, a autorização ou a licença, para que se faça alguma coisa, ou para cuja execução ou prática se exija o consentimento ou a autorização do poder público, como formalidade ou como exigência.

A *permissão* tem como objetivo a execução de serviço público ou a utilização privativa de bem público por particular. Pode-se dizer que é um ato administrativo discricionário, precário, unilateral e negocial pelo qual é facultado ao particular a execução de serviços de interesse coletivo ou a utilização privada de bem público, a título gratuito ou oneroso.

## 6. DA APROVAÇÃO

Palavra originada do latim *approbatio*, de *approbare* (aprovar), *aprovação* tem o sentido genérico de consentimento ou anuência à prática de um ato escrito.

---

[110] DI PIETRO, Maria Sylvia Zanella. *Direito Administrativo*. 14ª edição. São Paulo: Atlas, 2002, p. 218.

Na terminologia do direito administrativo, sem se distanciar de seu sentido etimológico, significa o consentimento ou reconhecimento dado por autoridade superior ao ato praticado por autoridade inferior, que não teria eficácia sem o preenchimento desta solenidade.

Hely Lopes Meirelles define aprovação como sendo:

> Ato administrativo pelo qual o Poder Público verifica a legalidade e o mérito de outro ato ou situações e realizações materiais de seus próprios órgãos, de outras entidades ou de particulares, dependentes de seu controle, e consente na sua execução ou manutenção.[111]

A aprovação é ato unilateral e discricionário, vez que o examina sob os aspectos de conveniência e oportunidade.

## 7. DA HOMOLOGAÇÃO

Derivado do verbo latino *homologare*, provindo do grego *omologein* (reconhecer), *homologação* exprime especialmente o ato pelo qual a autoridade administrativa, ratifica, confirma ou aprova um outro ato, a fim de que possa investir-se de força executória ou apresentar-se com validade jurídica, para ter a eficácia legal.

Trata-se de ato de controle, unilateral e vinculado, no qual a Administração reconhece a legalidade de um ato jurídico. Na homologação examina-se apenas o aspecto da legalidade do ato. Pode-se citar como exemplo a homologação do procedimento de uma licitação.

A homologação revela sempre a aprovação ou ratificação por autoridade hierarquicamente superior a ato de funcionário que lhe é subordinado, ou a ratificação ou aprovação, pelo poder público, de ato executado por particular.

## 8. DO PARECER

*Parecer*, em sentido geral, assim se entende a opinião de um jurisconsulto a respeito de uma questão jurídica, a qual, fundada em razões de ordem doutrinária e legal, conclui por uma solução, que deve, a seu pensamento, ser aplicada ao caso em espécie.

Parecer administrativo, portanto, é uma opinião emanada de um órgão consultivo da Administração sobre assunto técnico ou jurídico submetido à sua consideração. O parecer poderá ser facultativo, obrigatório ou vinculante:

> a) O parecer será facultativo quando a Administração puder optar por solicitá-lo ou não. Não vincula quem o solicitou;
> b) O parecer será obrigatório quando a lei o exigir como pressuposto para a prática do ato final. Também não tem caráter vinculante, mas a autoridade que decidir em desconformidade com ele deverá motivar sua decisão. Aqui, sua ausência gera nulidade do ato final;
> c) O parecer será vinculante quando a Administração tiver a obrigação de solicitá-lo e acatar sua conclusão. Da mesma forma que os pareceres obrigatórios, sua ausência gera a nulidade do ato final.

Também pode ser classificado como *normativo, técnico* e *apostilas*:

> a) *Parecer normativo* é aquele que, aprovado pela autoridade competente, é convertido em norma de procedimento interno, tornando-se impositivo e vinculante para os órgãos subordinados à autoridade que o aprovou;
> b *Parecer técnico* é aquele que provém de órgão ou agente especializado na matéria, não podendo ser contrariado por leigo, ou mesmo, por superior hierárquico. Não prevalece hierarquia administrativa;
> c) *Apostilas* são atos enunciativos ou declaratórios de uma situação anterior criada por lei. A apostila apenas reconhece a existência de um direito criado por lei, não cria este direito.

---
[111] MEIRELLES, Hely Lopes. *Direito Administrativo Brasileiro*. 25ª edição. São Paulo: Malheiros, 2000, p. 178.

## 9. DO VISTO

Do latim *vistus*, por *visus*, de *videre* (ver), significa cientificado, examinado, conferido, considerado, aceito.

No direito administrativo o visto equivale ao ato de aprovação, ou de reconhecimento do escrito, ou documento, em que é aposto e assinado pela autoridade competente.

Trata-se de ato administrativo unilateral, que não encerra uma manifestação de vontade por si só, mas que atesta a legitimidade formal de outro ato jurídico. Nem sempre o visto significa que há concordância com seu conteúdo.

## 10. DO DECRETO

*Decreto*, do latim *decretu*, que significa decidir, determinar, é ato administrativo de competência exclusiva dos Chefes do Executivo (Presidente da República, Governador e Prefeito). Apesar de ter a mesma normatividade que a lei, no entanto, não pode contrariá-la. É possível admitir-se a existência de uma hierarquia entre eles. O decreto só pode ser considerado como ato administrativo quando tem efeito concreto.

Quando o decreto se dirige às pessoas que se encontram na mesma situação, diz-se que este é geral (normativo). Quando produz efeitos gerais, ele pode ser classificado como:

a) *Decreto independente* ou *autônomo*: é o que dispõe sobre matéria ainda não regulada especificamente em lei. Com a edição da Emenda Constitucional nº 32/01, a única hipótese prevista para a sua aplicação é a do inciso VI do artigo 84 da Constituição Federal;

b) *Decreto regulamentar* ou de execução: é o que busca explicar a lei e facilitar sua execução. É expedido com base no inciso IV do artigo 84 da Constituição Federal.

Quando o decreto se dirige à pessoa ou grupo de pessoas determinadas, ele é chamado de individual. Neste caso ele constitui decreto de efeito concreto.

O decreto de efeito geral é controlado através de ADIN (ação direta de inconstitucionalidade) e individual, através de mandado de segurança.

## 11. DA RESOLUÇÃO

*Resolução*, do latim *resolutione*, significa o ato ou efeito de decidir. No direito administrativo, resolução é o ato administrativo normativo expedido pelas altas autoridades do Executivo (mas não pelo Chefe do Executivo, que só deve expedir decretos) ou pelos Presidentes dos Tribunais, órgãos legislativos e colegiados administrativos. Também pode ser geral ou individual. Seus efeitos podem ser internos ou externos, conforme o campo de atuação da norma ou os destinatários da providência concreta.

A resolução é sempre ato inferior ao regulamento e ao regimento, não podendo inová-los ou contrariá-los, mas sim complementá-los e explicá-los.

## 12. DA PORTARIA

Formado de *porta*, serve o vocábulo, vulgarmente, para designar o local, ou a peça de um edifício, ou de um estabelecimento, em que o porteiro exerce suas atividades, consistentes em prestar informações a todos quantos a ele demandam ou executar outros serviços, de que esteja encarregado.

No conceito formal de direito administrativo, *portaria* é todo documento expedido pelos chefes ou superiores hierárquicos de um estabelecimento ou repartição, para que por ele transmita a seus subordinados as ordens de serviços ou determinações, que sejam de sua competência.

Na linguagem material, portaria é o ato administrativo emitido por qualquer autoridade pública, que contém instruções acerca da aplicação de leis ou regulamentos, recomendações de caráter geral, normas de execução de serviço, nomeações, demissões, punições, ou qualquer outra determinação de sua competência.

Portanto, a portaria consiste em *determinação ou ordem baixada por agentes administrativos categorizados, objetivando providências oportunas e convenientes para o bom andamento do serviço público.*[112]

As portarias não atingem nem obrigam aos particulares. É ato administrativo interno.

A portaria pode ter função semelhante à da denúncia no processo penal, quando dá início à sindicância e a processos administrativos.

## 13. DA CIRCULAR

*Circular,* do latim *circulare*, significa carta, manifesto ou ofício que foi reproduzido e mandado a muitas pessoas.

Assim, *circular* é uma ordem escrita, de que se vale a autoridade para incumbir determinado(s) servidor(es) de certos serviços ou desempenho de certas atribuições em circunstâncias especiais.

Distingue-se dos avisos, vez que este é privativo dos Ministros e Secretários de Estado, enquanto o primeiro pode nascer de qualquer autoridade administrativa.

## 14. DO DESPACHO

*Despacho* é nota lançada por autoridade em petição ou requerimento, deferindo-o ou indeferindo-o.

Trata-se de ato administrativo contendo decisão, favorável ou não, de autoridade administrativa sobre determinado assunto, submetido à sua apreciação. Diz-se que o despacho é *normativo* quando, por meio deste, é aprovado parecer proferido por órgão técnico sobre assunto de interesse geral, tornando-se obrigatório para toda a Administração.

## 15. DO ALVARÁ

*Alvará* vem do árabe *al-bara* e significa carta, cédula.

No campo do direito administrativo é ato administrativo pelo qual a Administração Pública confere licença ou autorização para a prática de ato ou exercício de atividade sujeita ao poder de polícia do Estado.

O alvará, dessa forma, contém uma ordem ou autorização para a prática de determinado ato. Um exemplo de seu uso é a expedição de alvará para o exercício da atividade de uma casa noturna.

## 16. DO AVISO

No sentido que lhe empresta o direito administrativo, *aviso* representa o ato pelo qual as autoridades públicas se dirigem umas às outras, ou às outras autoridades inferiores, seja

---

[112] JÚNIOR, José Cretella. *Curso de Direito Administrativo*. 18ª edição. Rio de Janeiro: Forense, 2002, p. 190.

para expedir ordens, dar instruções, tomar providências de caráter administrativo ou para expedir resoluções que tenham sido tomadas por outras autoridades ou por elas próprias, sobre interpretação de regulamentos, ou sobre matéria de serviço.

Portanto, aviso tem o significado de notícia, informação, comunicação. Trata-se de um modo de comunicação que tem por finalidade transmitir ordens, dar ou pedir informações, esclarecimentos minuciosos sobre serviços que interessam a mais de um ministério ou secretaria.

Os avisos foram muito utilizados na época imperial, chegando, algumas vezes a extravasar seus limites, atingindo os particulares.

O aviso está hoje restrito às forças armadas e, na Administração Pública em geral, foi substituído pela instrução.

### 17. DA ORDEM DE SERVIÇO

*Ordem de serviço*, como o próprio nome deixa antever, é ato administrativo que especifica como determinado serviço deve ser praticado pelo subordinado. A ordem de serviço contém determinações dirigidas aos responsáveis por obras ou serviços públicos autorizando seu início, ou contendo imposições de caráter administrativo, ou especificações técnicas sobre o modo e forma de sua realização.

Também pode ser utilizada para contratações temporárias.

### 18. DO OFÍCIO

*Ofício*, do latim *officio,* significa dever.

Trata-se de ato administrativo de comunicação escrita e formal que as autoridades e secretarias em geral endereçam umas às outras, ou a particulares, e que se caracteriza não só por obedecer a determinada fórmula epistolar, mas, também, pelo formato do papel (formato ofício).

Em verdade, ele serve como uma espécie de correspondência entre os membros de repartições ou de diversas repartições. Tratam de assunto de serviço. Hely Lopes Meirelles[113] entende que podem conter tanto matéria administrativa como social.

### 19. DA INSTRUÇÃO

*Instrução* vem do latim *instructione* e significa o ato ou efeito de instruir.

É um ato administrativo que contém ordens gerais a respeito de modo e forma de execução de determinado serviço público, expedida por superior hierárquico, sempre de forma escrita. Não alcançam particulares, valendo apenas no âmbito da Administração.

### 20. DA CERTIDÃO

*Certidão* vem do latim *certitudine* e significa atestado.

É a transcrição total ou resumida, autenticada, de atos ou fatos constantes de processo, livro ou documento que se encontre em repartições públicas. Devidamente autenticada, tem o mesmo valor que a original (artigos 364 e 365 do Código de Processo Civil Brasileiro).

---

[113] MEIRELLES, Hely Lopes. *Direito Administrativo Brasileiro*. 25ª edição. São Paulo: Malheiros, 2000, p. 174.

Conforme a letra "b" do inciso XXXIV do artigo 5º da Constituição Federal, o fornecimento de certidões pelas repartições públicas independe do pagamento de taxas.

## Capítulo VI – Da anulação, revogação e convalidação dos atos administrativos

### 1. DA ANULAÇÃO

#### 1.1. Da evolução histórica

Durante muito tempo inexistiu princípio constitucional ou mesmo lei infraconstitucional estabelecendo parâmetros conceituais da *nulidade administrativa* e seus efeitos, como ocorre, por exemplo, com outros institutos típicos de direito administrativo, como o *concurso público* para a investidura em cargo ou emprego público (*art. 37, II, da CF*) e a sua *limitação temporal* de validade em dois anos (*art. 37, III, da CF*); o *cargo em comissão* de livre nomeação e exoneração (*art. 37, II, final, da CF*), o exercício de *função de confiança por servidor efetivo (art. 37, IV, da CF)*, entre tantos outros, travando-se, especialmente na doutrina, uma acalorada discussão ora entendendo-se aplicável a teoria civilista da nulidade e da anulabilidade e seus respectivos efeitos absolutos ou relativos dos atos administrativos, ora fixando-se exclusivamente na nulidade ou irregularidade, com base na doutrina alienígena.

Diante dessa divisão doutrinária transposta para a jurisprudência é que o Supremo Tribunal Federal, em 1963, editou a *Súmula 346*, fixando que a Administração Pública poderia anular seus próprios atos. Embora a força da súmula abrandasse a acalorada discussão, não a extinguiu porque apenas teria fixado a competência administrativa para anular seus próprios atos, permanecendo em aberto dúvidas sobre os efeitos desta declaração de nulidade.

Assim, com um enunciado propedêutico e mais abrangente, mas com o propósito de equacionar problemas ainda persistentes especialmente quanto aos efeitos da declaração de nulidade administrativa, em 1969, voltou o STF a editar nova súmula, agora com maior abrangência, nestes termos:

> SÚMULA 473
> A administração pode anular seus próprios atos, quando eivados de vícios que os tornam ilegais, porque deles não se originam direitos; ou revogá-los, por motivo de conveniência ou oportunidade, respeitados os direitos adquiridos e ressalvada, em todos os casos, a apreciação judicial.

Com este enunciado, a nulidade administrativa até então trabalhada pela doutrina e julgada pelos tribunais de forma oscilante, passou a ter um espectro maior de abrangência quanto aos efeitos da nulidade não abrangidos pela súmula anterior.

No entanto, o Tribunal Maior, numa verdadeira manifestação de orientador da sociedade e colmatador de lacunas legais, ainda fixou entendimento sobre o que seria a *revogação* do ato administrativo, outro instituto de grande repercussão e dúvida no direito administrativo brasileiro.

Tendo a súmula como norte, os conflitos administrativos envolvendo os dois institutos passaram a ter um entendimento comum.

Ocorre que, sem a devida percepção de que a Administração Pública é diversificada em entes federados e, por isso mesmo, administrativamente autônomos pela estrutura mesma do princípio federativo, o primado da Súmula 473 do STF passou a ter aplicação uníssona a toda querela administrativa indistintamente.

Apesar da abrangência do que fora sumulado, novas dúvidas passaram a surgir.

A primeira delas sobre a *faculdade* de anular enunciado pelo termo a *Administração pode*, fixando-se a interpretação final de que, se o ato administrativo eivado de vício de ilegalidade não produz efeito, não poderia a Administração ter a faculdade de anulá-lo, sob pena da conclusão absurda do nulo produzir efeitos válidos pela tão-só inércia administrativa. Portanto, harmonizou-se que o *pode* da súmula deveria ser entendido como *deve*.

A segunda discussão surgiu quanto aos efeitos da nulidade já que a súmula expressamente os declarou inexistentes. Os efeitos *ex tunc* ou a absoluta ausência de efeitos era a medida sumulada. Isto porque, se do ato administrativo eivado de vício de ilegalidade não se originam direitos, ter-se-ia a nulidade absoluta igual à nulidade preconizada pelo Código Civil. E a força da *Súmula 473* não deixava dúvidas: qualquer infração à lei, por menor que fosse, inquinaria o ato administrativo de nulo e, conseqüentemente, de nenhum efeito. Isso poderia conduzir, como conduziu e infelizmente ainda é tido como dogma em administrações que não regraram o processo administrativo e, por conseqüência, a nulidade, a situações irrazoáveis ou desproporcionais em que, mesmo a Administração Pública agindo ilegalmente, apesar de decorrido um longo período da prática do ato administrativo viciado poderia declará-lo nulo sem sofrer nenhuma sanção, numa inadmissível agressão ao princípio da segurança jurídica e da boa-fé.

Apesar disso, foram necessários exatos 30 anos para o legislador preocupar-se em transformar a jurisprudência sumulada em dispositivo legal escoimando os seus excessos criadores de verdadeiros absurdos no campo do direito público, explicáveis tão-somente pelo regime de exceção que existia no País, onde havia um predomínio de uma administração pública forte com a prática, entre outras, da *doutrina da verdade sabida,* que permitia intervenções estatais no campo dos direitos individuais independentemente do devido processo legal, apenas por conhecimento próprio da administração.

A mudança veio através da Lei nº 9.784, de 29.01.1999, art. 53 e 54, quando, ao tratar do processo administrativo no âmbito da Administração Pública Federal, disse:

> Lei nº 9.784/99(...)
> Art. 53. A Administração deve anular seus próprios atos, quando eivados de vício de legalidade, e pode revogá-los por motivo de conveniência ou oportunidade, respeitados os direitos adquiridos.
> Art. 54. O direito da Administração de anular os atos administrativos de que decorram efeitos favoráveis para os destinatários decai em cinco anos, contados da data em que foram praticados, salvo comprovado má-fé.
> § 1º No caso de efeitos patrimoniais contínuos, o prazo de decadência contar-se-á da percepção do primeiro pagamento.
> § 2º Considera-se exercício do direito de anular qualquer medida de autoridade administrativa que importe impugnação à validade do ato.

É observável, em cotejo com a *Súmula 473*, que o legislador federal foi sensível aos novos ventos da doutrina administrativa sobre a nulidade do ato administrativo e substituiu o termo *pode anular* pelo *deve anular*. Além disso, afastou o texto *porque deles não se originam efeitos* enunciado na súmula, representativo da nulidade absoluta, para, em artigo próprio, outorgar *efeitos positivos* à nulidade, estabelecendo que o direito da administração de anular seus atos que decorressem efeitos favoráveis para os destinatários, *decairia* em 5 (cinco) anos, contados da data em que o ato teria sido praticado, salvo se comprovada a má-fé.

Em outras palavras, o legislador, de um lado, estabeleceu sanção para a inércia administrativa de não anulação do ato administrativo e, de outro lado, instituiu efeitos positivos ou premiais para os destinatários do ato administrativo nulo que não agirem de má-fé. É como se dissesse: a administração tem o dever de agir conforme a lei; agindo ilegalmente, tem o dever de anular o ato viciado, mas, se esta ilegalidade foi praticada há mais de 5 (cinco) anos, decai a Administração do dever de anular porque sua inércia não pode penalizar aquele que em nada contribuiu para sua prática e agiu com boa-fé. Em nome da segurança jurídica, o efeito negativo da nulidade desaparece.

O que preocupa é que os novos ventos de mudanças no conceito de nulidade administrativa não sejam generalizados e aplicados por todas as Administrações Públicas. A União e alguns estados têm adotado este nova postura limitadora dos efeitos da nulidade. Porém, estados como o do Rio Grande do Sul, por inexistência de uma lei específica, ainda aplicam administrativa e judicialmente a Súmula 473 em toda a sua extensão, apesar da Constituição Estadual preconizar de forma expressa o respeito ao princípio da razoabilidade.[114]

A declaração de nulidade do ato administrativo, de regra, é buscada pela Administração Pública. No entanto, nada impede que esta declaração seja pretendida por qualquer interessado em defesa de seu direito. Num processo licitatório, por exemplo, o licitante colocado em segundo lugar pode requerer a nulidade do ato administrativo que declarou vencedor outro concorrente. Sua pretensão de anular o ato administrativo é plenamente legítima.

Mas, em qualquer das situações, é necessário que haja processo administrativo e a peça que o instaura, quer seja ela uma portaria ou requerimento do interessado, deve narrar os motivos pelos quais o ato administrativo pretendido anular infringe a lei, sob pena de seu indeferimento. Com ou sem contraditório, e não sendo caso de julgamento antecipado, o processo deverá ser instruído e a decisão final declarará a nulidade do ato administrativo, mencionando de forma expressa a extensão de seus efeitos. Existente lei específica, os efeitos que constarão da decisão serão os da lei. Inexistindo, é possível a autoridade ou o órgão julgador alcançar efeitos relativos previstos na Lei Federal nº 9.784/99, por aplicação do princípio da subsidiariedade ou ainda por aplicação dos *princípios da razoabilidade* e *da proporcionalidade* sempre presentes de forma latente em nosso ordenamento jurídico. A aplicação pura e simples dos efeitos da Súmula 473, embora seja uma constante em administrações não submetidas ao novo ideário, peca por aplicar jurisprudência inadequada à Carta de 1988.

### 1.2. Da extensão da anulação

A anulação foi outrora tema angustiante no direito administrativo como se viu no parágrafo anterior.

Diferentemente do direito civil, comercial, penal, processo judicial, eleitoral, agrário, marítimo, aeronáutico espacial e do trabalho, que têm dicção exclusiva da União, o direito administrativo, material e processual, pode ser criado por qualquer esfera da Administração Pública, desde que respeitados os princípios ungidos pela Constituição Federal.

Dessa forma, temas pertinentes a este direito podem ter variações substanciais de administração para administração decorrentes das variações legislativas, como é o caso da anulação.

O que é importante frisar é que a abrangência do conceito de anulação tanto pode ser de ordem material como processual, e, neste último aspecto, por atingir direitos particula-

---

[114] O art. 19 da Constituição do Estado do Rio Grande do Sul alinha como princípios de respeito obrigatório à toda administração estadual, entre outros, o da razoabilidade.

res, os envolvidos no processo administrativo, partes e autoridade ou órgão processante, devem ter presente esta inconstância típica de um direito de fontes múltiplas, mas que se torna de fácil elucidação se houver previsão legislativa própria.

Penso que ficou superada a doutrina de alguns autores, como Hely Lopes Meirelles,[115] que não admitiam a *anulabilidade* do ato administrativo, mas sim *nulidade*, seja pelo desamparo do direito positivo, seja pela impossibilidade de preponderar o interesse privado sobre o público. E também aquela que, baseada em razões de legitimidade ou legalidade, sustentava que anulação era a declaração de invalidade de um ato administrativo, podendo ser feita pela própria Administração ou pelo Poder Judiciário. Faz parte da atividade de controle da Administração.

No entanto, continuma plenamente aceitáveis as afirmações de que a anulação é uma forma de controle da Administração Pública e também o postulado de que a mera mudança de interpretação de norma ou orientação administrativa não autoriza a anulação do ato anteriormente praticado, já que estas motivações foram recepcionadas pela legislação que trata do ato administrativo. Neste último caso, inclusive porque não há ilegalidade, mas mera alteração de critério da Administração, o que não pode invalidar situações jurídicas já consolidadas, sob pena de afronta ao princípio da seguridade jurídica.

Mas, se o novo conceito de anulação tornou-se mais abrangente para englobar atos sanáveis e atos nulos, todavia tem que se ter presente que os efeitos da anulação administrativa na órbita federal pode não ter a mesma estrutura ou produzir o mesmo efeito na órbita estadual, distrital ou municipal. Basta que a lei federal, estadual, distrital ou municipal regre diferentemente, outorgando o feito *ex-tunc* a situações que a lei federal estabelece efeito *ex-nunc*. Não custa repetir que essa dicotomia é possível pela possibilidade de criação de conceitos administrativos próprios por cada Administração Pública Federada.

É sempre bom repetir para se fixar o conteúdo. Como disse na parte inicial deste estudo, a doutrina era dissonante quanto ao que considerava invalidação do ato administrativo e seus respectivos efeitos, produzindo, também por isso, instabilidade de compreensão e, mais ainda, de aplicação segura. Esta dissonância era compartilhada pela jurisprudência. No entanto, os legisladores federais e de alguns estados e municípios têm tomado conhecimento da necessidade de suprimento da lacuna legislativa e já criaram normas que, tratando do processo administrativo, incluem regramento sobre anulação, revogação e convalidação do ato administrativo.

A dificuldade persiste nas administrações ainda não regradas.

### 1.3. Do conceito

Diante da lei federal nº 9.784/99, que tem servido de bússola na positivação da estrutura do ato administrativo, é possível conceituar-se *anulação* como o ato ou a decisão administrativa que, reconhecendo a existência de vício ou defeito em ato administrativo, de ofício ou por solicitação de quem tenha interesse na sua declaração, vem declará-lo inválido e, por isso, desfeito, fixando os seus efeitos, ou convalidado.

### 1.4. Dos vícios que atualmente integram o conceito de anulação

Como já foi dito, a doutrina até há pouco tempo foi dispersa sobre o que considerava como vícios do ato administrativo. Talvez isso tenha decorrência da ausência de comandos

---

[115] MEIRELLES, Hely Lopes. *Direito Administrativo Brasileiro*. 25ª edição. São Paulo: Malheiros, 2000, p. 164.

legais específicos, o que levava os doutrinadores a buscar institutos afins de outros ramos do direito ou mesmo do direito administrativo comparado. Assim, do direito civil se buscou catalogar os vícios do ato administrativo em nulos, anuláveis e inexistentes, catalogação que ficou ao desamparo por força do novo Código Civil (Lei nº 10.406, de 10.01.2002), que erigiu os atos civis em defeituosos ou nulos, com alargamento de um e de outro conceito.

Essa ausência de parâmetros específicos possibilitou a mais variada classificação dos vícios do ato administrativo.

Hoje, no entanto, por força da lei federal nº 9.784/99 e de leis estaduais e municipais que a recepcionaram, existe uma pacificação a respeito da unificação dos vícios do ato administrativo no conceito terminológico de *anulação*, situando-se a divergência apenas quanto aos efeitos, se *ex tunc* ou *ex nunc,* ou se é possível a convalidação.

Assim à guisa de rememoração, serão estudados alguns vícios dos atos administrativos na sua terminologia específica.

### 1.4.1. Da incompetência

A doutrina classificou como vício do ato administrativo a incompetência.

*Competência*, do latim tardio *competentia*, é a qualidade de quem é capaz de apreciar e resolver certo assunto, fazer determinada coisa. Este conceito é mantido no direito administrativo acrescentando-se que ela é sempre definida em lei mesmo porque toda estrutura administrativa decorre de criação legislativa. Dessa forma tudo aquilo que for praticado contra a lei é considerado ilegal. E o ato praticado por quem não seja detentor daquelas atribuições fixadas em lei ou quando o agente exorbitar nas suas atribuições é defeituoso porque emanado de autoridade incompetente.

Pode-se apontar como vício de competência a *usurpação de função*, o *excesso de poder* e a *função de fato*:

a) A usurpação de função está definida no artigo 328 do CP. Ocorre quando a pessoa que pratica o ato apossou-se por conta própria, do exercício de atribuições próprias de agente público, sem possuir tal qualidade.
b) O excesso de poder é mais comum de ocorrer. Surge quando o agente público excede os limites de sua competência. Exemplo clássico é quando um policial, ao prender um suspeito, acaba abusando da força.
c) A função de fato ocorre quando o agente que pratica o ato está irregularmente investido no cargo. Exemplo claro seria o ato de um servidor que está suspenso.

Na atualidade o vício de incompetência integra o conceito de nulidade administrativa, podendo ter efeitos *ex tunc* ou *ex nunc* de acordo com a lei, já que este instituto pode ser dimensionado em qualquer grau federativo.

### 1.4.2. Da ilegalidade do objeto

O vício de ilegalidade do objeto foi também muito enunciado pela doutrina com contornos próprios.

O objeto do ato administrativo deve, entre outras coisas, ser lícito, moral e possível. Desta forma, além de não ser proibido por lei, deve ser expressamente autorizado por esta, salvo aquelas situações em que a lei faculta ao agente escolher e determinar o objeto do ato.

A ilicitude, por óbvio, estaria em agir de forma contrária ao previsto em lei.

A ilegalidade do objeto do ato administrativo se insere no contexto de nulidade.

### 1.4.3. Do vício de forma

A doutrina entendia que existia vício de forma quando não era observada a forma que a lei prescrevia para a execução de determinado ato administrativo. Sabe-se que a forma é o revestimento formal do ato. O ato com defeito de forma é ilícito. Desta maneira, a observação à forma e ao procedimento constitui garantia jurídica ao administrado e à própria Administração. O vício de forma, em geral, leva à nulidade do ato administrativo, mas pode ser considerado válido pela convalidação.

### 1.4.4. Do ato inexistente

Durante muito tempo a doutrina catalogou o ato inexistente como defeito do ato administrativo. Tratava-se de inserção de instituto de direito civil na esfera do direito administrativo.

Podia-se dizer que ato inexistente seria aquele que não produzia efeitos devido à falta de algum elemento essencial. Ele tinha aparência regular, mas não chegava a se aperfeiçoar como ato administrativo. Exemplo claro disto seria um ato editado por pessoa que não-funcionário público. O ato administrativo seria ilegal e imprestável.

Hoje, existe um rumo ditado pela Lei nº 9.784/99, onde é possível se inserir o ato tido como inexistente no conceito de anulação.

### 1.4.5. Do ato inválido

Como o ato inexistente, o ato inválido também vigeu na doutrina administrativa por largo tempo. A invalidade pode ser indireta ou derivada, se levar em conta não o ato considerado em si e por si, mas um outro ato sobre o qual se baseia. Também pode ser total ou parcial (será parcial quando ato formalmente único contém diversas medidas, cada uma das quais tem sua própria autonomia ou quando é inválido um elemento acessório). Por fim, a invalidade poderá ser contemporânea (originária) à formação do ato ou, sucessiva a sua formação.

### 1.4.6. Do ato imperfeito

*Ato imperfeito* é aquele que se apresenta incompleto na sua formação ou carente de um ato complementar para tornar-se exeqüível e operante. O ato perfeito possui todos os elementos de procedimento e forma exigidos por lei (desta forma, está pronto para produzir efeitos jurídicos). Não se confundem ato imperfeito com ato inválido (existem atos perfeitos, mas inválidos).

### 1.4.7. Do ato ineficaz

*Eficaz* é o ato administrativo no qual não há nenhum obstáculo de direito. Desta forma, ineficaz é o ato que não produz seus efeitos jurídicos devido à ausência de algum elemento exterior ao ato, como por exemplo, a comunicação do mesmo. O ato administrativo pode estar perfeito e não ter eficácia por pender de um termo ou condição suspensiva. Desta forma, não se confundem ineficácia, imperfeição e invalidade.

### 1.4.8. Do ato nulo

*Ato nulo* é aquele que, por vício essencial, não produz o efeito de direito correspondente. Há um vício insanável por ausência ou defeito substancial em seus elementos constitutivos ou no procedimento formativo. Esta nulidade é imediata, o ato não produz efeitos diretos (apenas indiretos, como a responsabilização e a prova de certos fatos que nele se contém).

O ato administrativo nulo não pode ser corrigido, sanado, confirmado, mesmo cessando a causa de nulidade. A nulidade deve ser declarada, seja pela Administração, seja pelo judiciário, operando esta declaração efeito *ex tunc* (retroage, atingindo todos os efeitos passados, presentes e futuros).

A Lei Federal nº 9.784/99 admite a convalidação do ato administrativo que não acarrete lesão ao interesse público nem prejuízo a terceiros, podendo aqueles com defeitos sanáveis serem convalidados pela própria Administração.

O problema está nas conseqüências que decorrem da declaração de nulidade do ato. Algumas vezes tem se usado o princípio da separação dos poderes, impedindo que o judiciário, por exemplo, obrigue o Executivo a reintegrar funcionário ilegalmente demitido. No entanto, a jurisprudência vem se orientando em outro sentido, tendo em vista preceitos constitucionais e legais expressos.

### 1.4.9. Do defeito de motivo

Diz-se que há defeito ou vício do motivo quando a matéria de fato ou de direito, em que se fundamenta o ato, é materialmente inexistente, falsa ou juridicamente inadequada ao resultado conseguido. O motivo tem que ser legal, alicerçando-se sempre no interesse público.

A anulação por defeito de motivo tem efeito *ex-tunc*.

### 1.4.10. Do defeito de fim

O fim ou finalidade é o norte para onde se encaminha a atividade administrativa. Desta forma, há defeito ou vício do fim quando o agente pratica o ato em inobservância do interesse público ou visando a fim diverso daquele previsto, explícita ou implicitamente, na lei. O desvio de poder é comprovado através de indícios[116] já que o agente não declara a sua verdadeira intenção.

A anulação por defeito de fim, como regra, tem efeito *ext-tunc*.

## 1.5. Dos efeitos da anulação

O ato atingido pela anulação pode ou não produzir efeitos. Isso é a circunstância nova na invalidação do ato administrativo. Ocorre que o conceito de anulação passou a subsumir tanto os atos defeituosos, porém sanáveis pela convalidação, situação em que a irregularidade é superada pelo afastamento de qualquer efeito negativo, como os atos nulos absolutamente insanáveis, de efeitos retroativos absolutos. Essa interpretação decorre da lei federal nº 9.784/99, que tem servido de norte para as leis estaduais e municipais e, na ausência destas, de forte argumento interpretativo tanto quanto foi a súmula 473 do STF anteriormente, inclusive para afastar sua aplicação.

Diante deste contexto, penso que estão superadas algumas sustentações doutrinárias divergentes desse pensamento. A primeira delas, a de que a anulação retratava tão-somente situações onde o vício do ato não teria afetado a sua essência. O novo conceito de anulação pode afetar, sim. Também ficou superada a afirmação no sentido de que a duração da anu-

---

[116] DI PIETRO, Maria Sylvia Zanella. *Direito Administrativo*, 14ª edição. São Paulo: Atlas, 2002, p. 231.

lação seria incerta, podendo ser sanada ou ter seus efeitos paralisados. Na esteira da sustentação anterior, a afirmação soa não verdadeira, porque podem existir atos administrativos que jamais serão convalidados.

Quando os efeitos da anulação dos atos administrativos por força da lei devam retroagir à sua origem (efeito *ex-tunc*), invalida as suas conseqüências, não gerando direitos ou obrigações. No entanto, sem deixar de constituir uma anulação absoluta, ou transformar o ilegal em legal, podem existir efeitos positivos quanto aos terceiros que agirem de boa-fé.

Anulação não se confunde com revogação. Na revogação é extinto um ato válido por razões de oportunidade e conveniência (é privativa da Administração, não podendo o judiciário revogar ato administrativo). Seus efeitos são *ex-tunc* (não retroage, respeitando os efeitos já produzidos pelo ato).

### 1.6. Da necessidade de processo administrativo na anulação de efeitos absolutos

Embora o tema *anulação* tenha conteúdo de direito material administrativo é inquestionável que quando a lei estabelece efeitos absolutos somente através do processo administrativo ele pode ser declarado. Isso porque a invalidação do ato administrativo pela nulidade, quando existente relação entre a Administração Pública e interessados, faz surgir o litígio que, nos termos do art. 5º, LIV e LV, pressupõe a existência do devido processo legal no qual é de obrigatória aplicação o respeito aos princípios do contraditório, da ampla defesa, da decisão motivada e do recurso.

Daí porque no estudo da anulação se torna obrigatório a vinculação com o tema processo administrativo. Aliás, essa tem sido a orientação das leis que já regem o processo administrativo no âmbito federal, estadual e municipal.

## 2. DA REVOGAÇÃO DO ATO ADMINISTRATIVO

### 2.1. Das considerações gerais

*Revogação* é a supressão de um ato administrativo legítimo e eficaz. Trata-se de ato discricionário, pelo qual, por razões de oportunidade e conveniência, a Administração extingue ato válido.

Os efeitos da revogação são *ex nunc*, ou seja, se dão a partir do momento que se revoga o ato, não atingindo situações anteriores. A revogação é privativa da Administração, ao contrário da anulação, que pode ser feita tanto pela Administração como pelo Poder Judiciário.

O instituto da revogação do ato administrativo é sempre o contraponto da anulação porque, e não raramente, eles se imbricam, causando confusão conceitual e dificuldade na resolução do litígio administrativo. Daí a razão de, ao se comentar sobre nulidade do ato administrativo, necessariamente ter que se conceituar qual a verdadeira natureza jurídica da revogação e o que diferencia um instituto do outro.

No campo do litígio administrativo e na constância do processo é que a temática exsurge como grande importância.

É certo que, constituindo a revogação manifestação de vontade da Administração Pública qualificada como ato de vontade puro, isso poderia ser exteriorizado sem a necessidade de um processo administrativo, diante de sua natureza típica de se caracterizar dicção exclusiva estatal, cujo princípio é o do interesse público sobrepujando o interesse privado. Por este prisma, a revogação se constituiria na exação plena do poder discricionário decorrente da vontade coletiva representada pelo poder da administração. Conquanto essa premissa seja verdadeira, não se pode esquecer que o poder do estado não é absoluto e que a limitá-lo estão os direitos e as garantias fundamentais.

A unilateralidade da manifestação revocatória exarada em ato administrativo simples somente pode ser editada quando não atingir direitos de terceiros. A revogação de ato administrativo que esteja produzindo efeitos concretos criadores de direitos para terceiros impõe a instauração do devido processo administrativo.

Essa limitação da revogação é circunstância que tem sido motivo de grande preocupação por aqueles que se interessam pelo direito administrativo como campo de estudo da interseção das relações públicas-privadas e exatamente no ponto que coloca do outro lado, interesses que vão ser diretamente atingidos pela manifestação administrativa revogadora.

*Revogação*, no conceito jurídico-administrativo, é a invalidação do ato administrativo válido e eficaz por exclusiva *conveniência* ou *oportunidade* da Administração Pública. *Conveniência*, do latim *convenientia*, é aquilo que é útil, proveitoso ou interessante. *Oportunidade*, por sua vez, do latim *opportunitate*, é a qualidade daquilo que é oportuno, que vem a tempo, a propósito ou quando convém. Estes são conceitos do Dicionário Aurélio, Século XXI. Dessa forma, a revogação, diferentemente, da anulação, é a invalidação do ato administrativo perfeitamente válido, mas que, por razões de não mais interessar ou de não mais ter propósito à finalidade anteriormente fixada pela Administração Pública, é por ela retirado do mundo do direito.

### 2.2. Da limitação do poder de revogar

Embora a revogação explicite o exercício do poder discricionário da Administração Pública existe limitação em tal agir. Esta limitação ocorre de duas maneiras:

a) necessidade de motivação do ato revogador e
b) respeito aos direitos adquiridos.

A *necessidade de motivação* da revogação reside na delimitação concreta da conveniência ou da oportunidade administrativa. Portanto, não basta à Administração Pública declarar revogado de forma unilateral ato administrativo seu quando este é produtor de relações com interessados, calcada tão-só na subjetividade imotivada. Há necessidade de que os interessados saibam em que reside efetivamente a conveniência ou oportunidade de invalidação do ato administrativo. Embora a conveniência e a oportunidade sejam critérios de exclusivo interesse administrativo, eles podem vir travestidos de pessoalidade ou imoralidade pelos agentes públicos que as externam, defeitos sempre possíveis nas manifestações humanas quanto mais quando estas manifestações são representativas da vontade estatal.

De outro lado, o *respeito aos direitos adquiridos* limita a retroação dos efeitos da revogação. Tem a Administração Pública o direito se desdizer se esta manifestação atende ao fim público. Só que esta dicção invalidatória não pode retroagir ao passado para atingir aquilo que já se introjetou no âmbito do direito alheio.

A retroação, portanto, tem efeitos *ex nunc*, o que significa que só irá produzir efeitos do momento de sua edição em diante.

O ato administrativo que dê retroação e atinja direitos adquiridos é ato abusivo passível de controle pela própria administração, de ofício ou por provocação do interessado, ou através de ações de controle da Administração Pública, como é exemplo o mandado de segurança.

A revogação, dessa forma, quando invalidadora de manifestação de vontade administrativa que venha produzindo efeitos perante terceiros, exige a instauração de processo administrativo.

No âmbito federal, em alguns estados e municípios a revogação tem estrutura positiva, quase sempre externada nas leis que tratam do processo administrativo.

Naqueles que não têm previsão legislativa a aplicação do instituto da revogação tem se verificado por aplicação da Súmula 473 do STF, parte final.

### 3. DA CONVALIDAÇÃO DO ATO ADMINISTRATIVO

#### 3.1. Das considerações gerais

*Convalidação* é o ato administrativo pelo qual é suprido, saneado, o vício existente em um ato ilegal, com efeitos retroativos à data em que este foi praticado. A Lei nº 9.784/99 (que trata do processo administrativo no âmbito federal) já prevê a existência da convalidação ao prescrever em seu artigo 55 que:

> Em decisão na qual se evidencie não acarretarem lesão ao interesse público nem prejuízo a terceiros, os atos que apresentarem defeitos sanáveis poderão ser convalidados pela própria Administração.

A *convalidação* é instituto que anda *pari passu* com o da anulação e da revogação do ato administrativo. Todavia, não existe vinculação direta com o processo administrativo, senão como forma reversa de validação do ato administrativo, porém sua análise tem um forte conteúdo propedêutico.

*Convalidar* é repristinar o ato administrativo que foi editado com vícios, mas que são passíveis de recuperação. É tornar perfeita a manifestação de vontade administrativa que estava defeituosa.

É de se ter presente que a convalidação somente se torna possível no âmbito de agir da própria Administração. Não há convalidação de ato que foi praticado contra a lei. Nesta situação o ato administrativo é ilegal e a invalidação do ato praticado contra a lei se opera pela anulação. Apenas a lei pode tornar legal o ato administrativo ilegal, se dentro da competência legislativa.

#### 3.2. Dos pressupostos para convalidação

A convalidação exige três pressupostos para se tornar eficaz: a) não acarrete lesão ao interesse público; b) não cause prejuízo a terceiros; c) que o defeito seja sanável.

O primeiro requisito para que se verifique a convalidação é que sua prática não acarrete *lesão ao interesse público*. *Interesse público* é conveniência discricionária do agir administrativo. O ato administrativo defeituoso, portanto, não é necessariamente convalidado pela Administração Pública, como ocorre com o ato ilegal que deve ser declarado nulo. A Administração Pública sopesando se é de sua conveniência a validação do ato irregular poderá ou não tornar válido o ato irregular. Portanto, a convalidação não gera *dever* para a Administração, nem, por via de conseqüência, *direitos* para aqueles que foram atingidos pelo ato viciado.

O segundo pressuposto para a convalidação é que *não haja prejuízo para terceiros*. A convalidação do ato administrativo não pode prejudicar a terceiros. Os terceiros beneficiários do ato defeituoso não adquirem o direito de exigir da Administração Pública a convalidação, do mesmo modo, se terceiros detêm direitos perante a Administração Pública não podem ser atingidos com a convalidação.

O terceiro pressuposto da convalidação é *que o ato administrativo viciado seja sanável*. A Administração Pública não pode convalidar o insanável, como é o ato ilegal. A ilegalidade exige a anulação.

A convalidação, se admitida, é ato administrativo que exige motivação. Inexistente ou defeituosa, a convalidação se torna ato administrativo nulo a ser declarado de ofício ou por provocação pela Administração Pública ou por controle jurisdicional.

Em geral, a convalidação tem previsão legislativa. No entanto, inexistente, como elemento intrínseco da discricionariedade administrativa, ela pode ser declarada sob esse fundamento.

*Título V*

# DA LICITAÇÃO

## Capítulo I – Da teoria geral da licitação

### 1. DA EVOLUÇÃO HISTÓRICA

A idéia que substanciou a implementação da licitação no direito administrativo brasileiro ainda no século XIX nada tinha a ver com a observância do princípio da isonomia ou da igualdade de todos perante a lei e com a seleção da proposta mais vantajosa para a Administração, como hoje condiciona o art. 3º, da Lei nº 8.666/93, que a regulamenta. A então *concorrência,* como era chamada, visava tão-somente o interesse financeiro do Estado em obter o preço mínimo.

Em 1967, com o advento do Decreto-Lei nº 200, que introduziu entre nós a Reforma Administrativa Federal, a licitação perdeu seu caráter de discrição administrativa para se constituir em instituto vinculante e obrigatório, embora apenas no âmbito federal.

Pouco tempo depois, com a Lei nº 5.456/68, esta obrigatoriedade foi estendida aos Estados e Municípios.

Somente com a Constituição Federal de 1988 foi que a licitação ganhou foro constitucional de generalidade e de aplicação obrigatória a toda Administração Pública.

A licitação, portanto, na sua evolução histórica deixou o aspecto exclusivamente econômico para se transformar em instrumento que, embora continue visando outorgar tal benefício à Administração Pública, buscou também garantir a possibilidade de participação de todos os interessados sujeitando aquela a comportamento de obediência à lei e ao edital, ao agir impessoal, moral e probo, e à obrigatoriedade de publicar todos os atos licitatórios, tudo isso mediante um julgamento objetivo, afastando por completo a subjetividade discricionária.

### 2. DO CONCEITO

*Licitação* vem do latim *licitationem*, dos verbos l*iceri* ou *licitari* (lançar em leilão, dar preço, oferecer lanço) e possui, em sentido literal, a significação do ato de licitar ou fazer preço sobre a coisa posta em leilão ou a venda em almoeda.

No campo do direito administrativo, como já se viu no tópico anterior, o termo manteve o significado originário para representar a busca pela Administração Pública da melhor proposta ofertada pelo particular para fins de contratação possibilitando a participação de qualquer um que preencha as condições impostas na lei, mas foi potencializado com a vinculação a princípios constitucionais rígidos.

O ato de licitar realizado pela Administração Pública imbrica com a idéia econômica que graça no viver em sociedade. Isso porque todos procuram a melhor proposta para os seus interesses quando estão negociando. Assim, não poderia ser diferente para Administração Pública. A diferença está em que a escolha da melhor proposta se realiza através de um processo administrativo chamado propriamente de *licitação*, cujos termos são expostos em edital, mas que vincula e obriga a todas as partes nele envolvidas, inclusive as próprias cláusulas do contrato que será firmado.

Toshio MukaI[117] comenta que:

> Pode-se definir a licitação como uma *invitatio ad offerendum*, isto é, um convite do Poder Público aos administrados para que façam suas propostas e tenham a chance de ser por ele contratados, para executarem determinada prestação (de dar ou fazer).

*Licitação*, em verdade, é o processo administrativo de eleição daquele com quem a Administração irá contratar em melhores condições.

## 3. DA OBRIGATORIEDADE DA LICITAÇÃO

Como já foi dito, somente com o advento da Constituição Federal de 1988 é que a licitação passou a ser obrigatória para toda a Administração Pública através dos artigos 37, XXI, e 175.

Apesar das empresas estatais possuírem personalidade jurídica de direito privado e ter regulamento próprio, também ficaram sujeitas às normas gerais da Lei nº 8.666/93:

> Art. 119. As sociedades de economia mista, empresas e fundações públicas e demais entidades controladas direta ou indiretamente pela União e pelas entidades referidas no artigo anterior editarão regulamentos próprios devidamente publicados, ficando sujeitas às disposições desta Lei.

Hely Lopes Meirelles[118] comenta que:

> A expressão obrigatoriedade de licitação tem um duplo sentido, significando não só a compulsoriedade da licitação em geral como, também, a da modalidade prevista em lei para a espécie, pois atenta contra os princípios de moralidade e eficiência da Administração o uso de modalidade mais singela quando se exige a mais complexa, ou o emprego desta, normalmente mais onerosa, quando o objeto do procedimento licitatório não a comporta. Somente a lei pode desobrigar a Administração, quer autorizando a dispensa da licitação, quando exigível, quer permitindo a substituição de uma modalidade por outra (art. 23, §§ 3º e 4º).

## 4. DA BASE CONSTITUCIONAL

A regra de que a Administração está obrigada a licitar na pretensão de contratar obras, serviços, compras e alienações, tem fundamento constitucional no inciso XXI do artigo 37 da Constituição Federal, que assim reza:

> Ressalvados os casos especificados na legislação, as obras, serviços, compras e alienações serão contratados mediante processo de licitação pública que assegure igualdade de condições a todos os concorrentes, com cláusulas que estabeleçam obrigações de pagamento, mantidas as condições efetivas da proposta, nos termos da lei, o qual somente permitirá as exigências de qualificação técnica e econômica indispensáveis à garantia do cumprimento das obrigações.

O artigo 175 da Magna Carta também obriga o uso de licitação para os casos de concessão e permissão:

> Incumbe ao Poder Público, na forma da lei, diretamente ou sob regime de concessão ou permissão, sempre através de licitação, a prestação de serviços públicos

O que era apenas uma faculdade administrativa passou a ser um princípio constitucional obrigatório.

---

[117] MUKAI, Toshio. *Licitações e Contratos Públicos*. 6ª edição. São Paulo: Saraiva, 2004, p. 1.
[118] Op. cit., p. 260.

## 5. DA REGULAMENTAÇÃO INFRACONSTITUCIONAL

A Lei Federal nº 8.666, de 21.06.1993, regulamenta o disposto no inciso XXI, do artigo 37 da Constituição Federal, instituindo normas para licitações e contratos da Administração Pública. Esta lei foi parcialmente alterada pela Lei nº 8.8783, de 08.06.1994, pela Lei nº 9.648, de 27.05.1998, pela Lei nº 9.854, de 27.10.1999, pela Lei nº 11.196, de 2005. Com a sua edição, restou revogado o Decreto nº 2.300/86.

Importante ressaltar que todas as disposições da Lei nº 8.666/93, embora editadas para regrar as licitações pertinentes às obras, serviços, inclusive de publicidade, compras, alienações e locações da Administração Pública, têm natureza de normas gerais aplicáveis a todas as licitações, consoante declarado em seu artigo 1º.

No entanto, apesar de sua natureza de norma geral, quando se trata de concessão e permissão da prestação de serviços públicos, sua aplicação é apenas subsidiária porque a Lei nº 8.987, de 13.02.1995, ao regrar esse regime de delegação institui regras próprias nos artigos 14 a 22, o mesmo ocorrendo na implementação da contratação de parceria público-privada ditada pela Lei nº 11.079, de 30.12.2004.

A lei geral estabelece que licitar é a regra. Mas, adequando-se à realidade, discrimina quais as situações onde a Administração poderá dispensar o uso de licitação ou quando esta é inexigível. Tais situações serão comentadas e detalhadas em momento mais oportuno, em item próprio.

## 6. DA LICITAÇÃO COMO ATO ADMINISTRATIVO FORMAL

Tudo aquilo que for praticado nos vários processos que decorrem das modalidades licitatórias se caracteriza como *ato administrativo formal,* ou seja, manifestação de vontade da Administração Pública absolutamente vinculada aos ditames da Lei nº 8.666/93.

Essa vinculação à forma prevista na lei retira da Administração Pública a possibilidade de *criar* requisitos procedimentais próprios. O que for estabelecido na lei é o que deve ser cumprido pela Administração Pública.

A inserção de ato administrativo contrário ao pré-estabelecido na legislação caracteriza ilegalidade e, por conseqüência, vicia o procedimento licitatório, possibilitando o controle administrativo, legislativo, este pelo Tribunal de Contas, ou mesmo o judicial, através das ações típicas de controle como o mandado de segurança.

A vinculação está no art. 4º, parágrafo único, da Lei nº 8.666/93.

## 7. DA LICITAÇÃO COMO DIREITO PÚBLICO SUBJETIVO DO LICITANTE

A licitação é um ato administrativo formal vinculante para a Administração Pública. Em sentido oposto a esta afirmação, pode-se dizer que todo aquele que participar de uma licitação promovida por órgãos ou entidades com capacidade licitatória (poderes da União, Estados, Distrito Federal, Municípios, autarquias, fundações, empresas públicas, sociedades de economia mista, fundos especiais e entidades controladas direta ou indiretamente pela União, Estados, Distrito Federal e Municípios) adquire por força de lei (art. 4º da Lei nº 8.666/93) direito público subjetivo.

*Direito subjetivo*, no conceito substantivo, é a prerrogativa que alguém possui de exigir de outrem a prática ou abstenção de certos atos, ou o respeito a situações que lhe aproveitam. *Direito público subjetivo*, portanto, é quando essa prerrogativa assume referendo estatal positivo ou negativo, devendo o Estado protegê-lo e não podendo atentar contra sua existência.

Mas, o direito público subjetivo de todo aquele que participe de uma licitação está vinculado, todavia, *à fiel observância do que a lei estabelece para a modalidade de procedimento utilizado pela Administração Pública*. Portanto, não tem o licitante legitimidade para discutir o mérito da licitação, que é discrição administrativa. Construir uma estrada, adquirir um veículo, alienar um imóvel, tudo isso diz respeito exclusivamente à Administração. Agora, a maneira de como tais atos poderão ser concretizados pela licitação, isto sim, é de interesse do licitante que a Administração Pública não pode desrespeitar. E se descumpre, legitima o licitante a controlá-lo através de processo administrativo ou judicial.

De outro lado, a legitimidade do licitante, mesmo no aspecto formal, não é ilimitada. Interferências que perturbem ou impeçam a realização normal do procedimento licitatório são proibidas e deverão ser impedidas pela Comissão Licitante, inclusive com aplicações de sanções.

## 8. DO QUE DEVE LICITAR

A Administração Pública tem como dever constitucional a necessidade de licitar se pretender contratar, salvo nos casos específicos de dispensa ou inexigibilidade. Este é o princípio.

Buscando delimitar o conceito de Administração Pública para cumprimento da obrigação constitucional, a Lei nº 8.666/93, no seu art. 1º, parágrafo único, expressamente estabeleceu que, além dos órgãos da Administração Direta (União, Estados, Distrito Federal e Municípios), também estariam vinculadas as autarquias, as fundações públicas, as empresas públicas, as sociedades de economia mista e, para não deixar dúvida de que a vinculação era a mais ampla possível, os *fundos especiais* e as *entidades controladas direta ou indiretamente pela União, Estados, Distrito Federal e Municípios*.

Observa-se que a Lei 8.666/93 claramente ampliou o conceito de Administração Pública Indireta para incluir os fundos especiais e as entidades controladas direta ou indiretamente pela União, Estados, Distrito Federal e Municípios. A dúvida que poderia surgir seria com relação à constitucionalidade de tal acréscimo. Penso que em interpretação conforme a Constituição é possível entender-se como constitucional a ampliação levada a efeito pela lei porquanto em nenhum momento da Carta ficaram estabelecidas quais as pessoas jurídicas que integrariam o conceito de Administração Indireta. As referências feitas às sociedades de economia mista, empresas públicas e fundações são exclusivamente para fixação da natureza jurídica de tais pessoas e a forma de como seriam criadas. Assim, não havendo limitação explícita, é possível ao legislador ordinário conceituar qual a abrangência do conceito de Administração Indireta. A interpretação doutrinária a respeito de administração indireta foi, por força da lei, ampliada para efeitos de licitação.

Tema ainda de grande repercussão é que a lei outorgou de forma excepcional capacidade de verdadeira pessoa pública aos órgãos públicos para licitar e contratar. O contexto normal no direito administrativo é que não tem o órgão legitimidade de ação própria. Ele não se manifesta por si, mas pelo ente a que integra. Observe-se este exemplo: um servidor público do Poder Judiciário ou do Poder Legislativo, embora o concurso público que o conduziu a esta investidura tenha sido realizado por qualquer dos poderes, o vínculo estatutário daí decorrente não é com o poder, mas com o ente a que este poder integra. Repetindo, a relação jurídica estatutária se opera entre o servidor e o ente, e não entre o servidor e o órgão que realizou o concurso e no qual o servidor exercerá as atribuições de ser cargo.

A excepcionalidade outorgada pela lei aos órgãos públicos para licitar e contratar possibilita a se concluir que as discussões decorrentes destes atos tenham, neles próprios, legitimação material e processual, assumindo o ente ao qual o órgão integra papel de simples interessado.

É possível afirmar-se que a legitimação do órgão para licitar e contratar, a que chamo de *personalização do órgão pública*, deu início a uma nova estrutura da Administração Pública a merecer reflexão mais profunda.

## 9. DAS VEDAÇÕES ESPECÍFICAS AOS AGENTES PÚBLICOS RESPONSÁVEIS PELAS LICITAÇÕES

O processo licitatório tem tramitação no âmbito da própria Administração Pública que o realiza. Portanto, aos agentes da Administração Pública que licita ou aos membros da Comissão Licitante que o processa e julga são aplicáveis as obrigações inerentes ao estatuto que os regem.

No entanto, a estas obrigações são adicionadas outras resultante da própria Lei nº 8.666/93.

Assim, diz o art. 3º, § 1º, que:

> § 1º É vedado aos agentes públicos:
> I – admitir, prever, incluir ou tolerar, nos atos de convocação, cláusulas ou condições que comprometam, restrinjam ou frustrem o seu caráter competitivo e estabeleçam preferências ou distinções em razão da naturalidade, da sede ou domicílio dos licitantes ou de qualquer outra circunstância impertinente ou irrelevante para o específico objeto do contrato;
> II – estabelecer tratamento diferenciado de natureza comercial, legal, trabalhista, previdenciária ou qualquer outra, entre empresas brasileiras e estrangeiras, inclusive no que se refere a moeda, modalidade e local de pagamentos, mesmo quando envolvidos financiamentos de agências internacionais, ressalvado o disposto no parágrafo seguinte e no art. 3º da Lei nº 8.248, de 23 de outubro de 1991

O desrespeito a tais vedações leva a responsabilizações ditadas pela própria lei, aquelas previstas nos próprios estatutos de forma cumulada com a responsabilidade civil e penal (art. 82). E nesta, mesmo que os crimes sejam simplesmente tentados, sujeitam seus autores, além da penalização própria, à perda do cargo, emprego, função ou mandado eletivo (art. 83).

## 10. DO OBJETO DA LICITAÇÃO

Não se pode esquecer que a licitação é formalizada através de um processo administrativo onde são praticados atos administrativos de cunho material e processual, mas sempre motivadamente. De outro lado, é de se ter presente ainda que a licitação não se exaure em si mesma. Ela é o momento antecedente e preparatório do contrato.

Portanto, como ato administrativo composto que é a licitação deverá descrever o objeto que pretende licitar no edital ou carta-convite de modo sucinto e claro (inciso I do artigo 40 da Lei nº 8.666/93). Quando se tratar de compra, o objeto deve ser adequadamente caracterizado (artigo 14), e, quando se tratar de obra ou serviço, deve ser calcado em projeto básico aprovado pela autoridade competente (inciso I do § 2º do artigo 7º).

## 11. DAS DEFINIÇÕES LEGAIS

Tornou-se praxe no direito positivo brasileiro a definição legal dos institutos por ela regrados. Se por um lado essa sistemática interpretativa torna a aplicação da lei menos controvertida, de outro lado limita a atuação da doutrina e da jurisprudência cerceando a possibilidade de crescimento do próprio direito.

A Lei nº 8.666/93 manteve a sistema de incluir no seu bojo definições dos temas por ela tratados. O art. 6º tem o seguinte conteúdo:

Art. 6º Para os fins desta Lei, considera-se:

I – *Obra* – toda construção, reforma, fabricação, recuperação ou ampliação, realizada por execução direta ou indireta;

II – *Serviço* – toda atividade destinada a obter determinada utilidade de interesse para a Administração, tais como: demolição, conserto, instalação, montagem, operação, conservação, reparação, adaptação, manutenção, transporte, locação de bens, publicidade, seguro ou trabalhos técnico-profissionais;

III – *Compra* – toda aquisição remunerada de bens para fornecimento de uma só vez ou parceladamente;

IV – *Alienação* – toda transferência de domínio de bens a terceiros;

V – *Obras, serviços e compras de grande vulto* – aquelas cujo valor estimado seja superior a 25 (vinte e cinco) vezes o limite estabelecido na alínea "c" do inciso I do art. 23 desta Lei;

VI – *Seguro-Garantia* – o seguro que garante o fiel cumprimento das obrigações assumidas por empresas em licitações e contratos;

VII – *Execução direta* – a que é feita pelos órgãos e entidades da Administração, pelos próprios meios;

VIII – *Execução indireta* – a que o órgão ou entidade contrata com terceiros sob qualquer dos seguintes regimes (redação dada pela Lei nº 8.883, de 1994);

a) *empreitada por preço global* – quando se contrata a execução da obra ou do serviço por preço certo e total;

b) *empreitada por preço unitário* – quando se contrata a execução da obra ou do serviço por preço certo de unidades determinadas;

c) (Vetado). (Redação dada pela Lei nº 8.883, de 1994)

d) *tarefa* – quando se ajusta mão-de-obra para pequenos trabalhos por preço certo, com ou sem fornecimento de materiais;

e) *empreitada integral* – quando se contrata um empreendimento em sua integralidade, compreendendo todas as etapas das obras, serviços e instalações necessárias, sob inteira responsabilidade da contratada até a sua entrega ao contratante em condições de entrada em operação, atendidos os requisitos técnicos e legais para sua utilização em condições de segurança estrutural e operacional e com as características adequadas às finalidades para que foi contratada;

IX – *Projeto Básico* – conjunto de elementos necessários e suficientes, com nível de precisão adequado, para caracterizar a obra ou serviço, ou complexo de obras ou serviços objeto da licitação, elaborado com base nas indicações dos estudos técnicos preliminares, que assegurem a viabilidade técnica e o adequado tratamento do impacto ambiental do empreendimento, e que possibilite a avaliação do custo da obra e a definição dos métodos e do prazo de execução, devendo conter os seguintes elementos:

a) desenvolvimento da solução escolhida de forma a fornecer visão global da obra e identificar todos os seus elementos constitutivos com clareza;

b) soluções técnicas globais e localizadas, suficientemente detalhadas, de forma a minimizar a necessidade de reformulação ou de variantes durante as fases de elaboração do projeto executivo e de realização das obras e montagem;

c) identificação dos tipos de serviços a executar e de materiais e equipamentos a incorporar à obra, bem como suas especificações que assegurem os melhores resultados para o empreendimento, sem frustrar o caráter competitivo para a sua execução;

d) informações que possibilitem o estudo e a dedução de métodos construtivos, instalações provisórias e condições organizacionais para a obra, sem frustrar o caráter competitivo para a sua execução;

e) subsídios para montagem do plano de licitação e gestão da obra, compreendendo a sua programação, a estratégia de suprimentos, as normas de fiscalização e outros dados necessários em cada caso;

f) orçamento detalhado do custo global da obra, fundamentado em quantitativos de serviços e fornecimentos propriamente avaliados;

X – *Projeto Executivo* – o conjunto dos elementos necessários e suficientes à execução completa da obra, de acordo com as normas pertinentes da Associação Brasileira de Normas Técnicas – ABNT;

XI – *Administração Pública* – a administração direta e indireta da União, dos Estados, do Distrito Federal e dos Municípios, abrangendo inclusive as entidades com personalidade jurídica de direito privado sob controle do poder público e das fundações por ele instituídas ou mantidas;

XII – *Administração* – órgão, entidade ou unidade administrativa pela qual a Administração Pública opera e atua concretamente;

XIII – *Imprensa Oficial* – veículo oficial de divulgação da Administração Pública, sendo para a União o Diário Oficial da União, e, para os Estados, o Distrito Federal e os Municípios, o que for definido nas respectivas leis; (Redação dada pela Lei nº 8.883, de 1994)

XIV – *Contratante* – é o órgão ou entidade signatária do instrumento contratual;

XV – *Contratado* – a pessoa física ou jurídica signatária de contrato com a Administração Pública;

XVI – *Comissão* – comissão, permanente ou especial, criada pela Administração com a função de receber, examinar e julgar todos os documentos e procedimentos relativos às licitações e ao cadastramento de licitantes.

## 12. DOS TIPOS DE LICITAÇÃO

Enquanto na linguagem comum os termos tipos e modalidades possam ter o mesmo significado, a Lei nº 8.666/93 outorgou a tais termos conceituações diferenciadas. *Tipos* seriam os modelos de licitação enquanto *modalidades* se caracterizam pela forma processual como os tipos serão licitados.

O § 1º do artigo 45 da Lei nº 8.666/93 (com redação dada pela Lei nº 8.883/94) prevê os tipos de licitação (exceto na modalidade de concursos), sendo vedada a utilização de outros tipos, a saber:

### 12.1. Do menor preço

Este tipo de licitação é a mais aplicada e ocorre quando o critério de seleção da proposta mais vantajosa para a Administração determinar que será vencedor o licitante que apresentar a proposta de acordo com as especificações do edital ou convite e ofertar o menor preço.

### 12.2. Da melhor técnica

Aplicável nas licitações de contratação de serviços de natureza predominante intelectual, como a elaboração de projetos, cálculos, fiscalização, supervisão e gerenciamento e de engenharia consultiva em geral e, em particular, para a elaboração de estudos técnicos preliminares e projetos básicos e executivos. Este tipo de licitação tem procedimento diferenciado dos demais, conforme previsão do § 1º do art. 46 da Lei nº 8.666/93, com a redação dada pela Lei nº 8.883/94.

### 12.3. Da melhor técnica e preço

Este tipo de licitação é aplicável nas mesmas condições da licitação de melhor técnica, acrescendo-se a valoração das propostas de preços, de acordo com critérios pré-estabelecidos no instrumento convocatório, verificando-se a classificação dos proponentes de acordo com a média ponderada das valorizações das propostas técnicas e de preço através de pesos preestabelecidos.

### 12.4. Do maior lance ou oferta

Este tipo de licitação tem aplicação nos casos de alienação de bens ou concessão de direito real de uso. (Incluído pela Lei nº 8.883, de 8.6.94).

Em situações onde ocorrer empate entre várias propostas, o desempate se dará, obrigatória e exclusivamente, mediante sorteio, efetuado em ato público, para o qual serão convidados todos os participantes (§ 2º do artigo 45).

Nas licitações de concessões e permissões de serviços públicos a Lei nº 8.987/1995, art. 15, criou variantes sobre os tipos de licitação para adequá-los às exigências da delegação. A Lei nº 11.079/2004, que instituiu normas gerais para a licitação e contratação de parceria público-privada no âmbito da Administração Pública, determinou a aplicação da Lei nº 8.987/95 com pequenas variações. As mudanças de uma e de outra lei, no entanto, não produziram grandes inovações quanto aos tipos de licitações criadas pela Lei nº 8.666/93.

## 13. DAS MODALIDADES DE LICITAÇÃO

### 13.1. Das considerações gerais

Além dos tipos de licitação, existem 6 (seis) modalidades licitatórias também chamado de processos administrativos de implementação dos variados tipos de licitação. A Lei nº 8.666/93, no seu art. 22, prevê 5 (cinco) deles, enquanto o sexto foi criado pela Lei nº 10.520, de 17.02.2002 (conversão da Medida Provisória nº 2.182-15/2001).

As modalidades de licitação são as seguintes: 1. concorrência; 2. tomada de preços; 3. convite; 4. concurso; 5. leilão; 6. pregão.

### 13.2. Da concorrência

A *concorrência* é a modalidade de licitação mais abrangente e, quando da origem do instituto no século XIX, chegou a ser mesmo sinônimo da própria licitação.

O § 1º do artigo 22 da Lei nº 8.666/93 define a concorrência da seguinte forma:

> *Concorrência* é a modalidade de licitação entre quaisquer interessados que, na fase inicial de habilitação preliminar, comprovem possuir os requisitos mínimos de qualificação exigidos no edital para execução de seu objeto.

Sua estrutura contém duas naturezas jurídicas bem distintas: uma, de ordem material, e outra, de ordem processual.

A natureza material da concorrência reside na sua utilização, basicamente, para contratos de grande valor (acima de R$ 1.500.000,00, conforme artigo 23, I, *c*, da Lei de Licitações, com redação dada pela Lei nº 9.648/98) e também nas compras e serviços em que os valores sejam acima de R$ 650.000,00, consoante disposto no artigo 23, II, c, da Lei nº 8.666/93, com a redação dada pela Lei nº 9.648/98. É o também chamado processo administrativo licitatório para *grandes valores* ou de *grande monta* ou *grande vulto*.

Di Pietro[119] dá a verdadeira extensão da concorrência quando diz que é aplicada nas situações envolvendo:

a) obras e serviços de engenharia de valor superior a um milhão e quinhentos mil reais (atualizados na forma do art. 120, com a redação dada pela Lei nº 9.648/98);

b) compras e serviços que não sejam de engenharia, de valor superior a seiscentos e cinqüenta reais (também atualizado);

c) compra e alienação de bens imóveis, qualquer que seja o seu valor, ressalvado o disposto no artigo 19, que admite concorrência ou leilão para alienação de bens adquiridos em procedimentos judiciais ou mediante dação em pagamento (§ 3º do art. 23, alterado pela Lei nº 8.883/94);

d) concessão de direito real de uso (§ 3º do artigo 23);

e) licitações internacionais, com a ressalva para a tomada de preços e para o convite, na hipótese do § 3º do artigo 23;

f) alienação de bens móveis de valor superior ao previsto no art. 23, II, *b* (art. 17, § 6º);

g) para o registro de preços (art. 15, § 3º, I).

A natureza processual da concorrência reside na necessidade de nela serem processadas todas as fases previstas pelo legislador para uma licitação, inclusive a habilitação dos licitantes como fase intermediária típica do processo licitatório.

Num paralelo com o processo judicial, a concorrência seria uma espécie de processo de rito ordinário pela possibilidade ampla de discussão.

### 13.3. Da tomada de preços

O § 2º do artigo 22 da Lei nº 8.666/93 conceitua tomada de preços da seguinte forma:

*Tomada de preços* é a modalidade de licitação entre interessados devidamente cadastrados ou que atenderem a todas as condições exigidas para cadastramento até o terceiro dia anterior à data do recebimento das propostas, observada a necessária qualificação.

Como a concorrência, a tomada de preços tem natureza jurídica dúplice: a material e a processual.

Sua natureza material reside em ser utilizada nos casos onde os valores contratuais alcancem até R$ 1.500.000,00, conforme dispõe o artigo 23, I, *b*, da Lei de licitações, com a redação dada pela Lei nº 9.648/98. E também nas compras e serviços em que os valores alcancem até R$ 650.000,00, consoante disposto no artigo 23, II, *b*, da Lei nº 8.666/93, com a redação dada pela Lei nº 9.648/98. É o processo administrativo licitatório para valores médios.

A natureza processual da tomada de preços está na eliminação da fase de habilitação durante o processo licitatório, podendo o licitante se cadastrar até o terceiro dia anterior à data do recebimento das propostas. Enquanto na concorrência qualquer interessado pode participar, habilitado ou não, na tomada de preços só podem participar os previamente habilitados. No campo da participação no processo há uma limitação dos interessados.

Fazendo um paralelismo com o processo judicial, a tomada de preços seria uma espécie de rito sumário.

### 13.4. Do convite

O *convite* é definido pelo § 3º do artigo 22 da Lei nº 8.666/93, da seguinte forma:

---

[119] Op. cit., p. 321-322.

> *Convite* é a modalidade de licitação entre interessados do ramo pertinente ao seu objeto, cadastrados ou não, escolhidos e convidados em número mínimo de 3 (três) pela unidade administrativa, a qual afixará, em local apropriado, cópia do instrumento convocatório e o estenderá aos demais cadastrados na correspondente especialidade que manifestarem seu interesse com antecedência de até 24 (vinte e quatro) horas da apresentação das propostas.

É possível definir que o convite, como a concorrência e a tomada de preços, também tem duplicidade de naturezas jurídicas: material e processual.

A natureza jurídica material está em que o convite é utilizado para contratos onde os valores alcancem até R$ 150.000,00 (conforme artigo 23, I, *a*, da Lei de Licitações, com a redação dada pela Lei nº 9.648/98). Utiliza-se também nas compras e serviços em que os valores alcancem até R$ 80.000,00, consoante disposto no artigo 23, II, *a*, da Lei nº 8.666/93, com a redação dada pela Lei nº 9.648/98. É o processo administrativo de licitação para *pequenos valores* ou de *pequena monta* ou *pequeno vulto*.

Sua natureza processual está na informalidade procedimental, pois nele não há a necessidade de edital prévio, substituído que é pela carta-convite, e as propostas ficam reduzidas apenas a 3 (três) licitantes.

O convite, num paralelo com o processo judicial, seria uma espécie de demanda ajuizada nos juizados especiais, cuja regra básica é a informalidade.

### 13.5. Do concurso

A licitação na modalidade de concurso tem a seguinte conceituação, consoante o disposto no § 4º do art. 22 da Lei nº 8.666/93:

> *Concurso* é a modalidade de licitação entre quaisquer interessados para escolha de trabalho técnico, científico ou artístico, mediante a instituição de prêmios ou remuneração aos vencedores, conforme critérios constantes de edital publicado na imprensa oficial com antecedência mínima de 45 (quarenta e cinco) dias.

Diante da definição legal, vê-se que o concurso se destina a uma modalidade de licitação específica – escolha de trabalho técnico, científico ou artístico mediante a instituição de prêmios ou remuneração. Essa é a sua natureza material.

Processualmente, o concurso tem um ritual diferenciado. Ao invés do legislador especificar expressamente sobre o seu desenvolvimento, como faz com as demais modalidades de licitação, delega à Administração sua regulamentação. Portanto, é o regulamento, espécie de ato administrativo, que fixará quem participará; quais as diretrizes do concurso e a forma de apresentação do trabalho; as condições de realização do concurso e os prêmios a serem concedidos. Assim, dependendo do trabalho técnico, científico ou artístico a licitar, pode a Administração exigir a ritualística da concorrência, da tomada de preço ou do convite, com a faculdade de, mesmo que adjudicado ao licitante vencedor, poder executá-lo quando julgar conveniente. É o que dispõe os §§ 1º e 2º do art. 52 da Lei nº 8.666/93.

Outra peculiaridade do concurso é que o julgamento do concurso será feito por uma comissão especial integrada por pessoas de reputação ilibada e reconhecido conhecimento da matéria em exame, sejam servidores públicos ou não (§ 5º do art. 51 da Lei nº 8.666/93), devendo o autor ceder os direitos patrimoniais de sua obra para a Administração (art. 111 da mencionada lei).

O concurso, fazendo-se um paralelo com o processo judicial, seria um tipo de processo especial.

## 13.6. Do leilão

O § 5º do artigo 22 da Lei nº 8.666/93 define leilão da seguinte forma, consoante redação dada pela Lei nº 8.883/94:

> Leilão é a modalidade de licitação entre quaisquer interessados para a venda de bens móveis inservíveis para a administração ou de produtos legalmente apreendidos ou penhorados, ou para a alienação de bens imóveis prevista no art. 19, a quem oferecer o maior lance, igual ou superior ao valor da avaliação.

O leilão tem uma natureza jurídica material específica – somente pode ser utilizado para a venda de bens móveis inservíveis para a Administração ou de produtos legalmente apreendidos ou penhorados. Excepcionalmente, como no caso de alienação de bens imóveis derivados de procedimentos judiciais ou de dação em pagamento, pode ser substituto da concorrência, como faculta o art. 19 da Lei das Licitações.

A natureza processual do leilão exige o prévio edital com ampla divulgação, como ocorre nas demais modalidades de licitação. No entanto, ante a sua própria natureza, inexige oferecimento de propostas, habilitação prévia, classificação e julgamento, como nas demais modalidades. Tudo é substituído por uma avaliação prévia e fixação do preço mínimo, podendo os demais atos ser delegados a um leiloeiro oficial ou a servidor designado pela Administração. Oferecido o lanço mais vantajoso para a Administração e depositado o seu valor ou o mínimo estabelecido no edital, o bem será imediatamente entregue ao vencedor. Isto é o que especificam os §§ 1º a 4º do artigo 22 da Lei nº 8.666/93.

O pregão, num paralelo com o processo judicial, seria uma espécie de processo especial.

## 13.7. Do pregão

A Lei nº 10.520, de 17 de julho de 2002, instituiu no âmbito da Administração Pública a modalidade de licitação denominada *pregão* para aquisição de bens e serviços comuns.

A lei converteu a Medida Provisória nº 2.182-18, de 23 de agosto de 2001, inclusive convalidando os atos praticados sob sua vigência.

Segundo o parágrafo único do art. 1º desta lei:

> Consideram-se bens e serviços comuns, para fins e efeitos deste artigo, aqueles cujos padrões de desempenho e qualidade possam ser objetivamente definidos pelo edital, por meio de especificações usuais no mercado.

O pregão tem natureza jurídica material específica – é aplicado para a aquisição de bens e serviços comuns.

A natureza processual do pregão é bem diferente das modalidades previstas na Lei nº 8.666/93.

Dessa forma, o pregão pode ser realizado por meio de utilização de recursos de tecnologia da informação, o chamado *pregão eletrônico*, e contar com a participação de bolsas de mercadorias quanto ao apoio técnico e operacional que serão organizadas sob a forma de sociedades civis sem fins lucrativos com a participação plural de corretoras que operem sistemas eletrônicos unificados de pregões, conforme faculdade dos §§ 1º, 2º e 3º do art. 1º da referida lei.

No entanto, o pregão não dispensa a necessidade de edital com publicação ampla e o recebimento de propostas escritas. A novidade, fazendo-se um estudo comparativo com as modalidades de licitação previstas na Lei nº 8.666/93, é que a habilitação e a classificação das propostas serão realizadas de forma conjunta, podendo, inclusive, serem substituídas por propostas orais. Aplica-se ao pregão a homologação das propostas vencedora e a adjudicação da licitação pelo menor preço oferecido ao vencedor.

O pregão, para melhor entendimento e em juízo de comparação, seria uma espécie de processo especial.

## 14. DAS QUESTÕES CONTROVERTIDAS ENVOLVENDO AS MODALIDADES LICITATÓRIAS

O legislador procurou enfeixar nas 6 (seis) modalidades de licitação todo processo para sua implementação. No entanto situações foram por ele detectadas que exigiam regramento especial pela controvérsia que poderiam ensejar.

Estas situações são as seguintes:

### 14.1. Das licitações parceladas

Quanto se tratar de obras, serviços e compras efetuadas pela Administração serão divididas em tantas parcelas quantas se comprovarem técnica e economicamente viáveis, procedendo-se à licitação com vistas ao melhor aproveitamento dos recursos disponíveis no mercado e à ampliação da competitividade, sem perda da economia de escala, consoante o disposto no § 1º do art. 23 da Lei nº 8.666/93 (com a redação dada pela Lei nº 8.883, de 1994).

Na execução de obras e serviços e nas compras de bens, parceladas nos termos do item anterior, a cada etapa ou conjunto de etapas da obra, serviço ou compra, há de corresponder licitação distinta, preservada a modalidade pertinente para a execução do objeto em licitação, conforme o disposto no § 2º do art. 23 da Lei nº 8.666/93 (redação dada pela Lei nº 8.883, de 1994).

### 14.2. Das licitações excepcionais

A concorrência é a modalidade de licitação cabível, qualquer que seja o valor de seu objeto, tanto na *compra ou alienação de bens imóveis*, ressalvado o disposto no art. 19, como nas *concessões de direito real de uso* e nas *licitações internacionais*, admitindo-se neste último caso, observados os limites previstos em lei, a *tomada de preços*, quando o órgão ou entidade dispuser de cadastro internacional de fornecedores ou o convite, quando não houver fornecedor do bem ou serviço no País. (§ 3º do art. 23 da Lei nº 8.666/93. (Redação dada pela Lei nº 8.883, de 1994).

### 14.3. Da fungibilidade licitatória

Nos casos em que couber convite, a Administração poderá utilizar a tomada de preços e, em qualquer caso, a concorrência. Dicção do § 4º do art. 23 da Lei nº 8.666/93.

### 14.4. Do que é vedado nas licitações

É vedada a utilização da modalidade "convite" ou "tomada de preços", conforme o caso, para parcelas de uma mesma obra ou serviço, ou ainda para obras e serviços da mesma natureza e no mesmo local que possam ser realizadas conjunta e concomitantemente, sempre que o somatório de seus valores caracterizar o caso de "tomada de preços" ou "concorrência", respectivamente, nos termos da lei, exceto para as parcelas de natureza específica que possam ser executadas por pessoas ou empresas de especialidade diversa daquela do executor da obra ou serviço. Esta a disposição do § 5º do art. 23 da Lei nº 8.666/95. (Redação dada pela Lei nº 8.883, de 1994).

### 14.5. Da incidência de limites para as organizações industriais da Administração direta

As organizações industriais da Administração Federal direta, em face de suas peculiaridades, obedecerão aos limites estabelecidos no inciso I do art. 23 da Lei das Licitações também para suas compras e serviços em geral, desde que para a aquisição de materiais aplicados exclusivamente na manutenção, reparo ou fabricação de meios operacionais bélicos pertencentes à União (§ 6º do art. 23 da Lei nº 8.666/93, dispositivo incluído pela Lei nº 8.883, de 1994).

### 14.6. Das licitações para compra de bens divisíveis

Na compra de bens de natureza divisível e desde que não haja prejuízo para o conjunto ou complexo é permitida a cotação de quantidade inferior à demandada na licitação, com vistas à ampliação da competitividade, podendo o edital fixar quantitativo mínimo para preservar a economia de escala (§ 7º do art. 23, dispositivo incluído pela Lei nº 9.648, de 1998).

### 14.7. Das licitações de consórcios públicos

No caso de consórcios públicos, aplicar-se-á o dobro dos valores mencionados no *caput* deste artigo quando formado por até 3 (três) entes da Federação, e o triplo, quando formado por maior número (§ 8º do art. 23, incluído pela Lei nº 11.107, de 2005).

### 15. DA DISPENSA E INEXIGIBILIDADE DE LICITAÇÃO

A Constituição Federal, em seu artigo 37, inciso XXI, deixou em aberto a possibilidade de serem fixadas, por lei ordinária, hipóteses em que a licitação deixa de ser obrigatória. No entanto, a mesma ressalva não existe no artigo 175 quando trata da licitação de permissão e concessão de serviço público.

Diogenes Gasparini[120] entende que os casos previstos nos incisos IX e XV do artigo 24 da Lei nº 8.666/93 são, respectivamente, casos onde a licitação é proibida e inexigível e não, situações de dispensa de licitação.

Além dos casos de dispensa por valores abaixo do limite legal, os demais em que se contratam sem licitação devem ser justificados e comunicados à autoridade superior em três dias, para homologação (o *caput* do artigo 26 fala em ratificação) e publicação na imprensa oficial (em 5 dias) como condição de eficácia do ato.

Di Pietro[121] diz que

A diferença básica entre as duas hipóteses está no fato de que, na dispensa, há possibilidade de competição que justifique a licitação; de modo que a lei faculta a dispensa, que fica inserida na competência discricionária da Administração. Nos casos de inexigibilidade, não há possibilidade de competição,

---

[120] Op. cit., p. 302.
[121] Op. cit., p. 310.

porque só existe um objeto ou uma pessoa que atenda às necessidades da Administração; a licitação é, portanto, inviável.

A mesma autora comenta que o rol de dispensa de licitação não pode ser ampliado, por constituírem-se exceção à regra geral que exige licitação.

Segundo o art. 24 da Lei nº 8.666/93, com as modificações surgidas posteriormente, é dispensável a licitação:

I – para obras e serviços de engenharia de valor até 10% (dez por cento) do limite previsto na alínea "a", do inciso I do artigo anterior, desde que não se refiram à parcelas de uma mesma obra ou serviço ou ainda para obras e serviços da mesma natureza e no mesmo local que possam ser realizadas conjunta e concomitantemente *(redação dada pela Lei nº 9.648, de 1998)*;

II – para outros serviços e compras de valor até 10% (dez por cento) do limite previsto na alínea "a", do inciso II do artigo anterior e para alienações, nos casos previstos nesta Lei, desde que não se refiram à parcelas de um mesmo serviço, compra ou alienação de maior vulto que possa ser realizada de uma só vez; *(Redação dada pela Lei nº 9.648, de 1998)*

III – nos casos de guerra ou grave perturbação da ordem;

IV – nos casos de emergência ou de calamidade pública, quando caracterizada urgência de atendimento de situação que possa ocasionar prejuízo ou comprometer a segurança de pessoas, obras, serviços, equipamentos e outros bens, públicos ou particulares, e somente para os bens necessários ao atendimento da situação emergencial ou calamitosa e para as parcelas de obras e serviços que possam ser concluídas no prazo máximo de 180 (cento e oitenta) dias consecutivos e ininterruptos, contados da ocorrência da emergência ou calamidade, vedada a prorrogação dos respectivos contratos;

V – quando não acudirem interessados à licitação anterior e esta, justificadamente, não puder ser repetida sem prejuízo para a Administração, mantidas, neste caso, todas as condições preestabelecidas;

VI – quando a União tiver que intervir no domínio econômico para regular preços ou normalizar o abastecimento;

VII – quando as propostas apresentadas consignarem preços manifestamente superiores aos praticados no mercado nacional, ou forem incompatíveis com os fixados pelos órgãos oficiais competentes, casos em que, observado o parágrafo único do art. 48 desta Lei e, persistindo a situação, será admitida a adjudicação direta dos bens ou serviços, por valor não superior ao constante do registro de preços, ou dos serviços;

VIII – para a aquisição, por pessoa jurídica de direito público interno, de bens produzidos ou serviços prestados por órgão ou entidade que integre a Administração Pública e que tenha sido criado para esse fim específico em data anterior à vigência desta Lei, desde que o preço contratado seja compatível com o praticado no mercado *(redação dada pela Lei nº 8.883, de 1994)*;

IX – quando houver possibilidade de comprometimento da segurança nacional, nos casos estabelecidos em decreto do Presidente da República, ouvido o Conselho de Defesa Nacional;

X – para a compra ou locação de imóvel destinado ao atendimento das finalidades precípuas da administração, cujas necessidades de instalação e localização condicionem a sua escolha, desde que o preço seja compatível com o valor de mercado, segundo avaliação prévia *(redação dada pela Lei nº 8.883, de 1994)*;

XI – na contratação de remanescente de obra, serviço ou fornecimento, em conseqüência de rescisão contratual, desde que atendida a ordem de classificação da licitação anterior e aceitas as mesmas condições oferecidas pelo licitante vencedor, inclusive quanto ao preço, devidamente corrigido;

XII – nas compras de hortifrutigranjeiros, pão e outros gêneros perecíveis, no tempo necessário para a realização dos processos licitatórios correspondentes, realizadas diretamente com base no preço do dia *(redação dada pela Lei nº 8.883, de 1994)*;

XIII – na contratação de instituição brasileira incumbida regimental ou estatutariamente da pesquisa, do ensino ou do desenvolvimento institucional, ou de instituição dedicada à recuperação social do preso, desde que a contratada detenha inquestionável reputação ético-profissional e não tenha fins lucrativos *(redação dada pela Lei nº 8.883, de 1994)*;

XIV – para a aquisição de bens ou serviços nos termos de acordo internacional específico aprovado pelo Congresso Nacional, quando as condições ofertadas forem manifestamente vantajosas para o Poder Público *(redação dada pela Lei nº 8.883, de 1994)*;

XV – para a aquisição ou restauração de obras de arte e objetos históricos, de autenticidade certificada, desde que compatíveis ou inerentes às finalidades do órgão ou entidade;

XVI – para a impressão dos diários oficiais, de formulários padronizados de uso da administração, e de edições técnicas oficiais, bem como para prestação de serviços de informática a pessoa jurídica de direito público interno, por órgãos ou entidades que integrem a Administração Pública, criados para esse fim específico *(incluído pela Lei nº 8.883, de 1994)*;

XVII – para a aquisição de componentes ou peças de origem nacional ou estrangeira, necessários à manutenção de equipamentos durante o período de garantia técnica, junto ao fornecedor original desses equipamentos, quando tal condição de exclusividade for indispensável para a vigência da garantia *(incluído pela Lei nº 8.883, de 1994)*;

XVIII – nas compras ou contratações de serviços para o abastecimento de navios, embarcações, unidades aéreas ou tropas e seus meios de deslocamento quando em estada eventual de curta duração em portos, aeroportos ou localidades diferentes de suas sedes, por motivo de movimentação operacional ou de adestramento, quando a exigüidade dos prazos legais puder comprometer a normalidade e os propósitos das operações e desde que seu valor não exceda ao limite previsto na alínea "a" do inciso II do art. 23 desta Lei *(incluído pela Lei nº 8.883, de 1994)*;

XIX – para as compras de material de uso pelas Forças Armadas, com exceção de materiais de uso pessoal e administrativo, quando houver necessidade de manter a padronização requerida pela estrutura de apoio logístico dos meios navais, aéreos e terrestres, mediante parecer de comissão instituída por decreto *(incluído pela Lei nº 8.883, de 1994)*.

XX – na contratação de associação de portadores de deficiência física, sem fins lucrativos e de comprovada idoneidade, por órgãos ou entidades da Administração Pública, para a prestação de serviços ou fornecimento de mão-de-obra, desde que o preço contratado seja compatível com o praticado no mercado *(incluído pela Lei nº 8.883, de 1994)*;

XXI – para a aquisição de bens destinados exclusivamente a pesquisa científica e tecnológica com recursos concedidos pela CAPES, FINEP, CNPq ou outras instituições de fomento a pesquisa credenciadas pelo CNPq para esse fim específico *(incluído pela Lei nº 9.648, de 1998)*;

XXII – na contratação de fornecimento ou suprimento de energia elétrica e gás natural com concessionário, permissionário ou autorizado, segundo as normas da legislação específica *(incluído pela Lei nº 9.648, de 1998)*;

XXIII – na contratação realizada por empresa pública ou sociedade de economia mista com suas subsidiárias e controladas, para a aquisição ou alienação de bens, prestação ou obtenção de serviços, desde que o preço contratado seja compatível com o praticado no mercado *(incluído pela Lei nº 9.648, de 1998)*;

XXIV – para a celebração de contratos de prestação de serviços com as organizações sociais, qualificadas no âmbito das respectivas esferas de governo, para atividades contempladas no contrato de gestão *(incluído pela Lei nº 9.648, de 1998)*;

XXV – na contratação realizada por Instituição Científica e Tecnológica – ICT ou por agência de fomento para a transferência de tecnologia e para o licenciamento de direito de uso ou de exploração de criação protegida *(incluído pela Lei nº 10.973, de 2004)*;

XXVI – na celebração de contrato de programa com ente da Federação ou com entidade de sua administração indireta, para a prestação de serviços públicos de forma associada nos termos do autorizado em contrato de consórcio público ou em convênio de cooperação *(incluído pela Lei nº 11.107, de 2005)*;

XXVII – para o fornecimento de bens e serviços, produzidos ou prestados no País, que envolvam, cumulativamente, alta complexidade tecnológica e defesa nacional, mediante parecer de comissão especialmente designada pela autoridade máxima do órgão *(incluído pela Lei nº 11.196, de 2005)*;

Parágrafo único. Os percentuais referidos nos incisos I e II do caput deste artigo serão 20% (vinte por cento) para compras, obras e serviços contratados por consórcios públicos, sociedade de economia mista, empresa pública e por autarquia ou fundação qualificadas, na forma da lei, como Agências Executivas *(redação dada pela Lei nº 11.107, de 2005).*

Nos termos do art. 25 da mesma lei, com modificações posteriores, é inexigível a licitação quando houver *inviabilidade de competição*, em especial:

I – para aquisição de materiais, equipamentos, ou gêneros que só possam ser fornecidos por produtor, empresa ou representante comercial exclusivo, vedada a preferência de marca, devendo a comprovação de exclusividade ser feita através de atestado fornecido pelo órgão de registro do comércio do local em que se realizaria a licitação ou a obra ou o serviço, pelo Sindicato, Federação ou Confederação Patronal, ou, ainda, pelas entidades equivalentes;

II – para a contratação de serviços técnicos enumerados no art. 13 desta Lei, de natureza singular, com profissionais ou empresas de notória especialização, vedada a inexigibilidade para serviços de publicidade e divulgação;

III – para contratação de profissional de qualquer setor artístico, diretamente ou através de empresário exclusivo, desde que consagrado pela crítica especializada ou pela opinião pública.

§ 1º Considera-se de notória especialização o profissional ou empresa cujo conceito no campo de sua especialidade, decorrente de desempenho anterior, estudos, experiências, publicações, organização, aparelhamento, equipe técnica, ou de outros requisitos relacionados com suas atividades, permita inferir que o seu trabalho é essencial e indiscutivelmente o mais adequado à plena satisfação do objeto do contrato.

A dispensa e a inexigibilidade de licitação são exceções à regra geral de que a Administração Pública deve sempre licitar. Portanto, incidindo a pretensão administrativa nas hipóteses excepcionais, se comprovado superfaturamento, respondem solidariamente pelo dano causado à Fazenda Pública o fornecedor ou o prestador de serviços e o agente público responsável, sem prejuízo de outras sanções legais cabíveis, consoante cominação expressa do § 2º da Lei nº 8.666/93.

É importante ressaltar que a Lei nº 11.107/2005 deu nova redação ao art. 26 da Lei nº 8.666/93 para dizer que as dispensas previstas nos §§ 2º e 4º do art. 17 (que trata da concessão de título de propriedade ou de direito real de uso de imóveis públicos até 100 hectares) e no inciso III seguintes do art. 24 (ver a relação acima disposta), as situações de inexigibilidade referidas no art. 25 (ver também a relação acima transcrita), serão necessariamente justificadas, e o retardamento previsto no final do parágrafo único do art. 8º desta Lei deverão ser comunicados, dentro de 3 (três) dias, à autoridade superior, para ratificação e publicação na imprensa oficial, no prazo de 5 (cinco) dias, como condição para a eficácia dos atos.

O processo de dispensa, de inexigibilidade ou de retardamento será instruído, no que couber, com os seguintes elementos, conforme o disposto no parágrafo único do art. 26 da Lei das Licitações:

I – caracterização da situação emergencial ou calamitosa que justifique a dispensa, quando for o caso;

II – razão da escolha do fornecedor ou executante;

III – justificativa do preço.

IV – documento de aprovação dos projetos de pesquisa aos quais os bens serão alocados (incluído pela Lei nº 9.648, de 1998).

## 16. DO CRITÉRIO DE DESEMPATE NAS LICITAÇÕES

Na licitação, dependendo do tipo utilizado, deverá ser considerado vencedor aquele que oferecer o melhor preço, apresentar a melhor técnica, a melhor técnica e preço ou o maior lance ou oferta.

No entanto, se houver empate, em qualquer destas situações, a própria lei prevê o critério de desempate a ser aplicado pela Administração Pública. O § 2º do art. 3º estabelece a seguinte regra:

§ 2º Em igualdade de condições, como critério de desempate, será assegurada preferência, sucessivamente, aos bens e serviços:
I – produzidos ou prestados por empresas brasileiras de capital nacional;
II – produzidos no País;
III – produzidos ou prestados por empresas brasileiras.
IV – produzidos ou prestados por empresas que invistam em pesquisa e no desenvolvimento de tecnologia no País. (Incluído pela Lei nº 11.196, de 2005).

O critério de desempate privilegia a empresa brasileira de capital nacional. *Empresa* é a pessoa jurídica de direito privado que tem como finalidade o lucro. *Empresa brasileira* é a pessoa jurídica de direito privado criada no País. *Empresa brasileira de capital nacional,* segundo igual verbete do *Vocabulário Jurídico da Editora Forense:*

É aquela cujo controle efetivo (maioria do capital votante e exercício do poder de direção) esteja permanentemente na titularidade direta ou indireta de pessoas físicas domiciliadas e residentes no país ou de entidades de direito público interno. A lei poderá conceder-lhe proteção e benefícios especiais temporários para desenvolver atividades consideradas estratégicas para a defesa nacional ou imprescindíveis ao desenvolvimento do País; estabelecer que o controle da empresa se estenda também às suas atividades tecnológicas (desenvolvimento e absorção), sempre que aquele setor específico seja imprescindível ao desenvolvimento nacional; e fixar percentuais de participação, no capital social, de pessoas físicas domiciliadas e residentes no país ou entidades de direito público interno.

Têm a primazia na pesquisa e lavra de recursos minerais e no aproveitamento dos recursos hidráulicos e terão tratamento preferencial na aquisição de bens e serviços.

## 17. DO REAL COMO EXPRESSÃO MONETÁRIA NAS LICITAÇÕES

O art. 5º da Lei nº 8.666/93 determina que a Administração Pública fixe todos os valores, preços e custas das licitações em moeda corrente nacional, que é o *real*, salvo nas concorrências internacionais, que poderá ser fixada em moeda estrangeira.

Essa vinculação aparentemente óbvia impede que a contraprestação resultante da licitação possa ser fixada, por exemplo, em prestação de serviço, em dação em pagamento de bens, entrega de títulos públicos, compensação de precatórios ou outra qualquer forma possível de pagamento admitida em direito, dificultando o controle sobre a lisura do procedimento licitatório.

A lei ainda obriga a que cada unidade da Administração Pública especifique a fonte orçamentária ou a rubrica de onde sairão os valores para pagamento, mantendo para isso uma estrita obediência cronológica das datas de sua exigibilidade. Essa precaução visa impedir a realização de licitações sem a respectiva vinculação orçamentária ou o surgimento de dívidas sem o respectivo lastro orçamentário. Esta maneira de limitar a dívida pública prevista na lei das licitações foi mais tarde ampliada pela Lei Complementar nº 101, de 04 de maio de 2000, que estabeleceu normas de finanças públicas voltadas para a responsabilidade na gestão fiscal.

Os créditos serão devidamente corrigidos por critérios antecipadamente previstos e que lhes preservem o valor original (§ 1º, art. 5º). A importância correspondente à correção monetária saíra da mesma dotação do principal e seu pagamento será feito na mesma oportunidade (§ 2º).

Nos casos em que a lei dispensa a licitação para compras e outros serviços que não sejam de engenharia, cujo valor corresponda até 10% do que estabelece a alínea "a" do inciso I do art. 23 (atualmente em R$ 150.000,00, pela redação da Lei nº 9.648/98), o pagamento deverá ser efetuado no prazo de 5 dias contados da apresentação da fatura, consoante o disposto no § 3º, do citado art. 5º.

## 18. DOS PRINCÍPIOS DA LICITAÇÃO

### 18.1. Das considerações gerais

No capítulo *Dos Princípios que Regem a Administração Pública*, procurou-se estabelecer, de forma mais ampla possível, quais os princípios aplicáveis nas relações jurídicas perpetradas pela Administração Pública. Aqui se repetem alguns desses princípios que de forma expressa têm pertinência específica com a licitação

O artigo 37, XXI, da Constituição Federal enuncia alguns deles dessa forma:

> Ressalvados os casos especificados na legislação, as obras, serviços, compras e alienações serão contratados mediante processo de licitação pública que assegure igualdade de condições a todos os concorrentes, com cláusulas que estabeleçam obrigações de pagamento, mantidas as condições efetivas da proposta, nos termos da lei, o qual somente permitirá as exigências de qualificação técnica e econômica indispensáveis à garantia do cumprimento das obrigações.

E o art. 3º da Lei nº 8.666/93 regulamenta este dispositivo nestes termos:

> Art. 3º A licitação destina-se a garantir a observância do princípio constitucional da isonomia e seleção da proposta mais vantajosa para a Administração e será processada e julgada em estrita conformidade com os princípios básicos da legalidade, da impessoalidade, da moralidade, da igualdade, da publicidade, da probidade administrativa e da vinculação ao instrumento convocatório, do julgamento objetivo e dos que lhes são correlatos.

### 18.2. Do princípio da igualdade

Este princípio não apenas permite à Administração a escolha da melhor proposta como também assegurar igualdade de direitos a todos os interessados em contratar.

Hely Lopes Meirelles[122] menciona que:

> O desatendimento a esse princípio constitui a forma mais insidiosa de desvio de poder, com que a Administração quebra a isonomia entre os licitantes, razão pela qual o Judiciário tem anulado editais e julgamentos em que se descobre a perseguição ou o favoritismo administrativo, sem nenhum objetivo ou vantagem de interesse público. Todavia, não configura atentado ao princípio da igualdade entre os licitantes o estabelecimento de requisitos mínimos de participação no edital ou convite, porque a Administração pode e deve fixá-los sempre que necessários à garantia da execução do contrato, à segurança e perfeição da obra ou serviço, à regularidade do fornecimento ou ao atendimento de qualquer outro interesse público.

Apesar da necessidade da existência de competição na licitação, essa circunstância não pode se verificar de qualquer forma, vez que a proteção do interesse público exige a imposição de certas normas que afastem, por exemplo, as pessoas jurídicas não regularmente constituídas e as que não apresentem idoneidade técnica ou financeira.

### 18.3. Do princípio da legalidade

A licitação constitui-se em um processo inteiramente vinculado à lei; já que todas as suas fases estão rigorosamente estabelecidas na Lei nº 8.666/93 ou em leis complementares.

---
[122] Op. cit., p. 256.

Ademais, todos que participarem da licitação terão direito subjetivo à fiel observância do pertinente procedimento estabelecido na lei de licitações, conforme disposição expressa:

> Art. 4-Todos quantos participem de licitação promovida pelos órgãos ou entidades a que se refere o art. 1º têm direito público subjetivo à fiel observância do pertinente procedimento estabelecido nesta lei, podendo qualquer cidadão acompanhar o seu desenvolvimento, desde que não interfira de modo a perturbar ou impedir a realização dos trabalhos.
> Parágrafo único. O procedimento licitatório previsto nesta lei caracteriza ato administrativo formal, seja ele praticado em qualquer esfera da Administração Pública.

Ainda é importante ressaltar a vinculação dos atos da Administração ao disposto no Edital, consoante dispõe o artigo 41 da Lei nº 8.666/93:

> A Administração não pode descumprir as normas e condições do edital, ao qual se acha estritamente vinculada.

### 18.4. Do princípio da impessoalidade

Este princípio, nas licitações, segue a idéia de que todos os licitantes devem ser tratados da mesma forma, em termos de direitos e obrigações, devendo a Administração, em suas decisões, pautar-se por critérios objetivos, sem levar em consideração as condições pessoais do licitante ou as vantagens por ele oferecidas, salvo expressamente previstas em lei ou no instrumento convocatório

### 18.5. Do princípio da moralidade e da probidade

O princípio da moralidade exige da Administração que esta aja não apenas de forma lícita, mas também consoante a moral, os bons costumes, justiça, eqüidade e a idéia de honestidade, integridade de caráter e honradez. Como este princípio encontra previsão Constitucional (artigos 5º, LXXIII; 37, *caput* e § 4º, com texto alterado pela Emenda Constitucional nº 19/98) a Administração Pública esta obrigada a observá-los em seus atos, inclusive nas licitações

A própria Lei nº 8.666/93, em seus artigos 89 a 99, prevê as penalidades para os casos de improbidade nas licitações.

### 18.6. Do princípio da publicidade

Nos dizeres de José Cretella Júnior,[123]

> A mais ampla publicidade é pressuposto indispensável a um instituto que se destina a colocar diante do público as condições preliminares para a concretização de contratos de que participa a Administração. Eliminam-se desse modo os traços de clandestinidade, de parcialidade. Efetiva-se a publicidade, na prática, mediante divulgação de editais, em que se especificam as condições exigidas pelo poder público: natureza da obra ou serviço; obrigações do contratante privado; obrigações da Administração; tarifas do serviço a explorar; preço que oferece, quando se trata de obra pública; valor da caução; condições de pagamento; prazos para execução; duração de contrato; estipulação de multas contratuais; alterações de tarifas, preço, prazo e forma de prestações, em casos eventuais direito de promoção expropriatória de bens particulares, pelo concessionário, quando tal se torne indispensável à execução de contrato.

Apesar do princípio da publicidade ser princípio constitucional expresso (art. 37, *caput*, da Constituição Federal) e dessa forma aplicável a todo proceder administrativo, tam-

---
[123] Op. cit., p. 304.

bém o é de forma infraconstitucional no procedimento licitatório, através do § 3º do art. 3º da Lei nº 8.666/93, quando afirma:

Art. 3º ...
§ 3º A licitação não será sigilosa, sendo públicos e acessíveis ao público os atos de seu procedimento quanto ao conteúdo das propostas, até a respectiva abertura.

### 18.7. Do princípio da vinculação ao instrumento convocatório

Segundo Hely Lopes Meirelles:[124]

A vinculação ao edital é o princípio básico de toda licitação. Nem se compreenderia que a Administração fixasse no edital a forma e o modo de participação dos licitantes e no decorrer do procedimento ou na realização do julgamento afastasse do estabelecido, ou admitisse documentação e propostas em desacordo com o solicitado. O edital é lei interna da licitação, e, como al, vincula aos seus termos tanto os licitantes como a Administração que o expediu (art. 41).

Nos termos do artigo 41 da Lei nº 8.666/93:
Art. 41. A Administração não pode descumprir as normas e condições do edital, ao qual se acha estritamente vinculada.

Di Pietro[125] entende que este princípio serve tanto para a Administração quanto para os licitantes, "pois estes não podem deixar de atender aos requisitos do instrumento convocatório".

### 18.8. Do princípio do julgamento objetivo

Julgamento objetivo, no dizer de Odete Medauar,[126] "significa que deve nortear-se pelo critério previamente fixado no instrumento convocatório, observadas todas as normas a respeito". Este princípio visa evitar que o licitante seja surpreendido com critérios subjetivos desconhecidos até o momento do julgamento.

O princípio visa afastar a discricionariedade na escolha das propostas, obrigando os julgadores a aterem-se ao critério prefixado pela Administração, que reduz e delimita a margem da valoração subjetiva, sempre presente em qualquer julgamento.

### 18.9. Do princípio da adjudicação compulsória

Este princípio impede que a Administração, após concluído o procedimento licitatório, atribua seu objeto a outrem que não o legítimo vencedor. Di Pietro,[127] citando Hely Lopes Meirelles, diz que:

A adjudicação é obrigatória, salvo se este desistir expressamente do contrato ou não firmar no prazo prefixado, a menos que comprove justo motivo. A compulsoriedade veda também que se abra nova licitação enquanto válida a adjudicação anterior.

Não se trata, no entanto, de obrigatoriedade da Administração adjudicar logo após concluído o julgamento, até porque a revogação motivada pode ocorrer em qualquer fase da licitação. O vencedor tem o direito à atribuição do objeto da licitação e não ao contrato imediato. Não há direito subjetivo à adjudicação.

---

[124] Op. cit., p. 256.
[125] Op. cit., p. 307.
[126] Op. cit., p. 225.
[127] Op. cit., p. 308.

Os únicos casos em que a Administração poderá deixar de efetuar a adjudicação são os de anulação ou revogação do procedimento, conforme prevê o artigo 49 da Lei nº 8.666/93. A anulação ocorrerá em caso de ilegalidade e a revogação, em caso de interesse público decorrente de fasto superveniente, devidamente comprovado.

### 18.10. Do princípio da ampla defesa

Este é um princípio pouco mencionado em matéria de licitação, no entanto, com a vigência da Constituição Federal de 1988, tornou-se obrigatória a sua observância, juntamente com o princípio do contraditório, em qualquer processo contencioso, inclusive em qualquer tipo de processo administrativo em que haja litígio.

## Capítulo II – Do processo de licitação

### 1. DAS CONSIDERAÇÕES GERAIS

A licitação é um processo ou procedimento administrativo? A Lei nº 8.666/93, em vários momentos, chama o rito fixado para as licitações de *procedimento*. No entanto, esta conceituação se choca com o art. 5º, inciso LV, da Constituição Federal que, em outras palavras, afirma que, havendo litígio, este deverá ser dirimido através de processo administrativo onde sejam assegurados o contraditório e a ampla defesa, com os meios e recursos a ela inerentes.

O processo ou a também chamada fase externa da licitação, em todas as suas modalidades, é iniciada com o edital (ou excepcionalmente com o convite) e, depois, com o recebimento das propostas, tendo prosseguimento, ou não, com a habilitação e a classificação, culminando, em todos os casos, com o julgamento e a adjudicação do contrato. Em todos estes momentos existem dualidades de interesses que são nitidamente antagônicos ou entre os licitantes ou entre estes e a Administração Pública. Esta situação é típica do processo e não do procedimento, já que este último se caracteriza pela inexistência de conflito e se desenvolve através de atos que interessam apenas à Administração Pública.

Como a licitação tem atos internos, de interesse exclusivo da Administração Licitante, e atos externos, de interesse desta e dos licitantes, sobre o título de Processo Administrativo serão analisados os procedimentos e os processos administrativos respectivos, inclusive os cautelares.

### 2. DOS PROCEDIMENTOS INTERNOS DA LICITAÇÃO

A licitação pressupõe que a Administração Pública já tenha um objetivo pré-estabelecido a contratar. Portanto, parte de uma idéia já concretizada e busca através da licitação encontrar a melhor condição para implementá-la.

No entanto, embora esse objetivo se insira na discrição administrativa, a lei procurou estabelecer que, definido o que vai licitar (a edificação de uma obra, a prestação de um serviço, a compra de um produto, a alienação de um bem, a concessão ou permissão de um serviço público), deve a Administração respeitar requisitos específicos prévios para cada modalidade de licitação.

## 2.1. Das obras e serviços

No procedimento preparatório para a licitação de obras e serviços, a Administração Pública deve respeitar o seguinte:

### 2.1.1. Da elaboração e execução dos projetos

A Administração, quando se tratar de licitação de obras e serviços, deve, inicialmente, elaborar e executar, em ordem seqüencial (art. 7º, da Lei nº 8.666/93) o:
I – projeto básico;
II – projeto executivo;
III – execução das obras e serviços.

*Projeto básico* e *projeto executivo* são idéias técnicas que têm conceituações e cronogramas fixados na lei (art. 6º, inciso IX e X, da lei citada) e são de cumprimentos obrigatórios. Assim, a execução de cada etapa será precedida obrigatoriamente da conclusão e aprovação da etapa anterior, com exceção do projeto executivo que poderá ser desenvolvido concomitantemente com a execução das obras e serviços. Em qualquer das situações há necessidade de prévia aprovação administrativa.

Nos projetos básicos e projetos executivos de obras e serviços, segundo o art. 12 da Lei de Licitações, serão considerados principalmente os seguintes requisitos:
I – segurança;
II – funcionalidade e adequação ao interesse público;
III – economia na execução, conservação e operação;
IV – possibilidade de emprego de mão-de-obra, materiais, tecnologia e matérias-primas existentes no local para execução, conservação e operação;
V – facilidade na execução, conservação e operação, sem prejuízo da durabilidade da obra ou do serviço;
VI – adoção das normas técnicas, de saúde e de segurança do trabalho adequadas;
VII – impacto ambiental.

### 2.1.2. Da oportunidade para a licitação

Além de respeitar esta progressividade procedimental, a Administração Pública só poderá licitar obras e serviços, nos termos do § 2º, art. 7º, da referida lei, quando:
I – houver projeto básico aprovado pela autoridade competente e disponível para exame dos interessados em participar do processo licitatório;
II – existir orçamento detalhado em planilhas que expressem a composição de todos os seus custos unitários;
III – houver previsão de recursos orçamentários que assegurem o pagamento das obrigações decorrentes das obras ou serviços a serem executados no exercício financeiro em curso, de acordo com o respectivo cronograma;
IV – o produto dela esperado estiver contemplado nas metas estabelecidas no Plano Plurianual de que trata o art. 165 da Constituição Federal, quando for o caso.

### 2.1.3. Das vedações

É vedado à Administração Pública, quando se tratar de licitação envolvendo obras e serviços:

a) a inclusão no objeto da licitação de obtenção de recursos financeiros para sua execução, qualquer que seja a sua origem, salvo nos casos de empreendimentos executados e explorados sob o regime de concessão nos termos da legislação específica.
b) de fornecimento de materiais e serviços sem fixação de quantidade ou cujos quantitativos não correspondam às previsões reis do projeto básico ou executivo.
c) a inclusão de bens e serviços sem similaridade ou características e especificações exclusivas, salvo nos casos em que for tecnicamente justificável, ou ainda quando o fornecimento de tais materiais e serviços for feito sob o regime de administração contratada, previsto e disciplinado no ato convocatório.

### 2.1.4. Da nulidade no caso de desobediência

No caso de infringência a qualquer dos dispositivos citados implica na nulidade dos atos que forem praticados e até dos contratos realizados, com a responsabilização de quem lhes tenha dado causa (§ 6º, do art. 7º). A cominação de nulidade tem efeito absoluto, significando o retorno ao momento inicial.

### 2.1.5. Da não-correção do valor da obra ou do serviço para fins de julgamento das propostas

Não será ainda computada como valor da obra ou serviço, para fins de julgamento das propostas de preços, a atualização monetária das obrigações de pagamento, desde a data final de cada período de aferição até a do respectivo pagamento, que será calculada pelos mesmos critérios estabelecidos obrigatoriamente no ato convocatório (§ 7º do art. 7º).

### 2.1.6. Do direito do cidadão em obter os quantitativos de qualquer obra ou serviço

Deve ser facultado a qualquer cidadão requerer à Administração Pública os quantitativos das obras e preços unitários de determinada obra executada (§ 8º do art. 7º).

### 2.1.7. Da aplicação das regras de dispensa e inexigibilidade

O disposto para a licitação de obras e serviços aplica-se também, no que couber, aos casos de dispensa e de inexigibilidade de licitação (§ 9º do art. 7º).

### 2.1.8. Da programação pela totalidade das obras e serviços

A execução das obras e dos serviços deve programar-se, sempre, em sua totalidade, previstos seus custos atual e final e considerados os prazos de sua execução (art. 8º).

### 2.1.9. Da proibição de retardamento

É proibido o retardamento imotivado da execução de obra ou serviço, ou de suas parcelas, se existente previsão orçamentária para sua execução total, salvo insuficiência financeira ou comprovado motivo de ordem técnica, justificados em despacho circunstanciado da autoridade a que se refere o art. 26 desta Lei, consoante o art. 8º, parágrafo único, com a redação dada pela Lei nº 8.883, de 1994).

### 2.1.10. Das pessoas proibidas de participar

São proibidas de participar, direta ou indiretamente, da licitação ou da execução de obra ou serviço e do fornecimento de bens a eles necessários, conforme o art. 9º:
I – o autor do projeto, básico ou executivo, pessoa física ou jurídica;

II – empresa, isoladamente ou em consórcio, responsável pela elaboração do projeto básico ou executivo ou da qual o autor do projeto seja dirigente, gerente, acionista ou detentor de mais de 5% (cinco por cento) do capital com direito a voto ou controlador, responsável técnico ou subcontratado;
III – servidor ou dirigente de órgão ou entidade contratante ou responsável pela licitação.

Como *participação indireta*, considera-se a existência de qualquer vínculo de natureza técnica, comercial, econômica, financeira ou trabalhista entre o autor do projeto, pessoa física ou jurídica, e o licitante ou responsável pelos serviços, fornecimentos e obras, incluindo-se os fornecimentos de bens e serviços a estes necessários, conforme dicção do § 3º do art. 9º da Lei das Licitações. Neste conceito se encontram os membros da comissão de licitação, por força do § 4º do mencionado artigo.

No entanto, é permitida a participação do autor do projeto ou da empresa a que se refere o inciso II do artigo 8º da lei das licitações, na licitação de obra ou serviço, ou na execução, como consultor ou técnico, nas funções de fiscalização, supervisão ou gerenciamento, exclusivamente a serviço da Administração interessada (§ 1º, art. 9º).

As proibições de licitar não impedem a licitação ou contratação de obra ou serviço que inclua a elaboração de projeto executivo como encargo do contratado ou pelo preço previamente fixado pela Administração (§ 2º, art. 9º).

### 2.1.11. Das formas de execução

A execução das obras e serviços poderá ser feita nas seguintes formas:

I – execução direta;
II – execução indireta, nos seguintes regimes:
    a) empreitada por preço global;
    b) empreitada por preço unitário;
    c) tarefa;
    d) empreitada integral.

### 2.1.12. Da padronização

As obras e serviços destinados aos mesmos fins terão projetos padronizados por tipos, categorias ou classes, exceto quando o projeto-padrão não atender às condições peculiares do local ou às exigências específicas do empreendimento.

## 2.2. Dos Serviços Técnicos Profissionais Especializados

Os procedimentos preparatórios para a licitação de serviços técnicos profissionais especializados também devem respeitar os seguintes comportamentos legais:

### 2.2.1. Da vinculação ao conceito ditado em lei

O conceito de *serviços técnicos profissionais especializados* não é discricionário, e sim legal. O art. 13 da Lei das Licitações considera serviços técnicos profissionais especializados os trabalhos relativos a:

I – estudos técnicos, planejamentos e projetos básicos ou executivos;
II – pareceres, perícias e avaliações em geral;
III – assessorias ou consultorias técnicas e auditorias financeiras ou tributárias
IV – fiscalização, supervisão ou gerenciamento de obras ou serviços;

V – patrocínio ou defesa de causas judiciais ou administrativas;
VI – treinamento e aperfeiçoamento de pessoal;
VII – restauração de obras de arte e bens de valor histórico.

### 2.2.2. Da licitação na modalidade de concurso

Ressalvados os casos de inexigibilidade de licitação, os contratos para a prestação de serviços técnicos profissionais especializados deverão, preferencialmente, ser celebrados mediante a realização de concurso, com estipulação prévia de prêmio ou remuneração (§ 1º, art. 13).

### 2.2.3. Da cessão de direito pelo autor do projeto ou do serviço

O autor de projeto ou de serviço técnico especializado deve ceder os direitos patrimoniais a eles relativos, vinculando-se a Administração Pública a somente utilizá-los de acordo com o previsto no regulamento de concurso ou no ajuste para sua elaboração. Além disso, quando o projeto disser respeito à obra imaterial de caráter tecnológico, insuscetível de privilégio, a Administração Pública fará constar que a cessão dos direitos incluirá o fornecimento de todos os dados, documentos e elementos de informação pertinentes à tecnologia de concepção, desenvolvimento, fixação em suporte físico de qualquer natureza e aplicação da obra, consoante previsão do § 2º, do art. combinado, no que couber, com o disposto no art. 111 da Lei das Licitações.

### 2.2.4. Do compromisso da empresa com a prestação do serviço de seu empregado

A empresa de prestação de serviços técnicos especializados que apresente relação de integrantes de seu corpo técnico em procedimento licitatório ou como elemento de justificação de dispensa ou inexigibilidade de licitação ficará obrigada a garantir que os referidos integrantes realizem pessoal e diretamente os serviços objeto do contrato, conforme o disposto no art.13, § 3º, da citada lei.

## 2.3. Das compras

O procedimento preparatório para a licitação que envolva compras deverá respeitar as seguintes normas vinculantes:

### 2.3.1. Da caracterização da compra e vinculação orçamentária

Nenhuma compra será feita sem a adequada caracterização de seu objeto e indicação dos recursos orçamentários para seu pagamento, sob pena de nulidade do ato e responsabilidade de quem lhe tiver dado causa (art 14 da Lei das Licitações).

### 2.3.2. Das condições para as compras

As compras, sempre que possível, deverão, consoante o art. 15 da lei em comento:

I – atender ao princípio da padronização, que imponha compatibilidade de especificações técnicas e de desempenho, observadas, quando for o caso, as condições de manutenção, assistência técnica e garantia oferecidas;

II – ser processadas através de sistema de registro de preços;
III – submeter-se às condições de aquisição e pagamento semelhantes às do setor privado;
IV – ser subdivididas em tantas parcelas quantas necessárias para aproveitar as peculiaridades do mercado, visando economicidade;
V – balizar-se pelos preços praticados no âmbito dos órgãos e entidades da Administração Pública.

Nas compras deverão ser ainda observadas, conforme o disposto no § 7º do art. 15 da mesma lei:

I – a especificação completa do bem a ser adquirido sem indicação de marca;
II – a definição das unidades e das quantidades a serem adquiridas em função do consumo e utilização prováveis, cuja estimativa será obtida, sempre que possível, mediante adequadas técnicas quantitativas de estimação;
III – as condições de guarda e armazenamento que não permitam a deterioração do material.

O recebimento de material de valor superior ao limite estabelecido no art. 23 da Lei, para a modalidade de convite (até R$ 150.000,00 para obras e serviços de engenharia e até R$ 80.000,00 para compras e demais serviços), deverá ser confiado a uma comissão de, no mínimo, 3 (três) membros. Comando do § 8º do art. 15.

### 2.3.3. Do registro de preços

O registro de preços será precedido de ampla pesquisa de mercado e publicado trimestralmente na imprensa oficial com a finalidade de orientar a Administração Pública (§§ 1º e 2º do art. 15).

O sistema de registro de preços será regulamentado por decreto, atendidas as peculiaridades regionais, observadas as seguintes condições, consoante o disposto no § 3º do art. 15:

I – seleção feita mediante concorrência;
II – estipulação prévia do sistema de controle e atualização dos preços registrados;
III – validade do registro não superior a um ano.

No entanto, a existência de preços registrados não obriga a Administração a firmar as contratações que deles poderão advir, ficando-lhe facultada a utilização de outros meios, respeitada a legislação relativa às licitações, sendo assegurado ao beneficiário do registro preferência em igualdade de condições, conforme preceito do § 4º do art. 15.

Segundo o § 5º do art. 15, o sistema de controle originado no quadro geral de preços, quando possível, deverá ser informatizado.

### 2.3.4. Da impugnação do registro de preço por qualquer cidadão

Qualquer cidadão é parte legítima para impugnar preço constante do quadro geral em razão de incompatibilidade desse com o preço vigente no mercado, consoante regra estabelecida no § 6º do art. 1º.

### 2.3.5. Da publicação das compras do mês

E, por fim, será dada publicidade, mensalmente, em órgão de divulgação oficial ou em quadro de avisos de amplo acesso público, à relação de todas as compras feitas pela Administração Direta ou Indireta, de maneira a clarificar a identificação do bem comprado, seu preço unitário, a quantidade adquirida, o nome do vendedor e o valor total da operação, podendo ser aglutinadas por itens as compras feitas com dispensa e inexigibilidade de licitação (segundo o art. 16 da Lei das Licitações, com a redação dada pela Lei nº 8.883, de 1994).

Esse dispositivo não se aplica aos casos de dispensa de licitação previstos no inciso IX do art. 24 (parágrafo único incluído pela Lei nº 8.883, de 1994).

### 2.4. Das aquisições de bens e serviços comuns

Nas aquisições de bens e serviços comuns se aplica a licitação na modalidade de pregão prevista na Lei nº 10.520, de 17 de julho de 2002, cuja fase preparatória deverá obedecer ao seguinte procedimento, conforme disposição do art. 3º:

Art. 3º A fase preparatória do pregão observará o seguinte:
I – a autoridade competente justificará a necessidade de contratação e definirá o objeto do certame, as exigências de habilitação, os critérios de aceitação das propostas, as sanções por inadimplemento e as cláusulas do contrato, inclusive com fixação dos prazos para fornecimento;
II – a definição do objeto deverá ser precisa, suficiente e clara, vedadas especificações que, por excessivas, irrelevantes ou desnecessárias, limitem a competição;
III – dos autos do procedimento constarão a justificativa das definições referidas no inciso I deste artigo e os indispensáveis elementos técnicos sobre os quais estiverem apoiados, bem como o orçamento, elaborado pelo órgão ou entidade promotora da licitação, dos bens ou serviços a serem licitados; e
IV – a autoridade competente designará, dentre os servidores do órgão ou entidade promotora da licitação, o pregoeiro e respectiva equipe de apoio, cuja atribuição inclui, dentre outras, o recebimento das propostas e lances, a análise de sua aceitabilidade e sua classificação, bem como a habilitação e a adjudicação do objeto do certame ao licitante vencedor.
§ 1º A equipe de apoio deverá ser integrada em sua maioria por servidores ocupantes de cargo efetivo ou emprego da administração, preferencialmente pertencentes ao quadro permanente do órgão ou entidade promotora do evento.
§ 2º No âmbito do Ministério da Defesa, as funções de pregoeiro e de membro da equipe de apoio poderão ser desempenhadas por militares.

### 2.5. Das alienações

Se a pretensão da Administração pública for a alienação de bens de seu patrimônio, deverá obedecer aos seguintes mandamentos legais preparatóorios:

#### 2.5.1. Dos requisitos para a alienação de bens em geral

A alienação de bens da Administração Pública, subordinada à existência de *interesse público* devidamente *justificado*, será precedida de *avaliação* e obedecerá às seguintes normas, conforme preceitua o art. 17 da Lei das Licitações:

I – *quando imóveis*, dependerá de autorização legislativa para órgãos da administração direta e entidades autárquicas e fundacionais, e, para todos, inclusive as entidades paraestatais, dependerá de avaliação prévia e de licitação na modalidade de concorrência, dispensada esta nos seguintes casos:
a) dação em pagamento;
b) doação, permitida exclusivamente para outro órgão ou entidade da Administração Pública, de qualquer esfera de governo. Cessadas as razões que justificaram a doação, o imóvel reverterá ao patrimônio da pessoa jurídica doadora, vedada a sua alienação pelo beneficiário, consoante o § 1º deste mesmo artigo;
c) permuta, por outro imóvel que atenda aos requisitos constantes do inciso X do art. 24 da mesma Lei das Licitações, ou seja, atenda as finalidades precípuas da administração, cujas necessidades de

instalação e localização condicionem a sua escolha, desde que o preço seja compatível com o valor de mercado, segundo avaliação prévia;
d) investidura;
e) venda a outro órgão ou entidade da administração pública, de qualquer esfera de governo; (dispositivo incluído pela Lei nº 8.883, de 1994 )
f) alienação, concessão de direito real de uso, locação ou permissão de uso de bens imóveis construídos e destinados ou efetivamente utilizados no âmbito de programas habitacionais de interesse social, por órgãos ou entidades da administração pública especificamente criados para esse fim. (Dispositivo incluído pela Lei nº 8.883, de 1994) (Vide Medida Provisória nº 292, de 2006);
g) procedimentos de legitimação de posse de que trata o art. 29 da Lei nº 6.383, de 7 de dezembro de 1976 *(legitimação de posse de terras públicas de até 100 hectares, desde que o ocupante não seja proprietário de outro imóvel rural e tenha morada permanente na área e a cultive por, pelo menos, 1 ano)*, mediante iniciativa e deliberação dos órgãos da Administração Pública em cuja competência legal inclua-se tal atribuição. Este dispositivo foi incluído pela Lei nº 11.196/2005.
II – quando móveis, dependerá de avaliação prévia e de licitação, dispensada esta nos seguintes casos:
a) doação, permitida exclusivamente para fins e uso de interesse social, após avaliação de sua oportunidade e conveniência sócio-econômica, relativamente à escolha de outra forma de alienação;
b) permuta, permitida exclusivamente entre órgãos ou entidades da Administração Pública;
c) venda de ações, que poderão ser negociadas em bolsa, observada a legislação específica;
d) venda de títulos, na forma da legislação pertinente;
e) venda de bens produzidos ou comercializados por órgãos ou entidades da Administração Pública, em virtude de suas finalidades;
f) venda de materiais e equipamentos para outros órgãos ou entidades da Administração Pública, sem utilização previsível por quem deles dispõe.
g) procedimentos de legitimação de posse de que trata o art. 29 da Lei nº 6.383, de 7 de dezembro de 1976 (legitimação de posse de terras públicas de até 100 hectares, desde que o ocupante não seja proprietário de outro imóvel rural e tenha morada permanente na área e a cultive por, pelo menos, 1 ano), mediante iniciativa e deliberação dos órgãos da Administração Pública em cuja competência legal inclua-se tal atribuição. (Dispositivo incluído pela Lei nº 11.196, de 2005).

## 2.5.2. Dos requisitos para a concessão do direito real de uso de imóveis

A Administração também poderá conceder título de *propriedade* ou de *direito real de uso de imóveis*, dispensada licitação, quando o uso destinar-se (§ 2º do art. 17, com a redação dada pela Lei nº 11.196, de 2005):

I – a outro órgão ou entidade da Administração Pública, qualquer que seja a localização do imóvel; (Incluído pela Lei nº 11.196, de 2005);
II – a pessoa física que, nos termos de lei, regulamento ou ato normativo do órgão competente, haja implementado os requisitos mínimos de cultura e moradia sobre área rural situada na região da Amazônia Legal, definida no art. 2º da Lei nº 5.173, de 27 de outubro de 1966, superior à legalmente passível de legitimação de posse referida na alínea g do inciso I do art. 17 da Lei das Licitações (100 hectares), atendidos os limites de área definidos por ato normativo do Poder Executivo (incluído pela Lei nº 11.196, de 2005).

## 2.5.3. Dos requisitos para a legitimação de posse de terras públicas

Nas hipóteses de *legitimação de posse de terras públicas de até 100 hectares, desde que o ocupante não seja proprietário de outro imóvel rural e tenha morada permanente na área e a cultive por, pelo menos, 1 ano,* fica dispensada a *autorização legislativa,* porém submete-se aos seguintes condicionamentos, consoante o § 2º, art. 17 da Lei das Licitações, incluído pela Lei nº 11.196, de 2005:

I – aplicação exclusivamente às áreas em que a detenção por particular seja comprovadamente anterior a 1º de dezembro de 2004;

II – submissão aos demais requisitos e impedimentos do regime legal e administrativo da destinação e da regularização fundiária de terras públicas;

III – vedação de concessões para hipóteses de exploração não-contempladas na lei agrária, nas leis de destinação de terras públicas, ou nas normas legais ou administrativas de zoneamento ecológico-econômico, e

IV – previsão de rescisão automática da concessão, dispensada notificação, em caso de declaração de utilidade, ou necessidade pública ou interesse social.

Essa legitimação de posse de terras públicas, no entanto, consoante o § 2º-B do art. 17 da Lei nº 8.666/93, com a redação da Lei nº 11.196/2005:

I – só se aplica a imóvel situado, em zona rural, não sujeito a vedação, impedimento ou inconveniente a sua exploração mediante atividades agropecuárias;

II – fica limitada a áreas de até 500 (quinhentos) hectares, vedada a dispensa de licitação para áreas superiores a esse limite e

III – pode ser cumulada com o quantitativo de área decorrente da figura prevista na alínea g do inciso I do caput deste artigo, até o limite previsto no inciso II deste parágrafo.

### 2.5.4. Dos requisitos para a investidura

A dimensão do instituto da investidura (dar posse a alguém sobre alguma coisa), nos termos da Lei nº 8.666/93, conforme seu § 3º, com a redação dada pela Lei nº 9.648, de 1998, acontecerá quando ocorrerem os seguintes requisitos:

I – a alienação aos proprietários de imóveis lindeiros de área remanescente ou resultante de obra pública, área esta que se tornar inaproveitável isoladamente, por preço nunca inferior ao da avaliação e desde que esse não ultrapasse a 50% (cinqüenta por cento) do valor constante da alínea "a" do inciso II do art. 23 da lei, que é de R$ 80.000,00 (oitenta mil reais), desde 1998;

II – a alienação, aos legítimos possuidores diretos ou, na falta destes, ao Poder Público, de imóveis para fins residenciais construídos em núcleos urbanos anexos a usinas hidrelétricas, desde que considerados dispensáveis na fase de operação dessas unidades e não integrem a categoria de bens reversíveis ao final da concessão.

### 2.5.5. Dos requisitos para a doação com encargo

Quando se tratar de *doação com encargo* haverá licitação, e de seu instrumento constarão, obrigatoriamente os encargos, o prazo de seu cumprimento e cláusula de reversão, sob pena de nulidade do ato, sendo, no entanto, dispensada no caso de interesse público devidamente justificado (conforme o § 4º do art. 17 da Lei das Licitações, com a redação dada pela Lei nº 8.883, de 1994).

Mas no caso que o donatário necessite oferecer o imóvel em garantia de financiamento, a cláusula de reversão e demais obrigações serão garantidas por hipoteca em segundo grau em favor do doador. Esta regra é ditada pelo § 5º do art. 17 da Lei nº 8.666/93 (inclusão determinada pela Lei nº 8.883, de 1994).

### 2.5.6. De quando é possível o leilão de móveis

Para a *venda de bens móveis* avaliados, isolada ou globalmente, em quantia não superior ao limite previsto no art. 23, inciso II, alínea "b", da Lei (R$ 80.000,00 desde 1998), a Administração poderá permitir o leilão (art. 17, § 6º, da Lei nº 8.666/93, dispositivo incluído pela Lei nº 8.883, de 1994).

### 2.5.7. De quando é possível a simplificação da habilitação na venda de imóveis

Na concorrência para a venda de bens imóveis, a fase de habilitação limitar-se-á à comprovação do recolhimento de quantia correspondente a 5% (cinco por cento) da avaliação, consoante o disposto no art. 18 da Lei nº 8.666/93.

### 2.5.8. Dos requisitos para a alienação de bens adquiridos em processos judiciais ou doados em pagamento

Os bens imóveis da Administração Pública, cuja aquisição haja derivado de procedimentos judiciais ou de dação em pagamento, poderão ser alienados por ato da autoridade competente, observadas as seguintes regras, segundo o art. 19 da Lei das Licitações:

I – avaliação dos bens alienáveis;
II – comprovação da necessidade ou utilidade da alienação;
III – adoção do procedimento licitatório, sob a modalidade de concorrência ou leilão. (Redação dada pela Lei nº 8.883, de 1.994).

### 2.6. Das concessões e permissões de serviço público

Quando a licitação tiver por objeto a concessão ou permissão de serviço público, a Lei nº 8.978/95 estabelece a necessidade de fixação prévia de critérios, indicadores, fórmulas e parâmetros a serem utilizados no julgamento técnico e econômico-financeiro das propostas, consoante o disposto nos §§ 1º e 2º da lei citada.

Mas para a licitação de parceria público-privada (contrato administrativo de concessão, na modalidade patrocinada ou administrativa), a Lei nº 11.079, de 30.12.2004, fixa o seguinte processo preparatório:

Art. 10. A contratação de parceria público-privada será precedida de licitação na modalidade de concorrência, estando a abertura do processo licitatório condicionada a:
I – autorização da autoridade competente, fundamentada em estudo técnico que demonstre:
a) a conveniência e a oportunidade da contratação, mediante identificação das razões que justifiquem a opção pela forma de parceria público-privada;
b) que as despesas criadas ou aumentadas não afetarão as metas de resultados fiscais previstas no Anexo referido no § 1º do art. 4º da Lei Complementar nº 101, de 4 de maio de 2000, devendo seus efeitos financeiros, nos períodos seguintes, ser compensados pelo aumento permanente de receita ou pela redução permanente de despesa; e
c) quando for o caso, conforme as normas editadas na forma do art. 25 desta Lei, a observância dos limites e condições decorrentes da aplicação dos arts. 29, 30 e 32 da Lei Complementar nº 101, de 4 de maio de 2000, pelas obrigações contraídas pela Administração Pública relativas ao objeto do contrato;
II – elaboração de estimativa do impacto orçamentário-financeiro nos exercícios em que deva vigorar o contrato de parceria público-privada;
III – declaração do ordenador da despesa de que as obrigações contraídas pela Administração Pública no decorrer do contrato são compatíveis com a lei de diretrizes orçamentárias e estão previstas na lei orçamentária anual;
IV – estimativa do fluxo de recursos públicos suficientes para o cumprimento, durante a vigência do contrato e por exercício financeiro, das obrigações contraídas pela Administração Pública;
V – seu objeto estar previsto no plano plurianual em vigor no âmbito onde o contrato será celebrado;
VI – submissão da minuta de edital e de contrato à consulta pública, mediante publicação na imprensa oficial, em jornais de grande circulação e por meio eletrônico, que deverá informar a justificativa para a contratação, a identificação do objeto, o prazo de duração do contrato, seu valor estimado, fixando-se

prazo mínimo de 30 (trinta) dias para recebimento de sugestões, cujo termo dar-se-á pelo menos 7 (sete) dias antes da data prevista para a publicação do edital; e

VII – licença ambiental prévia ou expedição das diretrizes para o licenciamento ambiental do empreendimento, na forma do regulamento, sempre que o objeto do contrato exigir.

§ 1º A comprovação referida nas alíneas b e c do inciso I do caput deste artigo conterá as premissas e metodologia de cálculo utilizadas, observadas as normas gerais para consolidação das contas públicas, sem prejuízo do exame de compatibilidade das despesas com as demais normas do plano plurianual e da lei de diretrizes orçamentárias.

§ 2º Sempre que a assinatura do contrato ocorrer em exercício diverso daquele em que for publicado o edital, deverá ser precedida da atualização dos estudos e demonstrações a que se referem os incisos I a IV do caput deste artigo.

§ 3º As concessões patrocinadas em que mais de 70% (setenta por cento) da remuneração do parceiro privado for paga pela Administração Pública dependerão de autorização legislativa específica.

## 3. DA HABILITAÇÃO PRÉVIA OU REGISTRO EM CADASTRO PRÉVIO DE LICITANTES

Procurando simplificar o processo licitatório, inclusive para afastar uma fase processual, como no caso da tomada de preço, a Lei nº 8.666/93 estabeleceu a necessidade da existência de registro cadastral prévio daqueles que pretenderem contratar com a Administração Pública. É o chamado *cadastro de fornecedores ou prestadores de serviços*. Cadastro vem do francês *cadastre*, e significa o registro público de imóveis ou de dados.

Dessa forma, as entidades que realizem licitações com freqüência devem, por força do artigo 34 da Lei de Licitações, manter um registro cadastral para efeito de habilitação, com validade não superior há um ano. As unidades administrativas podem utilizar registros cadastrais de outras, se não dotadas de registros próprios, consoante o que prescreve o § 2º do artigo 34 da Lei nº 8.666/93.

A unidade responsável pelo registro deverá proceder, no mínimo anualmente, através da imprensa oficial e de jornal diário, a chamamento público para a atualização dos registros existentes e para o ingresso de novos interessados. O registro cadastral deverá ser amplamente divulgado e deverá estar permanentemente aberto aos interessados (§ 1º, artigo 34).

Este registro conterá documentos de interessados em participar de licitações, daí decorrendo o fornecimento, aos inscritos, de um Certificado de Registro Cadastral (CRC).

No caso de previsão no edital, o certificado de registro cadastral poderá substituir a documentação necessária à habilitação, conforme dispõe o § 3º do artigo 32 da Lei nº 8.666/93.

Toda a atuação do licitante no cumprimento de obrigações assumidas será anotada no respectivo CRC, consoante dispõe o § 2º do artigo 36 da lei de licitações.

O interessado em se inscrever deverá fornecer os documentos referentes à habilitação jurídica (artigos 27, I, e, 28 e seus incisos), qualificação técnica (artigos 27, II, e 30 e seus incisos), qualificação econômico-financeira (artigos 27, III e 31, e seus incisos), regularidade fiscal (artigos 27, IV, e 29 e seus incisos) e, ao cumprimento ao disposto no inciso XXXIII do artigo 7º da Constituição Federal, dentre outros (artigo 27, V).

A classificação dos inscritos se dará por categorias, tendo em vista sua especialização, segundo a qualificação técnica e econômica.

Por fim, como bem prescreve o *caput* do artigo 51 e seu § 2º, a habilitação preliminar, a inscrição em registro cadastral, sua alteração ou cancelamento, será realizada perante a

Comissão Permanente ou especial de, no mínimo, três membros, quando se tratar de obras, serviços ou aquisição de equipamentos.

Sendo o registro cadastral uma espécie de processo administrativo cautelar, a ele deve ser aplicado, dentre outros, o *princípio constitucional do devido processo legal administrativo* (art. 5º, inciso LIV, da Constituição Federal) no qual se subsume os também constitucionais *princípios do contraditório, da ampla defesa e dos recursos a ela inerentes* (art.5º, inciso LV, da CF).[128]

## 4. DO PROCESSO ADMINISTRATIVO LICITATÓRIO

### 4.1. Das considerações gerais

A Lei nº 8.666/93 entrelaça direito administrativo material e processual gerando dificuldade para sua compreensão. Dessa forma, visando facilitar a compreensão do tema pelo estudante, dividi o estudo da licitação em partes estanques, como se pôde observar pelo conteúdo já desenvolvido. A matéria agora tratada diz respeito com as regras de processo administrativo, procurando desenvolver o seu conteúdo à imagem do processo judicial que tem um seqüenciamento lógico.

A doutrina tem trabalhado o tema individualizando cada modalidade de licitação. Penso, no entanto, que o § 4º do art. 43 da Lei nº 8.666/93, com a redação que lhe deu a Lei nº 8.883/94, criou um processo único para a licitação, que é o da concorrência, determinando que se o adaptasse às demais modalidades licitatórias.[129]

Assim, os institutos criados pelo legislador para a licitação serão analisados à imagem do processo para a licitação na modalidade de concorrência, mencionando-se sua aplicação ou não às demais modalidades. Esse desenvolvimento dará uma idéia mais pragmática ao estudo da licitação, que a Lei nº 8.666/93 não deu.

### 4.2. Dos atos do processo licitatório

Como o processo judicial, o processo administrativo licitatório *anda para frente,* significado da própria palavra latina *processu* de onde se origina, de forma lógica e continuada onde os atos correspondentes são autuados, protocolados e numerados, contendo ainda exigência típica na sua identificação se fazer inserir o seu objeto, o recurso próprio para a despesa correspondente e a autorização respectiva.

#### *4.2.1. Da autuação*

O art. 38 da Lei nº 8.666/93 menciona de forma expressa o que deve conter a autuação do processo licitatório da seguinte forma:

> Art. 38. O procedimento da licitação será iniciado com a abertura de processo administrativo, devidamente autuado, protocolado e numerado, contendo a autorização respectiva, a indicação sucinta de seu objeto e do recurso próprio para a despesa, e ao qual serão juntados oportunamente:
> I – edital ou convite e respectivos anexos, quando for o caso;
> II – comprovante das publicações do edital resumido, na forma do art. 21 desta Lei, ou da entrega do convite;
> III – ato de designação da comissão de licitação, do leiloeiro administrativo ou oficial, ou do responsável pelo convite;

---

[128] Esta matéria será retomada no tema Habilitação.
[129] O § 4º, do art. 43, da Lei nº 8.666/93, está assim redigido:
O disposto neste aplica-se à concorrência e, no que couber, ao concurso, ao leilão, à tomada de preço e ao convite.

IV – original das propostas e dos documentos que as instruírem;
V – atas, relatórios e deliberações da Comissão Julgadora;
VI – pareceres técnicos ou jurídicos emitidos sobre a licitação, dispensa ou inexigibilidade;
VII – atos de adjudicação do objeto da licitação e da sua homologação;
VIII – recursos eventualmente apresentados pelos licitantes e respectivas manifestações e decisões;
IX – despacho de anulação ou de revogação da licitação, quando for o caso, fundamentado circunstanciadamente;
X – termo de contrato ou instrumento equivalente, conforme o caso;
XI – outros comprovantes de publicações;
XII – demais documentos relativos à licitação.
Parágrafo único. As minutas de editais de licitação, bem como as dos contratos, acordos, convênios ou ajustes devem ser previamente examinadas e aprovadas por assessoria jurídica da Administração. *(Redação dada pela Lei nº 8.883, de 1994)*
Art. 39. Sempre que o valor estimado para uma licitação ou para um conjunto de licitações simultâneas ou sucessivas for superior a 100 (cem) vezes o limite previsto no art. 23, inciso I, alínea "c" desta Lei, o processo licitatório será iniciado, obrigatoriamente, com uma audiência pública concedida pela autoridade responsável com antecedência mínima de 15 (quinze) dias úteis da data prevista para a publicação do edital, e divulgada, com a antecedência mínima de 10 (dez) dias úteis de sua realização, pelos mesmos meios previstos para a publicidade da licitação, à qual terão acesso e direito a todas as informações pertinentes e a se manifestar todos os interessados.
Parágrafo único. Para os fins deste artigo, consideram-se licitações simultâneas aquelas com objetos similares e com realização prevista para intervalos não superiores a trinta dias e licitações sucessivas aquelas em que, também com objetos similares, o edital subseqüente tenha uma data anterior a cento e vinte dias após o término do contrato resultante da licitação antecedente. *(Redação dada pela Lei nº 8.883, de 1994).*

### 4.2.2. Da forma

Os atos do processo administrativo terão forma escrita, quer sejam eles praticados pelos licitantes ou pela Administração. Os atos orais, como aqueles praticados no leilão e pregão, serão escritos em atas.

### 4.2.3. Do tempo e do lugar

Os atos administrativos serão praticados, como regra, no horário do expediente da Administração licitante e no local de seu funcionamento, salvo exceção criada de forma expressa pelo edital.

### 4.2.4. Dos prazos

Na contagem dos prazos da licitação, excluir-se-á o dia do início e incluir-se-á o do vencimento, contados de forma consecutiva, salvo disposição em contrário. Mas, só se iniciam e vencem em dia de expediente no órgão ou na entidade licitante. Essa disposição é regra comum de processo, mas está prevista no art. 110 da Lei nº 8.666/93.

### 4.2.5. Da comunicação

A comunicação dos atos processuais na licitação será, na convocação, por *edital* ou *carta-convite*, este para a modalidade de convite, e *intimação* nos demais atos, que será *pessoal* ou *publicada em edital*, nos casos especificados em lei.

### 4.3. Do juízo administrativo da licitação

#### 4.3.1. Das considerações gerais

A licitação é um processo administrativo típico porque envolve interesses em conflito. A Administração Pública quando licita sabe de antemão que irá lidar com licitantes em antagonismo, já que apenas a um deverá ser adjudicada a licitação. Não fora isso, o próprio edital de licitação, ao especificar o objeto a licitar e as condições de como isso será feito, embora caracterize um ato administrativo discricionário, poderá conter dispositivos atentadores ao princípio da licitação em que é exigida igualdade entre os concorrentes. Portanto, já nesse ponto, que é o início do processo de licitação, existiria um potencial conflito por ferimento ao princípio constitucional do devido processo legal.

Sendo a licitação um processo administrativo, deve ter quem o processe e julgue, inclusive em grau recursal.

A licitação quanto ao juízo que a instrui e julga é assim dividida: a) juízo de instrução e julgamento; b) juízo de homologação e adjudicação; c) juízo recursal.

#### 4.3.2. Do juízo de instrução e julgamento – Comissão de Licitação

A licitação é formalizada através de um devido processo administrativo legal e que, por isso mesmo, tem atos, tempos, momentos e um órgão que o instrui e julga, que é a *Comissão de Licitação*. No direito processual civil seria uma espécie de juízo colegiado.

A Comissão de Licitação tem poderes, deveres e assume responsabilidades administrativas, penais, civis e por improbidade administrativa pelos atos ilícitos que vier a praticar.

Tem poder para processar e julgar a habilitação preliminar, a inscrição em registro cadastral de fornecedores, a sua alteração ou cancelamento e as propostas dos licitantes e todos os incidentes daí decorrentes. Isso tudo por previsão legal. Nesta última situação também ordena a publicação de atos, presta informações aos interessados e licitantes (sempre observando o princípio da igualdade), efetua diligências, recebe documentos e os anexa aos autos, se for o caso. A Comissão de Licitação deve declarar a nulidade de qualquer ato processual administrativo praticado contra a lei. Porém não tem o poder de revogar a licitação, que é competência exclusiva da autoridade superior competente.

A Comissão de Licitação deverá ter, no mínimo, 3 (três) membros, sendo pelo menos 2 (dois) deles servidores qualificados pertencentes aos quadros permanentes dos órgãos da Administração responsáveis pela licitação (art. 51, *caput*, da Lei nº 8.666/93).

Os membros da Comissão poderão ser substituídos a qualquer momento pela Administração. Como órgão colegiado que é, a comissão terá um presidente que atuará oficialmente em seu nome.

O prazo de investidura dos membros das comissões permanentes não excederá a 1 (um) ano, sendo vedada a recondução da totalidade de seus membros para a mesma comissão no período subseqüente (§ 4º, art. 51, da mencionada lei).

Responderão os membros das Comissões de licitação solidariamente por todos os atos praticados por esta, salvo se posição individual divergente estiver devidamente fundamentada e registrada em ata lavrada na reunião em que tiver sido tomada a decisão (§ 3º, art. 51, da mencionada lei).

Nos casos de convite, a Comissão de licitação, excepcionalmente, nas pequenas unidades administrativas e em face da exigüidade de pessoal disponível, poderá ser substituída por servidor formalmente designado pela autoridade competente (§ 1º, art. 51 da lei em comento).

Nos casos de concurso, o julgamento será feito por uma comissão especial integrada por pessoas de reputação ilibada e reconhecido conhecimento da matéria em exame, servidores públicos ou não (§ 5º, art. 51 da lei referida).

Aplicam-se à Comissão de Licitação os impedimentos e as suspeições específicos da lei e aqueles de cunho geral aplicados a todos os servidores públicos.

Os atos praticados pela Comissão de Licitação irrecorridos ou superados por decisão superior não podem ser revistos por incidência da preclusão administrativa também aplicada de forma subsidiária no processo administrativo.

### 4.3.3. Do juízo de homologação e adjudicação – autoridade superior competente

A Comissão de Licitação não tem competência para homologar as propostas e adjudicar a licitação ao licitante vencedor. Esta é da autoridade que for designada pela lei ou pela Administração.

Sua competência específica ordinária é – homologar a licitação e adjudicá-la ao licitante vencedor. Ela não tem poder de avocação do processo administrativo licitatório. No entanto, como competência extraordinária, ocorrendo flagrante nulidade praticada pela Comissão de Licitação, ela pode avocar o processo para declarar a nulidade de forma fundamentada ou para revogá-la, por conveniência e oportunidade também devidamente fundamentada.

Da homologação, adjudicação, nulidade ou revogação cabe recurso administrativo no prazo de 5 (cinco) dias, por aplicação do art. 109, inciso I, da Lei nº 8.666/93, com a possibilidade de juízo de reconsideração (§ 4º, do artigo mencionado).

Mas, não havendo nulidade no processamento de licitação, nem pretendendo sua revogação, a ingerência por qualquer motivo da autoridade superior competente na licitação é ato administrativo incompetente e, por isso mesmo, abusivo. A Comissão de Licitação, evocando os princípios da legalidade, da impessoalidade, da moralidade e da probidade administrativa, pode, de ofício ou mesmo por provocação de qualquer interessado, de forma motivada, afastar a intromissão indevida.

Não havendo recurso da decisão proferida pela autoridade superior ou, se havendo, tendo sido ele afastado, incide a coisa julgada administrativa, tornando o que foi decidido de respeito obrigatório, inclusive para a própria Administração, salvo para revogação, quando o interesse superior ditado pela conveniência e oportunidade sublima o aspecto processual do que foi julgado.

### 4.3.4. Do juízo recursal – autoridade superior competente

Respeitando o princípio constitucional de cabimento de recurso no processo administrativo, por força do art. 5º, inciso LV, da Constituição Federal, dos atos praticados pela autoridade superior homologando, adjudicando, anulando ou revogando a licitação cabe recurso.

Não se trata de uma terceira instância administrativa, mas de uma segunda instância, já que os atos praticados são originários de uma competência específica.

A autoridade competente para conhecer e julgar os recursos interpostos de tais atos deve ser especificada em lei ou ato administrativo próprios.

Por fim, como na situação do tópico anterior, não havendo recurso da decisão proferida pela autoridade superior ou, se havendo, tendo sido ele afastado, incide a coisa julgada administrativa, tornando o que foi decidido de respeito obrigatório, inclusive para a própria Administração, salvo para revogação, quando o interesse superior ditado pela conveniência e oportunidade sublima o aspecto processual do que foi julgado.

### 4.4. Do edital de abertura

*4.4.1. Das generalidades*

O processo de licitação tem *fases* ou *etapas,* que são os atos, tempos e momentos que compõem a sua estrutura processual.

O artigo 41 da Lei de licitações dispõe que "a Administração não pode descumprir as normas e condições do edital, ao qual se acha estritamente vinculada". Por isso é possível afirmar-se que o edital é lei entre as partes, porquanto também o licitante deverá obedecer aos termos do que nele foi posto.

O edital é exigido em todas as modalidades licitatórias, com exceção do convite, que, no entanto, deverá conter todos os seus requisitos materiais.

O edital no processo administrativo de licitação funciona como a inicial no processo judicial.

*4.4.2. Dos requisitos formais*

Como ato administrativo externo de abertura do processo de licitação, o *edital* tem requisitos formais essenciais que deverão ser respeitados, sob pena de nulidade.

Os requisitos, segundo o art. 40 da Lei nº 8.666/93, são:

Art. 40. O edital conterá no preâmbulo o número de ordem em série anual, o nome da repartição interessada e de seu setor, a modalidade, o regime de execução e o tipo da licitação, a menção de que será regida por esta Lei, o local, dia e hora para recebimento da documentação e proposta, bem como para início da abertura dos envelopes, e indicará, obrigatoriamente, o seguinte:
I – objeto da licitação, em descrição sucinta e clara;
II – prazo e condições para assinatura do contrato ou retirada dos instrumentos, como previsto no art. 64 desta Lei, para execução do contrato e para entrega do objeto da licitação;
III – sanções para o caso de inadimplemento;
IV – local onde poderá ser examinado e adquirido o projeto básico;
V – se há projeto executivo disponível na data da publicação do edital de licitação e o local onde possa ser examinado e adquirido;
VI – condições para participação na licitação, em conformidade com os arts. 27 a 31 desta Lei, e forma de apresentação das propostas;
VII – critério para julgamento, com disposições claras e parâmetros objetivos;
VIII – locais, horários e códigos de acesso dos meios de comunicação à distância em que serão fornecidos elementos, informações e esclarecimentos relativos à licitação e às condições para atendimento das obrigações necessárias ao cumprimento de seu objeto;
IX – condições equivalentes de pagamento entre empresas brasileiras e estrangeiras, no caso de licitações internacionais;
X – o critério de aceitabilidade dos preços unitário e global, conforme o caso, permitida a fixação de preços máximos e vedados a fixação de preços mínimos, critérios estatísticos ou faixas de variação em relação a preços de referência, ressalvado o disposto nos parágrafos 1º e 2º do art. 48 *(redação dada pela Lei nº 9.648, de 27.5.98);*

XI – critério de reajuste, que deverá retratar a variação efetiva do custo de produção, admitida a adoção de índices específicos ou setoriais, desde a data prevista para apresentação da proposta, ou do orçamento a que essa proposta se referir, até a data do adimplemento de cada parcela *(redação dada pela Lei nº 8.883, de 8.6.94)*;

XII – (VETADO)

XIII – limites para pagamento de instalação e mobilização para execução de obras ou serviços que serão obrigatoriamente previstos em separado das demais parcelas, etapas ou tarefas;

XIV – condições de pagamento, prevendo:

a) prazo de pagamento não superior a trinta dias, contado a partir da data final do período de adimplemento de cada parcela *(redação dada pela Lei nº 8.883, de 8.6.94)*;

b) cronograma de desembolso máximo por período, em conformidade com a disponibilidade de recursos financeiros;

c) critério de atualização financeira dos valores a serem pagos, desde a data final do período de adimplemento de cada parcela até a data do efetivo pagamento *(redação dada pela Lei nº 8.883, de 8.6.94)*;

d) compensações financeiras e penalizações, por eventuais atrasos, e descontos, por eventuais antecipações de pagamentos;

e) exigência de seguros, quando for o caso;

XV – instruções e normas para os recursos previstos nesta Lei;

XVI – condições de recebimento do objeto da licitação;

XVII – outras indicações específicas ou peculiares da licitação.

O edital original deverá ser datado, rubricado em todas as folhas e assinado pela autoridade que o expedir, permanecendo no processo de licitação, e dele extraindo-se cópias integrais ou resumidas, para sua divulgação e fornecimento aos interessados (artigo 40, § 1º).

O projeto básico e/ou executivo; o orçamento estimado em planilhas de quantitativos e preços unitários; a minuta do contato a ser firmado entre a Administração e o licitante vencedor e as especificações complementares e normas de execução referentes à licitação serão parte integrante do edital, na forma de anexos (artigo 40, § 2º).

Com pequenas variações tópicas do regime de concessão e permissão de serviço público, o art. 18 da Lei nº 8.987/95 estabelece o conteúdo do edital para esta licitação. Igualmente para a licitação de parceria público-privada, nos termos da Lei nº 11.079/2004.

Também com pequenas variações a Lei nº 10.520/2002 fixa as regras para o edital do pregão, consoante o disposto no art. 4º.

### 4.4.3. Da publicação

O edital como ato administrativo formal deve respeitar o princípio da publicidade. Assim, a divulgação do edital se dará pela publicação de aviso que conterá um resumo das pretensões nele expendidas. Dependendo da administração o edital será publicado no Diário Oficial da União, no Diário Oficial do Estado ou em jornal de grande circulação no Estado e, também, se houver, em jornal de circulação no Município ou na região onde será realizada a obra, prestado o serviço, fornecido, alienado ou alugado o bem, conforme determinação do art 21 da Lei nº 8.666/93.[130]

---

[130] A redação do artigo tem este conteúdo (incisos I, II e III do artigo 21 da Lei nº 8.666/93):

I – no Diário Oficial da União, quando se tratar de licitação feita por órgão ou entidade da Administração Pública Federal e, ainda, quando se tratar de obras financiadas parcial ou totalmente com recursos federais ou garantidas por instituições federais;

II – no Diário Oficial do Estado, ou do Distrito Federal quando se tratar, respectivamente, de licitação feita por órgão ou entidade da Administração Pública Estadual ou Municipal, ou do Distrito Federal;

O aviso conterá ainda a indicação do local em que os interessados poderão ler e obter o texto completo do edital e outras informações.

### 4.4.4. Do controle sobre o edital

O edital de licitação é o ato formal de abertura do processo licitatório. Como tal pode ser controlado pela própria administração que o expediu, pelo Tribunal de Contas e pelo Poder Judiciário, através das ações de controle, como, de regra, deve ser controlado qualquer ato administrativo.

No entanto, demonstrando a importância que o legislador pretendeu outorgar a esse ato, o legislador atribuiu competência a qualquer cidadão para impugnar edital de licitação por irregularidade na aplicação da Lei das Licitações. Para isso deve protocolar o pedido até 5 (cinco) dias úteis antes da data fixada para a abertura dos envelopes de habilitação, devendo a Administração julgar e responder à impugnação em até 3 (três) dias úteis, sem prejuízo da faculdade prevista no § 1º do art. 113 da Lei de Licitação (§ 1º, artigo 41).

Quanto ao controle direto do interessado, diz a lei que o licitante que impugnar tempestivamente não ficará impedido de participar, até o trânsito em julgado da decisão a ela pertinente, do processo licitatório (§ 3º, artigo 41).

Mas, se licitante não impugnar os termos do edital de licitação perante a administração até o segundo dia útil que anteceder a abertura dos envelopes de habilitação em concorrência, a abertura dos envelopes com as propostas em convite, tomada de preços ou concurso, ou a realização de leilão, as falhas ou irregularidades que viciariam esse edital, decairá do direito de fazê-lo, hipótese em que tal comunicação não terá efeito de recurso (§ 2º, artigo 41).

### 4.5. Do recebimento das propostas

Publicado o edital e superadas as possíveis dúvidas sobre sua legalidade, abre-se a fase de recebimento das propostas no local indicado previamente pelo edital.

A Lei nº 8.666/93 é taxativa quanto aos prazos mínimos para que as propostas sejam entregues pelos interessados. Cada administração, desde que respeite este limite mínimo, pode estabelecer prazos superiores.

Os prazos mínimos fixados pelo art. 21, § 2º, com a redação que lhe deu a Lei nº 8.883/94, são:

Art. 21. ...
§ 2º O prazo mínimo até o recebimento das propostas ou da realização do evento será:
I – quarenta e cinco dias para:
a) concurso:
b) concorrência, quando o contrato a ser celebrado contemplar o regime de empreitada integral ou quando a licitação for do tipo "melhor técnica" ou "técnica e preço";
II – trinta dias para:
a) concorrência, nos casos não especificados na alínea "b" do inciso anterior
b) tomada de preços, quando a licitação for do tipo "melhor técnica" ou "técnica e preço;
III – *quinze dias* para a tomada de preços, nos casos não especificados na alínea "b" do inciso anterior, ou leilão;
IV – *cinco dias* úteis para convite.

---

III – em jornal diário de grande circulação no Estado e também, se houver, em jornal de circulação no Município ou na região onde será realizada a obra, prestado o serviço, fornecido, alienado ou alugado o bem, podendo ainda a Administração, conforme o vulto da licitação, utilizar-se de outros meios de divulgação para ampliar a área de competição

Estes prazos serão contados a partir da última publicação do edital resumido ou da expedição do convite, ou ainda da efetiva disponibilidade do edital ou do convite e respectivos anexos, prevalecendo a data que ocorrer mais tarde, consoante dispõe o § 3º do art. 21 (com a redação dada pela Lei nº 8.883, de 1994).

Ocorrendo qualquer modificação no edital é necessária sua divulgação pela mesma forma que se deu o texto original, reabrindo-se o prazo inicialmente estabelecido, exceto quando, inquestionavelmente, a alteração não afetar a formulação das propostas, consoante o § 4º do mesmo artigo 21 já citado.

Qualquer parte interessada que tiver sua proposta não recebida poderá recorrer administrativamente no prazo de 5 (cinco) dias.

No pregão (Lei nº 10.520/2002), as propostas serão entregues em sessão pública, quando os interessados ou seus representantes devidamente identificados deverão comprovar a existência de poderes especiais para a formulação das propostas e para praticar todos os demais atos inerentes ao certame (art. 4º, inciso VII).

### 4.6. Da habilitação

#### 4.6.1. Das disposições gerais

A habilitação é uma fase do processo administrativo que não é exigível em todas as modalidades de licitação, como é o caso, por exemplo, da tomada de preço. Nesta modalidade a fase licitatória é suprimida porque os licitantes já foram previamente habilitados em processo administrativo cautelar típico.

Assim, recebidas as propostas a fase seguinte é a de análise formal da documentação apresentada a fim de se verificar se os licitantes têm legitimidade para prosseguir na licitação. No campo do processo civil esta fase tem semelhança com o despacho saneador. Aqui são afastados os vícios de legitimidade dos concorrentes.

É bem verdade que esta fase pode vir a não acontecer se todos os licitantes estiverem previamente cadastrados perante a Administração Pública através de processo cautelar típico. Existindo apenas um que não tenha se habilitado antecipadamente, a fase de habilitação deve ser realizada.

De forma objetiva é possível definir-se a habilitação como a fase do processo administrativo licitatório onde se verifica se os licitantes têm condições de celebrar e executar o futuro contrato. Essas condições são bem abrangentes, como se observa do artigo 27 da Lei de Licitações, a saber: a) habilitação jurídica; b) qualificação técnica; c) qualificação econômica-financeira; d) regularidade fiscal; e) cumprimento do disposto nos incisos XXXIII do artigo 7º da Constituição Federal.

Quanto aos documentos necessários à habilitação jurídica estão previstos nos incisos do artigo 28. Sua finalidade é comprovar a capacidade da pessoa, física ou jurídica, essencial para contrair obrigação.[131]

---

[131] O artigo está assim redigido:

Art. 28. A documentação relativa à habilitação jurídica, conforme o caso, consistirá em:

I – cédula de identidade;

II – registro comercial, no caso de empresa individual;

III – ato constitutivo, estatuto ou contrato social em vigor, devidamente registrado, em se tratando de sociedades comerciais, e, no caso de sociedades por ações, acompanhado de documentos de eleição de seus administradores;

IV – inscrição do ato constitutivo, no caso de sociedades civis, acompanhada de prova de diretoria em exercício;

Já quanto à regularidade fiscal, os documentos necessários estão previstos no artigo 29. Sua finalidade é a comprovação de que o licitante está em dia com o cumprimento das obrigações tributárias. Há, inclusive, vedação constitucional de contratação com pessoa jurídica em débito com a seguridade social (§ 3º do artigo 195).[132]

A qualificação técnica diz respeito a requisitos de aptidão profissional para executar o futuro contrato, e o artigo 30 diz os documentos necessários para que essa se verifique.

O artigo 30 tem esta redação:

Art. 30. A documentação relativa à qualificação técnica limitar-se-á a:
I – registro ou inscrição na entidade profissional competente;
II – comprovação de aptidão para desempenho de atividade pertinente e compatível em características, quantidades e prazos com o objeto da licitação, e indicação das instalações e do aparelhamento e do pessoal técnico adequados e disponíveis para a realização do objeto da licitação, bem como da qualificação de cada um dos membros da equipe técnica que se responsabilizará pelos trabalhos;
III – comprovação, fornecida pelo órgão licitante, de que recebeu os documentos, e, quando exigido, de que tomou conhecimento de todas as informações e das condições locais para o cumprimento das obrigações objeto da licitação;
IV – prova de atendimento de requisitos previstos em lei especial, quando for o caso.
§ 1º A comprovação de aptidão referida no inciso II do "caput" deste artigo, no caso das licitações pertinentes a obras e serviços, será feita por atestados fornecidos por pessoas jurídicas de direito público ou privado, devidamente registrados nas entidades profissionais competentes, limitadas as exigências a: (Redação dada pela Lei nº 8.883, de 1994)
I – capacitação técnico-profissional: comprovação do licitante de possuir em seu quadro permanente, na data prevista para entrega da proposta, profissional de nível superior ou outro devidamente reconhecido pela entidade competente, detentor de atestado de responsabilidade técnica por execução de obra ou serviço de características semelhantes, limitadas estas exclusivamente às parcelas de maior relevância e valor significativo do objeto da licitação, vedadas as exigências de quantidades mínimas ou prazos máximos; (Incluído pela Lei nº 8.883, de 1994)
II – (Vetado). (Incluído pela Lei nº 8.883, de 1994)
a) (Vetado). (Incluído pela Lei nº 8.883, de 1994)
b) (Vetado). (Incluído pela Lei nº 8.883, de 1994)
§ 2º As parcelas de maior relevância técnica e de valor significativo, mencionadas no parágrafo anterior, serão definidas no instrumento convocatório. (Redação dada pela Lei nº 8.883, de 1994)
§ 3º Será sempre admitida a comprovação de aptidão através de certidões ou atestados de obras ou serviços similares de complexidade tecnológica e operacional equivalente ou superior.
§ 4º Nas licitações para fornecimento de bens, a comprovação de aptidão, quando for o caso, será feita através de atestados fornecidos por pessoa jurídica de direito público ou privado.
§ 5º É vedada a exigência de comprovação de atividade ou de aptidão com limitações de tempo ou de época ou ainda em locais específicos, ou quaisquer outras não previstas nesta Lei, que inibam a participação na licitação.

---

V – decreto de autorização, em se tratando de empresa ou sociedade estrangeira em funcionamento no País, e ato de registro ou autorização para funcionamento expedido pelo órgão competente, quando a atividade assim o exigir.

[132] O artigo 29 tem esta redação:

Art. 29. A documentação relativa à regularidade fiscal, conforme o caso, consistirá em:

I – prova de inscrição no Cadastro de Pessoas Físicas (CPF) ou no Cadastro Geral de Contribuintes (CGC);

II – prova de inscrição no cadastro de contribuintes estadual ou municipal, se houver, relativo ao domicílio ou sede do licitante, pertinente ao seu ramo de atividade e compatível com o objeto contratual;

III – prova de regularidade para com a Fazenda Federal, Estadual e Municipal do domicílio ou sede do licitante, ou outra equivalente, na forma da lei;

IV – prova de regularidade relativa à Seguridade Social e ao Fundo de Garantia por Tempo de Serviço (FGTS), demonstrando situação regular no cumprimento dos encargos sociais instituídos por lei. (Redação dada pela Lei nº 8.883, de 1994).

§ 6º As exigências mínimas relativas a instalações de canteiros, máquinas, equipamentos e pessoal técnico especializado, considerados essenciais para o cumprimento do objeto da licitação, serão atendidas mediante a apresentação de relação explícita e da declaração formal da sua disponibilidade, sob as penas cabíveis, vedada as exigências de propriedade e de localização prévia.

§ 7º (Vetado). (Redação dada pela Lei nº 8.883, de 1994)

I – (Vetado). (Incluído pela Lei nº 8.883, de 1994)

II – (Vetado). (Incluído pela Lei nº 8.883, de 1994)

§ 8º No caso de obras, serviços e compras de grande vulto, de alta complexidade técnica, poderá a Administração exigir dos licitantes a metodologia de execução, cuja avaliação, para efeito de sua aceitação ou não, antecederá sempre à análise dos preços e será efetuada exclusivamente por critérios objetivos.

§ 9º Entende-se por licitação de alta complexidade técnica aquela que envolva alta especialização, como fator de extrema relevância para garantir a execução do objeto a ser contratado, ou que possa comprometer a continuidade da prestação de serviços públicos essenciais.

§ 10. Os profissionais indicados pelo licitante para fins de comprovação da capacitação técnico-profissional de que trata o inciso I do § 1º deste artigo deverão participar da obra ou serviço objeto da licitação, admitindo-se a substituição por profissionais de experiência equivalente ou superior, desde que aprovada pela administração. (Incluído pela Lei nº 8.883, de 1994)

§ 11. (Vetado). (Incluído pela Lei nº 8.883, de 1994)

§ 12. (Vetado). (Incluído pela Lei nº 8.883, de 1994)

No que toca à qualificação econômico-financeira, essa análise diz respeito com as condições do licitante de arcar com as despesas necessárias ao cumprimento do contrato, vez que os pagamentos efetuados pela Administração ocorrem depois da execução, seja essa parcial ou total. A documentação necessária para que essa se viabilize estão arrolados no artigo 31.

O artigo 31 tem esta redação:

Art. 31. A documentação relativa à qualificação econômico-financeira limitar-se-á a:

I – balanço patrimonial e demonstrações contábeis do último exercício social, já exigíveis e apresentados na forma da lei, que comprovem a boa situação financeira da empresa, vedada a sua substituição por balancetes ou balanços provisórios, podendo ser atualizados por índices oficiais quando encerrado há mais de 3 (três) meses da data de apresentação da proposta;

II – certidão negativa de falência ou concordata expedida pelo distribuidor da sede da pessoa jurídica, ou de execução patrimonial, expedida no domicílio da pessoa física;

III – garantia, nas mesmas modalidades e critérios previstos no "caput" e § 1º do art. 56 desta Lei, limitada a 1% (um por cento) do valor estimado do objeto da contratação.

§ 1º A exigência de índices limitar-se-á à demonstração da capacidade financeira do licitante com vistas aos compromissos que terá que assumir caso lhe seja adjudicado o contrato, vedada a exigência de valores mínimos de faturamento anterior, índices de rentabilidade ou lucratividade. (Redação dada pela Lei nº 8.883, de 1994)

§ 2º A Administração, nas compras para entrega futura e na execução de obras e serviços, poderá estabelecer, no instrumento convocatório da licitação, a exigência de capital mínimo ou de patrimônio líquido mínimo, ou ainda as garantias previstas no § 1º do art. 56 desta Lei, como dado objetivo de comprovação da qualificação econômico-financeira dos licitantes e para efeito de garantia ao adimplemento do contrato a ser ulteriormente celebrado.

§ 3º O capital mínimo ou o valor do patrimônio líquido a que se refere o parágrafo anterior não poderá exceder a 10% (dez por cento) do valor estimado da contratação, devendo a comprovação ser feita relativamente à data da apresentação da proposta, na forma da lei, admitida a atualização para esta data através de índices oficiais.

§ 4º Poderá ser exigida, ainda, a relação dos compromissos assumidos pelo licitante que importem diminuição da capacidade operativa ou absorção de disponibilidade financeira, calculada esta em função do patrimônio líquido atualizado e sua capacidade de rotação.

§ 5º A comprovação de boa situação financeira da empresa será feita de forma objetiva, através do cálculo de índices contábeis previstos no edital e devidamente justificados no processo administrativo da licitação que tenha dado início ao certame licitatório, vedada a exigência de índices e valores não usualmente adotados para correta avaliação de situação financeira suficiente ao cumprimento das obrigações decorrentes da licitação. (Redação dada pela Lei nº 8.883, de 1994)

§ 6º (Vetado). (Redação dada pela Lei nº 8.883, de 1994).

Por fim, a exigência de apresentação pelos interessados de que cumpre o inciso XXXIII do artigo 7º da Constituição Federal está na:

Proibição de trabalho noturno, perigoso ou insalubre a menores de dezoito e de qualquer trabalho a menores de dezesseis anos, salvo na condição de aprendiz, a partir de quatorze anos (redação dada pela Emenda Constitucional nº 20, de 1998).

### 4.6.2. Das disposições especiais sobre a habilitação

Além dessas regras gerais sobre a fase de habilitação, a lei ainda estabelece regras específicas para seu cumprimento. São elas:

#### 4.6.2.1. Da forma de apresentação dos documentos

Os documentos necessários à habilitação poderão ser apresentados em original, por qualquer processo de cópia autenticada por cartório competente ou por servidor da administração ou publicação em órgão da imprensa oficial (Art. 32, com a redação dada pela Lei nº 8.883, de 1994).

#### 4.6.2.2. De quando os documentos podem ser dispensados

Mas, consoante o § 1º do art. 32, a documentação pertinente à habilitação jurídica, qualificação técnica, qualificação econômico-financeira e de regularidade fiscal poderá ser dispensada, no todo ou em parte, nos casos de convite, concurso, fornecimento de bens para pronta entrega e leilão.

#### 4.6.2.3. Da substituição da habilitação pelo certificado de registro cadastral

A existência de certificado de registro cadastral substitui os documentos exigidos para a habilitação, mas obriga a parte a declarar, sob as penalidades legais, a superveniência de fato impeditivo da habilitação (§ 2º do art. 32, com a redação dada pela Lei nº 9.648, de 1998). Essa substituição ainda poderá ocorrer se o registro for concedido por qualquer outro órgão ou entidade pública diversa da licitante.

#### 4.6.2.4. Da habilitação de empresas estrangeiras

Tratando-se de empresas estrangeiras que não funcionem no País, tanto quanto possível, atenderão, nas licitações internacionais, às mesmas exigências legais mediante documentos equivalentes, autenticados pelos respectivos consulados e traduzidos por tradutor juramentado, devendo ter representação legal no Brasil com poderes expressos para receber citação e responder administrativa ou judicialmente, consoante o disposto no art. 32, § 4º.

#### 4.6.2.5. Do não recolhimento de taxas ou emolumentos

Não poderá ser exigido para a habilitação prévio recolhimento de taxas ou emolumentos, salvo os referentes a fornecimento do edital, quando solicitado, com os seus elementos constitutivos, limitados ao valor do custo efetivo de reprodução gráfica da documentação fornecida. Esta a disposição do art. 32, § 5º.

### 4.6.2.6. Das regras para a habilitação em licitações internacionais

As regras aplicáveis às empresas estrangeiras, ao consórcio de empresas brasileiras e estrangeiras liderado por empresa brasileira e à obrigatoriedade de domicílio da Administração licitante, previstas no § 4º do art. 32, no § 1º do art. 33 e no § 2º do art. 55 da Lei das Licitações, não se aplicam às licitações internacionais para a aquisição de bens e serviços cujo pagamento seja feito com o produto de financiamento concedido por organismo financeiro internacional de que o Brasil faça parte, ou por agência estrangeira de cooperação, nem nos casos de contratação com empresa estrangeira, para a compra de equipamentos fabricados e entregues no exterior, desde que para este caso tenha havido prévia autorização do Chefe do Poder Executivo, nem nos casos de aquisição de bens e serviços realizada por unidades administrativas com sede no exterior, consoante o disposto no § 6º do art. 32.

### 4.6.3. Da possibilidade de diligências

A Comissão de Licitação, ou mesmo a autoridade superior, poderá determinar a realização de diligência na fase de habilitação destinada a esclarecer ou a complementar a instrução do processo de licitação, consoante o disposto no § 3º, art. 43 da Lei nº 8.666/93.

Naturalmente que essa diligência deve ter pertinência direta com a licitação. A liberdade na instrução do processo que a lei outorga ao juízo da licitação, tal qual ocorre no processo judicial, no entanto, tem limitações. Portanto, além da determinação de diligência não poder ferir o princípio da isonomia no sentido de determinar a produção de documento que deveria ser produzido particularmente por um licitante, não pode retroagir para determinar a juntada de documento que deveria ter sido produzido pelo licitante em momento anterior do processo em respeito até mesmo à preclusão administrativa.

Determinação de diligência inoportuna ou impertinente é ato administrativo abusivo passível de recurso administrativo à autoridade superior, se proferido pela Comissão de Licitação. Ou, se determinada por esta, passível de representação ao Tribunal de Contas, ao Ministério Público ou ao controle jurisdicional através das ações próprias.

### 4.6.4. Controle da habilitação

### 4.6.4.1. Do controle administrativo

Aplica-se às decisões administrativas proferidas na fase de habilitação o disposto no art. 109 da Lei nº 8.666/93.

Assim, julgando a Comissão de Licitação habilitado ou inabilitado qualquer licitante, será ela consignada em ata e, dela, poderá ser interposto recurso no prazo de 5 (cinco) dias, contados da intimação, que será feita mediante publicação na imprensa oficial, salvo nos casos em que a decisão foi proferida na presença do preposto do licitante no ato em que foi proferida.

A interposição do recurso produz efeito suspensivo na decisão proferida. Embora o efeito suspensivo tenha pertinência apenas para o licitante recorrente, pode a autoridade competente, de forma motivada e desde que presentes razões de interesse público, estender a eficácia suspensiva aos demais recursos. Trata-se do efeito *erga omnes*.

Interposto o recurso os demais licitantes serão intimados para impugná-lo no prazo de 5 (cinco) dias.

O recurso administrativo será dirigido à autoridade superior, que funciona como segunda instância administrativa, por intermédio da Comissão de Licitação. O recurso, portanto, será interposto na primeira instância administrativa, que poderá exercer o juízo de reconsideração no prazo de 5 (cinco) dias. Ou, em igual prazo, encaminhá-lo à segunda instância, que também em 5 (cinco) dias decidirá a respeito.

O recurso será interposto com fundamentação. Recurso sem fundamentação deverá ser afastado liminarmente pela Comissão de Licitação, porque inepto.

Quando se tratar de licitação na modalidade carta convite os prazos serão reduzidos para 2 (dois) dias.

### 4.6.4.2. Do controle pelo Tribunal de Contas

Envolvendo a licitação "contas", o Tribunal de Contas tem legitimidade para controlar todos seus atos, inclusive aqueles que envolvem a habilitação.

Esse controle se operará de ofício e, por conseqüência, a posteriori. Julgando o Tribunal que houve vício de legalidade na fase de habilitação, toda a licitação e o conseqüente contrato estarão inquinados de nulidades e não produzirão qualquer efeitos, o que significa o retorno das partes ao estado inicial.

Mas qualquer interessado poderá representar ao Tribunal de Contas sobre irregularidades praticadas na fase de habilitação da licitação. O Tribunal, se verificar a verossimilhança da representação, poderá determinar a suspensão da licitação como forma cautelar para, ao final, determinar a sua nulidade. Poderá ainda determinar inspeção ocular.

### 4.6.4.3. Do controle judicial

Além dos controles administrativo e legislativo (Tribunal de Contas), pode o licitante buscar controlar a fase de habilitação de qualquer licitação através de ações judiciais de controle. A mais utilizada é a ação de mandado de segurança, que é uma forma célere de controle. No entanto, como esta ação não possibilita a instrução probatória, deve o impetrante demonstrar de pronto seu direito líquido (provado) e certo (bom). Outras ações também são cabíveis, como a ação cautelar e ordinária, entre outras.

### 4.6.5. Da devolução dos envelopes aos inabilitados

Da decisão proferida pela Comissão de Licitação, julgando que o licitante não foi habilitado, cabe recurso no prazo de 5 (cinco) dias, como mencionado no item anterior. Mantida a decisão pela instância administrativa superior e inocorrendo controle judicial nesta fase da licitação que suspenda o andamento do processo, o envelope do licitante inabilitado lhe será devolvido. Isso significa que o documento não integrará os autos do processo administrativo. A comprovação desta devolução se dará por certidão nos autos e com a declaração de recebimento do envelope pelo preposto do licitante inabilitado.

Esta disposição tem previsão legal no inciso II, do art. 43, da Lei nº 8.666/93.

### 4.6.6. De quando a Lei nº 8.666/93 tem aplicação apenas subsidiária

As regras para a habilitação previstas na Lei nº 8.666/93 são aplicáveis de forma obrigatória a todas as licitações levadas a efeito pela Administração Pública e de forma subsidiária naquelas licitações cujo objeto requeira determinação especifica, como ocorre na habilitação para as licitações de permissão e concessão de serviço público (Lei nº 8.989/1995), aquisição de bens e serviços comuns (Lei nº 10.520/2002) e para a licitação de parceria público-privada (Lei nº 11.079/20040.

### 4.7. Da classificação das propostas

*4.7.1. Das disposições gerais*

Dentro da lógica de evolução do processo de licitação, tem-se que, superada a fase de habilitação, ou quando esta é dispensada, instaura-se a fase de classificação onde, em local, dia e hora designados no edital, em ato público, serão abertos os envelopes-proposta dos proponentes habilitados, lavrando-se ata circunstanciada do ocorrido, que deverá ser assinada pela Comissão e pelos licitantes, que também rubricarão os documentos que dela farão parte.

Não fora a lógica do processo judicial aplicado subsidiariamente ao processo administrativo de licitação, esta seqüência tem respaldo expresso no art. 43, §§ 1º e 2º, da Lei nº 8.666/93.

De forma prática, antes da classificação é feito um exame de forma, onde se verificará se os proponentes observaram os termos e as condições do edital, no que diz respeito à elaboração e apresentação de sua proposta. Por lógica, até este momento não há a menor preocupação com o conteúdo das propostas.

*Classificação*, no sentido geral, é a ação de classificar, isto é, de agrupar coisas da mesma espécie, para que formem classes, categorias ou grupos distintos. No direito administrativo o termo manteve a mesma conceituação e significa o ato praticado pela Comissão Licitante de relacionar todos os licitantes de acordo com o tipo de licitação estabelecido no edital, depois de verificar se cada proposta respeitou o edital e, conforme o caso, os preços correntes no mercado ou fixados por órgão oficial competente ou ainda os constantes do sistema de registro de preços existentes na Administração.

No aspecto externo, a classificação enseja a que os licitantes habilitados tomem conhecimento das demais propostas e verifiquem se a Administração observou a ordem estabelecida no edital, portanto ao instrumento convocatório, e ainda se houve respeito aos princípios da legalidade, da impessoalidade, da moralidade, da igualdade, da publicidade e da probidade administrativa, mandamentos sempre presentes em qualquer ato licitatório, por força do art. 3º da Lei nº 8.666/93.

O desrespeito à ordem classificatória enseja recurso administrativo, típico do controle interno da administração ou controles externos exercíveis pelo Tribunal de Contas ou pelo Poder Judiciário.

*4.7.2. Da classificação da licitação do tipo "menor preço"*

A classificação do tipo "menor preço" se dará pela ordem crescente dos preços propostos pelos licitantes habilitados.

No caso de empate entre duas ou mais propostas, a classificação se fará, obrigatoriamente, por sorteio, em ato público, para o qual todos os licitantes serão convocados, sendo vedada qualquer outra forma, como, por exemplo, empresa com maior capital, com registro mais antigo etc.

A classificação do tipo "menor preço" é aplicável nas licitações para aquisição de bens e serviços comuns na modalidade de pregão, conforme o disposto no art. 4º, inciso X, da Lei nº 10.520/2002.

### 4.7.3. Da classificação da licitação do tipo "melhor técnica"

Quando a licitação for do tipo *melhor técnica*, consoante o disposto no § 1º do art. 46 da Lei nº 8.666/93, a Administração Pública, já tendo fixado em edital o preço máximo que se propõe a pagar, deve proceder da seguinte maneira na classificação:

I – Serão abertos os envelopes contendo as propostas técnicas exclusivamente dos licitantes previamente qualificados e feita então a avaliação e classificação destas propostas de acordo com os critérios pertinentes e adequados ao objeto licitado, definidos com clareza e objetividade no instrumento convocatório e que considerem a capacitação e a experiência do proponente, a qualidade técnica da proposta, compreendendo metodologia, organização, tecnologias e recursos materiais a serem utilizados nos trabalhos, e a qualificação das equipes técnicas a serem mobilizadas para a sua execução;
II – uma vez classificadas as propostas técnicas, proceder-se-á à abertura das propostas de preço dos licitantes que tenham atingido a valorização mínima estabelecida no instrumento convocatório e à negociação das condições propostas, com a proponente melhor classificada, com base nos orçamentos detalhados apresentados e respectivos preços unitários e tendo como referência o limite representado pela proposta de menor preço entre os licitantes que obtiveram a valorização mínima;
III – no caso de impasse na negociação anterior, procedimento idêntico será adotado, sucessivamente, com os demais proponentes, pela ordem de classificação, até a consecução de acordo para a contratação;
V – as propostas de preços serão devolvidas intactas aos licitantes que não forem preliminarmente habilitados ou que não obtiverem a valorização mínima estabelecida para a proposta técnica.

### 4.7.4. Da classificação da licitação do tipo "melhor técnica e preço"

Quando a licitação for do tipo *técnica e preço*, o rito para a classificação respeitará o seguinte (§ 2º do art. 46 da Lei nº 8.666/93):

§ 2º – Nas licitações do tipo "técnica e preço" será adotado, adicionalmente ao inciso I do parágrafo anterior, o seguinte procedimento claramente explicitado no instrumento convocatório:
I – será feita a avaliação e a valorização das propostas de preços, de acordo com critérios objetivos preestabelecidos no instrumento convocatório;
II – a classificação dos proponentes far-se-á de acordo com a média ponderada das valorizações das propostas técnicas e de preço, de acordo com os pesos preestabelecidos no instrumento convocatório.

Excepcionalmente, as regras para as licitações do tipo "melhor técnica" ou "melhor técnica e preço" poderão ser adotadas desde que haja autorização expressa e mediante justificativa circunstanciada da maior autoridade da Administração promotora constante do ato convocatório, no fornecimento de bens e execução de obras ou prestação de serviços de grande vulto majoritariamente dependentes de tecnologia nitidamente sofisticada e de domínio restrito, atestado por autoridades técnicas de reconhecida qualificação, cujo objeto pretendido possa admitir soluções alternativas e variações de execução, com repercussões significativas sobre sua qualidade, produtividade, rendimento e durabilidade concretamente mensuráveis e estas puderem ser adotadas à livre escolha dos licitantes na conformidade dos critérios objetivamente fixados no ato convocatório, consoante permissivo do § 3º do art. 46 da Lei nº 8.666/93.

### 4.7.5. Da classificação na licitação do tipo "maior lance ou oferta"

Esta licitação é específica para os casos de alienação de bens ou concessão de direito real de uso.

A classificação da licitação do tipo "maior lance ou oferta" se dará em ordem decrescente dos lances ou ofertas propostos.

No caso de empate entre duas ou mais propostas, a classificação se fará, obrigatoriamente, por sorteio, em ato público, para o qual todos os licitantes serão convocados, sendo vedada qualquer outra forma, como, por exemplo, empresa com maior capital, com registro mais antigo etc.

### 4.7.6. Da classificação mista

A classificação das propostas obedece, como regra, o tipo de licitação previamente estabelecida no edital licitatório que, por sua vez, tem vinculação com o tipo de contrato que administração pretende formalizar.

No entanto, quando se trata de licitação para concessão e permissão de serviço público, esta regra pode ser modificada em decorrência da própria variante que tais contratos podem ensejar. Dessa forma, o tipo de licitação pode ser (a) de menor valor da tarifa do serviço público a ser prestado; (b) de maior oferta, nos casos de pagamento ao poder concedente pela outorga da concessão; (c) da melhor oferta de pagamento pela outorga após qualificação de propostas técnicas; (d) da combinação, dois a dois, dos critérios anteriores; (e) da melhor proposta técnica, com preço fixado no edital; (f) da melhor proposta em razão da combinação dos critérios de menor valor da tarifa do serviço público a ser prestado com o de melhor técnica e (g) da melhor proposta em razão da combinação dos critérios de menor valor pela outorga da concessão com o de melhor técnica.

Esta previsão é disposta no art. 15 da Lei nº 8.987/1995

### 4.7.7. Da desclassificação das propostas

As propostas que estiverem em desacordo com a forma exigida pelo edital e aquelas com valor global superior ao limite estabelecido ou com preços manifestamente inexeqüíveis serão desclassificadas. Textualmente diz o art. 48 da Lei nº 8.666/93:

Art. 48. Serão desclassificadas:
I – as propostas que não atendam às exigências do ato convocatório da licitação;
II – propostas com valor global superior ao limite estabelecido ou com preços manifestamente inexeqüíveis, assim considerados aqueles que não venham a ter demonstrada sua viabilidade através de documentação que comprove que os custos dos insumos são coerentes com os de mercado e que os coeficientes de produtividade são compatíveis com a execução do objeto do contrato, condições estas necessariamente especificadas no ato convocatório da licitação (redação dada pela Lei nº 8.883, de 1994).
1º Para os efeitos do disposto no inciso II deste artigo consideram-se manifestamente inexeqüíveis, no caso de licitações de menor preço para obras e serviços de engenharia, as propostas cujos valores sejam inferiores a 70% (setenta por cento) do menor dos seguintes valores (incluído pela Lei nº 9.648, de 1998):
a) média aritmética dos valores das propostas superiores a 50% (cinqüenta por cento) do valor orçado pela administração, ou (incluído pela Lei nº 9.648, de 1998)
b) valor orçado pela administração (incluído pela Lei nº 9.648, de 1998).
2º Dos licitantes classificados na forma do parágrafo anterior cujo valor global da proposta for inferior a 80% (oitenta por cento) do menor valor a que se referem as alíneas "a" e "b", será exigida, para a

assinatura do contrato, prestação de garantia adicional, dentre as modalidades previstas no § 1º do art. 56, igual a diferença entre o valor resultante do parágrafo anterior e o valor da correspondente proposta (incluído pela Lei nº 9.648, de 1998).

Os erros que não forem substanciais, como, por exemplo, erro no número de vias, eventuais erros de digitação, forma de cópias (xerox no lugar de certidão), entre outros, não devem ensejar a desclassificação do proponente

Tanto a classificação quanto a desclassificação são atos vinculados, devendo a Administração justificar sua decisão. A falta de justificativa ou a justificativa viciada podem ensejar a nulidade de qualquer desses atos.

Situação interessante que pode ocorrer é aquela em que todas as propostas forem desclassificadas. Nestes casos, a entidade licitante poderá (não é um direito subjetivo dos licitantes) fixar o prazo de oito dias úteis para que seus proponentes apresentem nova documentação ou outras propostas, sempre nos termos e condições do edital (parágrafo único do artigo 48).

§ 3º Quando todos os licitantes forem inabilitados ou todas as propostas forem desclassificadas, a administração poderá fixar aos licitantes o prazo de oito dias úteis para a apresentação de nova documentação ou de outras propostas escoimadas das causas referidas neste artigo, facultada, no caso de convite, a redução deste prazo para três dias úteis (incluído pela Lei nº 9.648, de 1998).

Ao final desta etapa lavra-se uma ata circunstanciada, assinada pelos membros da comissão de licitação e pelos proponentes presentes que o desejarem. A recusa em assinar essa ata deve ficar consignada em seu texto (§ 1º do artigo 43).

### 4.7.8. Do controle da classificação

O ato de classificação das propostas pode sofrer controle administrativo (cabe recurso no prazo de 5 dias, consoante o disposto no art. 109, inciso I, letra "a", da Lei n. 8.666/93), legislativo (Tribunal de Contas) e judicial, através das ações de controle.

### 4.7.9. Do julgamento das propostas classificadas

Publicada a relação dos licitantes classificados, ou superados os possíveis recursos contra ela interpostos, tem-se o *julgamento* das propostas.

É de se observar que o legislador separou a classificação e o julgamento em atos administrativos estanques, embora invertendo estas etapas, consoante se observa do inciso V do art. 43 da Lei nº 8.666/93. E isto por uma questão pragmática e também lógica. À guisa de comparação com o processo judicial, a classificação se incluiria na fase final de instrução do processo. Nela, como já se viu, a Comissão de Licitação exerce juízo instrutório, tanto que, não convencida ou em dúvida, pode determinar diligências com o intuito de saná-las.

O julgamento das propostas começa por um exame de suas admissibilidades, vez que as propostas devem atender a certos requisitos, sem o que não poderão sequer ser tomadas em consideração.

Nesta etapa, devem ser observados princípios importantes, tais como o da igualdade, impessoalidade, moralidade, vinculação ao instrumento convocatório, probidade e ampla defesa.

Neste momento, aplica-se, também, o princípio do julgamento objetivo (artigos 3°, 44 e 45 da Lei n° 8.666/93), o qual exige que o julgamento das propostas se faça com base no critério indicado no ato convocatório e nos termos específicos das propostas.

Diogenes Gasparini[133] comenta que:

> Por esse princípio, obriga-se a Administração Pública a se ater ao critério fixado no ato de convocação e se evita o subjetivismo no julgamento das propostas.

Deve-se levar em conta, para o julgamento das propostas que avançaram a fase da habilitação, fatores pertinentes e adequados ao objeto licitado e que considerem a capacidade e experiência do proponente e a qualidade da proposta, como, por exemplo, a metodologia, organização, tecnologias e recursos materiais a serem utilizados nos trabalhos e a qualificação das equipes técnicas mobilizadas. O Edital determinará como se dará a valoração das propostas.

O legislador fixou regras obrigatórias para o julgamento das propostas:

a) Vinculação absoluta ao edital ou convite.

Diz o caput do art. 44 da Lei n° 8.666/93 que a Comissão deverá considerar os critérios objetivos definidos no edital ou convite, os quais não podem contrariar as normas e os princípios estabelecidos em lei.

b) Não aplicação de critérios que atentem contra o princípio da igualdade entre os licitantes.

Prescreve o § 1° do art. 44 da Lei n° 8.666/93 que:

> É vedada a utilização de qualquer elemento, critério ou fator sigiloso, secreto, subjetivo ou reservado, que possa, ainda que indiretamente, elidir o princípio da igualdade entre os licitantes.

c) Não conhecimento de propostas não previstas no edital ou convite.

O § 2° do art. 44 da lei em comento diz que:

> Não se considerará qualquer oferta de vantagem não prevista no edital ou no convite, inclusive financiamentos subsidiados ou a fundo perdido, nem preço ou vantagem baseada nas ofertas dos demais licitantes.

d) Inadmissibilidade de propostas com preço simbólicos, irrisórios ou de valor zero.

O § 3° do art. 44 da Lei das Licitações, reza que:

> Não se admitirá proposta que apresente preços global ou unitários simbólicos, irrisórios ou de valor zero, incompatíveis com os preços dos insumos e salários de mercado, acrescidos dos respectivos encargos, ainda que o ato convocatório da licitação não tenha estabelecido limites mínimos, exceto quando se referirem a materiais e instalações de propriedade do próprio licitante, para os quais ele renuncie a parcela ou à totalidade da remuneração (redação dada pela Lei n° 8.883, de 8.6.94).

a) Inadmissibilidade de propostas que incluam mão de obra estrangeira ou importação de qualquer natureza.

Por fim, o § 4° do mencionado art. 44 determina que:

> O disposto no parágrafo anterior aplica-se também às propostas que incluam mão-de-obra estrangeira ou importações de qualquer natureza. (Redação dada pela Lei n° 8.883, de 8.6.94).

---

[133] GASPARINI, Diógenes. *Direito Administrativo*. 4ª ed. São Paulo: Saraiva, 1995, p. 294.

Do julgamento das propostas caberá recurso, no prazo de cinco dias, contados da intimação do ato ou da lavratura da ata (artigo 109, inciso I e alínea "b", da Lei nº 8.666/93). O recurso terá efeito suspensivo (§ 2º do artigo 109).

### 4.8. Da homologação

A homologação, segundo a ordem disposta no inciso VI do art. 43 da Lei nº 8.666/93, seria o penúltimo ato no processo de licitação.

Homologação, no conceito jurídico geral, é a aprovação dada por autoridade judicial ou administrativa a certos atos particulares para que produzam os efeitos jurídicos que lhes são próprios. No campo de abrangência da licitação, é a aprovação dos atos praticados pela Comissão de Licitação pela autoridade administrativa superior. A sujeição não admite a aplicação de critérios subjetivos. Portanto, se a licitação foi desenvolvida pela Comissão de Licitação sem percalços legais que a inquinem de nulidade, deve o superior hierárquico homologar, de forma fundamentada, os atos de seus subalternos.

A não homologação por critérios subjetivos é ato administrativo viciado que pode ser controlado, com pedido de reconsideração à própria autoridade, inclusive judicialmente, ou através de recurso administrativo a quem a lei ou o ato administrativo determinar. Tem que se ter presente que a homologação é ato originário e dessa forma dele cabe recurso, em respeito ao princípio constitucional inslculpido no art. 5º, inciso LV, da Constituição Federal, segundo o qual no processo administrativo, tal qual no processo judicial, sempre é cabível recurso para instância superior.

Di Pietro[134] diz que a homologação:

> É precedida do exame dos atos que o integraram pela autoridade competente (indicada nas leis de cada unidade da federação), a qual, se verificar algum vício de ilegalidade, anulará o procedimento ou determinará seu saneamento, se cabível. Se o procedimento estiver em ordem, ela o homologará. A mesma autoridade pode, por razões de interesse público, devidamente demonstradas, revogar a licitação.

A homologação se perfeitabiliza com um simples "homologo" datado e assinado pela autoridade superior. A dicção assim escrita, apesar de sua forma telegráfica, é ato administrativo motivado já que implicitamente admite como perfeito tudo aquilo que foi praticado pela Comissão de Licitação.

Diferentemente ocorre quando a autoridade administrativa superior anula a licitação ou a revoga. Estes atos, porque extintivos daqueles praticados pela Comissão de Licitação, exigem motivação plena. O de anulação, a especificidade da ação contrária à lei praticada pela Comissão de licitação. E o de revogação, a circunstância objetiva que deve lastrear a conveniência ou oportunidade de se desfazer a licitação. Não basta a simples menção de que a licitação está revogada por conveniência e oportunidade. Esta forma sacramental atenta contra o princípio da motivação, que exige razões plausíveis que justifiquem a extinção de um processo que até este momento era considerado perfeito pela própria Administração.

### 4.9. Da adjudicação

*Adjudicação*, do latim *adjudicatione*, é o ato pelo qual a Administração, através da mesma autoridade competente para homologar, atribui ao vencedor o objeto da licitação. Este, de fato, seria o ato final do processo de licitação.

---

[134] Op. cit., p. 341.

O ato que adjudica a licitação ao vencedor é ato administrativo composto, pois sua validade é uma decorrência prática de vários outros atos anteriores e sucessivos.

Neste ato, a Administração não está convocando o vencedor a assinar o contrato, mas apenas declarando que o objeto da licitação lhe será entregue. As únicas hipóteses que a Administração poderia deixar de efetuar a adjudicação seriam no caso de anulação do processo ou revogação da licitação, conforme o art. 49 da Lei das Licitações. A anulação, como já visto, ocorre em casos de ilegalidade e a revogação, em casos de interesse público decorrente de fato superveniente, devidamente comprovado.

A adjudicação é ato formal e, portanto, exige manifestação expressa da Administração.

Adjudicada a licitação, a Administração convocará o interessado para assinar o termo de contrato, aceitar ou retirar o instrumento equivalente, dentro do prazo e condições estabelecidos, sob pena de decair o direito à contratação (artigo 64, *caput*, da Lei nº 8.666/93). Esse prazo poderá ser prorrogado uma vez, por igual período, mediante solicitação devidamente justificada pela parte durante o seu transcurso e de forma motivada (§ 1º, art. 64 da lei mencionada).

Mas, se decorridos 60 (sessenta) dias da data da entrega das propostas, sem convocação para a contratação, ficam os licitantes liberados dos compromissos assumidos (§ 3º do art. 64, da mencionado lei). Questão interessante é se ao licitante, ao invés de se sentir liberado, é possível exigir a contratação. Ou seja, diferentemente da faculdade que a lei lhe outorga no sentido de se sentir liberado pela Administração, pretende a contratação. Penso que à Administração é dado revogar a licitação, mas se não o faz, a inércia administrativa em contratar violando regras que expressamente se vinculou cria para o licitante vencedor o direito de exigir a contratação. Vou mais adiante, penso que, inclusive, tem ele o direito de ser indenizado pela inércia administrativa se comprovados os prejuízos.

No entanto, caso o convocado não assine o termo de contrato ou não aceite ou retire o instrumento equivalente no prazo e condições estabelecidos, à Administração é facultado convocar os licitantes remanescentes para fazê-lo, nas mesmas condições propostas pelo o anterior (§ 2º, art. 64 da lei em comento). Os licitantes remanescentes não estão obrigados a aceitar.

No entanto, caso haja recusa do adjudicatário, sem justificação, em assinar o contrato, aceitar ou retirar o instrumento equivalente, dentro do prazo estabelecido pela Administração, estará caracterizado o descumprimento total da obrigação assumida, sujeitando-o às penalidades legalmente estabelecidas, artigo 81, inclusive as do artigo 87, ambos da Lei nº 8.666/93. Isto não será aplicado aos licitantes convocados nos termos do art. 64, § 2º, desta Lei, que não aceitarem a contratação, nas mesmas condições propostas pelo primeiro adjudicatário, inclusive quanto ao prazo e preço (parágrafo único do artigo 81).

## 4.10. Do quadro sinóptico do processo de licitação

| FASES DO PROCESSO | MODALIDADES DE LICITAÇÃO |  |  |  |  |  |
|---|---|---|---|---|---|---|
|  | Concorrência | Tomada de preço | Convite | Concurso | Leilão | Pregão |
| Edital publicado | Sim | Sim | Não – carta | Regulamento especificando as diretrizes, forma, apresentação e condições do concurso, podendo ou não conter estas fases. | Sim | Sim |
| Recebimento das propostas escritas | Sim | Sim | Sim, em número de três. |  |  | Sim |
| Habilitação | Sim | Não | Não |  | Propostas orais, com a entrega do bem e parte do pagamento à vista, sendo, portanto, desnecessário as demais fases. | Todas no mesmo momento |
| Classificação | Sim | Sim | Não |  |  |  |
| Julgamento | Sim | Sim | Sim | Sim |  |  |
| Homologação | Sim | Sim | Sim | Sim |  | Sim |
| Adjudicação | Sim | Sim | Sim | Sim |  | Sim |

## 4.11. Da anulação e da revogação da licitação

Dois temas despertam grandes controvérsias no direito administrativo. São eles: a anulação e a revogação. Portanto, embora essa matéria já tenha sido motivo de análise quando se estudou o conteúdo *atos administrativos*, é pertinente sua revisão para aplicação ao instituto da licitação, lembrando que o que foi dito naquela oportunidade é aplicável de forma subsidiária a este estudo.

A possibilidade de revogação da licitação está contida no artigo 49 da Lei nº 8.666/93, conforme se verifica a seguir:

> Art. 49. A autoridade competente para a aprovação do procedimento somente poderá revogar a licitação por razões de interesse público decorrente de fato superveniente devidamente comprovado, pertinente e suficiente para justificar tal conduta, devendo anulá-la por ilegalidade, de ofício ou por provocação de terceiros, mediante parecer escrito e devidamente fundamentado.

Os efeitos da revogação são *ex nunc*, ou seja, incidem "a partir de agora". A revogação visa: a) impedir a celebração de contrato; b) liberar os licitantes da responsabilidade do procedimento, exceto o vencedor, que só se libera com o decurso do prazo de validade da proposta, que, nos termos do artigo 64, § 3º, da Lei nº 8.666/93, é de sessenta dias, contados da data de entrega das propostas.

Apesar da revogação ser ato administrativo discricionário, já que assentada em motivos de conveniência e oportunidade, é necessário que seja justificada, por força do artigo 49 da Lei de Licitação. Não se confunde discricionariedade com arbitrariedade. Ao agir arbitrariamente o agente estará indo além do que a lei lhe permite.

Hely Lopes Meirelles[135] conceitua que:

> Anulação é a invalidação da licitação ou do julgamento por motivo de ilegalidade; revogação é a invalidação da licitação por interesse público. Anula-se o que é ilegítimo; revoga-se o que é legítimo mas inoportuno e inconveniente à Administração. Em ambos os casos a decisão deve ser justificada, para demonstrar a ocorrência do motivo e a lisura do Poder Público, sem o quê o ato anulatório ou revocatório será inoperante.

A anulação do procedimento não gera a obrigação de indenizar (consoante o disposto no § 1º do artigo 49), ressalvando-se aquela situação onde a ilegalidade seja imputável à própria Administração, que deverá promover a responsabilidade de quem deu causa (consoante disposto no parágrafo único do artigo 59 da Lei de Licitações).

Por basear-se em ilegalidade em seu procedimento, a anulação da licitação poderá ser feita a qualquer tempo, antes da assinatura do contrato, desde que seja apontada a infringência à lei ou edital pela Administração ou pelo Judiciário. É importante ressaltar que anulação desmotivada é absolutamente inválida. O efeito da anulação será *ex tunc*, retroagindo às origens do ato anulado. A anulação do procedimento induz a nulidade do contrato (§ 2º, artigo 49).

### 4.12. Dos recursos administrativos

Não existe um código de processo administrativo, mas tão-somente leis esparsas tratando de institutos processuais. Essa matéria será analisada em capítulo próprio.

A Lei de Licitações, em seu artigo 109 e incisos, trata dos recursos administrativos em matéria de licitação, e os classifica de 3 (três) tipos: a) recurso; b) representação; c) pedido de reconsideração.

#### 4.12.1. Do recurso

O inciso I trata do recurso (em sentido estrito), que deve ser interposto contado da intimação do ato ou da lavratura da ata, no prazo de cinco dias, nos casos de:

1. habilitação ou inabilitação;
2. julgamento das propostas;
3. anulação ou revogação da licitação;
4. indeferimento do pedido de inscrição em registro-cadastral, sua alteração ou cancelamento;
5. rescisão do contrato, a que se refere o inciso I do artigo 79;
6. aplicação das penas de advertência, suspensão temporária ou de multa.

Consoante o § 2º do artigo supracitado, em caso de recurso contra a habilitação ou contra o julgamento de propostas, o efeito será suspensivo.

Quanto aos demais recursos, dependerá da autoridade competente que, existindo interesse público, deverá motivar a atribuição daquele efeito. O prazo para os demais litigantes impugnar o recurso interposto é de cinco dias (art. 109, § 3º).

#### 4.12.2. Da representação

A representação pode ser feita contra decisão relacionada com o objeto da licitação ou do contrato, que não cabe recurso hierárquico. O prazo é de 05 dias úteis, contados da mencionada decisão (art. 109, II).

---
[135] Op. cit., p. 290.

### 4.12.3. Da reconsideração

Também é possível interpor pedido de reconsideração contra decisão de Ministro de Estado, ou Secretário Estadual ou Municipal, conforme o caso (na hipótese do § 4º do art. 87 desta Lei). Neste caso o prazo é de 10 dias úteis, contados da intimação do ato (art. 109, III).

Os prazos de recurso, representação ou pedido de reconsideração não podem se iniciar ou correr sem que os autos do processo estejam com vista franqueada ao interessado (art. 109, § 5º).

O recurso é dirigido à autoridade superior, por intermédio da que praticou o ato recorrido, a qual poderá reconsiderar sua decisão, no prazo de 5 (cinco) dias úteis. Não reconsiderando, nesse mesmo prazo, deve a autoridade fazê-lo subir, devidamente informado, devendo, neste caso, a decisão ser proferida dentro do prazo de 5 (cinco) dias úteis, contado do recebimento do recurso, sob pena de responsabilidade (art. 109, § 4º).

Nos termos do artigo 113, § 1º, da Lei de Licitação, qualquer licitante pode representar ao Tribunal de Contas contra irregularidade na aplicação de suas normas. Tal idéia se aproxima do disposto no § 2º do artigo 74 da Constituição Federal.

*Título VI*

# DO CONTRATO ADMINISTRATIVO

## Capítulo I – Dos contratos em geral

### 1. DA EVOLUÇÃO HISTÓRICO-JURÍDICA DOS CONTRATOS

O contrato administrativo possui estrutura típica que o diferencia dos demais. Apesar disso, para bem entendê-lo, é necessário que se perpasse pela evolução histórica dos contratos, pois apesar de sua especificidade, a ele também se aplicam de forma supletiva os princípios inerentes a toda teoria contratual, como de forma expressa determina o art. 54 da Lei nº 8.666/93.[136]

Durante muito tempo, o estudo sobre os contratos estruturou-se na visão exclusiva da ciência jurídica, e não poderia ser diferente, já que é um dos seus mais importantes institutos, embora resistente a mudanças. Dessa forma, a preocupação com sua origem romana sempre foi a base de iniciação de qualquer comentário que procurasse demonstrar uma teoria a seu respeito.

Mas, nos tempos modernos, diante da conclusão insuspeita de que o direito não é uma ilha, já que cresce e se moderniza através de influências externas, é que se buscou alargar o campo de sua abrangência através de estudos correlatos desenvolvidos por ciências propedêuticas importantes no desenvolvimento dessa típica ciência do comportamento, como a política e a sociologia jurídica. Portanto, detectou-se que o contrato, como todo direito, sofria influências e influenciava outros pensamentos catalogados. É dentro dessa nova visão que se traçaram linhas de investigação no sentido de estabelecer como questionamento fundamental, por exemplo, qual seria a verdadeira gênese da relação contratual.

E isto se operou através do que passou a se chamar *Lei de Maine*, em homenagem a Sir Henry Summer Maine, sociológico jurídico inglês, que sustentou, no auge da escalada das idéias socialistas, que a lei do patriarca, do chefe, preponderava sobre a liberdade individual de contratar, numa tentativa de demonstrar que os contratos desde a sua origem sempre foram dirigidos por um *tercius* e não seriam produtos exclusivos da vontade dos contratantes.

Essa introdução, portanto, já deixa antever que o estudo do contrato não se exaure nas lindes do direito. Sua importância nas relações sociais e na organização do Estado moderno é inquestionável. Dessa forma, ao procurar-se estabelecer os rumos da evolução dos contratos não se pode abandonar aquilo que se consubstanciou como origem clássica desse instituto jurídico, mas, de outro lado, não se pode olvidar que circunstâncias novas produzem importantes reflexos no instituto.

#### 1.1. No Direito Romano

Na visão estritamente jurídica do contrato, a origem do instituto teria ocorrido no direito romano antigo, que o definia como o ato por meio do qual o credor atraía a si o

---

[136] O art. 54 da mencionada tem esta redação:

Art. 54. Os contratos administrativos de que trata esta Lei regulam-se pelas suas cláusulas e pelos preceitos de direito público, aplicando-se-lhes, supletivamente, os princípios da teoria geral dos contratos e as disposições de direito privado.

devedor, submetendo-o ao seu jugo, como refém, garantindo com isso o adimplemento do débito assumido, segundo Miguel Maria de Serpa Lopes.[137] Para este autor, a idéia romana do contrato surgia de uma obrigação nascida com estrutura essencialmente penal onde a pessoa, e não o patrimônio, é que constituía a responsabilidade pelo débito assumido e, de forma conclusiva, prossegue:

> O contrato era o ato constitutivo da *obligatio*; o *nexum*, no seu aspecto de fonte da obrigação, ou aquele estado físico de prisão, em que o devedor passava a garantir com sua *deditio*, ato pelo qual o pai consignava a garantir com sua pessoa a própria dívida. Daí o seu paralelismo com a *noxae deditio*, ato pelo qual o pai consignava o filho ou o escravo delinqüente ao prejudicado pelo ato delituoso. Só depois da responsabilidade transformar-se de pessoal em patrimonial, a princípio em relação a determinados débitos e depois aos de qualquer categoria, é que se começou por distinguir os contratos dos *pacta* e da *conventio*, sob o ponto de vista de que só os contratos pertencentes a uma daquelas categorias previstas no Direito Romano, eram protegidos pelas ações.

Para Orlando Gomes,[138] em contraponto à afirmação de Serpa Lopes, não estaria no direito romano a origem dos contratos, já que, citando Bonfante, o que ali existia era um especial vínculo jurídico (*vinculum juris*) em que consistia a obrigação (*obligatio*), dependendo esta, para ser criada, de atos solenes (*nexum, sponsio, stipulatio*), embora reconheça que essa idéia tenha sofrido alterações, e romanistas, do porte de Riccobono, tenham sustentado que o contrato era acordo de vontades, gerador de obrigações e ações ou, na fase pósclássica, que a origem das obrigações se encontrava nas declarações de vontade das partes.

Jorge Mosset Iturraspe[139] comenta que o direito romano não diferenciava a convenção (*conventio, cum venire* = vir juntos) do pacto (*pactum ou pactio, pacis si*, = por se de acordo) já que os dois conceitos significavam o acordo de duas ou mais pessoas sobre um objeto determinado, mas que não eram suficientes para criar uma obrigação exigível. No entanto, se a convenção fosse revestida de certas formalidades determinadas por lei, é que surgia o contrato (*contractus* = unir, estreitar, contrair), porém sempre de forma nominada, específica; não havia, portanto, uma teoria geral dos contratos. Observa ainda o tratadista argentino que o direito romano clássico não conhecia o elemento subjetivo – acordo de vontades –, e que isto só foi assimilado mais tarde nos escritos de Justiniano por influência da escola grega. Os contratos eram classificados em quatro categorias: 1. reais (*re*); 2. verbais (*verbis*); 3. escritos (*litteris*); 4. consensuais.[140]

Na época do império teriam sido reconhecidos como contratos várias convenções, especialmente aquelas que tinham como base uma prestação de dar ou de fazer a ser cumprida por qualquer das partes. Estes contratos, chamados de inominados, foram classificariam como:

1. *do ut des* – quando a prestação é um dar e a contraprestação também um dar;
2. *do ut facias* – quando a prestação é um dar e a contraprestação um fazer;
3. *facio ut des* – quando a prestação é um fazer e a contraprestação um dar e
4. *facio ut fascias* – quando a prestação e a contraprestação consistem em um fazer.

---

[137] LOPES, Miguel Maria de Serpa. *Curso de Direito Civil.* Vol. III. 4ª ed. São Paulo: Freitas Bastos, 1964, p 18.

[138] GOMES, Orlando. *Contratos*, 14ª ed. São Paulo: Forense, 1994, p. 6.

[139] ITURRASPE, Jorge Mosset. *Teoria General del Contrato*, 2ª ed. Ediciones Jurídicas Orbir, Rosário, Argentina, 1976, p. 22.

[140] Acrescenta ainda Jorge Mosset Iturraspe que os contratos reais eram aqueles em que o consentimento se integrava à tradição da coisa, que o credor efetuava a favor do devedor, ficando, quem a recebia, obrigado a sua restituição. Os contratos reais eram o mútuo, o comodato, o depósito e o empréstimo. Já os contratos verbais tinham palavras solenes que deviam ser pronunciadas pelas partes pare expressar seu consentimento. A estipulação ou *stipulacio* era contrato verbal por excelência. O contrato escrito se aperfeiçoava por meio de uma inscrição no registro do credor com o acordo do devedor – o *nomem transcripticium* era o contrato escrito clássico. E, por fim, o contrato consensual que era formado pelo acordo de vontades e tinham no contrato de compra e venda, na locação de coisas, na sociedade e no mandato seus exemplos típicos.

Luis Muñoz[141] também apresenta a mesma evolução histórica do contrato no direito romano, salientando que é na época de Justiniano que aparecem em Roma os contratos inominados e que estes constituíam uma categoria intermediária entre os contratos reais e os chamados consensuais.

## 1.2. Na Idade Média

Miguel de Serpa Lopes,[142] no estudo que faz da evolução do contrato como instituto jurídico, afirma que, na Idade Média, teria ele sofrido um duro golpe pela ação econômica e política dos senhores feudais, mas que, no entanto, caberia à Igreja, apesar de manter a estrutura clássica do contrato romano, nele introduzir o dogma da fé jurada. A clareza de seu texto merece reprodução:

> A concepção romana de contrato, com essa separação entre contrato e a *conventio*, tomando a sua defesa por meio de ações dependentes do respeito a determinadas formas, recebeu golpe profundo na Idade-Média. O sistema feudal era econômico e político. O senhor feudal fazia com cessões, de onde a criação do instituto do precário, deferido a quem lho suplicava. Entretanto a Igreja, através dos canonistas, conseguiu manter a noção de contrato, reforçando-a e dignificando-a de moda a polir a própria noção romana, mediante o afastamento da clássica distinção entre contrato e *conventio*. O contrato assumiu, na concepção cristã, o caráter de um instituto decorrente da fé jurada, fundado no cumprimento do que se prometera perante Deus e a Igreja. Não havia mais espaço para a distinção entre pactos nus e contrato; a obrigatoriedade deste se impunha, fosse qual fosse a natureza da convenção. Todavia, força é notar que nessa concepção canônica não pairava qualquer sintoma de futura idéia de autonomia da vontade, pois era inspirada no princípio da crença na palavra empenhada e na obrigação de evitar a mentira. Destarte, do ponto de vista do plano social, os canonistas chegaram ao mesmo objetivo mais tarde atingido pelos partidários da autonomia da vontade e da liberdade de contratar, e sem os pecados do excesso por estes cometidos.

Orlando Fida e Edson Ferreira Cardoso[143] comentam que o *contractus* e a *conventio* romanos sofreram profundas alterações nas suas concepções originais e passaram a conceituar o mesmo instituto jurídico, mas ainda sem a estrutura conceitual moderna de embutir uma autonomia de vontade. O *contractus* na Idade Média passou a ser um instrumento de fé jurado perante Deus e a Igreja e embutia a clara idéia religiosa de se coibir a mentira com a prevaleça da palavra dada.

Jorge Mosset Iturraspe[144] diz que os glosadores, inicialmente, e os comentaristas ou pós-glosadores, depois, juntamente com os Padres da Igreja e os canonistas, ao reintroduzirem o estudo do direito romano, sustentaram uma nova concepção do pacto desprovido de forma, que, para os romanos, não produzia ação, para entender que verdadeiramente ele pressupunha uma obrigação jurídica vinculando-a, no entanto, a uma obrigação moral, imputando àquele que a descumprisse a pecha de mentiroso e, por conseqüência, pecador. Os costumes mercantis, ainda salienta o tratadista argentino, decorrente do tráfico cada vez mais intenso entre os países, também constituíram forte fator para transformar a exigência formal dos romanos e outorgar ao acordo a força de contrato. Mas que teria sido a Escola do Direito Natural, representada por Grocio e Puffendorf, e a Escola Holandesa, de Voet, já no Século XVII, a outorgar obrigatoriedade aos pactos e às convenções, equiparando-as ao contrato.

---

[141] MUÑOZ, Luis. *Teoria General del Contrato*. México: Cardenas, Editor y Distribuidor, 1973, p. 6/11.
[142] LOPES, Miguel de Serpa. Ob. cit., p. 18.
[143] FIDA, Orlando e CARDOSO, Edson Ferreira. *Contratos, teoria, prática e jurisprudência*. Vol 1. São Paulo: Edição Universitária de Direito, 1980, p. 6.
[144] Ob. cit., p. 27.

### 1.3. Na atualidade brasileira

Em decorrência do crescimento populacional nos dois últimos séculos de vida da humanidade, gerando uma iteração social muito intensa e, por via de conseqüência, novas formas de relações jurídicas, é que houve necessidade de criação de novos ramos do direito positivo para prevenir e acomodar os conflitos daí resultantes.

Dessa forma, no campo dos contratos, aquilo que vinha sendo pautado de maneira clássica e através de uma visão uniforme sedimentada na pregação de sistema único contratual de conteúdo imutável criado pelo direito romano, onde o predomínio da autonomia de vontade se alicerçava e excluía qualquer outra intervenção externa, ramificou-se com o surgimento de outros sistemas contratuais.

Isso ocorreu, primeiramente, pela constatação da necessidade de uma presença forte do Estado no gerenciamento das intensas relações sociais e, em segundo lugar, pela constatação de existência de fatores exógenos causadores de desequilíbrios econômicos, financeiros e sociais a influenciar a vontade de determinadas partes na formação de alguns contratos. Numa visão essencialmente jurídica, o contrato deixou o direito privado e passou a sofrer ingerência do direito público.

Em decorrência disso, aquilo que se inseria e se exauria como conteúdo de direito civil, e que por isso mesmo limitava-se em uma teoria contratual única, já que abrangia todos os tipos de contratos, passou a integrar, agora, estruturas jurídicas autônomas e diferenciadas, como são as de direito comercial, de direito do trabalho e de direito administrativo.

Essas modificações inicialmente ocorridas no direito europeu, embora de forma propositalmente retardada, também se verificou no direito brasileiro. O Código Civil de 1916, cartilha de direitos de todo cidadão residente no território nacional, primou por tentar perpetuar, entre outros institutos, a idéia contratual clássica do direito romano.

Como a criação do direito positivo tem sempre como fato orientador o momento político anterior que o inocula e o dirige, é possível se afirmar que o processo legislativo que resultou no Código Civil agora revogado foi lastreado por um fator político importante: a quase totalidade do Congresso Nacional que o discutiu e o aprovou era constituída ou por senhores de terras ou seus representantes, todos defensores das idéias de proteção absoluta ao indivíduo, à sua propriedade e aos seus contratos. Essas idéias aqui admitidas como representativas da modernidade jurídica, na própria França, berço do nosso Código Civil, a lei civil idealizada por Napoleão e calcada na idéia romana já sofria duras e veementes críticas, por desconsiderar fatores externos na formalização de institutos jurídicos, especialmente dos contratos.

É possível afirmar-se com segurança que os contratos da atualidade pouco conservam daqueles conhecidos pelo direito romano. A ingerência contratual feita pelo estado moderno na busca do bem-estar social criou princípios inovadores impossíveis de serem percebidos pelos juristas de Roma, que não dispunham do conceito de estado como atualmente é conhecido. A vontade, como elemento representativo e único do contrato, era o universo que limitava os seus pensamentos.

Função social dos contratos, da boa-fé objetiva e probidade são princípios modernos no campo das relações contratuais civis. No entanto, além delas, novas circunstâncias na vida moderna surgiram exigindo do direito regras específicas próprias, como é a necessidade de predomínio clausular da Administração Pública frente ao particular, possibilitando a inclusão com legitimidade de cláusulas abusivas, nas relações administrativas; da proteção ao trabalhador, nas relações de trabalho e agrária.

A ingerência de vários fatores externos, mesclada com a autonomia de vontade, criou estruturas jurídicas contratuais próprias a impor que, ao se trabalhar com elementos da uma teoria geral, mesmo no Brasil, se enfrente aquilo que é próprio de cada um deles.

### 1.4. No Direito Civil

No direito comparado é possível encontrar-se atualmente duas correntes que interpretam diferentemente o contrato civil.

A primeira delas tem por base o Código Civil Francês (art. 1101), que, remontando à origem romana, distingue-o da convenção. Aquele é uma espécie partida do gênero-convenção e se destina a formar alguma obrigação. Já esta tem por objeto formar entre duas ou mais pessoas alguma obrigação tendente a resolver ou modificar alguma outra pendente.

Segundo Miguel Maria de Serpa Lopes,[145] o conceito francês de contrato inspirou-se em Pothier que repeliu a noção de contrato dada pelos intérpretes do direito romano por considerar a regra e*x nudo pacto actio non nascitur* em oposição ao Direito Natural.

Essa foi também a distinção adotada por Teixeira de Freitas no seu Esboço que, desprezado no Brasil, redundou no Código Civil Argentino, art. 1137.

A segunda corrente, liderada por Savigny, já define o contrato como o concurso de mais de uma pessoa em uma concorde declaração de vontades pela qual se determinam as suas relações jurídicas. Com essa conceituação, a convenção é um contrato, não importando seja ela de direito internacional, direito público ou privado.

No entanto, nos últimos tempos, a tendência dos contratos civis é a de abrandar o princípio da autonomia de vontade, em que a vontade dos contratantes se constituía no único fator de criação do contrato, gerando tamanha obrigação entre os envolvidos que passava a existir uma verdadeira lei entre eles, para instituir, no mesmo pé de igualdade da vontade, princípios como o da função social, da boa-fé objetiva e da probidade.

O Código Civil Brasileiro de 2003, instituído pela Lei nº 10.406, de 10 de janeiro de 2002, é o ultimo exemplo conhecido dessa evolução contratual. Os contratos civis no Brasil deixaram o campo da liberdade contratual instituído pelo Código Civil de 1916 e ingressaram na nova era de mitigação da vontade pela coexistência de novos princípios.

### 1.5. No Direito do Trabalho

O contrato de trabalho pode ser considerado como a primeira quebra da hegemonia do contrato como instituto único que se exauria na ótica clássica de predomínio da autonomia de vontade a ocorrer no direito positivo brasileiro e que tinha no Código Civil sua base mais importante.

Calcado nas idéias políticas sociais de Getúlio Vargas, no sentido de que o trabalho se subsumia na vontade do capital e que por via de conseqüência as relações contratuais envolvendo estes dois fatores econômicos resultava em desigualdades, é que foi criado um novo ramo do direito, o Direito do Trabalho com a idéia fixa de que a subsunção do trabalho ao capital, criando naturais desigualdades nas ralações contratuais entre trabalho e capital, impunha a intervenção do Estado para igualá-las. Na constatação de uma desigualdade econômica, uma desigualdade legal para que, assim, se pudesse alcançar a igualdade ideal. O contrato de locação de serviço regido pelo Código Civil de 1916 sofria, dessa forma, uma

---
[145] Ob. cit., p. 14.

forte limitação, já que não podia mais regrar contratos que envolvessem a subordinação entre o contratante capitalista e o contratado trabalhador.

O resultado dessa intervenção legislativa do Estado é o Decreto-Lei n° 5.452, de 01.05.1943, que consolidou dispositivos esparsos criados no decorrer do período de 1930 a 1943 e que buscou de forma inquestionável proteger o trabalho exigindo mais obrigações do capital. A legislação trabalhista é nitidamente desigual, como ocorre com as legislações que buscam sedimentar o primado da Justiça Social.

O contrato de trabalho refoge absolutamente ao que era conhecido no direito romano e, com princípios próprios, apenas de forma subsidiária, são aplicados os princípios do direito civil.

### 1.6. No Direito Agrário

O Direito Agrário é, por força constitucional (art. 22, inciso I, da CF de 1988), ramo autônomo do direito brasileiro. Essa autonomia surgiu com a Ementa Constitucional n° 10, de 10.11.1964, que outorgou, no art. 5°, inciso XV, letra "a", da Constituição de 1946, competência à União para legislar, entre outros, sobre direito agrário.

E autonomia de um ramo do direito se explica pela presença de princípios e regras próprias. Portanto, ao regrar o direito agrário sobre contratos, o fez de forma a impor tais especificidades. E é por isso que os contratos agrários seguiram o mesmo caminho dos contratos de trabalho, já que buscaram intervir nas relações contratuais do campo de forte cogente e com o nítido propósito de praticar justiça social.

Aquilo que era pautado pelo Código Civil de 1916 passou a ter disposição específica através do Estatuto da Terra, pelos artigos 92 a 128, da Lei n° 4.504, de 30 de novembro de 1964, e regulamentados pelo Decreto n° 59.566, de 14 de novembro de 1966.

A respeito desse tema já tive oportunidade de me manifestar nestes termos, ainda quando vigente o Código Civil de 1916:[146]

> O Estatuto da Terra trouxe uma idéia radical de mudanças na estrutura do campo. Isso é demonstrável pelos temas até aqui abordados. Assim, não se limitou ele tão-somente a distribuir terras pelo sistema de reforma agrária, a tributar mais rigorosamente as propriedades improdutivas ou a colonizar áreas inexploradas. Procurou também regrar as relações contratuais advindas com o uso ou posse dessas terras. A idéia política traduzida para o direito consistiu na imposição de um sistema fundiário.
> Antes dele, essas relações eram regidas pelo Código Civil, onde predomina a autonomia de vontade. Isso significa dizer que nenhum fator externo influência, direta ou indiretamente, a vontade de quem contrata. A liberdade individual de contratar na visão do código é circunstância soberana anterior e superior a qualquer outra. Tanto que duas vontades conjugadas num objetivo comum formam um vínculo tão forte que cria uma lei entre elas. Na atividade agrária, a aplicação desta plenitude de vontade consistia, por exemplo, no fato de o proprietário rural e o homem que alugasse suas terras poderem livremente pactuar um contrato de meação. Nesse sentido, era plenamente válido o que o proprietário entrasse apenas com a terra, e o locatário, com todo o trabalho e despesa com a lavoura e ao final da safra fosse o lucro repartido meio a meio. A vontade que ambos estabeleceram, os vinculava e o contrato tinha que ser cumprido.
> Todavia, com a vigência do Estatuto da Terra, o Código Civil deixou de ter aplicação nas relações agrárias, pois a nova disposição legal retirou das partes muito daquilo que a lei civil pressupõe como liberdade de contratar. Substituiu, portanto, a autonomia de vontade pelo dirigismo estatal. Ou seja, o Estado passou a dirigir as vontades nos contratos que tivessem por objeto o uso ou posse temporária do imóvel rural. A idéia implantada pelo legislador residiu na admissão de que o proprietário rural

---

[146] BARROS, Wellington Pacheco. *Curso de Direito Agrário*. 5ª edição. 1° volume. Livraria do Advogado Editora, 2007, p. 113/115.

impunha sua vontade ao homem que utilizasse suas terras de forma remunerada. E essa imposição sub-reptícia retirava deste último a liberdade de contratação, pois ele apenas aderia à vontade maior do proprietário. A figura interventora do Estado era, assim, necessária para desigualar essa desigualdade, com uma legislação imperativa, porém de cunho mais protetivo àquele naturalmente desprotegido.

É possível concluir do estudo que se faça do tema, que os contratos agrários surgiram com uma conotação visível de justiça social e que na análise integrada de seus dispositivos nitidamente se observa a proteção contratual da maioria desprivilegiada, a detentora do trabalho e que vem possuir temporariamente a terra de forma onerosa, em detrimento da minoria privilegiada, os proprietário ou possuidores rurais permanentes.

O sistema contratual presente no direito agrário continua íntegro, embora o Código Civil de 2003 tenha abraçado como princípio norteador (art. 421) aquilo que foi de forma não expressa mais visível em várias de suas disposição uma constante na preocupação do legislador agrário – a função social dos contratos.

### 1.7. No Direito Comercial

O Direito Comercial brasileiro, em termos de contratos, é o que mais se aproxima do direito romano. Estruturado basicamente no Código Comercial de 1.850, no entanto vem ele, paulatinamente, sofrendo invasão dos princípios de direito civil moderno.

O último ramo do direito positivo no Brasil que resistiu à socialização dos contratos, mantendo o princípio da autonomia de vontade como base fundamental na formalização contratual, vem ele cedendo, dia a dia, instituto a instituto, para os novos avanços contratuais.

Rubens Requião,[147] ao elencar o *individualismo* como uma das características do Direito Comercial, assim se expressa:

As regras do direito comercial se inspiram em acentuado individualismo, porque o lucro está diretamente vinculado ao interesse individual. Esse tradicional individualismo, temos de reconhecer, está temperado nos tempos modernos pela atuação do Estado, limitando a *liberdade do contrato,* que era um dos apanágios do individualismo. A liberdade do contrato, todavia, constitui ainda regra preponderante nas relações comerciais.

O Código Comercial de 1.850, base principal do direito comercial, vem sendo ab-rogado paulatinamente, bastando exemplificar o duro golpe que foi a mutação e a transposição do direito das sociedades para direito de empresa e deste para o novo Código Civil.

### 2. DA EVOLUÇÃO HISTÓRICO-POLÍTICA DOS CONTRATOS

É dentro do pensamento propedêutico moderno e, portanto, fora da visão exclusiva do direito, que se encontra uma instigante teoria sobre a evolução dos contratos, podendo, por isso mesmo, ser chamada de verdadeira evolução política contratual do Estado.

Como já foi dito no início deste capítulo, coube a Sir H. Summer Maine a primazia de lançar, no final do Século XIX, a assertiva de que a história do direito consiste num progresso que, partindo do *status*, conseguiu chegar ao contrato. A *Lei de Maine,* como passou a ser conhecida, propôs a premissa de que a lei do patriarca ou do grupo, o estatuto social, sufocando as pretensões sociais, se impunha como comportamento contratual.

---

[147] REQUIÃO, Rubens. *Curso de Direito Comercial.* 3ª ed. São Paulo: Saraiva, 1973, p. 26.

Quarenta anos depois, num contraponto à Lei de Maine, surgiu o que passaria a ser conhecida como a *Lei de Socialização dos Contratos*, calcada no fundamento que o indivíduo, de início, tinha plena liberdade de contratar, e que, somente com a evolução da vida social e com seus decorrentes problemas, houve por bem o Estado de dirigir a sua vontade em nome da ordem pública.

As duas vertentes políticas da evolução dos contratos foram criadas em momentos em que se enfatizava como verdade os pensamentos políticos liberal ou socialista.

Embora a gênese política dos contratos assuma grande importância na visão sociológica ou mesmo política do instituto, penso que não é de todo dispensável seu estudo na perspectiva de uma teoria geral dos contratos brasileiros, especialmente quando se observa uma crescente intervenção estatal nas relações contratuais. Assim, se as premissas pretéritas que embasaram as conclusões nas Lei de Maine e na Teoria da Socialização dos Contratos se constituam apenas em especulações de seus criadores, o rumo nos últimos anos tomado pelos contratos brasileiros conclue por uma certa razoabilidade. Ora, se os contratos modernos no Brasil possuem um tronco originário único, tomando-se por base o Código Civil de 1916, de estrutura politicamente liberal, diverso é o rumo que tomou a partir de 1930 com a assunção de Getúlio Vargas no governo da União, inoculando idéias sociais em vários institutos políticos brasileiros, dentre eles o contrato de trabalho.

A respeito do tema já me manifestei nos seguintes termos:[148]

> Um dos institutos de grande significado para o direito é o contrato, como também o são a família, a propriedade e a sucessão. É por seu intermédio que os indivíduos se inter-relacionam ou estabelecem contatos com o Estado. Através dele se opera a instrumentalização de controle que os envolvidos estabelecem quando prefixam os limites de seus direitos e de suas obrigações. É a relação social revestida pela força do direito para prevenir conflitos.
>
> No final do século XIX, Sir Henry Summer Maine afirmou, como verdade darwiniana, que toda a história da evolução do contrato poderia ser resumida em um único princípio, e que em sua homenagem foi chamada de Lei de Maine: o estatuto precedeu ao contrato. Ou seja, a lei do patriarca, a lei do grupo, por naturalmente sufocar as pretensões individuais, antecedeu ao contrato que, como liberdade individual, só apareceu bem mais tarde. Essa verdade se manteve fiel por uns bons quarenta anos, até que foi suplantada por outra diametralmente oposta, e que poderia ser chamada de Lei de Socialização dos contratos: o direito voluntário teria precedido ao direito imposto, estatal. O indivíduo, segundo tal postulação, tinha, de início, plena liberdade de agir, de contratar, e que somente com a evolução da vida social e com seus decorrentes problemas, houve o Estado de dirigir a sua vontade em nome da ordem pública. É o que narra Jean Carbonier, em seu Derecho Flexible.[149]
>
> O interessante nessas duas teorias geradas para explicar a evolução dos contratos é que elas surgiram quando no ápice de um determinado sistema político-filosófico. A Lei de Maine, por exemplo, surgiu quando a teoria liberal estava em culminância e se acreditava como representativa de uma única forma ideal do comportamento humano. Identicamente, a Teoria da Socialização dos Contratos, pois se acreditava, numa completa revisão de pensamentos filosóficos, que os postulados do socialismo e todas as suas variantes definiam a completa verdade do comportamento humano.
>
> Hoje, no próprio berço dessas duas teorias, já se pode observar que, embora o Estado continue intervindo em grande parcela da atividade humana, há uma sensível mudança de rumo na formação de uma teoria de meio-termo, que reconhece o dirigismo estatal em vários pontos da atividade do homem, contudo, calcada em dados fáticos afirma que a sociedade tem encontrado, ela própria, o fiel da balança de se autogerir.

---

[148] BARROS, Wellington Pacheco. *Dimensões do Direito*. 2ª ed. Porto Alegre: Livraria do Advogado Editora, 1999, p. 108/110.

[149] CARBONNIER, Jean. *Derecho flexible: para uma sociologia no rigurosa del Derecho*. Madrid: Tecnos, 1974. Edição espanhola de Flexible Doit.

Entre nós, as duas teorias enfocadas estão bem caracterizadas em um dos grandes ramos do direito: o direito civil e o direito do trabalho. O contrato pela ótica civilista abraça com inteireza a teoria liberal: as duas partes, desde que capazes, têm pleno domínio de se obrigarem, com a ressalva apenas de ser o objeto da obrigação lícito. Já pelo sistema trabalhista, a liberdade contratual e relativada. O trabalho, segundo essa visão jurídica, é objeto protegível pelo Estado, não podendo o trabalhador dele livremente dispor. O manto dessa proteção está na afirmação de que haveria uma nítida vantagem do empregador, que representa o capital, a aliciar a vontade do empregado, retirando dele a igualdade necessária para a formação de um pacto. Nessa linha de proteção, de dirigismo estatal, se encontram os contratos de locações urbanas (embora se observe uma guinada para a teoria do meio-termo em decorrência da fuga dos imóveis para alugar), rurais, alguns de compra e venda, seguros, transportes, saúde etc.

As mudanças que estão levando a Europa à eleição de uma teoria de meio-termo estão aportando no nosso sistema jurídico. E, assim apensar do inchaço do Estado brasileiro regrando a mínima conduta humana, se constata uma certa saturação de sua presença, que ele propriamente chaga a reconhecer, e o que é mais interessante, pelas próprias partes que ele dizia proteger. Até mesmo no campo do direito do trabalho, onde o conflito é mais acirrado, já se observa uma maior liberdade do trabalhador em diretamente estabelecer com o empregador regras próprias ao seu contrato de trabalho. O surgimento de sindicatos fortes muito tem contribuído para essa mudança. Ao invés de uma proteção muitas vezes apenas formal, o empregado está partindo em busca de resultado, de maiores ganhos, fazendo vista grossa que a nível constitucional a competência é do Estado para estabelecer princípios sobre relação de emprego. No arrendamento rural há muito tempo que o arrendatário deixou de se regrar pela imperatividade do Estatuto da Terra. O preço do aluguel da área é livremente pactuado entre as partes sem qualquer vinculação de manter o limite de 15% sobre o valor cadastral do imóvel. A locação urbana também se encaminha para a liberação. O aluguel para morar vem deixando de ser absolutamente regrado pelo Estado para ser livremente discutido entre os envolvidos.

No campo dos contratos, a sociedade brasileira está demonstrando que, em algumas questões, já atingiu capacidade suficiente para estabelecer suas próprias regras, prescindindo da tutela estatal.

Numa visão mais histórica do que sociológica, porém falando sobre a origem dos contratos, diz Arnoldo Wald,[150] que:

> Na realidade, o contrato nasceu formalista e típico, no Direito Romano, para transformar-se num instrumento válido pelo fato de ser uma manifestação de vontade do indivíduo e, em conseqüência, um instrumento vinculatório, que fazia papel da lei entre as partes, na concepção dos enciclopedistas que inspiraram a Revolução Francesa.
>
> Por longo tempo, entendeu-se que os pactos deviam ser respeitados (pacta sunt servanda), pois refletiam um ato de liberdade individual. O contratual, pela sua própria natureza, por decorrer de um acordo de vontades, devia ser considerado justo. Conseqüentemente, o contrato era intangível, devendo ser executado, custasse o que custasse, ressalvados tão-somente os casos excepcionais da força maior e do caso fortuito.
>
> Podendo transferir a propriedade no sistema franco-italiano, ou não podendo fazê-lo no Direito alemão e na legislação brasileira, o contrato foi, certamente, o grande instrumento jurídico do capitalismo incipiente que dominou o mundo até o fim da Primeira Guerra Mundial.
>
> Com o advento do comunismo, na Rússia, e a Constituição de Weimar, na Alemanha, o sopro do socialismo, sob as suas diversas formas e com densidades distintas, abalou, em parte, a mística contratual sedimentada pelo Código de Napoleão, sem que todavia o contrato perdesse sua função e utilidade.
>
> Aos poucos, surgiram as limitações tanto à liberdade de contratar, ou de não contratar, quanto à liberdade contratual, ou seja, à fixação do conteúdo do contrato. Embora se mantivesse, como regra geral, a onipotência da vontade individual, com a possibilidade de criação dos mais variados contratos atípicos

---

[150] WALD, Arnoldo. O contrato: passado, presente e futuro. In: *Revista Cidadania e Justiça*, ano 4, nº 8, 1º semestre de 2000, p. 43/49.

e mistos, o legislador, ampliando a área da ordem pública econômica, foi restringindo o conteúdo da autonomia da vontade.[151]

## 3. DA EVOLUÇÃO POLÍTICA DO SISTEMA CONTRATUAL BRASILEIRO

A gênesis política que contaminou a evolução dos contratos na Europa, embora com retardo de mais de cinqüenta anos, também chegou ao Brasil.

Dessa forma, não se pode falar de qualquer contrato no Brasil, por mais simples que seja ou mesmo o mais específico, como é o caso, por exemplo, do contrato agrário instrumentalizado na Cédula de Produto Rural, ou CPR (sigla pela qual este título de crédito foi expressamente nominado pela Lei nº 8.929, de 22 de agosto de 1994), sem que, antes, se deva proceder a uma análise sistemática e retrospectiva de se fixar sobre que estrutura contratual se está falando e de seu momento político antecedente.

Essa afirmação decorre da constatação de que, também no Brasil, a relação contratual não integra mais um único sistema jurídico, como é, por exemplo, aquele de regras contratuais que primam pela autonomia de vontade, no sentido de que será contrato tudo aquilo que as partes livremente vierem a estabelecer, criando, modificando ou extinguindo direito. Acontece que o sistema edificado pelo Código Civil de 1916, que buscou unificar a estrutura contratual brasileira, tomou por base a idéia política liberal transposta em cânones econômicos de que o contrato pressupunha, antes e acima de qualquer preceito, um exercício autônomo de vontade. No entanto, embora primasse pela égide voluntarista, já desde 1930, essa visão contratual passou a sofrer modificações claramente de política

---

[151] A importância do artigo de ARNOLDO WALD merece inteira transcrição por se caracterizar num marco forte de uma visão histórica, mas atual, dos contratos. E continua ele:

Aos poucos, surgiram as limitações tanto à liberdade de contratar, ou de não contratar, quanto à liberdade contratual, ou seja, à fixação do conteúdo do contrato. Embora se mantivesse, como regra geral, a onipotência da vontade individual, com a possibilidade de criação dos mais variados contratos atípicos e mistos, o legislador, ampliando a área da ordem pública econômica, foi restringindo o conteúdo da autonomia de vontade.

A liberdade no plano contratual tem sofrido amplas restrições, especialmente no tocante à faculdade de fixar o conteúdo do contrato (liberdade contratual), pois muitos contratos são hoje verdadeiros contratos de adesão, cujo texto depende de aprovação prévia de organismos governamentais. Quanto à liberdade de contratar, tem sido mantida em termos gerais embora, em determinados casos, possa constituir infração à lei o fato de deixar de vender determino artigo, por considerar o sistema legislativo vigente tais omissões como contrárias à ordem econômica e social estabelecida.

Em tese, a liberdade contratual só sofre restrições em virtude da ordem pública, que representa a projeção do interesse social nas relações interindividuais. O *ius cogens,* o direito imperativo, defende os bens os bons costumes e a estrutura social, econômica e política da comunidade. Em determinada fase, a ingerência da ordem pública em relação aos contratos se fazia sentir pelo combate à usura, proibindo as leis medievais as diversas formas de agiotagem. Quanto aos contratos, não havia maiores limitações até o século XIX.

As idéias solidaristas e socialistas e a hipertrofia do Estado levaram, todavia, o Direito ao dirigismo contratual, expandindo-se a área das normas de ordem pública destinadas a proteger os elementos economicamente fracos, favorecendo o emprego, pela criação do Direito do Trabalho, o inquilino, com a legislação sobre locações, e o consumidor, por uma legislação específica em seu favor. Por outro lado, o dirigismo contratual restringiu a autonomia de vontade, em virtude da elaboração de uma série de normas legislativas, fixando princípio mínimos que os contratos não podem afastar (salário mínimo, tabelamento de gêneros alimentícios, fixação de juros).

O contrato passou assim, em certos casos, a ter um conteúdo de ordem pública, decorrente da lei, podendo alcançar até pessoas que nele não foram partes, como ocorre na convenção coletiva de trabalho. Temos então uma convenção-lei, definida como "um a to legislativo, elaborado por via convencional".

A obrigatoriedade dos contratos constitui, por sua vez, uma projeção no tempo da liberdade contratual, pois as partes são obrigadas a realizar as prestações decorrentes do contrato. O direito contemporâneo limitou, todavia, também tal obrigatoriedade, interpretando-a *rebus sic stantibus,* ou seja, enquanto as situações das partes não sofrerem modificações substanciais, e permitindo, no caso de haver tais transformações imprevistas, uma revisão ou a resolução do contrato.

Durante muito tempo, considerou-se que o contrato normalmente compunha interesses divergentes, que nele encontravam uma forma de solução, como acontece nos casos da compra e venda, da locação, da empreitada, etc. Os contratos que constituem liberalidades são relativamente menos importantes e só recentemente é que a doutrina foi admitindo a importância crescente dos chamados contratos de colaboração, que existem tanto no direito privado quanto no direito público.

social pela ingerência do Estado que entendia de se sobrepor ao autonomismo contratual, tomando por base dessa ação a idéia da supremacia do estado protetor da sociedade na qual a vontade individual devia se subsumir. Essa intervenção estatal nos contratos, iniciada com o contrato de trabalho, expandiu-se depois para os contratos agrários (arrendamento e parceria rural, quando à posse da terra, e crédito rural), passando pelos contratos de locação urbana, de consumo, até culminar com o novo Código Civil, que, apesar de não conter regras específicas, impõe regra de interpretação de respeito geral ao dizer que a vontade deve atentar para os princípios da função social dos contratos, probidade e boa-fé.

Com base nesse diapasão histórico sobre a influência política do Estado nos contratos, é possível afirmar-se que vige em nosso direito positivo contratual um leque considerável de relações pactuadas, como na visão de um estuário à inversa, onde, de um tronco único surgiram várias ramificações contratuais que se situam à direita ou à esquerda da origem, cada uma delas dispondo desde a autonomia de vontade pura até ao dirigismo estatal e social absoluto calcado na função social do contrato, probidade e boa-fé.

A complexidade de um tal sistema jurídico contratual é que, como cada um dos subsistemas tem vida jurídica própria, já que busca proteger com previsões legais específicas cada núcleo jurídico realçado, exige ele do intérprete conhecimentos tópicos e sempre mais distantes do tronco base ensejador de uma única teoria geral dos contratos.

É possível ser citado como exemplo a autonomia cartular absoluta que se pretendeu dar aos títulos de créditos cambiais ou a uma CPR, em particular, mesmo na sua condição do título de crédito agrário, pois já de longa data tal exaustão de entendimento foi amenizada tanto pela doutrina como pela jurisprudência, sob o fundamento de preexistência do princípio maior e anterior de que, em verdade, estes títulos representavam um contrato estruturado de uma forma especial própria dos contratos agrários, embora se reconheça que apenas subsidiariamente possa se buscar os princípios de uma teoria. Por isso é possível se concluir que as regras especiais no exemplo da CPR somente poderão ser consideradas se preenchidos os elementos gerais e norteadores do anterior contrato que a embasam.

É de se observar, portanto, que, no direito contratual brasileiro, é possível se afirmar com segurança que não existe uma teoria geral única sobre os contratos, mas, sim, que existem várias teorias contratuais tomando-se como ponto base dessa afirmação a constatação de multiplicidades de contratos que primam ora pela autonomia de vontade, ora pelo dirigismo contratual, permeando entre um ponto e outro consideráveis variações, tudo isso produzido por um fator político anterior e preponderante.

## 4. DO CONCEITO E DAS CARACTERÍSTICAS DO CONTRATO MODERNO

A palavra contrato compõe-se de dois elementos: o pré-verbo *com* (junto de) e o substantivo *tractus* que, embora tenha sentido primeiro de ação de arrastar, encerra a idéia contida em seu elemento radical, de confiança, fidelidade, sinceridade.

No campo do direito obrigacional, *contrato* é o acordo de vontades entre duas ou mais pessoas, criando, modificando ou extinguindo entre si uma relação de direito. Como pacto consensual, pressupõe liberdade e capacidade jurídica das partes para se obrigarem validamente; como negócio jurídico, é necessário objeto lícito e forma prescrita ou não vedada em lei.

Conforme Orlando Gomes,[152] "o contrato distingue-se da lei, na lição de Savigny, por ser fonte de obrigações e direitos subjetivos, enquanto lei é fonte de direito objetivo (*norma agendi*)".

Chama-se a declaração de quem tem iniciativa num contrato (proponente ou policitante) de *proposta* ou *oferta* e, a declaração do outro (oblato ou aceitante), *aceitação*. Individualmente, a proposta e a aceitação não são negócio jurídico. No entanto, em certos casos, a proposta produza efeitos negociais prescritos na lei. Seria ato pré-negocial.

Para que o contrato possa juridicamente existir, há necessidade da integração de três elementos que a doutrina chama de: a) essenciais; b) naturais; c) acidentais.

*Elementos essenciais* são aqueles inerentes à subsistência ou validade do contrato, como a capacidade da pessoa que contrata, a coisa, o preço e o consentimento.

*Elementos naturais* são aqueles que implicitamente estão compreendidos no ato, como é exemplo a evicção que, se acontecida, possibilita necessariamente o desfazimento do contrato com o retorno das partes ao momento anterior à sua realização.

*Elementos acidentais* são aqueles acessórios que complementam de forma expressa o contrato, como a modalidade de pagamento, o prazo, a multa, os juros etc.

No entanto, quando se constata que a autonomia de vontade, na maioria dos contratos, perdeu sua característica de princípio básico, e passou a ser conjugada com outros princípios impostos pelo Estado (função social do contrato, probidade e boa-fé), evidentemente que o seu conceito sofreu profunda modificação.

Portanto, é possível conceituar-se o contrato moderno como a manifestação de vontade entre duas ou mais pessoas, expressada de acordo com a lei, quando nos casos por ela regrados, criando, modificando ou extinguindo uma relação jurídica.

Esse conceito respeita a autonomia de vontade, que sempre existirá em todo contrato, mas a relativa quando o acordo é regrado por lei, já que a vontade a ele se submete.

## Capítulo II – Da teoria geral dos contratos administrativos

### 1. DAS GENERALIDADES

O Direito Administrativo é ramo autônomo do direito positivo brasileiro, embora não seja tipificado de forma expressa como direito de emanação exclusiva da União, como são os direitos civil, agrário e comercial, por exemplo. Assim, dentro de sua competência administrativa a União cria regras de direito administrativo e, concorrentemente, também os Estados e os Municípios.

As qualidades da Administração Pública, que tem como pressuposto de existência maior a busca pelo bem comum, já indica a necessidade de se criar um direito que, reconhecendo esse dado importante, crie princípios que realcem essa importância. Como o direito constitucional, o direito administrativo é também direito típico do estado, embora aquele, na concepção moderna, tenha ganho estruturas fortes e consagradoras de direitos e garantias individuais e sociais.

---

[152] GOMES, Orlando. *Contratos*. 24ª ed. Rio de Janeiro: Forense, 2001, p. 12.

De outro lado, caracterizando-se o estado brasileiro como federação, onde cada ente federado – União, cada um dos Estados, Distrito Federal e cada um dos Municípios – possui autonomia administrativa, desde que guarde respeito aos princípios administrativos orientadores de toda Administração Pública previstos na Constituição Federal, podem ser criadas regras jurídicas positivas de cunho administrativo, tanto de direito material, como processual.

No que diz respeito às relações contratuais, no entanto, a competência da União é exclusiva para dicção de normas gerais sobre licitação e contratação, em todas as modalidades, e para qualquer administração pública direta, autárquica e fundacional da própria União, Estados, Distrito Federal e Municípios, inclusive para as empresas públicas e sociedades de economia mista, conforme previsão expressa do art 22, inciso XXVII, da Constituição Federal.[153]

O contrato administrativo, dessa forma, consoante mandamento constitucional, é dirigido absolutamente pelo Estado, em qualquer de suas unidades federadas, com regras de autoproteção, tanto que uma delas inseriu na teoria geral dos contratos o instituto da licitação de cunho obrigatório. Este requisito inexiste em qualquer outra modalidade contratual. Trata-se de condição preparatória na formalização do contrato administrativo de estrutura complexa e formalística.

A idéia do legislador de primar pela isonomia e impessoalidade nos contratos envolvendo a Administração Pública, se de um lado possibilitou uma previsão legislativa do agir administrativo através de a uma estrutura legal minudente e formal, de outro, tornou aquilo que poderia constituir em segurança jurídica, uma verdadeira insegurança, já que a experiência tem demonstrado que o cipoal de regras licitatórias mais atravanca do que facilita a formalização da relação contratual.

A primeira norma jurídica, no Brasil, a tratar sobre contratos administrativos foi o Código de Contabilidade Pública da União, de 1922 (fazia, basicamente, referência).

A Lei nº 8.666/93 é o comando estatal que atualmente rege toda relação da Administração Pública com particulares, minudenciando um procedimento administrativo típico chamado de licitação, sem o qual, salvo nos casos de dispensa e inexigibilidade, a contratação se torna viciada.

Numa visão essencialmente contratual, pode-se afirmar que a licitação nada mais envolve do que a escolha daquele com quem a Administração Pública irá contratar que, escolhido, deve aderir às cláusulas predispostas no instrumento de formação.

O contrato administrativo tem a autonomia de vontade apenas como fator formal de aproximação dos contratantes, já que o *dirigismo contratual*, ou a vontade do Estado regrando o comportamento dos contratantes, é o princípio de maior preponderância nesse negócio jurídico.

Mas, se o contrato administrativo tem essa forte ingerência estatal, de outro lado, introduziu na teoria geral dos contratos brasileiros um componente inovador importante que pode servir de subsídio relevante na interpretação dos demais contratos. Trata-se do art. 65, inciso II, letra "d", da Lei nº 8.666/93, com a redação dada pela Lei nº 8.883, de 8.6.94, que possibilitou a alteração contratual, por acordo das partes,

---

[153] O artigo 22, inciso XXVII, da Constituição Federal tem esta redação:

Art. 22 – Compete privativamente à União legislar sobre:

XXVII – normas gerais de licitação e contratação, em todas as modalidades, para as administrações públicas diretas, autárquicas e fundacionais da União, Estados, Distrito Federal e Municípios, obedecido o disposto no art. 37, XXI, e para as empresas públicas e sociedades de economia mista, nos termos do art. 173, § 1º, III.

para restabelecer a relação que as partes pactuaram inicialmente entre os encargos do contratado e a retribuição da Administração para a justa remuneração da obra, serviço ou fornecimento, objetivando a manutenção do equilíbrio econômico-financeiro inicial do contrato, na hipótese de sobrevirem fatos imprevisíveis, ou previsíveis porém de conseqüência incalculáveis, retardadores ou impeditivos da execução do ajustado, ou ainda, em caso de força maior, caso fortuito, fato do príncipe, configurando álea econômica extraordinária e extracontratual.

## 2. DO CONCEITO

O contrato administrativo tem conceito legal. O parágrafo único, do art. 2º, da Lei nº 8.666/93, assim o define:

> Parágrafo único. Para os fins desta Lei, considera-se contrato todo e qualquer ajuste entre órgãos ou entidades da Administração Pública e particulares, em que haja um acordo de vontades para a formação de vínculo e a estipulação de obrigações recíprocas, seja qual for a denominação utilizada.

É de se observar que o conceito de contrato administrativo formulado pela lei apresenta algumas peculiaridades.

A primeira peculiaridade esta no enfeixamento sob a denominação de *contrato administrativo* de qualquer ajuste entre *órgãos ou entidades da Administração Pública* como contratante, de um lado, e *particulares*, como contratados, de outro. Isto veio sedimentar a tormentosa questão existente no seio da doutrina a respeito da extensão dos contratos administrativos e ainda sobre a possibilidade de coexistência de outros tipos de contratos. Aliás, a respeito desta última afirmação, a própria lei, no seu art. 116, indica a existência de outros contratos firmados pela Administração Pública quando determina a aplicação da lei aos *convênios, acordos, ajustes* ou *outros instrumentos congêneres celebrados*, naquilo que fosse possível.

A segunda peculiaridade que decorre da conceituação de contrato administrativo formulada pela lei é a que concedeu ao órgão público capacidade para firmá-lo. Sabe-se que o órgão na estrutura administrativa é uma parte da divisão de funções da entidade pública com a finalidade específica de facilitamento gerencial da coisa pública. O órgão, dentro das atribuições que lhe são delegadas, detém os poderes que originalmente são da entidade pública. Portanto, a grande inovação da lei é a de que atribuiu a uma parte do ente poderes que, em verdade, seriam deste. Isso porque um dos elementos formais de qualquer contrato é que as partes tenham capacidade, que é o atributo de uma pessoa para adquirir direitos e assumir obrigações. Por força da lei, o órgão adquiriu capacidade excepcional para contratar independentemente do ente que administrativamente integra. Logo, se tem capacidade para contratar, tem também para alterar, executar e extinguir o contrato, que são decorrências do ato de contratar.

A terceira peculiaridade é a que a lei delimitou a condição de *ex adverso* no contrato administrativo aos *particulares*. *Particulares*, no conceito tópico em que foi colocado o termo, é o antônimo do que não é público ou, mais especificamente, são as *pessoas privadas,* cujo conceito é integrado por pessoas físicas ou jurídicas que podem ser signatárias do contrato administrativo ou como também são chamadas pela lei de *contratados*, segundo define o art. 6º, inciso XV, da Lei nº 8.666/93.

## 3. DAS CARACTERÍSTICAS DO CONTRATO ADMINISTRATIVO

Já foi observado que o contrato de direito privado passou por uma evolução muito forte. De uma autonomia de vontade plena para o dirigismo estatal, este calcado na obrigatoriedade de respeito a regras legais cogentes. Apesar dessa evolução, o contrato firmado com este viés interventivo não deixou de ser catalogado como contrato privado, já que firmado entre particulares quer fossem eles pessoas físicas ou jurídicas.

No entanto, como também já observado no tópico anterior, ao se dimensionar o conceito de contrato administrativo, a relação contratual, que enfatiza a presença da Administração Pública, adquire autonomia porque tem características marcantes que nitidamente o distinguem dos contratos de direito privado.

Di Pietro[154] comenta que existem pelos menos três correntes doutrinárias buscando tipificar os chamados contratos administrativos, a saber:

a) uma que nega a existência de contrato administrativo, vez que esse não observa os princípios da igualdade entre as partes, o da autonomia da vontade e o da força obrigatória das convenções;
b) outra que, contrariamente a primeira, acha que todos os contratos celebrados com a Administração são contratos administrativos, porquanto em todos os acordos em que participa a Administração Pública há sempre a interferência do regime jurídico administrativo (quanto à competência, a forma, ao procedimento, à finalidade aplica-se sempre o direito público e não o privado), e;
c) a última, majoritária no Brasil, que aceita a existência dos contratos administrativos, como espécie do gênero contrato, como regime jurídico de direito público, derrogatório e exorbitante do direito comum.

Demonstrando a divergência, Cretella Júnior[155] comenta que há dois tipos de contratos celebrados pelo Estado: o contrato de direito privado (por exemplo, quando o Estado é locatário de um prédio) e o contrato de direito público (quando o Estado outorga a uma empresa a exploração de serviço público, por exemplo). Essa afirmação, no entanto, está superada, já que a locação de um prédio pela Administração Pública foi catalogada pela Lei nº 8.666/93 como contrato administrativo, consoante o disposto no seu art. 24, inciso X. A peculiaridade é que, para este ajuste, é dispensável a licitação, desde que o imóvel atenda às finalidades precípuas da administração, cujas necessidades de instalação e localização condicionem a sua escolha e o preço a ser fixado deva ser compatível com o valor de mercado aferido através de avaliação prévia. Assim, as regras de uma locação envolvendo a Administração, que seriam típicas de direito privado, foram incorporadas com algumas modificações ao direito administrativo por força de lei. Não fora assim, o art. 2º, parágrafo único, da citada lei, como já analisado no tópico anterior, não deixa dúvida que, qualquer que seja a nomenclatura que se atribua, desde que exista um ajuste entre órgãos ou entidades públicas e particulares, exteriorizando um acordo de vontades para formação de um vínculo e estipulação de obrigações recíprocas, é contrato administrativo. Portanto, por previsão expressa ou por disposição geral, a locação envolvendo a Administração Pública é contrato administrativo. Situação esta que é aplicável a todos os contratos originalmente privados, mas que são afetados pela presença da Administração, adquirindo natureza jurídica de direito administrativo.

Por conseguinte, e em sentido amplo, é possível dizer-se que contrato administrativo é aquele no qual se aplicam princípios e regras típicas do direito administrativo. Especificamente, e cotejando-se a doutrina, pode-se apontar as seguintes características identificadoras do contrato administrativo e que o distingue do contrato de direito privado: a) partes específicas – Administração Pública versus particulares; b) dirigismo contratual absoluto; c) natureza de contrato de adesão; d) finalidade pública; e) alteração e rescisão unilateral pela Administração; f) forma escrita e prazo determinado; g) presença de cláusulas exorbitantes; h) sancionamento administrativos.

---

[154] Op. cit., p. 239.
[155] CRETELLA JÚNIOR, José. *Curso de Direito Administrativo*. 18ª ed. Rio de Janeiro: Forense, 2003, p. 257.

### 3.1. Das partes específicas – Administração Pública versus particulares

A Lei nº 8.666/93, como já repetido, trata das licitações e dos contratos administrativos. Para os contratos pertinentes a obras, serviços, inclusive de publicidade, compras, alienações e locações ela é legislação específica e para os demais ela é norma geral. Esta lei, como se analisou ao se delimitar o seu conceito, estabeleceu que o contrato administrativo, no tocante às partes envolvidas, é limitado entre a Administração Pública e particulares.

*a) A Administração Pública contratante* – A lei em referência no seu art. 1º, parágrafo único, diz textualmente:

> Parágrafo único. Subordinam-se ao regime desta Lei, além dos órgãos da administração direta, os fundos especiais, as autarquias, as fundações públicas, as empresas públicas, as sociedades de economia mista e demais entidades controladas direta ou indiretamente pela União, Estados, Distrito Federal e Municípios.

Quando se tratou do tema licitação, ficou especificado no item *Quem deve licitar* qual o conceito de Administração Publica obrigada a licitar ou como exceção estaria dispensada ou o ato seria inexigível.

A interpretação é a mesma porque a Administração Pública, que tem a obrigação de licitar, está dispensada. O ato é inexigível. É a que deve assumir a condição de parte no contrato subseqüente, isso porque a licitação é sempre pré-condição de contratação.

Para efeitos didáticos transcreve-se o que ali foi dito:

> Buscando delimitar o conceito de Administração Pública para cumprimento da obrigação constitucional, a Lei nº 8.666/93, no seu art. 1º, parágrafo único, expressamente estabeleceu que, além dos órgãos da Administração Direta (União, Estados, Distrito Federal e Municípios), também estariam vinculadas as autarquias, as fundações públicas, as empresas públicas, as sociedades de economia mista e, para não deixar dúvida de que a vinculação era a mais ampla possível, os fundos especiais e as entidades controladas direta ou indiretamente pela União, Estados, Distrito Federal e Municípios.
>
> Observa-se que a Lei 8.666/93 claramente ampliou o conceito de Administração Pública Indireta para incluir os fundos especiais e as entidades controladas direta ou indiretamente pela União, Estados, Distrito Federal e Municípios. A dúvida que poderia surgir seria com relação à constitucionalidade de tal acréscimo. Penso que em interpretação conforme a Constituição é possível entender-se como constitucional a ampliação levada a efeito pela lei porquanto em nenhum momento da Carta ficaram estabelecidas quais as pessoas jurídicas que integrariam o conceito de Administração Indireta. As referências feitas às sociedades de economia mista, empresas públicas e fundações são exclusivamente para fixação da natureza jurídica de tais pessoas e a forma de como seriam criadas. Assim, não havendo limitação explícita, é possível ao legislador ordinário conceituar qual a abrangência do conceito de Administração Indireta. A interpretação doutrinária a respeito de administração indireta foi, por força da lei, ampliada para efeitos de licitação.
>
> Tema ainda de grande repercussão é que a lei outorgou de forma excepcional capacidade de verdadeira pessoa pública aos órgãos públicos para licitar e contratar. O contexto normal no direito administrativo é que não tem o órgão legitimidade de ação própria. Ele não se manifesta por si, mas pelo ente a que integra. Observe-se este exemplo: um servidor público do Poder Judiciário ou do Poder Legislativo, embora o concurso público que o conduziu a esta investidura tenha sido realizado por qualquer dos poderes, o vínculo estatutário daí decorrente não é com o poder, mas com o ente a que este poder integra. Repetindo, a relação jurídica estatutária se opera entre o servidor e o ente e não entre o servidor e o órgão que realizou o concurso e no qual o servidor exercerá as atribuições de ser cargo.
>
> A excepcionalidade outorgada pela lei aos órgãos públicos para licitar e contratar possibilita a se concluir que as discussões decorrentes destes atos tenham neles próprios, legitimação material e processual, assumindo o ente ao qual o órgão integra papel de simples interessado.

É possível afirmar-se que a legitimação do órgão para licitar e contratar, a que chamo de personalização do órgão pública, deu início a uma nova estrutura da Administração Pública a merecer reflexão mais profunda.

*b) Os particulares como contratados* – *Particulares*, repetindo o que foi dito no item anterior, no conceito tópico na lei, é o antônimo do que não é público ou, mais especificamente, são as *pessoas privadas*, cujo conceito é integrado por pessoas físicas ou jurídicas, que podem ser signatárias do contrato administrativo ou como também são chamadas pela lei de *contratados*, segundo define o art. 6º, inciso XV, da Lei nº 8.666/93.

### 3.2. Do dirigismo contratual absoluto

No início deste capítulo se disse que um dos pontos fortes na evolução dos contratos estava na passagem do autonomismo de vontade para o dirigismo contratual. Ou seja, de predominância da vontade das partes na fixação das cláusulas contratuais, constituindo em decorrência disso uma lei entre elas para a intervenção do estado, prefixando através de comando legal o que elas deveriam ou não estabelecer inclusive com a cominação de nulidade absoluta e efeito *ex tunc*. Essa intervenção de natureza social sempre ocorre quando o estado pretende proteger determinadas camadas sociais. É assim no contrato de trabalho, no contrato agrário e no contrato de consumo, apenas como alguns exemplos.

Essa característica evolutiva da teoria contratual foi plantada de galho no direito administrativo inclusive de forma mais extremada. Assim, é possível afirmar-se que o contrato administrativo é aquilo que a lei definir. A autonomia administrativa para contratar está lá no antecedente e restrita à opção de *sim* ou *não*. Dito o *sim*, a Administração Pública assume uma absoluta vinculação inclusive quanto aos procedimentos preparatórios de licitação, como já se observou ao se tratar do tema.

O dirigismo contratual ditado pela Lei nº 8.666/93 é absoluto.

### 3.3. Da natureza de contrato de adesão

*Contrato de adesão*, também chamado de *contrato-tipo* ou *unilateral*, na doutrina privada, é aquele pelo qual uma das partes predetermina cláusulas permanentes e imutáveis, enquanto outra parte apenas adere, como já tive oportunidade de definir[156].

Transpondo-se este conceito para o direito administrativo, tem-se que o contrato administrativo, além de ser dirigido absolutamente pelo legislador, controle este calcado na idéia de que existe um interesse superior a proteger – o interesse público, apesar disso, deixou para a Administração, a parte protegida, tão-somente uma réstia mínima de vontade que se limita à opção do que contratar, vedando, da mesma forma e com maior intensidade, qualquer possibilidade de o contratado poder discutir as cláusulas do contrato.

A comprovação desta afirmação pode ser observada em vários momentos da Lei nº 8.666/93: no art. 3º, quando estipulou o princípio da vinculação ao instrumento convocatório; art. 22, § 8º, quando vedou a criação de outras modalidades de licitação ou a combinação entre elas; art. 41, quando determinou que a Administração não pode descumprir as normas e condições do edital, ao qual se acha vinculada; art. 43, inciso V, quando especificou que o julgamento e classificação das propostas se verificassem de acordo com os critérios de avaliação constantes do edital; no § 1º do art. 54, quando vinculou o contrato

---

[156] BARROS, Wellington Pacheco. *Contratos – estudos sobre a moderna teoria geral*. Livraria do Advogado Editora, 2004, p. 154.

aos termos da licitação e da proposta formulada, circunstância que repetiu no art. 55, inciso XI, da mesma lei, quando estabeleceu que essa vinculação constituía cláusula necessária.

### 3.4. Da finalidade pública

Um fato inquestionável: o contrato administrativo é regrado pela Lei nº 8.666/93, que protege nitidamente a Administração Pública. No entanto, essa proteção não ocorre porque a Administração Pública é sinônimo de Estado e no sopesamento de interesses ele teria predominância sobre os interesses particulares. Mas porque a finalidade que leva a Administração Pública a agir estaria na busca do interesse público que, em verdade, é o interesse de toda sociedade.

O contrato administrativo, dessa forma, representa um ajuste entre a Administração Pública e o particular, formalizando um acordo de vontades que tem sempre um fim implícito, que é o interesse público. Essa circunstância inexiste nos contratos privados.

Portanto, a diferença entre o contrato administrativo e o privado é que o primeiro tem sempre como objeto a organização e o funcionamento dos serviços públicos, enquanto o segundo tem como objeto interesses particulares.

### 3.5. Da alteração e rescisão unilateral pela Administração

Uma das características dos contratos privados é sua imutabilidade. Uma parte capaz ajustando com outra parte capaz um acordo de vontade, isto cria um vínculo entre elas impossível de ser modificado. Essa é, como regra, o princípio preponderante da relação contratual privada.

Mas, numa leitura mais atenta da Lei nº 8.666/93, se observa prerrogativas da Administração que possibilitam a alteração e rescisão unilateral do contrato; a revisão de preços e tarifas; a inoponibilidade da exceção de contrato não cumprido; a busca do equilíbrio econômico e financeiro; o controle do contrato, a ocupação provisória e a aplicação de penalidades contratuais pela Administração.

Estas situações impendem a concluir que nenhum particular, ao contratar com a Administração, adquire direito à imutabilidade do contrato (ex., artigos 58, I, e 65, I, da Lei nº 8.666/93) ou à sua execução integral ou, ainda, às suas vantagens *in specie*, vez que se estaria a subordinar o interesse público ao privado do contratado. A Administração, inclusive, pode rescindir unilateralmente o contrato (ex., artigo 58, II, combinado com os artigos 79, I, e 78, incisos I a XII e XVII, da Lei nº 8.666/93).

Importante ressaltar que a rescisão contratual administrativa pode ocorrer tanto por inadimplência do contratante quanto por interesse público, mas, seja qual for o caso, é exigido justa causa, contraditório e ampla defesa para o rompimento contratual. É possível, nestas situações, o contratante buscar indenização.

A Administração, ao usar seu direito de alterar unilateralmente as cláusulas do contrato administrativo, deve, no entanto, observar o direito do contratado de ver mantida a equação financeira originariamente estabelecida, cabendo-lhe operar os necessários reajustes econômicos para o restabelecimento do equilíbrio financeiro.

Característica ainda detectável no contrato administrativo é a de poder a Administração Pública rescindi-lo unilateralmente por razões de interesse público e aplicar sanções administrativas ao particular contratado.

O poder de controle de rescisão unilateral do contrato administrativo pode acontecer de duas formas: pela revogação ou pela prática de infração contratual.

A rescisão pela revogação resulta da extensão do poder discricionário da Administração aos contratos, tendo sempre presente o interesse público, como se observa no inciso XII do art. 77 da Lei nº 8.666/93, que possibilita a rescisão do contrato quando razões de interesse público, de alta relevância e amplo conhecimento, justificadas e determinadas pela máxima autoridade da esfera administrativa a que está subordinado o contratante.

A rescisão pela prática de infração contratual decorre de violação de regras contratuais, com efeito retroativo, em caso de contrariedade à lei[157].

Mas, se a Administração pode alterar ou rescindir unilateralmente o contrato, não pode o contratante particular argüir exceção de contrato não cumprido (*exceptio non adimpleti contractus*) no caso de falta administrativa. Entretanto, esta pode invocá-la, quando a inadimplência for do contrtado. Isto ocorre devido ao princípio da continuidade do serviço público, que veda a paralização da execução do contrato, mesmo diante de omissão ou atraso da Administração no cumprimento das prestações a seu cargo. No caso de empresa concessionária de serviço público é possível o contratante argüir contra aquela a exceção de contrato.

### 3.6. Da forma escrita e do prazo determinado

Todos os contratos administrativos exigem, como forma, a escrita, sob penal de nulidade e de nenhum efeito, ressalvados aqueles casos que envolvam compras ou prestação de serviços de pequeno valor, e o pagamento é imediato, onde é admitido a forma verbal (art. 60, parágrafo único, da Lei nº 8.666/93), mas como regime de adiantamento.

O conceito de pequeno valor é legal e, nos termos do art. 23, II, "a", da Lei nº 8.666/93, com a redação que lhe deu a Lei nº 9.648/98, está limitado a 5% (cinco por cento) de R$ 80.000,00 (oitenta mil reais), ou seja, R$ 2.000,00 (dois mil reais)

O § 3º do artigo 57 da Lei nº 8.666/93, veda a realização de contrato com prazo de vigência indeterminado.

### 3.7. Da presença de cláusulas exorbitantes

O contrato administrativo tem outra característica típica: a de nele poderem ser inseridas cláusulas que exorbitam a estrutura geral dos contratos. São as chamadas *cláusulas exorbitantes*.

*Exorbitante* é o que excessivo; o que está fora do que é comumente praticado. Portanto, as chamadas *cláusulas exorbitantes* não seriam consideradas lícitas num contrato privado, vez que não tratam as partes da mesma forma. Mas estas cláusulas são válidas no contrato administrativo, como prerrogativas da Administração, e podem aparecer implicitamente, ainda que não expressamente previstas.

A alteração ou a rescisão unilateral do contrato pela Administração, a fiscalização de sua execução, a aplicação de sanções administrativas, a retenção de créditos, por exemplo, são cláusulas que excedem a teoria geral dos contratos, já que criam para a Administração uma prerrogativa diferenciada.

---

[157] Súmula nº 473 do Supremo Tribunal Federal: "a Administração pode anular seus próprios atos, quando eivados de vícios que os tornem ilegais, porque deles não se originam direitos; ou revogá-los, por motivo de conveniência ou oportunidade, respeitados os direitos adquiridos, e ressalvada, em todos os casos, a apreciação judicial".

### 3.8. Do sancionamento administrativo

Por fim, uma das características bem típicas do contrato administrativo é a possibilidade de aplicação de sanções administrativas independentemente das civis pela inexecução total ou parcial pelo particular nas modalidades de advertência, multa, suspensão temporária de participação em licitação e impedimento de contratar com a Administração e a declaração de inidoneidade.

Esse apenamento não existe nos contratos privados, já que o descumprimento contratual resulta tão-somente na aplicação de sanções pecuniárias.

Essa matéria será analisada em tópico próprio.

## 4. DA INTERPRETAÇÃO

*Interpretação* vem do latim *interpretacio legis* e significa o método pelo qual o hermeneuta procura apreender o pensamento do legislador, expresso na norma que examina, e em seguida explica a sua verdadeira inteligência, o seu justo e conveniente sentido técnico-jurídico. Existem vários métodos de interpretação e, entre os mais clássicos, se encontram o *gramatical, literal* ou *filosófico* (interpreta-se a própria letra da lei), o *lógico* (traduz-se o pensamento do legislador) e o *sistemático* (interpreta-se através do confronto entre dispositivos). A estes métodos clássicos se juntaram o *sociológico* (interpreta-se pelo que ocorre no meio social), o *tópico jurídico* (interpreta-se através das questões já definidas) e o da *argumentação jurídica* (interpreta-se considerando as peculiaridades do caso).

Qualquer destes métodos de interpretação não é pleno por si mesmo, sendo razoável afirmar-se a possibilidade de conjugação de vários ao mesmo tempo para se buscar a compreensão perfeita do tema jurídico.

Quando se trata de se interpretar o contrato administrativo, além da possibilidade de se poder utilizar este ou aquele método de interpretação ou a conjunção de alguns deles, deve-se ter em mente que as normas que o regem são de direito público e que, portanto, há um interesse superior a proteger, que é o *interesse público*, definível com interesse de todos titulado pela Administração. Apenas quando inexistentes estes princípios é que deverão ser suplementadas pelos princípios da teoria geral dos contratos e do direito privado.

Tanto é verdade que Hely Lopes Meirelles[158] menciona que, ao interpretar um contrato administrativo, deve-se levar em consideração a existência de princípios como o da vinculação da administração, a presunção de legitimidade das cláusulas contratuais; a alterabilidade das cláusulas regulamentares e, a excepcionalidade dos contratos de atribuição.

Ademais, as cláusulas dos contratos denominados de direito público equivalem a atos administrativos, gozando, portanto, de presunção de legitimidade, somente podendo ser suprimidas por prova em contrário.

Além disso, apesar de as cláusulas do contrato administrativo sempre visarem o atendimento do interesse público, da coletividade em geral, existem as cláusulas econômicas, que favorecem o particular contratado. Não se pode negar o reconhecimento da necessidade do equilíbrio financeiro e da reciprocidade e equivalência nos direitos e obrigações das partes, compensando-se a supremacia da Administração com vantagens econômicas estabelecidas em favor do contratado.

---

[158] MEIRELLES, Hely Lopes. *Direito Administrativo Brasileiro*. 19ª ed. São Paulo: Malheiros, 1994, p. 202.

## 5. DA PUBLICIDADE

O contrato privado não exige publicidade. Formalizado entre particulares, a sua existência somente a eles interessa. Mesmo nos contratos formalizados por instrumento público, como é o caso da compra e venda de bens imóveis, o efeito *erga omnes* daí decorrente é apenas presuntivo e diz mais com a segurança jurídica do que com o conhecimento público de sua existência.

No entanto, por força do princípio da publicidade, que se encontra previsto no artigo 37 da Constituição Federal, no artigo 4º da Lei nº 8.429/92 e no artigo 2º da Lei nº 9.784/99, a publicidade dos contratos administrativos é requisito para sua própria existência.

Assim, desde o processo administrativo de licitação, que é a preparação para a contratação, até a efetiva contratação formalizada entre a Administração Pública e o particular, há necessidade de que se dê conhecimento de tais atos ao público. Essa obrigatoriedade é tão vinculante que o seu desrespeito induz à nulidade do que foi realizado com efeito *ex tunc*.

É por isso que o artigo 21 e seus incisos, da Lei nº 8.666/93, determina que sejam publicados os avisos contendo os resumos dos editais das concorrências, das tomadas de preços, dos concursos e dos leilões, além do local da repartição interessada, no Diário Oficial da União (licitação feita por órgão ou entidade da Administração Pública Federal e, ainda, quando se tratar de obras financiadas parcial ou totalmente com recursos federais ou garantidas por instituições federais); no Diário Oficial do Estado ou do Distrito Federal (respectivamente, licitação feita por feita por órgão ou entidade da Administração Pública Estadual ou Municipal, ou do Distrito Federal) ou; em jornais de grande circulação. O parágrafo único do artigo 61 da Lei de Licitações, também trata da matéria, determinando que:

> Parágrafo único. A publicação resumida do instrumento de contrato ou de seus aditamentos na imprensa oficial, que é condição indispensável para sua eficácia, será providenciada pela Administração até o quinto dia útil do mês seguinte ao de sua assinatura, para ocorrer no prazo de vinte dias daquela data, qualquer que seja o seu valor, ainda que sem ônus, ressalvado o disposto no art. 26 desta Lei.

## 6. DOS CONTRATANTES

Já se disse que o contrato administrativo tem como partes contratantes a Administração Pública, de um lado, e o particular, pessoa física ou jurídica, de outro. Esta conclusão é retirada do art. 2º, parágrafo único, da Lei nº 8.666/93. Essa delimitação legal postou por terra a discussão doutrinária a respeito do que se poderia considerar contrato administrativo.

### 6.1. Da Administração Pública

O conceito de administração pública como contratante no contrato administrativo já foi analisada no tópico Característica do contrato administrativo a que se remete para se evitar tautologia.

### 6.2. Da capacidade excepcional do órgão

O art. 2º, parágrafo único, da Lei nº 8.666/93 inovou no conceito de Administração Pública contratante quando de forma expressa estendeu a capacidade contratual ao órgão público. Esta matéria já foi analisada também no tópico Característica do contrato administrativo a que se remete.

### 6.3. Do particular

A parte contratada no contrato administrativo é o particular, segundo o art. 2º, partágrafo único, da Lei nº 8.666/93. Particular, repetindo o que foi dito anteriormente, no conceito tópico na lei, é o antônimo do que não é público ou, mais especificamente, são as pessoas privadas cujo conceito é integrado por pessoas físicas ou jurídicas que podem ser signatárias do contrato administrativo ou como também são chamadas pela lei de contratados, segundo define o art. 6º, inciso XV, da Lei nº 8.666/93.

## 7. DO FORO DO CONTRATO ADMINISTRATIVO

O foro do contrato administrativo é o da sede da Administração Pública contratante e esta disposição deve constar como cláusula obrigatória no contrato administrativo, mesmo que o contratado seja pessoa física ou jurídica domiciliada no estrangeiro, consoante o disposto no art. 55, § 2º, da Lei nº 8.666/93.

Esta disposição, no entanto, consoante a vedação do art. 32, § 6º, da citada lei, não se aplica às licitações internacionais para a aquisição de bens e serviços cujo pagamento seja feito com o produto de financiamento concedido por organismo financeiro internacional de que o Brasil faça parte, ou por agência estrangeira de cooperação.

Também não se aplica a competência geral de foro nos casos de contratação com empresa estrangeira para a compra de equipamentos fabricados e entregues no exterior, desde que para este caso tenha havido autorização do chefe do Poder Executivo.

Por fim, a regra geral também não se aplica nos casos de aquisição de bens e serviços realizada por unidades administrativas com sede no exterior.

## 8. DA VINCULAÇÃO DO CONTRATO ADMINISTRATIVO AO INSTRUMENTO DA LICITAÇÃO E DA PROPOSTA

O art. 54, § 1º, da Lei nº 8.666/93, determina que os contratos administrativos devem estabelecer com clareza e precisão as condições para a sua plena execução, através de cláusulas que definam os direitos, obrigações e responsabilidades das partes, tudo de conformidade com os termos do que foi licitado e da respectiva proposta vencedora.

Essa vinculação, como regra, não deixa margem à qualquer alteração superveniente entre um momento e outro. Portanto é possível se afirmar que o que foi licitado e foi objeto da proposta devidamente homologada deverá representar fielmente os termos do contrato.

No entanto, a própria lei prevê de forma expressa as situações em que o contrato poderá ser alterado unilateralmente ou por acordo de partes. O art. 65 da Lei das licitações é que trata dessa matéria e, diante de sua importância, será comentada no Capítulo V desta Parte IV do Livro.

## 9. DA DURAÇÃO E DA PRORROGAÇÃO O CONTRATO ADMINISTRATIVO

A duração dos contratos administrativos fica vinculada à vigência dos respectivos créditos orçamentários, consoante o disposto no art. 57, *caput*, da Lei nº 8.666/93. Daí porque é vedado o contrato com prazo de vigência indeterminado, consoante limitação manifesta do § 3º do mesmo artigo.

No entanto, essa duração obrigatória sofre exceção nos casos que envolvam:

I – projetos cujos produtos estejam contemplados nas metas estabelecidas no Plano Plurianual, os quais poderão ser prorrogados se houver interesse da Administração e desde que isso tenha sido previsto no ato convocatório;
II – prestação de serviços a serem executados de forma contínua, que poderão ter a sua duração prorrogada por iguais e sucessivos períodos com vistas à obtenção de preços e condições mais vantajosas para a administração, limitada a sessenta meses. (Em caráter excepcional, devidamente justificado e mediante autorização da autoridade superior, o este prazo poderá ser prorrogado por até doze meses, conforme o § 4º incluído ao art. 57, pela Lei nº 9.648, de 1998)
III – aluguel de equipamentos e à utilização de programas de informática, podendo a duração estender-se pelo prazo de até 48 (quarenta e oito) meses após o início da vigência do contrato.

Além dessas exceções, o § 1º, do artigo em análise diz que os prazos de início de etapas de execução, de conclusão e de entrega admitem prorrogação, mantidas as demais cláusulas do contrato e assegurada a manutenção de seu equilíbrio econômico-financeiro, desde que ocorra algum dos seguintes motivos, devidamente autuados em processo:

I – alteração do projeto ou especificações, pela Administração;
II – superveniência de fato excepcional ou imprevisível, estranho à vontade das partes, que altere fundamentalmente as condições de execução do contrato;
III – interrupção da execução do contrato ou diminuição do ritmo de trabalho por ordem e no interesse da Administração;
IV – aumento das quantidades inicialmente previstas no contrato, nos limites permitidos na Lei;
V – impedimento de execução do contrato por fato ou ato de terceiro reconhecido pela Administração em documento contemporâneo à sua ocorrência;
VI – omissão ou atraso de providências a cargo da Administração, inclusive quanto aos pagamentos previstos de que resulte, diretamente, impedimento ou retardamento na execução do contrato, sem prejuízo das sanções legais aplicáveis aos responsáveis.

De qualquer sorte, toda prorrogação de prazo deverá ser justificada por escrito e previamente autorizada pela autoridade competente para celebrar o contrato, conforme o disposto no § 2º do art. 57 da Lei nº 8.666/93.

## 10. DA NULIDADE DO CONTRATO ADMINISTRATIVO

Como ocorre com a licitação, o contrato administrativo também é passível de nulidade. Daí porque lhe é aplicável tudo aquilo que foi dito a respeito da teoria geral da nulidade explanada neste livro.

De forma expressa, a Lei nº 8.666/93 declarou a nulidade do contrato administrativo em vários momentos.

Assim, depois de afirmar no seu art. 7º, § 3º, de que seria vedado incluir no objeto da licitação a obtenção de recursos financeiros para sua execução, qualquer que fosse a sua origem, exceto nos casos de empreendimentos executados e explorados sob o regime de concessão, nos termos da legislação específica; no § 4º, de que também seria vedada, ainda, a inclusão, no objeto da licitação, de fornecimento de materiais e serviços sem previsão de quantidades ou cujos quantitativos não correspondessem às previsões reais do projeto básico ou executivo e no § 5º, a vedação para realização de licitação cujo objeto incluísse bens e serviços sem similaridade ou de marcas, características e especificações exclusivas, salvo nos casos em que fosse tecnicamente justificável, ou ainda quando o fornecimento de tais materiais e serviços fosse feito sob o regime de administração contratada, previsto e discriminado no ato convocatório, estabeleceu, no § 6º, que a infringência a qualquer destas vedações implicaria na nulidade dos atos ou contratos realizados e a responsabilidade de quem lhes tivesse dado causa.

Também declarou de forma expressa a nulidade no art. 49, § 2º, quando afirmou que a nulidade do procedimento licitatório induziria a do contrato, ressalvado o disposto no parágrafo único do art. 59 da Lei.

Ainda declarou a incidência de nulidade no art. 50, quando afirmou que Administração não poderia celebrar o contrato com preterição da ordem de classificação das propostas ou com terceiros estranhos ao procedimento licitatório, estabelecendo no art. 59 que a declaração de nulidade do contrato administrativo operaria retroativamente impedindo os efeitos jurídicos que ele, ordinariamente, deveria produzir, além de desconstituir os já produzidos.

Nesta última situação, consoante disposição expressa no parágrafo único do mesmo art. 59, ficou estabelecido que nulidade do contrato administrativo não exonera a Administração do dever de indenizar o contratado pelo que este houver executado até a data em que ela for declarada e por outros prejuízos regularmente comprovados, contanto que não lhe seja imputável, promovendo-se a responsabilidade de quem lhe deu causa.

Tema pertinente porque de muita repercussão prática diz respeito com a forma utilizada pela Administração Pública para declarar a nulidade.

O art. 109 da Lei nº 8.666/93 relaciona os recursos administrativos cabíveis dos atos administrativos decorrentes de sua aplicação. E, depois de fixar que para eles seria passível *recurso (recurso hierárquico)*, declarou que caberia *representação*, no prazo de 5 (cinco) dias úteis da intimação da decisão que, embora tivesse relação com o objeto da licitação ou do contrato, não estivesse enumerado como passível de recurso.

Dessa forma, não estando na nominata das decisões passíveis de recurso, da decisão que declarasse a nulidade do contrato administrativo caberia *representação*. O cerne da questão está a meu sentir que a decisão que provoque a nulidade contratual somente poderá ser exarada depois de respeitar o princípio do devido processo administrativo que deverá ser instaurado pela Administração Pública de forma incidental ao procedimento regular de licitação.

Daí porque a idéia de se estudar esta matéria como incidente na licitação e no contrato administrativo, que constitui a *Parte V* deste livro, a que se remete.

## 11. DA APLICAÇÃO SUBSIDIÁRIA DA LEI Nº 8.666/93 AO CONVÊNIO, AO ACORDO, AO AJUSTE OU A QUALQUER OUTRA FORMA CONTRATUAL FIRMADA ENTRE ADMINISTRAÇÕES

O contrato administrativo, segundo o parágrafo único do art. 2º da Lei nº 8.666/93, é todo e qualquer ajuste entre órgãos ou entidades da Administração Pública e particulares envolvendo um acordo de vontades para o fim de formação de vínculo com a estipulação de obrigações recíprocas. Pelo dispositivo legal claramente se observa que o contrato administrativo se formaliza tendo a Administração Pública e os particulares como contratantes.

Dessa forma, não se aplica a Lei nº 8.666/93 de forma vinculante e obrigatória aos contratos firmados entre administração, como os convênios, acordos, ajustes ou qualquer outra forma contratual. A aplicação é meramente subsidiária. Questão lógica é a de que não se aplica a estes contratos a licitação, apenas o que for pertinente à parte contratual.

A aplicação subsidiária é complementada com as seguintes disposições:

Art. 116. Aplicam-se as disposições desta Lei, no que couber, aos convênios, acordos, ajustes e outros instrumentos congêneres celebrados por órgãos e entidades da Administração.

§ 1º A celebração de convênio, acordo ou ajuste pelos órgãos ou entidades da Administração Pública depende de prévia aprovação de competente plano de trabalho proposto pela organização interessada, o qual deverá conter, no mínimo, as seguintes informações:

I – identificação do objeto a ser executado;
II – metas a serem atingidas;
III – etapas ou fases de execução;
IV – plano de aplicação dos recursos financeiros;
V – cronograma de desembolso;
VI – previsão de início e fim da execução do objeto, bem assim da conclusão das etapas ou fases programadas;
VII – se o ajuste compreender obra ou serviço de engenharia, comprovação de que os recursos próprios para complementar a execução do objeto estão devidamente assegurados, salvo se o custo total do empreendimento recair sobre a entidade ou órgão descentralizador.

§ 2º Assinado o convênio, a entidade ou órgão repassador dará ciência do mesmo à Assembléia Legislativa ou à Câmara Municipal respectiva.

§ 3º As parcelas do convênio serão liberadas em estrita conformidade com o plano de aplicação aprovado, exceto nos casos a seguir, em que as mesmas ficarão retidas até o saneamento das impropriedades ocorrentes:

I – quando não tiver havido comprovação da boa e regular aplicação da parcela anteriormente recebida, na forma da legislação aplicável, inclusive mediante procedimentos de fiscalização local, realizados periodicamente pela entidade ou órgão descentralizador dos recursos ou pelo órgão competente do sistema de controle interno da Administração Pública;
II – quando verificado desvio de finalidade na aplicação dos recursos, atrasos não justificados no cumprimento das etapas ou fases programadas, práticas atentatórias aos princípios fundamentais de Administração Pública nas contratações e demais atos praticados na execução do convênio, ou o inadimplemento do executor com relação a outras cláusulas conveniais básicas;
III – quando o executor deixar de adotar as medidas saneadoras apontadas pelo partícipe repassador dos recursos ou por integrantes do respectivo sistema de controle interno.

§ 4º Os saldos de convênio, enquanto não utilizados, serão obrigatoriamente aplicados em cadernetas de poupança de instituição financeira oficial se a previsão de seu uso for igual ou superior a um mês, ou em fundo de aplicação financeira de curto prazo ou operação de mercado aberto lastreada em títulos da dívida pública, quando a utilização dos mesmos verificar-se em prazos menores que um mês.

§ 5º As receitas financeiras auferidas na forma do parágrafo anterior serão obrigatoriamente computadas a crédito do convênio e aplicadas, exclusivamente, no objeto de sua finalidade, devendo constar de demonstrativo específico que integrará as prestações de contas do ajuste.

§ 6º Quando da conclusão, denúncia, rescisão ou extinção do convênio, acordo ou ajuste, os saldos financeiros remanescentes, inclusive os provenientes das receitas obtidas das aplicações financeiras realizadas, serão devolvidos à entidade ou órgão repassador dos recursos, no prazo improrrogável de 30 (trinta) dias do evento, sob pena da imediata instauração de tomada de contas especial do responsável, providenciada pela autoridade competente do órgão ou entidade titular dos recursos.

## 12. DA APLICAÇÃO SUBSIDIÁRIA DOS PRINCÍPIOS DA TEORIA GERAL DOS CONTRATOS E DAS DISPOSIÇÕES DE DIREITO PRIVADO AOS CONTRATOS ADMINISTRATIVOS

Quando se procurou dimensionar a evolução histórico-jurídica dos contratos, no Capítulo I desta parte do livro, se disse que o autonomismo de vontade que comandou a idéia de uma teoria contratual unificada durante grande parte desse tempo tem perdido gradativamente espaço para o dirigismo contratual, pensamento segundo o qual fatores exteriores às relações contratuais limitam ou subsumem a vontade de uma das partes nos contratos, exigindo por isso mesmo a intervenção estatal através de legislação imperativa e protetiva que busque proteger a parte reconhecidamente aderente.

Também se disse que o contrato administrativo se encontra classificado dentro deste dirigismo pelo motivo de que a Administração Pública representa o gerenciamento da coisa pública que, em verdade, pertence a todos nós. Portanto, entre os interesses do particular e da Administração, a Lei nº 8.666/93 claramente protege esta última, como são as prerrogativas de inserção de cláusulas exorbitantes, segundo o seu art 58.

Assim, quando o art. 54 da Lei nº 8.666/93 permite a aplicação subsidiária dos princípios que estruturam a teoria geral dos contratos ou mesmo das disposições de direito privado, tem que se ter presente que esta aplicação somente deve se verificar se não houver conflito entre estas legislações e os preceitos que comandam o contrato administrativo ou mesmo as regras de direito público.

Podem servir de exemplo de aplicação subsidiária nos contratos administrativos as regras que regem o inadimplemento das obrigações, como a incidência de perdas e danos, correção monetária e juros de mora. Ou ainda as disposições contratuais gerais típicas, como aquelas que regem os vícios redibitórios, a evicção e a extinção dos contratos.

Nos contratos em espécies, como o de compra e venda, por exemplo, a subsidiariedade é quase absoluta. Assim, na locação, no seguro, no arrendamento e parceria rural etc.

## Capítulo III – Da formalização dos contratos

### 1. DA CONVOCAÇÃO DO LICITANTE

#### 1.1. Do prazo e das condições para a convocação

Superado o procedimento regular de licitação ou afastado pela incidência da dispensa ou inexigibilidade, o licitante vencedor será convocado regularmente para *assinar* o termo de contrato, *aceitar* ou *retirar o instrumento equivalente*. A obrigatoriedade de assinatura do instrumento de contrato se dará nas modalidades de licitações de concorrência e de tomada de preço, bem assim nas situações de dispensa ou de inexigibilidade cujos preços estejam compreendidos nos limites destas duas modalidades de licitação.

A novidade inserta no termo *aceitar* ou *retirar o instrumento equivalente* decorre da faculdade concedida pela parte final art. 62 da Lei nº 8.666/93, de poder a Administração Pública substituir nas situações em que não haja a obrigatoriedade de assinatura do instrumento de contrato por outros instrumentos hábeis, como a *carta-contrato*, a *nota de empenho de despesa*, a *autorização de compra* ou a *ordem de execução de serviço*.

O prazo para a convocação será aquele que for fixado no edital de licitação, consoante o disposto no art. 40, inciso II, combinado com o art. 64, *caput*, ambos da Lei nº 8.666/93.

A convocação ocorrerá por intimação feita através de qualquer forma, desde que fique caracterizada a ciência do convocado.

## 1.2. Da decadência da convocação

Demonstrada que a convocação foi efetivada, mas o interessado não a atendeu no prazo do edital, *decairá* ele do direito à contratação, por força do disposto no art. 64, *caput*, da Lei nº 8.666/93.

*Decadência*, derivado do latim *cadens*, de *cadere* (cair, perecer, cessar), significa o estado de tudo aquilo que decai ou que perece. No campo da ciência jurídica significa a queda ou perecimento de um direito, pelo decurso do prazo prefixado ao seu exercício, isto é, a queda ou perecimento de um direito pela falta de seu exercício no interregno assinalado pela lei.

Além de decair do direito de contratar, poderá ser penalizado administrativamente por descumprimento total da obrigação assumida, nos termos do art. 81 da referida Lei. A aplicação dessa sanção é típico incidente que deve respeitar as regras de um devido processo administrativo.

## 1.3. Da prorrogação da convocação

O prazo de convocação para a assinatura do contrato administrativo poderá ser prorrogado, uma única vez e por igual período, desde que ocorra *motivo justificado* plenamente aceito pela Administração Pública, consoante o disposto no § 1º do art. 64 da Lei nº 8.666/93.

*Motivar* é relacionar os motivos ou dar os motivos justificativos de qualquer ato, de qualquer direito ou de qualquer ação. Portanto, quando a lei estabelece que a convocação poderá ser prorrogada desde que o interessado apresente motivo justificado significa que as razões, de direito ou de fato, por ele apresentada são razoáveis e determinantes para afastar o descumprimento da convocação.

O motivo justificado, portanto, não está na subjetivação do administrador, mas no interesse público que a Administração tem que proteger.

A prorrogação do prazo de convocação, quando praticada para prejudicar ou beneficiar terceiros, é ato ilícito que merece ser controlado através de *representação*, consoante o disposto no art. 109, inciso II, da Lei nº 8.666/93, no prazo de 5 (cinco) dias.

## 1.4. Da convocação dos remanescentes

Quando o convocado não assinar o termo de contrato ou não aceitar ou retirar o instrumento equivalente no prazo e condições estabelecidos, é facultado à Administração Pública convocar os licitantes remanescentes, na ordem de classificação, para fazê-lo em igual prazo e nas mesmas condições propostas pelo primeiro classificado, inclusive quanto aos preços atualizados de conformidade com o ato convocatório.

É de ser observado que a convocação dos remanescentes é mera faculdade administrativa, podendo a Administração Pública revogar a licitação independentemente da cominação prevista no art. 81 da Lei nº 8.666/93.

A convocação dos remanescentes tem previsão no art. 62, § 2º, da lei já citada.

## 1.5. Da não-convocação

Situação interessante pode se verificar quando, decorridos 60 (sessenta) dias da data das entregas das propostas, a Administração Pública não convoca o licitante vencedor para a assinatura do instrumento de contrato ou para aceitar ou retirar o instrumento equivalente.

Segundo o § 3º do art. 64 da Lei nº 8.666/93, ficaria o licitante liberado dos compromissos assumidos.

Aliás, quando tratei da adjudicação, disse que circunstância interessante poderia ocorrer se o licitante, ao invés de se sentir liberado para contratar, pretendesse exigir a efetiva contratação. Ou seja, diferentemente da faculdade que a lei lhe outorgou no sentido de se sentir livre do compromisso com a Administração, buscasse a contratação. Repito o que disse naquela oportunidade. Penso que à Administração é dado revogar a licitação, mas se não o faz, a inércia administrativa em contratar violando regras que expressamente se vinculou cria para o licitante vencedor o direito de exigir a contratação. Vou mais adiante, penso que, inclusive, tem ele o direito de, além de buscar a contratação, ser indenizado pela inércia administrativa se comprovados os prejuízos.

## 2. DA FORMA ESCRITA

Alguns contratos admitem tanto a forma escrita como a verbal. São exemplos os contratos com preocupação social como os contratos de trabalho, agrário e de consumo.

Como já foi especificado no item *Característica do contrato administrativo*, quando se trata dos contratos administrativos, a regra é a de que eles devam ser escritos até mesmo em respeito ao princípio da publicidade que norteia toda administração pública. A própria lei diz quando o contrato escrito é obrigatório, como nos casos de concorrência e de tomada de preços (art. 62 da Lei nº 8.666/93), o que se estende aos casos de inexigibilidade de licitação, quando o valor do objeto se enquadrar na modalidade de tomada de preços ou de concorrência.

Como conseqüência disso é possível afirmar-se que os ajustes verbais devem ser considerados nulos e sem efeitos, excetuando-se tão-somente compras de pequena monta, de pronto pagamento, nos termos do art. 23, II, da Lei nº 8.666/93.

Geralmente o instrumento do contrato administrativo é, em regra, lavrado nas repartições interessadas que, como diz o art. 60 da Lei nº 8.666/93, "manterão arquivo cronológico dos seus autógrafos e registro sistemático do seu estrato", com exceção dos relativos a direitos reais sobre imóveis, que se formalizam por instrumento lavrado em cartório de notas – escritura pública –, sendo, no entanto, juntada ao processo que lhe deu origem.

Apesar dessa regra, existem outras formas escritas de ajustes com a Administração, como, por exemplo, a carta-contrato, a nota de empenho de despesa, a autorização de compra e a ordem de serviço.

Na verdade, a carta-contrato é pouco usada, consistindo em correspondência expedida pela Administração, endereçada ao fornecedor, autorizando o fornecimento ou a prestação de serviços, consoante condições previstas no próprio texto.

Além de exigir forma escrita, é necessária publicação do contrato em resumo no órgão oficial, devendo ser providenciada até o quinto dia útil do mês subseqüente à assinatura e publicada no prazo de 20 dias, independente do valor do contrato, correndo as despesas por conta da entidade pública.

No preâmbulo do contrato deve contar os nomes das partes e de seus representantes, qualificados na forma da lei, além do nº do processo de licitação que deu origem ao contrato ou de dispensa ou de reconhecimento de inexigibilidade. Neste ponto, é importante lembrar que os órgãos públicos não detêm legitimidade para celebrar contrato por não serem sujeitos de direitos e deveres. Edimur[159] menciona como exemplo de como deve figurar um órgão público a seguinte maneira: "A União Federal, através do Ministério da Agricultura, representado pelo seu titular Dr. ..., e a empresa ... firmam o presente contrato".

O instrumento convocatório deverá prever o prazo para assinatura do contrato, podendo tal prazo ser prorrogável uma vez, a pedido do interessado, devidamente motivado, nos casos em que o ajuste formal seja dispensável, devendo ser formulado antes de seu vencimento.

Caso a Administração não convoque o vencedor para assinar o contrato ou não expeça a ordem de fornecimento ou de autorização de serviço, em qualquer um dos casos, no prazo de sessenta dias, estarão os demais licitantes desobrigados de manter suas propostas.

O edital deverá prever sanções para os casos de inobservância do prazo para assinar o contrato ou para entrega do objeto do mesmo. Os demais licitantes não são obrigados a atender o chamamento, em caso de recusa do convocado, nem se sujeitam a qualquer tipo de sanção por não se interessarem aos termos do contrato.

Segundo Hely,[160] faz parte do contrato, também, o edital, "o projeto com suas especificações, memoriais, cálculos, planilhas, cronogramas e demais elementos pertinentes e complementam-no, ainda que não expressas em cláusulas, as disposições de leis, regulamentos, caderno de encargos da repartição contratante e normas técnicas oficiais concernentes ao seu objeto".

## 3. DAS CLÁUSULAS ESSENCIAIS

As cláusulas que fixam o objeto do ajuste e estabelecem as condições fundamentais para sua execução, não podendo faltar num contrato administrativo, sob pena de nulidade, são as chamadas *cláusulas essenciais*. O artigo 55 da Lei de licitações consigna as cláusulas mínimas indispensáveis àqueles contratos, a saber:

Art. 55. São cláusulas necessárias em todo contrato as que estabeleçam:
I – o objeto e seus elementos característicos;
II – o regime de execução ou a forma de fornecimento;
III – o preço e as condições de pagamento, os critérios, data-base e periodicidade do reajustamento de preços, os critérios de atualização monetária entre a data do adimplemento das obrigações e a do efetivo pagamento;
IV – os prazos de início de etapas de execução, de conclusão, de entrega, de observação e de recebimento definitivo, conforme o caso;
V – o crédito pelo qual correrá a despesa, com a indicação da classificação funcional programática e da categoria econômica;
VI – as garantias oferecidas para assegurar sua plena execução, quando exigidas;
VII – os direitos e as responsabilidades das partes, as penalidades cabíveis e os valores das multas;
VIII – os casos de rescisão;
IX – o reconhecimento dos direitos da Administração, em caso de rescisão administrativa prevista no art. 77 desta Lei;
X – as condições de importação, a data e a taxa de câmbio para conversão, quando for o caso;
XI – a vinculação ao edital de licitação ou ao termo que a dispensou ou a inexigiu, ao convite e à proposta do licitante vencedor;
XII – a legislação aplicável à execução do contrato e especialmente aos casos omissos;
XIII – a obrigação do contratado de manter, durante toda a execução do contrato, em compatibilidade com as obrigações por ele assumidas, todas as condições de habilitação e qualificação exigidas na licitação.

---

[159] DE FARIA, Edimur Ferreira. *Curso de Direito Administrativo Positivo*. 4ª edição. Belo Horizonte: Del Rey, 2001, p. 333.
[160] MEIRELLES, Hely Lopes. *Direito Administrativo Brasileiro*. 29ª edição. São Paulo: Malheiros, 2004, p. 218.

Uma cláusula indispensável em matéria de contrato administrativo é aquela que declara como competente o foro da sede da Administração para dirimir qualquer questão contratual, salvo o disposto no § 6º do art. 32 da Lei nº 8.666/93 (licitação internacional).

No entanto, como bem elucida o saudoso HELY,[161] "outras cláusulas poderão erigir-se em essenciais em face da peculiaridade de cada ajuste e do interesse dominante em cada negócio público".

## 4. DAS CLÁUSULAS EXORBITANTES

A existência de clausulas exorbitantes é uma característica típica do contrato administrativo e constitui um elemento importante na sua formalização, como já foi adiantado. Exorbitante, como já disse, é o que excessivo; o que está fora do que é comumente praticado. Portanto, as chamadas cláusulas exorbitantes não seriam consideradas lícitas em um contrato privado, porquanto não tratam as partes da mesma forma. Mas estas cláusulas são válidas no contrato administrativo, como prerrogativas da Administração, e podem aparecer implicitamente, ainda que não expressamente previstas. Destacam-se dentre elas:

### 4.1. Da exigência de garantia

A possibilidade de garantia para a formalização do contrato administrativo está prevista no art. 56, § 1º, I, II e III, da Lei nº 8.666/93. Trata-se de uma faculdade da Administração, mas que, se exercitada, obriga o contratado. Essa possibilidade de a Administração Pública impor ao contratado a necessidade de garantia é chamada de cláusula exorbitante. São exemplos a caução em dinheiro ou títulos da dívida pública, seguro garantia e fiança bancária. A escolha da modalidade de garantia cabe ao contratado.

Diante da relevância, essa matéria será tratada no próximo capítulo sob a denominação de Das garantias nos contratos administrativos ou dos contratos administrativos de garantias.

### 4.2. Da alteração unilateral do contrato

O art. 58, I, e art. 65, I, da Lei nº 8.666/93 possibilita a alteração unilateral do contrato. Trata-se de outra prerrogativa da Administração Pública. Por ser incomum nas relações contratuais, essa possibilidade de alteração unilateral é chamada de cláusula exorbitante.

Di Pietro[162] aponta a possibilidade de ocorrer alteração unilateral nos seguintes casos:

1. Quando houver modificação do projeto ou das especificações, para melhor adequação técnica aos seus objetivos;
2. Quando necessária à modificação do valor contratual em decorrência de acréscimo ou diminuição quantitativa de seu objeto, nos limites permitidos nos parágrafos do mesmo dispositivo.

Esta matéria será analisada no *Capítulo V – Da alteração do contrato administrativo*.

### 4.3. Da rescisão unilateral

O art. 58, II, combinado com os artigos 78, incisos I a XII e XVII, e 79, I, da Lei nº 8.666/93 prevê a possibilidade de rescisão unilateral do contrato administrativo.

---

[161] MEIRELLES, Hely Lopes. *Direito Administrativo Brasileiro*. 29ª edição. São Paulo: Malheiros, 2004, p. 219.
[162] DI PIETRO, Maria Sylvia Zanella. *Direito Administrativo*. 14ª edição, São Paulo: Atlas, 2002, p. 256.

Essa possibilidade de rescindir unilateralmente o contrato é chamada de *cláusula exorbitante* por não integrar a teoria geral dos contratos.

Esta matéria será analisada no *Capítulo VII – Da inexecução e rescisão do contrato administrativo*.

### 4.4. Da fiscalização

Os artigos 58, III, 67 e 78, VII, da Lei nº 8.666/93 estabelece a necessidade de a Administração Pública fiscalizar a execução do contratado.

Essa situação incomum nas relações contratuais é chamada de *cláusula exorbitante*.

Essa matéria será analisada no *Capítulo VI – Da execução do contrato administrativo*.

### 4.5. Da aplicação de penalidades

O art. 58, IV, e art. 87 da Lei nº 8.666/93 prevê a possibilidade de aplicação de penalidade por atraso ou inexecução total ou parcial do contrato.

Essa possibilidade não é circunstância comum nas relações contratuais. Daí porque é chamada de *cláusula exorbitante*.

A matéria será melhor analisada mais adiante.

### 4.6. Da anulação

O art. 59 da Lei nº 8.666/93 prevê a possibilidade de a Administração Pública declarar a nulidade do contrato administrativo. Essa possibilidade específica se enquadra dentro da prerrogativa que tem a Administração Pública de rever e corrigir seus próprios atos, devendo sempre observar os princípios constitucionais do contraditório e da ampla defesa.

A anulação do contrato pela Administração Público, por ser incomum nas relações contratuais, é chamada de cláusula exorbitante.

Ante a relevância, esta matéria será analisada em tópico próprio a seguir.

### 4.7. Da retomada do objeto

O art. 80 da Lei nº 8.666/93 prevê a possibilidade de a Administração Pública retomar o objeto contratado para assegurar a continuidade da execução do contrato, sempre que sua paralisação possa ocasionar prejuízo ao interesse público e, principalmente, ao andamento de serviço público essencial.

Como se trata de situação incomum nas relações contratuais é chamada de *cláusula exorbitante*.

Esta matéria será analisada no *Capítulo VII – Da inexecução e rescisão do contrato administrativo*.

### 4.8. Da restrição ao uso da *exceptio non adimpleti contractus*

Ao contrário do que ocorre no direito privado, não pode o particular interromper a execução do contrato.

Essa impossibilidade é chamada de *cláusula exorbitante*.

### 4.9. Da ocupação provisória de bens móveis ou imóveis, pessoal e serviços vinculados ao objeto do contrato

O art. 58, inciso V, da Lei nº 8.666/93, confere à Administração Pública o poder de ocupar provisoriamente os bens móveis, imóveis e serviços vinculados ao objeto do contrato, nos casos de serviços essenciais, sempre que houver a necessidade de acautelar apuração administrativa de faltas contratuais praticadas pelo contratado, bem como nas hipóteses legais de ocorrência de prática que ensejem a rescisão do contrato administrativo.

Essa situação é incomum nas relações contratuais privadas. Daí porque é chamada de *cláusula exorbitante*.

## Capítulo IV – Das garantias nos contratos administrativos ou dos contratos administrativos de garantias

### 1. DAS CONSIDERAÇÕES GERAIS

No livro *Contratos – Estudos sobre a moderna teoria geral*, já tive a oportunidade de assim me expressar:[163]

> O contrato é um instituto jurídico através do qual duas ou mais pessoas implementam um acordo de vontade tendente a criar, modificar ou extinguir entre si uma relação de direito. Tem-se, portanto, que na relação contratual, no momento que se cria um direito para alguém, também emerge contra ele uma contraprestação equivalente resultante do direito e da obrigação de outrem. Desse equilíbrio é possível deduzir-se que existe no próprio contrato uma garantia natural.
>
> Todavia, em decorrência da volatilidade do objeto que envolve determinados contratos (aqueles que têm como obrigação a entrega de dinheiro, por exemplo), é legítimo a um das partes exigir da outra uma garantia externa àquela do próprio contrato, visando, com isso, criar uma obrigação superior de que o contrato não só será cumprido, mas também, no caso de inexecução, ficar assegurada a indenização correspondente.
>
> O contrato de garantia é também chamado de contrato de caução.

O *contrato de garantia, de caução, acessório* ou *adjeto*, ou simplesmente a *garantia contratual*, está presente nos contratos administrativos de várias espécies e nas várias leis que regulam suas especificidades.

### 2. DAS ESPÉCIES DE GARANTIAS

Embora existam várias possibilidades de se garantir a execução de um contrato ou de se estabelecer um contrato de garantia nos contratos administrativos, elas são bem variáveis e foram adequadas pelo legislador considerando a especificidade do contrato que irão garantir.

As garantias nos contratos administrativos podem ser assim agrupadas: a) garantias em benefício da Administração; b) garantias que a Administração permite que o contratado ofereça a terceiros; c) garantias em benefício do contratado.

#### 2.1. Das garantias em benefício da Administração

Os contratos administrativos que tenham por objeto obras, serviços e compras possibilitam que a Administração Pública exija garantia do contratado.

---

[163] BARROS. Wellington Pacheco. Livraria do Advogado Editora, 2004, p. 113.

O art. 56, § 1º, da Lei nº 8.666/93 estabeleceu que para os contratos de obras, serviços e compras as garantias seriam as seguintes:[164]

### 2.1.1. Da caução em dinheiro ou em título da dívida pública

*Caução* vem do latim *cautio* (ação de se acautelar, precaução), e, de modo geral, quer expressar, de forma precisa, a cautela que se tem ou se toma, em virtude da qual certa pessoa oferece a outrem a garantia ou segurança para o cumprimento de alguma obrigação.

O legislador especificou que a modalidade de garantia *caução* a ser oferecida pelo contratado nos contratos administrativos deveria ser em *dinheiro* ou em *título da dívida pública*. É a chamada *caução real*. Quando em dinheiro, o contratado deverá depositá-lo consoante especificações da Administração Pública. Mas, se a caução consistir em títulos da dívida pública deverão estes ter sido emitidos sob a forma escritural (são apenas declarados existentes, mas não ganham estrutura formal autônoma, como, por exemplo, uma nota promissória ou um cheque), devidamente registrados através do sistema centralizado de liquidação e de custódia do Banco Central do Brasil e avaliados por seus valores econômicos definidos pelo Ministério da Fazenda

### 2.1.2. Do seguro-garantia ou "performance bond"

A segunda espécie de garantia nos contratos de obras, serviços e compras é o *seguro-garantia*. Esta garantia é fornecida por uma companhia seguradora para assegurar a plena execução do contrato, obrigando-se a completar à sua custa o objeto daquele ou a pagar à Administração o necessário para que se transfira a terceiro ou o realize diretamente.

### 2.1 3. Da fiança bancária

A fiança bancária é uma garantia fidejussória fornecida por um banco que se responsabiliza perante a Administração pelo cumprimento das obrigações contratuais. O banco se obriga solidariamente até o limite da responsabilidade afiançada, sem lhe permitir o benefício de ordem, que é privativo da fiança civil, devido à natureza comercial e onerosa desta modalidade.

### 2.1.4. Das regras gerais sobre as garantias em benefício da Administração

Qualquer destas garantias está limitada a 5% (cinco por cento) do valor do contrato e será atualizada nas mesmas condições daquele. Este percentual poderá ser elevado até 10% (dez por cento) para as obras, serviços e fornecimentos de grande vulto envolvendo alta complexidade técnica e riscos financeiros consideráveis demonstrados por parecer técnico aprovado pela Administração Pública.

---

[164] Art. 56 (...)

§ 1º Caberá ao contratado optar por uma das seguintes modalidades de garantia: (Redação dada pela Lei nº 8.883, de 1994)

I – caução em dinheiro ou em títulos da dívida pública, devendo estes ter sido emitidos sob a forma escritural, mediante registro em sistema centralizado de liquidação e de custódia autorizado pelo Banco Central do Brasil e avaliados pelos seus valores econômicos, conforme definido pelo Ministério da Fazenda; (Redação dada pela Lei nº 11.079, de 2004);

II – seguro-garantia; (Redação dada pela Lei nº 8.883, de 1994);

III – fiança bancária. (Redação dada pela Lei nº 8.883, de 8.6.94);

Quando o contrato importar na entrega de bens pela Administração Pública contratante nos quais o contratado assumir a responsabilidade de depositário, o valor da garantia será acrescido do valor dos bens.

Embora a exigência da garantia seja discrição/vinculação administrativa, no entanto, o contratante poderá optar por qual garantia pretende oferecer dentre as estabelecidas em lei (§ 1º e seus incisos do artigo 56 da Lei nº 8.666/93): caução em dinheiro ou título da dívida pública; seguro-garantia ou fiança bancária.

Além disso, a imposição de garantia mencionada na Lei nº 8.666/93 é restrita aos contratos de obras, serviços e compras e fica a critério da autoridade competente, mas precisa ser prevista no instrumento convocatório. Diferentemente dos demais contratos em que a lei elege a necessidade de garantia de forma obrigatória e a específica, como se analisaria no tópico seguinte. Portanto, ela não é uma determinação legal. Assim, em cada situação contratual de obras, serviços e compras a Administração Pública poderá entender que é necessário exigir-se garantia no contrato administrativo. Trata-se, por óbvio, de puro exercício discricionário quando do instrumento de convocação. Porém, depois que estabelecida, não pode a Administração pública dela desistir. A faculdade reside no momento que antecede a contratação. Depois, ela se torna obrigatória, podendo a cláusula que a dispôs permitir a substituição de uma por outra (art. 65, inciso II, letra "a", da Lei nº 8.666/93), nunca o seu afastamento. Esta é a exegese que se retira do *caput* do artigo 56 da Lei nº 8.666/93.

Mas, qualquer que seja a garantia prestada, será liberada ou restituída após a execução do contrato e, monetariamente atualizada, quando em dinheiro (§ 4º do artigo 56).

Não se pode deixar de ter presente que as garantias são alternativas, ou seja, a opção por uma exclui as outras, sob pena de ocorrer excesso de garantia, o que não seria razoável e poderia acarretar abuso de poder.

Por fim, a Administração poderá reter a garantia, em caso de rescisão contratual, por ato atribuído ao contratado, para ressarcir-se dos prejuízos e dos valores das multas e indenizações a ela devidos, consoante disposto no inciso III do artigo 80 da Lei nº 8.666/93. É uma medida auto-executória da Administração, independe de recurso ao Poder judiciário.

## 2.2. Das garantias que a Administração permite que o contratado ofereça a terceiros

O segundo grupo de garantias está na possibilidade da Administração Pública permitir que no contrato administrativo o particular contratado possa se utilizar do objeto do contrato para garantir o contrato particular a ser firmado com terceiros. Isto ocorre especialmente nos contratos de concessão e permissão de serviço público.

Em tese, estes contratos de concessão e permissão de serviço público não autorizam que a Administração Pública exija garantias do concessionário ou permissionário, já que a Lei nº 8987/95, que regula esta relação contratual, criou o instituto da intervenção como medida cautelar assecuratória na situação de prestação inadequada do serviço público concedido.

### 2.2.1. Dos direitos emergentes da concessão

No entanto, quando se tratar de contrato de concessão precedida da execução de obra pública, o art. 28 da Lei nº 8.987/95 estabeleceu que quando houver *financiamento para execução dessa obra (portanto, um contrato entre as concessionárias e terceiros)*, estas concessionárias poderão oferecer em garantia os *direitos emergentes da concessão* (o que bem demonstra a autonomia do contrato de concessão e a garantia nela prestada) até o limite que não comprometa a operacionalização e a continuidade da prestação do serviço.

### 2.2.2. Dos créditos operacionais futuros

O art. 28-A da Lei nº 8987/95, acrescido pela Lei nº 11.196-2005, criou uma nova modalidade de garantia que, embora não seja vinculada diretamente ao contrato administrativo, envolve de forma secundária o seu objeto, já que possibilita que as concessionárias possam garantir os contratos de mútuos de longo prazo (contratos cujas obrigações tenham prazo médio de vencimento superior a 5 (cinco) anos – parágrafo único do art. 28-A da lei citada), destinados a investimentos relacionados ao contrato de concessão, em qualquer de suas modalidades, em caráter fiduciário, *parcela de seus créditos operacionais futuros*, desde que (a) o contrato de cessão seja registrado em Cartório de Títulos e Documentos para ter eficácia contra terceiros; (b) não tenha ela eficácia contra o Poder Público concedente senão quando for este formalmente notificado; (c) sejam os créditos futuros constituídos sob a titularidade do mutuante, independentemente de qualquer formalidade adicional; (d) seja indicada instituição financeira para efetuar a cobrança e receber os pagamentos dos créditos cedidos ou permitir que a concessionária o faça, na qualidade de depositária; (e) fique a concessionária obrigada a apresentar à instituição financeira os créditos para cobrança; (f) sejam os pagamentos dos créditos cedidos depositados pela concessionária ou pela instituição encarregada da cobrança em conta corrente bancária vinculada ao contrato de mútuo; (g) transfira à instituição financeira depositária os valores recebidos ao mutuante à medida que as obrigações do contrato de mútuo tornarem-se exigíveis e (h) disponha o contrato de cessão sobre a devolução à concessionária dos recursos excedentes, com vedação de retenção do saldo após o adimplemento integral do contrato.

## 2.3. Das garantias em benefício do contratado

O terceiro grupo de garantias existente no contrato administrativo é aquele em que a Administração agora presta ao contratado. É exemplo típico o contrato de parceria público-privada.

A Lei nº 11.079/2004 instituiu normas gerais para licitação e contratação de parceria público privada no âmbito da Administração Pública. Essa modalidade de contrato administrativo, em verdade, é um contrato de concessão modificado e que pode de revestir de duas formas: *concessão patrocinada e concessão administrativa*. A própria lei no art. 2º, §§ 1º e 2º, tratou de definir o que poderia ser essas novas modalidades de concessões da seguinte forma:

> Art. 2º Parceria público-privada é o contrato administrativo de concessão, na modalidade patrocinada ou administrativa.
>
> § 1º *Concessão patrocinada* é a concessão de serviços públicos ou de obras públicas de que trata a Lei no 8.987, de 13 de fevereiro de 1995A, quando envolver, adicionalmente à tarifa cobrada dos usuários contraprestação pecuniária do parceiro público ao parceiro privado.
>
> § 2º *Concessão administrativa* é o contrato de prestação de serviços de que a Administração Pública seja a usuária direta ou indireta, ainda que envolva execução de obra ou fornecimento e instalação de bens.

Embora o contrato de parceria público-privada possa ocorrer em qualquer âmbito da Administração Pública, no âmbito federal a Lei nº 11.079/2004 criou o *Fundo Garantidor de Parcerias Público-Privadas* – FGP –, que, como o próprio nome indica, terá por finalidade prestar garantia de pagamento de obrigações pecuniárias assumidas pelos parceiros públicos federais. As garantias que podem ser prestadas pelo fundo são as seguintes, conforme dispõe o art. 18 no seu § 1º:

> § 1º A garantia será prestada na forma aprovada pela assembléia dos cotistas, nas seguintes modalidades:
> I – *fiança*, sem benefício de ordem para o fiador;
> II – penhor de bens móveis ou de direitos integrante
> III – *hipoteca s do patrimônio do FGP*, sem transferência da posse da coisa empenhada antes da execução da garantia; de bens imóveis do patrimônio do FGP;
> IV – *alienação fiduciária,* permanecendo a posse direta dos bens com o FGP ou com agente fiduciário por ele contratado antes da execução da garantia;
> V – *outros contratos* que produzam efeito de garantia, desde que não transfiram a titularidade ou posse direta dos bens ao parceiro privado antes da execução da garantia;
> VI – garantia, real ou pessoal, vinculada a um patrimônio de afetação constituído em decorrência da separação de bens e direitos pertencentes ao FGP

### 2.3.1. Da fiança

A fiança é uma garantia clássica que, segundo a doutrina, já era conhecida na Grécia antiga. Conta-se que Hefaístos surpreendeu Afrodite em adultério com Arés. Os deuses resolveram punir Arés com uma indenização, mas, temendo a recidiva, Hefaístos exigiu maior segurança. Poseidon, então, garantiu o compromisso.

A fiança é uma garantia originalmente civil de cunho pessoal e se consubstancia de forma escrita. Sua previsão está nos arts. 827 e 836 do Código Civil. Na sua versão original admite o benefício de ordem, ou seja, quando demandado o fiador poderá exigir que, primeiramente, sejam executados os bens do devedor principal.

Como garantia do contrato administrativo em benefício do contratado, no entanto, o benefício de ordem fica expressamente afastado.

A fiança, é bom que se esclareça, será dada pelo Fundo Garantidor de Parceria Público-Privadas – FGP –, e não pela Administração Pública diretamente.

### 2.3.2. Do penhor de bens móveis ou de direitos integrantes

O penhor é outra garantia clássica e vem do latim *pignus*. Trata-se de garantia real e tem sua natureza jurídica disciplinada no Código Civil, arts. 1419 e seguintes.

Como a fiança, o penhor a ser dado nos contratos administrativos em favor do contratado é do Fundo Garantidor de Parceria Público-Privadas.

De forma extensiva, a lei possibilitou que os direitos que integram o penhor também possam ser dados em garantias.

### 2.3.3. Da hipoteca de bens imóveis do FGP

A hipoteca, outra garantia clássica, pode vir a ser dada no contrato administrativo de parceria público-privada em favor do contratado.

De origem romana e regulada pelo Código Civil, arts. 1473 e seguintes, a hipoteca é uma típica garantia real.

Sua transposição para o contrato administrativo mantém os requisitos originários, apenas que deverá incidir sobre os bens imóveis do FGP (Fundo de Parcerias Público-Privadas) sem, no entanto, possibilitar a transferência antecipada da posse, salvo quando executada.

### 2.3.4. Da alienação fiduciária

*Alienação fiduciária* é a transferência pelo devedor ao credor do domínio de um bem, em garantia de pagamento.

Esta garantia no contrato administrativo foi criada em favor do contratado para as parcerias público-privadas. Sofre modificação porque a posse direta dos bens permanece com o FGP ou com agente fiduciário por ele contratado até a sua execução.

### 2.3.5. Das outras garantias

São aplicáveis ainda aos contratos administrativos envolvendo as parcerias público-privadas garantias inominadas que resultem de contratos que produzam efeito de garantia, desde que não transfiram a titularidade ou posse direta dos bens ao parceiro privado antes da execução da garantia e qualquer outra garantia, real ou pessoal, vinculada a um patrimônio de afetação constituído em decorrência da separação de bens e direitos pertencentes ao FGP.

## 3. DA SUBSTITUIÇÃO DAS GARANTIAS

O contrato administrativo tem uma estrutura formal fechada. Trata-se de uma classe de contratos onde a aplicação do *princípio do dirigismo contratual* imposto pela Lei nº 8.666/93 é muito forte porque calcado na idéia de que assim poderia atingir o bem comum. Daí porque sua vinculação ao instrumento da licitação e da proposta é condição de validade.

Porém, quando se trata da garantia ofertada, ou do contrato de garantia adjeto ao contrato administrativo, desde que haja *conveniência*, pode ela ser substituída por acordo das partes, consoante o disposto no art. 65, inciso II, letra "a", da Lei nº 8.666/93.

*Conveniência*, no conceito de direito, é a qualidade de tudo o que convém, porque satisfaz o interesse, a comodidade, o conforto de alguém por lhe trazer proveito ou uma utilidade.

Por via de conseqüência a substituição da garantia ofertada pelo contratado não se insere na categoria de direito de qualquer das partes, o que a tornaria obrigatória, mas uma possibilidade desde que essa substituição não desequilibre a relação originária.

Penso, por conseqüência, que a alegação de inconveniência feita quer pela Administração Pública, quer pelo contratado, no sentido de não aceitação da substituição da garantia, deve ser lastreada em fato concreto que, de alguma forma, represente uma ameaça à segurança da execução do contrato administrativo.

A recusa sem essa motivação constitui abuso que pode ser controlado administrativamente ou através de ações de controle, como o mandado de segurança.

## 4. DA EXTINÇÃO DAS GARANTIAS

Embora a garantia dada ao contrato administrativo independa do objeto pactuado neste contrato, característica típica da independência entre um e outro acordo, quanto à duração, no entanto, ele está vinculado ao contrato principal. Por isso é possível afirmar-se que a garantia dada se extingue com a extinção do contrato administrativo.

Assim, adimplido o contrato administrativo extinto está o contrato adjeto de garantia. Da mesma forma se verifica a extinção da garantia com a respectiva devolução se o contrato administrativo for rescindido por acordo das partes, consoante o disposto no art. 79, § 2º, da Lei nº 8.666/93.

No entanto, se a rescisão se operar unilateralmente por culpa do contratado ou por razões de interesse público, com base nos incisos I a XII e XVII do art. 78, não haverá extinção da garantia, mas sim sua execução para garantir o ressarcimento da Administração e dos valores das indenizações a ela devidos, consoante o disposto no art. 80, inciso III, da citada Lei nº 8.666/93.

Os casos de rescisão unilateral mencionados nos dispositivos citados são os seguintes:

I – o não cumprimento de cláusulas contratuais, especificações, projetos ou prazos;
II – o cumprimento irregular de cláusulas contratuais, especificações, projetos e prazos;
III – a lentidão do seu cumprimento, levando a Administração a comprovar a impossibilidade da conclusão da obra, do serviço ou do fornecimento, nos prazos estipulados;
IV – o atraso injustificado no início da obra, serviço ou fornecimento;
V – a paralisação da obra, do serviço ou do fornecimento, sem justa causa e prévia comunicação à Administração;
VI – a subcontratação total ou parcial do seu objeto, a associação do contratado com outrem, a cessão ou transferência, total ou parcial, bem como a fusão, cisão ou incorporação, não admitidas no edital e no contrato;
VII – o desatendimento das determinações regulares da autoridade designada para acompanhar e fiscalizar a sua execução, assim como as de seus superiores;
VIII – o cometimento reiterado de faltas na sua execução, anotadas na forma do § 1º do art. 67 da Lei nº 8.666/93;
IX – a decretação de falência ou a instauração de insolvência civil;
X – a dissolução da sociedade ou o falecimento do contratado;
XI – a alteração social ou a modificação da finalidade ou da estrutura da empresa, que prejudique a execução do contrato;
XII – razões de interesse público, de alta relevância e amplo conhecimento, justificadas e determinadas pela máxima autoridade da esfera administrativa a que está subordinado o contratante e exaradas no processo administrativo a que se refere o contrato;
XVII – a ocorrência de caso fortuito ou de força maior, regularmente comprovada, impeditiva da execução do contrato.

A extinção da garantia se verifica por manifestação formal ou pela simples ocorrência dos fatos extintivos do contrato administrativo.

## Capítulo V – Da alteração do contrato administrativo

### 1. DAS GENERALIDADES

Os contratos administrativos são fortemente tutelados pelo Estado. Neles, o princípio contratual da autonomia de vontade é substituído pelo princípio do dirigismo contratual. Este dirigismo é imposto através de comandos legais fortes que atingem diretamente as vontades dos contratantes, Administração Pública e particulares, impossibilitando qualquer manifestação em sentido contrário e cominando a essa manifestação a pena de nulidade absoluta.

Enquanto em outros contratos dirigidos pelo Estado, como são exemplos o contrato de trabalho e o contrato de consumo, há uma nítida proteção ao hipossuficiente econômico, no dirigismo estatal imposto nos contratos administrativos está presente a proteção à Administração Pública.

Mas, mesmo com essa tutela estatal rígida, o legislador previu a possibilidade do contrato administrativo poder ser alterado, inclusive de forma unilateral.

A teoria da imprevisão foi, assim, acolhida mesmo se tratando de contrato formalmente rígido como é o contrato administrativo.

## 2. DA TEORIA DA IMPREVISÃO E A ALTERAÇÃO DO CONTRATO ADMINISTRATIVO

Uma das teorias mais antigas sobre contratos é a *da imutabilidade das cláusulas contratuais,* expressa pela máxima segundo a qual os pactos devem ser observados ou, *pacta sunt servanda.* Isso advém do conceito extremado no sentido de que a vontade de pessoas capazes é plena e, portanto, quando elas expressam essa vontade de forma convergente em um contrato cria-se uma lei entre elas, impossível de modificação.

Este princípio teve origem na Escola Clássica Francesa e foi adotado pelo Código de Napoleão.

Os estudiosos tiveram que repensá-la após o fim da Primeira Guerra Mundial, uma vez que diversas pessoas dos países envolvidos ficaram impossibilitadas de adimplir contratos de longo prazo que haviam pactuado antes da ocorrência do conflito, inclusive a Administração.

Ante esta nova realidade, os contratualistas da época estudaram uma maneira de contornar a situação e resolveram ressuscitar a velha cláusula *rebus sic stantibus* do Direito Romano, com a nova denominação de *teoria da imprevisão.*

Segundo essa teoria, as obrigações contratuais devem ser compreendidas em função das circunstâncias que serviram de base para a respectiva avença. É a situação de fato existente na época do acordo que deve prevalecer diante da superveniência de fatos imprevisíveis, modificadores do inicialmente ajustado pelas partes.

Di Pietro[165] afirma que são requisitos para o restabelecimento do equilíbrio-financeiro do contrato, pela aplicação da teoria da imprevisão, que o fato seja: a) Imprevisível quanto à sua ocorrência ou quanto às suas conseqüências; b) Estranho à vontade das partes; c) Inevitável; d) Causa de desequilíbrio muito grande no contrato.

A autora comenta que se deve distinguir a álea econômica, que justifica a aplicação da teoria da imprevisão, e a força maior:

> Nesta estão presentes os mesmos elementos: fatos estranhos à vontade das partes, inevitável, imprevisível; a diferença está em que, na teoria da imprevisão, ocorre apenas um desequilíbrio econômico, que não impede a execução do contrato; e na força maior, verifica-se a impossibilidade absoluta de dar prosseguimento ao contrato. As conseqüências são também diversas: no primeiro caso, a Administração pode aplicar a teoria da imprevisão, revendo as cláusulas financeiras do contrato, para permitir a sua continuidade, se esta for conveniente para o interesse público; no segundo caso, ambas as partes são liberadas, sem qualquer responsabilidade por inadimplemento, como conseqüência da norma do artigo 1.058 do Código Civil. Pela Lei nº 8.666/93, a força maior constitui um dos fundamentos para a rescisão do contrato (art. 78, XVII), tendo esta efeito meramente declaratório de uma situação de fato impeditiva da execução.

---

[165] Op. cit., p. 269.

## 3. DE QUANDO PODE OCORRER A ALTERAÇÃO NO CONTRATO ADMINISTRATIVO

Apesar da existência do princípio da vinculação ao instrumento convocatório, não há como negar que, quanto maior o prazo de vigência contratual, assim como a complexidade de seu objeto, maior a chance de haver um desequilíbrio nas relações entre as partes, ante as alterações das condições externas e internas do contrato.

Tendo presente esta realidade, o legislador estabeleceu que as alterações contratuais, nos termos dos incisos I e II (renegociação) do artigo 65 e inciso I do artigo 58 da Lei nº 8.666/93, podem ser unilateral ou por acordo entre as partes.

### 3.1. Da alteração unilateral

A Administração pode alterar, unilateralmente, o valor inicial do contrato, para acrescentar ou suprimir quantidades do objeto. A respeito disto, o § 1º do artigo 65 da Lei nº 8.666/93 dispõe o seguinte:

> § 1º O contratado fica obrigado a aceitar, nas mesmas condições contratuais, os acréscimos ou supressões que se fizerem nas obras, serviços ou compras, até 25% (vinte e cinco por cento) do valor inicial atualizado do contrato, e, no caso particular de reforma de edifício ou de equipamento, até o limite de 50% (cinquenta por cento) para os seus acréscimos.

O § 2º deste mesmo artigo e seus incisos (com redação dada pela Lei nº 9.648/98) determinam que nenhuma supressão ou acréscimo pode exceder os limites do parágrafo anterior, excetuando-se as supressões resultantes de acordo entre as partes.

De qualquer maneira, nas alterações unilaterais que resultem em acréscimo dos encargos do contratado, deve a Administração restabelecer o equilíbrio econômico-financeiro inicial, por aditamento (§ 6º do art. 65 da Lei nº 8.666/93).

### 3.2. Da alteração bilateral

Como já dito, também é possível a renegociação do ajustado entre as partes (art. 65, II, da Lei nº 8.666/93, com redação dada pela Lei nº 8.883/94), que poderá ocorrer nos seguintes casos:

a) quando for conveniente a substituição da garantia de execução;

b) quando for necessária a modificação do regime de execução da obra ou serviço, assim como do modo de fornecimento, em face de verificação técnica da inaplicabilidade dos termos contratuais acordados;

c) quando for necessária a modificação da forma de pagamento, por imposição de circunstâncias supervenientes, mantido o valor inicial atualizado;

d) para restabelecer a relação pactuaram inicialmente pelas partes, entre os encargos do contratado e a retribuição da Administração, na hipótese de sobreviverem fatos imprevisíveis, ou previsíveis, no entanto, de consequências incalculáveis, retardadores ou impeditivos da execução do ajustado, ou ainda, em caso de força maior, caso fortuito ou fato do príncipe.

#### 3.2.1. Da substituição da garantia

A garantia da execução ou o contrato de garantia pode sofrer alteração mediante acordo entre as partes, consoante o disposto no art. 65, inciso II, letra "a", da Lei nº 8.666/93.[166] É de se repisar que só se pode alterar o contrato para substituir garantia se esta tiver sido estipulada. Se, por conveniência administrativa, quando possível, ou por omissão, quando

---

[166] Sobre as garantias cabíveis no contrato administrativo ver matéria no tópico anterior, a que se remete.

exigível, a garantia não tiver sido inserta no contrato administrativo, as partes não podem a título de "alteração" fazer inserir cláusula a esse respeito. Essa inserção significa alteração ilegal e deve ser declarada nula.

Tendo a garantia característica de um contrato acessório, o que se anula é a cláusula que o representa e não o contrato administrativo em si.

### 3.2.2. Da modificação do regime de execução ou modo de fornecimento

A segunda possibilidade legal de alteração bilateral do contrato administrativo, consoante o disposto no art. 65, inciso II, letra "b", da Lei nº 8.666/93, pode ocorrer quando for necessária a *modificação do regime de execução da obra ou serviço*, assim como do *modo de fornecimento*, em face de verificação técnica da inaplicabilidade dos termos contratuais acordados.

O regime de execução de obra ou serviço pode ser direta ou indireta. A execução direta é aquela feita pelos órgãos e entidades da Administração, pelos próprios meios. Portanto, somente na execução indireta é que pode haver alteração, já que esta é a que possibilita a contratação administrativa. Esta execução pode ser por (a) *empreitada por preço global* (contratação por preço certo e total), (b) *empreitada por preço unitário* (contratação de preço certo de unidades determinadas), (c) *tarefa* (contratação de mão-de-obra para pequenos trabalhos por preço certo, com ou sem fornecimento de materiais e (d) *empreitada integral* (contratação de um empreendimento em sua integralidade, compreendendo todas as etapas das obras, serviços e instalações necessárias, sob inteira responsabilidade da contratada até a sua entrega ao contratante em condições de entrada em operação, atendidos os requisitos técnicos e legais para sua utilização em condições de segurança estrutural e operacional e com as características adequadas às finalidades para que foi contratada).

O fornecimento de bens pode ocorrer de uma só vez ou parceladamente.

No entanto, a alteração contratual em qualquer das situações está vinculada à inaplicabilidade técnica da situação contratada. Ou seja, a alteração nestas circunstâncias não depende exclusivamente das partes, mas da anterior questão técnica disposta no contrato. A motivação que conduzirá à alteração contratual deverá motivar a circunstância que tornou inaplicável a regime de execução ou a forma de fornecimento.

Inexistindo esse pressuposto técnico, a alteração verificada padece de ilegalidade e pode ser revista administrativa ou judicialmente.

### 3.2.3. Da mudança na forma de pagamento

As partes podem acordar que a cláusula instituidora da forma de pagamento possa ser alterada. Essa é a previsão disposta no art. 65, inciso II, letra "c", da Lei nº 8.666/93. Assim, se o pagamento é feito mensalmente, as partes podem alterar para a bimenstralidade ou quinzenalidade. No entanto, essa alteração implica na existência de circunstâncias externas ao contrato que a justifiquem, como, por exemplo, diminuição ou aumento de receita, e o alongamento do prazo deverá também sofrer atualização monetária para que não se altere o equilíbrio econômico-financeiro do avençado.

### 3.2.4. Do restabelecimento do equilíbrio econômico-financeiro

Uma das formas de alteração bilateral do contrato administrativo de maior repercussão é a que permite o restabelecimento do equilíbrio econômico-financeiro inicial do contrato.

Trata-se de uma inovação na teoria geral dos contratos que passou desapercebida na doutrina brasileira talvez porque introduzida numa espécie de contrato público de restrito alcance. Penso que esta modificação produzida pela Lei nº 8.666, datada do ano de 1993, em termos de estrutura contratual, é até mesmo superior àquela produzida pelo Código do Consumidor com a nulificação das cláusulas abusivas, através da Lei nº 8.078/1990.

A alteração do contrato administrativo por acordo de partes para o restabelecimento do equilíbrio econômico-financeiro pode ocorrer na superveniência dos seguintes eventos:

### 3.2.4.1. Dos fatos imprevisíveis

Aquilo que foi durante muito tempo sustentação doutrinária, com o art. 65, inciso II, letra "d", da Lei nº 8.666/93 passou a ser princípio legal. Com essa criação legislativa a teoria da imprevisão passou a ser admitida plenamente pelo direito legislado, podendo afirmar que, mesmo no contrato administrativo de estrutura formal rígida e absolutamente dirigido pelo estado, é possível alterar-se a relação contratual. Dessa forma, a higidez contratual gerada pelo autonomismo de vontade sofreu um forte ataque.

No livro *Contratos – Estudos sobre a moderna teoria geral,*[167] já tive a oportunidade de me manifestar nestes termos:

> 5.4.11. Dos fatos imprevistos – A regra básica é a de que, se o contrato foi formalizado por agente capaz, tendo objeto lícito, possível, determinado ou determinável e forma prescrita e não defesa em lei, como negócio válido, deve ser cumprido. Uma revisão nesta afirmação só é possível na ocorrência de defeitos relativos (anulabilidades) ou absolutos (nulidade).
> Assim, quando sobrevêm acontecimentos imprevistos, imprevisíveis e inevitáveis que modifiquem sensivelmente a situação do pactuado pelos contratantes, produzindo onerosidade a um deles e causando desequilíbrio contratual, o negócio jurídico é atingido por defeito absoluto que resulta na sua nulidade.
> A teoria de imprevisão, como a doutrina denominou a superveniência de fatos imprevistos na relação contratual, surgiu em decorrência da constatação de que o hermetismo gerado pela égide do princípio da autonomia de vontade causava graves prejuízos a uma das partes e, por conseqüência, benefícios indevidos a outra, afrontando a própria estrutura do direito que tem na razoabilidade de seus princípios suas mais profunda sustentação. Assim, a inclusão dos fatos imprevistos como geradores de alterações ou de nulidades contratuais, é, em verdade, uma quebra ou abrandamento ao princípio do pacta sun servanda (os contratos devem ser cumpridos).
> A imprevisão, como defeito do contrato, não pode ser passível de detecção quando da formalização do negócio. É circunstância que surge no momento de execução do que contratado. A própria denominação que a rotula já indica esta circunstância.
> Princípio fundamental que estrutura a teoria geral dos contratos, embora não escrito, salvo com relação aos contratos administrativos que o positivou através do art. 65, II, letra "d", da Lei nº 8.666/93, tem aplicação a todos os contratos.
> Portanto, demonstrado o fato imprevisto e sua imbricação na relação contratual, ou as partes de comum acordo tentam superá-lo, ou a sua existência impedirá a execução contratual, podendo a parte atingida por sua insurgência buscar a invalidação do contrato. Se o contrato ainda não foi executado, a existência do defeito é causa legítima de inexecução; se já executado, por nulidade de seus efeitos, as partes deverão retornar ao estágio anterior a sua ocorrência.
> A imprevisão é causa de defeito absoluto aplicável a todos os contratos.

### 3.2.4.2. Dos fatos previsíveis

A imprevisão, como fato possível de alteração contratual, embora novidade na legislação sobre contrato era de conhecimento da doutrina e sempre teve aplicação na jurisprudência.

---

[167] Ob. cit., p. 108.

Mas, a grande importância é que o dispositivo legal em análise permitiu que, mesmo nas causas previsíveis, ou seja, naquelas que os contratantes poderiam prever e, portanto, delas se acautelar contratualmente, mesmo que insertas no contrato administrativo, se produzirem fatos conseqüentes incalculáveis, retardadores ou impeditivos da execução do ajustado, ou ainda, em caso de força maior, caso fortuito ou do príncipe, configurando álea econômica extraordinária e extracontratual, possibilita a alteração contratual.

### 3.2.4.3. Dos fatos incalculáveis, retardadores ou impeditivos da execução do ajustado

Trata-se de um conceito aberto criado pelo legislador e somente conceituável no caso concreto por aplicação do princípio da razoabilidade ou proporcionalidade.

Todavia, é possível se interpretar de forma geral como *fatos incalculáveis* aqueles que não podem ser medidos economicamente ou mesmo classificados na ordem do conhecimento humano, mas que, no entanto, sua ocorrência retarda ou impede a execução do contrato.

### 3.2.4.4. Da força maior, do caso fortuito ou do fato do príncipe

A *força maior* (ocorrência ligada a ato humano) e o *caso fortuito* (ocorrência ligada a ato da natureza), são fundamentos que podem alterar o contrato administrativo tanto para revisão quanto para rescisão. Outra hipótese para alteração de contrato é o *fato príncipe* (medida do governo que tenha repercussão na execução do contrato).

É importante salientar que a Administração deverá ressarcir o contratado nas hipóteses de rescisão por motivo de interesse público ou na ocorrência de caso fortuito ou de força maior, caso regularmente comprovado os prejuízos, além de devolver a garantia, pagar o devido pelos serviços prestados até aquele momento e pagar o custo da desmobilização (art. 79, § 2º, da Lei nº 8.666/93).

Ademais, deverá haver revisão do contrato quando alterado, criado ou extinto tributo ou encargo legal, após a data da apresentação da proposta, e isto gerar repercussão nos preços contratados (§ 5º, do art. 65, da Lei nº 8.666/93).

Importante ainda deixar claro que essas modificações não podem chegar ao ponto de descaracterizar o objeto do contrato. Aliás, sobre este assunto ensina Maria Luiza Machado Granziera:[168]

> A modificação do projeto ou das especificações refere-se à necessidade de adaptar o objeto do contrato em geral de obra às finalidades da Administração. É a alteração "qualitativa". Entretanto, essa alteração não pode ser de tal extensão que descaracterize o objeto licitado. Adaptar não é transformar uma coisa em outra, mas apenas adequá-la às necessidades detectadas pela Administração. Se a adaptação necessária for de tal extensão a ponto de modificar o objeto do contrato, caberá a rescisão do mesmo e o desencadeamento de um novo processo, com um novo objeto.

Uma das saídas para manter-se o equilíbrio econômico-financeiro do contrato, é inserir nestas cláusulas de reajuste (art. 40, XI, da Lei nº 8.666/93) o que não implica em aumento real, mas tão somente a manutenção do valor de custo da execução do pactuado, enquanto esta ocorrer. Tal cláusula deve indicar o índice ou a fórmula adequada para manter o valor da execução do contrato, além da periodicidade de sua aplicação.

---

[168] GRANZIERA, Maria Luiza Machado. *Contratos Administrativos*. São Paulo: Atlas, 2002, p. 167-168.

# Capítulo VI – Da execução do contrato administrativo

## 1. DAS CONSIDERAÇÕES GERAIS

O contrato administrativo deverá ser executado tal qual foi formalizado, mesmo que esta formalização tenha sido alterada na forma do art. 65 da Lei nº 8.666/93. Portanto, a fase de execução do objeto contratado é a seqüência natural após a formalização do contrato. Não se pode esquecer que toda a etapa da licitação serve para a escolha do particular, pessoa física ou jurídica, que irá celebrar contrato com a Administração.

*Execução* é o mesmo que *adimplemento* e a esse respeito diz o § 3º do artigo 40 da Lei nº 8.666/93 que:

Para efeito no disposto nesta Lei, considera-se como adimplemento da obrigação contratual a prestação do serviço, a realização da obra, a entrega do bem ou de parcela destes, bem como qualquer outro evento contratual a cuja ocorrência esteja vinculada a emissão de documento de cobrança.

Maria Luiza Machado Granziera,[169] ao citar Hely Lopes Meirelles, comenta que:

A execução refere-se não só a realização do objeto do contrato como, também, à perfeita técnica dos trabalhos, aos prazos contratuais, às condições de pagamento e a tudo o mais que for estabelecido no ajuste ou contar das normas legais como encargo de qualquer das partes.

Evocando a regra geral sobre a execução de qualquer contrato, o art. 66 da Lei supracitada dispõe que:

O contrato deverá ser executado fielmente pelas partes, de acordo com as cláusulas avençadas e as normas desta Lei, respondendo cada uma pelas conseqüências de sua inexecução total ou parcial.

## 2. DA FISCALIZAÇÃO DO CONTRATO

Uma vez assinado o contrato administrativo, deverá o gestor convocar o contratado para iniciar a execução de seu objeto. No entanto, para que se dê início à execução do objeto contratual, muitas vezes é necessário que a Administração garanta algumas condições mínimas.

Mas a novidade na execução do contrato administrativo é que, no seu curso, tem a Administração o dever de acompanhá-la e fiscalizá-la, designando para isso um representante com atribuições específicas e, dependendo da conveniência, contratar terceiros para assisti-lo e subsidiá-lo de informações pertinentes a essa atribuição. É o que diz o art. 67 da Lei nº 8.666/93. Trata-se de um exemplo típico de *cláusula exorbitante* que faz do contrato administrativo um gênero contratual diferenciado. Essa fiscalização, no entanto, não retira ou diminui a responsabilidade do contratado pela fiel execução do contrato.

A fiscalização exercida pela Administração não é exercício discricionário. O representante da Administração deverá anotar em registro próprio todas as ocorrências relacionadas com a execução do contrato e, se constatar que a execução não está sendo cumprida fielmente tal qual foi formalizado, determinará o que for necessário para a sua regularização, consoante disposição do § 1º do art. 67 da Lei nº 8.666/93. As determinações deverão ser escritas e fundamentadas, sob pena de caracterizar abuso de poder. Se abusivas, cabe ao contratado recurso administrativo.

---

[169] Idem, p. 136.

Detectando o fiscal da Administração a existência de irregularidades ou defeitos que ultrapassam a sua competência deverá comunicar a seus superiores, solicitando em tempo hábil atribuições suplementares para adotar as medidas convenientes.

Como interlocutor do fiscal da Administração o contratado deverá indicar um preposto que, aceito pela Administração, deverá ser mantido pelo contratado no local da obra ou serviço com poderes para representá-lo na execução do contrato.

Nos casos em que se verificarem vícios, defeitos ou incorreções resultantes da execução ou de materiais empregados, o contratado é obrigado a reparar, corrigir, remover, reconstruir ou substituir, às suas expensas, no total ou em parte, o objeto do contrato. É de se salientar que a obrigação do contratado nestas situações não implica em oneração para a Administração.

### 3. DAS RESPONSABILIDADES ACESSÓRIAS DO CONTRATO

A responsabilidade pela execução do contrato administrativo decorre das cláusulas que as partes avençarem e aquelas que forem impostas pela Lei nº 8.66/93 que, como já foi dito, é típico do dirigismo contratual, mas sempre vinculadas diretamente ao contrato e a seus partícipes.

No entanto, em nítida intervenção que vai além da fronteira do contrato, a Lei nº 8.666/93 procurou delimitar, de forma acessória, as responsabilidades que, apenas de forma secundária, dizem respeito ao que foi especificamente contratado. Ou seja, se o contrato administrativo se pautasse pelo *pacta sunt servanda,* onde a vontade das partes cria responsabilidades tão-só entre eles, esta proteção contra ou a favor de terceiros seria cláusula iníqua pois inoponível além do que foi pactuado

A primeira responsabilidade acessória prevista na lei, art. 70, diz que, se o contratado causar danos à Administração ou mesmo a terceiros, por culpa ou dolo na execução do contrato, é obrigado a repará-los, e aqui a importância, *não excluindo ou reduzindo essa responsabilidade a fiscalização ou o acompanhamento pelo órgão interessado.* Esta parte final retrata-se mais uma *cláusula exorbitante.* Isso porque, se o contrato administrativo se regresse pelo direito privado, a possibilidade de uma das partes poder fiscalizar a execução de um contrato firmado entre elas, ocorrendo vício, defeito ou incorreção no objeto contratado, seria razoável admitir-se a co-responsabilidade nos danos.

A segunda responsabilidade acessória está no art. 71 da Lei nº 8.666/93 quando, de forma peremptória, diz que apenas o contratado é responsável pelos encargos trabalhistas, previdenciários, fiscais e comerciais resultantes da execução do contrato. Esse dispositivo afasta, de forma clara, a responsabilidade solidária da Administração Pública. A preocupação de proteger a Administração Pública é tão grande que, para não deixar dúvida, a Lei nº 9.032/95 deu nova redação ao § 1º do art. 71, para fixar que, mesmo havendo inadimplência do contratado, o pagamento dos encargos trabalhistas, fiscais e comerciais não lhes seriam transferidos, nem poderia haver oneração no objeto contratado ou a possibilidade de restrição de regularização e de uso das obras e edificações, inclusive perante o Registro de Imóveis. Ressalvou apenas, no § 2º do mesmo artigo, a solidariedade na inadimplência quanto aos encargos previdenciários

### 4. DA SUB-CONTRATAÇÃO

Uma das características inerente à teoria geral do contrato é a pessoalidade na sua execução. Ou seja, a parte que contratou tem a obrigação de adimpli-lo pessoalmente.

A sub-contratação, por conseqüência, é uma exceção que deve ser expressamente prevista.

A sub-contratação é um contrato derivado formalizado entre uma das partes do contrato originário e terceiro, podendo ter o mesmo objeto do contrato originário ou parte dele, nunca objeto diferente ou superior ao contratado.

No contrato administrativo, a possibilidade de sub-contratação não se insere como uma daquelas cláusulas obrigatórias, como são as previstas no art. 55 da Lei nº 8.666/93.

No entanto, a lei outorgou ao contratado a possibilidade de sub-contratar partes da obra, do serviço ou fornecimento nos contratos identicamente nominados (art. 72 da Lei nº 8.666/93) ou o desenvolvimento de atividades inerentes, acessórias ou complementares ao serviço concedido, bem como a implementação de projetos associados, nos contratos de concessão de serviço público (art. 25, § 1º, da Lei nº 8987/95). Essa sub-contratação não isenta o sub-contratador das responsabilidades contratuais e legais originárias e deve contar com a anuência da Administração Pública antecipadamente prevista no edital e formalizada no contrato.

Em qualquer dessas situações não existirá nenhuma relação entre o terceiro sub-contratado e a Administração Pública.

A sub-contratação não prevista no edital e no contrato constitui causa de rescisão unilateral do ajuste, nos termos do art. 78, inciso VI, da Lei nº 8.666/93.

## 5. DA INAPLICABILIDADE DO *EXCEPTIO NON ADIMPLETI CONTRACTUS*

Segundo o princípio do *exceptio non adimpleti contractus*, caso uma parte não cumpra com o acordado, a outra fica livre de adimplir com o que se comprometeu.

No contrato administrativo, isso não ocorre, como bem menciona Toshio Mukai:[170]

> Assim, "a inexecução do contrato pelo co-contratante faculta à Administração aplicar as penalidades contratuais (sanções) ou, conforme a gravidade da falta, promover a rescisão administrativa (ato unilateral) ou a rescisão judicial", mas, "se a inexecução do contrato couber à Administração, a outra parte poderá reclamar, na via administrativa ou na judicial, o cumprimento das obrigações (prestações vencidas, ou mesmo das vincendas, sob as cominações de direito) ou, ainda, a indenização do dano" (cf. Caio Tácito, *Direito Administrativo*, cit. p. 295)".

A inaplicabilidade da *exceptio non adimpleti contractus* é circunstância peculiar ao contrato administrativo e se insere como *cláusula extravagante*.

## 6. DO RECEBIMENTO DO OBJETO

Alguns contratos são executados de pronto e por isso as partes se dão plena quitação logo em seguida. Por exemplo, na compra de gêneros perecíveis. Havendo o pagamento e a entrega dos bens o contrato foi cumprido. Alguns outros, como aqueles que integram o legue abrangido pelo Código do Consumidor, a execução só se torna definitiva decorrido o prazo legal previsto para a devolução. Houve execução do contrato, mas o adimplemento ficará suspenso até a fluição do prazo.

No contrato administrativo, somente através de termo circunstanciado do recebimento do objeto contratual é que a Administração libera o contratado das obrigações assumi-

---
[170] MUKAI, Toshio. *Licitações e contratos públicos*. 5ª edição. São Paulo: Saraiva, 1999, p. 116.

das. No entanto, ele não fica isento da responsabilidade civil pela segurança e solidez da obra, nem da ético-profissional, pela perfeita execução do contrato.

Mas, não sendo lavrado ou procedida em seu devido prazo, respectivamente, o termo circunstanciado ou a verificação a que se refere o artigo 73 da Lei de Licitações, reputar-se-ão como realizados, desde que comunicados à Administração nos 15 (quinze) dias anteriores à exaustão dos mesmos (§ 4º do art. 73).

O recebimento do objeto poderá ser *provisório* ou *definitivo*. O artigo 73 da Lei nº 8.666/93 trata do recebimento do objeto do contrato administrativo, da seguinte maneira:

> Art. 73. Executado o contrato, o seu objeto será recebido:
> I F em se tratando de obras e serviços:
> a) provisoriamente, pelo responsável por seu acompanhamento e fiscalização, mediante termo circunstanciado, assinado pelas partes em até 15 (quinze) dias da comunicação escrita do contratado;
> b) definitivamente, por servidor ou comissão designada pela autoridade competente, mediante termo circunstanciado, assinado pelas partes, após o decurso do prazo de observação, ou vistoria que comprove a adequação do objeto aos termos contratuais, observado o disposto no art. 69 desta Lei;
> II F em se tratando de compras ou de locação de equipamentos:
> a) provisoriamente, para efeito de posterior verificação da conformidade do material com a especificação;
> b) definitivamente, após a verificação da qualidade e quantidade do material e conseqüente aceitação.

Alguns contratos dispensam o recebimento provisório, como nos casos daqueles que envolvam gêneros perecíveis, alimentação preparada e serviços profissionais, bastando tão-só o recibo de entrega.

## Capítulo VII – Da inexecução e rescisão do contrato administrativo

### 1. DA INEXECUÇÃO

*Inexecução* é o oposto à execução, ao adimplemento, e por isso mesmo significa a falta de execução ou o fato de não se cumprir, seja em sua totalidade ou parcialmente, a obrigação a que se estava sujeito, ou o dever ou o encargo imposto. A inexecução pode ser *completa* ou *total*, que é o inadimplemento da obrigação ou a falta de cumprimento a respeito de seu objeto e *incompleta*, *imperfeita* ou *parcial* que é aquela em que execução não foi realizada segundo os modos e condições determinadas no contrato.

O art. 77 da Lei nº 8.666/93 estabelece que a inexecução total ou parcial enseja a rescisão do contrato administrativo, aplicando-se as conseqüências previstas no contrato, na lei ou no regulamento. A inadimplência, portanto, pode ocorrer por qualquer uma das partes, Administração Pública ou particular, com ou sem culpa.

### 2. DA RESCISÃO

#### 2.1. Das considerações gerais

Inexecutado o contrato a conseqüência é a sua rescisão.

*Rescisão* vem do latim *rescissio*, de *rescindire* (separar, destruir, anular, rescindir), entendendo-se, vulgarmente, como o ato pelo qual se desfaz ou se desmancha alguma coisa para que não cumpra seus objetivos ou suas finalidades.

Juridicamente, a rescisão de um contrato nada mais é do que o desfazimento do vínculo obrigacional existente entre as partes, antes da execução de seu objeto. Os motivos que podem levar à rescisão estão previstos no contrato e em lei.

## 2.2. Dos motivos para a rescisão

O artigo 78 da Lei 8.666/93 lista os motivos de rescisão do contrato administrativo, sendo vários deles comuns a todos os contratos e alguns típicos do contrato administrativo. O artigo está assim descrito:

Art. 78. Constituem motivo para rescisão do contrato:
I – o não cumprimento de cláusulas contratuais, especificações, projetos ou prazos;
II – o cumprimento irregular de cláusulas contratuais, especificações, projetos e prazos;
III – a lentidão do seu cumprimento, levando a Administração a comprovar a impossibilidade da conclusão da obra, do serviço ou do fornecimento, nos prazos estipulados;
V – o atraso injustificado no início da obra, serviço ou fornecimento;
V – a paralisação da obra, do serviço ou do fornecimento, sem justa causa e prévia comunicação à Administração;
VI – a sub-contratação total ou parcial do seu objeto, a associação do contratado com outrem, a cessão ou transferência, total ou parcial, bem como a fusão, cisão ou incorporação, não admitidas no edital e no contrato;
VII – o desatendimento das determinações regulares da autoridade designada para acompanhar e fiscalizar a sua execução, assim como as de seus superiores;
VIII – o cometimento reiterado de faltas na sua execução, anotadas na forma do § 1º do art. 67 desta Lei;
IX – a decretação de falência ou a instauração de insolvência civil;
X – a dissolução da sociedade ou o falecimento do contratado;
XI – a alteração social ou a modificação da finalidade ou da estrutura da empresa, que prejudique a execução do contrato;
XII – razões de interesse público, de alta relevância e amplo conhecimento, justificadas e determinadas pela máxima autoridade da esfera administrativa a que está subordinado o contratante e exaradas no processo administrativo a que se refere o contrato;
XIII – a supressão, por parte da Administração, de obras, serviços ou compras, acarretando modificação do valor inicial do contrato além do limite permitido no § 1º do art. 65 desta Lei;
XIV – a suspensão de sua execução, por ordem escrita da Administração, por prazo superior a 120 (cento e vinte) dias, salvo em caso de calamidade pública, grave perturbação da ordem interna ou guerra, ou ainda por repetidas suspensões que totalizem o mesmo prazo, independentemente do pagamento obrigatório de indenizações pelas sucessivas e contratualmente imprevistas desmobilizações e mobilizações e outras previstas, assegurado ao contratado, nesses casos, o direito de optar pela suspensão do cumprimento das obrigações assumidas até que seja normalizada a situação;
XV – o atraso superior a 90 (noventa) dias dos pagamentos devidos pela Administração decorrentes de obras, serviços ou fornecimento, ou parcelas destes, já recebidos ou executados, salvo em caso de calamidade pública, grave perturbação da ordem interna ou guerra, assegurado ao contratado o direito de optar pela suspensão do cumprimento de suas obrigações até que seja normalizada a situação;
XVI – a não liberação, por parte da Administração, de área, local ou objeto para execução de obra, serviço ou fornecimento, nos prazos contratuais, bem como das fontes de materiais naturais especificadas no projeto;
XVII – a ocorrência de caso fortuito ou de força maior, regularmente comprovada, impeditiva da execução do contrato.
Parágrafo único. Os casos de rescisão contratual serão formalmente motivados nos autos do processo, assegurado o contraditório e a ampla defesa.
XVIII – descumprimento do disposto no inciso V do art. 27, sem prejuízo das sanções penais cabíveis". (Incluído pela Lei nº 9.854, de 1999) (caso o contratado tenha em seu quadro pessoal, menor de 18

anos em trabalho noturno, perigoso ou insalubre ou, menor de 16 anos, em qualquer trabalho, salvo na condição de aprendiz, a partir de quatorze anos).

### 2.3. Da necessidade de motivação

Qualquer que seja o caso de rescisão enumerado no art. 78 da Lei nº 8.666/93 este deverá respeitar os princípios constitucionais do contraditório, da ampla defesa, da decisão motivada e da possibilidade de interposição de recurso administrativo, enfim, de todos aqueles princípios aplicáveis ao processo administrativo.

A previsão do parágrafo único do art. 78 é a regulamentação do art. 5º, incisos LIV e LV da Constituição Federal.

### 2.4. Dos tipos de rescisão e suas conseqüências

Os contratos administrativos podem ser rescindidos por *ato unilateral* e escrito da Administração (nos casos dos incisos I a XII e XII, do artigo 78 da lei de Licitações), em virtude de *comum acordo entre as partes* ou por *decisão judicial* (art. 79 e incisos).

Inicialmente é preciso deixar claro que, em qualquer situação de dolo ou culpa, caso o contratado venha a causar algum prejuízo à Administração, este deverá ressarci-la (art. 70 da Lei nº 8.666/93 e arts. 928, 1.056 e 1.058 do Código Civil vigente).

Mas, nos termos do § 2º do art. 79 da Lei de Licitações, em não havendo culpa do contratado, será este ressarcido dos prejuízos que regularmente comprovar que tenha sofrido. Também terá direito à devolução da garantia, pagamento pelo que foi cumprido do contrato até a data da rescisão e o pagamento do que gastar com a desmobilização.

É importante salientar que, tanto nos casos de rescisão amigável quanto no de rescisão unilateral, a autoridade competente deverá autorizá-la, de forma escrita e fundamentada, justificando sua decisão (em respeito ao princípio da motivação). Também é importante ressaltar que a Administração deve observar os princípios da razoabilidade e da proporcionalidade ao pensar em rescindir um contrato. O contratado sempre poderá recorrer desta decisão.

Nas rescisões amigáveis (acordo entre as partes), as partes determinarão os direitos e deveres de cada uma delas. O instrumento que materializar o acordo firmado deverá ser acostado nos autos do processo de licitação que deu origem ao contrato desfeito.

### 2.5. Da nulidade

Não se pode confundir rescisão com nulidade do contrato administrativo. A rescisão pressupõe que o contrato existiu, mas foi desfeito porque não foi executado plena ou parcialmente, já na nulidade, o contrato simplesmente deixa de existir por infração à norma legal.

A nulidade administrativa tem suscitado alguma polêmica, especialmente quanto à nulidade do ato administrativo, matéria a que se remete.

A causa fundamental de incidência de nulidade nos contratos administrativos é a ilegalidade. Em outras palavras, qualquer ação dos contratantes, que seja ele a Administração Pública ou o particular, contra a Lei nº 8.666/93, que dirige de forma cogente os contratos administrativos, é causa de ilegalidade e, por conseqüência, de nulidade contratual. É sempre bom esclarecer que não pode haver acordo de vontades para superar a ilegalidade porque os atos tipicamente privados não modificam a lei e, ademais, a Administração Pública tem o dever constitucional de respeitá-la, consoante o disposto no art. 37, *caput*, da Constituição Federal.

Tamanha é a preocupação do legislador com o resguardo do contrato administrativo à lei que, mesmo que a ilegalidade tenha se verificado ainda no momento da licitação, este vício contagiará o contrato, nulificando-o, conforme expressão do art. 49, § 2º, da Lei nº 8.666/93.

O legislador não adotou quanto aos contratos administrativos a teoria da anulabilidade civil ou da superação temporal do defeito que valida a manifestação de vontade viciada. O legislador adotou o conceito romano do *nullitas*, de nenhum, nada.

O que o legislador, no entanto, adotou, consciente com a moderna teoria geral das nulidades, foi o de amenizar os efeitos desta nulidade. Assim, depois de afirmar que a declaração de nulidade opera retroativamente (efeito *ex tunc*), desconstituindo tudo aquilo que foi já produzido e impedindo os que ordinariamente deveria produzir (art. 59 da Lei nº 8.666/93), afirmou, todavia, no parágrafo único deste mesmo artigo, que:

> A nulidade não exonera a Administração do dever de indenizar o contratado pelo que este houver executado até a data em que ela for declarada e por outros prejuízos regularmente comprovados, contanto que não lhe seja imputável, promovendo-se a responsabilidade de quem lhe deu causa.

Observa-se que, com essa ressalva, o legislador procurou combinar a declaração de nulidade com a possibilidade de enriquecimento sem causa da Administração.

## Capítulo VIII – Das sanções administrativas e penais

### 1. DAS CONSIDERAÇÕES GERAIS

As irregularidades que envolverem a etapa precedente do contrato administrativo, a licitação, e aquelas praticadas até o adimplemento contratual, situações que nos contratos privados são resolvidas no âmbito do próprio contrato, no contrato envolvendo a Administração Pública e os particulares ganha reforço e se extravasa para a órbita da responsabilidade administrativa e penal.

Para isso a Lei nº 8.666/93 criou um capítulo próprio, o de número IV (arts. 81 a 108), com isso demonstrando não só um dirigismo contratual forte como ainda uma preocupação de sancionar administrativa e penalmente todo aquele que o desrespeitasse.

Procurando delimitar o campo de aplicação das sanções extracontratuais, o legislador fixou alguns conceitos.

### 2. DA RECUSA DO ADJUDICATÁRIO EM ASSINAR O CONTRATO

A simples recusa do adjudicatário, desde que injustificada, em assinar o contrato, aceitar ou retirar o instrumento equivalente, dentro do prazo estabelecido pela Administração, segundo o art. 81 da Lei nº 8.666/93, caracteriza o descumprimento total da obrigação assumida e, por conseqüência, o sujeita à responsabilização administrativa e penal. Apenas estarão fora desse alcance os licitantes convocados que não aceitarem a contratação nas mesmas condições propostas pelo primeiro adjudicatário, inclusive quanto ao prazo e preço, exceção admitida pelo parágrafo único do artigo citado.

## 3. DA CUMULAÇÃO DE SANÇÃO PARA O AGENTE ADMINISTRATIVO

Os agentes administrativos que vieram a praticar atos em desrespeito à Lei nº 8.666/93, mesmo que na frase da licitação, além das sanções administrativas e penais nela prevista, responderão, cumulativamente, cível e criminalmente que o seu ato ensejar.

## 4. DO CONCEITO DE SERVIDOR PÚBLICO

O art. 84 da lei em comento diz que deve se considerar servidor público, para a sua aplicação, todo aquele que exerce, mesmo que de forma transitória ou sem remuneração, cargo, função ou emprego público.

E vai mais adiante ao afirmar no § 1º desse mesmo artigo que deve ser equiparado a servidor público, quem exerce cargo, emprego ou função em entidade paraestatal, assim consideradas, além das fundações, empresas públicas e sociedades de economia mista, as demais entidades sob controle, direto ou indireto, do Poder Público.

Demonstrando a preocupação com a probidade administrativa do servidor público, o § 2º da referida lei qualifica o crime que este vier a praticar, aumentando a pena imposta em um terço quando os autores forem ocupantes de cargo em comissão ou de função de confiança em órgão da Administração direta, autarquia, empresa pública, sociedade de economia mista, fundação pública, ou outra entidade controlada direta ou indiretamente pelo Poder Público.

Além disso, ainda que os crimes sejam apenas tentados, o servidor público será penalizado como à perda do cargo, emprego, função ou mandado eletivo, nos termos do art. 83.

## 5. DO ALCANCE DAS SANÇÕES PENAIS

As sanções penais decorrentes da Lei nº 8.666/93 são aplicáveis às licitações e aos contratos celebrados pela União, Estados, Distrito Federal, Municípios, e respectivas autarquias, empresas públicas, sociedades de economia mista, fundações e quaisquer outras entidades sob seu controle direto ou indireto, segundo o seu art. 85. Em verdade este artigo é repetição do art. 1º, parágrafo único, da mesma lei, quando delimita o seu alcance. Ou é um equívoco do legislador ou uma repetição de reforço, especialmente para consolidar a aplicação da lei na esfera da responsabilidade penal.

## 6. DAS SANÇÕES ADMINISTRATIVAS

A licitação se ultima com a adjudicação do contrato ao licitante vencedor. No prazo previsto no edital, a Administração convocará o adjudicatário para a formalização do contrato que, assinado, deverá ser executado fielmente.

No entanto, ocorrendo irregularidades na execução por *atraso injustificado* ou *inexecução total ou parcial* poderá a Administração Pública aplicar sanções administrativas.

### 6.1. Das sanções por atraso injustificado

A primeira possibilidade de aplicação de sanção administrativa decorre de atraso injustificado. *Atraso* é demora ou retardamento na execução do contrato. Mas o atraso só é passível de sanção administrativa se for injustificado, ou seja, se não for possível ao contratado demonstrar que não teve culpa na sua ocorrência. Não basta a mera explicação. Ela tem que ser razoável e, dependendo da circunstância, deve ser provada.

O atraso injustificado tem como sanção a aplicação de *multa de mora*, conforme dispõe o art. 86 da Lei nº 8.666/93, que não impede a rescisão unilateral do contrato e aplicação de outras sanções.

A aplicação da multa de mora por atraso injustificado somente é possível através do devido processo legal onde seja assegurado ao contratado o contraditório, a ampla defesa, a decisão motivada, o recurso administrativo e o respeito a todos os demais princípios vinculantes ao processo administrativo.

Consolidada a multa de mora por preculsão ou coisa julgada administrativa, sua execução se dará através de desconto da garantia do respectivo contrato – § 2º do art. 86 da Lei nº 8.666/93.

Todavia, se a multa de mora aplicada for superior à garantia prestada, além da perda desta, responderá o contratado pela sua diferença, que deverá ser descontada do crédito existente perante a Administração Pública. Se inexistente, será objeto de cobrança judicial. Isto é o que determina o § 3º do art. 86 da lei em análise.

A multa de mora deverá ter seu valor previsto no instrumento convocatório ou no contrato. Trata-se de cláusula essencial prevista no art. 55, inciso VII, da Lei nº 8.666/93

### 6.2. Das sanções por inexecução total ou parcial

A segunda possibilidade de aplicação de sanção administrativa decorre da inexecução total ou parcial do contrato.

O art. 78 enumera os casos de inexecução total ou parcial do contrato administrativo quer do contratado, quer da Administração Pública. Naturalmente que só são puníveis com sanções administrativas os casos de inexecução praticados pelo contratado. Os casos de inexecução praticados pela Administração são puníveis em outras órbitas como a penal e por improbidade administrativa.

As sanções administrativas pela inexecução total ou parcial, segundo o art. 87 da Lei nº 8.666/93 são:

a) advertência;
b) Multa;
c) Suspensão temporária de participação em licitação e, impedimento de contratar com a Administração (por prazo não superior a dois anos);
d) Declaração de inidoneidade para licitar ou contratar com a Administração Pública, enquanto perdurarem os motivos determinantes da punição ou até que seja promovida a reabilitação perante a própria autoridade que aplicou a penalidade, que será concedida sempre que o contratado ressarcir a Administração pelos prejuízos resultantes e após decorrido o prazo da sanção aplicada com base no inciso anterior.

*6.2.1. Da pena de advertência*

A advertência, no sentido de sanção administrativa, significa admoestação, repreensão, e, por ser a pena menos grave, deve ser aplicada na inexecução parcial de pouca gravidade. Embora a advertência possa ser verbal ou escrita, conquanto nada diga a lei a respeito, penso que deverá ser escrita até mesmo pela própria estrutura que o legislador procurou proteger.

O prazo para defesa é de 5 (cinco) dias.

Por previsão do § 2º do art. 86 da Lei nº 8.666/93, a pena de advertência poderá ser qualificada com a aplicação de multa, cujo valor deverá ser estabelecido no instrumento convocatório ou contrato. A aplicação de multa é uma discricionariedade administrativa, mas que, se aplicada, deverá ser fundamentada e respeitar o princípio da proporcionalidade.

É bom repetir que a advertência com multa deve ser uma advertência qualificada, mas não deixa de ser uma pena de advertência, portanto só aplicável em casos de inexecução de pequena repercussão. Não se pode aplicar uma advertência com multa em que esta seja superior a casos de maior gravidade onde deveria ser aplicada a pena de multa isoladamente. Isso não seria nem razoável nem proporcional, princípios plenamente aplicáveis ao direito administrativo.

### 6.2.2. Da pena de multa

A *multa* pela inexecução contratual não se confunde com a *multa de mora* por atraso injustificado. Trata-se de penalidades diferenciadas por ocorrência de irregularidades autônomas.

O prazo para defesa é de 5 (cinco) dias.

Como na execução da multa de mora, a multa por inexecução contratual, se superior à garantia prestada, além da perda desta, será descontadas dos pagamentos eventualmente devidos pela Administração ao contratado ou cobrada judicialmente.

A pena de multa por inexecução do contrato deverá ser fixada obrigatoriamente no instrumento convocatório ou no contrato, por força do art. 55, inciso VII, da Lei nº 8.666/93.

### 6.2.3. Da pena de suspensão temporária de participação em licitação e impedimento de contratar com a Administração, por prazo não superior a 2 (dois) anos

A suspensão temporária de participação em licitação e impedimento de contratar com a Administração, por prazo não superior a 2 (dois) anos, é uma sanção administrativa aplicável em casos de inexecução do contrato com certa gravidade, consoante exegese do art. 87, inciso III, da Lei nº 8.666/93.

Esta sanção pode ser aplicada de forma isolada ou cumulativamente com a pena de multa. A cumulação das penas apenas qualifica a suspensão temporária, por força do § 2º do art. 87 da citada Lei nº 8.666/93.

Tanto a fixação do prazo de suspensão como a aplicação da multa deverá ser aplicada considerando o caso de inexecução, daí porque a necessidade de motivação.

O prazo de defesa é de 5 (cinco) dias.

A suspensão temporária de participação de licitação, impedimento de contratar com a Administração, pode ser aplicada também às empresas ou profissionais que, em razão dos contratos regidos pela Lei de Licitação, tenham (art. 88):

a) sofrido condenação definitiva, por prática de fraude fiscal no recolhimento de qualquer tributo, por meio doloso;
b) praticado atos ilícitos buscando frustrar os objetivos da licitação;
c) em virtude de atos ilícitos praticados, demonstrado não possuir idoneidade para contratar com a Administração.

### 6.2.4. Da pena de declaração de inidoneidade para licitar ou contratar

A declaração de inidoneidade para licitar ou contratar com a Administração é a sanção administrativa aplicada de forma supletiva pela autoridade superior. Enquanto a Administração Pública na qualidade de contratante pode aplicar as penas de advertência, suspensão de licitar e contratar e multa, esta, inclusive de forma cumulada, a declaração de inidoneidade somente é aplicável pelo Ministro de Estado, Secretário Estadual ou Municipal, consoante exegese que se retira do § 3º do art. 87 da Lei nº 8.666/93.

Penso, na ausência de prescrição legal, que, para que ocorra esse sancionamento administrativo, é necessário que a Administração Pública contratante, ante a gravidade da causa da inexecução, represente à autoridade competente. E esta, acolhendo a representação, facultará a defesa ao interessado em 10 (dez) dias, quando decidirá.

A declaração de inidoneidade não é atemporal e terá vigência (a) enquanto perdurar os motivos determinantes da punição ou (b) até que seja promovida a reabilitação perante a própria autoridade que aplicou a sanção. Neste caso a reabilitação só será possível se o contratado tiver indenizado à Administração pelos prejuízos sofridos e após decorrido o prazo de suspensão temporária.

A reabilitação poderá ser requerida após 2 (dois) anos de sua aplicação.

## 7. DAS SANÇÕES PENAIS

Além das responsabilidades decorrentes do próprio contrato e das sanções administrativas, a Lei nº 8.666/93 ainda criou tipos penais envolvendo a licitação e o contrato administrativo nos arts 89 a 99.

Art. 89. Dispensar ou inexigir licitação fora das hipóteses previstas em lei, ou deixar de observar as formalidades pertinentes à dispensa ou à inexigibilidade:
Pena – detenção, de 3 (três) a 5 (cinco) anos, e multa.
Parágrafo único. Na mesma pena incorre aquele que, tendo comprovadamente concorrido para a consumação da ilegalidade, beneficiou-se da dispensa ou inexigibilidade ilegal, para celebrar contrato com o Poder Público.
Art. 90. Frustrar ou fraudar, mediante ajuste, combinação ou qualquer outro expediente, o caráter competitivo do procedimento licitatório, com o intuito de obter, para si ou para outrem, vantagem decorrente da adjudicação do objeto da licitação:
Pena – detenção, de 2 (dois) a 4 (quatro) anos, e multa.
Art. 91. Patrocinar, direta ou indiretamente, interesse privado perante a Administração, dando causa à instauração de licitação ou à celebração de contrato, cuja invalidação vier a ser decretada pelo Poder Judiciário:
Pena – detenção, de 6 (seis) meses a 2 (dois) anos, e multa.
Art. 92. Admitir, possibilitar ou dar causa a qualquer modificação ou vantagem, inclusive prorrogação contratual, em favor do adjudicatário, durante a execução dos contratos celebrados com o Poder Público, sem autorização em lei, no ato convocatório da licitação ou nos respectivos instrumentos contratuais, ou, ainda, pagar fatura com preterição da ordem cronológica de sua exigibilidade, observado o disposto no art. 121 desta Lei: (Redação dada pela Lei nº 8.883, de 1994)
Pena – detenção, de dois a quatro anos, e multa. (Redação dada pela Lei nº 8.883, de 1994)
Parágrafo único. Incide na mesma pena o contratado que, tendo comprovadamente concorrido para a consumação da ilegalidade, obtém vantagem indevida ou se beneficia, injustamente, das modificações ou prorrogações contratuais.
Art. 93. Impedir, perturbar ou fraudar a realização de qualquer ato de procedimento licitatório:
Pena – detenção, de 6 (seis) meses a 2 (dois) anos, e multa.

Art. 94. Devassar o sigilo de proposta apresentada em procedimento licitatório, ou proporcionar a terceiro o ensejo de devassá-lo:
Pena – detenção, de 2 (dois) a 3 (três) anos, e multa.
Art. 95. Afastar ou procura afastar licitante, por meio de violência, grave ameaça, fraude ou oferecimento de vantagem de qualquer tipo:
Pena – detenção, de 2 (dois) a 4 (quatro) anos, e multa, além da pena correspondente à violência.
Parágrafo único. Incorre na mesma pena quem se abstém ou desiste de licitar, em razão da vantagem oferecida.
Art. 96. Fraudar, em prejuízo da Fazenda Pública, licitação instaurada para aquisição ou venda de bens ou mercadorias, ou contrato dela decorrente:
I – elevando arbitrariamente os preços;
II – vendendo, como verdadeira ou perfeita, mercadoria falsificada ou deteriorada;
III – entregando uma mercadoria por outra;
IV – alterando substância, qualidade ou quantidade da mercadoria fornecida;
V – tornando, por qualquer modo, injustamente, mais onerosa a proposta ou a execução do contrato:
Pena – detenção, de 3 (três) a 6 (seis) anos, e multa.
Art. 97. Admitir à licitação ou celebrar contrato com empresa ou profissional declarado inidôneo:
Pena – detenção, de 6 (seis) meses a 2 (dois) anos, e multa.
Parágrafo único. Incide na mesma pena aquele que, declarado inidôneo, venha a licitar ou a contratar com a Administração.
Art. 98. Obstar, impedir ou dificultar, injustamente, a inscrição de qualquer interessado nos registros cadastrais ou promover indevidamente a alteração, suspensão ou cancelamento de registro do inscrito:
Pena – detenção, de 6 (seis) meses a 2 (dois) anos, e multa.
Art. 99. A pena de multa cominada nos arts. 89 a 98 desta Lei consiste no pagamento de quantia fixada na sentença e calculada em índices percentuais, cuja base corresponderá ao valor da vantagem efetivamente obtida ou potencialmente auferível pelo agente.
§ 1º Os índices a que se refere este artigo não poderão ser inferiores a 2% (dois por cento), nem superiores a 5% (cinco por cento) do valor do contrato licitado ou celebrado com dispensa ou inexigibilidade de licitação.
§ 2º O produto da arrecadação da multa reverterá, conforme o caso, à Fazenda Federal, Distrital, Estadual ou Municipal.

Estes crimes são de ação penal pública incondicionada, cabendo ao Ministério Público promovê-la. No entanto, será admitida ação penal subsidiária da pública, se esta não for ajuizada no prazo legal, consoante o disposto nos arts. 100 e 103 da Lei nº 8.666/93.

Diz ainda a lei que qualquer pessoa poderá provocar a iniciativa do Ministério Público com o fornecimento, por escrito, de informações sobre o fato e sua autoria, bem assim as circunstâncias em que se deu a ocorrência. Sendo a comunicação verbal, será reduzida a termo e assinada pelo apresentante na presença de 2 (duas) testemunhas – art. 101 e seu parágrafo único.

No entanto, se a existência de qualquer dos crimes acima descritos advier de autos ou documentos de que conhecerem os magistrados, os membros dos Tribunais ou Conselhos de Contas ou os titulares dos órgãos integrantes do sistema de controle interno de qualquer dos poderes terão eles a obrigação funcional de remeter cópias ao Ministério Público através de cópias e respectivos documentos. Esta obrigação está contida no art. 102 da Lei nº 8.666/93.

Com respeito ao processo penal, recebida a denúncia e citado o réu, será ele interrogado e, após, terá este o prazo de 10 (dez) dias para apresentação de defesa escrita, quando poderá juntar documentos, arrolar testemunhas em número de até 5 (cinco) e ainda indicar outras provas que pretenda produzir (art. 104 da citada lei).

Instruído o processo, inclusive com a prática de diligências requeridas pelas partes ou determinada de ofício pelo Juiz, será aberto o prazo de 5 (cinco) dias para as alegações finais.

O Juiz decidirá em 10 (dez) dias.

Da sentença caberá apelação em 5 (cinco) dias.

São aplicáveis de forma subsidiária o Código de Processo Penal e a Lei de Execução Penal.

## Capítulo IX – Dos recursos administrativos

### 1. DAS CONSIDERAÇÕES GERAIS

Nos contratos privados, qualquer discussão ou é resolvida por acordo entre as partes, por arbitramento ou através de processo judicial.

Já nos contratos administrativos, ante a peculiaridade de ser um dos contratantes a Administração Pública e dele se inserir num processo administrativo formal que se inicia com a licitação e só termina com o completo adimplemento contratual quando será arquivado na respectiva repartição administrativa, qualquer decisão proferida a respeito do contrato poderá ensejar a interposição de um destes recursos administrativos: a) recurso propriamente dito; b) representação; c) pedido de reconsideração.

### 2. DO RECURSO PROPRIAMENTE DITO

É cabível recurso propriamente dito, no prazo de 5 (cinco) dias úteis, a contar da intimação:

a) nos casos de rescisão unilateralmente pela Administração do contrato administrativo;

b) nos casos de aplicação das penas administrativas de advertência, suspensão temporária e multa.

Esta previsão se encontra no art. 109, inciso I, letras "e" e "f", da Lei nº 8.666/93.

### 3. DA REPRESENTAÇÃO

É cabível a representação, também no prazo de 5 (cinco) dias úteis, a contar da intimação, da decisão relacionada com o objeto do contrato de que não caiba recurso hierárquico.

A previsão está no art. 109, inciso II, da Lei nº 8.666/93.

### 4. DO PEDIDO DE RECONSIDERAÇÃO

É cabível pedido de reconsideração, no prazo de 10 (dez) dias úteis, contados da intimação, da decisão proferida pelo Ministro de Estado, Secretário Estadual e Municipal que aplicar pena de declaração de inidoneidade por inexecução do contrato administrativo.

Este recurso está no art. 109, inciso III, da Lei nº 8.666/93.

### 5. DO PROCEDIMENTO RECURSAL

O recurso propriamente dito e a representação serão dirigidos à autoridade superior, através da autoridade que praticou o ato recorrido, que poderá reconsiderar sua decisão, no prazo de 5 (cinco) dias. Não o fazendo, deverá determinar sua subida de forma motivada, dentro do qüinqüídio, contado do recebimento do recurso, sob pena de responsabilização. É o que diz o § 4º do art. 109 da Lei nº 8.666/97.

Mas, qualquer que seja o recurso, diz o § 5º do art. 109 da citada lei, o prazo se inicia ou começa a correr, efetivamente, com a respectiva vista dos autos. Trata-se de regra inovadora na teoria do processo.

*Título VII*

# DOS BENS PÚBLICOS

## 1. DA EVOLUÇÃO HISTÓRICA

A evolução histórica da idéia de bem público é antiga e remonta ao direito Romano, mais especificamente na divisão das coisas criada por Caio e Justiano através das *institutas*. Nessa divisão, estavam incluídas a *res nullius* (coisas *extra commercium*), a *res communes*, a *res publicae* e a *res universitatis*. As *res publicae* eram utilizadas por todos os cidadãos, como as praças, ruas, vias públicas e logradouros.

Di Pietro,[171] ao citar Cretella Junior, comenta que na Idade Média:

> Sob o domínio dos bárbaros, repartem-se as terras conquistadas entre o rei e os soldados, deixando-se uma parte aos vencidos (*allodium*). A parte que coube aos soldados combatentes, dada primeiro como prêmio por tempo determinado (*beneficium*), passou depois a vitalícia e, finalmente, a hereditária, originando o *feudo*.

Nos séculos XVII e XVIII, alguns autores dividiam os bens públicos em duas categorias: as *coisas públicas* (que eram afetadas ao uso público, e o rei não tinha direito de propriedade, apenas um direito de guarda ou poder de polícia) e os *bens integrados no domínio da coroa* (o rei era proprietário).

No século XIX surgia uma idéia, entre os autores da época, que as pessoas públicas não tinham direito de propriedade sobre os bens públicos. Alguns usavam como argumento, para isto, a tese de que faltavam aos bens afetados ao uso de todos, características importantes do conceito de propriedade, como o uso, fruto e a disponibilidade deles.

Atualmente, com o desenvolvimento da idéia de Estado como pessoa jurídica, este assumiu a propriedade dos bens públicos, em substituição ao rei e em decorrência disso surge uma nova perspectiva da propriedade regida pelo direito público, ou seja, com semelhanças e diferenças em relação à propriedade privada.

## 2. DO CONCEITO

Inicialmente, é importante ter-se em mente o que é um bem. Do ponto de vista filosófico, *bem* é tudo quanto possa oferecer qualquer tipo de satisfação ao homem. Do ponto de vista jurídico é todo valor material ou imaterial, corpóreo e incorpóreo, fungível e infungível, móvel e imóvel que possa figurar numa relação jurídica, na condição de objeto.

A doutrina usa a terminologia *bens públicos*.

O bem público tem características importantes, tais como *inalienabilidade* (os bens de uso comum e os de uso especial não podem ser alienados, já os dominiais podem, desde que autorizados por lei), *impenhorabilidade* e *imprescritibilidade* ou, num modo mais genérico, intangibilidade (não podem ser usucapidos).

Edimur Ferreira[172] comenta que:

---
[171] DI PIETRO, Maria Sylvia Zanella. *Direito Administrativo*. 14ª ed. São Paulo: Atlas, 2002, p. 539.
[172] DE FARIA, Edimur Ferreira. *Curso de Direito Administrativo Positivo*. 4ª ed. Belo Horizonte: Del Rey, 2001, p. 391.

São ainda considerados bens públicos os que, embora pertencentes a particulares, estejam afetados à prestação de serviços públicos ou a uma destinação pública. Exemplo Faixa de terra particular destinada à servidão administrativa.

O Código Civil vigente (Lei nº 10.406/2002), em seu artigo 98, diz que são públicos os bens do domínio nacional pertencentes às pessoas jurídicas de direito público interno; todos os outros são particulares, seja qual for a pessoa a que pertencerem.

## 3. DA CLASSIFICAÇÃO

Di Pietro[173] narra que o Código de Napoleão, de 1804, apenas declarava que certos bens eram insuscetíveis de propriedade privada, como rios e estradas, não havendo uma classificação de bens públicos.

A mesma autora ainda diz que Pardessus fez a primeira classificação, dividindo os bens, de um lado, de domínio nacional, sujeitos a apropriação privada e produtor de renda, e, de outro, os de domínio público, de uso de todos e ao serviço geral, sendo inalienável, imprescritível e insuscetíveis de servidão.

Hely Lopes Meirelles[174] comenta que

> No nosso sistema administrativo os bens públicos podem ser federais, estaduais ou municipais, conforme a entidade política a que pertençam ou o serviço autárquico, fundacional ou paraestatal a que se vinculem.
> Os bens públicos, consoante o disposto no art. 99, do Código Civil vigente, são classificados em:
> I – *os de uso comum do povo*, tais como rio, mares, estradas, ruas e praças;
> II – *os de uso especial*, tais como edifícios ou terrenos destinados a serviço ou estabelecimento da administração federal, estadual, territorial ou municipal, inclusive os de suas autarquias;
> III – *os dominicais*, que constituem o patrimônio das pessoas jurídicas de direito público, como objeto de direito pessoal, ou real, de cada uma dessas entidades.

Diante dessa classificação legal, a doutrina agrupou os bens públicos (a) *como de domínio público do estado* (abrangendo os incisos I e II do art. 99 do CC) e(b), *como de domínio privado do Estado* (abrangendo os do inciso III do art. 99, CC), consoante comenta Di Pietro[175].

Quanto aos bens dominicais, o parágrafo único do artigo 99 do CC, determina que, não havendo disposição legal em contrário, considera-se como dominicais os bens pertencentes às pessoas jurídicas de direito público a que tenham dado estrutura de direito privado. É importante ressalvar que a lista do mencionado artigo não é exaustiva.

Hely Lopes Meirelles[176] comenta que:

> Uso comum do povo é todo aquele que se reconhece à coletividade em geral sobre bens públicos, sem discriminação de usuários ou ordem especial para sua fruição.

O mesmo autor também afirma que para esse uso não é necessário qualquer consentimento especial da Administração, mas são admissíveis regulamentações gerais de ordem pública, visando a manutenção da segurança, da higiene, da saúde, da moral e dos bons costumes, sempre sem particularizações de pessoas ou categorias sociais.

---

[173] Op. cit., p. 540.
[174] MEIRELLES, Hely Lopes. *Direito Administrativo Brasileiro*. 29ª ed. São Paulo: Malheiros, 2004, p. 494.
[175] DI PIETRO, Op. cit., P. 541.
[176] MEIRELLES, Hely Lopes, op. cit., p. 498.

Já os bens de uso especial são aqueles em que o Estado outorga ao particular a utilização, privativamente, por tempo certo ou indeterminado, daqueles, mediante os institutos da admissão, autorização, permissão ou concessão. A Administração pode impor restrições ou exigir pagamento. Uma vez atribuído ao particular o direito de uso especial, passará a ter direito subjetivo ao seu exercício, oponível a terceiros e à própria Administração.

Os bens dominiais são aqueles que podem ser afetados, utilizados em qualquer fim ou, mesmo, alienados pela Administração. Tais bens constituem riqueza material e patrimonial do Estado.

Quanto à classificação de uso, os bens públicos podem ser (a) de *uso normal*, (b) *anormal*, (c) *comum* ou (d) *privativo*:

a) *uso normal* é o que se dá em conformidade com a destinação principal do bem, ou seja, o fim ao qual está afetado (ex.: caminhar por uma rua);

b) *uso anormal* é exatamente o contrário do uso normal, ou seja, utilizar o bem para fins diversos do principal (ex.: utilizar uma rua para realização de um desfile). Ainda assim, deve haver uma certa compatibilidade com o fim principal a que o bem está afetado, não prejudicando o uso normal do bem. A Administração irá outorgar o uso (ato discricionário), podendo ser revogado a qualquer momento;

c) *uso comum* é o que se exerce em condições de igualdade, por toda a coletividade, sem necessidade de consentimento expresso e individualizado da Administração, sendo sujeito ao poder de polícia e, geralmente, gratuito (ex.: uso de estrada e uso de estrada sujeita a pagamento de pedágio). Este tipo de uso admite duas modalidades: o uso comum ordinário (não exige instrumento administrativo de outorga ou retribuição de natureza pecuniária) e o extraordinário (pode exigir outorga ou retribuição pecuniária, limitando certa categoria de usuários);

d) *uso privativo* (também chamado de uso especial) é aquele exercido mediante concessão por parte da Administração, de título jurídico individual, a pessoa ou grupo de pessoas determinadas (o outorgado pode ser pessoa física ou jurídica, privada ou pública). Tal título jurídico poderá ser autorização, permissão, concessão, locação, arrendamento, comodato, enfiteuse ou concessão de direito real de uso. O exercício deste uso é exclusivo, precário (apesar do contrato poder ser por tempo determinado ou indeterminado, poderá ser revogado a qualquer momento), podendo ser oposto a terceiros ou até a própria Administração.

## 4. DA AFETAÇÃO E DA DESAFETAÇÃO DOS BENS PÚBLICOS

O poder público pode adquirir bens de diversas formas, como doação, compra, desapropriação, acessão, permuta, herança jacente, dação em pagamento, invenção (no sentido de achar o bem), usucapião (os bens públicos não podem ser usucapidos, mas a Administração pode usucapir bens de particulares), dentre outras.

Situação importante na aquisição de bens públicos é a que diz respeito com a afetação e a desafetação. Afetação consiste em destinar certos bens ao uso público, uso comum ou uso especial. A desafetação é exatamente o contrário, ou seja, é a retirada do gravame a que se sujeita o bem afetado para torná-lo livre para outra destinação. A respeito do tema, Cretella Júnior[177] salienta que:

Afetação é o instituto do direito administrativo mediante o qual o Estado, de maneira solene, declara que o bem é parte integrante do domínio público. É a destinação da coisa ao uso público. A operação inversa recebe o nome de desafetação, fato ou manifestação do poder público mediante o qual o bem público é subtraído à dominialidade estatal para incorporar-se ao domínio privado do Estado ou do particular.

---

[177] JÚNIOR, José Cretella. *Curso de Direito Administrativo*. 18ª ed. Rio de Janeiro: Forense, 2002, p. 435.

Edimur Ferreira de Faria[178] comenta que:

A desafetação de um bem de uso comum para torná-lo especial ou integrante dos bens patrimoniais depende de lei específica ou de ato da autoridade competente, de conformidade com a lei.

O mesmo autor diz ainda que

A desafetação de bens de uso especial transformando-os em bem patrimonial pode ser feita por lei ou por ato administrativo. Ocorre por ato, quando a Administração decide desocupar determinado prédio público em virtude de extensão do órgão ou mudança para outro local. O imóvel vacante passa, automaticamente, à categoria de bens dominiais ou patrimoniais, a não ser em casos excepcionais.

## 5. DA REPARTIÇÃO DOS BENS PÚBLICOS CONFORME A CONSTITUIÇÃO DA REPÚBLICA

A Constituição Federal dividiu os bens públicos da seguinte maneira:

Art. 20. São bens da União:
I – os que atualmente lhe pertencem e os que lhe vierem a ser atribuídos;
II – as terras devolutas indispensáveis à defesa das fronteiras, das fortificações e construções militares, das vias federais de comunicação e à preservação ambiental, definidas em lei;
III – os lagos, rios e quaisquer correntes de água em terrenos de seu domínio, ou que banhem mais de um Estado, sirvam de limites com outros países, ou se estendam a território estrangeiro ou dele provenham, bem como os terrenos marginais e as praias fluviais;
IV – as ilhas fluviais e lacustres nas zonas limítrofes com outros países; as praias marítimas; as ilhas oceânicas e as costeiras, excluídas, destas, as que contenham a sede de Municípios, exceto aquelas áreas afetadas ao serviço público e a unidade ambiental federal, e as referidas no art. 26, II; (Redação dada pela Emenda Constitucional nº 46, de 2005)
V – os recursos naturais da plataforma continental e da zona econômica exclusiva;
VI – o mar territorial;
VII – os terrenos de marinha e seus acrescidos;
VIII – os potenciais de energia hidráulica;
IX – os recursos minerais, inclusive os do subsolo;
X – as cavidades naturais subterrâneas e os sítios arqueológicos e pré-históricos;
XI – as terras tradicionalmente ocupadas pelos índios.
Art. 26. Incluem-se entre os bens dos Estados:
I – as águas superficiais ou subterrâneas, fluentes, emergentes e em depósito, ressalvadas, neste caso, na forma da lei, as decorrentes de obras da União;
II – as áreas, nas ilhas oceânicas e costeiras, que estiverem no seu domínio, excluídas aquelas sob domínio da União, Municípios ou terceiros;
III – as ilhas fluviais e lacustres não pertencentes à União;
IV – as terras devolutas não compreendidas entre as da União.

No tocante aos bens pertencentes aos Municípios, a Constituição Federal restou silente. Tal matéria deve ser tratada nas respectivas leis orgânicas.

## 6. DA UTILIZAÇÃO DOS BENS PÚBLICOS POR PARTICULARES

A regra clássica é a de que os bens públicos sejam utilizados diretamente pelo Poder Público. No entanto, como evolução típica da estrutura moderna do Estado, os bens públicos são utilizados, mais e mais, por particulares através de delegações.

---

[178] DE FARIA, Edimur Ferreira. *Curso de Direito Administrativo Positivo*. 4ª ed. Belo Horizonte: Del Rey, 2001, p. 392.

O uso privativo ou especial dos bens públicos tem algumas características importantes como a exclusividade do uso pelo outorgado, para a finalidade concedida e a exigência de um título jurídico individual, podendo ser público ou privado.

Outras características importantes deste uso são a sua precariedade (ele pode ser revogado a qualquer momento, indiferentemente de o contrato ser por tempo determinado ou indeterminado) e, a sua oponibilidade a terceiros.

As formas jurídicas de utilização dos bens públicos por particulares são as seguintes:

### 6.1. Da autorização

Segundo a doutrina, *autorização* é ato unilateral, discricionário e precário pelo qual a Administração consente na prática de determinada atividade individual incidente sobre um bem público.[179]

Diante disso, a autorização não é conferida para um fim público, mas no interesse privado do usuário. Pode ser concedida com prazo (*qualificada*) ou sem prazo (*simples*).

No entanto, se a autorização for concedida a prazo certo, a sua revogação extemporânea por parte da Administração gera ao autorizado o direito de buscar indenização pela lesão de seu direito.

A precariedade da autorização é maior do que a da permissão e da concessão.

A autorização dispensa licitação e autorização legislativa;

### 6.2. Da permissão

*Permissão,* em conceito já clássico, é o ato administrativo unilateral, discricionário e precário, gratuito ou oneroso, pelo qual a Administração Pública faculta a utilização privativa de bem público, tendo por fim um interesse público.[180]

Esta modalidade de uso de bem público poderá ser por *tempo certo* ou *indeterminado*, com ou sem condições, mas sempre revogável e modificável unilateralmente pela Administração, dada sua natureza precária e o poder discricionário do permitente.

O uso do bem pelo permissionário deve se restringir ao que foi determinado, sob pena de lhe ser revogada a permissão.

A permissão gera direito subjetivo oponível judicialmente a terceiros, sempre tendo presente, no entanto, o interesse público, não apenas do particular.

### 6.3. Da concessão

*Concessão* é o contrato administrativo pelo qual a Administração atribui ao particular a utilização exclusiva de bem público, conforme sua destinação específica.

A concessão pode ser gratuita ou remunerada, por tempo certo ou indeterminado, mas será sempre *intuitu personae* e precedida de autorização legal e, geralmente, de licitação.

Di Pietro[181] afirma que o art. 57, § 3º, da Lei nº 8.666/93, que trata das licitações e contratos administrativos, veda qualquer contrato com prazo indeterminado e ainda que, nos termos do art. 2º, daquela Lei, a concessão deve ser precedida de licitação.

---

[179] MEIRELLES, Hely Lopes. *Direito Administrativo Brasileiro.* 29ª ed. São Paulo: Malheiros, 2004, p. 500.
[180] DI PIETRO, Maria Sylvia Zanella. *Direito Administrativo.* 14ª ed. São Paulo: Atlas, 2002, p. 565.
[181] Op. cit., p. 567.

Dentro da concessão é possível encontrar-se a chamada *concessão de direito real de uso*, que nada mais é do que o contrato pelo qual a Administração transfere o uso remunerado ou gratuito de terreno público a particular, como direito real resolúvel, para que ele se utilize em fins específicos de urbanização, industrialização, edificação, cultivo ou qualquer outra exploração de interesse social.

A Medida Provisória nº 2.220/0 estabeleceu a figura da concessão de uso especial para fins de moradia, e assim regulamentou o disposto no § 1º do art. 183 da Constituição. A disposição legislativa fixou que aqueles que, ate 30.6.01, tivessem a posse, por cinco anos ininterruptos e sem oposição, de imóvel público situado em área urbana, de até 250 metros quadrados, utilizando-o como sua moradia, desde que não fossem proprietários ou concessionários de outro imóvel urbano ou rural, teriam direito à concessão de uso especial.[182]

### 6.4. Da enfiteuse ou aforamento

*Enfiteuse ou aforamento* é o direito real alienável e transmissível aos herdeiros e que confere a alguém o pleno gozo do imóvel, mediante a obrigação de não deteriorá-lo e de pagar um foro anual, em numerário ou em frutos.

É um instituto originariamente de direito civil, mas em total desuso, tanto no direito privado quanto no público.[183]

Em relação aos bens da União, encontra previsão legal nos art. 99 a 124 do Decreto-Lei nº 9.760/46 e Lei nº 9.636/98;

### 6.5. Da cessão

*Cessão* é a transferência gratuita da posse de um bem público de uma entidade ou órgão para outro, a fim de que o cessionário o utilize nas condições estabelecidas no respectivo termo, por tempo certo ou indeterminado.

A cessão encontra previsão legal no art. 64 do Decreto-Lei nº 9.760/46 e só pode ter como objeto bens dominicais.

A cessão entre os órgãos da mesma entidade não exige autorização legislativa e se faz por simples termo e anotação cadastral. A cessão para outra entidade exige autorização legal.

### 6.6. Da locação de imóvel público urbano

A *locação* é um contrato típico do direito civil e tem como objeto a posse de um bem mediante o pagamento de um aluguel.

No âmbito do direito administrativo, e acordo com o Decreto-Lei 9.760/46, se não estão utilizados em serviço público, os bens imóveis da União poderão ser locados quando houver conveniência em torná-los produtivos. Todavia, essa locação se destina a residência

---

[182] MEIRELLES, Hely Lopes. *Direito Administrativo Brasileiro*. 29ª ed. São Paulo: Malheiros, 2004, p. 505.

[183] O próprio art. 49, dos Atos das Disposições Constitucionais Transitórias já previa uma possibilidade de sua extinção, excetuando-se nos casos de terrenos de marinha, como podemos conferir logo abaixo:

Art. 49. A lei disporá sobre o instituto da enfiteuse em imóveis urbanos, sendo facultada aos foreiros, no caso de sua extinção, a remição dos aforamentos mediante aquisição do domínio direto, na conformidade do que dispuserem os respectivos contratos.

§ 3º A enfiteuse continuará sendo aplicada aos terrenos de marinha e seus acrescidos, situados na faixa de segurança, a partir da orla marítima.

de servidores da União, no interesse do serviço e em caráter voluntário, e a quaisquer interessados, mas depende de licitação, que é dispensada no caso de programas habitacionais realizados por órgãos e entidades da Administração criados para esse fim.

### 6.7. Do arrendamento de imóvel rural

O arrendamento de bem público tem previsão no Decreto-Lei nº 9.760/46 e embora tenha como objeto a posse de um bem imóvel, difere da locação. É possível fixar-se a diferença entre a locação e arrendamento de bens públicos pela natureza jurídica do bem; se urbano, é locação; se rural, é arrendamento.

Mas o arrendamento rural tem regras próprias que são aquelas ditadas pelo Estatuto da Terra e regulamentadas pelo Decreto nº 69.566/66.

Assim, possível a posse temporária do imóvel rural público, as regras aplicadas são aquelas dos dispositivos acima mencionados.

## 7. DA ALIENAÇÃO

Hely Lopes Meirelles ensina que:

Alienação é toda transferência de propriedade, remunerada ou gratuita, sob forma de venda, permuta, doação, dação em pagamento, investidura, legitimação de posse ou concessão de domínio.[184]

Observadas as exigências legais, os bens públicos dominicais podem ser alienados (art. 101, do CC).

A Constituição Federal, nos §§ 1º e 2º do artigo 188, prevê a possibilidade de alienação de terras públicas e devolutas, estabelecendo que a área superior a 2.500 hectares depende de prévia aprovação do Congresso Nacional, excetuando-se os casos para fins de reforma agrária.

É importante ressaltar que, conforme dispõe o § 4º do art. 231 da Carta Federal, as terras tradicionalmente ocupadas pelos índios são inalienáveis e indisponíveis, e os direitos sobre elas são imprescritíveis. Entende-se por terras tradicionalmente ocupadas pelos índios as por eles habitadas em caráter permanente, as utilizadas para suas atividades produtivas, as imprescindíveis à preservação dos recursos ambientais necessários a seu bem-estar e as necessárias a sua reprodução física e cultural, segundo seus usos, costumes e tradições.

Os bens de uso comum e especial, por estarem afetados a fins públicos, estão fora do comércio jurídico de direito privado. Para serem alienados pelos métodos de direito privado, têm de ser previamente desafetados.

Os bens dominicais, por não estarem afetados, podem ser alienados por meio de institutos do direito privado (compra e venda, permuta e doação) ou por meio de direito público (legitimação de posse, retrocessão e investidura). Os requisitos para alienação na esfera federal consta no art. 17 da Lei nº 8.666/93. Já no caso de bens imóveis da União, tal matéria é regulada pela Lei nº 9.636/98.

A alienação dos bens imóveis, no âmbito federal, se dará sob a forma de concorrência e dependerá de autorização legislativa, para órgãos da administração direta e entidades autárquicas e fundacionais, e, para todos, inclusive as entidades paraestatais, dependerá de avaliação prévia e de licitação na modalidade de concorrência, dispensada a última nos casos previstos em lei (art. 17, I, da Lei nº 8.666/93). Tais situações de dispensa são, nos termos do inciso I do art. 17 da Lei de Licitações, as seguintes:

---

[184] Op. cit., p. 509.

a) dação em pagamento;
b) doação, permitida exclusivamente para outro órgão ou entidade da Administração Pública, de qualquer esfera de governo;
c) permuta, por outro imóvel que atenda aos requisitos constantes do inciso X do art. 24 daquela Lei;
d) investidura;
e) venda a outro órgão ou entidade da administração pública, de qualquer esfera de governo *(Incluída pela Lei nº 8.883, de 1994)*;
f) alienação, concessão de direito real de uso, locação ou permissão de uso de bens imóveis construídos e destinados ou efetivamente utilizados no âmbito de programas habitacionais de interesse social, por órgãos ou entidades da administração pública especificamente criados para esse fim *(Incluída pela Lei nº 8.883, de 1994)*;
g) procedimentos de legitimação de posse de que trata o art. 29 da Lei nº 6.383, de 7 de dezembro de 1976, mediante iniciativa e deliberação dos órgãos da Administração Pública em cuja competência legal inclua-se tal atribuição *(Incluído pela Lei nº 11.196, de 2005)*;

Inclui-se, também, nestas hipóteses de desnecessidade de licitação, os casos de legitimação de posse e os de retrocessão, ante a incompatibilidade com a própria natureza do instituto.

O mesmo artigo 17, supramencionado, em seu inciso II, diz que, em se tratando de alienação de bem móvel, dependerá esta de avaliação prévia e licitação, sendo a última dispensada nos casos de:

a) doação, permitida exclusivamente para fins e uso de interesse social, após avaliação de sua oportunidade e conveniência sócio-econômica, relativamente à escolha de outra forma de alienação;
b) permuta, permitida exclusivamente entre órgãos ou entidades da Administração Pública;
c) venda de ações, que poderão ser negociadas em bolsa, observada a legislação específica;
d) venda de títulos, na forma da legislação pertinente;
e) venda de bens produzidos ou comercializados por órgãos ou entidades da Administração Pública, em virtude de suas finalidades;
f) venda de materiais e equipamentos para outros órgãos ou entidades da Administração Pública, sem utilização previsível por quem deles dispõe.

## 8. DOS BENS DA UNIÃO

Questão importante no estudo dos bens públicos é o que diz respeito aos bens da União, ante a exclusão que isso impõe na dominialidade dos demais entes públicos.

E o art. 20 da CF descreve os bens pertencentes à União. Dentre eles são encontrados os seguintes:

### 8.1. Da terra devoluta

Todas as terras que decorreram da aplicação da Lei da Terra de 18.09.1850, sob nº 601, que introduziu no direito positivo brasileiro o conceito de que *toda a terra que não pertencesse ao domínio privado, por sua origem, deveria ser devolvida ao domínio público, que, em português arcaico, significava "devoluta"*.

### 8.2. Da plataforma continental

*Plataforma continental* é aquela área que compreende o leito e o subsolo das áreas submarinas que se estendem além de seu mar territorial numa distância de até 200 milhas náuticas (uma milha náutica tem 1.852 metros).

### 8.3. Das terras tradicionalmente ocupadas pelos índios

As *terras tradicionalmente ocupadas pelos índios* são aquelas terras necessárias à sobrevivência física e cultural das populações indígenas.

Os índios têm a posse permanente e o usufruto exclusivo desta área.

### 8.4. Do terreno de marinha

*Terreno de marinha*, por definição legal (aviso imperial de 12.07.1833), é todo aquele que, banhado pelas águas do mar ou dos rios navegáveis, em sua foz, vão até a distância de 33 metros para a parte das terras, contados desde o ponto em que chega o preamar médio.

### 8.5. Dos terrenos acrescidos

*Terrenos acrescidos* são aqueles terrenos que se formam com a terra carreada pela caudal ou mesmo depositada pelo homem

### 8.6. Do mar territorial

*Mar territorial* é aquela faixa de 12 milhas marítimas partindo do litoral.

### 8.7. Da zona contígua

*Zona contígua* é a faixa de mar que fica das 12 às 24 milhas. É definida pela Lei nº 8.617/93.

### 8.8. Da zona econômica exclusiva

*Zona econômica exclusiva* é a faixa que se estende á partir das 24 milhas e vai até as 200 milhas. Nesta área o Brasil tem a soberania para a exploração, aproveitamento, conservação e gestão de recursos naturais. Esta área é definida na Lei nº 8.617/93.

## 9. DOS BENS DOS ESTADOS

A CF define no art. 26 que são bens dos estados:

I – as águas superficiais ou subterrâneas, fluentes, emergentes e em depósito, ressalvadas, neste caso, na forma da lei, as decorrentes de obras da União;
II – as áreas nas ilhas oceânicas e costeiras, que estiverem no seu domínio, excluídas aquelas sob domínio da União, Municípios e terceiros;
III – as terras devolutas não compreendidas entre as da União.

## 10. DA ÁGUA

### 10.1. Da água como bem público

A questão da água como bem público merece um análise mais detalhada diante da mudança de sua natureza jurídica imposta pela Constituição Federal de 1.988.

A primeira lei a tratar sobre a água no Brasil, o Código de Águas, de 1934, embora dispusesse sobre a possibilidade de outorga de uso pelo poder público, em verdade, tratava esse bem com ênfase de domínio privado. No entanto, assimilando a evolução de transformação da água em bem essencial à vida na Terra, a Constituição Federal de 1988 introduziu esse importante avanço e a considerou como bem do domínio público (art. 20, inciso III), também chamado de bem de uso comum do povo, situação reafirmada em termos de competência federativa pelos Estados de existência de condominialidade com a União, como sustentada pela Constituição do Estado do Rio Grande do Sul (art. 7º, inciso III).

O regulamento, no entanto, só foi estabelecido pela Lei nº 9.433/97, a chamada Lei das Águas, que, todavia, oito anos depois ainda não foi devidamente implementada gerando dúvidas e contribuindo para que a água, especialmente quando usada por particulares, permaneça com a antiga conotação de coisa privada.

A lei, que não revogou completamente o Código de Águas, mas apenas a dimensionou como bem público, criou uma Política Nacional de Recursos Hídricos e um sistema nacional para gerenciá-lo, o SINGREH, integrado por um Conselho Nacional de Recursos Hídricos, Conselhos de Recursos Hídricos Estaduais e Comitês de Bacia Hidrográfica. Como ponto importante estabeleceu regras sobre a outorga de direito de uso dos recursos hídricos e a possibilidade de sua cobrança, institutos que têm oportunizado discussões acirradas tanto na doutrina como na jurisprudência e que será o motivo principal deste trabalho.

Em resumo, a água, além de constituir um elemento essencial para a permanência da vida na Terra, é reconhecida pelo direito positivo de todos os povos como um recurso natural limitado e que, apesar de todos terem direitos a seu uso, ela deve ser regulada pelo Estado como bem de domínio público.

### 10.2. Da outorga de direito de uso da água

#### 10.2.1. Generalidades e objetivos

Outorgar, no conceito jurídico tem o significado de conceder.

Portanto, quando a Lei nº 9.433/97, na seção III, do Capítulo IV, do Título I, trata da OUTORGA DE DIREITOS DE USO DOS RECURSOS HÍDRICOS, em disposição sumária, especifica como e de que forma jurídica o direito de uso da água pode ser concedido, não olvidando que esse ato tem por objetivo assegurar o controle qualitativo e quantitativo do uso da água e permitir o efetivo exercício do acesso à água.

Em outras palavras, o regramento do legislador disciplina o procedimento administrativo de como a Administração Pública deverá agir para validamente concretizar a delegação de outorga de uso da água a terceiros.

A outorga pode se operar entre administrações ou entre administração e particular.

#### 10.2.2. Das modalidades de outorgas

A Lei nº 9.433/97, no seu art. 12, estabelece quais as modalidades de direito de uso de água que necessitam de outorga.

São eles:

a) *na derivação ou captação de parcela de água existente em um corpo de água para consumo final, inclusive abastecimento público, ou insumo de processo produtivo.*

Derivação significa desvio e captação significa aproveitamento. Corpo de água é qualquer rio, córrego, riacho, lago, lagoa ou brejo. Portanto, o desvio ou aproveitamento de água existe em um rio, córrego, riacho, lago, lagoa ou brejo que se destine ao consumo da população ou mesmo que se destine como elemento no processo de produção de bens exige outorga de direito de uso por parte da Administração Pública competente.

A sua inexistência gera abusividade passível de controle pelo poder de polícia da administração ou até mesmo por ação civil pública ajuizada pelo Ministério Público ou de ação popular por qualquer do povo.

b) *na extração de água de aqüífero subterrâneo para consumo final ou insumo de processo produtivo.*

*Aqüífero* é uma formação geológica capaz de armazenar e fornecer quantidades significativas de água, representando um reservatório de água subterrânea. Assim, extrair essa água para consumo final ou mesmo para uso no processo produtivo necessita de outorga de direito de uso.

O uso da água sem a outorga administrativa constitui prática abusiva a ser controlada e impedida pelo poder público, pelo Ministério Público ou por qualquer do povo em defesa do bem público.

c) *no lançamento em corpo de água de esgotos e demais resíduos líquidos ou gasosos, tratados ou não, com o fim de sua diluição, transporte ou disposição final.*

Lançamento é o ato de lançar, jogar, atirar. Esgotos são escoadouros de dejetos ou águas servidas das casas. Resíduos significa restos. Dessa forma, jogar no rio, córrego, riacho, lago, lagoa ou brejo dejetos, águas servidas ou restos, tratados ou não, com a finalidade de misturá-los com a água, utilizar-se dela como meio de transporte ou escoadouro final necessita de outorga do direito de uso.

A inobservância resulta na prática de ilícito administrativo, penal e ambiental todos passíveis dos respectivos controles.

d) *no aproveitamento dos potenciais hidrelétricos.*

O aproveitamento da água para a geração de energia exige outorga do direito de uso pela Administração Pública competente que, todavia, deve atender ao que ficar estabelecido no Plano Nacional de Recurso Hídricos e ao que exigir a legislação setorial competente.

e) *em outros usos que alterem o regime, a quantidade ou a qualidade da água existente em um corpo de água.*

Como requisito final a demonstrar que os outros usos são meramente exemplificativos para ocorra outorga do direito de uso da água estão aqueles usos que alterem a estrutura, a quantidade ou a qualidade da água de um rio, córrego, riacho, lago, lagoa ou brejo.

### 10.2.3. Do uso da água que independe de outorga

Sempre que a Administração Pública competente pretender outorgar o direito de uso da água a um terceiro, ente público ou não, somente poderá fazê-lo através de um *contrato administrativo sui generis*, com prévia licitação, ou não, dependendo neste caso de que o terceiro seja outra administração pública ou incida a inexigibilidade licitatória para o outorgado privado por impossibilidade de concorrência.

A outorga do direito de uso, dessa forma, é a regra geral.

A Lei nº 9.433/97, no § 1º do art. 12, no entanto, fixou os casos que o uso da água independe de outorga administrativa, enunciando-os de forma abrangente, mas fixando que eles deveriam ser definidos em regulamento. O legislador vinculou a Administração Pública competente para a outorga à necessidade de prévia regulamentação. Portanto, não pode a Administração Pública por ato exclusivo seu, inexigir a outorga do direito de uso da água. Se o faz, pratica ato abusivo passível de controle administrativo ou judicial, este através das ações de controle, como o mandado de segurança, a ação civil pública ou a ação popular.

A lei enumera as seguintes situações que independem de outorga:

*a) Uso de recursos hídricos para a satisfação das necessidades de pequenos núcleos populacionais, distribuídos no meio rural.*

Os pequenos núcleos populacionais rurais não necessitam de outorga de direito de uso da água, desde que use esse bem público para suas necessidades. A dimensão desses núcleos rurais e o que sejam satisfação das necessidades deverão ser regrados pelo regulamento. Penso, no entanto, que no conceito de necessidade deve ser incluída a econômica.

*b) Derivações, captações e lançamentos considerados insignificantes.*

O desvio e o aproveitamento da água, bem como o lançamentos de resíduos ou dejetos em quantidade insignificantes sobre um rio, córrego, riacho, lago, lagoa brejo ou mesmo um aqüífero, não necessita de outorga. No entanto, a inexigência de outorga não afasta a Administração Pública do dever de fiscalizar a sua desnecessidade.

*c) Acumulações de volumes de água consideradas insignificantes.*

As barragens e os açudes de volumes insignificantes, assim considerados nos termos do regulamento, independem de outorga do direito de uso. A fiscalização de isenção, todavia, é imposição que deve a Administração Pública competente exercer.

### 10.2.4. Dos casos de suspensão da outorga

Concedida a outorga nos termos da lei, passa o outorgado a exercer o direito dela resultante com plenitude, sem que com isso deixe a Administração Pública titular da outorga de exercer vigilância sobre o objeto contrato. Próprio de um contrato administrativo *sui generis* deve, tanto a Administração Pública outorgante como o terceiro outorgado, primarem pela execução do contratado, por aplicação do princípio contratual clássico do *pacta sunt servanda*.

Suspensa a outorga deve a Administração Pública outorgante analisar, caso a caso, sobre a suspensão da contraprestação.

A Lei nº 9.433/97 enumera os casos de suspensão da outorga, nestes termos:

*a) Não cumprimento pelo outorgado dos termos da outorga.*

A outorga do direito de uso da água tem a natureza jurídica de um contrato administrativo. Embora seja uma especialidade na teoria geral dos contratos, o *contrato administrativo de outorga* impõe deveres aos contratantes como qualquer outro contrato. Assim, não cumprindo o outorgado qualquer das cláusulas, torna-se inadimplente e, como sanção, pode ver o objeto contratado que é a própria outorga, suspensa pela Administração Pública outorgante.

A suspensão administrativa da outorga não é ato administrativo puro e imotivado. Para ser declarada ela necessita de processo administrativo prévio em que se garanta ao outorgado o direito ao contraditório, à ampla defesa e ao recurso administrativo, como princípios constitucionais garantistas mínimos.

A decisão administrativa que concluir pela suspensão da outorga do direito de uso da água necessita de motivação, sopesando através dos critérios de razoabilidade e proporcionalidade se a suspensão deve ser parcial ou total, temporária ou definitiva.

A suspensão irregular pode ser controlada pelo Poder Judiciário através de ações de controle, como é o mandado de segurança, e ensejar indenização.

*b) Ausência de uso por três anos consecutivos.*

A água é um bem público de uso comum do povo. Dessa forma, a água tem a natureza de se destinar ao uso público, de forma direta, através de consumo, ou indireta, através de insumo de produção. O seu não-uso pelo outorgado de forma contínua por três anos atenta contra a própria destinação natural desse bem. Portanto, não destinar o outorgado a água que recebeu através de outorga pública pratica infração material e formal do contrato cuja sanção é a suspensão do contrato, total ou parcialmente, temporária ou definitivamente.

Na aplicação da sanção deve a Administração Pública agir com razoabilidade e proporcionalidade.

A suspensão por ausência de uso também necessita de processo administrativo prévio com asseguramento ao contraditório, ampla defesa e recurso.

A suspensão irregular pode ser controlada pelo Poder Judiciário e ensejar a responsabilização civil da Administração Pública concedente.

*c) Necessidade premente de água para atender a situações de calamidade, inclusive as decorrentes de condições climáticas adversas.*

A água é um bem de uso comum do povo. Assim, havendo necessidade premente para atender a situações de calamidade decorrentes de condições climáticas adversas, situação mais comum criada pela seca, surge uma cláusula suspensiva natural do contrato. O interesse público evidenciado não pode ser impedido pelo interesse privado do outorgado. Penso que o dispositivo legal é a transformação em norma positiva da *teoria da imprevisão*.

A calamidade ou a situação climática adversa deve ser declarada pela Administração Pública outorgante com toda amplitude e diante de fatos notórios.

Neste caso, a suspensão da outorga deve durar enquanto persistir a calamidade, podendo abranger parcial ou integralmente o objeto da outorga.

Ante a urgência da medida, a suspensão será sempre acautelatória, preventiva ou remediadora, mas exige processo administrativo em que sejam assegurados o contraditório, a ampla defesa, a decisão motiva e possibilidade recursal.

A abusividade da suspensão implica na possibilidade de controle jurisdicional e pode ensejar responsabilidade civil.

*d) Necessidade de se prevenir ou reverter grave degradação ambiental.*

*Meio ambiente* é o conjunto de condições naturais e de influências que atuam sobre os organismos vivos e os seres humanos. Como a água, o meio ambiente é um bem de uso comum do povo. Portanto, mantê-lo em perfeitas condições é dever do Estado e direito de todos. *Degradação* é deterioração. Por conseguinte, havendo justo receio de grave deterioração ao meio ambiente ou tendo este já ocorrido em decorrência do exercício da outorga do direito de uso da água tem a Administração Pública outorgante o dever de suspender a delegação pelo prazo necessário para afastar a potencialidade do perigo ou reversão da gravidade já ocorrida.

A suspensão da outorga exige prova da potencialidade do perigo de dano ambiental ou que ele tenha corrido e necessita ser revertido. Dessa forma não se trata de ato administrativo simples e imotivado.

Em qualquer das situações, a suspensão da outorga pode ser determinada cautelarmente, mas exige processo administrativo em que se garanta ao outorgado oportunidade de contraditório, ampla defesa, decisão final motivada com possibilidade de recurso.

A suspensão poderá ser total ou parcial, temporária ou definitiva, dependendo da gravidade da degradação ou do tempo necessário para afastar a possibilidade do dano ambiental.

A suspensão abusiva pode ensejar o controle jurisdicional e a responsabilização civil da Administração Pública concedente.

*e) Necessidade de se atender a usos prioritários, de interesse coletivo, para os quais não se disponha de fontes alternativas.*

A outorga também será suspensa quando houver necessidade de se atender a usos prioritários, de interesse coletivo, para os quais não se disponha de fontes alternativas.

A suspensão da outorga, portanto, é decorrência da inexistência de fontes alternativas, circunstância a ser demonstrada pela Administração Pública outorgante.

O ato administrativo de suspensão, portanto, é decorrência da pré-existência de processo administrativo com todos os consectários constitucionais de contraditório, ampla defesa, decisão motiva e recurso à segunda instância administrativa.

Em decorrência da urgência, pode a Administração Pública determinar a suspensão da outorga cautelarmente.

A suspensão abusiva pode ser controlada pelo Poder Judiciário e ensejar indenização.

*f) Necessidade de serem mantidas as características de navegabilidade de corpo de água.*

Consistindo o corpo de água em um rio, lago ou lagoa onde a navegabilidade é permitida deve a Administração Pública outorgante suspender a outorga do direito de uso até ser possível o retorno a este uso.

Pela própria natureza da suspensão, observa-se que ela é temporal. Pode ser determinada cautelarmente, mas exige a instauração de processo administrativo para que o outorgado possa contraditar e oferecer provas, devendo a Administração Pública decidir motivadamente determinando a suspensão e permitindo o recurso do que foi decido.

A suspensão viciada pode ser controlada inclusive pelo Poder Judiciário e ensejar responsabilidade civil da Administração Pública.

### 10.2.5. Do prazo de duração da outorga

A outorga do direito de uso da água tem prazo limite de até 35 anos, renovável. É o que diz o art. 16 da Lei nº 9.433/97.

A fixação de duração da outorga está limitada apenas ao seu limite máximo. Pode o regulamento estabelecer prazos para cada tipo de outorga ou deixar isso para a discrição administrativa.

## 11. DO MEIO AMBIENTE

### 11.1. Do conceito de meio ambiente

O meio ambiente como bem público é instituto bem recente e por isso mesmo merece um estudo mais detalhado.

O conceito de meio ambiente, como já foi referido, é de difícil mensuração e não se pode exauri-lo tomando-se por base exclusivamente o *princípio da precaução*, mas através de conjugação desse princípio com outros de igual importância, como, por exemplo, o *princípio do desenvolvimento sustentável* de aparente antagonismo. Essa discussão é histórica e não reside exclusivamente no direito ambiental brasileiro, já que significa a manutenção do status quo ambiental e a possibilidade de conciliação entre este e desenvolvimento de um país.

Assim, no âmbito nacional e nessa iteração de princípios não se pode esquecer que, embora não previstas expressamente na Constituição Federal, a Administração Pública também deve pautar sua conduta com razoabilidade e proporcionalidade, princípios intrínsecos a todo direito brasileiro.

Mas, m*eio ambiente*, conforme o art 3º, inciso I, da Lei nº 6.938, de 31.8.81, *é o conjunto de condições, leis, influências, alterações e interações de ordem física, química e biológica, que permite, abriga e rege a vida em todas as suas formas.*

Embora esse conceito tenha sido editado antes da Constituição Federal, por força de seu art. 225, foi por ela recepcionado, mantendo-se intacto.

Apesar do conceito jurídico de meio ambiente, no entanto, ele é emoldural e por isso precisa adquirir contornos nítidos.

A análise dos temas seguintes servirá para demonstrar a amplitude do conceito de meio ambiente.

### 11.2. Da classificação do meio ambiente

Já se pôde observar que o meio ambiente surge como um bem específico desgarrado dos elementos que o compõem. A água, por exemplo, é um bem público e como tal é estudada pelo direito administrativo no instituto dos bens públicos. No entanto, como elemento integrador do meio ambiente, a água assume a simples categoria de ser tão-somente um seu elemento conceitual. À primeira vista, pode parecer que um conceito e outro se imbriquem e se confundam. Mas não existe esta confusão. Ou se existir ela está sendo mal dimensionada. Por força constitucional, a água é de dominialidade da União ou dos Estados. Outorgar seu uso a terceiros é competência exclusiva de quem detém seu domínio. Disso se conclui que o Município não tem qualquer legitimidade para dizer sobre a delegação do uso da água. Todavia, se o uso da água produz dano ambiental, ou seja, a água está sendo usada para desestruturar o meio ambiente, tem-se que o Município é competente para protegê-la, podendo utilizar-se de seu poder de polícia através de instrumentos processuais administrativos ou judiciais.[185] Assim também ocorre com o solo, urbano ou rural, que integra o direito de propriedade pública ou privada.

Combinando-se o conceito de meio ambiente dado pela art. 3º, inciso I, da Lei nº 6.939/81, com o disposto no art. 225 da Constituição Federal, é possível classificá-lo em: a) natural; b) cultural; c) artificial; d) do trabalho.[186]

#### 11.2.1. Do meio ambiente natural

O *meio ambiente natural,* também conhecido como *meio ambiente dos recursos naturais, é,* dentre os elementos que integram o conceito de meio ambiente, o que se apresenta com mais visibilidade fática e por isso mesmo é o que tem maior disciplina jurídica.

---

[185] Essa matéria será melhor analisada na temática que trata da gestão do meio ambiente.
[186] Esta classificação não é uníssona, mas é majoritária na doutrina.

O *meio ambiente natural* é formado pelo: a) solo; b) água; c) ar; d) fauna; e) flora.

### 11.2.1.1. Do meio ambiente natural – solo

### 11.2.1.1.1. Dos aspectos gerais

*Solo* vem do latim *solum* e significa *base, fundamento, terreno*, sendo este último conceito o adotado pela língua portuguesa no sentido do próprio chão, terreno ou superfície da terra em que se edificam as coisas ou onde germinam e dão frutos as plantas.

Juridicamente, *solo* não se afastou do sentido etimológico, e, portanto, tem o conceito de terreno, considerado em si mesmo, sem qualquer edificação, plantas ou árvores e arvoredos. Solo, como já dizia os romanos, é a terra nua despida de qualquer edificação ou vegetação e equivalia a *fundus* e a *praedium e,* neste, a distinção de *aedificium* para significar a construção.

No direito Civil, conforme o art. 79 do Código Civil, solo, é um bem jurídico tipificável por si mesmo e classificado na categoria de bem imóvel. O próprio dispositivo alarga este conceito quando diz que também é considerado solo tudo quanto se lhe possa incorporar natural ou artificialmente. Portanto, solo é a superfície da terra, a que se adicionam o subsolo, as árvores, o espaço aéreo, as construções e as plantações, para compor um bem de natureza imobiliária.

Embora não haja previsão expressa, tem-se entendido que a propriedade do solo importa na propriedade do subsolo, entendendo-se este como a profundidade de possível aproveitamento. Inexiste, dessa forma, uma dimensão rígida sobre o subsolo, restando o conceito de que será subsolo a espessura até onde possa ser útil para o uso.

Questão importante está no princípio da acessoriedade do solo externado no artigo 81 do Código Civil, segundo o qual tudo o que for agregado ao solo a ele adere, ficando condicionado, todavia, a que a incorporação do acessório ao solo seja em caráter permanente pelo simples fato de poder ser retirado sem destruição, modificação, fratura ou dano. Aliás, esta regra é clássica e vem do *Digesto* na seguinte afirmação *omne quod inaedificatur solo cedit* – tudo que é edificado sobre o terreno, ou tudo o que a ele se agrega ou acessoria, passa a nele integrar-se, adquirindo a qualidade de imóvel e pertencendo ao respectivo dono.

Não obstante o subsolo ser parte integrante do solo, todavia, as minas e demais riquezas do subsolo constituem propriedade distinta da do solo, para efeito de sua exploração. É o princípio que se fixa na Constituição Federal, artigo 176.

O espaço aéreo somente se incorpora ao conceito de solo enquanto extensão razoável para seu aproveitamento, o que significa que não integra este conceito às grandes altitudes.

No campo do direito ambiental, o solo mantém a dimensão dada pelo direito civil, mas adquire um conceito autônomo, que é o de ser um dos mais importantes elementos do meio ambiente natural, restringindo-se o seu estudo, especificamente, à compreensão dos regramentos que estabelecem os meios de defesa e preservação impostos pelo Poder Público para consecução do equilíbrio ecológico sopesado com a sadia qualidade de vida.

Diante disso, o conceito de *solo* necessita muito do subsídio da geologia para se delimitar aquilo que se pode ter como ação danosa à sua estrutura. Portanto, geologicamente, solo é a camada viva que recobre a superfície da terra e que está em permanente evolução por meio da alteração das rochas e de processos pedogenéticos comandados por agentes físicos, biológicos e químicos. O solo, dessa forma, é o resultado de mudanças que ocorrem nas rochas de forma bem lenta através da incidência das condições climáticas e da presença de seres vivos. Didaticamente o processo de transformação do solo se opera da seguinte forma:

1) uma rocha matriz é exposta;
2) a chuva, o vento e o sol a desgastam formando fendas e buracos que, com o tempo, a faz esfarelar-se;
3) os microrganismos, como bactérias e algas se depositam nestes espaços, contribuindo para a decomposição através das substâncias produzidas;
4) ocorre o acúmulo de água e restos dos microrganismos que começam a se desenvolver;
5) solo vai ficando mais espesso e outros vegetais vão surgindo, além de pequenos animais;
6) vegetais maiores colonizam o ambiente, protegidos pela sombra de outros e
7) o processo continua até atingir o equilíbrio, determinando a paisagem de um local.

Vê-se, portanto, que qualquer ingerência humana no conceito geológico de solo produz mudanças porque altera o seu status quo. As regras criadas pelo Poder Público é que vão estabelecer quando o solo poderá sofrer mudanças sem que isso caracterize dano ambiental, conjugado, por conseqüência os princípios que sustentam a preservação ambiental com a necessidade do desenvolvimento sustentável.

Apesar da modificação consentida do solo é possível relacionar-se, no conceito jurídico de dano ambiental, causas que o degradam, como:

1) Agricultura predatória;
2) Monoculturas exaustivas;
3) Devastação de matas ciliares e vegetação de cabeceiras
4) Desmatamento e/ou queimadas desordenadas;
5) Uso intensivo de adubos químicos;
6) Uso indevido da mecanização;
7) Uso impróprio de agrotóxicos;
8) Ocupação de várzeas férteis;
9) Substituição desordenada de florestas por campos e pastagens;
10) Construção aleatória de represas;
11) Atividades desordenadas de mineração;
12) Implantação de florestas homogêneas sem estudos prévios;
13) Implantação de indústrias e pólos industriais sem a precaução necessária;
14) Ocupação de áreas de mananciais;
15) Aberturas indiscriminadas de estradas;
16) Lixões.

Para evitar a ocorrência destes danos é que se estabeleceu a necessidade de zoneamento e de estudos de impactos ambientais para, só depois, se possibilitar as licenças autorizativas de uso do solo.

### 11.2.1.1.2. Do solo e do direito de propriedade

Já foi observado que solo é bem imóvel, consoante o disposto no art. 79 do Código Civil. A titularidade desse bem imóvel, ou mais propriamente o direito de propriedade, pode ser público ou privado; pode ser bem do Estado ou do cidadão. Mas, qualquer que seja essa dominialidade, a propriedade do solo, por força constitucional, deve respeitar a *função social*, seja ela rural ou urbana.

*Função social*, como o próprio nome diz, é um atributo superior da propriedade no sentido de que, antes de exaurir-se no conceito de querer do proprietário, ela deve respeitar as necessidades da população. Só se respeitada, é que merece toda a proteção jurídica. A

Constituição Federal diz que a função social da propriedade urbana é aquela que for estabelecida pelo plano diretor da cidade (art. 182), e a rural, aquela que, simultaneamente, e segundo critérios e graus de exigência estabelecidos em lei, tenha (I) – aproveitamento racional e adequado; (II) – utilização adequada dos recursos naturais disponíveis e preservação do meio ambiente; (III) – observância das disposições que regulam as disposições de trabalho e (IV) – exploração que favoreça o bem-estar dos proprietários e dos trabalhadores (art. 186).[187]

Mas não me parece essencial, como alguns autores tem procurado fazer, que seja relevante o estudo da propriedade em si mesma. Isso é campo do direito civil ou do direito agrário. O que é relevante é a inserção do conceito de solo como elemento integrante do meio ambiente, isso, sim, é matéria de direito ambiental. Tome-se como exemplo, a propriedade rural que desrespeite a função social. A sanção que o direito agrário lhe atribui é a desapropriação por interesse social por parte da União com o fim de reforma agrária. O direito agrário não prevê sanções pelo desrespeito ao meio ambiente. Logo, o que disciplinará estas sanções é o direito ambiental, inclusive com alargamento da competência para os Estados e Municípios, por força do art. 225 da Constituição Federal.

### 11.2.1.2. Do meio ambiente natural – água[188]

Como já se pôde observar no estudo anterior, a água é por si mesma um bem público e como tal analisada dentro dessa natureza jurídica. No entanto, a água também constitui elemento natural a integrar o conceito de meio ambiente. As situações jurídicas de um conceito e outro são bem delineadas.

A água, em termos de importância para o direito ambiental, só perde para o solo.

Apenas para rememorar, no contexto da química, física e da biologia, a água é um líquido incolor, sem cheiro ou sabor, essencial à vida, que congela a 0°C e entra em ebulição a 100°C. É a mais abundante substância simples da biosfera e existe tanto na forma líquida, como na forma sólida e na forma gasosa. Talvez por isso o homem a tenha dimensionado como infinita já que ocupa 2/3 da superfície terrestre. No entanto, dessa quantidade, apenas meros 3% são de águas doce. O desperdício e a poluição somados ao aumento da população levaram ao repensar da água em todo o mundo.

As águas podem ser classificadas como *subterrâneas* ou *superficiais*. *Subterrâneas* são aquelas existentes nos lençóis freáticos ou sistemas aqüíferos. *Superficiais* são aquelas existentes nos açudes, rios, lagos, mares, oceanos e geleiras. As águas também se classificam em *internas* ou *interiores* e *externas* ou e*xteriores*. São *internas* as águas existentes nos rios, lagos, mares interiores, o mar territorial, os portos, canais e ancoradouros. São *externas* as águas existentes em zonas contíguas e alto-mar.

O Brasil é um dos países que possui um dos maiores volumes de água doce do mundo. Mas essa abundância na disponibilidade de água é muito relativa pela má distribuição geográfica e, de outro lado, pela demanda sempre crescente. Assim, verifica-se a existência de muita água na Amazônia, região com pequena ocupação demográfica, enquanto regiões altamente carentes como o Semi-Árido, em que vive uma população numerosa, não possui uma oferta desejável de recursos hídricos, causando com isso muitos problemas de abastecimento para a população.

---

[187] Para um estudo mais aprofundado a respeito do tema sugiro o meu *Curso de Direito Agrário*, volume I, Porto Alegre: Livraria do Advogado Editora, 2007.

[188] Para melhor compreensão da água sugiro a leitura da *Água na Visão do Direito*, de minha autoria, edição do Tribunal de Justiça do Estado do Rio Grande do Sul, 2005.

É certo que a qualidade das águas está permanentemente ameaçada por dois grupos principais de riscos: a contaminação por microrganismos patogênicos e a modificação das características físicas e químicas dos corpos d'água. A Organização Mundial de Saúde – OMS, preconiza que, para completar a infra-estrutura de recursos hídricos, se faz necessário efetuar o monitoramento, vigilância e levantamentos especiais.

A contaminação da água tem provocado uma degradação sistêmica, pois os poluentes lançados nas águas superficiais pelas indústrias contaminam os ecossistemas e eliminam ou restringem a continuidade da vida nesses ambientes. O Aqüífero Guarani é um bom exemplo disso.

Essa contaminação não só agride o equilibro ecológico, mas a própria qualidade de vida na terra, já que este estado produz cerca de 80% das patologias que atingem a saúde humana. E isso ocorre exatamente no abastecimento de água porque nesses ambientes podem aninhar mosquitos, vetores ou transmissores responsáveis por endemias e epidemias. São as conhecidas doenças de veiculação hídrica.

Diante de toda essa preocupação é que a água foi elevada à categoria de bem ambiental de todos e por isso deverá ser preservada para as atuais e futuras gerações, visando com isso atender os seus múltiplos usos, competência atribuída por força constitucional ao Poder Público.

No campo do direito ambiental, como o solo, a água adquire um conceito autônomo que é o de ser um importante elemento do meio ambiente natural, restringindo-se o seu estudo, especificamente, à compreensão dos regramentos que estabelecem os meios de defesa e preservação impostos pelo Poder Público para consecução do equilíbrio ecológico sopesado com a sadia qualidade de vida.

Assim, de forma breve, a água adquire relevância ambiental através de regramento próprio quando destinada aos seguintes usos básicos: 1) Abastecimento para consumo humano direto; 2) Abastecimento para usos domésticos; 3) Abastecimento para usos industriais; 4) Irrigação; 5) Dessedentação de animais; 6) Conservação da fauna e flora; 7) Atividades de recreação; 8) Pesca e piscicultura; 9) Geração de energia; 10) Transporte; 11) Diluição de despejos.

### 11.2.1.3. Do meio ambiente natural – ar

O ar é elemento integrante do conceito de meio ambiente natural e por isso o regramento sobre o seu uso adquire importância para o direito ambiental.

Na visão da química, ar é uma mistura de gases e, quando seco, tem a composição de 78% de nitrogênio, 21% de oxigênio e 1% de gases nobres.[189] O nitrogênio é o responsável pela constituição das proteínas, o oxigênio, pela respiração dos organismos e os demais gases, pelo metabolismo. Embora o gás carbônico participe com parcela mínima (0,03%) é ele o responsável pela fotossíntese (a produção dos alimentos pelos vegetais).

O ar recobre todo planeta numa espécie de capa que atinge certa de 11 quilômetros de largura a partir da superfície. Esta camada permite a passagem dos raios solares, fornecendo luz e calor para toda a Terra e impedindo que este escape durante a noite, o que faria a temperatura da Terra oscilar de forma muito grande. É o chamado efeito estufa.

O *ar*, também conhecido como *ar atmosférico* ou *atmosfera,* como se pode observar, tem importância química, biológica e ecológica, porque estreitamente ligado aos processos

---

[189] Os gases nobres que também entram na composição do ar são 0,97% de argônio, neon, hélio, monóxido de nitrogênio, kriptônio, metano, hidrogênio, protóxido de hidrogênio, xenônio, dióxido de nitrogênio, ozônio e radônio e 0,03% do dióxido de carbono

vitais de respiração e fotossíntese, à evaporação, à transpiração, à oxidação e a fenômenos climáticos e metereológicos. O ar, portanto, é elemento vital para a vida do homem e do meio ambiente que o cerca.

Porém, a poluição do ar altera as características físicas, químicas ou biológicas normais, comprometendo os processos fotossintéticos e de respiração, contribuindo para o surgimento de várias patologias, como: o enfisema, a bronquite, a rinite alérgica e as deficiências visuais. Além disso, esse tipo de poluição é dinâmica e não se restringe a um único local, porquanto os animais e o próprio vento cuidam de espalhá-la para grandes distâncias em relação à fonte geradora.

É inegável que o processo industrial é necessário porque gera riquezas e, como conseqüência, bens de consumo. O lado perverso desse processo é que também gera muita poluição direta ou indiretamente. A poluição é gerada pela potencialização do efeito estufa, da chuva ácida e da redução da camada de ozônio, já analisados como fatos caracterizadores das grandes mudanças no meio ambienta mundial.[190]

O Brasil adotou a política do desenvolvimento sustentável no âmbito ambiental, o que significa a convivência dos aspectos negativos desse desenvolvimento com o meio ambiente. E o aspecto de maior potencialidade ofensiva no campo do meio ambiente ar é a poluição, e, dentre elas, as queimadas para formação de pastagens e florestas, além das freqüentes queimadas da palha da cultura de cana de açúcar.

No campo do direito administrativo, mais precisamente no aspecto da titularidade dominial, o ar atmosférico não é considerado um bem público de forma expressa, como ocorre com a água e o solo. Embora a doutrina o classifique como um bem difuso, ou seja, não pertencente a ninguém especificamente, a Constituição Federal, no art. 225, *caput*, outorgou-lhe a definição de bem de uso comum do povo porque integrante do conceito de meio ambiente.

Assim, como instituto ambiental, e não como matéria de direito administrativo ou constitucional e muito menos no seu aspecto físico-químico, é que deve ser analisado. O uso do ar e sua relevância para o meio ambiente é que o torna estrutura do direito ambiental, fazendo surgir uma legislação específica.

No campo do direito ambiental, como o solo e água, o ar adquire um conceito autônomo que é o de ser um importante elemento do meio ambiente natural, restringindo-se o seu estudo, especificamente, à compreensão dos regramentos que estabelecem os meios de defesa e preservação impostos pelo Poder Público para consecução do equilíbrio ecológico sopesado com a sadia qualidade de vida.

### 11.2.1.4. Do meio ambiente natural – fauna

A fauna integra o conceito de meio ambiente para fins de aplicação do direito ambiental.

---

[190] De forma didática é bom repetir:

1) Efeito Estufa. Este é um dos efeitos mais conhecidos e que ocorrem em função da degradação do ar atmosférico, sendo caracterizado pelo fenômeno de isolamento térmico do planeta, em decorrência da presença de determinados gases na atmosfera, como a concentração de $CO_2$ (gás carbônico), causando o aquecimento global da temperatura da Terra.

2) Chuva Ácida. Esse outro efeito negativo da poluição atmosférica recai sobre os seres vivos através das chuvas, sendo caracterizada pela presença de ácido sulfúrico no ar, resultante de reações com compostos de enxofre provenientes da queima do carvão mineral, causando o fenômeno corrosivo que ataca metais e outros elementos.

3) Redução da Camada de Ozônio. O ozônio, camada de gases que absorve a incidência de raios ultravioletas, vem sendo eliminado pelo clorofluorcarbonetos – CFC presente em compostos, que em geral são quimicamente estáveis e perduram suspensos.

Para melhor compreensão, *fauna* é o conjunto das espécies animais que ocorrem numa determinada região. Não se trata de um agrupamento ocasional. Pelo contrário, possui sua lógica rigorosa, sua personalidade, suas características próprias, intrínsecas e absolutamente específicas.

A dificuldade de contextualização da fauna como bem ambiental é que se trata de um conceito coletivo muito extenso diante da grande quantidade de animais existentes no país.

Objetivamente, integram o conceito de fauna os animais na categoria de: a) aves; b) mamíferos; c) peixes.

Como informação didática e no que se refere às *aves,* o grupo é relativamente bem conhecido em taxonomia e biogeografia, possibilitando vários estudos ecológicos que contribuíram na implementação de regramentos legais visando a conservação e manejo da fauna.[191]

Os mamíferos são animais extremamente abundantes na natureza, não apenas em número de indivíduos como em número de espécies. Roedores de pequeno porte e marsupiais, comumente chamados de pequenos mamíferos não voadores (ou seja, excetuando os quirópteros), são a base da cadeia alimentar de diversos predadores, como aves rapineiras, serpentes e mamíferos de maior porte.

Os peixes integram o conceito de fauna e, por conseqüência, regrar sobre a pesca é mamtéria que diz respeito ao direito ambiental

Com o crescimento do movimento conservacionista, passou-se a ter preocupação na fauna como elemento do meio ambiente e, por conseguinte, a fazer parte da agenda de trabalho dos governos e do setor privado. Em decorrência disso surgiram legislações específicas, muitas delas voltadas para a manutenção dessa biodiversidade.[192]

No campo do direito ambiental, como o solo, a água e o ar, a fauna adquire um conceito autônomo, que é o de ser um importante elemento do meio ambiente natural, restringindo-se o seu estudo, especificamente, à compreensão dos regramentos que estabelecem

---

[191] Como informação adicional tem-se que as aves possuem representantes em quase toda a cadeia trófica (consumidores primários a predadores nos últimos níveis) que se utilizam de diversos hábitats terrestres e aquáticos e várias espécies apresentam restrições ambientais, tornando-os relevantes elementos *bioindicadores*. Ademais, o estudo das aves possibilita a obtenção de dados em campo com maior índice de precisão, pois a maioria das espécies é bastante conspícua, com intensa movimentação e de hábitos diurnos, facilitando a identificação e realização de censos através de visualização direta e, principalmente, vocalizações.

[192] Segundo a doutrina, o Brasil ocupa também o vergonhoso título de vice-campeão mundial no número de espécies ameaçadas de animais, perdendo apenas para a Indonésia. Cada população de um dado animal que é exterminado leva consigo genes únicos, que são a reserva adaptativa da espécie face às constantes mudanças ambientais. A soma desses eventos locais irá eventualmente determinar a liminação total de determinadas espécies.

Ocorrendo de Pernambuco até Rio Grande do Sul, na faixa litorânea, restinga adentro, a floresta pluvial atlântica é constituída por dois tipos: florestalitorânea e a floresta de montanhas. A descrição e análise da fauna da Mata Atlântica, mesmo sucintas, tornam-se difíceis devido à precariedade dos levantamentos faunísticos existentes e da intensiva destruição generalizada dos habitats originais, do que resultaram ampla redução das áreas de distribuição da maioria das espécies e ocorrência, na atualidade, de grande número de pequenas populações disjuntas, algumas meramente residuais, abrigadas precariamente em reduzidas parcelas isoladas de um território outrora contínuo. Mesmo antes desses efeitos devastadores da ação antrópica, a biota da região já sofrera as conseqüências das sucessivas alterações climáticas ocorridas no Quaternário, que seguramente produziram sucessivos episódios de extinção, desequilíbrio ecológico, migração, fragmentação das populações e surgimento de novas espécies e subespécies.

Na atualidade, a fauna das florestas atlânticas permanece rica em diversidade biológica, com pouquíssimas espécies já descritas totalmente extintas, mas as populações remanescentes, via de regra, estão subdivididas e representadas em muitos casos por apenas um número perigosamente reduzido de indivíduos, quando não localmente extintas. Considerando-se, porém que as pesquisas faunísticas não foram realizadas em profundidade antes da devastação generalizada das florestas atlânticas, muito especialmente ao que se refere aos invertebrados, é de se presumir que, na realidade, um enorme número de espécies pouco conspícuas tenham sido exterminadas sem que delas sequer houvesse conhecimento de sua existência.

os meios de defesa e preservação impostos pelo Poder Público para consecução do equilíbrio ecológico sopesado com a sadia qualidade de vida.

A Lei nº 5.197/67, Código de Proteção à Fauna, é a legislação básica que trata da fauna como elemento de direito ambiental.

### 11.2.1.5. Do meio ambiente natural – flora

*Flora* é o conjunto de espécies vegetais que compõe a cobertura vegetal de uma determinada área. Por esse conceito se observa que a flora é um recurso de enorme valor, já que cada planta tem uma importância fundamental no conjunto de organismos vivos (biodiversidade) nos diferentes ecossistemas.

De forma didática, a flora ganha dimensão tátil bem mais sensível quando visualizada pela denominação de florestais e que ganham importância porque são utilizadas na alimentação, na medicina, vestuário, construção civil, móveis; na fabricação de chapéus, tecidos e papel; na produção de perfumes, inseticidas etc.

*Florestas,* consideradas em si mesmas, são áreas com alta densidade de árvores. Segundo alguns dados, as florestas ocupam cerca de 30% da superfície terrestre. As florestas são vitais para a vida do ser humano, devido a muitos fatores principalmente de ordem climática.

As florestas podem ser de formação: a) natural ou b) artificial.

A floresta *natural* é o habitat de muitas espécies de animais e plantas, e a sua biomassa por unidade de área é muito superior se comparado com outros biomas.

A floresta *artificial* ou *plantada* é aquela implantada com objetivo específico, e tanto pode ser formada por espécies nativas como exóticas. Este é o tipo de florestas preferido para o uso em processos que se beneficiem da uniformidade da madeira produzida, como a produção de celulose ou chapas de fibra, também chamadas de placas de fibra, por exemplo.[193] Assim como as culturas agrícolas, o cultivo de florestas passa pelo plantio, ou implantação; um período de crescimento onde são necessários tratos culturais (ou silviculturais) e um período de colheita.

A mais conhecida das florestas é a floresta Amazônica, que recebe o nome do rio que circunda e que tem dimensão maior que muitos países. Equivocadamente ela é considerada o *pulmão do mundo* e assim vendida pela mídia. No entanto estudos científicos mais recentes comprovaram que a floresta Amazônica consome cerca de 65% do oxigênio que produz (com a fotossíntese) com a respiração e transpiração das plantas. Além disso, a floresta *arrota* gás carbônico, o que tem preocupado o estudo do aquecimento global do planeta. A tese mais aceita ultimamente é a de que a floresta se constitui no ar condicionado do mundo, devido a intensa evaporação de água da bacia.

Existem também as florestas tropicais sazonais. São aquelas que perdem suas folhas nas estações de inverno e outono, adquirindo uma cor amarelada, avermelhada ou alaranjada.

A uma pequena floresta também se dá o nome de *mata*.

Assim, no campo do direito ambiental, como o solo, a água, o ar e a fauna, a flora adquire um conceito autônomo, que é o de ser um importante elemento do meio ambiente natural, restringindo-se o seu estudo, especificamente, à compreensão dos regramentos que

---

[193] O Rio Grande do Sul passa por um processo muito intenso de implantação de florestas planadas para fins de celulose, especialmente na região sul e noroeste do estado.

estabelecem os meios de defesa e preservação impostos pelo Poder Público para consecução do equilíbrio ecológico sopesado com a sadia qualidade de vida.

### 11.2.2. Do meio ambiente cultural

No primeiro momento, sustentar-se que existe um meio ambiente cultural soa estranho pelo conceito restrito que sempre se atribuiu a esse bem público. No entanto, a inserção daquilo que é considerado a cultura de um povo como algo a ser defendido e preservado para as presentes e futuras gerações é conceito que cada dia ganha mais legitimidade social, embora isso já tenha resguardo jurídico.

O *meio ambiente cultural* é aquele composto de bens de natureza material ou imaterial e caracterizado pelo patrimônio histórico, artístico, arqueológico, paisagístico, turístico, científico e pelas sínteses culturais que integram o universo das práticas sociais das relações de intercâmbio entre homem e natureza.

Assim, a memória cultural de um povo merece proteção especial do ordenamento jurídico e da comunidade, que é, ao mesmo tempo, responsável pela sua conservação e beneficiária de suas manifestações. Isso é o que se retira dos arts. 215 e 216 da Constituição Federal.

Diferentemente do meio ambiente natural que *é*, o meio ambiente cultural, para ser caracterizado, necessita que o Poder Público através de procedimento próprio assim o declare. Dessa forma, meio ambiente cultural deve ser. Portanto, não basta um prédio ser antigo para se caracterizar como patrimônio histórico. É necessário que a lei assim o diga através do processo de tombamento. Também poderá vir a ser considerado meio ambiente cultural um determinado modo de viver de um povo. Há necessidade de que, através de processo próprio, isso assim seja declarado.

São considerados como meio ambiente cultural, por exegese do art. 216 da Constituição Federal:

a) as formas de expressão;
b) os modos de criar, fazer e viver;
c) as criações científicas, artísticas e tecnológicas;
d) as obras, objetos, documentos, edificações e demais espaços destinados às manifestações artístico-culturais e;
e) os conjuntos urbanos e sítios de valor histórico, paisagístico, artístico, arqueológico, paleontológico, ecológico e científico.

### 11.2.3. Do meio ambiente artificial

Como no meio ambiente cultural, a existência de um *meio ambiente artificial*, no primeiro momento, soa estranho pelo conceito já arraigado de que meio ambiente ficaria restrito ao conceito de recursos naturais (solo, água, ar, flora e fauna), limitação que sempre se atribuiu a esse bem público. No entanto, o conceito moderno de meio ambiente cada dia ganha mais legitimidade social, embora isso já tenha resguardo jurídico.

Definindo, é possível afirmar-se que *meio ambiente artificial* é o construído pela ação humana que transforma espaços naturais em espaços urbanos e, consoante exegese dos arts. 21, XX, 182 e segs e art. 225 CF, se constitui pelo conjunto e edificações, equipamentos, rodovias e demais elementos que formam o espaço urbano construído. Por este conceito tem-se que os espaços urbanos podem ser *fechados*, caracterizado pelo conjunto de edificações, e *abertos*, pelos espaços públicos.

O meio ambiente artificial, em resumo, é o estruturado através da cidade e a possibilidade de nela se viver com qualidade de vida, contexto que é disposto através da lei.

A Constituição Federal de 1988 tutelou o meio ambiente artificial através do art. 21, inciso XX, e do art. 182, quando disse:

> Compete à União
> Art. 21 ... XX – instituir diretrizes para o desenvolvimento urbano, inclusive habitação, saneamento básico e transportes urbanos.
> Art. 182. A política de desenvolvimento urbano, executada pelo Poder Público Municipal, conforme diretrizes gerais fixadas em Lei, tem por objetivo ordenar o pleno desenvolvimento das funções sociais da cidade e garantir o bem-estar de seus habitantes.

Dos dispositivos citados se retira que dois são os objetivos da política de desenvolvimento urbano: a) pleno desenvolvimento das funções sociais da cidade e b) garantia do bem estar de seus habitantes.

Quanto ao desenvolvimento da cidade e o respeito à função social, isso requer respeito ao art. 5º, *caput*, quando estabelece que todos possuem direito à vida, segurança, liberdade, igualdade e prosperidade; ao art. 6º da CF, que estabelece e garante a todos os direitos sociais à educação, saúde, trabalho, lazer, segurança, previdência social, maternidade, infância, assistência aos desempregados, entre outros, e por fim, ao art. 30, VIII, que diz ser competência do Município, no que couber, o adequado ordenamento territorial, mediante planejamento e controle do uso, do parcelamento e da ocupação do solo urbano.

A Lei nº 10.257/2001, o Estatuto da Cidade, regulamenta os dispositivos constitucionais.

### 11.2.4. Do meio ambiente do trabalho

Se já soa estranha a admissão de que existe um meio ambiente cultural e artificial, sustentar-se que existe um *meio ambiente do trabalho* é muito mais interrogativo pelo conceito restrito de que meio ambiente apenas seria sinônimo de recursos naturais, como o solo, a água, o ar, a flora e a fauna. No entanto, a inserção das boas condições de trabalho do homem como algo a ser defendido e preservado pelo Poder Público para resguardo das presentes e futuras gerações é conceito que cada dia ganha mais legitimidade social, embora isso já tenha resguardo jurídico.

Conceituando, é possível afirmar-se que *Meio ambiente do trabalho* é o conjunto de condições, fatores físicos, climáticos ou qualquer outro que interligados, ou não, estão presentes e envolvem o local de trabalho da pessoa humana. Sua tipificação decorre da necessidade de se proteger o homem no seu local de trabalho mediante a observância de normas de segurança e por isso mesmo é integrado pelo conjunto de bens, instrumentos e meios, de natureza material e imaterial, em face dos quais o ser humano exerce as atividades laborais, consoante se pode observar no art. 7º, inciso XXXIII, e art 200, VIII, da Constituição Federal.

Portanto, o homem passou a integrar plenamente o meio ambiente no caminho para o desenvolvimento sustentável preconizado pela nova ordem ambiental mundial; conseqüência disto é a consideração de que o meio ambiente do trabalho também faz parte do conceito mais amplo de ambiente, de forma que deve ser considerado como bem a ser protegido pelas legislações para que o trabalhador possa usufruir de uma melhor qualidade de vida.

O meio ambiente do trabalho tem base constitucional, cujos dispositivos são regulamentados pela Consolidação das Leis do Trabalho (CLT), ao tratar da segurança e saúde do trabalhador no art. 154 e seguintes do Título II, Capítulo V, e no Título III – Normas Especiais de Tutela do Trabalho, além das Portarias do Ministério do Trabalho e a Lei Orgânica da Saúde, Lei nº 8.080/90.

### 11.3. Do meio ambiente como bem público específico

Para recordar, *bem*, em filosofia, é tudo aquilo que pode proporcionar satisfação humana. Nesse sentido, a amizade, a bondade e Deus são classificados também como bens porque produzem satisfação.

No entanto, no direito, *bem* tem concepção mais restrita e é definido como tudo aquilo que possa ser passível de apropriação. É quase sempre utilizado no plural. O conceito jurídico de bem tem evoluído de forma extraordinária. O ar atmosférico, a luz solar, a água do oceano, a célula humana, por exemplo, são hoje bens jurídicos.

O art. 99 do Código Civil, repetindo a fórmula romana classifica os bens públicos como a) de *uso comum do povo*, b) de *uso especial* e c) *dominial*, fixando para cada um a devida interpretação.

O *bem de uso comum do povo* ou a *res communis omnium* dos romanos (coisa comum a todos) é o bem de domínio público e que pode ser utilizado por qualquer pessoa. Ao contrário do que alguns pretendem classificar, não existe um bem difuso, ou da coletividade. A divisão clássica dos romanos continua atual. Sendo a dominialidade do bem de uso comum do povo do Poder Público compete a este a guarda, administração e fiscalização. Ou em conceito econômico, a gestão.

O art. 225 da Constituição Federal diz que o meio ambiente é um bem de uso comum do povo e essencial à sadia qualidade de vida e que todos têm direito de usá-lo de forma ecologicamente equilibrada, impondo-se ao poder público e à coletividade o dever de defendê-lo e preservá-lo para as presentes e futuras gerações.

Observa-se, dessa forma, que o *meio ambiente* no seu conceito genérico, ou qualquer dos elementos que o integram, no seu conceito particularizado, é um bem de uso comum do povo e que por isso deve ser usado por todos, indistintamente, já que esse uso é necessário para uma qualidade de vida sadia. A novidade é que sua administração não se limita apenas ao Poder Público, que seria circunstância natural por ser um bem público, mas também é outorgada à própria coletividade, ao povo.

Na administração do meio ambiente o poder público age por representação própria, no âmbito interno da própria administração e operacionaliza o seu agir administrativo através de instrumentos específicos, como são o procedimento ou o processo administrativo de zoneamento e de concessão de licenças. A coletividade age em defesa ou preservação do meio ambiente quase sempre por substituição processual e sempre de forma judicial, como é o caso da ação civil público ambiental ajuizada pelo Ministério Público. No entanto, qualquer do povo tem legitimidade para ajuizar a ação popular ambiental em defesa ou proteção do meio ambiente.[194]

### 11.4. Da administração do meio ambiente

#### 11.4.1. Das considerações iniciais

O meio ambiente é um bem público e, qualquer que seja a exteriorização que se apresente, será um bem público de uso comum do povo. Como já se pôde observar no capítulo

---
[194] Esta matéria será analisada com mais profundidade em mais adiante.

anterior, sua dimensão concreta é complexa e variada porque integrado por bens corpóreos ou incorpóreos variados. Dessa forma, o solo, a água, o ar, a flora e a fauna são elementos que o integram na classificação de meio ambiente natural, que também engloba tudo aquilo que lhes vier a ser modificado pelo homem, chamado de meio ambiente artificial e ainda os aspectos culturais e de trabalho humano, respectivamente classificados como meio ambiente cultural e do trabalho.

Sendo um bem público, ele necessita ser gerenciado (termo mais ao gosto da atividade privada) ou administrado (que é o conceito clássico de direito público) pelo Poder Público e, por força do art. 225 da Constituição Federal, tendo como objetivo, portanto, como meta a curto prazo, a preservação, melhoria e recuperação da qualidade ambiental propícia à vida, e, à longo prazo, buscando assegurar, no País, condições ao desenvolvimento sócio-econômico, aos interesses da segurança nacional e à proteção da dignidade da vida humana, atendidos através de comandos objetivos, conforme o disposto no art. 2º, da Lei nº 6.938, de 31.08.1981.

Mas a administração do meio ambiente pelo poder público não é discricionária e sim vinculada a metas preordenadas no art. 4º da lei referida.

### 11.4.2. Dos órgãos que administram o meio ambiente

Sendo o meio ambiente um bem de uso comum do povo, por definição constitucional (art. 225, *caput*, da CF), compete ao Poder Público, de forma predominante, administrá-lo, ressalvado o controle subsidiário feito pelo povo.

No entanto, essa administração não fica na discrição da Administração Pública, como já afirmado. Ela é estabelecida em lei, o que significa vinculação por obediência ao princípio da legalidade.

O art. 6º, da Lei nº 6.938/81, estabeleceu que o meio ambiente será administrado pelo *SISNAMA – Sistema Nacional do Meio Ambiente*, integrado dos seguintes órgãos e entidades[195] da União, do Distrito Federal e dos Municípios:

1. Órgão superior – o CONSELHO DE GOVERNO.
2. Órgão consultivo e deliberativo – CONSELHO NACIONAL DO MEIO AMBIENTE – CONAMA.
3. Órgão central – MINISTÉRIO DO MEIO AMBIENTE.
4. Órgãos executores – INSTITUTO BRASILEIRO DO MEIO AMBIENTE E DOS RECURSOS NATURAIS – IBAMA e INSTITUTO CHICO MENDES.
5. Órgãos seccionais – os órgãos ou entidades estaduais.
6. Órgãos locais – os órgãos ou entidades municipais.

---

[195] Para efeitos meramente didáticos, *órgãos* são divisões administrativas das pessoas públicas e são criados com a finalidade de melhor administrar a coisa pública, enquanto *entidades* ou *entes públicos* são as próprias pessoas públicas. Salvo disposição legal em contrário, como ocorre com o art. 2º, parágrafo único, da Lei nº 8.666/93, que legitima o órgão para contratar, o *órgão* não tem capacidade de manifestação própria. Suas manifestações são dicções das pessoas públicas a que integram. Numa visão simples, vocábulo órgão tem similitude com o órgão humano. Como os órgãos humanos constituem a pessoa humana, os órgãos públicos constituem a pessoa pública.

*Título VIII*

# DOS SERVIÇOS PÚBLICOS

## 1. DO CONCEITO

Não é tarefa fácil tentar conceituar serviço público, porquanto seus elementos constitutivos e a sua abrangência sofreram transformações no transcorrer da evolução do direito administrativo. Na verdade, as atividades que constituem o serviço público variam segundo as exigências de cada povo e de cada época, sem falar que existem serviços que, por natureza, são privativos da Administração e outros que são comuns ao Estado e aos particulares.

No entanto, alguns elementos sempre restaram presentes, como por exemplo, a presença do Estado e a prática de atividades de interesse coletivo. A esse respeito, Cretella Júnior,[196] ao citar as conclusões a que chegou Carlos Garcia Ovied, em sua clássica monografia *Derecho Administrativo*, comenta:

1) que o serviço público é uma ordenação de elementos e atividades para um fim;
2) que o fim é a satisfação de uma necessidade pública, se bem que haja necessidade geral, satisfeitas pelo regime do servidor privado;
3) que o serviço público implica a ação de uma personalidade pública, embora nem sempre sejam as pessoas administrativas as que assumem esta empresa;
4) que tal ação se cristaliza numa série de relações jurídicas constitutivas de um regime jurídico especial, distinto, pois, do regime jurídico especial dos serviços privados.

A Constituição Federal, em seu art. 175, diz que é competência do Poder Público prestar serviços públicos à população que, no entanto, podem ser delegados, sempre através de licitação, sob o regime de concessão ou permissão, situação que importará em fiscalização sobre a execução da prestação de tais serviços.

Diante disso, pode-se dizer, de forma sucinta, que serviço público é a atividade exercida pelo Poder Público, direta ou indiretamente, no desempenho de suas atividades institucionais, políticas e administrativas, visando atender às necessidades básicas da coletividade.

Importante deixar claro que serviço público não é a mesma coisa que serviço administrativo. Consoante bem expõe Cretella Júnior,[197] ao afirmar que:

Todo serviço administrativo é um serviço público, se bem que a recíproca não é verdadeira. Somente se pode falar de serviço administrativo quando a atividade exigida para levá-lo a termo seja uma atividade administrativa.

## 2. DA INSTITUIÇÃO, REGULAMENTAÇÃO, EXECUÇÃO E CONTROLE

### 2.1. Da instituição

No tópico anterior já se pôde observar que serviço público não é conceito estático e, por isso mesmo, perene tempo a fora. Trata-se de instituto dinâmico e mutável em decorrência da incidência do fator político sobre a dimensão que se dê ao conceito de Estado.

---

[196] JÚNIOR, José Cretella. *Tratado de Direito Administrativo*. Volume 4: o pessoal da Administração Pública. 2ª edição, Rio se Janeiro; Forense, 2005, p. 15.

[197] Idem. *Curso de Direito Administrativo*. 18ª edição. Rio de Janeiro: Forense, 2002, p. 315.

Disso resulta, por conseqüência, que sua instituição não é manifestação pura e simples da Administração Pública, já que esta é tão-somente instrumento executor das manifestações políticas do Estado. De forma objetiva, serviço público não é aquilo que a Administração Pública diz que é, mas o que o Estado, através da lei, disser que é. Assim, o Poder Público não diz que esse ou aquele serviço é de interesse público através de ato administrativo discricionário. Mas, sim, a lei.

Diante disso, a Constituição Federal, no art. 21, institui os serviços públicos de competência privativa da União e, no art. 23, os que lhe são comuns. Já, quanto à competência do Estado-membro, estes ficaram com o resíduo, ou seja, todos os que não atribuídos à União nem aos Municípios. Quanto à competência dos Municípios, esta se encontra disposta no art. 30 daquela Carta.[198] Por fim, no que toca a competência do Distrito Federal, são atribuídas, nos termos do art. 32, § 1º, da CF, as competências legislativas reservadas aos Estados e Municípios.

### 2.2. Da regulamentação

Os serviços públicos são regulamentados por leis estanques, entre elas e em ordem cronológica podem ser enumeradas as seguintes:

1. Lei nº 8.666/93, que trata das licitações e contratos públicos;
2. Lei nº 8.987/95, que trata de concessão e permissão da prestação de serviços públicos;
3. Lei nº 9.074, que trata da outorga e prorrogações das concessões permissões de serviço público;
4. Lei nº 9.648/98, que alterou pontos das anteriores e
5. Lei nº 11.079/04, que trata da parceria público-privada.

### 2.3. Da execução

Os serviços públicos, ante a sua origem e finalidade pública, deveriam ser executados com exclusividade diretamente pelos entes públicos a quem a Constituição Federal outorgou competência. Talvez em decorrência do gigantismo dos titulares dos serviços, sua execução sofre delegação pela desconcentração e descentralização.

Dessa forma surgem as autarquias, as sociedades de economia mista, as empresas públicas e as fundações públicas, que são as entidades públicas instituídas ou criadas para a prestação de serviços públicos.[199]

Os serviços públicos também são prestados por particulares que, no Brasil, ganhou relevante importância, mas premida pela preocupação econômica em que se encontra o Estado do que mesmo por idéia política de necessidade de um estado mínimo.

Os serviços que estão sujeitos ao regime de delegação a particular pela concessão ou permissão encontram previsão no art. 1º da Lei nº 9.074/95, a saber:

a) vias federais, precedidas ou não da execução de obra pública;
b) exploração de obras ou serviços federais de barragens, contenções, eclusas, diques e irrigações, precedidas ou não da execução de obras públicas;
c) estações aduaneiras e outros terminais alfandegados de uso público, não instalados em área de porto ou aeroporto, precedidos ou não de obras públicas;
d) os serviços postais (incluído pela Lei nº 9.648, de 1998).

---

[198] Hely Lopes Meirelles comenta que os serviços da competência municipal são todos aqueles que se enquadrem na atividade social reconhecida ao Município, segundo o critério da *predominância* de seu interesse em relação à outras entidades estatais. (MEIRELLES, Hely Lopes. *Direito Administrativo Brasileiro*. 29ª edição. São Paulo: Malheiros, 2004, p. 331).

[199] A respeito de cada uma destas pessoas veja-se o tópico Administração Pública neste livro.

Regra importante, é que o art. 2º da lei acima referida determina que é vedado à União, aos Estados, ao Distrito Federal e aos Municípios executarem obras e serviços públicos por meio de concessão e permissão de serviço público, sem lei que lhes autorize e fixe os termos, dispensada a lei autorizativa nos casos de saneamento básico e limpeza urbana e nos já referidos na Constituição Federal, nas Constituições Estaduais e nas Leis Orgânicas do Distrito Federal e Municípios, observado, em qualquer caso, os termos da Lei nº 8.987 de 1995.

Além disso, nos casos em que haja necessidade de licitação, o contrato deverá conter as cláusulas previstas no art. 18 da Lei nº 8.987/95 (que trata da concessão e permissão da prestação de serviços públicos previstos no art. 175 da CF/88). As condições complementares para o julgamento encontram-se dispostas no art. 15 daquela Lei. O edital da licitação deve ser elaborado pelo poder concernente e deverá levar em conta, no que couber, o disposto na Lei nº 8.666/93.

### 2.4. Do controle

É sempre bom lembrar que o serviço público quando delegado não perde esta característica. O fato de ser executado por particular não o contamina como uma simples atividade empresarial. Ele continua tão público como antes. O executor do serviço público é que assume múnus de Administração Pública. Essa afirmação parece óbvia, mas é sempre bom tê-la presente porque é observado certa desídia na administração pública que controla o serviço delegado e, talvez por isso mesmo, observa-se uma *privatização* pelos particulares dos serviços públicos.

Apesar disso caberá ao Poder Público, qualquer que seja a modalidade de delegação que tenha sido pactuado com o particular, a plena fiscalização.

Tanto que qualquer deficiência do serviço prestado que revele inaptidão de quem o presta ou descumprimento das obrigações impostas pela Administração enseja a intervenção imediata do Poder Público delegante para regularizar seu funcionamento ou retirar-lhe a prestação.[200]

## 3. DA CLASSIFICAÇÃO

Os serviços públicos podem ser classificados, conforme diversos critérios, em:

a) *próprios* – são aqueles inerentes à soberania do Estado, como a defesa nacional ou a polícia judiciária. São executados diretamente ou indiretamente pelo Estado;

b) *impróprios* – são aqueles que, apesar de atender às necessidades coletivas, como os anteriores, não são executados pelo Estado, nem direta, nem indiretamente. Aqueles que o executam recebem autorização, concessão ou permissão, conforme o caso, do órgão estatal, a quem incumbe a tarefa de regulamentá-los;

c) *de utilidade pública* – são considerados úteis ou convenientes, como o transporte coletivo e o fornecimento de energia elétrica e de água encanada;

d) *uti universi ou gerais* – são aqueles prestados à sociedade em geral, como a defesa do território. São usufruídos indiretamente pelos indivíduos;

e) *uti singuli ou individualizáveis* – são aqueles também prestados a todos, mas com a possibilidade de identificação dos beneficiados, como os serviços de telefone, energia ou água;

f) *compulsórios* – não podem ser recusados pelo destinatário, como os serviços de esgoto ou coleta de lixo. Ficam a disposição do usuário. No caso de haver contraprestação, esta se dará através do pagamento de taxa;

---

[200] MEIRELLES, Hely Lopes. *Direito Administrativo*. 23ª edição, 2ª tiragem, São Paulo: Malheiros, 1998, p. 288-289.

g) *facultativos* – ao contrário do que ocorre no caso anterior, o usuário pode aceitar ou não usá-lo (por exemplo, transporte público);

h) *comerciais ou industriais* – trata-se de uma classificação tomando-se em conta o objeto do serviço. No caso, o serviço é prestado objetivando atender as necessidades coletivas de ordem econômica;[201]

i) *sociais* – são os que atendem às necessidades coletivas em atuação do Estado são essenciais, mas convivem com a iniciativa privada, como, por exemplo, a educação e a saúde.

## 4. DOS PRINCÍPIOS QUE REGEM O SERVIÇO PÚBLICO

Além dos princípios que regem a Administração Pública em geral, existem outros que estão diretamente ligados com a prestação do serviço público.

Dessa forma, os principais princípios que regem a prestação dos serviços públicos são:[202]

a) *Princípio da continuidade* – os serviços públicos devem ser prestados continuamente e, em alguns casos, ininterruptamente, como é o caso dos chamados essenciais (por exemplo, o fornecimento de energia elétrica e de água tratada), de forma gratuita ou a preços módicos;

b) *Princípio da mutabilidade do regime jurídico ou da flexibilidade dos meios aos fins* – com base neste princípio, nem os servidores públicos, nem os usuários dos serviços públicos, nem os contratados pela Administração têm direito adquirido à manutenção de determinado regime jurídico ou contrato, vez que este princípio permite mudanças naqueles para adequá-lo ao interesse público;

c) *Princípio da qualidade e eficiência* – as pessoas encarregadas de prestar serviço público, direta ou indiretamente, devem estar preparadas para desempenhar com presteza e eficiência suas funções. O equipamento utilizado deve ser adequado, estando em boas condições de uso e de segurança.[203] Não adiantaria a continuidade se os meios de prestação de serviço forem deficientes e inadequados para atender a demanda;

d) *Princípio da igualdade* – não pode existir qualquer tipo de discriminação na prestação do serviço público, devendo todos os interessados em ter acesso a esse serem tratados de forma igual.[204] Claro que há casos que exigem tratamento diferenciado, como o dos deficientes, que necessitam de adaptações (a cargo do prestador do serviço) para terem tal acesso;

e) *Princípio da modicidade* – as tarifas cobradas pelas empresas prestadoras de serviço público devem ser módicas, razoáveis, de forma a estarem ao alcance de quem usufrui diretamente de tal serviço;

---

[201] DI PIETRO comenta que, esses serviços, ao contrário do que diz HELY LOPES MEIRELLES, não se confundem com aqueles a que faz referência o art. 173 da Constituição Federal, não se confundindo com a atividade econômica, que somente é prestada pelo Estado em caráter suplementar da iniciativa privada (DI PIETRO, Maria Sylvia Zanella. *Direito Administrativo*. 14ª edição, São Paulo: Atlas, 2002, p. 104-105).

[202] Alguns encontrados no Art. 6º, da Lei nº 8.987/95.

[203] AGRAVO DE INSTRUMENTO. LIMINAR EM MANDADO DE SEGURANÇA. CRÉDITOS-PRÊMIOS DE IPI, PIS E COFINS. PEDIDO ADMINISTRATIVO DE RESSARCIMENTO. APRECIAÇÃO. PERÍODO POSTULADO.

1. A sobrecarga de serviço no qual se encontra imersa a Receita Federal, por mais sensível que este Juízo possa ser às suas dificuldades em empreender uma célere investigação sobre os pedidos depositados sob sua confiança, não há de ser tomada como fato impeditivo à pretensão ora posta, sob pena, de se assim entender, sacrificar-se a atividade comercial da agravante ante as mazelas que, em última análise, não se coadunam com o recente e festejado princípio inerente à administração pública, qual seja, o da eficiência.

2. Agravo de instrumento desprovido.

(AG 250278/RS. TRF4. Primeira Turma. Relator, Juiz Wellington M. de Almeida. Publicado no DJU, em 02.03.2005.)

[204] APELAÇÃO CÍVEL. LICITAÇÃO E CONTRATO ADMINISTRATIVO. AÇÃO ORDINÁRIA COM PEDIDO DE ANTECIPAÇÃO DE TUTELA OBJETIVANDO A LIGAÇÃO DE ENERGIA ELÉTRICA EM RESIDÊNCIA. DIREITO DO USUÁRIO EM OBTER O SERVIÇO PÚBLICO OU DE UTILIDADE PÚBLICA E DE EXIGIR SUA PRESTAÇÃO EM IGUALDADE COM OS DEMAIS UTENTES, APENAS GUARDADAS AS EXIGÊNCIAS TÉCNICAS E ADMINISTRATIVAS, LEGAIS OU REGULAMENTARES. Agravo desprovido. (Agravo de Instrumento nº 70010486124, Vigésima Primeira Câmara Cível, Tribunal de Justiça do RS, Relator: Genaro José Baroni Borges, Julgado em 04/05/2005).

f) *Princípio da cortesia* – tem a ver com boa educação, com bons modos das pessoas envolvidas diretamente com a prestação do serviço, devendo tratar com urbanidade aquelas que o solicitam;

g) *Princípio da atualidade* – para que o serviço acompanhe a evolução da sociedade e atenda às necessidades do usuário é necessário que ele seja atual, de forma a acompanhar o desenvolvimento tecnológico.

## 5. DA DESCENTRALIZAÇÃO PARA PESSOA PRIVADA

### 5.1. Das considerações gerais

A prestação de serviços públicos, de regra, é de competência do Poder Público. Assim, quando se fala em concessão pública, está-se falando em transferência de serviços, do Poder Público para o particular, através de certas formalidades legais, como a licitação e contrato. Dito isto, pode-se dizer que o poder público é na verdade o poder concedente, quando se fala em serviço público.

Hely Lopes Meirelles,[205] ao tratar sobre as formas de prestação do serviço público, diz que

Serviço descentralizado – é todo aquele em que o Poder público transfere sua titularidade ou, simplesmente, sua execução, por outorga ou delegação, a autarquias, fundações, entidades paraestatais, empresas privadas ou particulares individualmente.

O mesmo autor comenta que:

Há outorga quando o Estado cria uma entidade e a ela transfere, por lei, determinado serviço público ou de utilidade pública. Há delegação quando o Estado transfere, por contrato (concessão) ou ato unilateral (permissão ou autorização), unicamente a execução do serviço, para que o delegado o preste ao público em seu nome e por sua conta e risco, nas condições regulamentares e sob controle estatal.[206]

### 5.2. Da autorização

O art. 175 da Constituição Federal determina que a delegação de serviço público ocorrerá através de concessão ou permissão, dispositivo que é regulamentado pela Lei nº 8.987/95, que, no entanto, não cuida da autorização.

Entretanto, a Lei nº 9.074/95 prevê a possibilidade de autorização de serviço público no caso de implantação de usina termelétrica para uso próprio do autorizatário. Não se trata de delegação de prestação de serviço.

Por essa peculiaridade, a autorização possui três modalidades, a saber:

a) *autorização de uso* – onde um particular é autorizado a utilizar um bem público de forma especial, como é o uso de uma rua para a realização de uma apresentação teatral;

b) *autorização de atos privados controlados* – trata-se de atividades de interesse público exercidas por particulares. Estes não podem praticar certas atividades sem a autorização do poder público (apesar de serem semelhantes, não se deve confundir autorização, que é ato discricionário, com licença, que é ato vinculado);

c) *autorização de serviços públicos* – é a exceção da regra de utilizar-se a concessão ou a permissão. Destina-se a serviços muito simples, de alcance limitado. A licitação, nestes casos, pode ser dispensável ou inexigível (arts. 24 e 25 da Lei nº 8.666/93).

---

[205] MEIRELLES, Hely Lopes. *Direito Administrativo Brasileiro*. 23ª edição, 2ª tiragem, São Paulo: Malheiros, 1998, p. 295.
[206] Ibidem.

### 5.3. Da permissão

Durante muito tempo a permissão de serviço público foi catalogada como ato administrativo negocial. Hoje não tem mais dúvida: a Lei nº 8.987/95 classificou a permissão como contrato administrativo excepcional, sendo por isso mesmo exigível a licitação, embora sua denúncia se opere por simples manifestação unilateral.

Nas permissões não há a possibilidade de formalizar contrato de permissão com pessoas físicas, diferentemente do que ocorre com as concessões. Também não é obrigatória a adoção exclusiva de concorrência, ao contrário do que ocorre com aquela.

Tecnicamente, pode-se dizer que a permissão corresponde ao ato administrativo, unilateral, portanto, precário ou sem prazo determinado, e discricionário, pelo qual o Poder Público transfere ao particular a execução e responsabilidade de serviço público, mediante remuneração (preço público ou tarifa) paga pelos usuários.

Da mesma forma que faz o Decreto nº 952/93 (trata da permissão de transportes na área federal), o art. 40 da Lei nº 8.987/95 exige que a permissão seja formalizada na forma de contrato de adesão, que deverá observar os termos da Lei e das demais normas pertinentes, além do disposto no edital de licitação, inclusive no tocante à revogabilidade unilateral do contrato pelo poder concedente.

Toshio Mukai,[207] ao citar Hely Lopes Meirelles, comenta que: "A permissão é deferida intuitu personae e, como tal, não admite a substituição do permissionário (...)" e que:" aos permissionários não se estendem automaticamente as prerrogativas dos concessionários, só se beneficiando das que lhes forem expressamente atribuídas".

Embora prevista a possibilidade de revogação unilateral da permissão por ato do poder concedente, tal direito não é absoluto, devendo ser comprovada a existência de motivos de relevante interesse público, devidamente justificados e demonstrados.

Também deverá ser observado o devido processo administrativo, a ampla defesa e o contraditório.

### 5.4. Da concessão

Antes mesmo da Lei nº 8.987/95, Cretella Júnior[208] comentava que os mais conceituados especialistas da matéria, em nossos dias, já consideram a concessão como contrato de direito público:

> Contrato de concessão de serviço público, ou simplesmente, concessão de serviço público é o que tem por objeto a transferência da execução de um serviço do Poder Público ao particular, que se remunerará dos gastos com o empreendimento, aí incluídos os ganhos normais do negócio, através de uma tarifa cobrada aos usuários. É comum, ainda, nos contratos de concessão de serviço público, a fixação de um preço, devido pelo concessionário ao concedente a título de remuneração dos serviços de supervisão, fiscalização e controle da execução do ajuste, a cargo do último.[209]

Hoje, nos termos do inciso II do art. 2º da Lei nº 8.987/95, o dispositivo está assim conceituado:

> *Concessão de serviço público* – a delegação de sua prestação, feita pelo poder concedente, mediante licitação, na modalidade de concorrência, à pessoa jurídica ou consórcio de empresas que demonstre capacidade para seu desempenho, por sua conta e risco e por prazo determinado.

---

[207] MUKAI, Toshio. *Concessões, permissões e privatizações de serviços públicos*. 4ª edição, São Paulo: Saraiva, 2002, p. 74.

[208] JÚNIOR, José Cretella. *Curso de Direito Administrativo*. 18ª edição, Rio de Janeiros: Forense, 2002, p. 282.

[209] MEIRELLES, Hely Lopes. *Direito Administrativo Brasileiro*. 23ª edição, 2ª tiragem, São Paulo: Malheiros, 1998, p. 232.

O único critério válido de desempate, atualmente, é o sorteio.

Concessionário é a pessoa jurídica, ou consórcio de pessoas jurídicas, que recebe, mediante contrato de concessão precedido de concorrência, a prestação de determinado serviço público.[210]

É possível que o concessionário subconceda o serviço, desde que esteja previsto no contrato e seja previamente permitido pela concedente (art. 27 da Lei nº 8.987/95).

Para que ocorra subconcessão deverá, também, haver licitação, nos mesmos moldes que se deu a concessão.

Nos termos do art. 1º da Lei nº 8.987/95, as concessões (art. 4º) e as permissões (art. 20) deverão ser disciplinadas, também, pelos indispensáveis contratos. O art. 23 daquela mesma Lei trata das cláusulas essenciais do contrato de concessão. Tal contrato deve ser precedido de licitação, em regra, na modalidade de concorrência, admitindo-se, entretanto, o leilão para determinados serviços (Lei nº 9.491/97 – Programa Nacional de Desestatização).

Como já foi observado quando do estudo do tema específico, o contrato administrativo de concessão de serviço público, ao contrário do que ocorre nos contratos regidos pelo direito privado, permite à Administração, e mesmo a estranhos a ela, o acompanhamento da execução do objeto pactuado. Ante o descumprimento das obrigações assumidas, poderá aquela aplicar ao contratado as seguintes penalidades: advertência, multa, rescisão unilateral do contrato, suspensão provisória e declaração de inidoneidade. Seja qual for a penalidade aplicada, deverá seguir o regular processo administrativo, assegurando-se a ampla defesa e o contraditório.

Os atos do concessionário são passíveis de mandados de segurança, porquanto revestidos dos atributos de atos administrativos, salvo aqueles não relacionados com o serviço contratado. No tocante ao regime tributário, àquele não é aplicável a imunidade tributária (§ 3º do art. 150 da CF/88).

O art. 37 da Lei nº 8.987/95 trata da possibilidade de retomada do serviço público, por motivo de interesse público (encampação). Ocorre mediante autorização legal específica e após o pagamento prévio de indenização das parcelas dos investimentos vinculados a bens reversíveis, ainda não amortizados ou depreciados, que tenham sido realizados com o objetivo de garantir a continuidade e atualidade do serviço concedido (art. 36).

### 5.5. Da parceria público-privada

A Lei nº 11.079/04 institui o regime de contratação denominado parceria *público-privada* (nos casos de concessões nas modalidades patrocinada ou administrativa) e as concessões de serviço regidas pela Lei nº 8.987/95 passaram a ser denominadas *concessões comuns*, contanto que não envolvam a realização de qualquer contraprestação pecuniária advinda do Poder concedente. As regras gerais da última são aplicáveis, subsidiariamente, à primeira.

A parceria público-privada busca constituir fonte de recursos para suprir a demanda de investimentos essenciais, como o transporte coletivo, saúde pública, energia elétrica, saneamento básico, dentre outros. A contratação será precedida de licitação na modalidade de concorrência.

O § 4º do art. 2º da Lei nº 11.079/04, veda a celebração de contrato de parceria público-privada nos casos:

a) cujo valor do contrato seja inferior a R$ 20.000.000,00;

---
[210] DI PIETRO, Maria Sylvia Zanella. *Direito Administrativo*. 14ª edição, São Paulo: Atlas, 2002, p. 360.

b) onde o período de prestação de serviço seja inferior a 05 anos;

c) que tenha como único objeto o fornecimento e instalação de equipamentos, execução de obras públicas ou fornecimento de mão-de-obra.

A Administração poderá fazer a contraprestação, nos contratos de parceria público-privada, através de ordem bancária; cessão de créditos não tributários; outorga de direitos em face da própria Administração; outorga sobre bens públicos dominicais e outros meios admitidos em lei (art. 6º e incisos, da Lei nº 11.079/04).

É exigência legal que, antes de celebrado o contrato, deverá ser constituída sociedade de propósito específico, que terá a obrigação de implantar e gerir o objeto da parceria (art. 9º da Lei nº 11.079/04), e a Administração não poderá ser titular da maioria do capital votante daquelas sociedades (§ 4º do artigo supracitado).

## 6. DOS DIREITOS E DEVERES DOS USUÁRIOS

### 6.1. Dos direitos

Parece coisa óbvia, mas é sempre bom repetir: os serviços públicos delegados não se transformam em atividades privadas. Eles continuam públicos apenas prestados por particulares que, daí a relevância, assumem o múnus de verdadeira Administração Pública.

Como bem diz Hely Lopes Meirelles, os direitos dos usuários de serviço público:

> São direitos cívicos, de conteúdo positivo, consistentes no poder de exigir da Administração ou de seu delegado o serviço que um ou outro se obrigou a prestar individualmente aos usuários.[211]

A não prestação do serviço ou o surgimento de lesão, ante esta negativa ou devido a sua prestação,[212] pode ensejar a interposição da correspondente ação, inclusive mandado de segurança.

A Constituição Federal, no inciso XXXV do art. 5º, determina que a lei não excluirá da apreciação do Poder Judiciário lesão ou ameaça a direito. Desta forma, o usuário tem direito de reclamar contra a má qualidade da prestação de serviços e de obter do poder concedente e da concessionária informações à promoção de defesa individual ou coletiva dos mesmos.

O § 3º (acrescentado pela EC nº 19/98) do art. 37 da Constituição Federal também tratou do assunto, ao dispor que:

> § 3º A lei disciplinará as formas de participação do usuário na administração pública direta e indireta, regulando especialmente:
> I – as reclamações relativas à prestação dos serviços públicos em geral, asseguradas a manutenção de serviços de atendimento ao usuário e a avaliação periódica, externa e interna, da qualidade dos serviços;

---

[211] MEIRELLES, Hely Lopes. *Direito Administrativo Brasileiro*. 29ª edição. São Paulo: Malheiros, 2004, p. 325.

[212] APELAÇÃO CÍVEL. RGE. CONCESSIONÁRIA DE ENERGIA ELÉTRICA. DANIFICAÇÃO DE EQUIPAMENTOS. RESPONSABILIDADE OBJETIVA. CDC. QUEDA DE CABO DE ALTA TENSÃO SOBRE FIO DE LINHA TELEFÔNICA. DANOS MATERIAIS VERIFICADOS. A pessoa jurídica de direito privado, concessionária de serviço público, enquadra-se nas normas disciplinadas na Constituição Federal de 1988, aplicabilidade do art. 37, § 6º, do que resulta sua responsabilidade objetiva pelos danos causados aos usuários. Outrossim, tem-se a aplicação do Código de Defesa do Consumidor, corroborando o entendimento de que a responsabilidade da ré é objetiva, na esteira do art. 14 do referido diploma legal. No caso concreto, o conjunto probatório demonstrou de forma inequívoca a ocorrência do nexo causal entre o dano e a omissão da ré, que não procedeu devidamente na manutenção da rede elétrica, permitindo a queda de cabo de alta tensão sobre a linha telefônica da autora. Danos materiais, consistentes na danificação de computadores, fax e cabos telefônicos, comprovados por meio de notas fiscais, declarações e prova testemunhal. APELO DESPROVIDO. (Apelação Cível nº 70013116124, Nona Câmara Cível, Tribunal de Justiça do RS, Relator: Marilene Bonzanini Bernardi, Julgado em 09/11/2005).

II – o acesso dos usuários a registros administrativos e a informações sobre atos de governo, observado o disposto no art. 5º, X e XXXIII;
III – a disciplina da representação contra o exercício negligente ou abusivo de cargo, emprego ou função na administração pública.

As pessoas que realizarem serviço público por delegação, responderão pelos danos que causarem (art. 37, § 6º, CF). No entanto, o Estado responderá, nos casos de delegação, subsidiariamente pelos danos resultantes do serviço em si mesmo considerado.

No âmbito Federal, o Decreto nº 3.507/00 estabelece padrões de qualidade do atendimento prestado aos cidadãos pelos seus órgãos e entidades e cria o Sistema Nacional de Avaliação da Satisfação do Usuário dos Serviços Públicos (art. 4º).

O Código de Defesa do Consumidor (Lei nº 8.078/90) equipara o prestador de serviços públicos a fornecedor e o serviço a produto. Além disso, de forma expressa, diz, no art. 22, que:

> Os órgãos públicos, por si ou por suas empresas, concessionárias, permissionárias ou sob qualquer outra forma de empreendimento, são obrigados a fornecer serviços adequados, eficientes, seguros e, quando essenciais, contínuos.

E, no que toca a danos causados pela prestação de serviço público, o parágrafo único do artigo supracitado determina que

> Nos casos de descumprimento, total ou parcial, das obrigações referidas neste artigo, serão as pessoas jurídicas compelidas a cumpri-las e a reparar os danos causados, na forma prevista neste Código.

Aplica-se nestes casos, em conjunto, o disposto no § 6º do art. 37 da Constituição Federal (responsabilidade objetiva, pela teoria do risco administrativo).

O art. 29 da Lei nº 8.987/95 arrola diversas atribuições do poder concedente, buscando melhorar a qualidade e a eficiência do serviço concedido. Dentre estas atribuições, destaco:

a) regulamentar o serviço concedido e fiscalizar permanentemente a sua prestação;
b) aplicar as penalidades regulamentares e contratuais;
c) intervir na prestação do serviço, nos casos e condições previstos em lei;
d) extinguir a concessão, nos casos previstos nesta Lei e na forma prevista no contrato;
e) cumprir e fazer cumprir as disposições regulamentares do serviço e as cláusulas contratuais da concessão;
f) zelar pela boa qualidade do serviço, receber, apurar e solucionar queixas e reclamações dos usuários, que serão cientificados, em até trinta dias, das providências tomadas;
g) estimular o aumento da qualidade, produtividade, preservação do meio-ambiente e conservação;
h) incentivar a competitividade;
i) estimular a formação de associações de usuários para defesa de interesses relativos ao serviço.

Ainda, o art. 31 daquela mesma Lei trata dos encargos da concessionária. Hely Lopes Meirelles[213] comenta que a via adequada para o usuário exigir o serviço que lhe for negado pelo Poder Público ou por seus delegados, sob qualquer modalidade, é a cominatória, com base no art. 287 do CPC. No entanto, o mesmo autor comenta que um serviço de interesse geral e de utilização *uti universi* não pode ser exigido por aquela via.

Diante do que foi exposto, pode-se dizer, de forma sucinta, que são direitos do usuário:

---

[213] MEIRELLES, Hely Lopes. *Direito Administrativo Brasileiro*. 29ª edição. São Paulo: Malheiros, 2004, p. 326.

a) receber do poder concernente e da concessionária informações para a defesa de interesses individuais ou coletivos;
b) receber serviços adequados, eficientes, seguros e, quando essenciais, contínuos;
c) obter e utilizar o serviço, com liberdade de escolha, entre vários prestadores de serviço, quando for o caso, observadas as normas do poder concedente;
d) levar a conhecimento do poder público e da concessionária as irregularidades de que tenham conhecimento, referentes ao serviço público;
e) buscar a justa indenização, quando sofrer lesão (devidamente comprovada), em virtude da prestação do serviço público ou de sua negativa.

Além disso, o consumidor e o usuário tem direito a escolher dentre, no mínimo, seis datas diferentes dentro do mês de vencimento, o dia de vencimento de seus débitos (art. 7º-A, da Lei nº 8.987/95, acrescentado pela Lei nº 9.791/99). Toshio Mukai[214] entende que tal determinação é inconstitucional, vez que

> Não pode lei federal, a pretexto de veicular normas gerais, obrigar Estados e Municípios a fazer ou deixar de fazer alguma cosia, sob pena de ofensa ao princípio de autonomia destes entes federativos.

## 6.2. Dos deveres

Dentre os deveres dos usuários, destacam-se o dever de comunicar ao agente público ou à autoridade administrativa competente as irregularidades praticadas pela concessionária, na prestação do serviço delegado, que venha a ter conhecimento.

Existe também o dever de o usuário colaborar com a boa conservação e manutenção das máquinas, equipamentos e outros bens públicos ou privados utilizados na prestação dos serviços.

O usuário deverá reembolsar, quando for o caso, o custo da prestação do serviço à concessionária, através do pagamento de uma tarifa (também chamada de preço público), que deverá observar os princípios da razoabilidade e da igualdade. Tal valor é fixado pela concessionária na fase licitatória, nos termos da lei vigente, podendo ser revisto de 12 em 12 meses (Lei nº 8.880/94).

É garantido à concessionária a manutenção do equilíbrio da equação econômica estabelecida na proposta (§ 2º do art. 9º da Lei nº 8.987/95), desde que devidamente comprovada a existência do desequilíbrio, consoante disposto no contrato de concessão.

## 7. DA GREVE

É assegurado ao servidor público o direito de greve, consoante dispõe os incisos VI e VII do art. 37 da Constituição Federal. Cada esfera do Governo deverá disciplinar o direito de greve de seus servidores, através de lei específica.[215]

No entanto, os membros das forças armadas e os servidores militares dos Estados, Distrito Federal e Territórios não possuem direito à greve (arts. 42, § 1º, e 142, § 3º, IV, da Constituição Federal).

---

[214] MUKAI, Toshio. *Concessões, permissões e privatizações de serviços públicos*. 4ª edição, São Paulo: Saraiva, 2002, p. 26.
[215] SERVIDOR PÚBLICO. DIREITO DE GREVE DOS SERVIDORES PÚBLICOS. ARTIGO 37, VII, DA CARTA FEDERAL QUE AINDA NÃO FOI REGULAMENTADO. POSSIBILIDADE DE MOBILIZAÇÃO DOS SERVIDORES EM MOVIMENTO PAREDISTA, O QUE NÃO AFASTA O DESCONTO DOS DIAS CORRESPONDENTES. DECISÃO RECORRIDA REFORMADA PARA POSSIBILITAR O REFERIDO DESCONTO NOS VENCIMENTOS DOS AGRAVADOS. AGRAVO PROVIDO. (Agravo de Instrumento nº 70006917454, Terceira Câmara Cível, Tribunal de Justiça do RS, Relator: Nelson Antônio Monteiro Pacheco, Julgado em 02/10/2003).

O art. 11 da Lei nº 7.783/89 determina que, "nos serviços ou atividades essenciais, os sindicatos, os empregadores e os trabalhadores ficam obrigados, de comum acordo, a garantir, durante a greve, a prestação dos serviços indispensáveis ao atendimento das necessidades inadiáveis da comunidade". Di Pietro entende que o direito de greve, para o servidor público, dificilmente poderá alterar a remuneração ou qualquer direito daquele.[216]

O art. 12 da Lei supra-mencionada determina que o Poder Público deverá assegurar a prestação dos serviços indispensáveis, em caso de descumprimento do disposto no artigo anterior.

Os chamados serviços essenciais (art. 10 da Lei nº 7.783/89) são:

a) tratamento e abastecimento de água; produção e distribuição de energia elétrica, gás e combustíveis;
b) assistência médica e hospitalar;
c) distribuição e comercialização de medicamentos e alimentos;
d) funerários;
e) transporte coletivo;
f) captação e tratamento de esgoto e lixo;
g) telecomunicações;
h) guarda, uso e controle de substâncias radioativas, equipamentos e materiais nucleares;
i) processamento de dados ligados a serviços essenciais;
j) controle de tráfego aéreo;
k) compensação bancária.

## 8. DAS FORMAS DE EXTINÇÃO DA CONCESSÃO

Conforme os incisos I a VI do art. 35 da Lei nº 8.987/95, a extinção da concessão pode ocorrer em razão: 1. do vencimento do prazo; 2. da encampação; 3. da caducidade; 4. da rescisão; 5. da anulação; 6. da falência ou extinção da empresa concessionária.

Sendo a concessão de serviço público um contrato administrativo com prazo certo, vencido este, extinta será a concessão.

A extinção pela *encampação* ou *resgate* é o ato pelo qual o poder concedente, por interesse público, chama para si o serviço, pondo fim na concessão. É de se observar que esta modalidade de extinção de concessão de serviço público não se opera por denúncia do poder concedente, mas através de lei específica e de prévia indenização.

A *caducidade* se dá em razão de falta grave cometida pelo concessionário. Esta modalidade de extinção, em geral, é precedida de *intervenção*, procedimento pelo qual a Administração Pública, constatando a existência de indícios de falta grave cometida pelo concessionário, suspende o contrato administrativo, nomeia interventor para que administre o objeto concedido e, em prazo certo, conclua se houve ou não o motivo da intervenção, e, no caso afirmativo, opine pela declaração de caducidade ou, caso contrário, se manifeste pela devolução do serviço ao concessionário com a devida prestação de contas e correspondente indenização. De qualquer forma, a intervenção deve respeitar o devido processo legal, oportunidade em que o concessionário terá a oportunidade de contradizer as razões interventivas e produzir a prova que entender pertinente

A *anulação* ocorre em virtude da inobservância de alguma cláusula essencial ou por ilegalidade e anulação da licitação. Aqui se remete ao que foi dito sobre a anulação da licitação e do contrato administrativo.

---

[216] DI PIETRO, Maria Sylvia Zanella. *Direito Administrativo*. 14ª edição, São Paulo: Atlas, 2002, p. 461.

A extinção do contrato pode decorrer da extinção do objeto, do término do prazo ou, da rescisão (administrativa – imposta; amigável – fruto de composição ou de pleno direito – pela anulação). A anulação do contrato pode ser imposta pelo Judiciário, em ação movida pelo cidadão (ação popular), pelos legitimados à ação civil pública (pelo Ministério Público), por aquele que detenha legitimidade (ação ordinária de conhecimento) ou pelo detentor de direito líquido e certo (mandado de segurança).

## 9. DAS AGÊNCIAS REGULADORAS

A delegação do serviço público para a execução por particulares não afasta do poder público a obrigatoriedade de fiscalizá-lo. Isso porque, como já referido, o serviço delegado continua público.

Em decorrência disto surgiram as agências reguladoras ou autarquias reguladoras que vieram substituir a extinção total ou parcial do monopólio estatal de alguns serviços públicos e outras atividades e com a transferência total ou parcial destes ao setor privado, através de concessões, permissões ou até mesmo das simples autorizações.

Sua função é praticamente a regulação e fiscalização de serviços públicos, apesar de existirem agências reguladoras com outros fins

Como já dito, elas têm natureza de autarquias especiais e por isso mesmo são criadas por lei.

No âmbito federal, são vinculadas ao Ministério competente para tratar da respectiva atividade. Salvo os cargos em comissão, seus servidores devem se submeter a concurso público.

*Título IX*

# DOS SERVIDORES PÚBLICOS

## Capítulo I – Da parte geral

### 1. DAS CONSIDERAÇÕES INICIAIS

A Administração Pública é contextualizada através dos entes públicos, dos órgãos e dos agentes públicos, além das pessoas jurídicas privadas com atribuições públicas.

Os servidores públicos são espécie do gênero agentes públicos e que, segundo Diogenes Gasparini,[217] agentes públicos seriam:

> Todas as pessoas físicas que sob qualquer liame jurídico e algumas vezes sem ele prestam serviços à Administração Pública ou realizam atividades que estão sob sua responsabilidade.

A classificação dos agentes públicos não é uníssona na doutrina. No entanto, a que mais encontra aceitação é a veiculada por Di Pietro,[218] partindo da classificação de Celso Antonio Bandeira de Mello, ao afirmar que seriam quatro as categorias de agentes públicos: 1. Agentes Políticos; 2. Servidores Públicos; 3. Militares e; 4. Particulares em colaboração com o Poder Público.

Os principais deveres do administrador público são:

> a) o de agir, que seria uma obrigação e não uma faculdade, estando vinculado ao cargo, função ou emprego público de que é titular;
> b) o de eficiência, que inclusive é um princípio constitucional, o qual já foi tratado no Título III, item 13, desta obra, não necessitando maiores esclarecimentos;
> c) o de probidade, que nada mais seria do que o agir corretamente, reto, com justiça, honestidade e lealdade. O agir do agente deverá sempre visar o que é melhor para a Administração Pública;
> d) o de prestar contas, que abrange todos os atos da Administração e do governo e não apenas aqueles relacionados com dinheiro público ou gestão financeira.

### 2. DA DISTINÇÃO ENTRE CARGO, EMPREGO E FUNÇÃO

Embora não seja conceito universal, porque limitado exclusivamente ao comando da União, o artigo 3º da Lei nº 8.112/90, tem servido de norte para todas as Administrações Públicas ao definir cargo público da seguinte forma: "Cargo público é o conjunto de atribuições e responsabilidades previstas na estrutura organizacional que devem ser acometidas a um servidor".

Já a expressão *emprego público* é utilizada para designar uma unidade de atribuições, distinguindo-se do cargo público pelo tipo de vínculo que une o servidor ao Estado (o primeiro possui um vínculo contratual, regido pela Consolidação das Leis trabalhistas, enquanto que o segundo tem um vínculo estatuário, regido pelo Estatuto dos Funcionários Públicos).

---

[217] GASPARINI, Diógenes. *Direito Administrativo*. 12ª edição, São Paulo: Saraiva, 2007, p. 139.
[218] DI PIETRO, Maria Sylvia Zanella. *Direito Administrativo*. São Paulo: Atlas, 2002, p. 431.

Por fim, há atribuições exercidas por servidores públicos, aos quais não lhes corresponde um cargo ou emprego público. Desta forma, *função* seria o conjunto de atribuições residuais, às quais não corresponde um cargo ou emprego público. Pode-se citar como exemplo os casos de servidores contratados temporariamente e as funções de confiança.

## 3. DO REGIME JURÍDICO DO SERVIDOR PÚBLICO

Ressalvadas as carreiras institucionalizadas em que a Constituição Federal impõe o regime estatutário, com a exclusão da norma constitucional que determinava um regime único aos servidores públicos, cada esfera do governo ficou com liberdade para adotar regimes jurídicos diversificados, seja o contratual, seja o estatuário.

## 4. DA REMUNERAÇÃO

A Emenda Constitucional nº 19/98 trouxe diversas mudanças na Carta Magna, inclusive no que toca à remuneração dos servidores públicos. Com ela, excluiu-se do § 1º do artigo 39, a regra que assegurava a isonomia de vencimentos para cargos de atribuições iguais ou semelhantes.

No entanto, a idéia de isonomia ainda existe em diversos dispositivos constitucionais, como por exemplo, o *caput* do artigo 5º e seu inciso I; incisos X, XI e XII do artigo 37 e § 8º do artigo 40.

O artigo 169 da Constituição Federal veda que as despesas com pessoal, ativo e inativo, ultrapasse o limite estabelecido em lei complementar. Tal limite foi estabelecido pela Lei Complementar nº 101/00, sendo que para a União é de 50% da receita corrente líquida e para os Estados e Municípios é de 60%.

Por força do inciso XIII do artigo 37 da Constituição Federal, também é vedada qualquer tipo de vinculação ou equiparação de qualquer espécie remuneratória para efeito de remuneração de pessoal. A idéia é evitar os reajustes automáticos, de forma que eventual acréscimo concedido a um cargo beneficiaria a todos os outros. Isto certamente geraria gastos superiores aos limites legais.

A fixação e a alteração de remuneração dos servidores públicos só podem ocorrer através de lei específica, observando-se sempre a iniciativa privativa de cada caso. Cada um dos órgãos que tem essa competência enviam ao Legislativo o projeto de lei, seja para a criação de cargos, seja referente a vencimentos de seus servidores, devendo sempre observar o limite legal de gastos com os mesmos.

As alterações na remuneração dos servidores ou mesmo sua fixação só poderão se dar por lei específica, observando-se sempre a competência para a iniciativa, consoante dispõe o inciso X do artigo 37 da Constituição Federal (com redação dada pela Emenda Constitucional nº 19, de 1998):

> Art. 37. A administração pública direta e indireta de qualquer dos Poderes da União, dos Estados, do Distrito Federal e dos Municípios obedecerá aos princípios de legalidade, impessoalidade, moralidade, publicidade e eficiência e, também, ao seguinte:
> X – a remuneração dos servidores públicos e o subsídio de que trata o § 4º do art. 39 *somente poderão ser fixados ou alterados por lei específica, observada a iniciativa privativa em cada caso*, assegurada revisão geral anual, sempre na mesma data e sem distinção de índices; (grifei)

Esta iniciativa privativa está dividida entre: a) o Chefe do Poder Executivo (artigo 61, § 1º, II, a, CF/88); b) os Tribunais (artigo 96, II, b, CF/88); c) o Ministério Público (artigo 127, § 2º, CF/88); d) o Tribunal de Contas (artigo 73, combinado com o artigo 96, CF/88).

### 4.1. Dos subsídios

A remuneração do membro de Poder, do detentor de mandato eletivo, dos Ministros de Estado e dos Secretários Estaduais e Municipais será fixada exclusivamente por subsídio, estabelecido em parcela única, sendo proibido o acréscimo de qualquer gratificação, adicional, abono, prêmio, verba de representação ou outra espécie remuneratória (§ 4º do artigo 39 da Carta Magna).

Os limites dos subsídios dos servidores públicos estão previstos no inciso XI do artigo 37 da Constituição Federal, nos seguintes termos:

> XI – a remuneração e o subsídio dos ocupantes de cargos, funções e empregos públicos da administração direta, autárquica e fundacional, dos membros de qualquer dos Poderes da União, dos Estados, do Distrito Federal e dos Municípios, dos detentores de mandato eletivo e dos demais agentes políticos e os proventos, pensões ou outra espécie remuneratória, percebidos cumulativamente ou não, incluídas as vantagens pessoais ou de qualquer outra natureza, não poderão exceder o subsídio mensal, em espécie, dos Ministros do Supremo Tribunal Federal, aplicando-se como limite, nos Municípios, o subsídio do Prefeito, e nos Estados e no Distrito Federal, o subsídio mensal do Governador no âmbito do Poder Executivo, o subsídio dos Deputados Estaduais e Distritais no âmbito do Poder Legislativo e o subsídio dos Desembargadores do Tribunal de Justiça, limitado a noventa inteiros e vinte e cinco centésimos por cento do subsídio mensal, em espécie, dos Ministros do Supremo Tribunal Federal, no âmbito do Poder Judiciário, aplicável este limite aos membros do Ministério Público, aos Procuradores e aos Defensores Públicos; (Redação dada pela Emenda Constitucional nº 41, 19.12.2003)

O Congresso Nacional tem a competência para a fixação do subsídio dos Ministros do Supremo Tribunal Federal, através de lei específica, de iniciativa conjunta dos Chefes dos três Poderes, ou seja, Presidentes das Mesas das Casas Legislativas, da República e do Supremo. Também, por intermédio de Lei, a União, os Estados, o Distrito Federal e os Municípios podem estabelecer a relação entre a maior e a menor remuneração dos servidores públicos (§ 5º do artigo 39 da Constituição Federal).

Deverá ser instituído pela União, pelos Estados, Distrito Federal e Municípios o conselho de política de administração e remuneração de pessoal, integrado por servidores designados pelos respectivos poderes (artigo 39, *caput*, CF/88).

### 4.2. Da irredutibilidade da remuneração e dos subsídios

Por força do disposto no inciso XV do artigo 37 da Constituição Federal, o subsídio e os vencimentos dos ocupantes de cargos e empregos públicos são irredutíveis, ressalvado o disposto nos incisos XI e XIV deste artigo e nos artigos 39, § 4º, 150, II, 153, § 2º, I. Desta forma, a irredutibilidade é a regra, mas possui exceções.

## 5. DO DIREITO DE GREVE E DE LIVRE ASSOCIAÇÃO SINDICAL

Antes da Constituição de 1988 era vedado aos servidores públicos o direito a greve. Com a edição da atual Carta Magna, e com as alterações trazidas pela Emenda Constitucional nº 19/98, no inciso VII de seu artigo 37, ficou garantido o direito a greve que, no entanto, deve ser exercido nos termos e limites de lei específica.[219] Desta forma, cada esfera de Governo pode disciplinar o direito de greve por lei própria.

Quanto à associação sindical dos servidores públicos, tal matéria era tratada pelo artigo 566 da Consolidação das Leis do Trabalho, que assim dispõe:

> Art. 566 – Não podem sindicalizar-se os servidores do Estado e os das instituições paraestatais.
>
> Parágrafo único – Excluem-se da proibição constante deste artigo os empregados das sociedades de economia mista, da Caixa Econômica Federal e das fundações criadas ou mantidas pelo Poder Público da União, dos Estados e Municípios. (Redação dada pela Lei nº 7.449, de 20.12.1985)

Entretanto, a Constituição Federal de 1998, em seu inciso VI do artigo 37, determinou ser garantido ao servidor civil o direito à livre associação sindical.

Os membros das forças armadas e os servidores militares estão proibidos de fazerem greve ou de se associarem a sindicato, por força do disposto no inciso IV do § 3º do artigo 142 e § 1º do artigo 42, todos da Carta Magna.

## 6. DA PROIBIÇÃO DE ACUMULAÇÃO DE CARGOS

Nos termos do inciso XVI (com redação dada pelas Emendas Constitucionais nº 19/98 e 34/01) do artigo 37 da Constituição Federal de 1988, *é vedada a acumulação remunerada de cargos públicos, exceto quando houver compatibilidade de horários, observado em qualquer caso o disposto no inciso XI*: a) a de dois cargos de professor; b) a de um cargo de professor com outro técnico ou científico; c) a de dois cargos ou empregos privativos de profissionais de saúde, com profissões regulamentadas.

Tal limitação estende-se a empregos e funções, abrangendo autarquias, fundações, empresas públicas, sociedades de economia mista, suas subsidiárias e sociedades controladas, direta ou indiretamente, pelo poder público (inciso XVII do artigo 37, CF/88, com redação dada pela Emenda Constitucional nº 19/98).

Com a edição da Emenda Constitucional nº 20/98, ficou vedada a acumulação de proventos de aposentadoria com a remuneração de outro cargo efetivo (salvo o disposto no inciso XVI do artigo 37; inciso I, parágrafo único, do artigo 95 e letra "d" do inciso II do § 5º do artigo 128, todos da Constituição Federal).

O artigo 40, em seu § 6º, da Constituição Federal, também menciona ser vedada a percepção de mais de uma aposentadoria à conta do Regime de Previdência previsto no *caput* daquele artigo.

A soma dos proventos encontra limite no teto previsto no inciso XI do artigo 37 da CF/88.

## 7. DA APOSENTADORIA

No dizer de Hely Lopes Meirelles, "A aposentadoria é a garantia de inatividade remunerada reconhecida aos servidores que já prestaram longos anos de serviço ou se tornaram incapacitados para suas funções".[220]

A constituição Federal, nos incisos I, II e III (com redação dada pelas Emendas Constitucionais nº 20/98 e 41/03) do artigo 40, estabelece três espécies de aposentadoria:

---

[219] Até esta data não houve regulamentação do direito de greve. No entanto, em decisão polêmica proferida ao final de 2007, o STF entender de aplicar aos servidores públicos a lei que rege a atividade privada.

[220] MEIRELLES, Hely Lopes. *Direito Administrativo Brasileiro*. 19ª edição, São Paulo: Malheiros, 1994, p. 387.

I – por invalidez permanente, sendo os proventos proporcionais ao tempo de contribuição, exceto se decorrente de acidente em serviço, moléstia profissional ou doença grave, contagiosa ou incurável, na forma da lei;

II – compulsoriamente, aos setenta anos de idade, com proventos proporcionais ao tempo de contribuição;

III – voluntariamente, desde que cumprido tempo mínimo de dez anos de efetivo exercício no serviço público e cinco anos no cargo efetivo em que se dará a aposentadoria, observadas as seguintes condições:

a) sessenta anos de idade e trinta e cinco de contribuição, se homem, e cinqüenta e cinco anos de idade e trinta de contribuição, se mulher;

b) sessenta e cinco anos de idade, se homem, e sessenta anos de idade, se mulher, com proventos proporcionais ao tempo de contribuição.

O § 4º (com redação dada pela Emenda Constitucional nº 47/05) do artigo retro-mencionado veda a adoção de requisitos diferenciados para a concessão de aposentadoria aos abrangidos no *caput* daquele artigo, ressalvado, nos termos definidos em leis complementares, os casos de servidores portadores de deficiência; que exerçam atividades de risco e cujas atividades sejam exercidas sob condições especiais que prejudiquem a saúde ou integridade física.

Com a edição da Emenda Constitucional nº 20/98, ficou estabelecido duas modalidades de previdência para os servidores públicos: alguns trabalhadores estão sujeitos ao regime geral de previdência social, estabelecido no artigo 201 e seguintes (semelhante ao dos trabalhadores privados), enquanto que outros estão sujeitos ao regime previdenciário próprio do servidor, previsto no artigo 40 da Carta Magna.

O primeiro regime está regulamentado pela Lei nº 8.242/91 e o segundo, pela Lei nº 9.717/98 (esta última lei dispõe sobre regras gerais de organização e funcionamento dos regimes próprios de previdência social dos servidores públicos, devendo a União, os Estados, o Distrito Federal e os Municípios complementarem este regulamento através de legislação supletiva. Quanto aos servidores federais, a matéria está disciplinada pela Lei nº 9.783/99. Os segurados contribuem compulsoriamente, mas nem todos usufruem dos benefícios, porque nem sempre se concretiza a situação de risco coberta pela previdência social.

O § 7º e incisos (com redação dada pela Emenda Constitucional nº 20/98) do artigo 201 da Constituição Federal tratam das condições necessárias para que o servidor inscrito no Regime Geral de Previdência Social obtenha a aposentadoria:

§ 7º É assegurada aposentadoria no regime geral de previdência social, nos termos da lei, obedecidas as seguintes condições:

I – trinta e cinco anos de contribuição, se homem, e trinta anos de contribuição, se mulher;

II – sessenta e cinco anos de idade, se homem, e sessenta anos de idade, se mulher, reduzido em cinco anos o limite para os trabalhadores rurais de ambos os sexos e para os que exerçam suas atividades em regime de economia familiar, nestes incluídos o produtor rural, o garimpeiro e o pescador artesanal.

É assegurada a contagem recíproca do tempo de contribuição na administração pública e na atividade privada, rural e urbana, para efeito de aposentadoria, hipótese em que os diversos regimes de previdência social se compensarão financeiramente, segundo critérios estabelecidos em lei (§ 9º do artigo 201 da CF/88, com redação dada pela EC 20/98).

O § 2º (com redação dada pela EC 20/98) do artigo 40 da Constituição funciona como uma espécie de limitador de valor a perceber na aposentadoria, ao determinar que "os proventos de aposentadoria e as pensões, por ocasião de sua concessão, não poderão exceder a remuneração do respectivo servidor, no cargo efetivo que se deu a aposentadoria ou que serviu de referência para a concessão de pensão".

Por ocasião da concessão da aposentadoria, para cálculo de proventos, devem ser consideradas as remunerações utilizadas como base para a contribuição do servidor aos regimes de previdência que tratam o artigo 40 e o artigo 201 da Constituição Federal (§ 3º do artigo 40 da CF, com redação dada pela EC 41/03).

### 7.1. Da previdência complementar

Com base no disposto no § 14 do artigo 40 (com redação dada pela Emenda Constitucional nº 20/98), a União, os Estados, o Distrito Federal e os Municípios podem estabelecer regime de previdência complementar para os servidores titulares de cargo efetivo.

O artigo 202 e seus parágrafos, da Constituição Federal tratam do regime de previdência de caráter complementar. Trata-se de regime privado, facultativo e autônomo em relação ao Regime Geral da Previdência Social. O mesmo artigo determina que a previdência complementar será tratada por lei complementar. A referida lei só veio a se concretizar em 29 de maio de 2001, na forma da Lei Complementar nº 109.

### 7.2. Da contagem de tempo de contribuição

Nos termos do § 9º (com redação dada pela EC 20/98) do artigo 40 da Constituição Federal, o tempo de contribuição federal, estadual ou municipal será contado para efeito de aposentadoria e o tempo de serviço correspondente para efeito de disponibilidade.

É vedada qualquer forma de contagem de tempo de contribuição fictício (§ 10 do artigo 40, CF/98), após a edição da Emenda Constitucional nº 20/98. A jurisprudência tem entendido o cabimento desta contagem para os casos em que o servidor adquiriu direito antes da mencionada Emenda.[221]

No que toca a aposentadoria voluntária, a Constituição Federal tratou desta matéria, em seu artigo 40, § 1º, III (com redações dadas pelas EC 41/2003 e 20/98), da seguinte forma:

> 1º Os servidores abrangidos pelo regime de previdência de que trata este artigo serão aposentados, calculados os seus proventos a partir dos valores fixados na forma dos §§ 3º e 17:
> (...)
> III – voluntariamente, desde que cumprido tempo mínimo de dez anos de efetivo exercício no serviço público e cinco anos no cargo efetivo em que se dará a aposentadoria, observadas as seguintes condições:
> a) sessenta anos de idade e trinta e cinco de contribuição, se homem, e cinqüenta e cinco anos de idade e trinta de contribuição, se mulher;
> b) sessenta e cinco anos de idade, se homem, e sessenta anos de idade, se mulher, com proventos proporcionais ao tempo de contribuição.

---

[221] "CONSTITUCIONAL E ADMINISTRATIVO. SERVIDOR PÚBLICO. LICENÇA-PRÊMIO. CONTAGEM DE TEMPO FICTO. DIREITO ADQUIRIDO ANTES DA VIGÊNCIA DA EC 20/98. POSSIBILIDADE. 1. É possível a contagem de tempo ficto, prevista no art. 151, II da Lei 10.098/94, quando tenha o servidor adquirido o direito à conversão da licença-prêmio antes da vigência da EC 20/98. 2. SEGURANÇA CONCEDIDA." (Mandado de Segurança nº 70011897303, Segundo Grupo de Câmaras Cíveis, Tribunal de Justiça do RS, Relator: Araken de Assis, Julgado em 12/08/2005).

"Servidor público. Licença-prêmio parcialmente conversível em dinheiro, segundo a lei estadual. Cumpridos os requisitos necessários à sua concessão, não pode a lei revogadora superveniente suprimir o direito já adquirido à indenização. Recurso extraordinário de que não se conhece por haver o acórdão recorrido dado exata aplicação ao disposto no art. 5º, XXXVI, da Constituição". (RE 222-213-SC. Supremo Tribunal Federal. Primeira Turma. Relator, Ministro Octavio Gallotti. Publicado no DJ, em 27.11.1998).

Desta maneira, para o servidor contar, para fins de aposentadoria voluntária, o tempo de contribuição na atividade privada, terá de completar o tempo de 10 anos de efetivo exercício no serviço público (condição esta inexistente nos caso de aposentadorias por invalidez e compulsória).

## 8. DA ESTABILIDADE

Com a edição da Emenda Constitucional nº 19, somente se adquire a estabilidade os servidores nomeados para cargo de provimento efetivo em virtude de concurso público, após três anos de efetivo exercício (período este chamado de estágio probatório). Anteriormente, este prazo era de dois anos (artigo 41, *caput*, CF/88).

O § 4º, do artigo 41 da Constituição Federal (com redação dada pela Emenda Constitucional nº 19/98) exige que, além de cumprido o período de três anos, exigidos no *caput* daquele artigo, também é obrigatória a realização de avaliação especial de desempenho, por comissão instituída para esta finalidade.

O Superior Tribunal de Justiça já se manifestou a respeito da exoneração de servidor, através da Súmula nº 21, determinando que *funcionário em estágio probatório não pode ser exonerado nem demitido sem inquérito ou sem as formalidades legais de apuração de sua capacidade.*

É claro que o fato de ter estabilidade no emprego não significa que é impossível demitir o servidor. A Constituição Federal, nos incisos do § 1º (com redação dada pela EC nº 19/98) do artigo 41, cita os casos de perda de cargo de servidor estável:

I – em virtude de sentença judicial transitada em julgado;
II – mediante processo administrativo em que lhe seja assegurada ampla defesa;
III – mediante procedimento de avaliação periódica de desempenho, na forma de lei complementar, assegurada ampla defesa.

Caso seja invalidada judicialmente a demissão do servidor estável, este será reintegrado, fazendo jus ao pagamento integral dos vencimentos e vantagens do tempo em que ficou afastado.[222] Se, eventualmente, sua vaga foi ocupada no período em que esteve demitido, por servidor estável, este deve ser reconduzido ao cargo de origem, sem direito a indenização, aproveitado em outro cargo ou posto em disponibilidade, com remuneração proporcional ao tempo de serviço (§ 2º do artigo 41 da CF/88, com redação dada pela EC nº 19/98).

Importante mencionar aqui que, apesar de estar previsto na Carta Magna que a reintegração se dará mediante invalidação judicial do ato, ela também pode ocorrer quando a anulação decorra de ato da própria Administração, vez que ato nulo não gera efeitos jurídicos, retroagindo, desta forma, a anulação e garantindo ao servidor o direito de ser reintegrado ao cargo.

Caso seja extinto o cargo ou seja declara a sua desnecessidade, o servidor estável ficará disponível, percebendo remuneração proporcional ao tempo de serviço até seu adequado aproveitamento em outro cargo (§ 3º do artigo 41 da CF/88, com redação dada pela EC nº 19/98). O aproveitamento se dá quando existir vaga de cargo de natureza e vencimento compatíveis com o anteriormente ocupado.

---

[222] Reexame necessário. Administrativo e constitucional.Servidor público municipal. Exoneração. Decisão judicial anterior que reconheceu a ilegalidade da exoneração e garantiu a reintegração do servidor. Pretensão ao pagamento de vencimentos e vantagens. Ilegalidade do ato de exoneração sem a instauração do devido processo legal, reconhecida em decisão anterior deste tribunal de justiça. A reintegração impõe a recondução do servidor ao mesmo cargo de que fora demitido, fazendo jus ao pagamento integral dos vencimentos e vantagens do tempo em que esteve afastado, uma vez reconhecida a ilegalidade da demissão em decisão judicial. Decisão mantida em reexame necessário. (Reexame Necessário nº 70006144760, Terceira Câmara Cível, Tribunal de Justiça do RS, Relator: Paulo de Tarso Vieira Sanseverino, Julgado em 04/09/2003).

## 9. DO AFASTAMENTO PARA EXERCÍCIO DE MANDATO ELETIVO

O artigo 38 da Constituição Federal, com a redação dada pela Emenda Constitucional nº 19/98, trata do mandato eletivo:

I – tratando-se de mandato eletivo federal, estadual ou distrital, ficará afastado de seu cargo, emprego ou função;
II – investido no mandato de Prefeito, será afastado do cargo, emprego ou função, sendo-lhe facultado optar pela sua remuneração;
III – investido no mandato de Vereador, havendo compatibilidade de horários, perceberá as vantagens de seu cargo, emprego ou função, sem prejuízo da remuneração do cargo eletivo, e, não havendo compatibilidade, será aplicada a norma do inciso anterior;
IV – em qualquer caso que exija o afastamento para o exercício de mandato eletivo, seu tempo de serviço será contado para todos os efeitos legais, exceto para promoção por merecimento;
V – para efeito de benefício previdenciário, no caso de afastamento, os valores serão determinados como se no exercício estivesse.

O afastamento do cargo, emprego ou função, com prejuízo da correspondente remuneração, é decorrência do princípio geral da inacumulatividade de cargos, empregos e funções públicas (artigo 37, incisos XVI e XVII, da Constituição Federal, com redação dada pela Emenda Constitucional nº 19/98).

É vedado aos Deputados e Senadores aceitar ou exercer cargo, função ou emprego remunerado, inclusive os que sejam demissíveis *ad nutum*, em entidade jurídica de direito público, autarquia, empresa pública, sociedade de economia mista ou empresa concessionária de serviço público (artigo 54, I, "b", da Constituição Federal).

## 10. DO PROVIMENTO

O servidor público é investido no exercício do cargo, emprego ou função através de um ato chamado provimento. Tal ato pode ser originário, vinculando originariamente o servidor ao cargo, emprego ou função, através de nomeação ou contratação, conforme o regime jurídico ou, derivado, que depende de vínculo anterior do servidor com a Administração.

O provimento pode ser dividido em efetivo, vitalício e em comissão:

a) *Provimento efetivo* – é aquele que se dá mediante nomeação em concurso público, para cargo público, garantindo-se o direito de permanência no cargo após três anos de exercício, só podendo ser destituído por sentença judicial ou por processo administrativo, sempre sendo assegurado o direito à ampla defesa;
b) *Provimento vitalício* – é aquele que ocorre mediante nomeação para cargo público (somente para os cargos previstos na Constituição Federal como vitalícios: artigos 73, § 3º; 95, I, e; 128, § 5º, "a"), assegurando ao funcionário o direito à permanência ao cargo, só podendo ser destituído por sentença judicial transitada em julgado;
c) *Provimento em comissão* – é aquele que se dá mediante nomeação para cargo público, em caráter transitório, independentemente de concurso. Deve ser declarado por lei os cargos de provimento em comissão.

## 11. DA VACÂNCIA

A vacância ocorre nos casos de exoneração (pode se dar por pedido ou ex officio, tratando-se de cargo em comissão ou, no caso de cargo efetivo, não ter satisfeito as exigências do estágio probatório); demissão (penalidade aplicada ao servidor em virtude de prática de ato ilegal); aposentadoria; promoção (ato que afronta o disposto no inciso II, do artigo 37, da Constituição Federal) e, falecimento. Trata-se, na verdade, do ato pelo qual o servidor é destituído do cargo, emprego ou função.

## 12. DOS DIREITOS E DEVERES DO SERVIDOR PÚBLICO

Quanto aos direitos dos servidores, dentre outros, destacam-se o direito à licenças, como maternidade e paternidade; vencimentos ou remuneração e demais vantagens pecuniárias; férias anuais remuneradas, com pelo menos um terço a mais do salário normal; disponibilidade e aposentadoria; assistência; irredutibilidade salarial; remuneração do trabalho noturno superior ao diurno; décimo terceiro salário; repouso semanal remunerado; jornada de trabalho não superior a oito horas diárias e quarenta e quatro semanais; adicional de remuneração para atividades penosas, perigosas ou insalubres e direito a greve. Os vencimentos do servidor público não podem ser objeto de penhora, arresto ou seqüestro, por tratar-se de verba de caráter alimentar (arts. 649, IV, 821 e 823 do CPC; art. 100 da CF/88 e art. 33 da ADCT).

O Hely Lopes Leirelles diz que

> Vencimento, em sentido estrito, é a retribuição pecuniária devida ao servidor pelo efetivo exercício do cargo, correspondente ao padrão fixado em lei; vencimento, em sentido amplo, é o padrão com vantagens pecuniárias auferidas pelo servidor a título de adicional ou gratificação.[223]

Entre os deveres do servidor público, destacam-se o de lealdade (não pode o servidor agir contra os fins e objetivos legítimos da Administração), o de obediência (deve acatar as ordens de seus superiores e sua fiel execução). A Administração também pode impor restrições aos servidores, como, por exemplo, não poder trabalhar no policiamento das ruas após uma certa idade.

## 13. DA RESPONSABILIDADE CIVIL E DA RESPONSABILIDADE REGRESSIVA

O dano causado pelo servidor pode ser ao Estado ou a terceiros. As infrações podem ser de 04 ordens: administrativa, civil, criminal e improbidade administrativa. A responsabilidade civil decorre do disposto no artigo 927 do Código Civil (Artigo 159 do Código Civil anterior) e seu parágrafo único:

> Art. 927. Aquele que por ato ilícito (arts. 186 e 187), causar dano a outrem, fica obrigado a repará-lo.
> Parágrafo único. Haverá obrigação de reparar o dano, independentemente de culpa, nos casos especificados em lei, ou quando a atividade normalmente desenvolvida pelo autor do dano implicar, por sua natureza, risco para os direitos de outrem.

Deve-se ter claro que a punição administrativa ou disciplinar independe da existência de processo civil ou criminal ao qual está sujeito o servidor pelo mesmo fato, não necessitando a Administração pública ter que aguardar o desfecho dos demais processos.

Da mesma forma, a responsabilidade civil independe das outras (administrativa e criminal) e se apura na forma do direito privado, perante a Justiça Comum. O § 6º do art. 37 da Constituição Federal impõe a responsabilização do agente causador do dano somente quando este agir com dolo ou culpa, excluindo, portanto a responsabilidade objetiva, que é unicamente da Administração perante a vítima. Como a Administração não possui disponibilidade do patrimônio público, não pode esta esquivar-se da responsabilidade civil de seus servidores.

---

[223] MEIRELLES, Hely Lopes. *Direito Administrativo Brasileiro*. 19ª edição, São Paulo: Malheiros, p. 399.

Apesar da independência das responsabilidades civil, criminal e administrativa, a condenação criminal implica, entretanto, no reconhecimento das outras.[224] A absolvição criminal só afasta a responsabilidade administrativa e civil quando restar reconhecida a inexistência do fato ou a não autoria imputada ao servidor.[225]

Geralmente, a apuração da culpa do servidor se dá através de processo administrativo, e a reparação ocorre na forma de indenização em dinheiro. É admissível o desconto em folha, geralmente não mais do que dez por cento do vencimento responsável. Nos casos em que o servidor for celetista, o artigo 462, § 1º, da CLT, só permite o desconto em folha com a permissão do empregado ou nos casos de dolo. Nos demais casos, desde que previsto em lei, é válido e independe do consentimento daquele (auto-executoriedade dos atos administrativos).

Por força da lei de improbidade administrativa (Lei nº 8.429/92) e do Decreto-Lei nº 3.240/41, nos casos de crime em que resulte lesão à Fazenda Pública ou enriquecimento ilícito do servidor, pode ocorrer o seqüestro dos bens do servidor.

Por fim, buscando assegurar o justo valor da indenização, o servidor pode intervir na ação, como assistente voluntário, nunca como litisconsorte necessário, como bem diz o saudoso HELY.[226] Tal situação lhe permitiria, dentre outras coisas, confessar os fatos alegados pelo autor, prejudicando a defesa da Administração e obrigando-a a uma indenização nem sempre devida, sem possibilidade, na maioria das vezes, de ressarcir-se.

## 14. DOS LIMITES DE DESPESAS COM PESSOAL

Os limites com despesas com pessoal ativo e inativo da União, dos Estados, do Distrito Federal e dos Municípios devem ser tratados por Lei Complementar, nos termos do

---

[224] Administrativo. Mandado de segurança. Servidor público. Demissão. Prazo prescricional. Infração disciplinar capitulada como crime. Condenação na esfera criminal. Repercussão na esfera administrativa. Art. 142 Da lei 8.112/90. Prescrição da pretensão punitiva do estado. Ocorrência. Segurança concedida. 1. Segundo o saudoso Hely Lopes Meirelles, a "punição administrativa ou disciplinar não depende de processo civil ou criminal a que se sujeite também o servidor pela mesma falta, nem obriga a Administração a aguardar o desfecho dos demais processos, nem mesmo em face da presunção constitucional de não culpabilidade" (Direito Administrativo Brasileiro, 29ª ed., São Paulo, Malheiros, 2004, p. 473). No entanto, ressalta-se, a responsabilidade administrativa do servidor será afastada quando a absolvição criminal negar a existência do fato ou sua autoria, conforme o art. 126 da Lei 8.112/90. 2. Havendo o cometimento, por servidor público federal, de infração disciplinar capitulada também como crime, aplicam-se os prazos de prescrição da lei penal e as interrupções desse prazo da Lei 8.112/90, quer dizer, os prazos são os da lei penal, mas as interrupções, do Regime Jurídico, porque nele expressamente previstas. Precedentes. 3. A Administração teve ciência, em 22/5/1995, da infração disciplinar praticada pelo impetrante, quando se iniciou a contagem do prazo prescricional que, todavia, foi interrompido com a abertura da sindicância, em 16/9/1995. Ocorrendo o encerramento dessa investigação em 15/12/1995, a partir desta data o prazo de prescrição começou a correr por inteiro. 4. Na esfera penal, o impetrante foi condenado à pena de 1 (um) ano e 4 (quatro) meses de reclusão, havendo o trânsito em julgado para a acusação em fevereiro de 2001. Por conseguinte, a prescrição passou a ser de 4 (quatro) anos, porquanto calculada com base na pena in concreto, de acordo com os arts. 109 e 110 do Código Penal, c/c o art. 142, § 2º, da Lei 8.112/90. 5. Desse modo, o prazo de prescrição tem como termo a quo a data de encerramento dos trabalhos de sindicância, que ocorreu em 15/12/1995, pelo que se tem como termo final 15/12/1999. Assim, quando da publicação do ato de demissão do impetrante, em 23/9/2004, já havia transcorrido integralmente o prazo prescricional da pretensão punitiva do Estado. 6. Segurança concedida. (MS 10078/DF. Superior tribunal de Justiça. Terceira Seção. Relator, Ministro Arnaldo Esteves Lima, publicado no DJ em 26.09.2005).

[225] Administrativo. Servidor público municipal. Punição administrativa, pena de suspensão. Processo crime, absolvição. Ação de indenização por danos materiais e morais. Professora municipal que postula o pagamento de vencimentos, a título de dano material, e indenização por moral, em decorrência da aplicação de pena administrativa. Impossibilidade. A absolvição na esfera criminal somente elidiria a punição administrativa caso restasse provada a ausência material do fato ou de sua autoria. Inexistência de ilegalidade ou abusividade no proceder da administração. Conduta tipificada no art. 165, V, da lm n.º 64/90, sob a acusação de que, à época em que era diretora de escola municipal, utilizou cheques do círculo de pais e mestres para garantir pagamentos pessoais. Responsabilidade civil, inexistência de danos materiais e morais. Apelação desprovida. (Apelação Cível nº 70011181682, Terceira Câmara Cível, Tribunal de Justiça do RS, Relator: Luiz Ari Azambuja Ramos, Julgado em 09/06/2005)

[226] MEIRELLES, Hely Lopes. *Direito Administrativo Brasileiro*. 29ª edição. São Paulo: Malheiros, 2004, p. 477.

artigo 169 e seus parágrafos, da Constituição Federal (com redação da pela Emenda Constitucional nº 19/98):

> Art. 169. A despesa com pessoal ativo e inativo da União, dos Estados, do Distrito Federal e dos Municípios não poderá exceder os limites estabelecidos em lei complementar.

O § 1º do referido artigo trata da concessão de vantagem, aumento de remuneração, criação de cargos, empregos e funções ou alteração de estrutura de carreiras, bem como admissão ou contratação de pessoal pelos órgãos e entidades da Administração direta e indireta, determinando que só ocorrerão se houver prévia dotação orçamentária suficiente para atender às projeções de despesas de pessoal e aos acréscimos dela decorrente e; se houver existir autorização específica na lei de diretrizes orçamentárias, ressalvadas as empresas públicas e as sociedades de economia mista.

O Distrito Federal, os Estados e Municípios que não se adequarem a este limite com gastos com pessoal, decorrido o prazo previsto na lei complementar, terão todos os seus repasses de verbas estaduais e federais suspensos, nos termos do § 2º do supracitado artigo.

A primeira Lei Complementar a tratar do assunto foi a chamada "Lei Camata" (LC nº 82/95), revogada, seqüencialmente, pelas Leis Complementares nº 96/99 e 101/00. A última conceituou despesa total com pessoal como sendo "o somatório dos gastos do ente da Federação com os ativos, os inativos e os pensionistas, relativos a mandatos eletivos, cargos, funções ou empregos, civis, militares e de membros de Poder, com quaisquer espécies remuneratórias, tais como vencimentos e vantagens, fixas e variáveis, subsídios, proventos da aposentadoria, reformas e pensões, inclusive adicionais, gratificações, horas extras e vantagens pessoais de qualquer natureza, bem como encargos sociais e contribuições recolhidas pelo ente às entidades de previdência". A mesma Lei, no § 1º de seu artigo 19, excluiu do limite algumas despesas.

A mesma Lei Complementar, em seu artigo 2º, IV, define receita líquida como sendo o somatório das receitas tributárias, de contribuições, patrimoniais, industriais, agropecuárias, de serviços, transferências correntes e outras receitas também correntes, deduzidos:

> a) na União, os valores transferidos aos Estados e Municípios por determinação constitucional ou legal, e as contribuições mencionadas na alínea a do inciso I e no inciso II do art. 195 e no art. 239 da Constituição;
> b) nos Estados, as parcelas entregues aos Municípios por determinação constitucional;
> c) na União, nos Estados e nos Municípios, a contribuição dos servidores para o custeio do seu sistema de previdência e assistência social e as receitas provenientes da compensação financeira citada no § 9º do art. 201 da Constituição.

O artigo 20 e seus parágrafos e incisos da LC nº 101/00 disciplina a repartição dos limites globais entre os três poderes, estabelecendo o percentual de cada da seguinte forma:

> Art. 20. A repartição dos limites globais do art. 19 não poderá exceder os seguintes percentuais:
> I – na esfera federal:
> a) 2,5% (dois inteiros e cinco décimos por cento) para o Legislativo, incluído o Tribunal de Contas da União;
> b) 6% (seis por cento) para o Judiciário;
> c) 40,9% (quarenta inteiros e nove décimos por cento) para o Executivo, destacando-se 3% (três por cento) para as despesas com pessoal decorrentes do que dispõem os incisos XIII e XIV do art. 21 da Constituição e o art. 31 da Emenda Constitucional nº 19, repartidos de forma proporcional à média das despesas relativas a cada um destes dispositivos, em percentual da receita corrente líquida, verificadas nos três exercícios financeiros imediatamente anteriores ao da publicação desta Lei Complementar;

d) 0,6% (seis décimos por cento) para o Ministério Público da União;
II – na esfera estadual:
a) 3% (três por cento) para o Legislativo, incluído o Tribunal de Contas do Estado;
b) 6% (seis por cento) para o Judiciário;
c) 49% (quarenta e nove por cento) para o Executivo;
d) 2% (dois por cento) para o Ministério Público dos Estados;
III – na esfera municipal:
a) 6% (seis por cento) para o Legislativo, incluído o Tribunal de Contas do Município, quando houver;
b) 54% (cinqüenta e quatro por cento) para o Executivo.
§ 1º Nos Poderes Legislativo e Judiciário de cada esfera, os limites serão repartidos entre seus órgãos de forma proporcional à média das despesas com pessoal, em percentual da receita corrente líquida, verificadas nos três exercícios financeiros imediatamente anteriores ao da publicação desta Lei Complementar.
§ 2º Para efeito deste artigo entende-se como órgão:
I – o Ministério Público;
II – no Poder Legislativo:
a) Federal, as respectivas Casas e o Tribunal de Contas da União;
b) Estadual, a Assembléia Legislativa e os Tribunais de Contas;
c) do Distrito Federal, a Câmara Legislativa e o Tribunal de Contas do Distrito Federal;
d) Municipal, a Câmara de Vereadores e o Tribunal de Contas do Município, quando houver;
III – no Poder Judiciário:
a) Federal, os tribunais referidos no art. 92 da Constituição;
b) Estadual, o Tribunal de Justiça e outros, quando houver.
§ 3º Os limites para as despesas com pessoal do Poder Judiciário, a cargo da União por força do inciso XIII do art. 21 da Constituição, serão estabelecidos mediante aplicação da regra do § 1º.
§ 4º Nos Estados em que houver Tribunal de Contas dos Municípios, os percentuais definidos nas alíneas a e c do inciso II do caput serão, respectivamente, acrescidos e reduzidos em 0,4% (quatro décimos por cento).
§ 5º Para os fins previstos no art. 168 da Constituição, a entrega dos recursos financeiros correspondentes à despesa total com pessoal por Poder e órgão será a resultante da aplicação dos percentuais definidos neste artigo, ou aqueles fixados na lei de diretrizes orçamentárias.

O limite total de despesas do Poder Legislativo Municipal, incluídos aí os subsídios dos Vereadores e excluídos os gastos com inativos, está fixado pelo artigo 29-A da Constituição Federal (introduzida pela Emenda Constitucional nº 25/00). Configura-se crime de responsabilidade do Prefeito Municipal a extrapolação do limite de 70% de gasto da receita da Câmara Municipal, com folha de pagamento; não enviar o repasse até o dia 20 de cada mês ou enviá-lo a menor, em relação à proporção fixada na Lei Orçamentária.

## Capítulo II – Do concurso público

### 1. DOS ANTECEDENTES

Qual o melhor critério para escolher cidadãos que devam ocupar cargos públicos? Essa indagação tem sido feita ao longo do tempo e a história demonstra que, antes de se fixar no concurso público, ocorreram várias formas de acesso como:[227] a) o sorteio; b) a compra e venda; c) a herança; d) o arrendamento; e) a livre nomeação absoluta; f) a livre nomeação relativa; g) a eleição.

O sorteio, como a própria nomenclatura indica, foi muito aplicado na Grécia, e consistia na escolha aleatória de cidadãos para o cargo, sendo que seus nomes eram previamente escritos em material de certa consistência chamado sors, sortis.

Na Idade Média, o ingresso no serviço público ocorria por compra e venda. Ou seja, os cargos a serem preenchidos eram alienados pelo Estado a quem pudesse comprá-lo. Era um verdadeiro bem estatal alienável.

Ainda na Idade Média, e como conseqüência de ser um bem que de público passava a ser privado, constituía ele um direito a ser herdado pelos sucessores na anterior proprietário. Foi o período em que o cargo público se tornou objeto de herança.

O arrendamento do cargo público foi contemporâneo da compra e venda e da herança pelo simples fato de que, se podia ser vendido e herdado, como muito mais razão podia ser alugado.

O acesso ao cargo público por livre nomeação absoluta significa que a nomeação ocorre por discrição pura de quem tem o poder de nomear, sem qualquer vinculação. Essa sistemática atualmente está restrita, no Brasil, às nomeações de cunho político, como são as nomeações de Ministros de Estado pelo Presidente da República, dos Secretários pelo Governador do Estado ou Prefeito.

Já a livre nomeação relativa limita a discricionariedade do detentor do poder de nomear, como é o caso de nomeações pelo Presidente da República para os tribunais superiores ou para desembargador oriundo do quinto pelo Governador do Estado. Essa nomeação é relativa porque, no primeiro caso, a indicação deve passar pelo crivo de aprovação pelo Senado Federal e, no segundo, porque parte da classe a indicação de lista sêxtupla, reduzida pelo Tribunal de Justiça a uma lista tríplice, cabendo ao Governador a escolha dentro os três nomes que lhe são apresentados.

Mas, a idéia de condicionar o ingresso de pessoas na Administração Pública através de concurso público não é prerrogativa nova nem de exclusividade brasileira.

Para Vanessa Cerqueira Reis de Carvalho,[228] o princípio do concurso público tornou-se expresso na Declaração dos Direitos do Homem e do Cidadão de 1789, manifesto decorrente da Revolução Francesa, mas segundo José Cretella Júnior,[229] citanto Taine e Marcel Waline, somente se desenvolveu a partir de Napoleão, depois de enfrentar renhidas lutas dos opositores beneficiados por outros sistemas de ingresso no serviço público.

De qualquer sorte, a origem francesa do princípio do concurso público ganhou mundo e, inclusive, foi proclamado pela ONU na Declaração dos Direitos do Homem de 1948, no seu art. 21.

A sistemática não é perfeita e ainda tem opositores, especialmente no campo político e doutrinário.[230]

---

[227] José Cretella Júnior faz um minucioso relato a esse respeito no seu *Curso de Direito Administrativo*, 13ª edição, Rio de Janeiro: Forense, p. 455 a 459.

[228] CARVALHO, Vanessa Cerqueira Reis de. O Princípio do Concurso Público e a Contratação por Prazo Determinado. In: *Revista de Direito da Procuradoria Geral do Estado do Rio de Janeiro*, 2002, p. 113.

[229] CRETELLA JÚNIOR, José. *Tratado de Direito Administrativo, O Pessoal da Administração Pública*. 2ª edição. Vol. IV. Rio de Janeiro: Forense, 2005, p. 224.

[230] José Cretella Júnior, na obra acima mencionada, coloca Pontes de Miranda como um dos grandes opositores do sistema, narrando, inclusive, que abriu mão de disputar uma cátedra universitária para não ter que enfrentar o concurso público que fora estabelecido.

No entanto, embora a fórmula não seja exaustiva e enseje ainda grandes controvérsias como a doutrina mesmo reconhece, não existe um outro sistema conhecido que garanta o acesso de qualquer um do povo a um cargo público e que dê primazia ao conhecimento técnico e não às relações pessoais. Ademais, é a que assegura com maior abrangência o princípio do estado democrático de direito pelo qual qualquer pessoa pode aspirar a um cargo público sem atrelar-se a desígnios pessoais de políticos que usam o Estado como extensão do "seu".

Um grande problema, e não se pode fazer vistas grossas à sua existência, é o que tem surgido após o ingresso do servidor na Administração Pública, ou seja, depois que o pretendente ao cargo supera a fase de aprovação, nomeação, posse e se torna efetivo. Parece que as dificuldades e angústias surgidas na superação do certame, que é cada vez mais concorrido pelo déficit de absorção de mão de obra no mercado de trabalho, e de outro lado, pela segurança gerada pela estabilidade e garantia de remuneração certa oferecidas pelo serviço público, o certo é que tudo isso transforma o ex-concorrente agora servidor que se adona do cargo e passa a exercer suas atribuições com uma pessoalização típica de quem adquiriu o cargo como uma verdadeira propriedade, inclusive com o direito de pouco trabalhar. Isso, não raro, conta com a leniência de agentes políticos que, não dispondo mais do poder de nomear, faz vistas grossas à ineficiência do servidor buscando obter dividendos eleitorais futuros. Em sentido inverso, apesar do concurso público, as coisas do Estado continuam a ser manipuladas com interesses exclusivamente pessoais.[231]

No Brasil, a necessidade de que a investidura em cargo ou emprego público deva ocorrer através de aprovação prévia em concurso público de provas ou de provas tornou-se princípio administrativo específico com a Constituição Federal de 1967, afastando por completo a possibilidade de seleção com base unicamente em títulos, como ocorria na

---

[231] Já tive oportunidade de manifestar esse pensamento quando publiquei a *Subjetivação do Poder Público*, no Jornal Zero Hora de 18.06.1997, que depois o transformei em um dos capítulos do meu livro *Dimensões do Direito*, já na 2ª edição, da Livraria do Advogado Editora, 1999, p. 14, dessa forma: Há alguns dias, um amigo me surpreendeu com este desabafo duro: prefiro discutir com o chefe da repartição pública a ter que dar explicações ao atendente de balcão. E completou: o chefe da repartição tem condições de entender que o seu poder tem limites, mas o atendente de balcão, muitas vezes, tem-se como o próprio poder. Para esse, uma argumentação mais dura ou um gesto mais brusco pode ser interpretado como ofensa a "seu" poder; um desacato a "sua" autoridade, numa típica demonstração de subjetivação da função pública. Já o chefe da repartição sabe que seu poder não é desmedido, nem se exaure em seu querer, e por isso pode aceitar um argumento mais forte como exercício do direito de defesa do cidadão, pois é de se supor que a sua chefia tenha sido alcançada sob a égide de que o poder tem dever limitado na lei. E a questão não é de diferença cultural. Quase uma instituição nacional, como um verdadeiro pecado original de quase todo detentor do poder estatal, a pessoalidade na função pública precisa de uma forte dose de humanismo para ser suplantada, coisa que só se adquire com muita vivência democrática. Embora a sustentação seja de efeito e não contemple o universo da atividade pública, o certo é que o exercício do poder estatal muitas vezes é tido como extensão idólatra do eu-agente que o representa. Esse burocratismo em causa própria, infelizmente, é uma mazela que emperra e desvirtua o poder do Estado nacional. E o desabato do meu amigo pode perfeitamente servir de mote para explicar essa anormal simbiose de contextura histórica que dificulta a fluidez de consecução de melhores resultados pelo Estado brasileiro. É como se o princípio do absolutismo real, ou do "Estado sou eu", ainda estivesse em plena vigência, embora fracionada. Para muitos desses agentes, o uso pessoal do poder nada mais é do que um prazer, quase o exercício de um direito subjetivo e nem sempre absolutamente um dever. Na estruturação moderna do Estado, cuja evolução a história nos conta através das guerras e revoluções, o poder deixou de ser uma circunstância divida ou um direito natural do soberano para se constituir numa representação do poder do povo. É este, assim, o verdadeiro dono do Estado e, consequentemente, do poder que nele existe, qualquer que seja o segmento que o exercite. A lei é o instrumento que intercambia e viabiliza essa transformação. É através dela que este ente inanimado adquire contornos e se exterioriza, mas só adquire vida pela ação de seus agentes. São eles o sangue e os músculos que movimentam toda esta estrutura em seus vários níveis e divisões. No entanto, a ação desse poder maior nunca deve se desvincular da origem, nem é parcela adquirida daquele que o exerce. O poder do Estado ou a ação do agente estatal quando o aciona traz sempre embutido um crédito remanescente: sua eterna vinculação com aquele que o criou. A pessoalização do poder do Estado é um desvio de comportamento que produz seqüelas condenáveis naquele contra quem é praticado; é a ação verduga do Estado. Não fora a impessoalidade de agir do agente do Estado uma questão ética e moral, ela está consubstanciada como princípio estrutural da administração pública brasileira. E o art. 37, caput, da Constituição Federal positiva-o como direito fundamental a obrigar todo aquele que, de qualquer forma, detém o poder estatal. As condenações impostas pela 4ª Câmara Criminal do Tribunal de Justiça do Estado do Rio Grande do Sul por a tos de improbidade administrativa demonstram que, muitas vezes, elas resultam na indevida inversão de agir dos importantes agentes do poder público envolvidos, que tomam a coisa coletiva no exclusivo interesse particular, num ato de pessoalização do poder do Estado.

vigência da Constituição de 1946. O princípio está estruturado no art. 37, inciso II, da Constituição Federal, cuja análise detalhada será feita nos próximos tópicos.

Demonstrando que ainda se encontra em processo de evolução, a Emenda Constitucional nº 19/98 reestruturou essa forma de ingresso na Administração Pública quando estabeleceu que o concurso seria concurso de provas ou concurso de provas e títulos e deveria ocorrer "de acordo com a natureza e a complexidade do cargo ou emprego", numa clara demonstração principiológica de que, para a investidura em cada cargo ou emprego público um concurso específico que considere as estruturas próprias de tais cargos ou empregos. Isso significa que, preencher cargos de juiz federal, juiz de direito, procurador da República, promotor de justiça ou de advogado público, embora os concursos tenham uma base comum, a necessidade de conhecimentos de direito, no entanto, a natureza de cada um destes cargos e a resultante complexidade exigem uma aferição específica típica das diferenças que os separam.

## 2. DO CONCEITO

*Concurso*, do latim *concursus*, de *concurrere*, é o ato ou efeito de se disputar alguma coisa com outras pessoas. Público é o que interessa a todos. Portanto, Concurso Público, como forma de investidura na Administração Pública, é a disputa coletiva para preenchimento de cargos ou empregos públicos vagos em que se afere conhecimentos técnicos vinculados ao cargo ou emprego. É também chamado de certame ou processo celetivo.[232]

No conceito de direito administrativo é o meio de verificar a aptidão ou capacidade de um candidato ao provimento de determinado ofício ou cargo de carreira. Objetivamente corresponde às provas documentais ou práticas prestadas por candidato a determinado cargo público ou a certas concessões.

Numa visão sociológica, o concurso público é a oportunidade democrática de permitir a que todos possam ter acesso aos cargos e empregos públicos.

Para Hely Lopes Meirelles,[233] numa visão dura e crítica:

O concurso é o meio técnico posto à disposição da Administração Pública para obter-se moralidade, eficiência e aperfeiçoamento do serviço público e, ao mesmo tempo, propiciar igual oportunidade a todos os interessados que atendam aos requisitos da lei, fixados de acordo com a natureza e a complexidade do cargo ou emprego, consoante determinado o art. 37, II, da CF. Pelo concurso afastam-se, pois, os ineptos e os apaniguados que costumam abarrotar as repartições, num espetáculo degradante de protecionismo e falta de escrúpulos de políticos que se alçam e se mantêm no poder leiloando cargos e empregos públicos.

José Cretella Júnior[234] salienta que concurso público pode ser definido como:

A série complexa de procedimentos para apurar as aptidões pessoais apresentadas por um ou vários candidatos que se empenham para a obtenção de uma ou mais vagas e que submetem voluntariamente seus trabalhos ao julgamento de uma comissão examinadora.

Adilson de Abreu Dallari, por sua vez, define concurso público como:

Um procedimento administrativo, aberto a todo e qualquer interessado que preencha os requisitos estabelecidos em lei, destinado à seleção de pessoal, mediante aferição do conhecimento, da aptidão e

---

[232] Existe uma parte da doutrina que procura estabelecer diferenças entre concurso público e processo seletivo, sendo este aplicável especialmente para a investidura de empregos públicos na administração indireta. Há um equívoco nesta distinção. As empresas públicas, as sociedades de economia mistas e as fundações, embora na maioria das vezes pratiquem relações privadas, por força constitucional (art. 37, *caput*, da CF) integram o conceito de Administração Pública e por isso mesmo são obrigadas a realizar concurso público. A rotulação do concurso público como *processo seletivo* é apenas sinônima, como é *certame*.

[233] MEIRELLES, Hely Lopes. *Direito Administrativo Brasileiro*. 29ª ed. São Paulo: Malheiros, 2004, p. 413.

[234] JÚNIOR, José Cretella, ob. cit, p. 224.

da experiência dos candidatos, por critérios objetivos, previamente estabelecidos no edital de abertura, de maneira a possibilitar uma classificação de todos os aprovados.

Diogenes Gasparini[235] diz que o concurso público:

> É o procedimento posto à disposição da Administração Pública direta e indireta, de qualquer nível de governo, para a seleção do futuro melhor servidor, necessário à execução de serviços que estão sob sua responsabilidade.

Para Diogo de Figueiredo Moreira Neto:[236]

> O concurso, formalmente considerando, vem a ser o procedimento administrativo declarativo de habilitação à investidura, que obedece a um edital ao qual se vinculam todos os atos posteriores.

## 3. DO PRINCÍPIO CONSTITUCIONAL

Como já foi dito anteriormente,[237] exigência de concurso público é princípio constitucional que obriga toda Administração Pública e surgiu com a Constituição de 1967 e foi repetido na Constituição de 1988.

No livro *A Proporcionalidade como Princípio de Direito*, escrito em coautoria com Wellington Gabriel Zuchetto Barros,[238] tive a oportunidade de assim me manifestar:

> Princípio, do latim principium, significa dizer, numa acepção empírica, início, começo, origem de algo. Paulo Bonavides refere que a noção deriva da linguagem da geometria onde designa as verdades primeiras. Também tem o significado de preceito, regra, lei. Para a filosofia, é a origem de algo, de uma ação ou de um conhecimento. No campo do direito, significa a regra maior pela qual se guiam todas as demais regras. É a estrutura básica e fundamental da qual derivam sem se desviarem todas as demais regras jurídicas. É o norte, e as demais disposições são os caminhos que conduzem a ele. Os princípios não se atritam ou se subsumem uns nos outros, apenas se limitam ou se restringem. Como o princípio é norma emoldural, sofre limitação imposta pela própria lei. Não há conflito entre o princípio e a lei. Esta explicita aquele.

O princípio da necessidade de concurso público para ingresso no serviço público está expresso no art. 37, inciso II, da Constituição Federal, impondo o caminho obrigatório a ser seguido pelo administrador público, mas também com isso criando um direito coletivo difuso para todos aqueles que pretenderem ingressar na Administração Pública. O dispositivo está assim redigido:

> Art. 37 (...)
> II – a investidura em cargo ou emprego público depende de aprovação prévia em concurso público de provas ou de provas e títulos, de acordo com a natureza e complexidade do cargo ou emprego na forma prevista em lei, ressalvadas as nomeações para cargo em comissão declarado em lei de livre nomeação e exoneração;

Do dispositivo acima é possível se concluir que o concurso público: a) necessita de previsão legal prévia; b) é exigível para provimento de cargos ou empregos público; c) é realizado nas modalidades de concurso de provas ou de provas e títulos; d) deve considerar a natureza e complexidade do cargo ou emprego. O detalhamento destes conteúdos será feito nos tópicos seguintes.

---

[235] GASPARINI, Diógenes. *Direito Administrativo*. 3ª edição. São Paulo: Saraiva, 1993, p. 127.
[236] NETO, Digo de Figueiredo Moreira. *Curso de Direito Administrativo*. Rio de Janeiro: Forense, 1994, p. 203.
[237] Ver o tópico *Antecedentes*.
[238] BARROS, Wellington Pacheco e Wellington Gabriel Zuchetto Barros. *A Proporcionalidade como Princípio de Direito*. Porto Alegre: Livraria do Advogado Editora, 2006, p. 13.

## 4. DA NECESSIDADE DE PREVISÃO LEGAL

O princípio da necessidade de realização prévia de concurso público para ingresso na Administração Pública não é auto-aplicável. Sua implementação está condicionada à regulamentação legal prévia.

Dessa forma, embora a exigência de concurso público para ingresso na Administração Pública seja expressa na Constituição Federal, como típico princípio administrativo-constitucional, no entanto, a própria Lei Maior estabelece que este princípio constitucional somente poderá ser implementado através de lei, que, dentro do contexto, significa ato formal emanado do Poder Legislativo através de processo específico de criação.

Por conseqüência, fica afastada a possibilidade de a Administração Pública, por ato administrativo próprio, implementar as regras de um concurso público. Se o faz, o concurso público fere o princípio da legalidade e, por conseqüência, deverá ser declarado nulo por manifestação da própria Administração, de ofício, ou por provocação de qualquer interessado através de processo administrativo,[239] ou por controle externo tanto do Poder Legislativo, através do Tribunal de Contas, ou do Poder Judiciário, através de ações processuais típicas de controle administrativo, como o mandado de segurança.[240]

A lei, no entanto, poderá delegar à Administração Pública toda implementação do Concurso Público. Na execução desta delegação a Administração Pública substitui o próprio legislador, e sua dicção não é ato de poder próprio, mas apenas manifestação legislativa delegada.

De outro lado, a lei implementadora do concurso público poderá ser federal, estadual ou municipal, dependendo da unidade federativa em que deva se realizar o certame. As regras criadas por lei federal para um concurso dentro de sua esfera não têm qualquer ingerência dentro da órbita estadual e municipal, mesmo que ele se destine ao provimento de cargos ou empregos idênticos, pela simples conclusão de que o Brasil é uma federação e como conseqüência tem pessoas políticas com autonomia administrativa para regrar-se desde que respeitando os princípios constitucionais.

A lei fixará as regras gerais do concurso que serão regulamentadas pela Administração Pública.

Não pode a Administração Pública realizar concurso público sem previsão legal prévia e depois buscar ratificá-lo através de lei posterior. Ocorrendo isto o certame é absolutamente nulo e como conseqüência não cria qualquer direito para os concorrentes, mesmo que já aprovados, nomeados e investidos no cargo pela posse. Também não pode a Administração, na realização do concurso, modificar os parâmetros legais estabelecendo outras exigências que importem em acréscimos ou reduções do texto legal. Essas modificações, se não autorizados expressamente na lei, são ilegalidades que não produzem qualquer efeito positivo ou negativo para os envolvidos, inoculando o concurso de invalidade e obrigando à Administração denunciá-lo de ofício, por provocação administrativa de qualquer interessado, do Tribunal de Contas ou mesmo do Ministério Público, ou através de controle jurisdicional.

No entanto, a moderna teoria geral sobre a nulidade administrativa, capitaneada pelo art. 54 da Lei nº 9.784/99, relativizou o efeito *ex-tunc* outorgado à nulidade por aplicação da Súmula 473 do STF, para, sopesando-o com os princípios da boa-fé do administrado e da necessidade de eficiência da Administração, impedir a retroação de seus efeitos e para, agora, sancionar a inércia da Administração com o decaimento da anulação, decorridos 5 (cinco) anos da prática do ato. Assim, por dispositivo expresso de lei, a Administração

---

[239] Ver *Curso de Processo Administrativo*, de minha autoria.
[240] Ver *O Município e Seus Agentes*, de minha autoria, p. 51 e seguintes.

Pública Federal, mesmo tendo praticado ilegalidade na realização do concurso público, é possível se entender com razoabilidade que fica a Administração impedida de revisar o seu ato decorrido o qüinqüênio legal. Dessa forma, no âmbito federal, o candidato que for aprovado em concurso público, nele for investido e lá permanecer por mais de 5 anos torna-se servidor público, apesar da anterior ilegalidade do concurso.

O dispositivo da lei federal tem sido copiado por vários Estados e por vários Municípios, já que o âmbito de sua aplicação é restrito à área da Administração Pública Federal, restando para aquelas administrações que não têm limitador legal sobre o efeito absoluto da nulidade administrativa, mesmo que haja manifesta omissão administrativa na declaração da nulidade, a possibilidade de interpretação de uma ou de outra forma. Em geral, as administrações têm optado pela declaração de invalidade do concurso até mesmo como decorrência de manifestação dos Tribunais de Contas.[241]

As pessoas de direito privado que integram o conceito de Administração Pública, na categoria de admdinistração indireta, embora tenham grande parte de suas relações jurídicas regradas pelo direito privadas, já que a lei apenas autoriza que sejam criadas, na realização do concurso devem respeitar aquilo que for previsto para os concursos realizados para a administração em geral. Isso pode vir expresso em lei geral de concurso ou por aplicação subsidiária.

## 5. DO CARGO OU EMPREGO PÚBLICO

O segundo requisito inserto no princípio da necessidade do concurso público para ingresso no serviço público previsto no art. 37, II, da Constituição Federal está em que o princípio se destina ao provimento de cargo ou emprego público.

Para Diógenes Gasparini: "Cargo público é o menor centro hierarquizado de competências da Administração Direta, autárquica e fundacional pública, criado por lei ou resolução, com denominação própria e número certo".[242]

J. Cretella Júnior define cargo público desta forma: "Cargo público é, a nosso ver, o lugar e o conjunto de atribuições a ele inerentes, confiado pelo Estado a uma pessoa física que, agindo em nome deste, desenvolve atividades de interesse coletivo".[243]

Penso que cargo público é todo aquele criado por lei, em caráter fixo e número certo, com denominação e atribuições próprias, remunerado pelos cofres público e regido por estatuto próprio. Somente o detentor de cargo público é chamado de servidor público.

O emprego público também é criado por lei, em caráter fixo e número certo, com denominação e atribuições próprias, remunerado pelos cofres públicos, mas regido pela CLT. Nessa relação jurídica o Estado deixa, por força de lei, suas prerrogativas de ente público para ser um típico empregador, submetendo-se às regras protetivas do direito do trabalho que vê no empregado, em tese, um hipossuficiente a merecer por isso mesmo proteção jurídica.

Portanto, o concurso público é o processo comum e obrigatório de ingresso tanto para a investidura no cargo como no emprego público. Superado o concurso, o servidor ou

---

[241] O Estado do Rio Grande do Sul e o Município de Porto Alegre ainda não inseriram no seu direito administrativo material e processual qualquer dispositivo a este respeito e com isso estas administrações sempre alegam em seu proveito a Súmula 473 do S.T.F. que outorga efeito de nulidade absoluta à prática de atos administrativos contrários à lei. As 3ª e 4ª Câmaras Cível e o 2º Grupo Civil do Tribunal de Justiça que detêm competência para julgar feitos envolvendo servidor público de forma ainda incipiente têm aplicado o princípio da boa-fé para relativar os efeitos do ato administrativo nulo.
[242] GASPARINI, Diógenes. Ob. cit., p. 201.
[243] CRETELLA JÚNIOR, José. *Curso de Direito Administrativo*. p. 424.

o empregado público são regidos por regimes jurídicos diferenciados. O servidor público pelo regime estatutário e o empregado público pela Consolidação das Leis do Trabalho.

Nada impede que a Administração estabeleça regras típicas de concurso para o provimento de cargos em comissão. A Constituição Federal torna obrigatório o concurso apenas para os cargos e empregos públicos. Mas, fixando a Administração regras objetivas para a admissão de servidores para cargos em comissão, estará ela vinculada ao exaurimento do que estabeleceu.

Questão interessante é a que diz respeito à possibilidade de transposição de um regime jurídico para outro. Como o concurso público para investidura em cargo ou emprego público é previsto por lei, inadmissível que possa validamente a Administração Pública, por ato próprio, transpor servidor público para emprego público ou vice-versa. Sua ação seria absolutamente ilegal.

No entanto, a questão interessante se torna duvidosa, quando a transposição se opera mediante lei. Por conseguinte, se a lei determina a transposição de um emprego público para um cargo público, em que o empregado público se submeteu à concurso público tendo eles atribuições idênticas, penso que se trata de uma mera irregularidade absolutamente sanável. A mudança de natureza jurídica do vínculo deve respeitar o direito adquirido. Assim, o empregado ou o servidor público deve ter o direito à opção. Não aceitando a mudança de regime, permanecerá ele vinculado ao regime anterior, passando a Administração Pública a contar com dois regimes jurídicos até que inexista mais empregado ou servidor público regido pelo regime em extinção. O que caracteriza inconstitucionalidade da lei é se tal transposição se operar entre empregados temporários para servidor público porque a mudança feriu o princípio da necessidade de concurso público, constituindo-se uma verdadeira burla ao comando constitucional.

## 6. DA NATUREZA E COMPLEXIDADE DO CARGO OU EMPREGO

O terceiro requisito integrador do princípio da necessidade de concurso público para ingresso na Administração Pública é a sua vinculação à natureza e complexidade do cargo ou emprego público.

A Emenda Constitucional nº 19, de 4.6.1998, outorgou competência legislativa ordinária para que o concurso público pudesse ser regrado levando-se em consideração a natureza e a complexidade do cargo ou emprego.

Natureza, na acepção constitucional imposta pelo constituinte derivado, significa espécie ou a qualidade de alguma coisa, e complexidade, o conjunto de circunstâncias ou elementos que vinculam essa mesma coisa.

Portanto, quando a Constituição Federal estabelece que o concurso público deverá ser implementado "de acordo com a natureza e complexidade do cargo ou emprego" está dizendo que essa forma de investidura necessariamente deverá considerar a espécie ou qualidade do cargo ou emprego público e as circunstâncias ou elementos que os norteiam. Ou, em outras palavras, para a investidura em qualquer cargo ou emprego público o legislador obrigatoriamente deverá levar em consideração o tipo de cargo ou emprego e suas especificidades. Para cargos ou empregos diferenciados, um concurso público com regras diferenciadas.

Diante disso, é possível concluir-se, por exemplo, que as regras de um concurso público, mesmo que a aferição de conteúdo envolva conhecimentos jurídicos, para advogado público ou magistrado, não podem ser idênticas porque a natureza e complexidade dos cargos são bem distintas.

Numa demonstração de que o concurso público deve ser específico para o cargo ou emprego público que a Administração Pública deseja prover, a Emenda Constitucional nº 51, de 14.02.2006, que acrescentou os §§ 4º, 5º e 6º ao art. 198 da Constituição Federal, estabeleceu que os gestores locais do SUS (Sistema Único de Saúde)[244] poderão admitir agentes comunitários de saúde por meio de processo seletivo público, de acordo com a natureza e complexidade de suas atribuições e requisitos específicos para sua atuação, dispondo a lei federal sobre o regime jurídico e a regulamentação das atividades de agente comunitário de saúde e de combate às endemias.[245]

A natureza e a complexidade do cargo ou emprego público devem ter dicção legal prévia, salvo se houver delegação legislativa para que a Administração Pública supra a lacuna da lei. Não havendo, as exigências editalícias são ilegais e devem ser controladas administrativamente ou através do Poder Judiciário, por serem absolutamente nulas, não produzindo qualquer direito para a Administração ou para os concorrentes.

## 7. DAS MODALIDADES DE CONCURSO PÚBLICO

O quarto requisito intrínseco ao princípio da necessidade de concurso público para ingresso na Administração Pública diz respeito às modalidades colocadas pelo constituinte à disposição da Administração.

O art. 37, inciso II, da Constituição Federal estabelece que o concurso público pode ser de duas modalidades: a) concurso de provas; b) concurso de provas e títulos.

Portanto, a investidura no cargo ou emprego público não será possível através de concurso público apenas de títulos, como ocorre na atividade privada ou ocorria na Administração Pública antes da vigência da Constituição de 1967.

### 7.1. Do concurso de provas

*Concurso de provas* é a modalidade de concurso público de aferição de conhecimento técnicos pertinentes ao cargo ou emprego público.[246] Esta aferição pode ocorrer através

---

[244] A respeito deste tema, ver obra *Elementos de Direito da Saúde*, Departamento de Artes Gráficas do Tribunal de Justiça do Estado do Rio Grande do Sul, 2006.

[245] Em verdade, a Emenda Constitucional nº 51/2006, retirou da Administração Pública Estadual e Municipal a competência para estabelecer o regime jurídico dos agentes comunitários de saúde e de agentes de combate às endemias que passa agora a ser regrado por lei federal. A pretensão do constituinte derivado é de uniformizar as ações destes agentes comunitários de saúde e de combate às endemias através da fixação de um único regime jurídico.

De outro lado, a Emenda Constitucional também regrou quanto à forma de ingresso desses agentes. De forma expressa estabeleceu que eles seriam admitidos *por meio de processo seletivo próprio, de acordo com a natureza e complexidade de suas atribuições e requisitos específicos para sua atuação (art. 1º, que deu nova redação ao art. 198, § 4º, da CF)*. Ora, como a regra geral de ingresso na Administração Público fixada pelo art. 37, inciso II, da mesma CF, *é através do concurso público de provas ou de provas e títulos*, poder-se-ia concluir que a emenda constitucional teria criado uma nova exceção à regra geral do concurso.. Esta conclusão seria equivocada porque processo seletivo é mero sinônimo de concurso público. Em verdade, a ênfase da emenda, como já dito, foi a de centralizar comandos para ingresso nessa importante advidade administrativa. O gestor local do sistema único de saúde (o SUS tem participação federal, estadual e municipal), poderá admitir através de processo seletivo público regrado por lei federal e não através de regras próprias.

Embora a novel emenda retire dos Estados e dos Municípios competência legislativa e administrativa, é razoável admitir-se que, sendo "a saúde um direito de todos e um dever do estado, garantido através de políticas sociais e econômicas que visem à redução do risco de doença e de outros agravos e ao cesso universal igualitário às ações e serviços para sua promoção, proteção e recuperação" (Art. 196, *caput*, da Constituição Federal), os servidores públicos que a implementarão devam ter atribuições uniformes. A lei estadual ou municipal que criar os cargos de agentes comunitários de saúde e de agentes de combate às endemias e regrar sobre o processo seletivo público estarão vinculadas ao que for estabelecido na lei federal.

[246] A Constituição do Estado do Rio Grande do Sul estabelece que "as provas deverão aferir, com caráter eliminatório, os conhecimentos específicos exigidos para o exercício do cargo" (art. 20, § 1º)

de aplicação de: a) provas objetivas; b) provas discursivas escritas ou orais; c) estágio de avaliação.

*Prova objetiva* é a modalidade de concurso público de provas em que são oferecidas aos candidatos premissas prontas para que este escolha a correta ou a incorreta.

Esta modalidade de concurso é a mais utilizada pela Administração Pública nos concursos públicos para preenchimento de grande número de cargos ou empregos idênticos e que possuem alta rotatividade, como é o caso do magistério, diante do grande número de candidatos que sempre acorrem a esse certame e a dificuldade que uma prova discursiva escrita pode acarretar tanto pela demora na sua correção como pela ausência de parâmetros uniformes para essa mesma correção.

É sabido, porque isso faz parte da natureza humana, que a repetição de correção de provas subjetivas ou mesmo o cansaço que disso decorre são fatores que podem alterar a aferição isonômica. Sei, por experiência própria de professor e membro da Comissão de Concurso para Juiz de Direito substituto do Tribunal de Justiça do Estado do Rio Grande do Sul por 6 anos, que o apuro técnico da correção das primeiras provas sofre variação com o passar do tempo. O cansaço mental decorrente da repetição da correção modifica a aferição positiva ou negativamente.[247] Esta é uma crítica razoável que pode ser feita à implementação de prova discursiva escrita exclusiva para concursos públicos que envolvam um grande número de candidatos.

As respostas dadas na prova objetiva são transpostas para planilhas e submetidas à leitura ótica, o que pode garantir um critério objetivo puro de correção.

É certo que esta modalidade de prova sofre críticas especialmente por parte dos candidatos porque lhes retiraria "aquele algo mais" que cada um imagina ter, impossibilitando vôos intelectuais mais altos. No entanto, é possível se responder a tal crítica com a sustentação de que, como não se pode na prova objetiva perguntar-se sobre temas duvidosos ou dar-se como correta ou incorreta premissas que não tenham um alto padrão de aceitação técnica, salvo se expressamente previstas no edital, as questões deverão sempre ser formuladas sobre temas que tenham previsão legal, aceitação doutrinária plena ou que, se formuladas sobre temas excepcionais, tenham sido eles previstos no edital. Dessa forma, como regra de segurança na formulação das questões objetivas, em tese, são sempre os temas gerais e não os excepcionais ou duvidosos que serão perguntados pelo simples fato de que, se a questão proposta pode ser possível de outra resposta, ela se torna nula, possibilitando o controle administrativo de ofício ou através de recurso do interessado ou mesmo o controle judicial da referida questão.

*Prova discursiva escrita* é a modalidade de concurso de prova onde a Administração Pública procura aferir o grau de conhecimentos técnicos do candidato sobre determinados temas previstos anteriormente no edital, outorgando-lhe uma certa parcela de discricionariedade de explanação de pensamento na sua sustentação.

Em geral, esta modalidade de prova é aplicada ou numa etapa posterior do concurso, em que já há uma redução considerável dos candidatos pela não superação da prova

---

[247] Como membro da Comissão de Concurso para Juiz de Direito substituto do TJ/RS de 2000 até 2006, na correção da prova de sentença civil, sempre tomei como parâmetro de correção a leitura prévia de todas as provas com aplicação do critério objetivo criado antecipadamente pela Comissão para a situação enfocada no processo temático, separando aquelas que preenchiam o maior grau de exigência e escolhendo dentre estas aquela que se sobressaia das demais pela análise técnica, narrativa lógica e escorreita. Aplicada a nota nesta prova parâmetro, as notas das demais eram com ela cotejadas. Corrigidas as provas de sentença, elas eram submetidas a um outro membro da comissão que agia na função de revisor. As divergências surgidas na correção e na revisão eram dirimidas no âmbito da Comissão para, só depois, serem publicadas. Esse critério de correção é típico da discricionariedade *interna corporis* do Tribunal de Justiça do Estado do Rio Grande do Sul, podendo ser outro em novo concurso público que o Tribunal venha a realizar. Se esta discricionariedade é aplicável dentro de um mesmo órgão, imagine-se nos concursos para juiz de direito dos demais estados ou mesmo para juiz federal.

objetiva ou em concurso onde a fluência dos candidatos é limitada pela própria exigência do cargo ou emprego a preencher.[248] Penso que na realização desta prova a comissão de concurso deve elaborar parâmetros objetivos de correção mínimos e com isso evitar que pendores pessoais dos seus membros possam influir na correção da prova. Para a comissão de concurso a prova discursiva escrita é muito cansativa e pode levar a alguns percalsos, como já mencionado anteriormente.

*Prova discursiva oral* é a modalidade de concurso de prova em que a Administração Pública contata diretamente com o candidato, que nos concursos de massa era um número e agora tem um nome e um rosto, e o submete a nova aferição de conhecimentos técnicos, alinhado a isso a forma de como exterioriza seu conhecimento. Essa modalidade de prova tem sofrido muitas críticas especialmente pelos candidatos que alegam não tomar conhecimento das razões dessa ou daquela nota.[249]

A exigência da prova discursiva oral quase sempre se vincula a concurso público para preenchimento de cargo ou emprego público onde haja necessidade de trato público pelo agente. São exemplos na área vinculada ao direito os concursos públicos para preenchimento dos cargos de magistrado e de Ministério Público.

*Prova de estágio de avaliação* é a modalidade de concurso de prova recentemente implantada por algumas administrações públicas e que visa aferir, ainda na constância do concurso, se o candidato tem condições técnicas e pessoais para exercer o cargo pretendido. Em verdade, é uma antecipação daquilo que deveria se fazer no estágio probatório, ou naquele período pós-concurso, mas que historicamente não tem muita eficiência.

Essa modalidade de prova é aplicada pelo Tribunal de Justiça do Estado do Rio Grande do Sul no seu concurso para juiz de direito substituto e constitui a fase intermediária do certame.

O estágio de avaliação integra a fase intermediária do concurso para juiz de direito. Nele são matriculados, no máximo, os 60 primeiros classificados. Seu prazo de duração é de 60 dias e é realizado após a prova objetiva ou *provão* e de sentenças cível e criminal. Os candidatos-estagiários são remunerados com bolsa de estudos de valor correspondente a 50% do que ganha um juiz de direito substituto, e deles são exigidos a elaboração de decisões civis e penais de processos reais, a realização de audiências em juizados especiais, além de conhecimentos de funções tipicamente administrativas, tudo isso através de cronograma previamente estabelecido pela Corregedoria Geral de Justiça com a colaboração da Escola Superior da Magistratura do Rio Grande do Sul e supervisão da Comissão de Concurso. O estágio é reprobatório. O candidato que não atingir a média 6,0 poderá ser eliminado do certame. Os professores-examinadores são quase todos juízes de direito com larga experiência.[250]

---

[248] As provas de sentenças cível e criminal realizadas pela Comissão de Concurso para juiz substituto do Tribunal de Justiça do Estado do Rio Grande do Sul são exemplos de provas discursivas escrita. Através delas o candidato a juiz não só demonstra seu apuro técnico em proferir sentenças como seu conhecimento propedêutico a respeito da tese jurídica posta em aferição.

[249] As provas orais realizadas pela Comissão de Concurso do Tribunal de Justiça do Estado do Rio Grande do Sul versam sobre conteúdos jurídicos de vários ramos do direito previamente especificados no edital, sendo cada matéria examinada em dia próprio, de forma estanque e concomitantemente por dois membros da comissão titulares ou convidados para o ato, embora não seja permitida sua gravação. Para ensejar ao candidato a aferição do que dissera em sua dissertação oral e espancar dúvidas a respeito da subjetividade da nota, sempre usei o critério de fundamentar o acerto ou erro de sua sustentação, após cada afirmação, ou posteriormenteas, dependendo da forma de explanação que fora utilizada. Parece-me um critério razoável. Para uma prova oral uma fundamentação oral.

[250] A Resolução nº 428/2002, do Conselho da Magistratura, que regrou a realização do último concurso para juiz de direito substituto do Estado do Rio Grande do Sul assim definiu a aferição dos candidatos no estágio de avaliação:

Art. 13 (...)

Essa experiência tem dado excelente resultado porque permite que a Comissão do Concurso possa aferir as verdadeiras capacidades para o duro mister de ser juiz de direito e, de outro lado, tem permitido que antecipadamente se descubra a inapetência de candidatos para o cargo.

## 7.2. Do concurso de provas e títulos

*Concurso de provas e título* é a modalidade de concurso público onde se alinha, em primeiro lugar, todas as etapas do concurso de prova e, em segundo, se afere sobre os títulos do candidato.

Como no concurso de provas, quando o questionamento deve se referir ao cargo ou emprego objeto do concurso público, os títulos do candidato devem manter relação direta ou indireta com o cargo ou emprego público

O concurso de títulos é sempre um *plus* ao concurso de provas. Inexiste de forma autônoma.

O concurso de títulos, em geral, representa apenas uma melhor classificação do candidato. A regra é de que ele nunca ultrapasse 10% pontuação.[251]

Os títulos são previamente classificados no edital de abertura de concurso.

## 8. DA ABRANGÊNCIA

A exigência do concurso público como forma de ingresso nos cargos ou empregos públicos é princípio norteador de toda Administração Pública, consoante comando constitucional.

O conceito de Administração Pública para fins de cumprimento da norma constitucional abrange a *administração pública direta* e *indireta de qualquer dos Poderes da União, dos Estados, do Distrito Federal e dos Municípios,* consoante disposição do art. 37, *caput*, da Constituição Federal.[252]

A Administração Pública Direta abrange a União, os Estados-membros, o Distrito Federal e os Municípios e, por serem integrantes destas pessoas, todos os seus órgãos.

Portanto, qualquer destes entes públicos que pretenda admitir servidores ou empregados públicos está obrigado à realização de concurso público.

A Administração Pública Indireta é composta pelas *autarquias, empresas públicas, sociedades de economia mista* e *fundações públicas.*

A primeira, típica pessoa jurídica de direito público, é criada por lei e, as demais, pessoas jurídicas de direito privado, são criadas através do registro de seus atos constitutivos em órgãos de registro privados próprios, dependendo estes atos, no entanto, de existência

---

§ 9º A Comissão do Estágio especificará os temas a serem desenvolvidos a partir das matérias constantes do edital. Os estagiários serão submetidos à avaliação mediante provas e elaboração de trabalhos práticos ligados á atividade jurisdicional, levando-se em conta os níveis de qualidade e de quantidade apresentados pelo estagiário.

§ 12 A aptidão para o exercício da Magistratura será aferida em função da adequação e da capacidade demonstrada pelo candidato de desempenhar atos e a tividades inerentes ao cargo e pela correção, presteza e segurança demonstradas no desempenho dos exercícios teóricos e práticos que lhe forem solicitados.

[251] A Constituição do Estado do Rio Grande do Sul, no art. 20, § 2º, estabelece que "os pontos correspondente aos títulos não poderão somar mais de vinte e cinco por cento do total dos pontos do concurso".

[252] O art. 37, *caput*, da Constituição Federal, tem esta redação:

Art. 37. A administração pública direta e indireta de qualquer dos Poderes da União, dos Estados, do Distrito Federal e dos Municípios obedecerá aos princípios da legalidade, impessoalidade, moralidade publicidade e eficiência e, também, ao seguinte:

de prévia lei autorizativa federal, estadual ou municipal da órbita da administração Pública respectiva.

Esta inovação decorreu da Emenda Constitucional nº 19/98, que mudou o então entendimento de que deveriam ser criadas por lei, na esteira do Decreto-Lei nº 200/67.[253]

Embora as pessoas privadas integradoras do conceito de Administração Pública indireta tenham os seus atos na maior parte como de natureza jurídica privada, passam a integrar o campo do direito público quando procurarem preencher os seus empregos públicos.

É interessante notar que os atos praticados pelas pessoas jurídicas de direito privado integrarão o conceito de atos administrativos quando da realização do concurso público porque, para esse mister, por força constitucional, são consideradas administração pública. Isso também ocorre na prática de atos envolvendo licitações e contratos administrativos, na aferição de improbidade administrativa e na criminalização de seus empregados como funcionários públicos.

## 9. DAS EXCEÇÕES AO CONCURSO PÚBLICO

A regra de ingresso no cargo ou emprego público se opera através de concurso público. Este é o comando constitucional vinculador a toda Administração Pública.

No entanto, a própria Constituição Federal excepciona esta regra em momentos bem distintos: a) na nomeação dos cargos em comissão; b) na contratação temporária de excepcional interesse público.

São apenas essas duas, portanto, as únicas formas de ingresso em cargo ou emprego público sem a realização de concurso público.

### 9.1. Dos cargos em comissão

Cargo em comissão é também chamado de cargo de confiança e constitui o exercício a título precário ou em comissão de cargo público, por pessoa estranha ao quadro dos servidores públicos, de livre escolha do chefe de governo e por isso mesmo demissível *ad nutum*.[254]

Para J. Cretella Júnior: "Caracterizam-se os cargos em comissão por serem de confiança e poderem seus titulares ser demissíveis ad nutum, não devendo, de modo algum, ser confundidos com os de exercício temporário, cujo poder legal é conferido para certo tempo, como acontece com os deputados ao Parlamento".[255]

A Constituição Federal não deixou qualquer dúvida ao declarar que os cargos em comissão são específicos para aqueles cargos típicos de direção, chefia e assessoramento, consoante o disposto no seu art. 37, inciso V.[256] Assim está o legislador ordinário obrigado somente a criar cargos em comissão dentro dos limites especificados na Lei Maior. A cria-

---

[253] O dispositivo constitucional está assim redigido:

Art. 37 (...)

XIX – somente por lei específica poderá ser criada autarquia e autorizada a instituição de empresa pública, de sociedade de economia mista e de fundação, cabendo à lei complementar, neste último caso, definir as áreas de sua atuação.

[254] *Ad nutum* é termo latino que significa à vontade de uma das partes. No direito administrativo significa a possibilidade de demissão do servidor público tão-só pela vontade do administrador, sem necessidade de causa justificada.

[255] CRETELLA JÚNIOR, José. *Curso de Direito Administrativo*, p. 450.

[256] O dispositivo tem a seguinte redação:

Art. 37. (...)

V – as funções de confiança, exercidas exclusivamente por servidores ocupantes de cargo efetivo, e os cargos em comissão, a serem preenchidos por servidores de carreira nos casos, condições e percentuais mínimos previstos em lei, destinam-se apenas às atribuições de direção, chefia e assessoramento.

ção de tais cargos fora do limite caracteriza inconstitucionalidade, que é a nulidade maior a atingir a Administração Pública.

Declarada a inconstitucionalidade de lei que cria cargos em comissão além dos limites constitucionais, o servidor público nomeado deve ser exonerado, não podendo alegar direito adquirido, já que só se adquire direito sobre ato jurídico perfeito. Diverge a doutrina e a jurisprudência apenas quantos aos efeitos: se *ex tunc* (desde o momento da edição da lei) ou *ex nunc* (apenas a partir do momento da declaração de inconstitucionalidade).[257]

É possível se detectar na jurisprudência certo abuso na criação de cargos em comissão que, no entanto, tem sido controlado pelo Poder Judiciário através de julgamento procedente de Adins ou até excepcionalmente por mandado de segurança contra a execução do decreto regulamentador de lei inconstitucional.

Ao tratar de Servidor público de cargo em comissão, no meu *O Município e Seus Agentes* (Livraria do Advogado Editora, 2002, p. 163/165) disse o seguinte:

*5.1. Generalidades*
A Constituição Federal, art. 37, inciso II, admite que qualquer Administração Pública possa preencher cargos em comissão, o que significa dizer que o Município, por lei, pode estabelecer que determinados cargos sejam preenchidos sem a necessidade de prévio concurso público. É também chamado de cargo de confiança.
É bom que se enfatize: a lei, e somente ela, é que deverá fixar quais os cargos públicos municipais serão preenchidos na modalidade de cargos em comissão. Se não houver previsão legal de existência dos cargos em comissão, o Administrador Público Municipal, Prefeito ou Presidente da Câmara, será responsabilizado pessoalmente se admitir estes servidores, constituindo a nomeação explícita ilegalidade.
Como estes servidores públicos são admitidos por pura conveniência da Administração Pública, também são exonerados sem maiores formalidades, por simples ato administrativo. Todavia, se a exoneração ocorrer por descumprimento de dever funcional do servidor, fato expressamente imputado, mesmo a precariedade do cargo em comissão impõe a necessidade de processo disciplinar, porque, na condição de litigante, a Constituição Federal, no art. 5º, inciso LV, lhe assegura esse direito (Ver também matéria a esse respeito em Servidor Público – Penalidades).

*5.2. Natureza jurídica do cargo em comissão*
Cargo em comissão é a modalidade de provimento de cargo público por nomeação, sem concurso público, prevista excepcionalmente pela Constituição Federal (art. 37, inciso V), a serem preenchidos preferencialmente por servidores de carreira, em condições e percentuais mínimos estabelecidos na lei municipal e se destinam apenas às atribuições de direção, chefia ou assessoramento. Por via de conseqüência, o detentor de cargo em comissão é servidor público especial.

*5.3. Direitos e deveres dos detentores de cargo em comissão*
O detentor de cargo em comissão é servidor público especial, como já foi dito.
Embora a nomeação independa de concurso público, o nomeado para o cargo em comissão deve preencher os requisitos básicos para a investidura em cargo público, como:
   a) ser brasileiro, nato ou naturalizado;
   b) estar no gozo de seus direitos políticos;
   c) estar quites com suas obrigações eleitorais e , se homem, com as militares;
   d) ter nível de escolaridade exigido para o exercício do cargo;
   e) ter idade mínima fixada em lei para ingressar no serviço público;
   f) ser apto física e mentalmente.
A lei pode exigir outros requisitos especiais inerentes ao cargo.

---

[257] O Órgão Especial do Tribunal de Justiça do Estado do Rio Grande do Sul tem declarado a inconstitucionalidade de várias leis municipais que extrapolam os limites constitucionais, como são exemplos as ADINs n. de que fui relator.

Declarado inapto, física ou mentalmente, a nomeação deverá ser tornada sem efeito. Penso que a declaração de inaptidão, mesmo para o servidor nomeado para cargo em comissão, se a revogação decorrer de tal manifestação, deve possibilitar o contraditório, a ampla defesa e o recurso administrativo. Nada impede que a administração municipal, por puro critério discricionário, simplesmente torne sem e feito o ato de nomeação.

Afastada a necessidade de concurso público para a nomeação do servidor de cargo em comissão, no entanto, fica ele obrigado a tomar posse e a entrar em exercício nos prazos estabelecidos em lei para o servidor efetivo, sob pena de o ato de posse ser tornado sem efeito.

Aplicam-se ao servidor público detentor de cargo em comissão todos os demais direitos e deveres aplicados ao servidor público efetivo, salvo aqueles que pela própria estrutura do cargo são afastados, como a nomeação mediante prévio concurso público, a aquisição de estabilidade, a demissão através de processo administrativo e o regime previdenciário público, já que apenas aos servidores públicos efetivos é assegurado esse regime (art. 40 e art. 40, incisos 2º e 3º, da CF).

Afastada as exceções, deve a lei municipal fixar como direitos e deveres do servidor público detentor de cargo em comissão aqueles aplicados ao servidor público efetivo, como:

a) vencimento e vantagens fixados em lei;
b) gratificações;
c) adicionais;
d) licenças;
e) férias;
f) direito de petição;
g) tempo de contribuição para a aposentadoria na previdência geral;
h) regime disciplinar próprio.

Questão que tem sido tratada com grande repercussão diz respeito com a nomeação de parentes para cargos em comissão ou do chamado nepotismo.

*Nepotismo* vem de *nepote*, que é como se chama o sobrinho do Papa e o termo foi popularizado pelo poder que o sobrinho do Papa e outros parentes exercem na administração eclesiástica. Vulgarmente, nepotismo significa a nomeação de parentes por autoridade administrava para cargo em comissão.

É bom que se diga que não há vedação expressa na Constituição Federal a esse respeito. Mas, por exegese, é possível entender-se que a nomeação de parentes para cargos públicos em comissão fere o princípio da moralidade porque a vinculação familiar naturalmente retira do superior hierárquico nomeante a plenitude de exigir de seu parente a exação que o cargo exige.

Apesar do silêncio da Constituição Federal, a Constituição do Estado do Rio Grande do Sul, no entanto, tratou do tema quando no art. 20, § 5º, estabeleceu que os cargos em comissão não poderiam ser ocupados por cônjuges ou companheiros e parentes, consangüíneos, afins ou por adoção, até o segundo grau do Governador, do Vice-Governador, do Procurador Geral do Estado, do Defensor Público-Geral do Estado e dos Secretários de Estado, ou titulares de cargos que lhe sejam equiparados, no âmbito da administração direta do Poder Executivo; dos Desembargadores e juízes do 2º grau, no âmbito do Poder Judiciário; dos Deputados Estaduais, no âmbito da Assembléia Legislativa; dos Procuradores de Justiça, no âmbito da Procuradoria-Geral de Justiça; dos Conselheiros e Auditores Substitutos de Conselheiros, no âmbito do Tribunal de Contas do Estado e dos Presidentes, Diretores-Gerais, ou titulares de cargos, no âmbito da respectiva autarquia, fundação instituída ou mantida pelo Poder Público, empresa pública ou sociedade de economia mista.

No âmbito do Poder Judiciário, o Conselho Nacional de Justiça, órgão de controle administrativo, financeiro e de cumprimento dos deveres funcionais dos juízes em todo País, baixou resolução proibindo a nomeação de parentes até o terceiro grau. A resolução foi julgada constitucional pelo STF, sob o entendimento de que, embora não havendo vedação expressa, a questão era imoral.

No âmbito do Ministério Público, o Conselho Nacional do Ministério Público estendeu a proibição ao chamado nepotismo cruzado. Ou seja, no âmbito administrativo de qualquer Ministério Público não poderá ser nomeado parentes de autoridades dos outros poderes.

Algumas entidades de classe, como a AMB (Associação dos Magistrados Brasileiros) e a AJURIS (Associação dos Juízes do Rio Grande do Sul), lutam para que a proibição de nomeação de parentes atinja também os poderes Executivo e Legislativo.

### 9.2. Da contratação temporária de excepcional interesse público

A realização de concurso público é a regra de ingresso na Administração Pública, caracterizando a contratação temporária de excepcional interesse público uma de suas exceções. Essa modalidade de ingresso tem previsão no art. 37, IX, da Constituição Federal, cuja redação é a seguinte:

Art. 37 (...)
IX – a lei estabelecerá os casos de contratação por tempo determinado para atender a necessidade temporária de excepcional interesse público.

Como se pode observar do dispositivo constitucional, a desnecessidade de realização de concurso público exige o cumprimento de 4 requisitos: a) previsão legal; b) contratação por tempo determinado; c) necessidade temporária; e) excepcional interesse público.

*Previsão legal* – A contratação temporária de excepcional interesse público tem que ser estabelecida em lei específica. De onde se concluiu que não se trata de exercício discricionário da Administração Pública. A contratação temporária é ato vinculado à prévia existência de lei que estabelecerá como, quando e de que forma os servidores temporários serão nomeados, seus direitos, deveres e o quando ocorrerá a extinção desse vínculo. Adstrito à lei, não tem o administrador público qualquer liberdade de dicção aquém ou além do que foi dito pelo legislador.

*Contratação por tempo determinado* – Um dos requisitos na contratação temporária de excepcional interesse público é a fixação temporal do vínculo. É também chamado de *tempo certo*.

O tempo determinado ou certo poderá ser fixado por dia e mês. Embora em teoria geral de direito o tempo determinado ou certo possa ser também fixado por ano, tal fixação no contexto da contratação temporária de excepcional interesse poderia subvertê-lo já que nesse período seria possível a realização de concurso público, portanto de aplicação da norma geral.

*Necessidade temporária* – Não basta que a contratação seja fixada por tempo certo. É preciso que essa contratação tenha por objeto circunstância indispensável, essencial ou inevitável que dure apenas algum tempo. A contratação será por *tempo certo* na medida da provisoriedade da necessidade.

Não é o legislador que fixará a medida temporal para a contratação como se fora manifestação política pura de seu poder de legislar. Deverá, isto sim, tomar como base legislativa a real necessidade da contratação.

Tome-se, por exemplo, a contratação temporária de professores em decorrência de aposentadoria de professores efetivos ou mesmo por aumento da demanda de alunos nas salas de aulas. A lei permissiva deverá fixar a temporariedade dessa contratação, tomando como por base o tempo razoável para a realização de concurso público para preenchimento dos cargos vagos existentes. Considerando-se as peculiaridades do ensino público, um concurso público para o magistério poderá mediar em 6 meses. A repetição da contratação temporária por não realização do devido concurso público é imoralidade administrativa passível de controle pelo Tribunal de Contas pelo não registro da nova contratação ou através de decisão judicial proferida em ação civil pública proposta pelo Ministério Público.

*Excepcional interesse público* – O quarto requisito para a contratação temporária é que haja excepcional interesse público.

*Excepcional*, do francês *exceptionnel*, é aquilo que é incomum, extraordinário ou não se enquadra na normalidade. Por sua vez, *interesse público* é aquele exigido para as necessidades comuns ou coletivas que, por isso mesmo, se sobrepõem ao interesse privado, limitando-o ou mesmo o desprotegendo.

Dessa forma, a excepcionalidade à regra da necessidade de concurso público pela contratação temporária decorre da natureza incomum ou extraordinária do serviço a ser prestado e ainda que haja nítido interesse coletivo a proteger. Não basta a Administração Pública declarar a existência do excepcional interesse público para que se verifique a necessidade da contratação temporária. Sua manifestação não é vazia e exarável através do exercício do poder discricionário. Ela é cheia e lastreada na existência da real excepcionalidade. Manifestação desprovida dessa realidade é manifestação viciada, que pode levar ao controle do Tribunal de Contas ou do Poder Judiciário.

Sendo o concurso público um processo administrativo com várias etapas, sua superação demanda tempo razoável, como são o prazo de inscrição, homologação da inscrição, prazo de recurso, aplicação da prova, correção de prova, publicação de resultado, novo prazo de recurso, publicação final dos aprovados, exame físico, psiquiátrico e psicológico, nomeação, posse e, finalmente, o exercício no cargo. A pura e simples nomeação, superando toda essas etapas, é uma exceção à regra geral plenamente razoável.

Reafirmando o que foi dito. Não pode a Administração Pública se afastar do comando constitucional e declarar a necessidade excepcional através de ato administrativo puro e simples. A Constituição Federal exige o prévio comando legal. De outro lado, não tem o legislador ordinário federal, estadual ou municipal o poder de declarar urgência na contratação, se, de fato, esta inexiste. A lei assim editada é inconstitucional.

Tem-se detectado na jurisprudência o não provimento por concurso público de determinados cargos efetivos de grande importância e, depois, alegando a necessidade de preenchimento emergencial de tais cargos o administrador público encaminha projeto de lei para preenchê-los, continuando na inércia de não realizar o concurso, renovando o pedido de urgência indefinidamente. Isso caracteriza imoralidade administrativa passível de controle pela Câmara Municipal, quanto aos atos administrativos municipais, pela Assembléia Legislativa ou Congresso Nacional, nas contas estaduais ou federais, pelos Tribunais de Contas de Contas Estadual ou da União ou pelo Poder Judiciário Estadual ou Federal.

Sobre esse tema já tive oportunidade de me manifestar quando tratei do Contratado temporário, no meu livro *O Município e Seus Agentes* (Livraria do Advogado Editora, 2002, p. 166/171) nos seguintes termos:

*6.1. Generalidades*

A Constituição Federal, no seu art. 37, inciso IX, estabelece que a lei pode fixar casos de contratação por tempo determinado para atender a necessidades temporárias de excepcional interesse público, é a comumente chama contratação temporária ou por tempo determinado, emergencial ou de excepcional interesse público. A autorização constitucional está assim expressa:

Art. 37. (...)

IX – a lei estabelecerá os casos de contratação por tempo determinado para atender a necessidade temporária de excepcional interesse público.

A contratação temporária é uma forma especial de ingresso no serviço público que fica no meio-termo entre a regra que exige a aprovação prévia em concurso público como investidura nos cargos ou empregos públicos e as nomeações para cargo em comissão declarados em lei, já que de livre nomeação e exoneração. Isso porque a contratação temporária, dependendo da extensão do interesse público excepcional, pode exigir um processo seletivo simplificado, de ampla publicação, mas que não chega ao formalismo do concurso público em que é requisito obrigatório a realização de prova de conhecimentos técnicos específicos para o cargo a preencher, com a opção de a ele se agregar a exigência de títulos.

Embora a Constituição Federal, no primeiro momento, tivesse outorgado à lei a limitação para definir em que situações ou casos a contratação temporária poderia ocorrer, no momento seguinte limitou o alcance legal desta contratação ao excepcional interesse público.

Interesse, em conceito jurídico, é o elemento intrínsico, o conteúdo subjetivo a ser protegido pelo direito. Dessa forma, quando o legislador constituinte faz referência a interesse público no art. 37, inciso IX, da Constituição Federal, está informando ao exegeta que a estrutura jurídica que pretende proteger diz respeito com o direito da coletividade, função própria do agir administrativo e que é elemento fundamental para a existência do próprio estado. No entanto, como a expressão interesse público foi precedida da palavra excepcional, que é aquilo que envolve exceção ou foge da normalidade, é de se concluir que a lei que definirá a contratação temporária somente deverá ser editada para atender situações atípicas e sazonais de interesse público.

*6.2. Casos de excepcional interesse público para contratação temporária*

Poder ser elencados como casos típicos de contratação temporária pelo Município:

a) superveniência de calamidade pública;

b) necessidade de combate a surtos endêmicos;

c) admissão de professores substitutos e professor visitante;

d) outras situações de urgência que vieram a ser definidas em lei.

*6.2.1. Calamidade pública* – é o evento natural ou humano que cause grande desgraça pública; é uma catástrofe de grandes efeitos. Por sua característica excepcional, a calamidade pública tem conseqüências imprevisíveis para a administração. Assim, tendo como obrigação a busca de bem-estar geral seriamente atingido pela calamidade pública, a administração pública pode lançar mão dessa forma especial de ingresso no serviço público e contratar pessoas temporariamente. Por óbvio, que esta contratação deve durar o tempo necessário para a superação da calamidade. Contratação que dure além disso pode caracterizar desvio de finalidade e com isso responsabilizar o administrador, possibilitando o ajuizamento de ação civil pública por parte do Ministério Público.

*6.2.2. Combate a sustos endêmicos* – Entende-se por surto endêmicos o aparecimento repentino de uma doença em determinado lugar e que ataca um grande grupo de pessoas. De outro lado, o Estado, conceito no qual se insere o Município, em o dever de zelar pela saúde de todos (art 196 da CF) e na execução desse seu mister deve alocar anualmente recursos correspondente a 15% (quinze por cento) do produto da arrecadação de seus impostos (IPTU, ITBI E ISSQ) e das repartições em receitas de outros entes federados (IR, ITR, IPVA e ICMS), conforme o art. 77, inciso III, do Ato das Disposições Constitucionais Transitórias, com a redação que lhe deu a Emenda Constitucional nº 29, de 13 de setembro de 2000. Por via de conseqüência, constituindo o surto endêmico uma anormalidade no tratamento dispensado para a saúde de todos, tem o Município legitimidade para contratar temporariamente pessoal e com isso debelar a doença. Como na calamidade pública, o praza de duração da contratação emergencial deve ser razoável. A continuidade do contrato inexistindo mais surto endêmico vicia o proceder administrativo com todas as conseqüências resultantes.

*6.2.3. Professores substitutos e professor visitante* – Como a saúde, a educação é direito de todos e dever do Estado e da família (art. 205 da CF). Para a execução deste serviço público, a Constituição Federal outorga ao Município, com prioridade a responsabilidade pelo ensino fundamental e a educação infantil (art. 211, § 2º). Assim, para implementar este serviço, o Município deve criar cargos efetivos de professores, outorgado-lhes carreira própria. Dessa forma, ocorrendo vacância nestes cargos, o que é muito freqüente, pela imperiosidade de preenchimento desses cargos, pode o ente público se utilizar da permissão constitucional e contratar professores substitutos por tempo determinado. O que não deve ocorrer é o uso da contratação temporária de professores de forma continuada, pois isto pode travestir uma verdadeira burla à exigência do concurso público. O Tribunal de Conta, o Ministério a Câmara de Vereadores, ou mesmo o Poder Judiciário, por provocação, podem controlar a abusividade de contratação temporária de professores substitutos quando repetidas a despropositadas.

Pode constituir causa de excepcional interesse público a contratação de professor visitante. Aqui, diferentemente da contratação de professor substituto, a contratação não é para preencher cargos vagos de forma temporária, mas acrescimento de professor ao quadro já existente. O certo é que este contratação excepcional só deve se verificar em situações anormais. Por exemplo, o Município quer implantar uma nova estrutura de ensino fundamental ou de educação infantil e precisa que professores de fora, conhecedores da sistemática a ser implantada, ministrem conhecimento aos professores municipais durante determinado tempo. Não se pode confundir esta prestação de serviço, mesmo na forma especial de inexigibilidade licitatória, nos termos da Lei nº 8.666/93. Lá, há uma subordinação hierárquica estatutária ou celetista que impõe ao contratado temporariamente obediência à lei.

*6.2.4. Outras situações de urgência* – Além destes casos exemplificados, a lei pode mencionar outras situações de urgência que tornem necessária a contratação temporária de pessoal. Evidentemente que a urgência tem que ter caráter de excepcionalidade do interesse público.

Nada impede que a lei municipal outorgue poderes ao Prefeito Municipal para que ele, diante do caso e na omissão da lei municipal, se utilize de outros conceitos legais de urgência para a ação da administração pública que vise proteger interesse público excepcional previsto no art. 37 inciso IX, da Constituição Federal.

É bom repetir que o texto constitucional não deixa qualquer dúvida que é a lei, e não a administração pública, que estabelecerá os casos em que a contratação temporária se fará necessária. Naturalmente, que importando essa contratação temporária no aumento de despesas públicas e impondo modificações da organização administrativa municipal, competência específica do Poder Executivo, a iniciativa da elaboração de uma tal lei é privativa do Prefeito Municipal. Na discussão legislativa, a Câmara Municipal poderá adequar o projeto, desde que não importe em aumento de despesas ou mesmo rejeitá-la se entender que não existe excepcional interesse público. Aprovado projeto de lei criando contratação temporária de iniciativa da própria Câmara ou que importe em aumento de despesas, poderá ele ser vetado pelo Prefeito Municipal.

Derrubado o veto e transformado o projeto em lei, surge a inconstitucionalidade frente à Constituição Estadual, já que, pelo princípio da simetria, esta Carta não pode deixar de recepcionar princípios constantes na Constituição Federal, como são as iniciativas do Presidente da República quando a projetos de lei que importem em aumento de despesa e estruturação da organização administrativa. Adotando-se a simetria federal frente à Constituição Estadual, podem propor ação de inconstitucionalidade da lei no Tribunal de Justiça do Estado, o Governador do Estado, o Procurador-Geral de Justiça, o Prefeito Municipal, o partido político com representação na Câmara Municipal, o Titular da Defensoria Pública, as entidades de defesa do meio ambiente, dos direitos humanos e dos consumidores legalmente constituídas que tenham interesse no projeto de lei e as associações de bairro e entidades de defesa dos interesses comunitários, se a lei lhes disser respeito. Dando-se conta a Mesa da Câmara Municipal que a lei aprovada é inconstitucional nada impede que proponha a ação de inconstitucionalidade. Trata-se de um ato de grandeza institucional, mesmo porque seu silêncio não transformará a inconstitucionalidade em constitucionalidade.

A contratação temporária que tiver como base calamidade pública, em decorrência da própria urgência da situação, pode afastar qualquer processo de escolho de candidatos.

De qualquer forma, como o próprio nome diz, as pessoas contratadas nesta modalidade o são por prazo certo, expressamente fixados em lei. Caso contrário, como já dito, esta contratação pode-se caracterizar numa forma de burla à necessidade de concurso público, caracterizando o ato administrativo em desacordo com a lei municipal, ato ilícito, portanto passível de controle pela Câmara Municipal e pelo Poder Judiciário, na pessoa do Juiz de Direito da Comarca, com responsabilidade pessoal do administrador.

### 6.3. Natureza jurídica do contrato temporário

Na vigência do regime jurídico único, portanto, antes da Emenda Constitucional nº 19, de 4.6.1998, a contratação temporária tinha regência de relação jurídica pública de predominância estatutária porque este era o regime obrigatório para os servidores que integrassem a administração direta, das autarquias e fundações públicas. Em outras palavras, o contratado temporariamente desfrutava, enquanto durasse o contrato, de vários direitos do servidor público efetivo, Tanto que na órbita federal, por exemplo, a Lei nº 8.745, de 9.12.1993, expressamente estende aqueles direitos, através de seu art. 11.

No entanto, por força da Emenda Constitucional 19/98, houve flexibilização na forma de ingresso no serviço público, uma vez que o art. 39 da Constituição Federal, que impunha o regime jurídico com planos de carreira, sofreu redação absolutamente diferente, suprimindo a exigência até então existente. Portanto, se o regime único não é mais obrigatório, é facultada à administração pública a opção de adotar para os contratados temporariamente regime estatutário ou celetista.

A única diferença é que se a opção se der pelo regime estatutário especial, a administração especificará toda a estrutura do contrato temporário. Se a opção é pelo regime celetista, as regras remuneratórias que incidirão sobre a relação jurídica são aquelas previstas na Consolidação das Leis do Trabalho, imodificáveis na órbita municipal.

### 6.4. Direitos e deveres dos contratados temporários

Os direitos e os deveres dos contratos temporários deverão ser fixados na lei municipal qualquer que seja o regime jurídico por ela definido. Como a administração pública se rege por postulados legais próprios (princípio da legalidade – art. 37, *caput*, da CF) os direitos e deveres dos contratados, respeitados para os celetistas ainda o que prevê a lei federal, deverão ser fixados na lei municipal.

Como a contratação é por tempo determinado, a lei deve estabelecer a duração do contrato e a possibilidade de a administração prorrogá-lo ou não, bem como as causas anormais de extinção, como por exemplo, a extinção antes do prazo por iniciativa da administração municipal ou do contratado, podendo fixar, em qualquer dos casos, o prazo de 30 (trinta) dias como prévio aviso, sujeitando a indenização por seu descumprimento pela parte que deu causa.

A remuneração, principal direito do contratado temporariamente, será fixada em lei, podendo ser tomados como parâmetro os cargos e empregos permanentes de igual atribuição, sem as vantagens de cunho pessoal, mas desde que fique respeitado o mínimo legal.

A lei municipal poderá estabelecer, ainda, como direitos e deveres do contratado temporariamente, qualquer que seja o regime jurídico que tenha optado:

a) vencimentos e vantagens fixados em lei;
b) gratificações;
c) adicionais;
d) férias;
e) licenças;
f) direito de petição;
g) regime disciplinar.

Situação que pode produzir alguma dúvida foi criada com Emenda Constitucional nº 51, de 14.2.2006, quando acresceu os §§ 4º, 5º e 6º ao art 198 da Constituição Federal.

Trata-se da admissão de agentes comunitários de saúde e agentes de combate às endemias que, pelo dispositivo agora acrescido, deverá ocorrer por *processo seletivo público, de acordo com a natureza e complexidade de suas atribuições e requisitos específicos para sua atuação.*

É de se observar que os agentes comunitários de saúde e os agentes de combate às endemias ou ingressavam através de concurso público de provas ou, na exepcionalidade, eram contratados temporariamente na forma determinada por lei especial.

A dúvida é se eles, agora, ao serem admitidos por *processo seletivo público*, estariam afastados do concurso ou a constituição teria criado uma nova modalidade de ingresso no serviço público. *Seletivo* é ato ou efeito de escolher, que, em outras palavras, significa investir. Dessa forma, a emenda constitucional criou apenas uma sinonímia para o concurso público, porque a pretensão do legislador derivado foi a de unificar a forma de ingresso numa atividade tão importante para a vida nacional e que estava malbaratada pelos órgãos de ponta ou executor da política de saúde e não de criar uma nova modalidade de ingresso no serviço público. É importante dizer que a emenda constitucional vinculou o processo seletivo público à natureza e complexidade de suas atribuições e requisitos específicos para sua atuação e ao que dispuser a lei federal a respeito do regime jurídico e a regulamentação das atividades.

### 10. DA COMISSÃO DE CONCURSO

O concurso público tem bases constitucionais e legais, como já foi dito. Assim, estando criado por lei e havendo cargos ou empregos vagos, pode a Administração Pública determinar que sejam eles preenchidos, na integralidade ou em parte, para isso determinando a abertura do certame. A Administração não é obrigada a preencher todos os cargos ou empregos públicos vagos porque isso decorre de conveniência ou oportunidade administrativa que, especialmente nos tempos de agruras financeiras porque passa todo o Estado brasileiro, pode significar contenção de despesas.

Mas, decidido que há conveniência e o concurso público é oportuno, o seu gerenciamento administrativo se efetiva por intermédio da *Comissão de Concurso*, que é um órgão colegiado designado pela administração superior.

Os membros da Comissão de Concurso, de regra, são servidores públicos e não podem ter qualquer interesse na realização do concurso público. Existindo, estarão impedidos e assim devem ser substituídos. Não o fazendo poderão sofrer a argüição de suspeição por qualquer interessado legítimo no âmbito da própria comissão ou através de ações de controle como o mandado de segurança ou até mesmo a ação civil pública pelo Ministério Público. A permanência de membro da comissão impedido poderá acarretar a nulidade do concurso. Havendo negativa do membro da comissão quanto ao impedimento, cabe ao interessado demonstrar concretamente sua existência através de processo administrativo ou judicial. Não o fazendo, a sua permanência, como decorrência de ato administrativo de nomeação que contém atributo de legitimidade, é plenamente válido.

Em princípio, o poder da Comissão do Concurso é o de execução das regras previamente estabelecidas na lei ou no edital do concurso. É possível que a autoridade superior delegue à Comissão o poder de suprir eventuais lacunas. Essa regra, no entanto, deve ser expressa. Inexistindo, comete a Comissão abuso passível de controle pela própria administração ou através das ações judiciais de controle perante o Poder Judiciário, como é o mandado de segurança.

É interessante observar que a Comissão de Concurso se manifesta através de seu presidente. Não existe manifestação isolada de qualquer de seus membros. Sendo assim, é possível o controle judicial via mandado de segurança contra a decisão colegiada, cuja externação se opera na figura do presidente da comissão, como, por exemplo, nos atos de não-homologação de inscrição, de nulidade de questão objetiva ou discursiva, de não-homologação de aprovação em qualquer fase do concurso ou final ou outra qualquer manifestação pertinente ao concurso público. É bom deixar claro que autoridade coatora é o Presidente da Comissão, e não a pessoa física que o representa.[258] Isto porque o mandado de segurança é impetrado diretamente contra a autoridade responsável pelo ato administrativo

---

[258] No concurso público para juiz de direito substituto do Tribunal de Justiça do Estado do Rio Grande do Sul, por força de seu regimento interno, o presidente da Comissão de Concurso é o 2º Vice-Presidente. Portanto, a impetração de mandado de segurança é contra esta autoridade e não contra a Comissão de Concurso.

abusivo e não contra o órgão que representa por força de disposição legal. Tecnicamente, a impetração de mandado de segurança contra o órgão ou o ente público é erronia, passível de indeferimento liminar da ação mandamental, já que não é dado ao julgador modificar o endereçamento passivo de qualquer ação.

Aliás, a moderna doutrina administrativa tem procurado bem distinguir o que seja *agente público, órgão público e ente público*, diante das confusões terminológicas com que os conceitos são aplicados. Assim, *agente público* é aquele que *age* em nome da Administração Pública e, com isso, lhe dá voz e vida jurídica. *Órgão público* é a própria Administração Pública só que fragmentada para melhor administrar. Como fragmento de um todo maior não tem o órgão representação jurídica. Seus atos são atos do ente público que integra. E, por sua vez, ente público é a própria Administração. Observe-se o exemplo a seguir que bem dimensiona a questão. Não pretendendo um candidato ao concurso de Juiz de Direito substituto do Estado do Rio Grande do Sul impetrar mandado de segurança, que por especificidade própria deve ser dirigido contra o *agente público* Presidente da Comissão de Concurso e não contra o *órgão público* Comissão de Concurso, por decadência desta ação especial ou mesmo por pretender buscar satisfação mais ampla como uma possível indenização, a ação ordinária deverá ser dirigida contra o *ente público* a que integra o órgão realizador do concurso público, porque somente este tem capacidade jurídica plena e por via de conseqüência legitimidade para estar em juízo, que, no caso, seria o Estado do Rio Grande do Sul.[259]

O regulamento do concurso ou mesmo seu edital de abertura, como atos normativos, podem sofrer controle através de ação direta de inconstitucionalidade (Lei nº 9868/99) em decorrência de seu efeito difuso e coletivo. Também podem sofrer controle direto do próprio interessado por produzir efeito concreto contra a sua pessoa. Na primeira situação, tem-se o *controle abstrato* também conhecido como *concentrado* e, no segundo, o *controle concreto* ou *difuso*. Qualquer que seja a forma de controle buscada por quem tenha legitimidade, é de se observar contra quem ele será dirigido. Na ADIN,[260] contra o ente público. No mandado de segurança, contra o agente público.

## 11. DO EDITAL DE ABERTURA DE CONCURSO

O concurso público, antes uma idéia interna da Administração Pública, toma forma com o *edital de abertura de concurso* ou simplesmente *edital de concurso*, que é comumente chamado *lei do concurso* por estabelecer os números de cargos ou empregos a preencher, todo procedimento a ser cumprido pela Administração Pública, que vai desde a

---

[259] Pretendendo o interessado ajuizar ação ordinária declaratória de nulidade de ato administrativo referente ao concurso público para juiz de direito substituto do Tribunal de Justiça do Estado do Rio Grande do Sul, cumulando-a com possível indenização, o réu será o próprio Estado do Rio Grande do Sul e não a Comissão de Concurso, o Tribunal de Justiça ou o Poder Judiciário, que são órgãos do ente Estado.

[260] Tomando-se como exemplo o concurso para juiz de direito substituto do Estado do Rio Grande do Sul, por força regimental, o concurso é regulamentado através de resolução expedida pelo Conselho da Magistratura, que é presidido pelo Presidente do Tribunal. Assim, é contra o ato do presidente do Conselho da Magistratura que será interposto a adin ou o mandado de segurança, e não contra a presidência da Comissão de Concurso ou muito menos contra esta. Da mesma forma o edital de abertura de concurso. Observe-se uma situação real com forte razoabilidade de acontecer. A Resolução do Conselho da Magistratura estabelece que o requisito "exercício da atividade jurídica de 3 anos" tenha início 6 meses após a colação de grau, o que é repetido no edital. Como atos normativos que são, o Procurador-Geral de Justiça tem legitimidade para buscar a declaração de inconstitucionalidade deste dispositivo no Órgão Especial do Tribunal de Justiça, cujo efeito da decisão será *erga omnes* e de obediência imperativa ao Poder Judiciário. De outro lado, por produzirem estes atos regulamentares efeitos concretos contra determinado candidato, tem ele legitimidade para impetrar mandado de segurança contra a autoridade que o expediu, no caso o Presidente do Conselho da Magistratura, no Segundo Grupo Cível, produzindo a decisão efeito individual, o que significa que para os outros candidatos o regulamento e edital de concurso continuam em pleno vigor.

apresentação dos requisitos para a inscrição até a publicação final do resultado, nele ainda se integrando o conteúdo material a ser exigido do candidato.

A Administração Pública tem a discrição de elaborar o edital de concurso quando bem lhe convier. Mas, publicado o edital, ele se transforma na lei do concurso, significando dizer que todos os envolvidos estão a ele vinculados.

Modificações no edital são possíveis desde que não mudem as regras básicas do concurso. Superação de irregularidades, dúvidas ou omissões são sempre necessárias. Modificações que impliquem mudanças substâncias no concurso não são possíveis. Se, no entanto, elas se tornarem necessárias, os atos do concurso até então realizados deverão ser declarados nulos e o certame deverá ser reiniciado.

O edital de abertura de concurso tem dois conteúdos bem distintos: a) formal; b) material.

## 11.1. Do conteúdo formal

O conteúdo formal do edital de abertura de concurso está em se constituir um ato administrativo específico exteriorizado por escrito, assinado pela autoridade competente, publicado na imprensa periódica e afixado, por cópia, na repartição pública promotora do concurso.

O edital de concurso, quanto ao seu conteúdo formal, entre outros, deve especificar a finalidade do concurso, suas bases, os requisitos para a inscrição, os vencimentos cargo ou emprego público, as várias etapas, os exames de saúde, se pertinente, os títulos, os recursos e seu prazo de validade. Sendo um ato administrativo de informação, ele deve estar recheado do maior número possível de dados para que não paire dúvidas a respeito do concurso que a Administração Pública pretende realizar

A inexistência de qualquer destes elementos pode tornar o ato administrativo de abertura de concurso irregular ou nulo, dependendo do prejuízo que venha a causar aos interessados, sendo legítimo, na primeira hipótese, ser retificado.

## 11.2. Do conteúdo material

O conteúdo material do edital de abertura de concurso reside nas várias manifestações de vontade que cada um dos requisitos formais contém. Por trás do aspecto formal existe todo um aparato que considerou a conveniência e a oportunidade de uma ação administrativa. Assim, por exemplo, quando o edital declara formalmente o número de vagas a preencher, em verdade isto não é uma manifestação desprovida de conteúdo material. A manifestação veio a lume depois de uma análise interna da necessidade administrativa de servidores ou empregados públicos, mas também da existência do respectivo respaldo financeiro para a realização do concurso. Não pode a Administração Pública realizar um concurso público existindo cargos vagos se com o ingresso do pessoal o limite de gastos fixado pela lei de responsabilidade fiscal será ultrapassado. Na mesma esteira do pensamento anterior, observe-se a constituição da Comissão de Concurso. Os membros indicados não só devem ter idoneidade funcional, mas conhecimentos específicos sobre a realização de um concurso, sob pena de ações tumultuárias no seu desenvolvimento. É bom sempre lembrar que qualquer comissão de concurso é a Administração e como tal está vinculada aos princípios administrativos que norteiam o agir administrativo.

Simplificando, cada estrutura formal do edital de concurso representa um conteúdo material respectivo. Portanto, salvo colidência com a constituição e a lei, o conteúdo material do concurso é típico mérito administrativo. Dizer o que quer e como quer é discrição administrativa, estrutura típica do poder de administrar.[261]

Pode-se controlar o aspecto formal do edital de concurso, não o seu conteúdo material, sob pena de ingerência indevida na Administração Pública.

## 12. DA INSCRIÇÃO

Um dos requisitos formais de grande envergadura no concurso público é a inscrição. Diante disso, edital do concurso público deverá especificá-la de forma minudente por se constituir no primeiro estágio de afastamento de candidatos.

No instrumental o que se chama de *inscrição* nada mais é do que um pedido formulado por um candidato para participar de um determinado concurso. É também chamado de *requerimento*.

Através da inscrição se inicia entre o candidato e a Administração Pública, representada pela Comissão de Concurso, uma relação jurídica processual administrativa, com direitos e deveres recíprocos especificados no edital do concurso. Daí porque o edital é chamado a *lei do concurso*.

Sendo um ato formal típico, o requerimento de inscrição deve conter os seguintes requisitos: a) autoridade a quem é dirigido; b) nome do candidato e qualificação completa; c) pedido de inscrição no concurso; d) local e data do pedido; e) assinatura do candidato ou de seu representante.

O requerimento poderá ser apresentado diretamente pelo candidato, ser disponibilizado pela Comissão de Concurso através de formulário impresso no endereço que for fornecido, ou ainda, acessado via *site* da Internet.

Em geral, o edital exige que o requerimento seja instruído com cópias de documentos que relaciona. Esta exigência condiciona o recebimento da inscrição à apresentação concomitante dos documentos. Poderá ser estabelecido ainda que na falta de qualquer um deles a inscrição não será aceita. Desta recusa, que deverá ser motivada, cabe recurso administrativo. Na visão processual administrativa, isto representa um juízo administrativo prévio de admissibilidade do pedido de inscrição. A apresentação de documentos concomitante com o pedido de inscrição exige da Comissão de Concurso maior trabalho, mas, de outro lado, já afasta os candidatos que não preenchem as condições do edital, não criando qualquer perspectiva positiva para aqueles que, não preenchendo os requisitos, vierem a ser aprovados nas provas do concurso e com isso criando o "fato consumado".

O edital de abertura de concurso poderá ou não facultar que as inscrições sejam feitas via postal, fax ou internet, esta dirigida ao endereço eletrônico que a Comissão de Concurso indicar, podendo estabelecer, no entanto, que tais inscrições não sejam consideradas como recebidas ocorrendo falhas de comunicação que impeça o recebimento da inscrição por prazo estabelecido no edital ou congestionamento das linhas de comunicação, bem como qualquer outro fator que impossibilite a transferência de dados. O não recebimento destas inscrições deverá ser motivado, cabendo recurso no prazo estabelecido no edital.

A Constituição Federal diz, no seu art. 37, inciso VIII, que: "a lei reservará percentual dos cargos e empregos públicos para as pessoas portadoras de deficiência e definirá os critérios de sua admissão".

O princípio de reserva de cargos ou empregos públicos às pessoas portadores de deficiência exige regulamentação prévia através de lei específica. Por ele, a lei, e não a Admi-

---

[261] Ver *Curso de Processo Administrativo*, obra de minha autoria.

nistração Pública – Comissão de Concurso, (a) fixará o percentual de cargos ou empregos públicos disponíveis àquelas pessoas portadoras de deficiência, (b) o tipo de deficiência e (c) a forma de como será realizado o concurso público para que elas sejam admitidas. A regra é de que a lei fixe a reserva no percentual de 10% (dez por cento). Quanto à deficiência, o critério legal geralmente adotado é o de que ela possibilite o exercício do cargo ou do emprego público. Isto poderá ser especificado na lei ou delegado à Comissão de Concurso para que, caso a caso, e com apoio de uma equipe multiprofissional, seja definida a compatibilidade do candidato portador de deficiência com o cargo ou emprego público. O conceito de deficiência, em verdade, é da ciência médica. Assim, declarando-se deficiente deverá o candidato comprovar por atestado médico a espécie e o grau ou nível da deficiência de que é portador, com expressa referência ao código correspondente da Classificação Internacional de Doenças (CID) e a sua provável causa. A lei deverá ainda estabelecer como o concurso deverá ser realizado, como, por exemplo, o acesso ao local do concurso, a necessidade de recursos médicos de apoio, a aplicação da prova etc.[262]

Questão interessante e que tem possibilitado algumas discussões é a exigência imposta pela Emenda Constitucional nº 45, de 8.12.2004, que modificou o art. 93, inciso I, da Constituição Federal, quando estabeleceu que, no ingresso na carreira de juiz de direito substituto, seja exigido do bacharel em direito, no mínimo, três anos de atividade jurídica. Alguns pontos duvidosos surgem da inserção constitucional. Primeiro, o dispositivo seria auto-aplicável? Em princípio, e numa interpretação essencialmente jurídica, não, porque, na própria expressão constitucional haveria necessidade de existência da Lei Complementar denominada de Estatuto da Magistratura Nacional, regulamentando esta nova exigência. No entanto, resolução do Conselho Nacional de Justiça, órgão de fiscalização e de correção do Poder Judiciário no País, em manifestação de cunho essencialmente de política institucional, entendeu que a exigência é auto-aplicável, inclusive regulamentando de forma detalhada a matéria. Assim, por vinculação hierárquica, qualquer concurso para preenchimentos de cargos de magistrados deve respeitar o lapso temporal de 3 anos, devendo ainda o candidato demonstrar que exerceu atividade jurídica. Penso que a interpretação de política institucional dada pelo CNJ é inconstitucional. Mas, como ultimamente o STF, como intérprete da Constituição, tem assumido posições mais política do que jurídica, chamando a si uma responsabilidade que em primeiro lugar seria do Congresso Nacional, e sendo o CNJ presido pelo Presidente do STF, não é difícil concluir que, no campo da razoabilidade, dificilmente esta interpretação será modificada.[263] Segundo, qual o conceito de atividade jurídica? Em verdade este conceito significa aquela que implique necessariamente conhecimentos de direitos. Este conceito administrativamente já está regrado pelo CNJ. Terceiro, qual o dia a quo para início de contagem dos 3 anos? O razoável seria que sua fixação ocorresse a partir da colação de grau do candidato como bacharel em direito. Aqui também existe regramento administrativo.[264]

---

[262] Não existe lei específica reservando percentual para os cargos de juiz de direito substituto do Estado do Rio Grande do Sul. Há uma típica mora legislativa a esse respeito. Todavia, na sua ausência não pode ou Conselho da Magistratura regulamentar a omissão e muito menos a Comissão de Concurso regar a seu respeito. Se o faz, age ilegitimamente.

[263] Penso que, quando uma constituição é interpretada ao sabor do momento político, e não de acordo com o conteúdo jurídico nela expressamente declarado, há o perigo de ser criada uma insegurança jurídica para a população pela própria instabilidade que deflui do conteúdo político. O direito, como regra de comportamento social, tem que ter um porto seguro, um norte. A sociedade como criadora do Estado tem que saber como pensa seu Tribunal Maior a respeito das regras constitucionais que ela criou através de seus representantes. Dizer o STF além do que diz a Carta Social de Direitos é desviar-se da sua finalidade e atribuir-se uma função legislativa que na detém

[264] RESOLUÇÃO Nº 11, DE 31 DE JANEIRO DE 2006. Regulamenta o critério de atividade jurídica para a inscrição em concurso público de ingresso na carreira da magistratura nacional e dá outras providências (...) CONSIDERANDO a necessidade de estabelecer regras e critérios gerais e uniformes, enquanto não for editado o Estatuto da Magistratura, que permitam aos Tribunais adotar providências de modo a compatibilizar suas ações, na tarefa de seleção de magistrados, com os princípios implementados pela Emenda Constitucional nº 45/2004; CONSIDERANDO a existência de vários procedimentos

Os editais de concurso público sempre estabelecem o pagamento de taxa de inscrição fixada por cada Comissão de Concurso como forma de retribuição dos serviços a serem prestados com a realização do concurso. Não sendo homologada a inscrição, tem o candidato direito a devolução do que pagou, podendo a Comissão de forma geral ou estabelecer a necessidade de requerimento. O edital também pode estabelecer os casos de isenção de taxa de inscrição ou deixar a critério da Comissão de Concurso. Do indeferimento cabe recurso administrativo.

As inscrições têm prazo certo para serem apresentadas. E o prazo estabelecido no edital é resolutivo, não podendo sofrer interrupção, suspensão ou prorrogação, sob pena de ferir o princípio da isonomia que deve nortear o concurso público. O não conhecimento do edital do concurso, a indisponibilidade da documentação necessária para instruir o pedido de inscrição ou o não pagamento da taxa por carência econômica, por exemplo, não são justificativas para recebimento de inscrições intempestivas.

O pedido de inscrição pode ser subscrito por procurador mediante a apresentação da respectiva procuração particular, com ou sem firma reconhecida, dependendo do que for disposto no edital.

Cada inscrição deverá ser registrada e autuada, passando a ter um número próprio que acompanhará o candidato até o final do concurso.

Preenchendo a inscrição os requisitos de admissibilidade, será homologada, com publicação deste ato.

A Comissão de Concurso deverá fundamentar as razões da não homologação de inscrição. Deste ato cabe recurso.

O concurso para Juiz de Direito do Estado do Rio Grande do Sul é considerado o certame de maior exigência no País. Observe-se o que foi determinado pela Comissão de Concurso do Tribunal de Justiça para a inscrição de candidatos no último concurso para juiz de direito substituto (Edital nº 01/2003 – DRH-SELAP-CONJUIZ):

2. DA INSCRIÇÃO

As inscrições serão recebidas na sede da OFFICIUM, Assessoria, Seleção e Habilitação S/C, na Rua Luiz Afonso, 142, Cidade Baixa, Porto Alegre, de segunda a sexta-feira, das 9 às 12 horas e das 14 às 17 horas.
Não serão aceitas inscrições condicionais.

---

administrativos, no âmbito do Conselho Nacional de Justiça, indicando a necessidade de ser explicitado o alcance da norma constitucional, especialmente o que dispõe o inciso I do artigo 93 da Constituição Federal e sua aplicação aos concursos públicos para ingresso na magistratura de carreira; CONSIDERANDO a interpretação extraída dos anais do Congresso Nacional quando da discussão da matéria; CONSIDERANDO, por fim, que o ingresso na magistratura constitui procedimento complexo, figurando o concurso público como sua primeira etapa: RESOLVE: Art. 1º Para os efeitos do artigo 93, I, da Constituição Federal, somente será computada a atividade jurídica posterior à obtenção do grau de bacharel em Direito. Art. 2º Considera-se atividade jurídica aquela exercida com exclusividade por bacharel em Direito, bem como o exercício de cargos, empregos ou funções, inclusive de magistério superior, que exija a utilização preponderante de conhecimento jurídico, vedada a contagem do estágio acadêmico ou qualquer outra atividade anterior à colação de grau. Art. 3º Serão admitidos no cômputo do período de atividade jurídica os cursos de pós-graduação na área jurídica reconhecidos pelas Escolas Nacionais de Formação e Aperfeiçoamento de Magistrados de que tratam o artigo 105, parágrafo único, I, e o artigo 111-A, § 2º, I, da Constituição Federal, ou pelo Ministério da Educação, desde que integralmente concluídos com aprovação. Art. 4º A comprovação do tempo de atividade jurídica relativamente a cargos, empregos ou funções não privativos do bacharel em Direito será realizada mediante certidão circunstanciada, expedida pelo órgão competente, indicando as respectivas atribuições exercidas e a prática reiterada de atos que exijam a utilização preponderante de conhecimento jurídico. Art. 5º A comprovação do período de três anos de atividade jurídica de que trata o artigo 93, I, da Constituição Federal, deverá ser realizada por ocasião da inscrição definitiva no concurso. Art. 6º Aquele que exercer a atividade de magistério em cursos formais ou informais voltados à preparação de candidatos a concursos públicos para ingresso na carreira da magistratura fica impedido de integrar comissão do concurso e banca examinadora até três anos após cessar a referida atividade de magistério. Art. 7º A presente resolução não se aplica aos concursos cujos editais já tenham sido publicados na data em que entrar em vigor. Art. 8º Esta resolução entrará em vigor na data de sua publicação.

Também não serão aceitas inscrições por via postal, Internet ou fax.

2.1. O requerimento de inscrição, dirigido ao Presidente do Tribunal de Justiça, estará disponível, para preenchimento em formulário, no local de inscrição.

O requerimento de inscrição poderá ser acessado também no site <http://www.tj..rs.gov.br>.Nesse caso, o formulário deverá ser impresso em uma única folha de papel branco, tamanho A4, sem qualquer timbre ou identificação impressa, utilizando frente e verso. Após o preenchimento o candidato deverá entregá-lo no local de inscrição.

2.2 No requerimento, deverão constar a qualificação do candidato, suas profissões atual e anteriores, os lugares em que exerceu cargo ou função pública, atividade ou emprego público.

2.3. O requerimento deverá ser instruído com os seguintes documentos, sendo juntados por cópia e acompanhados dos originais para simples conferência os referentes aos itens a e b:

a) cédula de identidade expedida pelo Instituto de Identificação da Secretaria de Segurança Pública ou carteira de identidade profissional emitida pela OAB;

b) título de bacharel em Direito (diploma ou documento comprobatório de conclusão de curso expedido pela instituição de ensino);

c) guia de recolhimento da taxa de inscrição no valor de R$ 100,00 a ser paga em qualquer agência do Banco do Estado do Rio Grande do Sul – BANRISUL. O depósito deverá ser efetuado na conta corrente nº 03.152.367.0-4-FRPJ – Receitas Diversas, BANRISUL, Posto Palácio da Justiça – Agência 0835, utilizando-se a guia de depósito bancário "Depósito em Conta de Terceiro" com todos os campos devidamente preenchidos;

d) 02 fotografias recentes, tamanho 3x4;

e) indicação de endereços (residencial, profissional, bem como telefones).

2.4. Até três (3) dias úteis anteriores ao início do estágio de avaliação, o candidato deverá apresentar os seguintes documentos:

a) título de bacharel em Direito devidamente registrado;

b) prova de estar em dia com as obrigações militar e eleitoral, esta mediante certidão da Zona de inscrição do candidato;

c) cartão de identificação do contribuinte (CIC) da Receia Federal;

d) indicação dos cargos, funções e atividades exercidos, públicos e privados, remunerados ou não, e dos lugares de residência desde os 18 (dezoito) anos de idade;

e) declaração, subscrita do próprio punho, sobre antecedentes criminais procedimentos administrativos em que tenha sido indiciado, ações em que seja ou tenha sido réu, no juízo cível ou criminal, protestos de títulos, penalidades no exercício de cargo público ou qualquer outra atividade profissional;

f) prova relativa aos antecedentes criminais (folhas corridas da Justiça Estadual, da Justiça Federal e da Justiça Militar).

2.5 Nos dois (2) dias úteis seguintes à publicação do Edital contendo as notas da Fase Intermediária, após recursos, o candidato apresentará os títulos obtidos nas áreas universitárias e educacional, e outros de que dispuser.

2.6. Para a inscrição será exigida idade superior a vinte e três (23) anos e inferior a quarenta e cinco (45) anos.

O limite de quarenta e cinco (45) será verificado no dia de abertura do prazo de inscrição, e o limite de vinte e três (23), no dia do encerramento do mesmo prazo.

2.7. Os pedidos de inscrição serão registrados e autuados um a um e distribuídos entre os componentes da Comissão de Concurso, inclusive ao representante da Ordem dos Advogados do Brasil.

O Serviço de Seleção e Aperfeiçoamento do Departamento de Recursos Humanos devolverá ao interessado os documentos apresentados, caso não preenchidas as exigências da Lei, desta Resolução e do respectivo Edital. Nessa hipótese, será restituído também o valor da taxa de inscrição, devendo ser apresentado o comprovante de pagamento preenchido, conforme dispõe o item 2.3, letra *c*, deste edital.

2.8. Terá cancelada a inscrição e sujeitar-se-á à demissão durante os 2 (dois) primeiros anos de exercício efetivo do cargo, além de responder criminalmente, o candidato responsável por declaração falsa.

2.9. Durante a realização do concurso, os candidatos a cuja respeito venha a ser comprovado não preencherem as condições objetivas e as qualidades morais exigidas para o ingresso na carreira serão excluídos pela Comissão do Concurso, ou, por decisão do Órgão Especial, ainda depois de realizadas as provas e homologados os seus resultados.

2.10. Findo o prazo de inscrição, publicar-se-á no Diário da Justiça a relação dos números das inscrições dos candidatos que não tiveram suas inscrições homologadas.

2.11. A inscrição poderá ser requerida por intermédio de procurador com poderes especiais.

Além dos requisitos específicos inerentes a cada concurso público, isto em respeito ao comando constitucional de que a Administração Pública deve vincular o certame de acordo com a natureza e a complexidade do cargo ou emprego (art. 37,II, da CF), o ato de inscrição deve estabelecer que o candidato preencha requisitos básicos ou gerais, como: a) nacionalidade; b) idade; c) direitos políticos; d) obrigações militares; e) saúde.

*Nacionalidade* – A Constituição Federal, no seu art. 37, I, diz o seguinte: "os cargos, empregos e funções públicas são acessíveis aos brasileiros que preencham os requisitos estabelecidos em lei, assim aos estrangeiros, na forma da lei".

Dessa forma, o acesso à Administração Pública é dado preferencialmente ao brasileiro, pouco importando seja ele nato (nascido no Brasil) ou naturalizado (o estrangeiro que passou à categoria de brasileiro). Em linguagem econômica, isto corresponderia a uma verdadeira reserva de mercado no sentido de que as atividades públicas do estado devem ser exercidas por brasileiros. Numa visão política, é razoável entender-se que as coisas do Estado brasileiro, por razões óbvias, devem ser tituladas por brasileiros por isso traz segurança e exige natural fidelidade.[265]

A Constituição não veda o acesso dos estrangeiros aos cargos, empregos e funções públicas. Apenas estabelece que a lei poderá ditar condições para esse acesso. Portanto, inexistindo expressa permissão legal para acesso de estrangeiros a esse ou aquele cargo público estarão eles afastados do concurso público.

A prova da nacionalidade se dá com a cópia da certidão de nascimentos ou casamento, carteira de identidade expedida por instituto de identificação da Secretaria de Justiça ou mesmo por carteira de identidade profissional ou carteira nacional de habilitação fornecida pelo Detram ou título de eleitor.

*Idade* – Para o ingresso em cargos ou empregos públicos o candidato deve ser capaz e a capacidade é adquirida pela assunção da maioridade aos 18 (dezoito) anos, consoante

---

[265] O art. 12 da Constituição Federal fixa de modo claro o conceito de brasileiros natos e naturalizados da seguinte forma:

Art. 12. São brsileiros:

I – natos

a) os nascidos na República Federativa do Brasil, ainda que de pais estrangeiros, desde que estejam a serviço de seu país;

b) os nascidos no estrangeiros, de pai brasileiro ou mãe brasileira, desde que qualquer deles esteja a serviço da República Federativa do Brasil;

c) os nascidos no estrangeiro, de pai brasileiro ou mãe brasileira, desde que venham a residir na República Federativa do Brasil e optem, em qualquer tempo pela nacionalidade brasileira;

II – naturalizados:

os que, na forma da alei, adquirirem a nacionalidade brasileira, exigidas aos originários de países de língua portuguesa apenas residência por um ano ininterrupto e idoneidade moral;

os estrangeiros de qualquer nacionalidade residentes na República Federativa do Brasil há mais de quinze anos ininterruptos e sem condenação penal, desde que requeiram a nacionalidade brasileira

estabelece o Código Civil, art. 5º. Portanto, nenhum cargo ou emprego público pode estabelecer limite de idade inferior aos 18 anos.

Mas, existem cargos ou empregos que, pela sua natureza ou complexidade, necessitam de limitador etário no seu mínimo ou no seu máximo. Dessa forma o acesso a esse cargo ou emprego público fica limitado por um fator tópico de cada concurso público. Este princípio específico afasta o princípio genérico de que todos são iguais perante a lei.

Embora seja manifestação tranquila no âmbito da Administração Pública, no entanto a jurisprudência tem oscilado muito para entender não ser regra absoluta de discrição administrativa a fixação do limite de idade, afastando o critério objetivo e aplicando critérios de razoabilidade. A idade de 21 anos para o cargo de agente administrativo é discrição administrativa ou pode sofrer controle jurisdicional? Alguém com 20 anos, 11 meses e 29 dias ao final do prazo de inscrição do concurso deve ser admitido? Ou, na outra ponta, tendo a Administração fixado o limite máximo de idade em 45 anos, alguém com 45 e 1 dia poderia ser inscrito? A questão não é fácil. O problema que surge é que, quando se quebra o critério objetivo fixado pela Administração, dificilmente se encontra outro seguro para substituí-lo. Assim, se 20 anos, 11 meses e 29 dias ou 45 anos e 1 dia, são critério razoáveis, por que não 20 anos, 11 meses e 20 dias ou 45 anos e 20 dias ou 20 anos ou 46 anos? Ou seja, até onde vai a razoabilidade? Em verdade, em qualquer destes exemplos, o que se fez foi quebrar o comando administrativo, substituindo-se um critério por outro. Sob o argumento de razoabilidade o Poder Judiciário intervém na Administração tornando um desigual igual aos outros, mas para aqueles que não recorreram ao Judiciário, por não preencherem os limites objetivos fixados no edital de concurso, houve irrazoabilidade.

A prova da idade se dá com a apresentação pelo candidato de cópia de sua carteira de identidade civil ou profissional, da carteira de habilitação ou título de eleitor.

*Direitos políticos* – Para José Cretella Júnior: "é a *possibilidade de votar (ser eleitor) e ser votado (ser eleito)*".[266] Direito político é o *jus civitatis* dos romanos e também é conhecido como *direito do cidadão* ou *direito de cidadania* e representa um conjunto de direitos e deveres peculiares ao cidadão, como o de ser elegível e o de poder eleger.

A Constituição Federal, nos artigos 14, 15 e 16, trata dos direitos políticos. Assim, tem-se que a soberania popular é exercida pelo sufrágio universal e pelo voto direto e secreto, com valor igual para todos; o alistamento eleitoral e o voto são obrigatórios para os maiores de dezoito anos e facultativo para os analfabetos e os maiores de setenta anos; não podem alistar-se como eleitores os estrangeiros e, durante o período do serviço militar obrigatório, os conscritos. Além disso, a Constituição ainda estabelece como condições de elegibilidade a nacionalidade brasileira, o pleno exercício dos direitos políticos, o alistamento eleitoral, o domicílio eleitoral na circunscrição e a filiação partidária, afirmando que são inelegíveis os inalistáveis e os analfabetos, estabelecendo condições para as eleições dos cargos políticos.

A prova de que o candidato está em pleno gozo de seus direitos políticos é a certidão fornecida pela Zona Eleitoral onde é eleitor.

*Obrigações militares* – Todo cidadão é obrigado a prestar serviço militar, que é a contribuição obrigatória no preparo de aptidão bélica ou adestramento nas armas, para a defesa da ordem, integridade e segurança do País.

A prova de que o candidato está em dia com suas obrigações militares se dá com carteira de reservista ou certidão de alistamento militar.

---

[266] CRETELLA JUNIOR, José. Ob cit. p. 436.

*Saúde* – Alguns cargos ou empregos públicos exigem preparo físico acima da média como requisito de sua própria natureza, como são os policiais. Outros, os mais burocráticos, exigem apenas que o candidato tenha boa saúde.

De qualquer sorte, como requisito essencial ou geral do cargo ou emprego público o ingresso na Administração Pública exige que o candidato não seja portador de doença incapacitante.

Para os incapacitados fisicamente, a Constituição Federal, no seu art, 37, inciso VIII, estabeleceu reserva nos cargos ou empregos públicos para os portadores de deficiências, deixando para a lei definir o percentual e o tipo de deficiência possível de se imbricar com cargos ou empregos.

Ter boa saúde, portanto, é requisito básico do pretendente ao cargo ou emprego público.

O edital do concurso público pode exigir que esta condição seja apresentada no momento da inscrição através de atestado ou laudo médico.

A existência de doenças que não se incluam nos casos excepcionais de portadores de deficiências é causa plenamente justificada de indeferimento da inscrição, passível de recurso administrativo ou controle jurisdicional.

## 13. DO JULGAMENTO DA INSCRIÇÃO

Toda inscrição será autuada[267] e receberá um número que acompanhará o candidato até o final do concurso. Forma-se, dessa forma, uma relação processual administrativa entre o candidato e a Administração Pública responsável pela realização do concurso público.

Como primeira manifestação decisória, a Comissão de Concurso *homologará* ou *indeferirá* a inscrição, preenchendo ela ou não os requisitos formais estabelecidos no edital. No campo do processo administrativo tem-se um juízo de admissibilidade da inscrição, que, especialmente no julgamento indeferitório, deverá ser fundamentado.

Do julgamento homologatório da inscrição a decisão pode ser implícita, pressupondo-se que, se foi homologado, é porque a inscrição preencheu os requisitos do edital.

No entanto, no julgamento indeferitório da inscrição a fundamentação é essencial para que se respeite o princípio da decisão administrativa motivada e o candidato saiba os motivos pelos quais seu pedido foi indeferido. Assim, deve a Comissão de Concurso explicitar as razões do indeferimento. Não cabe indeferimento calcado na subjetividade da Comissão. Havendo, o ato administrativo decorrente estará viciado por desrespeito ao princípio da impessoalidade.

Da decisão indeferitória caberá pedido de reconsideração ou recurso, dependendo do que for previsto no edital.

Sempre será possível o controle jurisdicional dessa decisão.

A homologação ou o indeferimento deverá ser publicado através de edital. Em geral, a publicação das decisões indeferitórias são expressas e as homologatórias, por exclusão.

Tem-se verificado o chamado *indeferimento sumário* quando o pedido de inscrição sequer é recebido no local designado para sua entrega. Trata-se de manifestação administrativa ilegal. A Administração Pública tem o dever de receber a inscrição para, se não preencher ela os requisitos formais exigidos, indeferi-la, em respeito ao direito de petição

---

[267] Autuação é o ato e efeito de autuar, que significa reunir e por em ordem as peças de um processo.

outorgado constitucionalmente a todo cidadão. É típico abuso de poder e por isso mesmo controlável administrativamente ou pelo Poder Judiciário.

### 14. DA ELABORAÇÃO DAS PROVAS

Superada a fase inicial do concurso com a homologação ou indeferimento das inscrições, o passo seguinte é a realização das provas dentre a modalidade ou as modalidades estabelecidas na lei e regulamentada pelo edital. É bom repetir que não cabe à Comissão modificar a modalidade de prova estabelecida para o concurso ou mesmo criar atalhos ou aumentar caminhos na sua realização. Como se tem dito numa linguagem bem futebolística, o jogo foi iniciado e não se pode criar novas regras que modifiquem seu desenvolvimento. No entanto, isso não se aplica na anulação ou revogação do concurso. No primeiro caso, porque a nulidade decorre da infração à lei e sob esse fundamento a continuidade do concurso não produzirá qualquer efeito e a sua continuação não levará a lugar algum. E no segundo, porque sendo ato essencialmente do poder de administrar, compete apenas à Administração exercê-lo. Dessa forma, não mais realizar o concurso por razões de conveniência ou oportunidade, desde que devidamente justificadas, é atribuição exclusiva da Administração Pública.

Uma das atribuições mais difíceis para a Comissão de Concurso é a elaboração das provas, especialmente da prova objetiva.

Como o conteúdo programático estabelecido no edital de concurso é ato administrativo vinculado, fica a Comissão do Concurso adstrita ao seu conteúdo. Portanto, as questões formuladas devem manter vinculação com o programa previamente estabelecido.

A questão, se desatender a esta vinculação, é questão nula, e tal controle deve ser declarado pela própria Comissão, com extensão do valor respectivo a todos os concorrentes.

De outro lado, não sendo o concurso público de aferição de conhecimentos referente às ciências exatas, como os que envolvam o conhecimento de química, física e matemática, por exemplo, as questões objetivas dadas como corretas terão de se vincular a conteúdo induvidoso e que não permita o confronto com outro conteúdo, mas com solução diferente já que isso criaria dúvidas para o candidato ensejando a nulidade da questão. Veja-se, por exemplo, a formulação de uma questão envolvendo direito civil, na temática de locação, em que se coloque como correta a premissa de que o imóvel do fiador não responde pela dívida do locatário. Sabe-se que esta questão tem gerando divergências jurisprudenciais enormes e que, somente agora, foi decidida pelo STF exatamente em sentido contrário. A divergência de interpretação tornaria a premissa dada como correta altamente duvidosa, gerando dúvidas no candidato e por isso mesmo tornando a questão nula.

Não é raro que as Comissões de Concurso contratem, com dispensa de licitação, professor de língua portuguesa para analisar se a formulação da questão respeita as regras vernaculares, além de submeterem o conteúdo técnico a outros professores da mesma área para revisão. Não raramente uma questão objetiva parece aos olhos de seu elaborador perfeitamente correta, mas, quando submetida a uma revisão, observa-se contradição ou a existência de outras premissas igualmente corretas ou incorretas.

As questões objetivas devem ser, sem redundância, *objetivas* e *diretas*, o que significa dizer que não se deve utilizar de adjetivação abundante na sua formulação.

É de se observar que, se a prova exigir grandes números de questões, as premissas tidas como corretas devem manter a mesma proporcionalidade com as demais incorretas para que, se o candidato resolver "chutar" uma mesma letra, o seu número de acerto nunca atingirá o número mínimo exigido para aprovação.

Ainda é aconselhável que a questão tenha conteúdo didático. Ou seja, que as premissas formuladas possibilitem, além da aferição de conteúdo, um aprendizado para o candidato.

Ademais se a prova objetiva exigir grande número de questões, e dependendo do número de aprovados que a comissão pretenda, é sempre salutar formular-se questões fáceis, médias e difíceis.

A elaboração da prova discursiva é menos desgastante para a Comissão de Concurso na sua formulação, já que a preocupação maior está na sua correção.

No entanto, não pode a Comissão descuidar que o tema a ser oferecido para ser discorrido não pode fugir do conteúdo programático. No concurso de juiz de direito, por exemplo, os processos civil e criminal que são oferecidos ao candidato para redigir sentença têm de se vincular a fatos que envolvam matéria prevista no programa.

A prova discursiva que esteja fora do conteúdo programático pode ensejar a sua nulidade a ser declarada pela própria comissão de ofício ou por provocação de qualquer interessado.

As questões da prova oral devem ser formuladas dentro do conteúdo programático do edital.

A prova oral, em geral, é uma exigência nos concursos em que o cargo exige o trato com o público. São exemplos típicos os concursos para a magistratura, ministério público e magistério universitário público.

O candidato deve ter presente que a prova oral não é apenas mais uma aferição de conteúdo. É uma aferição de conteúdo em que a Comissão de Concurso também irá analisar a forma como este conteúdo é oralmente explanado, os vícios de linguagem nesta explanação, os tiques nervosos e a postura do candidato.

O edital de concurso pode estabelecer que os temas sejam sorteados 24 horas ou mesmo 30 minutos antes de sua realização; se a prova consistirá de uma dissertação oral pura e simples, de uma dissertação mais perguntas ou simplesmente de perguntas; se o conteúdo será aferido de uma única vez ou de várias vezes. Enfim, o edital de concurso, coerente com a lei que o estabeleceu, pode regulamentar a execução da prova oral.

Grande discussão que gira sobre a prova oral é a dificuldade de revisão de nota pelo candidato. Visando dirimir possíveis dúvidas, o concurso de juiz de direito substituto do Tribunal de Justiça do Estado do Rio Grande do Sul, por exemplo, estabeleceu que o candidato será argüido por dois examinadores de forma conjunta ou independente, e se a nota for inferior a mínima, será ela discutida com os demais examinadores para se verificar a situação geral do candidato. Existem outros concursos que permitem a gravação da prova ou ela é realizada de uma só vez na presença de vários examinadores que questionam o candidato sobre vários temas.

Como já foi dito, o Tribunal de Justiça do Estado do Rio Grande do Sul criou uma nova modalidade de prova para seu concurso público de juiz de direito substituto. Trata-se do estágio.

## 15. DA APLICAÇÃO DAS PROVAS

O edital do concurso ou já fixa antecipadamente a data para a realização da prova quando de sua publicação, ou este é fixado posteriormente também por comunicação editalícia.

A aplicação da prova constitui um momento importante tanto para o candidato como para a Comissão de Concurso.

Para o candidato, porque é chegado o momento de testar seus conhecimentos depois de um longo período de estudos. Por mais experimentado que ele seja, é sempre um momento de tensão. Trata-se de um divisor de águas entre ser ou não ser um servidor ou empregado público.

Para a Comissão de Concurso é também um grande momento de tensão. E ela decorre da preocupação com o sigilo das questões, da necessidade de fiscalização para que não haja comunicabilidade entre os candidatos pessoal, ou por meios eletrônicos, na nomeação de fiscais, no cumprimento do tempo estabelecido no edital para a realização da prova pelos candidatos, no recolhimento das provas, na desidentificação das provas etc.

Um concurso público pode vir a ser anulado se a Comissão de Concurso não diligenciar para que todas as etapas sejam realizadas com segurança e cumprimento fiel do edital.

Em alguns concursos o candidato recebe juntamente com as questões um guia de instruções gerais contendo todas as explicações necessárias para que possa respondê-las com tranquilidade. Em geral, são instruções necessárias: a conferência preliminar se o caderno de prova contém efetivamente o número de questões indicadas; se não existe erro; informações de como as questões deverão ser respondidas e assinaladas no cartão de leitura ótica; se o caderno com as questão e anotações ficarão ou não com o candidato; se é possível a consulta de livros de doutrina, de códigos; se é admissível o uso de telefones celulares, máquina de calcular, fones de ouvido ou de qualquer outro tipo de aparelho telefônico; os procedimentos sobre rasuras etc.

## 16. DA CORREÇÃO DAS PROVAS

A correção de prova é uma das grandes dificuldades da Comissão de Concurso.

A dificuldade na formulação das questões objetivas é recompensada pela correção que se opera de forma automática.

Dificuldade mesmo existe na correção da prova discursiva. Por aplicação do princípio da isonomia e de que muitos candidatos que ainda não dominam a informática, ou a comissão não pode disponibilizar computadores para todos ou, se permitidos, nem todos dispõem desse utensílio, a prova discursiva ainda é manuscrita.

A dificuldade de correção de uma tal prova é que muitas vezes o candidato se expressa com uma grafia tão ilegível que é difícil, quando não impossível, entender o conteúdo escrito. Outra dificuldade é a de compreensão quando o candidato começa pelo fim e termina a dissertação pelo começo, criando uma balbúrdia tão ilógica que é difícil entender o que ele pretende. Outros ainda não pensam o que devem escrever: simplesmente escrevem e, não gostando, riscam ou tentam apagar com substâncias químicas o que escreveram, criando uma estrutura visual tormentosa ou grotesca.

Para uma boa correção de prova discursiva é necessário que o examinador, previamente, estabeleça critérios objetivos para sua correção.

A Comissão de Concurso para juiz de direito substituto do Tribunal de Justiça do Estado do Rio Grande do Sul criou um critério objetivo para a correção das sentenças cível e criminal, dividindo a peça processual em quatro momentos distintos: relatório, fundamentação, disposição e apresentação lógica e vernacular, atribuindo a cada um deles um percentual específico máximo e o subdividindo em tópicos aferíveis dentro do processo real já arquivado que serve de modelo.

A correção na prova oral é imediata. É sempre salutar que o examinador procure analisar a resposta do candidato logo após sua explanação.

## 17. DA PUBLICAÇÃO DAS NOTAS DAS PROVAS

A correção das provas feita pela Comissão de Concurso só adquire validade administrativa depois de publicada.

Em geral, nos concursos de grande participação de candidatos, a publicação das notas da prova é antecedida pela publicação do gabarito. Isso é um ato administrativo salutar porque distende o momento pós concurso. Aos aprovados, a expectativa da classificação. Aos não aprovados, a definição de que "desta vez não deu".

A publicação das notas deve obedecer ao critério descendente da maior para a menor, aplicando-se as regras de desempates previamente estabelecidas no edital ou na lei. Assim é plenamente admissível que se estabeleça que, no caso de empate na prova objetiva, seja melhor classificado aquele que obteve maior pontuação nesta ou naquela matéria. Outro critério é o da idade, para candidatos com notas idênticas, a preferência fica com o mais idoso. Ou seja, desde que o critério tenha sido previamente estabelecido e não carregue conotações de pessoalidade, ele é plenamente válido para a fixação de desempates na classificação dos candidatos.

O conhecimento das notas da prova pode se dar pela publicação em diário oficial da nominata de todos os candidatos ou, existindo previsão, de edital conciso indicando onde essa nominata pode ser disponibilizada.

Da publicação das notas começa a correr prazo para recurso.

## 18. DO RECURSO ADMINISTRATIVO

O concurso público é um processo administrativo complexo em que, de um lado, se coloca a Administração Pública e, de outro, cada um dos candidatos que dele participa. Numa visão tipicamente de processo civil, é como se houvesse um litisconsórcio entre a Administração Pública e os candidatos. Portanto, existem direitos e deveres processuais entre as partes envolvidas.

Nesta visão, a regra processual a ser cumprida pelos envolvidos é estabelecida no edital do concurso e, na sua ausência, pelos princípios de processo civil de forma subsidiária.

Sendo processo administrativo, qualquer decisão proferida pela Comissão de Concurso cabe recurso administrativo para a própria comissão ou para outro órgão hierarquicamente superior.

### 18.1. Da fundamentação do recurso

Salvo nos casos de reexame necessário da decisão administrativa, expressamente previsto nas regras de processo administrativo aplicáveis ao concurso público, em que restou estabelecido que a decisão proferida pela Comissão de Concurso deveria ser submetida obrigatoriamente a órgão administrativo superior independentemente de manifestação dos candidatos, todo recurso administrativo interposto por candidato exige, além dos requisitos formais, como o órgão superior a quem é dirigido, a qualificação do recorrente e o requerimento de reforma, com data e assinatura, a *fundamentação*, que são as razões pelas quais o recorrente procura convencer o segundo grau administrativo da necessidade de modificação da decisão recorrida.

Essa fundamentação deve apresentar as razões de fato e de direito pelas quais o recorrente procura demonstrar que a decisão administrativa da Comissão de Concurso feriu disposição do edital ou da lei.

Assim, não deve ser argumento recursal o conceito de justo ou injusto de uma nota, como, por exemplo, ter o candidato tirado 4,9, quando a nota inferior é 5,0, já que a Comissão de Concurso, como Administração Pública está vinculada ao princípio da legalidade e por isso mesmo não pode valorar individualmente esta ou aquela situação de candidato por ferir outro princípio igualmente vinculante, que é o princípio da isonomia. O órgão superior recursal, dentro de seu poder de suprimento do edital e de controle administrativo, pode estender a todos a regra de que quem tirou 4,9 deve ter a nota elevada para 5,0. Mas não deve de forma individualizada afirmar que a decisão da Comissão foi injusta. O órgão recursal com esta decisão estaria praticando ilegalidade, já que, tanto quanto a Comissão de Concurso, está vinculado a agir conforme a lei, mesmo que sua ação seja de controle recursal.

Recurso sem fundamentação ou com fundamentação desvinculada da decisão recorrfrida é não recurso e por isso mesmo pode ser indeferido de plano. Trata-se do respeito ao *princípio da dialeticidade recursal*[268]

### 18.2. Da motivação da decisão recursal

Da mesma forma que a interposição de recurso administrativo exige razões de fato e de direito na sua interposição, o segundo grau administrativo tem o dever de motivar as causas do provimento e, especialmente, do improvimento.

Esta motivação pode ocorrer através de *manifestação própria ou imprópria.*

A *motivação própria* é quando o segundo grau administrativo fundamenta expressando suas próprias razões de decidir desta ou daquele forma, e *imprópria*, quando simplesmente adere à decisão anterior ou mesmo as razões do recurso.

O que não pode ocorrer é a decisão desprovida de motivação. Se isso vier a ocorrer, o ato administrativo é absolutamente nulo, devendo ser corrigido pelo próprio órgão administrativo ou controlado pelo Poder Judiciário.

### 19. DO CONTROLE DO CONCURSO PELO PODER JUDICIÁRIO E PELO TRIBUNAL DE CONTAS

O concurso público é um processo administrativo em que se alinham a Administração Pública, de um lado, e os candidatos, de outro, cujo ato inicial ocorre com a publicação do edital de abertura do concurso e termina com a superação dos candidatos no estágio probatório. Dessa forma, no seu andar para frente, que é a etimologia da própria palavra *processo,* são praticados inúmeros atos administrativos pela Comissão de Concurso, todos eles passíveis de controle imediato pelo Poder Judiciário ou posterior, pelo Tribunal de Contas, se não houver a devida autotutela administrativa.

O edital de concurso que estabeleça limite de idade e exija a apresentação de diploma por ocasião da inscrição; o questionamento sobre matéria não prevista no conteúdo programático; a correção de prova sem motivação e o recurso sem fundamentação; a nomeação

---

[268] Sobre esse tema, ver Curso de Processo Administrativo, obra de minha autoria.

de candidato sem obediência à ordem de classificação são os exemplos mais comuns sobre a possibilidade de controle do concurso pelo Poder Judiciário.

O controle mais comum ocorre através do mandado de segurança, que é ação de rito especial típica para controlar a ilegalidade do ato administrativo concursal. No entanto, esta forma de controle tem limitações, já que seu objetivo é fazer com que o Poder Judiciário declare a nulidade do ato atacado. Através de mandado de segurança não se constitui direitos. Como ação especial que é, o mandado de segurança é impetrado contra o Presidente da Comissão de Concurso e não contra a Comissão de Concurso.

Pretendo efeitos mais abrangentes, o candidato deve interpor ação ordinária de nulidade de ato administrativo, cumulando-a com outro pedido, por exemplo, um possível dano moral. Só que, neste caso, a ação deve ser interposta diretamente contra o ente público a quem está afeta a Comissão de Concurso, que é a pessoa jurídica pública (União, Estados, Distrito Federal, Municípios e autarquias) ou contra a pessoa jurídica privada com função administrativa (empresa pública, sociedade de economia mista e fundações).

O Tribunal de Contas também é órgão de controle externo do concurso público. De regra, esse controle se efetiva posteriormente. Todavia, não impede que isso ocorra no seu início ou durante a sua realização.

A diferença entre o controle judicial e o controle legislativo do Tribunal de Contas é a possibilidade de efetivação de suas decisão que temem o Poder Judiciário. A declaração de nulidade do concurso público pelo Tribunal de Contas cria apenas uma obrigação para a Administração Pública que o realiza, sem que o órgão fiscalizador possa efetivar o que decidiu, convertendo-se a desobediência em multa, que deverá ser convertida em certidão de dívida ativa passível de execução fiscal.

## 20. DO EDITAL DE APROVAÇÃO

Superada a fase de provas ou de julgamento dos recursos a Comissão de Concurso deverá publicar a relação dos candidatos aprovados e a respectiva pontuação.

Como ato administrativo coletivo, qualquer dos candidatos, aprovados ou não, tem legitimidade recursal para discutir ilegalidades ocorridas nesta oportunidade.

## 21. DA PRECLUSÃO ADMINISTRATIVA

Sendo o concurso público um processo administrativo coletivo seus atos decisórios sofrem os efeitos da preclusão. Com isto significa que, superado o prazo de manifestação para os interessados, estarão eles impedidos de retornaram administrativamente para discutir matéria já superada pela barreira da preclusão.

## 22. DOS EXAMES DE APTIDÃO FÍSICA, PSICOLÓGICA OU PSIQUIÁTRICA

Aprovado o candidato, sua nomeação é precedida de exames de aptidão física, psicológica e psiquiátrica.

O exame de aptidão física serve para demonstrar se o candidato não é portador de doença física que o incapacite para o cargo.

O exame de aptidão psicológica e psiquiátrica, mais complexo, determina se o candidato detém condições mentais para o cargo. Estes exames têm suscitado acalorados debates, mas, como regra geral, têm sido admitidos como perfeitamente cabíveis, especialmente nos concursos para a magistratura e Ministério Público.

Estes exames devem ter previsão na lei. Dessa forma, a instituição, por ato exclusivo da Comissão do Concurso, é exigência abusiva.

Previstos em lei, a declaração de inaptidão física, psicológica ou psiquiátrica é plenamente admissível para afastar o candidato do concurso.

Isso decorre da circunstância de que a declaração de inaptidão é ato administrativo de natureza médica específica porque emanado ou por órgão médico da Administração que realiza o concurso ou é a ele equiparado por delegação a particular. Portanto, sendo ato administrativo e tendo sido praticado com previsão legal sua condição de manifestação legítima é uma decorrência. Ademais, os métodos de aferição da aptidão externados através de laudos são cientificamente aceitos.

A tentativa de se sobrepor esta manifestação através de declaração particular de aptidão é o mesmo que procurar adentrar no exame do mérito administrativo, que é juridicamente impossível.

## 23. DA NOMEAÇÃO

Declarado apto o candidato e não sendo o concurso declarado nulo ou revogado por conveniência e oportunidade administrativa, segue-se a nomeação.[269]

*Nomeação*, do latim *nominatione*, é o ato administrativo formal pelo qual o poder público designa o candidato aprovado em concurso público para o respectivo cargo ou emprego público. O ato de nomeação pode ser individual ou coletivo, mas em qualquer caso deve ser respeitada a ordem de classificação. O desrespeito a essa ordem implica em nulidade.

O momento da nomeação é discrição administrativa que por isso mesmo pode fazê-la até a data final de validade do concurso. Neste interregno, não tem o candidato aprovado qualquer direito de ser nomeado.

Dúvida surge quando a administração não anula, porque não existe ilegalidade, não manifesta qualquer intenção de revogar, mas também não nomeia o candidato aprovado em concurso público durante o prazo de validade do concurso. A omissão geraria direito ao candidato? O desenvolvimento do concurso até a nomeação indica claramente a intenção administrativa de prover o cargo ou o emprego público, por via de conseqüência a omissão incorre em abuso de poder podendo isso ser corrigido pela Administração ou pelo Poder Judiciário.

Também incorre em abuso de poder a Administração que, em plena validade de concurso público e com existência de candidatos aprovados, promove a contratação temporária e emergencial de pessoal.

---

[269] O STJ tem entendido que existe direito subjetivo à nomeação se o candidato foi classificado dentro das vagas previstas no edital durante o período de validade do concurso, como é exemplo o ROMS nº15.034-rs, julgado em 19.02.2004, tendo como relator o Ministro Feliz Fischer e foi assim ementado>

ADMINISTRATIVO. CONCURSO PÚBLICO, NOMEAÇÃO, DIREITO SUBJETIVO. CANDIDATO CLASSIFICADO DENTRO DAS VAGAS PREVISTAS NO EDITAL. ATO VINCULADO.

Não obstante seja cediço, como regra geral, que a aprovação em concurso público gera mera expectativa de direito, tem-se entendido que, no caso do candidato classificado dentro das vagas prevsits no Edital, há direito subjetivo à nomeação durate o período de validade de concurso. Isso porque, nessa hipótese, estaria a Administração adstrita ao que fora estabelecido no edital docertame, razão pela qual a nomeação fugiria ao campo da discricionariedade, passando a ser ato vinculado. Precedentes do STJ e STF.

Recurso provido.

É possível à Administração realizar um novo concurso estando o anterior ainda em plena validade. O que não pode é a nomeação de candidatos do último concurso antes da nomeação do último do primeiro. A nomeação assim feita caracteriza ato administrativo nulo.

A nomeação está vinculada ao respectivo cargo ou emprego público para o qual foi realizado o concurso público. Constitui ato administrativo nulo a nomeação de candidato para cargo ou emprego público diferente daquele objeto do concurso.

O concurso público para investidura em cargo público significa que tal cargo é efetivo, por isso não pode ser nomeado alguém em comissão. A ilegalidade desse ato é absoluta, podendo ser declarada pela própria Administração ou pelo Poder Judiciário.

## 24. DA POSSE

O concurso não termina com a nomeação. Atos posteriores estão a ele vinculados, como são a posse, o exercício, o estágio probatório e a aquisição da estabilidade.

*Posse* é o ato administrativo solene pelo qual alguém, aprovado em concurso público, é investido no respectivo cargo para o qual foi nomeado. Com a posse o candidato entra no gozo dos direitos e vantagens e assume os deveres do cargo ou emprego público, mas de forma ainda precária.

A posse é formalizada através de termo.

Extinto o cargo ou o emprego público, mesmo já tendo ocorrido a posse, o servidor ou o empregado público será exonerado independentemente de processo administrativo.

Ainda não estável, já que a estabilidade só ocorre superado o estágio probatório, o servidor público não será relocado.

## 25. DO EXERCÍCIO

*Exercício* é o efetivo desempenho do cargo do candidato nomeado. O exercício pode ocorrer no mesmo momento da posse ou em momento posterior. Em geral, o prazo para concessão de férias, licenças ou vantagens pecuniárias é contado do efetivo exercício e não da posse. O exercício integra o conceito de concurso público que se estende até a aquisição da estabilidade.

## 26. DO ESTÁGIO PROBATÓRIO

*Estágio probatório* é o período de 3 (três) anos durante o qual o candidato ao cargo ou ao emprego público é aferido quanto à aptidão, disciplina, idoneidade moral, assiduidade e eficiência antes de ser confirmado.

Superada esta etapa o candidato, agora servidor ou empregado público, se torna efetivo.

Demonstrado, através de devido processo administrativo, que não demonstra afinidade com o cargo, o candidato é exonerado, e não demitido, porque demissão é nomenclatura própria de quem sofreu sancionamento e teve por isso mesmo seu vínculo cortado com a Administração Pública.

## 27. DA ESTABILIDADE

Estabilidade é a situação de permanência definitiva que adquire o servidor público depois de superado o estágio probatório de 3 anos.

Adquirida a estabilidade, o servidor público não poderá ser exonerado. Sua demissão somente poderá ocorrer através de decisão proferida em processo administrativo em que lhe seja assegurado o contraditório e a ampla defesa ou através de sentença em processo judicial.

Adquirida a estabilidade, mesmo que extinto o cargo, o servidor público ou será colocado em disponibilidade remunerada ou aproveitado em cargo de atribuições semelhantes.

*Título X*

# DO CONTROLE DA ADMINISTRAÇÃO PÚBLICA

## Capítulo I – Da parte geral

### 1. DA EVOLUÇÃO HISTÓRICA

*Controle*,[270] do francês *controler*, no conceito básico, é o ato, efeito ou poder de controlar, significando com isso o exercício de fiscalização sobre as atividades de pessoas, órgãos ou departamentos para que tais atividades não se desviem das normas preestabelecidas. No conceito de direito administrativo significa a possibilidade de a Administração Pública sofrer fiscalização sobre seus atos.

Essa afirmação, contudo, é matéria recente na evolução histórica da estrutura do Estado e resultado de uma intensa discussão jurídica e acirrada disputa política sobre os limites de ação da Administração Pública.

Hoje, não há mais dúvida, a Administração Pública, como organismo executivo das decisões políticas do Estado, tem limitações para agir. Os princípios insculpidos no art. 37, *caput*, da Constituição Federal bem demonstram essa afirmação, pois impõem verdadeiras formas de controle legal ao agir administrativo. Portanto, a busca do bem estar coletivo, apesar de no sopesamento de direitos se sobrepujar ao interesse individual, não é meta absoluta. O Brasil, estruturado como estado de direito, rege-se, portanto, através de comandos positivos vinculantes.

Assim, a Administração Pública sofre controle prévio através do próprio comando legal que estabelece qual o comportamento de sua ação. De outro lado, comportando-se a Administração Pública fora do regramento que lhe foi imposto, sofre controle através de instrumentos internos e externos.

### 2. DAS ESPÉCIES

Pacificado o princípio de que a Administração Pública tem limites, surgiu uma nova discussão agora a respeito de quem poderia controlá-la. Calcado na idéia política de que o poder do Estado é tripartite (Executivo, Legislativo e Judiciário), concluiu-se que os excessos na exação das competências de um poder compeliria a um dos demais o exercício do controle, consoante regra expressa na Constituição Federal, possibilitando-se, inclusive o autocontrole.

Diante disso, chegou-se a conclusão que o controle da Administração Público poderia ser *interno* e *externo*.

O controle interno, também chamado de *autocontrole*, teve no processo administrativo seu instrumento mais importante.

---
[270] *Novo Dicionário Aurélio*, versão eletrônica.

Por sua vez o controle externo se opera pela ação do Poder Legislativo, através do controle político ou do Tribunal de Contas, ou pelo Poder Judiciário, através das ações típicas de controle.

Estas formas de controle serão analisadas a seguir.

## Capítulo II – Do processo administrativo ou do autocontrole administrativo

### 1. DAS CONSIDERAÇÕES GERAIS

Diogenes Gasparini[271] elenca como instrumentos de controle administrativo o *direito de petição*, o *pedido de reconsideração*, a *reclamação administrativa* e o *recurso administrativo*.

Penso, no entanto, que, se materialmente estes instrumentos representam formas de controle individual perante a Administração Pública, todavia eles não se viabilizam por si mesmo, senão através do próprio processo administrativo, que representa uma das espécies do devido processo legal, garantia constitucional.

Assim, como o direito de petição (art. 5º, inciso XXXIV) não se exaure em si mesmo, formular pedido à Administração Pública em defesa de direitos ou contra abusos de autoridade é, em verdade, instar a instauração de um processo administrativo. Esta circunstância também é própria da reclamação administrativa. De outro lado, a reconsideração e o recurso administrativo são institutos próprios de uma inconformidade gerada por decisão administrativa proferida nos autos do processo administrativo.

Dessa forma, o verdadeiro controle administrativo é efetivado através do processo administrativo, daí porque a necessidade de sua ênfase.

### 2. DA EVOLUÇÃO HISTÓRICA DO INSTITUTO

O *princípio do devido processo legal*, do qual é derivação moderna o processo administrativo, hoje consagrado no direito brasileiro pela Constituição Federal, através do art. 5º, inciso LIV e LV, como garantia fundamental do cidadão, tem origem na Inglaterra e a sua face mais conhecida é a do processo judicial.

Em 1215, o Rei João Sem Terra vê-se obrigado a partilhar o seu poder com os nobres ingleses, subscrevendo convenção de 63 artigos que assegurava a estes a inviolabilidade à vida, à liberdade e à propriedade, direitos estes somente passíveis de perda com aplicação da *lei da terra* (*law of the land*). Esta convenção foi chamada de *Magna Carta* que, embora seja reconhecida como a gênese das constituições escritas, em verdade, ela apenas respaldava um pacto entre o rei e a nobreza, tanto que foi escrita em latim, circunstância que afastava seu conhecimento pela população inglesa de parca cultura, quanto mais de uma língua diferente. A *law of the land* ou *legem of terrae* inscrita no art. 39 consagrava a necessidade de que a vida, a liberdade e a propriedade só poderiam ser retiradas mediante prévio julgamento pela lei da terra, do lugar ou por aquela elaborada pelos homens.

---
[271] Obra cit., p. 896.

Em 1354, já agora no reinado de Eduardo III, através de lei editada pelo Parlamento inglês (*Estatuto das Liberdades de Londres*), a expressão *law of de land* é substituída pela *due process of law*, expressão sinônima da anterior, já que significava uma garantia à nobreza de somente ver subtraído seus direitos através de um prévio processo. Sedimentado em solo inglês através de variações como o *notice and hearing* (necessidade de prévia ciência ou citação) e depois pela *petition of rights* (de que ninguém deveria ser preso sem que houvesse a evidência de justa causa), o *due process of law* tem aplicação judicial quando, no século XVII, o juiz Sir Edward Coke, no *the Dr. Bonham's case*, envolvendo a necessidade de prévio processo para aplicação de penalidades pela entidade responsável pelo licenciamento da profissão de médico, sustentou, como fase de sua fundamentação, que a lei *da razão* revelava-se através da boca dos juízes.

Com a expansão colonialista inglesa, o princípio do *due process of law* é levado para a América do Norte e inserido nas leis fundamentais de cada colônia, depois incorporado à Constituição dos Estados Unidos de 1868,[272] pelas Emendas V e XIV e, a partir daí, ganha mundo como garantia fundamental do cidadão, tendo seu conceito originário sido ampliando para: a) o direito à citação; b) a faculdade de arrolar testemunhas; c) de não ser processado por lei elaborada após a ocorrência do fato; d) o direito de igualdade com a acusação; e) o direito de ser julgado por provas e evidências legais, obtidas de modo lícito; f) o direito ao juiz natural; g) o direito de não se auto-incriminar; h) o acesso à jurisdição; i) o direito aos recursos; j) o direito à decisão com eficácia de coisa julgada.

Na sua evolução, o *princípio do devido processo legal* passou de simples garantia processual ou formal (*procedural due process*) para uma garantia substancial ou material (*substantive due process*). Carlos Roberto de Siqueira Castro[273] comenta que a mudança da visão meramente processual do princípio para uma fase substantiva ocorreu com a entrada em cena do Judiciário regulando as relações do Estado com a sociedade, tornando com isso efetiva a regra formal abstrata.

Entre nós, segundo J. Cretella Jr.,[274] no Império, não se poderia empregar a expressão processo administrativo com a abrangência que hoje se conhece, já que o que havia, em verdade, era um arbítrio da Administração tanto que Vicente Pereira do Rego, na sua obra *Compêndio de Direito Administrativo*, p. 158, verbalizava que:

> Administrar é só fazer executar as leis e os decretos, o que é função da administração ativa; mas também resolver as dificuldades da execução, e julgar as reclamações que a execução provocar; o que é função da administração contenciosa. O poder de administrar, considerado no sentido o mais lato, importa assim, logicamente, o poder de julgar administrativamente; isto é, a jurisdição ou a Justiça administrativa.

Por sua vez, Jessé Torres Pereira Júnior[275] diz que autores como Antônio Joaquim Ribas, na época do Império, falava sobre jurisdição administrativa, inclusive outorgando-lhe dualidade contenciosa e graciosa, excluindo desta última a aplicação do contraditório por entender que se tratava de exercício puro e simples do poder discricionário.

Apenas com a Constituição de 1934 a necessidade de aplicação do princípio do processo administrativo pela Administração Pública se tornou regra obrigatória através do art. 169, nos seguintes termos:

---

[272] Pode ser encontrada no *site* http://www.archives.gov/national_archives_experience/charters/constitution.html. Acessado em 6 dez 2004.

[273] CASTRO, Carlos Roberto de Siqueira. *O devido processo legal e a razoabilidade das leis na Constituição de 1988*, Rio de Janeiro: Forense, 1989, p. 57.

[274] JÚNIOR, José Cretella. *Prática do Processo Administrativo*. 3ª edição. São Paulo: Revista dos Tribunais, 1999, p. 42.

[275] JÚNIOR, José Torres Pereira. *O Direito de defesa na CF de 88*. Rio de Janeiro: Renovar, 1997, p. 24.

Os funcionários públicos, depois de dois anos, quando nomeados em virtude de concurso de provas, e, em geral, depois de dez anos de efetivo exercício, só poderão ser destituídos em virtude de sentença judiciária ou mediante processo administrativo regulado por lei, e no qual lhes será assegurada ampla defesa.

Desde então, a necessidade de processo administrativo tem se mantido constitucionalizado e a ele sendo agregado o princípio da ampla defesa. Foi assim na Constituição de 1891 (art. 72, § 16), na de 1937 (art. 122, nº 11), na de 1946 (art. 141, § 25) e na de 1967/69 (art. 150, § 30)

Mas, é com a Constituição de 1988, que o processo administrativo ganha mais importância porque, além de nele ser respeitado a ampla defesa, passou a ser integrado, de forma expressa, pelo princípio do contraditório e dos recursos a eles inerentes, e de forma derivada, de muitos outros, como se verá mais adiante. A positivação do princípio está assim redigida:[276]

Art. 5º ...
LIV – Ninguém será privado da liberdade ou de seus bens sem o devido processo legal.
LV – Aos litigantes, em processo judicial ou administrativo, e aos acusados em geral são assegurados o contraditório e ampla defesa, com os meios e recursos a ela inerentes.

## 3. DA DOUTRINA DO FATO SABIDO E DO PROCESSO ADMINISTRATIVO

Como já foi referido, apesar de existir desde 1215, de início, exclusivamente na Inglaterra, expandindo-se para as colônias inglesas na América e daí para o mundo, a necessidade do devido processo legal e, em especial, do devido processo administrativo quando existente litígio entre a Administração Pública e o particular, é, hoje, um direito fundamental reconhecido em todos os estados democráticos de direito.

No entanto, em determinados momentos na vida de alguns estados democráticos sustentados pelo direito surgem quebras nessa normalidade quando aparecem os *estados de exceções*, e o governo do povo é substituído por governos de déspotas, e o direito, como criação do estado e, portanto, do povo, é substituído pela vontade de um ou de uns poucos. São nestes momentos excepcionais que surgem os estados autóctones, onde o interesse coletivo é substituído pelo interesse tipicamente privado. Nestes estados ditatoriais de exceção, a Administração Pública adquire poderes imensuráveis de cercear liberdades e atentar contra direitos individuais sem acusação formada e sem processo. São exemplos duros a Alemanha no governo de Hitler que, utilizando-se de permissão constitucional (Constituição de Weimar), e sob o fundamento de perigo do estado e do povo alemão, suspendeu os direitos e as garantias fundamentais, passando ele a constituir o próprio estado, levando a Alemanha à prática das maiores atrocidades conhecidas pelo homem. Idêntica anomalia ocorreu com a Itália de Mussolini e, em menor proporção, nos Estados Unidos no governo Bush, que, depois do atentado de 11 de setembro de 2002, manteve presos iraquianos tão-só por suspeitas de integrarem organizações terroristas, sem acusação, sem defesa e, por conseqüência, sem existência de processo, situação também repetida na Inglaterra de Toni Blair.[277]

---

[276] Alguns autores, como Sergio Ferraz (Processo Administrativo e Constituição de 1988. In: *Revista Trimestral de Direito Público*. São Paulo: Malheiros, 1993, V. 1, p. 86), criticam que, na prática, apesar de haver previsão na Constituição Federal, a Administração tem apresentado resistência em conceder vista de autos de processo administrativo e se recusando a receber petições, obrigando os interessados a recorrerem ao Judiciário.

[277] A HAUSE OF LORDS, a alta Corte Constitucional inglesa, em recente decisão e por maioria de 8 a 1, entendeu que aos presos suspeitos de terrorismos se deveria aplicar o princípio do devido processo legal concedendo-lhes a defesa adequada e que, portanto, as leis antiterrorismo vigentes na Inglaterra que dispensavam a aplicação dessa garantia em nome do estado de emergência que ameaçava a nação inglesa eram inconstitucionais. A decisão ainda entendeu que a real ameaça à nação vinha, não das ações terroristas, mas das próprias leis antiterror.

É no período de vigência do estado de exceção que sempre ressurge a doutrina do *fato sabido*, mediante a qual a Administração Pública priva a liberdade e os bens individuais exclusivamente calcada no conhecimento próprio ou no fato por ela sabido, que não passa pelo crivo do contraditório e da ampla defesa, e muito menos de um processo formal, já que aqueles são integrantes deste. Nestas oportunidades o conceito de interesse público é extremado quando, em verdade, sequer existem.

A doutrina do fato sabido é reminiscência do arbítrio e atentatória ao estado democrático de direito e, dessa forma, no Brasil é apenas rememorada como elemento de conhecimento doutrinário.

## 4. DO INQUÉRITO, DA SINDICÂNCIA E DO PROCESSO ADMINISTRATIVO

Quando a Constituição Federal instituiu a necessidade de processo administrativo na existência de litígio entre a Administração Pública e os particulares, atribuindo-lhe paridade com o processo judicial e exigindo que se respeitasse o contraditório, a ampla defesa e os meios recursais a ela inerentes, restou superada a questão longamente debatida na doutrina sobre a denominação desta garantia constitucional de ser processo ou procedimento.

Na mesma linha de argumentação, também foram superadas dúvidas até então razoáveis sobre se a formalização de litígios seria viável através de inquéritos e de sindicâncias.

Inquérito, do latim *inquaeritare,* é o conjunto de atos e diligências com que se visa apurar alguma coisa. Portanto, *inquérito administrativo* é conjunto de atos e diligências que se realiza por ordem de autoridade administrativa para apurar irregularidades no serviço público. A diferença fundamental entre inquérito e processo administrativo é que, no primeiro, a apuração de irregularidades administrativas se cinge ao âmbito exclusivo da administração e, dessa forma, tem similitude com o inquérito policial para apuração de infração penal. Inquisitorial por excelência, o inquérito administrativo não pode concluir por aplicações de sanções porque nele, de regra, não é prevista a possibilidade do contraditório e da ampla defesa. Dessa forma, o inquérito na sua concepção moderna é procedimento preparatório para a formalização do processo administrativo.

É possível encontrar-se inquéritos que, apurando a existência de irregularidades administrativas e a respectiva autoria, resultem em sancionamento. No entanto, se garantido contraditório e a ampla defesa não se trata de inquérito na sua forma original e sim de processo equivocadamente nominado.

Todavia, se o inquérito sanciona administrativamente sem o respeito a tais princípios consuma-se a ilegalidade do ato que deve sofrer controle da própria Administração, oficial ou provocado, ou do Poder Judiciário através das ações de controle, sendo o exemplo mais comum o mandado de segurança.

Ainda é encontrável, especialmente em alguns estatutos de servidores públicos não revisados de acordo com a nova ordem constitucional de 1988, e criados no período de *estado de exceção* que viveu o Brasil depois de 1964, onde ressurgiu a doutrina do *fato sabido* (conhecimento próprio da administração e sancionamento imediato do servidor, independentemente de processo), inquéritos aplicando punições ilegais.

*Sindicância* é o ato de colher informações a respeito de alguma coisa por ordem superior. *Sindicância administrativa*, dessa forma, é o procedimento que visa apurar irregularidades administrativas realizadas por ordem de autoridade. Dessa forma, sindicância e inquérito têm conceitos sinônimos e muitas vezes são utilizadas no ordenamento legal como formas substitutivas uma da outra.

Como o inquérito, a sindicância é procedimento preparatório. Porém, se apesar da denominação, respeita os princípios do contraditório e da ampla defesa, existe apenas uma irregularidade na denominação, já que, em verdade, é estruturalmente um processo. Sem respeito às garantias constitucionais a sindicância punitiva é ato ilegal, portanto, passível de autocontrole administrativo ou do Poder Judiciário.

## 5. DO PROCEDIMENTO E DO PROCESSO ADMINISTRATIVO

Durante muito tempo grassou na doutrina, especialmente na doutrina processual civil, forte discussão para se definir a verdadeira nomenclatura daquele conjunto de atos e diligências necessários para a solução do litígio administrativo. Portanto, se a denominação correta era *processo*, do latim *processu*, ou se *procedimento*, também de origem latina *procedere*. A discussão começava no próprio significado das palavras, pois uma e outra significam ir par adiante.

Hoje, a questão está limitada exclusivamente ao campo acadêmico porque a terminológica jurídica própria é *processo administrativo,* como denominou o constituinte no art. 5º, inciso LIV e LV, da Constituição Federal. Assim, estabelecendo a Lei Maior que o processo é a estrutura em que são solvidos os litígios que envolvam a Administração Pública, qualquer discussão no campo prático perde racionalidade.

## 6. DAS PARTES

### 6.1. Do conceito de Administração Pública como parte

Há um equívoco sempre renitente no processo administrativo que faz seus atores subsumirem a Administração Pública *parte* e a Administração Pública *juiz*, conduzindo essa confusão a um descrédito na solução do litígio através da via administrativa. Por ser algo imanente à natureza humana, na qual o direito se acerca para existir, a condição de alguém que é parte em um processo não pode coexistir com a condição de julgador. Entre uma e outra situação há um conflito de interesses naturalmente antagônicos pela simples razão de que aquele que tem interesse de parte no processo dificilmente na condição de juiz irá contrariar-se. Tanto isso é verdade que, no direito penal, a legítima defesa e o estado de necessidade caracterizam formas de legitimação do agir formalmente criminoso.

Feita essa ressalva, tem-se que Administração Pública como *parte* no processo administrativo pode ser qualquer das suas unidades conceituais, como a União, cada um dos Estados, o Distrito Federal, cada um dos Municípios, as autarquias, cada um dos órgãos dessas pessoas públicas, as empresas públicas, as sociedades de economia mista, as empresas públicas e as fundações, estas últimas enquanto Administração Pública desde que tenha alguma pretensão de direito ou de interesse e competência para ser parte especificada em lei.

Para não deixar dúvida, é bom repetir que a União, cada um dos Estados, o Distrito Federal, cada um dos Municípios, as autarquias e os órgãos que compõem estas pessoas públicas sempre integram o conceito de Administração Pública para efeitos de processo administrativo, desde que demonstrem interesse e tenham competência.

Dúvida surge quanto às empresas públicas, sociedades de economia mista e fundações, já que tais pessoas apenas excepcionalmente agem como Administração Pública. Neste caso, estas pessoas só são partes quando a lei as classificar como portadoras de funções administrativas. É o caso dos processos que envolvam concurso público, sancionamento de empregados públicos, desde que haja previsão regulamentar, licitação e contratos, contratação temporária para necessidades emergenciais, prestação de contas por recebimento de verbas públicas, processo administrativo por improbidade administrativa contra seus administradores, entre outros.

A Administração Pública somente poderá ser considerada como *parte* se o processo administrativo for instaurado no âmbito de sua competência. Aquelas Administrações Públicas que tiverem interesses em processo instaurado por outra Administração Pública serão apenas *interessados*.

### 6.2. Do legítimo interesse processual da Administração Pública

O conceito de *interesse* para que a Administração Pública seja parte no processo administrativo reside na existência de uma pretensão jurídica positiva ou negativa passível de ser resistida por atingir direitos e interesses de qualquer interessado. Essa pretensão jurídica naturalmente que deve estar vinculada aos fins da administração que, em outras palavras, é o bem comum.

Mas, diferentemente do *interessado*, que pode iniciar um processo administrativo para buscar reparação de situações jurídicas estritamente pessoal, como é o pedido de afastamento das funções formulado por servidor público para tratar de interesses particulares por determinado tempo, a Administração Pública, enquanto parte, fica limitada a parâmetros estritamente regrados na Constituição Federal, na Constituição Estadual, nas leis orgânicas municipais ou nas leis ordinárias de qualquer esfera de competência.

Mesmo no puro exercício do poder discricionário, que é a essência maior de ação da Administração Pública, como é a revogação do ato administrativo, em que a oportunidade e a conveniência são misteres administrativos, ela detém legítimo interesse *negativo* e, portanto, está obrigada a instaurar o processo administrativo, se tal revogação atingir direitos ou interesses individuais, e por isso deve oportunizar o respeito a todos os atos e termos que lhe são integrantes, como são exemplos mais flagrantes o contraditório e a ampla defesa para, somente depois disto e ao final, editar o ato motivadamente.

O *legítimo interesse* para que a Administração Pública determine a instauração de processo administrativo pode surgir por provocação de qualquer administrado através de denúncia ou representação. Esta comunicação é puro exercício de cidadania que não se confunde com interesse próprio do denunciante ou representante.

### 6.3. Do interessado como parte

O processo administrativo admite apenas duas partes: a *Administração Pública* e o *interessado*.

Diferentemente do processo civil, não existe a figura do litisconsorte, do assistente ou do terceiro interessado em qualquer de suas classificações, nem é regrado através de procedimento específico para suas inclusões ou manifestações no processo.

Todos aqueles que direta ou indiretamente iniciarem o processo administrativo como titulares de direitos ou de interesses individuais ou no exercício do direito de representação; que forem afetados em seu direito ou interesse pela decisão a ser proferida no processo, mesmo sem o terem iniciado; as organizações e associações representativas de direitos e interesses coletivos e as pessoas ou as associações legalmente constituídas atingidas pela decisão, todos, sem exceção, são *interessados* e, por isso, legitimados como *parte* no processo, com os mesmos direitos e deveres.

Aqui tem aplicação plena o *princípio do informalismo em favor do interessado,* afastando-se da lide administrativa a tormentosa superação da admissão e da aplicação dos efeitos da coisa julgada ao litisconsorte, ao assistente ou ao terceiro interessado, como ocorre no processo civil.

Cabe pedido de reconsideração ou recurso administrativo do ato que não admitir qualquer interessado como parte no processo administrativo, segundo o disposto na previsão legislativa a respeito.

### 6.4. Do legítimo interesse do interessado

A condição de *interessado* no processo administrativo, apesar de larga, não é indistinta.

Para que uma pessoa física ou jurídica pública ou privada, estas através de empresas comerciais, associações civis, sociedades, sindicatos, federações ou confederações legalmente constituídas, ou até mesmo organizações e associações de fato representativas de defesa de direitos e interesses coletivos, para atuarem no processo administrativo na condição de *interessado*, precisarão demonstrar o direito ou o interesse a ser atingido pela decisão administrativa.

Não basta a simples alegação. O *interessado* deve provar de que forma o seu direito ou interesse será atingido pela decisão administrativa a ser proferida no processo.

Esse juízo de admissibilidade deve ser efetuado pela autoridade processante de forma prévia, mas, se isto depender de instrução, poderá fazê-lo, como matéria preliminar, na decisão a ser proferida no final do processo.

Do ato administrativo que deferir ou indeferir a presença de *interessado* no processo administrativo por presença ou ausência de legítimo interesse cabe pedido de reconsideração e recurso administrativo, se previsto na lei processual administrativa.

#### 6.4.1. Da capacidade do interessado como pessoa natural

A *pessoa natural* ou *física* para legitimar-se como *interessado* no processo administrativo precisa ter capacidade, que é a aptidão legal de alguém para adquirir e exercer direitos e contrair obrigações na vida civil.

A *capacidade* é instituto de direito civil e é adquirida ao se completar 18 anos, nos termos do art. 5º do Código Civil.

No entanto, de forma pragmática e excepcional e dependendo de previsão em ato próprio, essa capacidade pode ser admitida para os acima de 16 anos ou para aqueles que a adquirirem mediante concessão dos pais ou suprimento judicial, pelo casamento, pelo exercício de emprego público efetivo, colação de grau de ensino superior ou pelo estabelecimento civil ou comercial, ou relação de emprego, desde que, em função deles, o menor de 16 anos completos tenha economia própria.

Os menores de 16 anos, aqueles que, por enfermidade ou deficiência mental, não tiverem o necessário discernimento para a prática dos atos da vida civil e os que, mesmo por causa transitória, não puderem exprimir sua vontade, por absolutamente incapazes, conforme o art. 3º do Código Civil, não são legitimados para ingressarem pessoalmente no processo administrativo. Podendo, no entanto, ser representados pelos pais ou curadores.

Os maiores de 16 anos e menores de 18 anos, os ébrios habituais, os viciados e os que por deficiência mental tenham discernimento reduzido, os excepcionais, sem desenvolvimento mental completo e os pródigos, apesar de relativamente incapazes, podem ser legitimados como interessados no processo administrativo, se houver permissivo legal, quanto aos menores de 16 anos e menores de 18 anos, ou, quanto aos demais, prova médica de que tenham conhecimento pleno da ação que praticam, consoante exegese do art. 4º do Código Civil.

Se porventura surgirem dúvidas sobre a capacidade do *interessado* deve a autoridade administrativa processante:

a) indeferir liminarmente o requerimento, se o pedido é individual e foi ele iniciado pelo próprio interessado;
b) afastá-lo do processo, se o pedido foi formulado por mais de um interessado ou iniciado pela Administração Pública;
c) declarar que a decisão final não o atinge, se a irregularidade for detectada durante o desenvolvimento do processo.

Em qualquer situação cabe pedido de reconsideração e recurso administrativo se houver previsão na lei processual administrativa.

### 6.4.2. Da representação do interessado

O interessado seja ele pessoa natural ou jurídica, pública ou privada, pode ingressar no processo administrativo pessoalmente.

Não há exigência de que seja representado necessariamente por advogado, como ocorre no processo civil ou penal. Isso em respeito ao princípio do informalismo a favor do administrado, salvo se houver preceito legal em sentido contrário dado a natureza do processo ou a sua complexidade.

Nesta situação, não podendo o interessado constituir advogado, deve a autoridade processante nomear-lhe advogado dativo, tal qual se opera no processo civil e penal. A nomeação decorre do respeito aos princípios do devido processo legal, do contraditório e da ampla defesa.

A Administração Pública na qualidade de interessado deve apenas identificar seu representante, apontando-lhe a competência legal ou regulamentar.

A pessoa jurídica privada deve apresentar cópia de seu estatuto que demonstre sua existência e a da pessoa que judicialmente a representa.

Surgindo dúvidas sobre a representação do interessado, a autoridade processante que não tem força jurisdicional para determinar seu suprimento, o afastará do processo ou declarará que os efeitos de sua decisão não o atingem.

Em qualquer situação cabe reconsideração e recurso administrativo se houver previsão legal.

### 6.4.3. Da intervenção de interessados quando já iniciado o processo

Diferentemente do processo civil, o processo administrativo não faz distinção entre os que atuam no processo na defesa de direitos ou de interesses perante a Administração Pública. Assim não existem litisconsortes, assistentes ou terceiros, como no processo civil. Todos são interessados ou partes, denominação genérica para os que se contrapõem à Administração Pública.

Portanto, todas as pessoas físicas ou jurídicas cujos direitos ou interesses forem indiretamente afetados no processo; as organizações e associações representativas, no tocante a direitos e interesses coletivos e os cidadãos ou associações, quanto a direitos e interesses difusos podem ingressar no processo a qualquer momento, assumindo a qualidade de interessado ou de parte.

Essa intervenção pode ocorrer até mesmo para interposição de recurso administrativo, oportunidade que a legitimidade de interessado será analisada como questão prejudicial.

## 7. DA INSTAURAÇÃO DO PROCESSO ADMINISTRATIVO

O processo administrativo pode ser instaurado por manifestação da Administração Pública, no que é indevidamente chamado de instauração de ofício, ou a requerimento do interessado. E, nesta última, situação na forma escrita ou oral.

Situações administrativas ocorrem que exige da Administração Pública a instauração de processo administrativo porque as conseqüências jurídicas delas derivadas atingem direitos ou interesses de determinados administrados. Nestas situações, e até mesmo por respeito ao princípio constitucional do devido processo legal e aos princípios congruentes do contraditório, da ampla defesa e da possibilidade recursal, tem a Administração Pública o dever de instaurar processo por iniciativa própria.

É possível enumerar de forma exemplificativa as seguintes situações como ensejadoras de instauração de processo pela própria Administração Pública: a) imposições de sanções; b) invalidação de ato administrativo; c) privação ou restrição de bens ou direitos; d) provocação do interessado, no exercício do direito de petição; e) invalidação ou revogação de procedimento licitatório; f) dispensa ou inexigibilidade de licitação.

Penso que a conceituação de instauração de processo administrativo pela Administração Pública como instauração de ofício, como faz a Lei Federal nº 9.784/99, no seu art. 5º, circunstância que é repetida em todas as leis estaduais que a copiaram, gera uma razoável dúvida porque dá a entender que a Administração Pública estaria instaurando um processo na dupla condição de parte e ao mesmo tempo de autoridade processante, nisso projetando o resultado de uma decisão final facilmente previsível porque, se a Administração Pública é quem instaura e preside o processo administrativo, é porque tinha interesse no resultado final, constituindo seus atos e termos meros instrumentos formais de realce de uma decisão previsível.

A dúvida é meramente nominal porque existe uma nítida dicotomia entre a Administração Pública que instaura o processo administrativo e aquela que o processará e o julgará. Embora o processamento e a decisão final não sejam nos moldes do juiz no processo civil ou penal, que tem estrutura típica de poder, no entanto, a Administração Pública que conduz o processo administrativo e profere a decisão administrativa, por força de lei ou mesmo regulamento, tem autonomia e autoridade bem definida daquela que propôs a instauração do processo. A confusão é apenas aparente. Mas, reconheço, não contribui para o aprimoramento da sedimentação do processo administrativo, porque muitos agentes administrativos não delimitam suas prerrogativas de condutores com os interesses da Administração Pública parte.

### 7.1. Da instauração pela Administração Pública

Como se viu no tópico antecedente, situações administrativas existem que impõem à Administração Pública a necessidade de propor a instauração de processo administrativo.

Já vai longe o tempo da doutrina do fato sabido, situações típicas de estados de exceção e não de estados democráticos de direito, em que a Administração Pública, sob o manto do predomínio absoluto do interesse público sobre o particular, impunha suas exigências de forma unilateral e através de ato administrativo simples, em completo desdém contra direitos e interesses de terceiros, seus administrados.

Com a elevação da necessidade do devido processo legal à categoria de garantia fundamental do cidadão, alargado pelos princípios de que, neste mesmo processo, seja possibilitado o contraditório, a ampla defesa e a possibilidade recursal, surgiu para a Administração Pública o dever de instaurar processo administrativo toda vez que tiver de proferir decisão que atente contra direitos ou interesses individuais.

A Lei Complementar nº 33/96, do Estado de Sergipe, é a única lei a enumerar situações de instauração obrigatória de processo administrativo pela Administração Pública, que, evidentemente, não é exaustiva, tamanha a complexidade das ações administrativas a atingir direitos e interesses de administrados.

A instauração do processo administrativo pela Administração Pública pode se operar através de decreto, portaria, auto de infração ou até mesmo despacho de autoridade competente, que conterá, em qualquer de suas formas, como requisitos essenciais para efeito de respeito ao contraditório e à ampla defesa: a) a identificação da autoridade signatária da portaria; b) a identificação completa do interessado; c) a exposição dos fatos e os fundamentos de direito para instauração do processo; d) a data e assinatura da autoridade administrativa.

A autoridade processante pode, por força de atribuição típica de ser condutora e responsável pelo bom andamento do processo, não acolher o pedido de instauração de processo administrativo por ausência de requisitos formais essenciais ou determinar seu aditamento. Essa providência é salutar porque preventiva de futuras nulidades, já que este ato administrativo, por exemplo, que contenha vícios formais ou que impeçam o interessado de exercer uma contradição plena, por atentatória ao princípio constitucional que o garante, é absolutamente nula.

Pode a Administração Pública parte recorrer dessa decisão, se não houver previsão legal de recurso de ofício.

### 7.2. Do requerimento do interessado

O interessado pode propor a instauração de processo administrativo por escrito e, excepcionalmente, de forma oral.

O requerimento escrito do interessado deverá conter: a) o órgão ou autoridade administrativa a que se dirige; b) a identificação do interessado ou de quem o represente; c) o domicílio do requerente ou local para recebimento de comunicações; d) a formulação do pedido, com exposição dos fatos e de seus fundamentos; e) a data e assinatura do requerente ou de seu representante.

Estes são requisitos formais importantes e têm cunho universal, já que identifica *quem pede*, *contra quem se pede* e *o que se pede*, circunstâncias sempre presentes em qualquer pedido.

Por aplicação do *princípio do informalismo em favor do interessado*, pode a autoridade processante determinar o processamento de vários requerimentos em um único processo administrativo desde que tenham eles conteúdo e fundamentos idênticos, mesmo que formulados por interessados diversos.

O requerimento pode vir acompanhado de documentos ou requerimento para produção de qualquer prova durante a instrução.

O requerimento do *interessado* pode ser indeferido liminarmente quando: a) não demonstrar sua capacidade processual; b) ficar caracterizado de forma manifesta que não tem legítimo interesse.

No caso da letra *a*, o indeferimento somente é possível depois que o interessado, orientado a suprir a sua capacidade, não o faz no prazo fixado em lei para suas manifestações.

Desde que previsto na lei processual administrativa, o requerimento pode ser formulado por *fax* ou transmitido por *e-mail*.

O processo administrativo pode ter início também por solicitação oral. Nestes casos, deve existir previsão legal, inclusive quanto à forma. De regra, o requerimento do interessado formulado oralmente é lavrado em *termo*, ato administrativo que, além dos requisitos próprios do requerimento do interessado, deverá conter a assinatura do agente administrativo que o lavrou e suas características funcionais. Geralmente as repartições públicas elaboram modelos ou formulários padronizados para assuntos que importem pretensões repetidas.

Indeferido o requerimento do interessado, desde que previsto na lei processual, é possível pedir reconsideração.

Interposta ou não a reconsideração, o interessado pode interpor recurso administrativo no prazo estipulado na lei de processo administrativo própria.

## 8. DA AUTUAÇÃO DO PROCESSO

A portaria, o decreto ou o auto de infração, que são atos da Administração Pública instauradores de processo administrativo, ou o requerimento ou o termo do interessado deverá ser autuado, com respectivo número de seu registro e data, constando o nome do ou dos interessados e o tipo de processo. Essas formalidades são necessárias para identificar o processo administrativo, deixando de constituir um amontoado de papéis.

O processo deverá ter suas páginas numeradas seqüencialmente e rubricadas por quem a lei ou regulamento do processo determinar.

É possível a adoção de termos de juntada, vista, intimação, conclusão ou outros semelhantes, sempre datados e rubricados, procurando-se eliminar ou inutilizar os espaços em branco, ressalvando-se as rasuras.

## 9. DA COMPETÊNCIA

*Competência*, na visão específica do processo administrativo, é o poder atribuído por lei ou regulamento a determinada autoridade ou órgão para processar e julgar um conflito administrativo.

É princípio de processo administrativo que a competência para processar e julgar um processo administrativo não pode ser renunciada. Portanto, aquele a quem por força de lei ou de regulamento for atribuída competência para atuar e decidir em processo administrativo não pode recusar essa atribuição. Em respeito ao poder hierárquico que detém a Administração Pública, adquire o servidor ou órgão um dever funcional e dele não pode dispor.

É possível que a lei ou regulamento que trata do processo administrativo especifique competência em razão do *valor*, da *matéria*, da *pessoa* ou do *território*, da mesma forma como ocorre no processo civil.

Dessa afirmação decorre que os direitos ou interesses puramente patrimoniais de quaisquer interessados, até um determinado valor, poderão ser processados e julgados por autoridade ou órgão de competência inferior. Nesse caso, competência seria em razão do valor.

Nada impede também que a lei ou o regulamento fixe a competência em decorrência da matéria. Ou seja, para determinados tipos de pedidos administrativos, até mesmo buscando a especialização administrativa e a conseqüente celeridade processual, poderia ser designado autoridade ou órgão detentor de conhecimentos sobre a matéria. Ter-se-ia, assim, a competência em razão da matéria.

Também é possível que ocorra a competência em razão da pessoa no processo administrativo. Pedidos que envolvam direitos ou interesses de determinadas partes pessoas físicas detentoras de cargos públicos relevantes ou até mesmo de pessoas jurídicas públicas podem ter competência específica. Essa fixação seria em razão da pessoa.

Por fim, nada impede que a lei ou o regulamento que venha a regrar o processo administrativo delimite o território de competência de determinada autoridade ou órgão.

O que não se pode olvidar é que a competência, qualquer que seja a modalidade, deve vir fixada em lei ou em regulamento.

A prática de atos administrativos processuais ou de atos que decidam o mérito do processo por autoridade incompetente é causa de nulidade do processo, devendo vir a ser declarado pela Administração Juiz quando do conhecimento do recurso ou pelo Poder Judiciário, se provocado por qualquer ação de controle, como é exemplo o mandado de segurança.

A competência será sempre especificada em lei ou regulamento, inclusive com a publicação das sedes administrativas dos órgãos ou das entidades encarregadas.

Havendo omissão na lei ou no regulamento sobre a competência, o processo administrativo deverá ser iniciado perante a autoridade de menor grau hierárquico para decidir.

### 9.1. Da delegação

A competência para processar e julgar o processo administrativo pode ser modificada por *delegação* ou por *avocação*. São situações próprias do processo administrativo e que não ocorrem no processo civil ou penal.

É certo que no processo judicial, no cumprimento ou requisição de atos processuais, existem as chamadas *cartas de ordem*, se o juiz for subordinado ao tribunal de que ela emana: *carta rogatória*, quando dirigida à autoridade judiciária estrangeira ou carta precatória, quando dirigida a juízes da mesma hierarquia.

As cartas no processo judicial não se confundem com a delegação de competência e muito menos com a avocação do processo administrativo.

A modificação da competência por delegação, também chamada de *competência delegada*, embora possível, somente se operará de forma parcial, em respeito ao princípio maior de que a competência é indelegável. E esta delegação só será válida se não houver impedimento legal ou regulamentar.

Ademais, a delegação de competência não se opera no exercício puro do poder discricionário da autoridade ou órgão processante. A conveniência e a oportunidade, embora presentes na delegação, subordinam-se à circunstância de natureza técnica, social, econômica, jurídica ou territorial. Assim, não basta o delegante, por puro desígnio subjetivo, outorgar competência ao delegado. É preciso que o ato administrativo de delegação seja motivado pelas circunstâncias mencionadas.

São circunstâncias que sempre necessitarão de delegação motivada: a) os exames, vistorias ou avaliações de circunstâncias que decorram de conhecimentos de uma determinada arte, ofício, profissão ou ciência; b) o alargamento da discussão através de consulta pública à sociedade; c) a aferição por órgão econômico da decisão a ser tomada; d) a verificação de repercussão jurídica por órgão próprio; e) a colheita de prova em territórios diferente daquele de tramitação do processo administrativo.

É certo que a delegação de competência pode ser efetivada a qualquer autoridade ou órgão administrativo, mas não se pode deixar de observar que a delegação somente será perfeitabilizada se o delegado tiver competência para executar as atribuições delegadas. Caso contrário os atos processuais praticados pelo delegado serão inválidos, nulificando o processo administrativo.

A delegação de competência também se verifica quando o processo administrativo é de competência de órgão colegiado e este, por decisão de seus membros, atribui a prática de determinados atos a seu presidente.

### 9.2. Do que não pode ser delegado

A delegação de competência é uma faculdade da autoridade ou órgão processante e que só se opera validamente na forma de ato motivado por circunstância de natureza técnica, social, econômica, jurídica ou territorial. Com a delegação não perde a autoridade ou órgão processante a sua atribuição originária. Ela é repassada a outra autoridade ou órgão que a auxiliará. Mas, entendendo o delegante que os motivos da delegação cessaram, ele pode revogar a delegação. Como a delegação, a revogação é ato motivado.

No entanto, atos existem que não podem ser delegados. São os atos de típica emanação pessoal, os chamados *intuito personae*.

São exemplos: a) a edição de atos de caráter normativo; b) a decisão de recursos administrativos; c) as matérias de competência exclusiva do órgão ou autoridade

### 9.3. Do conteúdo do ato de delegação

O ato de delegação de competência é ato administrativo em que a motivação constitui pressuposto de validade e de eficácia. E não é qualquer motivação, mas motivação que tenha como elemento material circunstância de ordem técnica, social, econômica, jurídica ou territorial.

Além de conteúdo essencialmente de mérito, o ato de delegação deve conter, como elementos tipicamente formais, os seguintes: a) as matérias e poderes transferidos; b) os limites da atuação do delegado; c) a duração e os objetivos da delegação; d) o recurso cabível; e) se necessário, ressalvas ao exercício das atribuições delegadas.

Executado o objeto delegado, extinta por adimplemento fica a delegação.

### 9.4. Da revogação da delegação

A competência atribuída a uma autoridade ou a órgão administrativo para atuar no processo administrativo é irrenunciável. Pode, todavia, desde que haja conveniência em razão de circunstância de natureza técnica, social, econômica, jurídica ou territorial, expressada em ato administrativo que especifique as matérias e os poderes transferidos, os limites de atuação do delegado, a duração e os objetivos da delegação, o recurso cabível e, se necessário, as ressalvas do exercício das atribuições delegadas, essa competência ser delegada a outra autoridade ou órgão administrativo.

No entanto, a delegação não cria direitos para o delegado. A qualquer momento, desde que entenda conveniente, pode a autoridade ou órgão delegante revogar a delegação.

Assim, cessada a conveniência declarada no ato de delegação durante a sua execução, pode a autoridade ou órgão processante revogá-la, evidentemente justificando os motivos dessa cessação.

O ato de revogação, como o de delegação, necessita de publicação no meio oficial.

### 9.5. Da execução da delegação

A autoridade ou órgão delegado deve agir nos estritos termos da delegação. Seus atos são de execução daquilo que foi delegado.

Dessa maneira, as decisões adotadas pelo delegado devem mencionar de forma expressa que são praticadas com essa qualidade.

Importante salientar que os atos praticados pelo delegado são atos próprios porque derivados da delegação.

O inconformismo de qualquer das partes no processo administrativo contra a prática de ato delegado deve se ater a este princípio.

### 9.6. Da avocação

*Avocação*, do latim *avocatione*, significa chamamento de uma causa a um juízo superior. Trata-se de uma quebra à regra de competência e, portanto, de uma restrição ao *princípio do juízo natural*.

No processo judicial a avocação é admitida apenas excepcionalmente e para evitar decisões tumultuárias, mas sempre que isso ocorre gera grandes discussões porque quebra o princípio da jurisdição, esteio de sustentação da própria afirmação política do Poder Judiciário.

No processo administrativo, a regra é a de que a competência de uma autoridade ou órgão administrativo, para atuar no processo seja irrenunciável e somente em situações especificadas em lei ou no regulamento e desde que retratem comportamentos típicos e sejam editadas por ato formal típico, pode ser delegada.

Ora, avocar um processo administrativo, subtraindo a competência natural de quem por força de lei ou regulamento a detém, portanto, só deve ocorrer em situações excepcionalíssimas e desde que *sobrevenham motivos relevantes plenamente justificados* para que esta quebra de competência se torne necessária.

Dessa forma, se para a delegação, que é uma exceção menor à regra da competência pois se trata tão-só de um deslocamento de execuções de atribuições, há exigência material e formal para sua prática, com muito mais exigência deve se pautar o superior hierárquico para avocar um determinado processo.

Enquanto na delegação de competência ocorre apenas repasse momentâneo das atribuições do poder exercido pela autoridade ou órgão responsável pelo processo administrativo, a outra autoridade ou órgão administrativo, por circunstâncias típicas de impossibilidade de execução, na avocação a competência, é subtraída para a autoridade hierarquicamente superior por motivos essencialmente subjetivos. *Situação excepcional* e *motivos relevantes* são molduras de quadros que somente a autoridade superior pode matizar.

Naturalmente que os motivos para a evocação não podem ter exercício discricionário absoluto. O superior hierárquico detentor da avocação deve fundamentar qual a situação excepcional e esclarecer quais os motivos relevantes para retirar a competência.

A ausência de motivação ou a motivação irrelevante torna o ato avocatório absolutamente nulo e, portanto, passível de recurso administrativo para que assim seja declarado, ou de controle jurisdicional, por intermédio das ações típicas de controle, como, por exemplo, o mandado de segurança.

A avocação, por ser ato excepcional, só será possível se houver previsão legal. Na ausência de permissivo legal ou regulamentar exsurge a regra da competência para princípio inderrogável.

A avocação, mesmo que possível, só deve ocorrer por tempo determinado. Assim, inexistindo vícios passíveis de sanação pelo superior hierárquico, o processo deve ser devolvido à autoridade ou órgão originário para prosseguimento.

A avocação não é recurso administrativo nem tem a finalidade de substituí-lo. É medida prejudicial que visa afastar entraves ocorridos no andamento do processo. No campo do processo judicial, seria uma espécie de correição parcial com deslocamento do processo.

## 10. DA AUTORIDADE OU ÓRGÃO ADMINISTRATIVO PROCESSANTE

É preciso deixar claro, como forma de repetição didática, que coexistem conceitos de Administração Pública bem distintos no processo administrativo, como se tem salientado em várias oportunidades neste livro.

O primeiro deles é o de Administração Pública como *parte*. O segundo, como *autoridade ou órgão processante*.

A Administração Pública na qualidade de parte já foi motivo de comentários.

A Administração Pública como *autoridade ou órgão processante tem estrutura de poder própria* e, por isso mesmo, tem, por força de atribuições legais ou regulamentares, competência para dirimir questões eminentemente processuais e para julgar o mérito da causa administrativa de forma motivada.

Naturalmente que a autoridade ou o órgão processante não tem os poderes do juiz no processo civil ou penal porque estes decorrem da própria estrutura política em que se insere o Poder Judiciário no contexto da Constitucional consistente no monopólio da jurisdição e, por conseqüência, da coisa julgada.

A responsabilidade da autoridade ou do órgão processante no processo administrativo é típica do agente público e tem quatro esferas de responsabilidades autônomas e cumulativas: administrativa, civil, penal e por improbidade administrativa.

Assim, se pratica atos caracterizadores de infrações administrativas será responsabilizado administrativamente consoante previsão estatutária; se os atos induzem a responsabilidade da Administração, deverá responder perante esta de forma regressiva; se estes atos constituírem infrações penais, responderá consoante as disposições do Código Penal ou leis extravagantes correlatas e se se constituírem improbidades administrativas, através da responsabilização da Lei nº 8.429/92

## 11. DOS IMPEDIMENTOS E DA SUSPEIÇÃO

O processo administrativo admite os impedimentos e a suspeição.

Os *impedimentos*, geralmente, estão previstos na lei processual que rege o processo administrativo.

Se não o forem, por aplicação subsidiária do processo civil, está impedido de atuar no processo administrativo todo aquele que, como autoridade ou integrante de órgão processante ou julgador: a) tenha interesse direto ou indireto na matéria; b) tenha participado ou venha a participar como perito, testemunha ou representante, ou se tais situações ocorrem quanto ao cônjuge, companheiro ou parentes afins até o terceiro grau; c) esteja ligado judicial ou administrativamente com o interessado ou respectivo cônjuge ou companheiro.

A autoridade ou o servidor integrante de órgão processante ou julgador que incorrer em impedimento deve comunicar imediatamente o fato a seu superior hierárquico, abstendo-se de atuar no processo.

O impedimento pode também ser alegado nos próprios autos pela parte interessada em petição fundamentada e devidamente instruída na primeira oportunidade em que lhe couber falar nos autos. A alegação não suspende o andamento do processo.

A autoridade ou o órgão administrativo proferirá decisão motivada, cabendo à parte interessada o direito de recorrer no prazo previsto em lei ou regulamento.

A decisão que acolher o impedimento suspende o processo administrativo até que haja superação do óbice.

A prática de atos processuais administrativos pela autoridade ou servidor integrante de órgão colegiado responsável pelo processo redunda em nulidade dos atos praticados e deve ser declarada nos próprios autos, buscada mediante recurso administrativo ou até judicialmente.

No campo da responsabilidade, a prática de atos administrativos quando incidente impedimento constitui falta funcional grave, ato de improbidade administrativa passível de sanção típica ou ilícito penal.

A suspeição da autoridade ou integrante de órgão colegiado processante no processo administrativo mantém a mesma estrutura do processo judicial.

Portanto, pode ser argüida como suspeita a autoridade ou o servidor integrante de órgão colegiado processante ou julgador que tenha amizade íntima ou inimizade notória com algum dos interessados, com os respectivos cônjuges, companheiros e parentes a afins até o terceiro grau.

A argüição de suspeição deve ser feita no próprio processo administrativo através de petição fundamentada e devidamente instruída na primeira oportunidade em que lhe couber falar nos autos. Sendo o processo administrativo informal por natureza, permitir a abertura de um incidente em autos apartados seria atentar contra esta informalidade.

A argüição de suspeição não suspende o processo administrativo.

No entanto, a decisão que acolher o incidente, por impedir o desenvolvimento válido do processo, suspende seu andamento até a substituição da autoridade ou do integrante do órgão colegiado processante ou julgador.

Da decisão proferida cabe pedido de reconsideração e recurso administrativo no prazo previsto na lei ou regulamento.

É possível que a autoridade ou o integrante do órgão colegiado processante se declare suspeito por *motivo de foro íntimo*. Nessa situação, apesar da subjetividade da suspeição, é salutar que a autoridade ou o integrante do colegiado comunique de forma reservada a seu superior ou aos demais membros integrantes do órgão, por respeito ao princípio do juízo natural.

## 12. DOS SERVIDORES PÚBLICOS AUXILIARES DA AUTORIDADE OU DO ÓRGÃO PROCESSANTE

O processo administrativo ainda é visto como instrumento inquisitorial. Daí porque muitas das leis que o regram em cada competência administrativa não se preocupam com a sua devida estruturação.

Entre algumas dessas omissões, está a não previsão de cargos com atribuições típicas de auxílio ao processo administrativo ou mesmos funções a serem exercidas por servidores públicos que deverão auxiliar a autoridade ou o órgão processante ou até mesmo, desde que haja necessidade pelo volume de processos administrativos, a organização e as atribuições da secretaria, que servirá de órgão de apoio para o andamento do processo.

Portanto, inexistindo previsão, a autoridade ou o órgão processante designará servidor ou servidores que:

a) redigirão, em forma legal, os ofícios e demais atos necessários para o desenvolvimento do processo:
b) executarão as determinações da autoridade ou do órgão processante, promovendo as intimações, bem como praticando todos os demais atos que lhe forem atribuídos;
c) terão, sob sua guarda e responsabilidade, os autos, não permitindo que saiam da repartição, salvo (1) quando forem conclusos à autoridade ou órgão processante, (2) com vista às partes ou (3) quando avocados;
d) darão, independentemente de decisão administrativa, certidão de qualquer ato ou termo do processo.

Os servidores designados responderão administrativamente quando, sem justo motivo, se recusarem a cumprir as determinações da autoridade ou do órgão processante ou praticarem ato nulo resultante de dolo ou culpa.

## 13. DA FORMA, TEMPO E LUGAR DOS ATOS PROCESSUAIS

Os atos do processo administrativo, salvo quando a lei expressamente os exigir, não dependem de forma determinada. Aplica-se por inteiro o *princípio da informalidade em favor do interessado*.

Os atos processuais, como atos administrativos formais, devem ser editados por escrito e em português, com data, local de sua realização e a assinatura da autoridade responsável. Admitir-se-á documentos em língua estrangeira, desde que acompanhado da respectiva tradução.

Típico do informalismo que rege o processo administrativo, não se deve exigir o reconhecimento de firma, salvo existindo dúvidas sobre a autenticidade de documentos. Essa autenticação poderá ser feita pela própria Administração Pública à vista do documento original.

Os atos do processo devem ser realizados em dias úteis, no horário normal de funcionamento da repartição na qual tramitar o processo.

No entanto, poderão ser concluídos depois do horário normal os atos já iniciados e cujo adiamento prejudique o curso regular do procedimento ou cause dano ao interessado ou à Administração Pública.

Não existindo regra específica e por já ser admitido no direito como prazo razoável, os atos da autoridade ou do órgão responsável pelo processo, dos interessados ou da Administração Pública como parte deverão ser praticados no prazo de 5 (cinco) dias, admitindo-se a dilação deste prazo até o dobro por motivo de força maior devidamente motivado.

Os atos do processo devem realizar-se preferentemente na sede do órgão onde tramita o processo administrativo.

Sendo outro o local, como é o caso dos atos delegados, o interessado deverá ser previamente cientificado.

Omitindo-se esta comunicação e sendo praticado o ato, se prejudicial ao direito ou interesse da parte, deverá ser anulado de forma motivada. Caberá recurso no prazo estipulado na lei ou no regulamento.

## 14. DA COMUNICAÇÃO DOS ATOS E DOS PRAZOS

Não há no processo administrativo distinção entre citação, intimação ou notificação, como ocorre no processo judicial. Pelo princípio do informalismo no processo administrativo, as comunicações dos atos formais ou materiais têm forma única – *a intimação* como regra, ou até mesmo a *notificação*, como sinônimas. Não existe citação. Na esteira da Lei Federal nº 9.784/99, que moldou a base do processo administrativo em todo território brasileiro, *intimação* é a nomenclatura usada para definir a comunicação dos atos processuais administrativos, quaisquer que sejam eles.

Portanto, mesmo para aqueles atos que resultem para o interessado a imposição de deveres, ônus, sanções ou restrição ao exercício de direito e atividades e atos de outra natureza, de seu interesse e que por isso mesmo necessitem de resguardo do contraditório ou da ampla defesa, são realizados através de *intimação*.

Importante salientar que o desatendimento à intimação não importa o reconhecimento da verdade dos fatos, nem a renúncia a direito pela parte. Mesmo que a parte tenha silenciado quanto à oportunidade do contraditório, ela pode ingressar a todo momento no processo e requerer produção de prova, desde que pertinente e oportuna, no pleno exercício de seu direito constitucional à ampla defesa.

Não são aplicados ao processo administrativo os efeitos da revelia do processo judicial. Elege-se com primazia o *princípio da verdade real,* segundo o qual o fim do processo administrativo é uma decisão que represente a realidade administrativa.

A intimação, como ato típico para viabilizar a comunicação no processo administrativo, tem requisitos formais para sua edição.

Assim, são requisitos formais da intimação a: a) identificação do intimado e nome do órgão ou entidade administrativa; b) finalidade da intimação; c) data, hora e local em que deve comparecer; d) se o intimado deve comparecer pessoalmente, ou fazer-se representar; e) informação da continuidade do processo independentemente do seu comparecimento; f) indicação dos fatos e fundamentos legais pertinentes.

Diferentemente do processo judicial, não há a obrigatoriedade de expedição de mandado de intimação a ser cumprido por um auxiliar da Administração Pública, como ocorre no processo judicial. Típico de um processo ágil e funcional, a comunicação dos atos no processo administrativo pela intimação se fará por ciência no processo, por via postal com aviso de recebimento, por telegrama ou qualquer outro meio que assegure a certeza da ciência do interessado, sem que haja preferência por um ou por outro meio, mas apenas a conveniência ou oportunidade da presteza do ato.

No entanto, nada impede que a autoridade ou órgão processante faça chegar às mãos da parte interessada de ofício, contendo os elementos formais da intimação com entrega pessoal de servidor público designado. Neste caso, deverá o portador do ofício obter a assinatura do interessado em livro ou documento próprio.

O interessado pode tomar conhecimento de decisão que resultou na imposição de deveres, ônus, sanções ou restrição ao exercício de direitos e atividades, ou atos de qualquer outra natureza, desde de seu interesse, ou ainda para a efetivação de diligência através de intimação nos próprios autos.

Neste caso, oporá sua assinatura, que será certificada por quem a autoridade ou o órgão processante determinar com data para fixação do momento inicial do prazo.

A intimação ainda poderá ocorrer por: a) aviso de recebimento; b) telegrama; c) fax ou e-mail.

Os atos processuais realizar-se-ão nos prazos prescritos na lei do respectivo processo administrativo. Há um consenso nas leis e regulamentos do processo administrativo que, havendo omissão sobre o prazo de realização de determinado ato processual, será ele de 5 (cinco) dias.

Os prazos começam a correr a partir da data da cientificação oficial, excluindo-se da contagem o dia do começo e incluindo-se o do vencimento.

Considera-se prorrogado o prazo até o primeiro dia útil seguinte se o vencimento cair em dia em que não houver expediente ou este for encerrado antes da hora normal.

Os prazos expressos em dias são contados de modo contínuo, não se interrompendo nos sábados, domingos e feriados.

Os prazos fixados em meses ou anos contam-se de data a data. Se no mês do vencimento não houver o dia equivalente àquele do início, tem-se como termo o último dia do mês.

Salvo motivo de força maior devidamente justificado, os prazos processuais não se suspendem.

## 15. DO CONTRADITÓRIO

Embora as leis que regram o processo administrativo omitam a possibilidade de contradição, ela deve ser respeitada e aplicada por força do art. 5º, inciso LV, da Constituição Federal. Trata-se de garantia fundamental outorgada a todo aquele que tem direito ou interesse atingido ou que possa vir a ser atingido por decisão administrativa. A omissão da lei do processo não afasta a aplicação da regra constitucional.

Contraditório é a possibilidade atribuída a alguém de poder se opor à manifestação de outrem. O Código de Processo Civil chama o contraditório de resposta do réu quer venha com a roupagem de contestação, exceção ou reconvenção. Afinal de contas, datado de 1973, embora o termo contraditório fosse de conhecimento da doutrina, ainda não existia como princípio constitucional. Somente com a Constituição Federal de 1988 o contraditório passou a ter autonomia conceitual, desmembrando-se da ampla defesa, que passou a ter especificidade limitada à produção ampla de provas.

A Administração Pública, na condição de parte requerida, e o interessado podem alegar, no prazo para contradição, toda matéria de defesa, expondo as suas razões de fato e de direito, inclusive as provas que pretendem produzir.

A contradição, mesmo porque não regrada nas leis ou regulamentos de processo administrativo, não tem exigência formal para ser apresentada. Mas como representa oportunidade de defesa, deve conter defesa de mérito e preliminares, tal qual ocorre no processo civil.

Assim as partes podem alegar, como preliminares, matérias essencialmente processuais como: a) inexistência ou nulidade da intimação; b) incompetência, impedimento ou suspeição da autoridade ou membro do órgão processante; c) inépcia da peça instauradora do processo administrativo por ilegitimidade de parte, carência de interesse processual, incidência de decadência ou de prescrição, ausência de dialeticidade entre os fatos e o pedido e pedido juridicamente impossível; d) incapacidade de parte, defeito de representação ou falta de autorização: e) perempção administrativa; f) litispendência administrativa; g) coisa julgada administrativa; h) conexão administrativa.

A ausência de contradição no processo administrativo não induz a conclusão de que são verdadeiros os fatos afirmados na peça instauradora. O processo administrativo, diferentemente do processo judicial, não admite aquilo que o Código de Processo Civil chama de *revelia*. A ênfase é a busca da verdade real.

Portanto, o silêncio quanto à oportunidade de contradição gera apenas efeitos processuais, como a continuação do processo sem a presença da parte requerida que, todavia, poderá, a qualquer momento, nele se habilitar, inclusive produzindo provas.

## 16. DO JULGAMENTO CONFORME O ESTADO DO PROCESSO

Embora nenhuma lei conhecida que trate do processo administrativo preveja a possibilidade do julgamento conforme o estado do processo, tal qual previsão expressa do Código de Processo Civil, art. 329 e 330, penso que é possível aplicar estes dispositivos de forma subsidiária ao processo administrativo.

Relembrando. O processo administrativo ganhou foro de equiparação ao processo judicial por força constitucional. Assim, quando o art. 5º, inciso LIV, da Constituição Federal, dispôs que *ninguém será privado da liberdade ou de seus bens sem o devido processo legal* e, no inciso LV, que *aos litigantes em processo judicial e administrativo ser-lhes-ia assegurado o contraditório e ampla defesa, com os meios e recursos a ela inerentes*, equiparou o processo administrativo ao judicial.

Dessa forma, quando ocorrerem no processo administrativo situações típicas de julgamento antecipado ou mesmo de extinção do processo judicial civil é possível seu julgamento conforme o estado em que se encontra. As situações são:

1. indeferimento da peça instauradora do processo, quando proposta pela Administração Pública ou do requerimento do interessado.
2. paralização do processo por negligência de qualquer das partes.
3. abandono do processo por prazo superior a 30 dias.
4. ausência de pressuposto de constituição e de desenvolvimento válido e regular do processo.
5. quando for acolhida a perempção, litispendência ou a coisa julgada administrativa.
6. houver desistência do processo.
7. quando a questão for unicamente de direito.
8. quando a questão for de direito e de fato, não houver necessidade de produzir prova em audiência.

## 17. DO CABIMENTO DE MEDIDAS CAUTELARES

São raras as disposições processuais administrativas que tratam de medidas cautelares. Não havendo previsão legal a respeito, são plenamente aplicáveis as disposições do Código de Processo Civil a respeito de forma subsidiária, respeitadas as peculiaridades próprias do processo administrativo.

No entanto, o processo administrativo admite a concessão de *medidas cautelares*, sempre de *caráter provisório*, durante a sua tramitação, sem necessidade de que isso se verifique em autos apartados, desde que seja para *garantir a eficácia da decisão final*. Não há necessidade de se buscar distinção se estas medidas têm a roupagem de liminares, cautelares autônomas ou mesmo de antecipação de tutela, como ocorre no processo civil. Não se pode esquecer que o processo administrativo prima pela formalidade mínima.

Embora as leis que tratam do processo administrativo, quando tratam, não contemplem esta previsão com a devida suficiência, a concessão de medidas cautelares é sempre possível por aplicação subsidiária do processo civil, através dos arts. 273 e 796 e seguintes.

Afinal, sendo o processo um instrumento para a resolução de um conflito, disto não escapa o processo administrativo como espécie que é. Por conseguinte, existindo um processo administrativo em andamento, (a) – prova do bom direito de quem requer, (b) – verossimilhança, (c) – justo receio de vir a ser frustrada a decisão final e (d) – a possibilidade de lesão difícil, incerta ou impossível, a medida cautelar é o instrumento acautelatório até necessário.

A concessão de medida cautelar no processo administrativo não é ato discricionário da autoridade ou órgão processante. Trata-se de ato vinculado a determinados pressupostos sem os quais a concessão se torna nula.

Assim, para que a autoridade ou o órgão processante ordene a medida cautelar é necessário que alguns pressupostos sejam respeitados. São eles: a) o processo administrativo tenha sido iniciado; b) haja prova inequívoca do direito da parte; c) tenha a autoridade ou órgão processante se convencido da verossimilhança do pedido; d) haja justo receio de vir a ser frustrada a decisão, se a medida não for adotada; e) se destine a evitar lesão de difícil, incerta ou impossível reparação aos interesses públicos ou do interessado.

Sendo o processo administrativo um universo próprio, em que os incidentes são resolvidos no seu próprio interior, para que qualquer medida cautelar seja analisada é necessário que o *processo tenha existência formal*. Portanto, é preciso que a Administração Pública ou o interessado o tenha iniciado através de manifestação escrita, tenha sido ela distribuída, autuada e registrada.

Conquanto exista uma aparente confusão entre Administração Pública *parte* e Administração Pública *autoridade ou órgão processante*, o certo é que é possível no processo administrativo estabelecer-se esta distinção, sob pena de ferimento da sua própria autonomia constitucional. Quando o constituinte afirmou que os litígios poderiam ser resolvidos via processo administrativo, conforme exegese do art. 5º, inciso LV, da Constituição Federal, desde que se oportunizasse o contraditório, a ampla defesa, com a utilização dos meios e recursos a ela inerente, deixou claro que a Administração Pública é parte no processo administrativo. Por lógica, alguém que é litigante não pode ser ao mesmo tempo condutor e decisor. A imbricação de atribuições e de interesses fere a moralidade. Portanto, há necessidade de bem se distinguir quando a Administração Pública é litigante ou quando é condutora do processo. Assim, para que uma medida cautelar seja concedida há necessidade de que a Administração Pública, como parte, a provoque, demonstrando prova inequívoca de seu direito. De outro lado, entendo que a medida cautelar pode ser concedida também ao interessado, desde que demonstre o seu pedido.

Como terceiro requisito, há necessidade de que o pedido tenha *verossimilhança*, pareça verdadeiro. Aqui não há necessidade de um juízo de certeza, que somente será possível na decisão final. O requisito da verossimilhança exige da autoridade ou do órgão processante um juízo de razoabilidade.

*Justo receio* é o legítimo temor de que, se não concedida a medida cautelar, a decisão final será frustrada. Dessa forma, verificada pela autoridade ou órgão processante que, se a medida cautelar não for deferida a decisão final não alcançará seu objetivo, deverá concedê-la, até porque o processo administrativo tem a regê-lo, entre outros, o *princípio da eficiência*.

E como requisito final, tem-se a *possibilidade de lesão de difícil, incerta ou impossível reparação*. *Lesão* é a violação a um direito. Portanto, se nos autos administrativos ficar demonstrado que o direito da parte, Administração Pública ou interessado, sofrerá possível violação cuja reparação será complicada, sem nenhuma certeza ou irrealizável a medida cautelar deverá ser concedida pela autoridade ou órgão processante.

Preenchidos os pressupostos, a concessão da medida se torna até exigível porque, caso contrário, a autoridade ou órgão processante causará danos a direitos ou interesses da parte de forma irreversível.

Da negativa de concessão cabe pedido de reconsideração e recurso administrativo no prazo previsto na lei do processo. Não havendo previsão, no prazo de 5 (cinco) dias.

Sendo a medida cautelar um ato administrativo de cunho processual a análise para seu deferimento ou indeferimento exige *motivação, que é a circunstância pela qual a autoridade ou o órgão processante fundamentará a decisão concessiva ou negativa da cautelar.*

Assim, ao analisar os pressupostos para a concessão da medida a autoridade ou órgão processante deverá rechear os pressupostos para seu deferimento com dados peculiares ao próprio processo. A menção objetiva de que foram atendidos os pressupostos de concessão é ausência de motivação ou motivação incompleta, tornando o ato administrativo processual plenamente nulo, passível de alegação pela parte interessada em recurso administrativo.

A ausência de motivação ou a motivação incompleta torna o ato nulo passível de controle administrativo ou judicial.

Havendo modificação em qualquer dos pressupostos necessários para a concessão da medida cautelar, a pedido da parte interessada, pode a autoridade ou órgão processante alterá-la ou revogá-la, com motivação e ciência dos interessados, inclusive de quem tenha interesse na sua manutenção.

As medidas cautelares são sempre provisórias e, portanto, serão automaticamente extintas logo que: a) for proferida a decisão final no processo; b) decorrer o prazo de sua validade; c) decorrido o prazo para a decisão final, sem que haja sido proferida.

A decisão final põe termo ao processo administrativo. Sendo a medida cautelar um incidente interno ao processo, extinto este pela decisão final, extinta aquela porque fica o conteúdo desta subsumida no conteúdo daquela.

A medida cautelar pode ser concedida com prazo certo de duração. Portanto, expirado o prazo, extinta a medida de pleno direito.

Circunstância interessante é a extinção da medida cautelar por descumprimento do prazo para a decisão final. A extinção aqui funciona como verdadeira sanção. Ocorre que a extinção só se deve ocorrer se a medida cautelar foi concedida em benefício da Administração Pública. Seria ilógico que, sendo o interessado o beneficiário da medida, sofresse ele penalização por descumprimento de típico dever administrativo.

## 18. DA INSTRUÇÃO

O processo administrativo é um instrumento através do qual se busca resolver um litígio administrativo. A resolução desse litígio exige instrução ampla com colheita de prova.

Ou, como diz o art. 29 da Lei Federal nº 9.784/99, repetido nas várias leis estaduais que tratam do processo administrativo:

> Art. 29. As atividades de instrução destinadas a averiguar e comprovar os dados necessários à tomada de decisão realizam-se de ofício ou mediante impulsão dos órgãos responsável pelo processo, sem prejuízo do direito dos interessados de propor atuações probatórias.

São admitidas no processo administrativo todas as provas obtidas por meio lícitos, a contrário senso do *princípio de que são admissíveis, no processo, as provas obtidas por meios ilícitos*, consoante dispõe o art. 5º, inciso LVI, da Constituição Federal.

Os meios usuais de provas passíveis de produção no processo administrativo são: a) o depoimento pessoal; b) a confissão; c) a exibição de documento; d) a prova documental; e) a prova testemunhal; f) a prova pericial; g) a inspeção administrativa; h) a consulta pública

Os meios de provas no processo administrativo são idênticos aos do processo judicial. A novidade é que nele é admitida ainda a *consulta pública* quando envolver assunto de interesse geral, oportunidade em que a autoridade ou o órgão processante, mediante despacho motivado, poderá abrir período de consulta pública para manifestação de terceiros, desde que não haja prejuízo para a parte diretamente interessada. Trata-se de novidade de exclusiva pertinência do processo administrativo, envolvendo interesses difusos não diretamente atingidos no litígio.

Os fatos conhecidos por todos, os chamados *fatos notórios*, os afirmados por uma parte e confessados pela parte contrária, os admitidos no processo administrativo como incontroverso e aqueles em cujo favor milita a presunção legal de existência e de veracidade não dependem de prova.

O Código de Processo Penal admite a *acareação* como prova. *Acareação* é o ato de acarear, que significa por testemunhas frente uma da outra em decorrência de testemunhos divergentes sobre o mesmo fato. Essa modalidade de prova sempre se mostrou improdutiva porque as testemunhas sempre costumam manter seus depoimentos anteriores. Este tipo de prova é substituído pela sensibilidade do julgador, que valorará um depoimento em detrimento de outro pelas circunstâncias de cada um.

No entanto, embora exista um elenco específico de provas ou forma de entender um fato provado criado no processo judicial e que pode ser transposto com a mesma envergadura para o processo administrativo por aplicação do *princípio constitucional da ampla defesa* de abrangência indistinta a todos os litígios, é possível ocorrerem situações atípicas que refujam ao espectro normal de provas. Em tais situações, a autoridade ou o órgão processante deverá se louvar naquilo que o Código de Processo Civil, art. 335, chama de *regras de experiência comum subministradas pela observação do que ordinariamente acontece* ou as *regras de experiência técnica* que não o exame pericial. Em outras palavras, a prova no processo administrativo pode abranger os costumes praticados em cada Administração Pública.

Quanto ao mais, aplica-se à prova as regras do Código de Processo Civil.

## 19. DA AUDIÊNCIA

A audiência no processo administrativo, que não se confunde com aquela forma de *consulta pública* chamada de *audiência pública*, quando necessária, é semelhante à do processo judicial e se destina à possibilidade de conciliação e instrução e julgamento da lide administrativa.

Assim, se a lei que regulamenta o processo administrativo no âmbito de cada Administração Pública não disciplinar o *modus faciendi* da audiência administrativa, aplicar-se-á as disposições do Código de Processo Civil que regem a audiência no processo civil.

*Audiência* no processo administrativo é o ato público que a autoridade ou o órgão processante determina para a prática de atos administrativos processuais necessários para o deslinde do conflito e que deve contar com a presença das partes interessadas, testemunhas e peritos, que deverão ser previamente intimados.

Na sua realização, a autoridade ou o órgão processante deverá exercer o poder de polícia, competindo-lhe: a) manter a ordem e o decoro na audiência; b) ordenar que se retirem da sala da audiência os que se comportarem inconvenientemente; c) dirigir os trabalhos da audiência; d) proceder direta e pessoalmente à colheita das provas; e) exortar as partes e seus advogados a que discutam a causa com elevação e urbanidade.

Detendo o poder de polícia nas audiências, deve a autoridade ou o presidente do órgão processante providenciar para que o ato público transcorra com normalidade.

### 20. DA DECISÃO

A autoridade ou o órgão que detiver competência para proferir a decisão final no processo administrativo dela não poderá se omitir. Trata-se de dever funcional do servidor e direito das partes envolvidas.

A legislação que regulamentar o processo administrativo deverá prever sobre o prazo para que a decisão seja proferida.

Havendo omissão, a praxe é que este prazo seja de 30 (trinta) dias, prorrogável motivadamente por igual prazo.

A decisão deverá ser motivada.

*Motivar* é explicar o motivo, fundamentar. Portanto, decisão administrativa motivada é aquela em que a autoridade ou o órgão decisor tem o dever de explicitar as razões de fato e de direito pelas quais chegou à decisão administrativa e pôs fim ao processo administrativo.

Pelo enunciado no art. 5º, inciso LIV e LV, da Constituição Federal, sempre que houver um litígio entre a Administração Pública e o interessado, haverá processo administrativo e, por via de consequência, deverá ser proferida decisão motivada.

O princípio constitucional de processo administrativo visa garantir que todos aqueles que litigam contra a Administração Pública possam conhecer as razões pelas quais sua lide foi decidida.

No aspecto formal, o ato administrativo que decida uma lide administrativa, tal qual uma sentença, deve conter requisitos essenciais, como: a) o relatório, que conterá os nomes das partes, a suma do pedido e da contradição, bem como o registro das principais ocorrências havidas no andamento do processo; b) os fundamentos de fato e de direito; c) o dispositivo.

Próprio da informalidade do processo administrativo, os fundamentos de fato e de direito podem consistir em declaração de concordância com fundamentos de anteriores pareceres, informações, decisões ou propostas que, neste caso, é como se integrassem a decisão final.

A decisão pode ser acolher ou rejeitar, no todo ou em parte, o pedido inicial ou, ainda, extinguir o processo sem adentrar nesta questão, se acolher questões preliminares.

As decisões orais serão consignadas em termo, respeitando os requisitos essenciais.

Proferida a decisão administrativa final, as partes podem requerer que a autoridade ou o órgão decisor esclareça obscuridade, dúvida ou contradição ou se pronuncie sobre ponto que devia se pronunciar, antes do prazo do recurso administrativo.

A decisão administrativa que pôr fim ao litígio administrativo deverá declarar extinto o processo.

Pelo *princípio da gratuidade*, não há necessidade de condenação da parte sucumbente em honorários e despesas processuais.

As partes deverão ser intimadas da decisão final através dos meios previstos na lei.

Intimadas, começa a correr o prazo para a interposição de recurso administrativo. Sendo ela omissa, como é de praxe administrativa, o prazo será de 30 (trinta) dias.

O art. 50, da Lei nº 9.784/99, que trata do processo administrativo no âmbito da administração federal, elenca os atos administrativos passíveis de motivação, que, como se pode observar, são atos decorrentes de potenciais litígios administrativos instrumentalizados no devido processo administrativo. São eles: a) neguem, limitem ou afetem direitos ou interesses; b) imponham ou agravem deveres, encargos ou sanções; c) decidam processos administrativos de concurso ou seleção pública; d) dispensem ou declarem a inexigibilidade de processo licitatório; e) decidam recursos administrativos; f) decorram de reexame necessário; g) deixem de aplicar jurisprudência firmada sobre a questão ou discrepem de pareceres, laudos, propostas e relatórios oficiais; h) importem anulação, revogação, suspensão ou convalidação de ato administrativo.

Diferentemente do que ocorre no processo judicial, a autoridade ou o órgão processante não dispõe desta largueza na motivação da decisão administrativa. Vinculando-se a Administração Pública a princípios vetores por força constitucional, não pode a autoridade ou o órgão julgador fugir desta vinculação, sob pena de praticar ilegalidade. Observe-se o seguinte exemplo: estabelecendo a Constituição Federal que o ingresso no serviço público só se verifica através de concurso público e que somente por este caminho o servidor adquirirá a estabilidade, jamais poderá ser decidido administrativamente que alguém contratado temporariamente poderá ser estabilizado.

Dúvida razoável, no entanto, poderá surgir quando princípios administrativos se apresentarem em aparente conflito (aparente, porque princípios não conflituam entre si e, sim, se limitam). Veja-se a seguinte situação: durante longos anos um servidor público percebe uma gratificação que, decorrido certo tempo, é incorporada aos seus vencimentos. A Administração Pública, em revisão retroativa, anula a concessão da gratificação sob o fundamento de ser ela ilegal, liquida o montante percebido pelo servidor indevidamente e, sem a instauração de processo administrativo, passa a descontar em folha mensal parcelas do que foi pago. Ter-se-ia aí conflitos de princípios. De um lado, o princípio da legalidade e, de outro, os princípios da segurança jurídica, da boa-fé, da irretroatividade interpretativa e da decadência administrativa. Qual a motivação que deve prevalecer? Evidentemente que qualquer das posições que vier a ser tomada é razoável, podendo sem sombra de dúvida ser evocado o livre convencimento na decisão administrativa.

## 21. DA SUSPENSÃO E DA EXTINÇÃO DO PROCESSO ADMINISTRATIVO

O processo administrativo pode ser suspenso e extinto.

O processo administrativo pode ser suspenso tal qual ocorre com o processo judicial, com pequenas modificações.

Assim, suspende-se o processo:

a) pela morte ou perda da capacidade processual do interessado, do representante legal das partes ou de seus procuradores.
b) pela convenção das partes.
c) quando houver argüição de incompetência, de suspeição ou de impedimento da autoridade ou de qualquer dos membros do órgão processante ou julgador.
d) quando a decisão administrativa depender de julgamento de outro processo administrativo ou judicial, ou de declaração da existência ou inexistência da relação jurídica, que constitua o objeto da causa principal de outro processo pendente ou quando não puder ser proferida senão depois de verificado determinado fato, ou de produzida certa prova solicitada a outra administração ou ainda tiver por pressuposto o julgamento de questão de estado, requerido como declaração incidente.
e) por motivo de força maior.
f) nos demais casos previstos na lei do processo administrativo.

O processo administrativo, como o processo civil, pode ser extinto pela autoridade ou órgão processante através de decisão fundamentada. Mas, diferentemente do processo civil, não há necessidade de se estabelecer diferenciação se esta extinção é meramente processual ou se envolve o mérito da causa.

A extinção do processo civil com ou sem julgamento do mérito tem repercussão de ordem sucumbencial, recursal ou diz com o limite da coisa julgada. Estas circunstâncias inexistem no processo administrativo. Daí de nenhuma importância se o processo administrativo foi extinto por causa meramente processual ou se julgar o mérito do pedido.

A lei que regular o processo administrativo no âmbito de cada Administração Pública poderá também fixar os casos de sua extinção. Havendo omissão, nada impede que se aplique as regras de extinção aplicáveis ao processo civil.

Ao tratar do *julgamento conforme o estado do processo*, comentei que o processo administrativo poderia ser julgado antecipadamente e conseqüentemente extinto quando houvesse:

a) indeferimento da peça instauradora do processo, quando proposta pela Administração Pública, ou do requerimento do interessado;
b) paralização do processo por negligência de qualquer das partes;
c) abandono da causa por prazo superior a 30 dias;
d) ausência de pressuposto de constituição e de desenvolvimento válido e regular do processo;
e) acolhida da perempção, da litispendência ou da coisa julgada;
f) impossibilidade jurídica, ilegitimidade de parte e falta de interesse processual;
g) desistência do processo;
h) questão unicamente de direito;
i) questão de direito e de fato e não houvesse necessidade de produção de prova em audiência;
j) renúncia do direito;
k) esvaziamento de sua finalidade;
l) superveniência de fato que o torne inútil, impossível ou prejudicado.

## 22. DOS RECURSOS

Por força de preceito constitucional, o processo administrativo admite a possibilidade de reforma ou modificação da decisão administrativa através de recurso, desde que haja decisão administrativa atentatória a direito ou interesse de interessado proferida em razão de legalidade ou de mérito.[278]

Mas, diferentemente do processo judicial, o recurso administrativo tem procedimento e nomenclatura únicos. Não existe, portanto, agravo de instrumento para decisões interlocutórias ou apelação para as decisões de mérito. Tampouco existem embargos infringentes, recurso ordinário, especial ou extraordinário. O que existe no processo administrativo é exclusivamente o *recurso administrativo* de aplicação generalizada para toda decisão administrativa.

No entanto, a lei processual administrativa pode admitir *juízo de retratação* ou *de reconsideração*, que, em verdade, não é um recurso, mas um pressuposto de admissibilidade do recurso administrativo.

Penso, apesar do silêncio legislativo, ser possível a interposição de *embargos de declaração* quando houver na decisão administrativa obscuridade ou contradição ou ainda omissão sobre ponto que a autoridade ou o órgão decisor deveria se pronunciar, por aplicação subsidiária do CPC.

Recurso típico do processo administrativo é o de *revisão*. Trata-se de uma espécie de ação rescisória atemporal do processo civil ou de uma típica revisão criminal sempre possível nos processos administrativos sancionatórios quando surgirem fatos novos ou circunstâncias relevantes suscetíveis de justificar a inadequação da sanção aplicada.

A lei administrativa processual deve admitir o reexame necessário, tal qual o processo judicial, sempre que as decisões proferidas atentarem contra o interesse da Administração Pública.

O recurso administrativo será sempre cabível da decisão administrativa que afete interesse ou direito do interessado por razões de *legalidade* ou de *mérito*. Observe-se que o recurso administrativo não distingue decisão interlocutória ou final, como ocorre no processo civil. Qualquer que seja a decisão proferida no processo administrativo cabe *recurso administrativo*.

Importante é salientar que, diferentemente do processo civil, que só outorga legitimidade recursal àquele que for parte no processo, o processo administrativo abre o leque e legitima: a) os titulares de direitos e interesses que forem partes no processo; b) aqueles cujos direitos ou interesses forem indiretamente afetados pela decisão recorrida; c) as organizações e associações representativas, no tocante a direitos e interesses coletivos; d) os cidadãos ou associações, quanto a direitos ou interesses difusos.

Uma das grandes discussões que domina os recursos no processo civil é o reconhecimento de legitimidade recursal para quem ainda não é parte no processo. Isso porque a legitimidade recursal pressupõe juízo prévio de reconhecimento de alguém como parte. Essa dificuldade é mais tormentosa no agravo de instrumento porquanto tal recurso é interposto diretamente no segundo grau, não dispondo o relator dos autos do processo para aferir a legitimidade.

No processo administrativo tem legitimidade para recorrer tanto aqueles que forem partes no processo como terceiros indiretamente afetados, organizações, associações no tocante a direitos coletivos ou mesmo cidadãos e associações, quanto a direitos difusos.

Naturalmente que a admissão do recurso administrativo por quem não for parte direta no processo exige, além das razões de fato e de direito que fundamentam o pedido, a demonstração do interesse ou direito afetado e, se pessoa jurídica, sua existência.

---

[278] A Lei nº 9.784/99, que trata do processo administrativo no âmbito da administração federal, prevê a possibilidade de recurso no seu art. 56, nestes termos:
Art. 56. Das decisões administrativas cabe recurso, em face de razões de legalidade e de mérito.

Todo recurso administrativo deve ser dirigido à autoridade ou órgão que proferiu a decisão, salvo se a lei que rege o procedimento administrativo dispuser diferentemente, para que possa ocorrer a reconsideração.

A lei que reger o processo administrativo deve prever a possibilidade da reconsideração da decisão proferida no processo administrativo e o seu momento. Não o fazendo, deve a autoridade ou o órgão processante aplicar o princípio da razoabilidade e, conhecendo do recurso administrativo, reconsiderar a decisão administrativa proferida. A reconsideração é um típico juízo de retratação e deve ser fundamentada.

Interposto o recurso administrativo no prazo estabelecido na lei que rege o processo administrativo, e sendo ele admitido, poderá a autoridade ou órgão que proferiu a decisão reconsiderá-la. A lei do processo administrativo deverá fixar o prazo para reconsideração. Não o fazendo, tem-se admitido como prazo razoável o de 5 (cinco) dias, a contar da data em que a autoridade ou o órgão decisor recebeu os autos em conclusão.

O § 1º, do art. 56 da Lei Federal nº 9.784/99 fixou esse prazo em 5 (cinco) dias.

Não havendo regra expressa é razoável a admissão desse prazo a reconsideração.

A petição de recurso deverá conter os seguintes requisitos: a) a indicação da autoridade a quem é dirigida; b) nome, qualificação e endereço do recorrente; c) a indicação da Administração Pública recorrida; d) a exposição, clara e completa, das razões da inconformidade; e) data e assinatura do recorrente ou de seu advogado.

Na ausência de qualquer dos requisitos poderá a autoridade ou órgão destinatário da petição fixar prazo razoável para sua complementação. Não sendo atendido, o recurso não será admitido.

A lei que rege o processo administrativo deverá especificar o prazo para a interposição do recurso.

Não o fixando, é razoável entender como de 15 (quinze) dias, por aplicação subsidiária do prazo de apelação no processo civil.

Decorrido o prazo sem a interposição de recurso, opera-se a preclusão administrativa, impedindo a modificação do julgado.

A lei do processo administrativo deverá prever os casos de não conhecimento do recurso.

Não o prevendo, é razoável que o recurso administrativo não seja conhecido quando interposto: a) fora do prazo; b) perante órgão incompetente; c) por quem não seja legitimado; d) após exaurida a esfera administrativa.

Da decisão que não conhece do recurso também cabe recurso administrativo.

Pode a autoridade recorrida, mesmo não conhecendo do recurso, rever de ofício sua decisão, desde que não ocorrida preclusão administrativa.

Questão interessante é a da possibilidade de manifestação dos recorridos no processo administrativo, tal qual ocorre no processo civil.

A lei do processo administrativo pode prever tal possibilidade.

Não havendo previsão dessa possibilidade, penso que, se não houver disposição proibindo-a, é cabível a manifestação dos recorridos que já se encontram no processo ou que vieram a demonstrar legitimidade de interessado e ingressem nesta fase processual, por aplicação subsidiária do CPC.

Afinal de contas, embora a decisão administrativa lhe seja favorável, pode ele reforçá-la que novos argumentos ou até mesmo com a juntada de documentos novos, já que isso é plenamente admissível no processo administrativo.

É razoável admitir-se que o prazo se manifestação seja também de 15 (quinze) dias.

Admitindo-se a manifestação dos recorridos, deverão eles ser intimados por ciência no processo, por via postal com aviso de recebimento, por telegrama ou por qualquer outro meio que assegure a certeza da ciência do interessado.

As contra-razões recursais ou a resposta ao recurso administrativo não possui prescrição formal rígida.

No entanto, por questões lógicas inerentes à identificação do processo e ao princípio da dialeticidade recursal, ela deve conter os nomes e qualificação das partes, os fundamentos de fato e de direito pelos quais a decisão deverá ser mantida e o pedido de sua manutenção, data e assinatura. Contra-razões sem estes requisitos mínimos deverão ser devolvidas ao interessado. Cabe recurso de tal decisão se não houver proibição legislativa na lei do processo.

A lei do processo administrativo deverá fixar os efeitos do recurso. Nada dispondo, o recurso será recebido no efeito meramente devolutivo, o que o significa dizer que a decisão proferida é imediatamente exeqüível.

O ato administrativo em geral goza do atributo de presunção de legitimidade, o que também significa afirmar que é validade e eficácia aprioristicamente. Dessa forma, sendo a decisão final do processo administrativo uma espécie de ato administrativa goza ele de presunção de legitimidade potencializado pela circunstância de ser proveniente de um processo administrativo onde foi respeitado o princípio do devido processo legal e afins.

No entanto, havendo justo receio de prejuízo de difícil ou incerta reparação decorrente da execução, a autoridade ou o órgão recorrido, se o processo ainda lhe estiver afeito, ou o órgão recursal poderá, até mesmo de ofício, ou a pedido do recorrente, outorgar efeito suspensivo ao recurso.

A decisão que outorgar efeito suspensivo deverá ser fundamentada e dela também caberá recurso administrativo.

A lei do processo administrativo deve prever o conteúdo da decisão recursal.

Não o prevendo, o órgão recursal competente para decidir sobre a decisão recorrida pode: a) confirmá-la; b) modificá-la total ou parcialmente; c) anulá-la total ou parcialmente; d) revogá-la total ou parcialmente.

A confirmação, a modificação e a anulação total ou parcial da decisão recorrida são situações típicas de qualquer recurso e, por isso, aplicáveis ao recurso administrativo. A terminologia usual no caso de confirmação é *negar provimento*. No caso de modificação é *dar provimento total ou parcial*.

Novidade típica do processo administrativo é a possibilidade do órgão recursal de revogar total ou parcial a decisão recorrida. Neste caso, é preciso que haja previsão expressa em lei de que o órgão recursal tem competência discricionária de revogar a decisão anterior. Não havendo tal previsão, a competência do órgão recursal fica limitada em dar, negar ou anular o processo. A substituição da decisão recorrida por outra, não havendo previsão legal, é decisão nula passível de recurso administrativo.

A autoridade ou o órgão decisor de primeira ou de segunda instância tem o dever de proferir a decisão administrativa recursal, respeitando a estrutura formal exigida na lei do processo administrativo e, quanto ao mérito, fundamentando as questões de fato e de direito apresentadas pelas partes.

No entanto, a decisão administrativa pode conter *obscuridade, contradição* ou *omissão*. *Obscuridade* é a falta de clareza no texto. *Contradição* é a incoerência entre afirmações na decisão e *omissão* é a ausência de fundamentação expressamente alegada pelas partes ou necessárias para a decisão.

Existindo pontos obscuros, contraditórios ou omissos tem a parte prejudicada o direito de interpor embargos de declaração no prazo estipulado na lei do processo administrativo.

Havendo silêncio, é razoável aplicar-se o prazo de 5 (cinco) dias exigido no Código de Processo Civil, art. 536.

Tendo sido a decisão proferida em juízo monocrático, os embargos serão dirigidos à própria autoridade que a proferiu. Se por colegiado, ao relator, que encaminhará o recurso a julgamento em mesa.

Os embargos de declaração deverão ser liminarmente indeferidos se não demonstrarem os pontos obscuros, contraditórios ou omissos ou se manifestamente protelatórios, como são os embargos que pretendem re-julgar a lide administrativa.

Neste caso, não pode a autoridade ou o órgão julgador dos embargos aplicar pena de multa, como ocorrer, no processo judicial, porque não dispõe de jurisdição.

A interposição de embargos suspende o prazo do recurso administrativo até sua decisão final.

## 23. DA REVISÃO ADMINISTRATIVA

A revisão administrativa tem similitude com a ação rescisória do processo civil e da revisão no processo penal. Trata-se de instituto sempre presente nos estatutos de servidores públicos, permitindo a aplicação do princípio da verdade real ao admitir que, na existência de fatos novos ou de circunstâncias relevantes, possa a Administração Pública revisar-se para anular o processo administrativo, absolver o servidor da imputação administrativa ou substituir a pena por outra de menor gravidade.

A importância da revisão aqui tratada reside em se poder aplicá-la nos demais processos administrativos sancionatórios.

A lei do processo administrativo deve regê-la.

Não o fazendo, por aplicação subsidiária do processo civil e penal e ainda do art. 65 da Lei nº 9.784/99, que trata do processo administrativo no âmbito da administração pública federal, deve ser admitida no processo administrativo.

É importante que se volte a afirmar: *revisão só é cabível das decisões administrativas que resultem sanções e não de qualquer decisão.*

A interposição da revisão só é possível quando surgirem: a) fatos novos ou b) circunstâncias relevantes.

Porém, estes fatos novos ou as circunstâncias relevantes devem ser passíveis de justificar que a sanção aplicada era inadequada. Assim, por óbvio, eles devem ter pertinência com a sanção aplicada.

Fatos, no seu conceito natural, são acontecimentos que independem da vontade humana. No contexto do instituto da revisão, no entanto, são os acontecimentos, naturais ou não, de repercussão jurídico-administrativa no âmbito da Administração Pública. Fatos novos, portanto, são aqueles acontecimentos que, embora desconhecidos das partes durante a instrução do processo administrativo ou que vieram a acontecer depois do julgamento, que têm reflexo no processo já julgado.

Não se pode confundir fatos novos com prova nova. Embora o processo administrativo tenha como um de seus princípios norteadores o da verdade real, como regra, sua aplicação tem um limite temporal que é exatamente o da duração do processo. Decidido ele, opera-se a preclusão ou a coisa julgada administrativa. Portanto, tendo as partes o dever processual de apresentar suas provas, se não o faz no tempo oportuno, não podem mais vir a apresentá-las. O que torna a revisão possível é o surgimento de fatos que eram ou desconhecidos no momento do processo administrativo ou que ocorridos depois, possam levar a um julgamento diferenciado do que foi proferido. É a situação de alguém que sofreu sanção administrativa calcada em documento administrativo que, depois, ficou demonstrado ter sido emitido por autoridade incompetente ou suspeita ou ainda através de erro, dolo, coação, simulação ou até mesmo em afronta à literal disposição de lei. Este fato é absolutamente novo e tem repercussão retroativa passível de anular a sanção aplicada.

Circunstâncias relevantes é a segunda possibilidade de revisão do processo administrativo. Circunstâncias são particularidades de um todo. Circunstâncias relevantes, portanto, são particularidades importantes que não foram considerados na análise do processo administrativo por desconhecidas, mas que são passíveis de justificar a inadequação da sanção aplicada. É a situação de alguém que sofreu uma sanção administrativa grave calcada na assertiva de já ter sido punido, quando, em verdade, a punição anterior nunca ocorrera.

A revisão é atemporal e desde que surjam fatos novos ou circunstâncias relevantes é possível a interposição da revisão administrativa da decisão que resultar em aplicação de sanção administrativa. A revisão pode ser interposta pelo interessado ou por seus sucessores.

A revisão administrativa deve ser interposta pelo interessado ou sucessores devidamente capacitados em petição fundamentada que narre o fato novo ou circunstância relevante passível de justificar a inadequação da sanção aplicada, fazendo-se acompanhar das provas pertinentes ou requerimento de sua produção.

A competência para conhecer da revisão é da autoridade que julgou o processo administrativo em última instância.

Ficando demonstrado que o recurso de revisão é simples pedido de re-julgamento do processo administrativo, a autoridade a quem ela for dirigida deverá indeferir liminarmente o pedido, motivadamente. Desta decisão cabe pedido de reconsideração.

Admitido o pedido, será ele instruído, cabendo ao interessado ou seus sucessores a prova do alegado.

A decisão que admitir, parcial ou totalmente, ou inadmitir a revisão será motivada.

A revisão do processo não pode resultar agravamento da sanção, mesmo que fique demonstrado fato agravante contra o interessado no processo.

Por fim, revisão administrativa pode ser ajuizada pela própria Administração Pública de ofício, desde que surjam fatos novos ou circunstâncias relevantes suscetíveis de justificar a inadequação da sanção aplicada. Isso significa que, na busca de aplicação do princípio da verdade real, pode a Administração Pública revisar seus próprios atos sancionatórios.

## 24. DA COISA JULGADA ADMINISTRATIVA

Um dos temas de grande discussão no direito administrativo está na existência ou não da coisa julgada administrativa.

Diferentemente do que ocorre no direito francês, em que as decisões administrativas produzem coisa julgada, o Brasil defende o princípio da jurisdição única, significando preceito fundamental o direito de qualquer pessoa ter acesso ao Poder Judiciário, criando, com isso, o monopólio da jurisdição. Em decorrência deste preceito constitucional, deduz-se, em princípio, que somente a decisão judicial faz coisa julgada.

Penso que o que a Constituição criou foi o direito de acessibilidade de qualquer pessoa à Justiça e não uma regra, portanto, obrigatória a todos. Assim, como direito pode ser ele exercido ou não.

A grande questão reside em se entender aplicável ou não o direito de acesso à Justiça também à Administração Pública.

Um dos princípios que regem a Administração Pública é o da legalidade, comando pelo qual impõe que o agir administrativo só se opere segundo prévia determinação legislativa.

Portanto, é plenamente factível que a lei que rege o processo administrativo estabeleça que, se esgotados os recursos e tendo o processo transcorrido regularmente, não possa a Administração Pública modificar o que foi decido, salvo por anulação ou revisão, ou quando o ato, por sua natureza, possa ser revogável.

Dessa forma, se a lei estabelecer a imodificabilidade da decisão final do processo administrativo tem-se a coisa julgada administrativa.

A expressão coisa julgada administrativa traduz a impossibilidade de se rever, de ofício ou por provocação, o ato (ou a decisão no processo administrativo) em sede administrativa, após o percurso traçado no ordenamento jurídico. Na verdade, trata-se de um imperativo dos princípios da Administração Pública em geral, principalmente os da boa-fé, da moralidade e da segurança jurídica.

Ao decidir o processo administrativo, a administração manifesta um entendimento sobre a legalidade (e, quando possível, da conveniência), que baliza a matéria em exame ou o interesse em disputa. Não seria correto que uma mudança unilateral de opinião pudesse desconstituir o que definido sobre o crivo do contraditório e a observância do devido processo legal.

# Capítulo III – Do controle legislativo

### 1. DAS CONSIDERAÇÕES GERAIS

A segunda forma de controle da Administração Pública é o controle legislativo. No campo do direito administrativo essa forma de controle é meramente propedêutica porque sua ênfase é típica de direito constitucional e, portanto, de cunho político.

Naquilo que interessa do direito administrativo, tem-se que o controle legislativo, como o próprio nome indica, é aquele que o Poder Legislativo realiza sobre a Administração Publica.

Esse controle legislativo se opera de duas formas: a) controle político ou parlamentar e o b) controle de contas.

### 2. DO CONTROLE POLÍTICO

O controle político se efetiva através do Congresso Nacional, pela Câmara dos Deputados e pelo Senado Federal

### 2.1. Do controle pelo Congresso Nacional

A Constituição Federal, em alguns incisos do seu art. 49, enuncia quais os controles que o Congresso Nacional pode realizar, quando diz:

Art. 49. É da competência exclusiva do Congresso Nacional:
(...)
V – sustar os atos normativos do Poder Executivo que exorbitem do poder regulamentar ou dos limites de delegação legislativa;
(...)
IX – julgar anualmente as contas prestadas pelo Presidente da República e apreciar os relatórios sobre a execução dos planos de governo;
X – fiscalizar e controlar, diretamente, ou por qualquer de suas Casas, os atos do Poder Executivo, incluídos os da administração indireta;
XI – zelar pela preservação de sua competência legislativa em face da atribuição normativa dos outros Poderes;
XII – apreciar os atos de concessão e renovação de concessão de emissoras de rádio e televisão;
XIV – aprovar iniciativas do Poder Executivo referentes a atividades nucleares;

Além disso, de forma isolada, no seu art. 50, mencionando quando a Câmara dos Deputados ou o Senado Federal pode convocar Ministros de Estados ou quaisquer titulares de órgãos diretamente subordinados à Presidência da República:

Art. 50. A Câmara dos Deputados e o Senado Federal, ou qualquer de suas Comissões, poderão convocar Ministro de Estado ou quaisquer titulares de órgãos diretamente subordinados à Presidência da República para prestarem, pessoalmente, informações sobre assunto previamente determinado, importando crime de responsabilidade a ausência sem justificação adequada.*(Redação dada pela Emenda Constitucional de Revisão nº 2, de 1994)*
§ 1º Os Ministros de Estado poderão comparecer ao Senado Federal, à Câmara dos Deputados, ou a qualquer de suas Comissões, por sua iniciativa e mediante entendimentos com a Mesa respectiva, para expor assunto de relevância de seu Ministério.
§ 2º As Mesas da Câmara dos Deputados e do Senado Federal poderão encaminhar pedidos escritos de informações a Ministros de Estado ou a qualquer das pessoas referidas no caput deste artigo, importando em crime de responsabilidade a recusa, ou o não – atendimento, no prazo de trinta dias, bem como a prestação de informações falsas. *(Redação dada pela Emenda Constitucional de Revisão nº 2, de 1994)*

### 2.2. Do controle pela Câmara dos Deputados

O controle realizado pela Câmara dos Deputados está disciplinado no art. 51 da Constituição Federal, que diz:

Art. 51. Compete privativamente à Câmara dos Deputados:
I – autorizar, por dois terços de seus membros, a instauração de processo contra o Presidente e o Vice-Presidente da República e os Ministros de Estado;
II – proceder à tomada de contas do Presidente da República, quando não apresentadas ao Congresso Nacional dentro de sessenta dias após a abertura da sessão legislativa;

### 2.3. Do controle pelo Senado Federal

O controle do Senado Federal se dá nos termos do art. 52 da Constituição Federal, nestes termos:

Art. 52. Compete privativamente ao Senado Federal:

I – processar e julgar o Presidente e o Vice-Presidente da República nos crimes de responsabilidade, bem como os Ministros de Estado e os Comandantes da Marinha, do Exército e da Aeronáutica nos crimes da mesma natureza conexos com aqueles; *(Redação dada pela Emenda Constitucional nº 23, de 02/09/99)*

II – processar e julgar os Ministros do Supremo Tribunal Federal, os membros do Conselho Nacional de Justiça e do Conselho Nacional do Ministério Público, o Procurador-Geral da República e o Advogado-Geral da União nos crimes de responsabilidade; *(Redação dada pela Emenda Constitucional nº 45, de 2004)*

(...)

X – suspender a execução, no todo ou em parte, de lei declarada inconstitucional por decisão definitiva do Supremo Tribunal Federal;

(...)

XIII – dispor sobre sua organização, funcionamento, polícia, criação, transformação ou extinção dos cargos, empregos e funções de seus serviços, e a iniciativa de lei para fixação da respectiva remuneração, observados os parâmetros estabelecidos na lei de diretrizes orçamentárias; *(Redação dada pela Emenda Constitucional nº 19, de 1998)*

(...)

XV – avaliar periodicamente a funcionalidade do Sistema Tributário Nacional, em sua estrutura e seus componentes, e o desempenho das administrações tributárias da União, dos Estados e do Distrito Federal e dos Municípios. *(Incluído pela Emenda Constitucional nº 42, de 19.12.2003)*

Parágrafo único. Nos casos previstos nos incisos I e II, funcionará como Presidente o do Supremo Tribunal Federal, limitando-se a condenação, que somente será proferida por dois terços dos votos do Senado Federal, à perda do cargo, com inabilitação, por oito anos, para o exercício de função pública, sem prejuízo das demais sanções judiciais cabíveis.

### 2.4. Da Comissão Parlamentar de Inquérito (CPI)

Uma das formas mais conhecidas do controle político, porque mais visível na mídia, é a realizada pelas Comissões Parlamentares de inquérito ou CPIs, que tem sua base constitucional no art.58, § 3º, da CF.

A primeira constituição a consagrar essa forma de controle foi a Constituição de 1934, mas exclusivamente à Câmara dos Deputados. A Constituição de 1937 omitiu esse controle. O instituto foi recriado na Constituição de 1946, estendendo-se a competência para as duas casas do Poder Legislativo: a Câmara dos Deputados e o Senado Federal.

A instauração de uma CPI no Congresso pode ser feito por um terço dos Senadores ou um terço dos Deputados Federal. Quando instaurada pelas duas casas há necessidade de 171 assinaturas.

Os poderes da CPI são os mesmos de uma investigação realizada por autoridade judicial, podendo, dessa forma, quebrar sigilo bancário, fiscal e de dados; requisitar informações e documentos sigilosos diretamente às instituições; ouvir testemunhas e investigados; efetuar prisões; quebrar sigilo telefônico e ordenar busca domiciliar.

O fundamento constitucional tem esta expressão:

Art. 58 (...)

§ 3º As comissões parlamentares de inquérito, que terão poderes de investigação próprios das autoridades judiciais, além de outros previstos nos regimentos das respectivas Casas, serão criadas pela Câmara dos Deputados e pelo Senado Federal, em conjunto ou separadamente, mediante requerimento de um terço de seus membros, para a apuração de fato determinado e por prazo certo, sendo suas conclusões, se for o caso, encaminhadas ao Ministério Público, para que promova a responsabilidade civil ou criminal dos infratores

## 3. DO CONTROLE CONTÁBIL, FINANCEIRO E ORÇAMENTÁRIO

### 3.1. Das considerações gerais

Além do controle político, o controle legislativo da Administração Pública se realiza pela fiscalização contábil, financeira, orçamentária, operacional e patrimonial.

A previsão constitucional está no art. 70 da Constituição Federal, que tem esta disposição:

> Art. 70. A fiscalização contábil, financeira, orçamentária, operacional e patrimonial da União e das entidades da administração direta e indireta, quanto à legalidade, legitimidade, economicidade, aplicação das subvenções e renúncia de receitas, será exercida pelo Congresso Nacional, mediante controle externo, e pelo sistema de controle interno de cada Poder.
> Parágrafo único. Prestará contas qualquer pessoa física ou jurídica, pública ou privada, que utilize, arrecade, guarde, gerencie ou administre dinheiros, bens e valores públicos ou pelos quais a União responda, ou que, em nome desta, assuma obrigações de natureza pecuniária.*(Redação dada pela Emenda Constitucional nº 19, de 1998).*

### 3.2. Dos Tribunais de Contas

*3.2.1. Dos antecedentes históricos*

É importante mencionar, por sua natureza de autenticidade, a versão oferecida pelo Tribunal de Contas da União sobre a evolução histórica dos tribunais de contas no País, quando diz:[279]

> A história do controle no Brasil remonta ao período colonial. Em 1680, foram criadas as Juntas das Fazendas das Capitanias e a Junta da Fazenda do Rio de Janeiro, jurisdicionadas a Portugal.
> Na administração de D. João VI, foi instalado o Erário Régio, em 1808, e criado o Conselho da Fazenda, que tinha como atribuição acompanhar a execução da despesa pública.
> Com a proclamação da independência do Brasil, em 1822, o Erário Régio foi transformado no Tesouro pela Constituição monárquica de 1824, prevendo-se, então, os primeiros orçamentos e balanços gerais.
> A idéia de criação de um Tribunal de Contas surgiu, pela primeira vez no Brasil, em 23 de junho de 1826, com a iniciativa de Felisberto Caldeira Brandt, Visconde de Barbacena, e de José Inácio Borges, que apresentaram projeto de lei nesse sentido ao Senado do Império.

---

[279] No endereço <http://www.tcu.gov.br/Institucional/Histórico> também é contada a seguinte história:

Logo após sua instalação o Tribunal de Contas considerou ilegal a nomeação, feita pelo Presidente Floriano Peixoto, de um parente do ex-Presidente Deodoro da Fonseca. Inconformado com a decisão do Tribunal, Floriano Peixoto mandou redigir decretos que retiravam do TCU a competência para impugnar despesas consideradas ilegais. O Ministro da Fazenda Serzedello Correa, não concordando com a posição do Presidente demitiu-se do cargo, expressando-lhe sua posição em carta de 27 de abril de 1893, cujo trecho básico é o seguinte:

Esses decretos anulam o Tribunal, o reduzem a simples Ministério da Fazenda, tiram-lhe toda a independência e autonomia, deturpam os fins da instituição, e permitirão ao Governo a prática de todos os abusos e vós o sabeis – é preciso antes de tudo legislar para o futuro. Se a função do Tribunal no espírito da Constituição é apenas a de liquidar as contas e verificar a sua legalidade depois de feitas, o que eu contesto, eu vos declaro que esse Tribunal é mais um meio de aumentar o funcionalismo, de avolumar a despesa, sem vantagens para a moralidade da administração. Se, porém, ele é um Tribunal de exação como já o queria Alves Branco e como têm a Itália e a França, precisamos resignarmo-nos a não gastar senão o que for autorizado em lei e gastar sempre bem, pois para os casos urgentes a lei estabelece o recurso.

Os governos nobilitam-se, Marechal, obedecendo a essa soberania suprema da lei e só dentro dela mantêm-se e são verdadeiramente independentes.

Pelo que venho de expor, não posso, pois Marechal, concordar e menos referendar os decretos a que acima me refiro e por isso rogo vos digneis de conceder-me a exoneração do cargo de Ministro da Fazenda, indicando-me sucessor.

Tenente-Coronel Innocêncio Serzedello Corrêa.

As discussões em torno da criação de um Tribunal de Contas durariam quase um século, polarizadas entre aqueles que defendiam a sua necessidade, para quem as contas públicas deviam ser examinadas por um órgão independente, e aqueles que o combatiam, por entenderem que as contas públicas podiam continuar sendo controladas por aqueles mesmos que as realizavam.

Somente a queda do Império e as reformas político-administrativas da jovem República tornaram realidade, finalmente, o Tribunal de Contas da União.

Em 7 de novembro de 1890, por iniciativa do então Ministro da Fazenda, Rui Barbosa, o Decreto nº 966-A criou o Tribunal de Contas da União, norteado pelos princípios da autonomia, fiscalização, julgamento, vigilância e energia.

A Constituição de 1891, a primeira republicana, ainda por influência de Rui Barbosa, institucionalizou definitivamente o Tribunal de Contas da União, inscrevendo-o no seu art. 89.

A instalação do Tribunal, entretanto, só ocorreu em 17 de janeiro de 1893, graças ao empenho do Ministro da Fazenda do governo de Floriano Peixoto, Serzedello Corrêa.

Teve originariamente competência para o exame, revisão e julgamento de todas as operações relacionadas com a receita e a despesa da União. Mecanismo de fiscalização se fazia pelo sistema de registro prévio. A Constituição de 1891, que institucionalizou o Tribunal conferiu-lhe a competência para liquidar as contas da receita e despesa e verificar a sua legalidade antes de serem prestadas ao Congresso Nacional

Pela Constituição de 1934, o Tribunal recebeu, entre outras atribuições, a de proceder ao acompanhamento da execução orçamentária, o registro prévio das despesas e dos contratos, o julgamento das contas dos responsáveis por bens e dinheiro públicos, assim como a apresentação de parecer prévio sobre as contas do Presidente da República para posterior encaminhamento à Câmara dos Deputados.

Com exceção do parecer prévio sobre as contas presidenciais, todas as demais atribuições do Tribunal foram mantidas pela Carta de 1937.

Foi a Constituição de 1946 que acresceu sua competência com um novo encargo: julgar legalidade das concessões de aposentadorias, reformas e pensões.

Pela Constituição de 1967, ratificada pela Emenda Constitucional nº 1, de 1969, retirou-se do Tribunal o exame e julgamento prévio dos atos e contratos geradores de despesas, sem prejuízo da sua competência para apontar falhas e irregularidades que, se não sanadas, seriam, então, objeto de representação ao Congresso Nacional. Eliminou-se, também, o julgamento da legalidade das concessões de aposentadorias, reformas e pensões, ficando a cargo do Tribunal, tão-somente, a apreciação da legalidade para fins de registro. O processo de fiscalização financeira e orçamentária passou por completa reforma nessa etapa. Como inovação, deu-se incumbência ao Tribunal para o exercício de auditoria financeira e orçamentária sobre as contas das unidades dos três poderes da União, instituindo-se desde então os sistemas de controle externo, a cargo do Congresso Nacional, com auxílio da Corte de Contas, e de controle interno, este exercido pelo Poder Executivo e destinado a criar condições para um controle externo eficaz.

Finalmente, pela Constituição de 1988, o Tribunal de Contas da União teve a sua jurisdição e competência substancialmente ampliadas. Recebeu poderes para, no auxílio ao Congresso Nacional, exercer a fiscalização contábil, financeira, orçamentária, operacional e patrimonial da União e das entidades da administração direta e indireta, quanto à legalidade, legitimidade e economicidade e a fiscalização da aplicação das subvenções e renúncia de receitas.

### 3.2.2. Da competência

O art. 71 da Constituição Federal define a competência dos Tribunais de Contas nestes termos:

Art. 71. O controle externo, a cargo do Congresso Nacional, será exercido com o auxílio do Tribunal de Contas da União, ao qual compete:

I – apreciar as contas prestadas anualmente pelo Presidente da República, mediante parecer prévio que deverá ser elaborado em sessenta dias a contar de seu recebimento;

II – julgar as contas dos administradores e demais responsáveis por dinheiros, bens e valores públicos da administração direta e indireta, incluídas as fundações e sociedades instituídas e mantidas pelo Poder Público federal, e as contas daqueles que derem causa a perda, extravio ou outra irregularidade de que resulte prejuízo ao erário público;

III – apreciar, para fins de registro, a legalidade dos atos de admissão de pessoal, a qualquer título, na administração direta e indireta, incluídas as fundações instituídas e mantidas pelo Poder Público, excetuadas as nomeações para cargo de provimento em comissão, bem como a das concessões de aposentadorias, reformas e pensões, ressalvadas as melhorias posteriores que não alterem o fundamento legal do ato concessório;

IV – realizar, por iniciativa própria, da Câmara dos Deputados, do Senado Federal, de Comissão técnica ou de inquérito, inspeções e auditorias de natureza contábil, financeira, orçamentária, operacional e patrimonial, nas unidades administrativas dos Poderes Legislativo, Executivo e Judiciário, e demais entidades referidas no inciso II;

V – fiscalizar as contas nacionais das empresas supranacionais de cujo capital social a União participe, de forma direta ou indireta, nos termos do tratado constitutivo;

VI – fiscalizar a aplicação de quaisquer recursos repassados pela União mediante convênio, acordo, ajuste ou outros instrumentos congêneres, a Estado, ao Distrito Federal ou a Município;

VII – prestar as informações solicitadas pelo Congresso Nacional, por qualquer de suas Casas, ou por qualquer das respectivas Comissões, sobre a fiscalização contábil, financeira, orçamentária, operacional e patrimonial e sobre resultados de auditorias e inspeções realizadas;

VIII – aplicar aos responsáveis, em caso de ilegalidade de despesa ou irregularidade de contas, as sanções previstas em lei, que estabelecerá, entre outras cominações, multa proporcional ao dano causado ao erário;

IX – assinar prazo para que o órgão ou entidade adote as providências necessárias ao exato cumprimento da lei, se verificada ilegalidade;

X – sustar, se não atendido, a execução do ato impugnado, comunicando a decisão à Câmara dos Deputados e ao Senado Federal;

XI – representar ao Poder competente sobre irregularidades ou abusos apurados.

§ 1º No caso de contrato, o ato de sustação será adotado diretamente pelo Congresso Nacional, que solicitará, de imediato, ao Poder Executivo as medidas cabíveis.

§ 2º Se o Congresso Nacional ou o Poder Executivo, no prazo de noventa dias, não efetivar as medidas previstas no parágrafo anterior, o Tribunal decidirá a respeito.

§ 3º As decisões do Tribunal de que resulte imputação de débito ou multa terão eficácia de título executivo.

§ 4º O Tribunal encaminhará ao Congresso Nacional, trimestral e anualmente, relatório de suas atividades.

Art. 72. A Comissão mista permanente a que se refere o art. 166, § 1º, diante de indícios de despesas não autorizadas, ainda que sob a forma de investimentos não programados ou de subsídios não aprovados, poderá solicitar à autoridade governamental responsável que, no prazo de cinco dias, preste os esclarecimentos necessários.

§ 1º Não prestados os esclarecimentos, ou considerados estes insuficientes, a Comissão solicitará ao Tribunal pronunciamento conclusivo sobre a matéria, no prazo de trinta dias.

§ 2º Entendendo o Tribunal irregular a despesa, a Comissão, se julgar que o gasto possa causar dano irreparável ou grave lesão à economia pública, proporá ao Congresso Nacional sua sustação.

### 3.2.3. Da composição

O art. 73 da Constituição Federal define a composição dos Tribunais de Contas da seguinte forma:

Art. 73. O Tribunal de Contas da União, integrado por nove Ministros, tem sede no Distrito Federal, quadro próprio de pessoal e jurisdição em todo o território nacional, exercendo, no que couber, as atribuições previstas no art. 96.

§ 1º Os Ministros do Tribunal de Contas da União serão nomeados dentre brasileiros que satisfaçam os seguintes requisitos:

I – mais de trinta e cinco e menos de sessenta e cinco anos de idade;

II – idoneidade moral e reputação ilibada;

III – notórios conhecimentos jurídicos, contábeis, econômicos e financeiros ou de administração pública;

IV – mais de dez anos de exercício de função ou de efetiva atividade profissional que exija os conhecimentos mencionados no inciso anterior.

§ 2º Os Ministros do Tribunal de Contas da União serão escolhidos:

I – um terço pelo Presidente da República, com aprovação do Senado Federal, sendo dois alternadamente dentre auditores e membros do Ministério Público junto ao Tribunal, indicados em lista tríplice pelo Tribunal, segundo os critérios de antigüidade e merecimento;

II – dois terços pelo Congresso Nacional.

§ 3º Os Ministros do Tribunal de Contas da União terão as mesmas garantias, prerrogativas, impedimentos, vencimentos e vantagens dos Ministros do Superior Tribunal de Justiça, aplicando-se-lhes, quanto à aposentadoria e pensão, as normas constantes do art. 40. *(Redação dada pela Emenda Constitucional nº 20, de 1998)*

§ 4º O auditor, quando em substituição a Ministro, terá as mesmas garantias e impedimentos do titular e, quando no exercício das demais atribuições da judicatura, as de juiz de Tribunal Regional Federal.

Art. 74. Os Poderes Legislativo, Executivo e Judiciário manterão, de forma integrada, sistema de controle interno com a finalidade de:

I – avaliar o cumprimento das metas previstas no plano plurianual, a execução dos programas de governo e dos orçamentos da União;

II – comprovar a legalidade e avaliar os resultados, quanto à eficácia e eficiência, da gestão orçamentária, financeira e patrimonial nos órgãos e entidades da administração federal, bem como da aplicação de recursos públicos por entidades de direito privado;

III – exercer o controle das operações de crédito, avais e garantias, bem como dos direitos e haveres da União;

IV – apoiar o controle externo no exercício de sua missão institucional.

§ 1º Os responsáveis pelo controle interno, ao tomarem conhecimento de qualquer irregularidade ou ilegalidade, dela darão ciência ao Tribunal de Contas da União, sob pena de responsabilidade solidária.

§ 2º Qualquer cidadão, partido político, associação ou sindicato é parte legítima para, na forma da lei, denunciar irregularidades ou ilegalidades perante o Tribunal de Contas da União.

Art. 75. As normas estabelecidas nesta seção aplicam-se, no que couber, à organização, composição e fiscalização dos Tribunais de Contas dos Estados e do Distrito Federal, bem como dos Tribunais e Conselhos de Contas dos Municípios.

Parágrafo único. As Constituições estaduais disporão sobre os Tribunais de Contas respectivos, que serão integrados por sete Conselheiros.

### 3.2.4. Do Tribunal de Contas dos Estados e as contas municipais

Quanto ao controle das contas municipais pelos Tribunais de Contas dos Estados, tem ainda aplicação o disposto no art. 31 da Constituição Federal, que diz:

Art. 31. A fiscalização do Município será exercida pelo Poder Legislativo Municipal, mediante controle externo, e pelos sistemas de controle interno do Poder Executivo Municipal, na forma da lei.

§ 1º O controle externo da Câmara Municipal será exercido com o auxílio dos Tribunais de Contas dos Estados ou do Município ou dos Conselhos ou Tribunais de Contas dos Municípios, onde houver.

§ 2º O parecer prévio, emitido pelo órgão competente sobre as contas que o Prefeito deve anualmente prestar, só deixará de prevalecer por decisão de dois terços dos membros da Câmara Municipal.

§ 3º As contas dos Municípios ficarão, durante sessenta dias, anualmente, à disposição de qualquer contribuinte, para exame e apreciação, o qual poderá questionar-lhes a legitimidade, nos termos da lei.

§ 4º É vedada a criação de Tribunais, Conselhos ou órgãos de Contas Municipais.

### 3.2.5. Da Súmula Vinculante nº 3 do STF

O controle legislativo pelos Tribunais de Contas deve respeitar o princípio do devido processo legal.

Isso porque, na sessão de 30 de maio de 2007, o Tribunal Pleno do Supremo Tribunal Federal, com base nos termos do § 4º do art. 2º da Lei nº 11.417/2006, editou a Súmula Vinculante nº 3, que tem esta redação:

Súmula vinculante nº 3
Nos processos perante o Tribunal de Contas da União asseguram-se o contraditório e a ampla defesa quando da decisão puder resultar anulação ou revogação de ato administrativo que beneficie o interessado, excetuada a apreciação da legalidade do ato de concessão inicial de aposentadoria, reforma e pensão.

# Capítulo IV – Do controle judicial

## 1. DO CONCEITO DE ADMINISTRAÇÃO PÚBLICA PARA FINS DE CONTROLE JUDICIAL

Ante o pouco interesse dado ao controle administrativo ou a especificidade política do controle legislativo, resta como forma mais propalada para se controlar a Administração Pública o controle realizado pelo Poder Judiciário ou o chamado controle judicial.

Não se pode entender o Direito Administrativo sem entendermos o que seja a chamada Administração Pública, instituto que tem como premissa para sua compreensão o entendimento do que vem a ser Estado.

Num sentido jurídico, pode se conceituar Estado como sendo a conjugação de três elementos: povo, território e governo soberano.

O Estado de Direito é o que tem normas e que faz as suas normas serem respeitadas através da imperatividade/cogência que outorga aos direitos e, o que é mais importante, ele mesmo, o Estado, submete-se ao direito.

Montesquieu, em meados do século XVIII, sustentava no seu "Espírito das Leis" que deveríamos ter, para reorganizar o Estado de Direito, três poderes: o Legislativo, cuja função típica é criar leis; Judiciário, que faz cumprir essas leis; e o Executivo, encarregado de gerenciar a Administração. Mas há funções atípicas desses três poderes. O Judiciário, por exemplo, quando gerencia verbas que lhe são destinadas pelo orçamento nada mais faz do que exercer a função de administrar, uma função atípica à sua. Da mesma forma, o Legislativo.

A Administração Pública é o instrumento concreto de que se vale o Estado para atingir suas finalidades, seus objetivos, seja na forma típica exercida pelo Poder Executivo, seja nas formas atípicas do Legislativo e Judiciário.

Importante frisar que não se pode confundir a expressão Administração Pública com Governo, porquanto não sinônimos. Administração Pública tem caráter perene, permanente e único; já o Governo é efêmero, passageiro, ideológico e político. A administração pública é neutra, enquanto o governo é ideológico.

Num sentido objetivo, a Administração Pública significa a atividade de satisfação do interesse coletivo, desempenhada para o alcance de seus fins. Em um sentido subjetivo, designa os entes que exercem a atividade administrativa, representa o caráter estrutural da Administração Pública.

Nesse sentido estrutural, integram o conceito de Poder Público ou de Administração Pública: a) a *Administração direta:* compreendida pela União, o Distrito Federal, os Estados e cada um dos Municípios; b) a *Administração indireta:* composta pelas empresas públicas, sociedades de economia mista, as empresas públicas e as fundações.

Tanto numa quanto noutra, fala-se de Administração Pública. Até mesmo nas funções delegadas onde um particular se reveste de Poder Público a fim de prestar um serviço que a ele (Estado) pertence. Isso nada mais é que uma dinamização da prestação da atividade de gerenciamento da atividade estatal. Por sua estrutura ampla e complexa, a Administração Pública, seja direta ou indireta, não tem capacidade para suportar toda gama de obrigações que lhe incumbe. É por essa razão que, por vezes, outorga poderes a um particular para que execute a função de Administrar. Nestes casos, impróprios, também fala-se em Poder Público e, por via de conseqüência, há possibilidade de seu controle através do Poder Judiciário.

## 2. DO SISTEMA DE UNIDADE DE JURISDIÇÃO

Com já foi mencionado quando se falou do autocontrole, o controle administrativo, diferentemente do que ocorre no direito francês, em que as decisões administrativas produzem coisa julgada, o Brasil defende o princípio da jurisdição única, significando preceito fundamental o direito de qualquer pessoa ter acesso ao Poder Judiciário, criando, com isso, o monopólio da jurisdição. Em decorrência deste preceito constitucional, deduz-se, em princípio, que somente a decisão judicial faz coisa julgada.

## 3. DOS LIMITES DO CONTROLE JUDICIAL

O Poder Judiciário controla a Administração Pública. Essa conclusão é decorrência da repartição dos poderes do Estado brasileiro, consoante previsão na Constituição Federal.

Assim, não se discute mais na doutrina se o Poder Judiciário pode ou não exercer o controle sobre os atos praticados pela Administração Pública. A questão que se impõe é em relação à extensão desse controle, uma vez que a conduta do Administrador tem se pautado, por ocasiões, com pouca ou nenhuma eficácia, no mais das vezes pela relação política dos agentes administrativos que integram esses organismos de controle internos como os agentes que dão voz aos atos públicos.

O certo é que o Poder Judiciário, por seu poder coativo, é o verdadeiro subterfúgio do questionamento das ações do administrador público.

Entretanto, o poder de controle dos atos administrativos pela via judicial encontra limites. Como se sabe, ao Judiciário é vedado analisar o mérito administrativo, seja na conveniência ou na oportunidade, sob pena de ingerência no Poder alheio, o que violaria o *Princípio da Independência dos Poderes*. O princípio da eficiência, de outro lado, ajuda a mitigar tal premissa, pelo subjetivismo que o traz relacionado. Assim, como se dizer que essa ou aquela manifestação de administração Pública é válida e foi ditada de forma suficiente se não analisado seu mérito? Nessa situação, o Judiciário deve enfrentar a questão em todos os seus contornos subjetivos. Somente a prova que reveste a estrutura material do ato que esclarecerá.

## 4. DOS PRIVILÉGIOS PROCESSUAIS DA ADMINISTRAÇÃO PÚBLICA

À guisa de informação porque a matéria é exclusivamente de processo civil, além do controle judicial ser limitado por comandos expressos, a Administração Pública tem privilégios processuais o que, por via oblíqua, limita também o controle a ser feito pelo Poder Judiciário. São eles: a) prazo em quádruplo para contestar; b) prazo em dobro para recorrer; c) pagamento de custas ao final; d) reexame necessário das decisões proferidas no 1º grau; e) proibição de concessão de liminar, cautelar ou tutela antecipada

## 5. DO CONTROLE JUDICIAL LIMINAR

### 5.1. Do conceito de liminar

*Liminar* é uma decisão judicial proferida logo no início do processo contra o réu (no caso em tela, o Estado em sentido amplo), antecipando o todo ou em parte o pedido formulado na inicial pelo autor.

Uma peculiaridade dessa medida é o aspecto temporal em que é examinada, logo no início do processo, *inaudita altera pars* (sem a ouvida da parte contrária), sem que tenha havido a angularização da relação processual, uma vez que após formada com a citação do réu, este pode tornar ineficaz a medida.

Nos sentidos dos dicionários leigos, liminar é tudo aquilo que se situa no início, na porta, no limiar. Em linguagem processual, a palavra designa o provimento processual judicial emitido *in limine litis*, no momento em que o processo se instaura.[280] Caso este provimento de dê em momento posterior, não se terá mais medida liminar, pois desprezado seu caráter temporal.

### 5.2. Das espécies de liminar

A liminar se apresenta de várias espécies: 1) liminar propriamente dita; 2) medida cautelar; 3) tutela antecipada

#### 5.2.1. Da liminar propriamente dita

A medida liminar propriamente dita é o provimento judicial exarado no começo do processo, sem a ouvida da parte contrária. Pode essa medida representar antecipação de um efeito do pedido final, sem que se antecipe o mérito (Ex.: pedido de expedição inicial de uma certidão tributária positiva com efeito de negativa, quando no mérito se discute o tributo), pode representar a própria antecipação do provimento final (o mérito propriamente dito), ou pode representar uma medida acautelatória (evitar o prejuízo da utilidade de alguma medida assecuratória).

Pode a liminar ter caráter cautelar. E não só isso, pode ser concedida em diverso tipos de ação (ação possessória, mandado de segurança, ação civil pública).

---

[280] FABRÍCIO, Adroaldo Furtado. "Breves notas sobre provimentos antecipatórios, cautelares e liminares", Ver. *Revista Ajuris*, Porto Alegre: Ajuris, ano 23, n. 66, 03/1996.

A liminar tem o escopo de evitar que alguma situação no mundo dos fatos ponha em risco o direito a que se pretende ver protegido, o que prejudicaria a eficácia do processo.

### 5.2.2. Da medida cautelar

A medida cautelar, consentânea com os fins protetivos inerentes à liminar, é instrumento imprescindível à segurança e garantia do direito a que se visa buscar, entretanto, ambas não podem ser confundidas, como ensina Nery:[281]

> Embora liminar possa apresentar natureza cautelar, não tem necessariamente essa natureza (Lara, Liminares, 23). Exemplo típico é da liminar possessória, que antecipa efeito da sentença, sem ter o objetivo de assegurar o resultado prático do processo de conhecimento (Ovídio Batista, Coment. 66; Lara, Liminares, 23). A medida liminar constitui-se sempre como antecipatória dos efeitos fáticos da sentença, ao contrário da medida cautelar, que pode ou não representar caráter antecipatório. As medidas cautelares somente podem ser concedidas pelo juiz dentro de uma ação cautelar, ao contrário da liminar, que pode ser concedida em vários tipos de ação, como por exemplo, na ACP, no MS, na ação possessória, na ação de nunciação de obra nova e na própria ação cautelar.

Marcio Carpena,[282] enaltecendo o caráter da urgência do provimento, sustenta que:

> A liminar cautelar nada mais é do que a antecipação de tutela do pedido cautelar sem a oitiva da parte adversa, ante a situação periclitante que assim a recomenda. Note-se que a pretensão acautelatória final é a mera segurança, e a liminar, dentro desse processo, é tão-somente, essa segurança antecipada, anterior ao estabelecimento do contraditório, para bem garantir a eficiência da medida. De nada adiantaria, por exemplo, um pedido de seqüestro de determinado bem litigioso que está sendo dilapidado por um dos litigantes, se de imediato, não fosse retirado de sua posse. A medida acautelatória é útil porque pode ter seu resultado antecipado, por meio de providência que pode ser a liminar, mas que não necessariamente tenha que ser, pois somente assim será considerada initio littis e inaudita altera pars.

O art. 804 do CPC previu a possibilidade de concessão de medida liminar em procedimento cautelar, quando o juiz verificar que o réu possa tornar a cautelar ineficaz.

### 5.2.3. Da tutela antecipada

A tutela antecipada é o provimento jurisdicional de caráter mandamental que visa dar ao autor, de forma anterior à sentença – em regra – o direito que lhe assiste, no todo ou em parte. Sua incidência é diretamente no mundo dos fatos porquanto o requerente receberá o bem da vida que persegue na inicial. Há satisfação antecipada do direito do autor.

Há de se diferenciar a tutela antecipada com a tutela cautelar demonstrada no tópico acima. A tutela antecipada dos efeitos da sentença de mérito não é tutela cautelar, porque não se limita a assegurar o resultado prático do processo, nem a assegura a viabilidade da realização do direito firmado pelo autor, mas tem por objetivo conceder, de forma antecipada, o próprio provimento jurisdicional pleiteado ou seus efeitos.

A relação da medida liminar e da tutela antecipada estão diretamente ligadas ao tempo processual. Como já referido, no caso em que o processo está apenas iniciando, onde não houve a citação do adverso, o juiz pode, desde que obedecidos alguns requisitos, como o *periculum in mora* e *fumus boni iuris* e a verossimilhança das alegações, conceder a antecipação dos efeitos da tutela em caráter liminar. Caso haja a relegação da apreciação do

---

[281] NERY, Nelson. *Código de Processo Civil Comentado*. 7ª ed. São Paulo: Revista dos Tribunais, p. 1091.
[282] *Do Processo Cautelar Moderno*, 2. ed., Rio de Janeiro: Forense, 2004. p. 188.

pedido urgente para momento posterior, com a necessidade de ouvida da parte contrária, a medida perde seu caráter liminar.

Como se viu, a medida cautelar está inter-relacionada com a medida cautelar e a tutela antecipada, porém, em que pese suas semelhanças, são institutos jurídicos que não podem ser confundidos porquanto possuidores de regras específicas e individualizadas de aplicação.

## 6. DA LIMINAR COMO FORMA DE CONTROLE JUDICIAL DA ADMINISTRAÇÃO PÚBLICA

A medida liminar se apresenta como instrumento fundamental de preservação ou de restabelecimento inicial da anormalidade cometida pela Administração, pois concede ao juiz o poder de interrompê-la de imediato, quando entender que a não concessão da medida nesse estágio processual poderá vir ocasionar um dano irreparável ou de difícil reparação ao dela requerente.

Veja-se no caso do mandado de segurança, por exemplo. O ato da autoridade coatora é ato jurídico especial conhecido como ato administrativo. É a manifestação de vontade da Administração. Por ele o Poder Público extingue, cria ou modifica direitos, consoante os princípios esculpidos no art. 37 da CF. Caso o ato administrativo atente contra tais cânones constitucionais é cabível a impetração do *writ* para sanar eventual mal jurídico no nascedouro. E caso essa anomalia deva ser expungida imediatamente, cabível se mostra o pedido da concessão da medida liminar *initio littis*, sem prejuízo ao ulterior julgamento do mérito.

Pode-se trazer à baila o célebre caso de insuficiência de fornecimento de medicamentos por parte do Estado (*lato sensu*) aos que deles necessitam. Às vezes, a urgência é tamanha que a simples espera pelo julgamento de mérito de um ação pode acarretar a própria perda da vida do autor. Nesses casos, o provimento liminar é literalmente vital sendo a própria entrega do bem da vida que se visa tutelar.

Assim sendo, em que pese a independência dos Poderes, pode o Judiciário, através de formas de controle específicas – como a liminar –, frear as abusividades, ilegalidades ou excessos cometidos pelo Poder Público, na defesa do Estado Democrático de Direito.

## 7. DOS PRESSUPOSTOS PARA A CONCESSÃO DE LIMINARES

Como já dito, não basta o simples pedido de concessão de liminar, seja contra o Poder Público, seja em desfavor de particular. É necessário o preenchimento de alguns requisitos para sua concessão

### 7.1. Da prova da existência de direito líquido e certo

O controle jurisdicional de urgência dos atos administrativos através do pedido de concessão de liminar pressupõe, como requisito objetivo, a demonstração do direito líquido e certo.

Direito líquido é o que se apresenta demonstrado, provado; não necessita de ser aclarado em dilação probatória; é o direito pronto. Certo é o direito bom, que não desperta dúvida; que está isento de obscuridade. Antes, chamavam esses elementos de direito certo e incontestável. Di Pietro[283] denomina de direito comprovado de plano.

Não demonstrados com a inicial da ação tais elementos, a peça deve ser indeferida.

---
[283] DI PIETRO, Maria Sylvia Zanella. Direito Administrativo, Atlas, 7. ed. São Paulo. p. 510.

Por óbvio que o preenchimento das condições objetivas para a propositura da ação não vincula a decisão liminar do julgador, pela discricionariedade que lhe é atribuída pela Constituição, desde que motive o seu sentir.

### 7.2. Da prova inequívoca da verossimilhança, fundado receio de dano irreparável ou de difícil reparação e abuso de direito de defesa ou o manifesto propósito protelatório

É extremamente indispensável que a narrativa do fato ilegal ou praticado com abuso de poder pelo Poder Público venham acompanhados dos documentos necessários a corroborar tais afirmativas.

Deve-se ter em mente que nesta marcha processual não houve ainda possibilidade de dilação probatória – e na maioria dos casos, como no mandado de segurança, nem vai haver, pela sumariedade da via eleita. Portanto, as alegações estribadas com a peça de início devem estar amparadas por um mínimo de provas que permitam o juiz formar, ainda que em juízo de cognição sumária, uma breve convicção sobre o mérito da causa e, por via de conseqüência, sobre a medida liminar.

Os argumentos do requerente da medida devem se mostrar minimamente razoáveis, plausíveis, com o seu pedido. Verossimilhança quer dizer que os fatos narrados devem ao menos aparentar correspondência com a verdade – que ainda não se tem certeza porquanto a parte adversa sequer se manifestou. Sim, porque a busca da verdade processual só se dará em momento posterior. Caso não demonstrada a verossimilhança das alegações e nem juntada prova inequívoca dos fatos, implicará no indeferimento da medida.

É um mínimo de juízo de probabilidade dos argumentos do autor.

Da mesma forma, há necessidade de demonstração de que aquele fato narrado está acarretando ou poderá vir acarretar um dano irreparável ao seu bom direito – o que pode representar um verdadeiro abuso ou propósito protelatório da Administração – de modo que a não concessão da medida liminar prejudique a entrega do bem da vida a que se objetiva buscar.

### 7.3. Da prova do *periculum in mora* e *fumus boni iuris*

Outro pressuposto necessário à concessão da medida liminar é a prova do *periculum in mora* e do *fumus boni iuris*.

Para o deferimento da medida inicial é indispensável a presença concomitante de ambos, já que não se teve ainda a presença da parte adversa no processo.

O *fumus boni iuris* é a fumaça do bem direito do requerente da medida. É a probabilidade de que aquele fato narrado está diretamente relacionado com o direito que se pede. É a aparência dos fatos com o direito.

Aqui há necessidade de que haja uma plausibilidade e da verossimilhança do que se alega. Isso porque estamos ainda diante de um juízo de cognição sumária, ou seja, o juiz apreciará a medida de acordo com as alegações e provas trazidas somente pelo autor. De plano, formará ele ou não um juízo de convencimento de que aquilo que está sendo alegado na petição inicial tem um mínimo de fundamento e que os fatos trazidos guardam coerência daquilo que se está buscando na via eleita. Um mínimo de indícios deve ser exigido.

O *periculum in mora* igualmente deve ser demonstrado para a concessão da medida.

Também conhecido como perigo da demora ou perigo de dano irreparável, este requisito está diretamente relacionado com a necessidade de urgência do provimento judicial liminar.

Os efeitos da não concessão da medida liminar podem ser irrevesíveis. Tanto pelo aspecto temporal quanto pelo fato de que a formação do contraditório poderá tornar inócua a medida. É um fundado temor de que a espera da medida final possa ocasionar dano irreparável ou de difícil reparação. Mas, não basta este dano ser putativo, previsível. Deve ele ser provável, indicador de uma certeza iminente. O receio do prejuízo ou o risco devem ser concretos, de modo que a espera do provimento prejudique o bom direito do requerente. A entrega do bem da vida pode restar irremediável se não entregue sumariamente ao seu pretendente.

## 8. DAS LIMITAÇÕES PARA CONCESSÃO DE LIMINARES CONTRA O PODER PÚBLICO

### 8.1. Do art. 5º da Lei nº 4.348, de 26 de junho de 1964

Referido diploma dispõe das normas procedimentais ao mandado de segurança, complementares à Lei 1533.

> Não será concedida a medida liminar de mandados de segurança impetrados visando à reclassificação ou equiparação de servidores públicos, ou à concessão de aumento ou extensão de vantagens.

A Lei nº 9.494/97 manda aplicar o *caput* e o parágrafo único às tutelas antecipadas concedidas contra a fazenda pública (CPC 273 e 461). Contra a medida provisória 1570/97, da qual se originou a Lei nº9.494/97, foi ajuizada no STF a ADIn 1576/1, rel. Min. Marco Aurélio, julgada prejudicada.

### 8.2. Do art. 1º, § 4º, da Lei nº 5.021, de 09 de junho de 1966

Essa lei dispõe sobre o pagamento de vencimentos e vantagens pecuniárias asseguradas, em sentença concessiva de mandado de segurança, a servidor público civil.

> Não se concederá medida liminar para efeito de pagamento de vencimentos e vantagens pecuniárias.

Da mesma forma que o tópico acima, a Lei nº 9 494/97 manda aplicar o caput e o parágrafo único às tutelas antecipadas concedidas contra a fazenda pública (CPC 273 e 461). Contra a medida provisória 1570/97, da qual se originou a Lei nº 9.494/97, foi ajuizada no STF a ADIn 1576/1, rel. Min. Marco Aurélio, julgada prejudicada.[284]

Aliás, o Tribunal de Justiça gaúcho editou a súmula n. 9, em relação a cautelares contra a fazenda pública:

> Não é admissível, em ação cautelar inominada, concessão de liminar nos casos em que, na via do mandado de segurança, houver vedação legal ao deferimento de liminares.

### 8.3. Do art. 1º, *caput*, e § 3º, da Lei nº 8.437, de 30 de junho de 1992

O art. 1º, *caput*, e o § 3º, da Lei nº 8.437/92 limita a concessão de liminares contra a Administração Pública dessa forma:

> Não será cabível medida liminar contra atos do Poder Público, no procedimento cautelar ou em quaisquer outra ações de natureza cautelar ou preventiva, toda vez que providência semelhante não puder concedida em ações de mandado de segurança, em virtude de vedação legal.
> Não será cabível medida liminar que esgote, no todo ou em qualquer parte, o objeto da ação.

---
[284] NERY, Op. cit., p. 1612.

Nelson Nery Junior[285] sustenta que, pelo princípio constitucional do direito de ação (CF 5º. XXXV), o jurisdicionado terá direito de obter do Poder Judiciário tutela jurisdicional adequada. Caso seja necessária a concessão de liminar, como a tutela adequada, o juiz deverá concedê-la, haja ou não previsão na lei para a concessão de liminares. A vedação da lei para a concessão de liminares somente poderá ser aplicada pelo juiz se não ofender o princípio constitucional do direito de e ação. Assim, a norma em comentário (art. 1º, *caput*) só não será inconstitucional se o jurisdicionado não necessitar da liminar como medida judicial adequada (interpretação conforma constituição). A limitação da lei, vedando a concessão de liminar, é inócua porque pode ser inconstitucional.

### 8.4. Do art. 1º da Lei nº 9.494, de 10 de setembro de 1997

Em momento superveniente, sobreveio a Lei nº 9.494/97, que autorizou a concessão de tutela antecipada e a prevista no art. 461 do CPC, contra a Fazenda Pública, nos três casos acima elencados.

> Aplica-se à tutela prevista nos arts. 273 e 461 do Código de Processo Civil o disposto nos art. 5º e seu parágrafo único e 7º da Lei n. 4348, de 26 de junho de 164, no art 1º e seu § 4º da Lei nº 5021, de 09 de junho de 1996 e nos arts. 1º, 3º e 4º da Lei 8437, de 30 de junho de 1992.

O STJ assim havia se manifestado:

> AGRAVO REGIMENTAL. SUSPENSÃO DE SEGURANÇA. EXAME DO MÉRITO. VEDAÇÃO. SUSPENSÃO DE ANTECIPAÇÃO DOS EFEITOS DA TUTELA. POSSIBILIDADE. PERICLITAÇÃO DO DIREITO DA PARTE. IMPERTINÊNCIA. FUNDAMENTO INATACADO. DECISÃO INTERLOCUTÓRIA PASSÍVEL DE RECURSO ESPECIAL. SÚMULA 86/STJ. 1. No âmbito estreito do pedido de suspensão de decisão proferida contra o Poder Público, impõem-se a verificação da ocorrência dos pressupostos atinentes ao risco de grave lesão à ordem, à saúde, à segurança e à economia públicas, sendo vedado o exame do mérito da controvérsia principal. 2. Cabe o pedido de suspensão de antecipação dos efeitos da tutela concedida contra o Poder Público, nas mesmas hipóteses em que autorizada para a suspensão de liminar em mandado de segurança. Inteligência do art. 1º da Lei nº 9.494, de 10 de setembro de 1997. 3. O argumento de periclitação do direito do particular cede espaço ao interesse social resguardado pela norma. 4. Remanescendo fundamento suficiente inatacado é de se desprover o agravo. 5. Cabe recurso especial contra acórdão proferido no julgamento de agravo de instrumento (Súmula nº 86/STJ). 6. Agravo regimental desprovido. (AgRg na SS 718, Corte Especial, rel. Min. Antônio de Pádua Ribeiro, j. 17/02/99)

### 8.5. Do art. 1º, § 5º, da Medida Provisória nº 2.180, de 24 de agosto de 2001

Por fim, a última limitação para a concessão de liminar contra a Administração Pública está no art. 1º, § 5º, da Medida Provisória nº 2.180/2001, que diz:

> Não será cabível medida liminar que defira compensação de compensação de créditos tributários ou previdenciários.

## 9. DO MANDADO SEGURANÇA INDIVIDUAL

### 9.1. Das considerações gerais

Não se discute na doutrina se o Poder Judiciário pode ou não exercer o controle sobre os atos praticados pela Administração Pública. A questão que se impõe é em relação à extensão desse controle, uma vez que a conduta do Administrador tem que se pauta, as ve-

---
[285] Op. cit., p. 1614.

zes, como pouca ou nenhuma eficácia, no mais das vezes pela relação política dos agentes administrativos que integram esses organismos de controle internos como os agentes que dão voz aos atos públicos.

O certo é que o Poder Judiciário, por seu poder coativo, é o verdadeiro subterfúgio do questionamento das ações do Administrador.

Entretanto, o poder de controle dos atos administrativos pela via judicial encontra limites. Como se sabe, ao Judiciário é vedado analisar o mérito administrativo, seja na conveniência ou na oportunidade, sob pena de ingerência no Poder alheio, o que violaria o Princípio da Independência dos Poderes.

O *princípio da eficiência*, de outro lado, ajuda a mitigar tal premissa, pelo subjetivismo que o traz relacionado. Assim, como dizer-se que essa ou aquela manifestação de administração Pública é válida e foi ditada de forma suficiente, senão analisado seu mérito? Nessa situação, o Judiciário deve enfrentar a questão em todos os seus contornos subjetivos. Somente a prova que reveste a estrutura material do ato que esclarecerá.

O mandado de segurança individual é uma das maiores garantias criadas pelo direito para proteger o cidadão da prepotência do Estado e, por conseqüência, uma forma de ação de controle dos atos administrativos abusivos. Tamanha sua importância que é estudado em vários ramos do direito, como o constitucional, administrativo e processual cível, cada qual realçando seus aspectos típicos.

Apesar disso e de sua institucionalização no direito brasileiro há mais de 50 anos, o mandado de segurança, em muitos aspectos, continua um instituto jurídico muito propalado e pouco aprofundado.

### 9.2. Da garantia constitucional

O art. 5º, inc. LXIX, da Constituição Federal reza o seguinte:

Conceder-se-á mandado de segurança para proteger direito líquido e certo, não amparado por *habeas corpus* ou "habeas-data", quando o responsável pela ilegalidade ou abuso de poder for autoridade pública ou agente de pessoa jurídica no exercício de atribuições do Poder Público;

Tem-se, portanto, que o mandado de segurança é um remédio constitucional criado pelo legislador para sanar ou evitar ato abusivo ou ilegal de uma autoridade.

Por outro lado, o controle através dessa ação visa sanear a administração de um defeito praticado por seu agente. Em consequência, não pode se constituir em determinação para obrigar que o agente público se manifeste sobre determinada situação administrativa porquanto a manifestação é sempre da pessoa pública. Como a própria nomenclatura deixa antever, *agente* é aquele que *age,* que se manifesta em nome da Administração Pública, já que esta, em todos os seus segmentos de administração direta ou indireta, é abstração jurídica exteriorizando vontades através de pessoas físicas.

O mandado de segurança surgiu como decorrência do desenvolvimento da doutrina brasileira do *habeas corpus*. Quando a Emenda 1926 restringiu o uso dessa medida às hipóteses de ofensa ao direito de locomoção, os doutrinadores passaram a procurar outro instituto para proteger os demais direitos. Sob a inspiração do *writ* norte-americano e do *juicio de amparo* do direito mexicano, instituiu-se o mandado de segurança.[286]

O *mandamus,* como também é conhecido, não é a única forma de controle da administração. Outras formas de controle jurisdicional do ato administrativo também podem

---

[286] DI PIETRO, Maria Sylvia Zanella. *Direito Administrativo*, 7ª ed. São Paulo: Atlas, p. 508.

ser utilizadas, como o *habeas corpus*, as cautelares, a ação popular, a ação civil pública, a ADIN, o mandado de injunção etc.

Sempre que alguém sofrer ou estiver na iminência de sofrer violação em seu direito liquido e certo por ato de autoridade é parte legitimada para impetrar mandado de segurança, seja pessoa física ou jurídica, pública ou privada. O cerne da legitimação, portanto, é quanto ao direito, e não quanto à pessoa de quem o detém.

### 9.3. Das situações de não cabimento de mandado de segurança

A provocação ou a ação mais tradicional de controle do ato administrativo é o mandado de segurança, individual ou coletivo. Esta tem sido a via mais usada, embora em muitas situações não seja a mais eficiente.

Situações existem que não é possível impetrar-se mandado de segurança:

#### 9.3.1. Como substitutivo das ações de cobrança

Fixemos o seguinte exemplo: servidor público é surpreendido por ato administrativo suspendendo o pagamento sob a alegação de indevido de alguma vantagem e automaticamente determinando o respectivo desconto em folha de pagamento. Nesta situação, o mandado de segurança é o remédio plenamente aplicável, ou seja, através dele pode se fazer cessar o desconto em folha e determinar a devolução das parcelas já descontadas? A resposta é não. O mandado de segurança é cabível quanto à primeira situação, mas descabido quanto à segunda, porquanto esta ação excepcional não se equipara à ação de cobrança, como entendimento sufragado pelo Supremo Tribunal Federal, através da Súmula 269, que reza:

> O mandado de segurança não é substitutivo de ação de cobrança.

#### 9.3.2. Como substitutivo de ação popular

A ação popular, com se verá em seguida, e também como o próprio nome sugere, é a ação típica do exercício da cidadania em que alguém do povo busca anulação de ato administrativo lesivo ao patrimônio público. Embora seja um instrumento forte de controle da administração pública, sua utilização não é de muita freqüência.

A Lei nº 4.717/65, ao regular essa forma de controle da administração pública, no seu art. 1º, procurou proteger além do simples limite daqueles bens pertencentes às pessoas públicas diretas ou indiretas, para atingir também o patrimônio, *verbis:*

> De sociedade de economia mista, e sociedade de seguro nas quais a União represente os segurados, de empresas públicas, de serviços sócias autônomos, de instituições ou fundações para cuja criação ou custeio o tesouro público haja concorrido ou concorra com mais de cinqüenta por cento do patrimônio ou da receita anual, de empresas incorporadas ao patrimônio da União, do Distrito Federal, dos Estados e Municípios, e de quaisquer pessoas jurídicas ou entidades subvencionadas pelos cofres públicos.

A idéia clara do legislador foi a de alcançar com o controle exercido pela ação popular o patrimônio público, fosse ele de valor econômico, artístico, estético, histórico ou turístico.

Diferentemente do mandado de segurança, a ação popular pode ser proposta diretamente contra os entes públicos ou assemelhados acima enunciado, contra os agentes públicos propriamente ditos ou extensão legal ou contra uns e outros. Caso a opção eleita fora a ação popular contra agentes públicos propriamente ditos ou por extensão legal, as pessoas jurídicas públicas ou privadas que eles integram, como litisconsortes necessárias que são, poderão abster-se de contestar o pedido ou atuar ao lado do autor, por puro juízo de conveniência e oportunidade do representante legal.

No entanto, em que pese haja algumas similitudes como o mandado de segurança, a ação popular não o substitui, consoante a Súmula 101 do STF:

> O mandado de segurança não substitui a ação popular.

### 9.3.3. Como substitutivo de ação civil pública

O mandado de segurança não substitui a ação civil pública, de legitimidade do ministério público, como já decidiu o STJ:

> Mandado de segurança. Ação popular. Ação civil publica. O mandado de segurança protege direito individual. Não substitui a ação popular ou a ação civil pública. Naquele realça o interesse particular. Nestas, o interesse publico; o postulante só reflexamente se beneficiara do que requer. (MS 267, 1ª Seção, Rel. Min. Vicente Cernichiaro, j. 12/12/89)

### 9.3.4. Contra lei em tese

Após reiterados precedentes,[287] o STF estabeleceu a Súmula 266, que diz:

> Não cabe mandado de segurança contra lei em tese.

O ato legislativo legítimo só pode ser atacado por MS quando concretamente ferir direitos individuais, uma vez que dotado de abstração e generalidade.

A única forma de se anular uma lei pelo Poder Judiciário é por meio de ADIN porquanto o MS é via inidônea para tal.

### 9.3.5. Contra ato judicial recorrível

O art. 5º, II, da Lei 1.533/51 veda a possibilidade de impetração de segurança contra despacho ou decisão judicial, quando haja a possibilidade de recurso, matéria inclusive sumulada (267) pelo STF.

Cada ato judicial tem seu recurso próprio. O mandado de segurança não pode ser interposto contra ato judicial, já que no direito processual brasileiro cada ato judicial tem seu recurso correspondente.

### 9.3.6. Como substitutivo de recurso

Como já mencionado, cada ato judicial tem seu recurso respectivo. Tendo a parte perdido o prazo recursal, lhe é vedado a interposição de mandado de segurança.

No entanto, se não houver previsão legal para recurso dos atos jurisdicionais, é plenamente cabível o mandado de segurança, desde que excepcionalmente, em caso de dano irreparável, sua utilização sirva para corrigir ilegalidade. Assim o STF:

> MANDADO DE SEGURANÇA – ATO JURISDICIONAL – EXCEPCIONALIDADE NÃO VERIFICADA. A admissão do mandado de segurança contra decisão judicial pressupõe não caber recurso, visando a afastá-la, e ter-se como a integrar o patrimônio do impetrante o direito líquido e certo ao que pretendido. (RMS 25340, 1ª Turma, rel. Min. Marco Aurélio, j. 25/10/2004)

---

[287] Precedentes: MS 9077, DJ de 23/8/1962; RMS 9973, DJ de 6/9/1962; MS 10287, DJ de 27/6/1963; RE 351, DJ de 29/8/1963.

Não raramente se observa na jurisprudência a aplicação de litigância de má-fé quando alguém que perde o prazo recursal interpõe mandado de segurança. Isso é abuso de direito de ação que merece ser sancionado.

### 9.4. De quem pode praticar a ilegalidade ou o abuso de poder

Vários agentes públicos podem ser autoridade coatora na ação de mandado de segurança. Entre eles, podem ser nominados como:

– agentes políticos: Presidente da República, Ministros de Estado, Senadores, Deputados, Ministros de Tribunais Superiores, Governadores, Deputados Estaduais, Desembargadores, Secretários de Estado, Prefeitos Municipais, Vereadores, Magistrados e Secretários Municipais, sempre que representando a Administração Pública;
– agentes administrativos: servidor público e empregado público no exercício de suas atribuições;
– particulares no exercício de atribuições delegadas pelo Poder Público: concessionários, permissionários e autorizatários de serviços públicos.

O controle judicial dos atos administrativos não se limita aos atos de pessoas públicas. Seus agentes também estão sujeitos a esse controle, não na mesma plenitude, porém através de foro especial de tutela, como é ação mandamental. Para melhor compreensão, deve-se tecer algumas considerações do que venha a ser órgão público, agente público e serviço público delegado.

O *Órgão* é aquela parcela de poder da pessoa jurídica pública, resultante de sua divisão por força de lei. Tem como objetivo fazer com que a Administração alcance uma maior operacionalidade. É o fracionamento administrativo a que é submetido todo ente jurídico público para atingir com maior eficiência o bem comum. Como parte que é, não tem autonomia para figurar como substituto da autoridade coatora para fins de mandado de segurança.

O *Agente,* por sua vez, na estrutura tipicamente administrativa, é a pessoa física que age e movimenta Administração. A ação nunca é pessoal porquanto quem em verdade se manifesta é a pessoa jurídica pública através de seu órgão. O agente público é a autoridade coatora para fins de mandado de segurança. Por isso, dirigir a peça mandamental contra pessoa jurídica de direito público é vício insanável, ensejador de indeferimento da peça inicial.

Os atos decorrentes de órgãos colegiados, como Mesa Diretora da Câmara e do Senado, das Assembléias Legislativas e das Câmaras Municipais ou análogos, não são enquadráveis como ato de autoridade coatora para fins de mandado de segurança. Como os atos emitidos são complexos, ou seja, não se executam por si mesmo, dependem de vontade de outro agente público para que tomem vida jurídica. Só violam direito líquido e certo se manifestados pela pessoa daquele que executa ou preside o órgão coletivo.

Questão delicada diz respeito aos serviços públicos delegados, uma manifestação de conveniência e necessidade do repasse ao particular a execução de serviços públicos.

A delegação tanto pode recair numa pessoa física quanto jurídica. Em ambas, o serviço continua sendo estatal, ou seja, a relação entre o prestador do serviço e o administrado não configura uma relação civil sendo tutelado pelo Direito Administrativo. O executor privado do serviço público delegado é que é o legitimado passivo na ação mandamental, pois pratica atos públicos, passíveis de controle pelo Judiciário. A matéria inclusive já fora sumulada pelo STF (510):

Praticado o ato por autoridade, no exercício de competência delegada, contra ela cabe mandado de segurança ou a medida judicial.

### 9.5. Do autor do mandado de segurança

Como já foi referido, autor do Mandado de Segurança em atos praticados por autoridade ambiental é sempre aquele que sofrer ou estiver na iminência de sofrer violação em seu direito líquido e certo, seja pessoa física ou jurídica, pública ou privada.

Por estar dotado de uma relação entre o Estado e o indivíduo, objetivando uma tutela jurisdicional para neutralizar o ato – e não uma relação de direito privado para resolver uma questão entre particulares –, o mandado de segurança não se afasta da grande esfera do processo civil, embora também seja uma ação constitucional.

Sendo assim, a capacidade ativa para impetração do mandado de segurança está imbricada aos requisitos subjetivos do CPC, ressalvadas as peculiaridades da ação.[288]

As pessoas jurídicas serão representadas pelos administradores ou por aqueles a quem os estatutos conferirem poderes de representação, lembrando-se que há existência da controvérsia envolvendo a necessidade de haver a assembléia geral ou não para o ajuizamento da medida. Frise-se que os direitos dos filiados dos órgãos associativos nunca podem ser confundidos com interesses eventualmente escusos da direção das entidades.

Se a violação a direito líquido e certo atingir diretamente a entidade, seus representantes legais podem votar a garantia judicial, mas não o podem a título da defesa de alguns se só sobre eles recair o malgrado. Até porque o direito de impetração do mandado é indelegável.

O STF já decidiu que o estrangeiro domiciliado no exterior tem legitimidade para impetrar o mandado de segurança.

Da mesma forma, a pessoa jurídica de direito público detém capacidade de ser parte ativa na ação mandamental.

Também o agente do Ministério Público pode ajuizar demanda mandamental para defesa de interesses difusos ou coletivos decorrentes pertinentes ao meio ambiente.[289-290]

O terceiro interessado também pode ajuizar mandado de segurança em processo em que não é parte, desde que tem tenha direito seu ameaçado.[291]

---

[288] Embora a matéria não tenha pertinência com o estudo sobre o mandado de segurança contra atos de autoridade ambiental, como informação, salienta-se que os absolutamente capazes e os relativamente incapazes podem valer-se desse remédio constitucional, desde que representados e assistidos, respectivamente. De igual forma o locatário possui legitimidade ativa para impetrar MS contra o Fisco, em caso de inércia do locador.

[289] ADMINISTRATIVO – ENSINO INFANTIL – CRECHE PARA MENORES – MANDADO DE SEGURANÇA – LEGITIMIDADE DO MINISTÉRIO PÚBLICO.1. Tem o Ministério Público legitimidade para, via ação mandamental, requerer o cumprimento de políticas sociais. 2. Hipótese em que a pretensão mandamental não pode ser seguida pela específica determinação. 3. Recurso especial improvido. (STJ, REsp 503028, 2ª Turma, Rel. Min. Eliana Calmon, j. 20/04/2004)

[290] MANDADO DE SEGURANÇA. Promotor de Justiça. Legitimidade para propor mandado de segurança contra ato do Juiz de Direito. Recurso provido. (STJ, RMS 8026, 4ª Turma, Rel. Min. Bueno de Souza, j. 06/04/1999)

[291] PROCESSUAL CIVIL. MANDADO DE SEGURANÇA. IMPETRAÇÃO POR TERCEIRO PREJUDICADO. CABIMENTO. SÚMULA 202/STJ. IMPETRAÇÃO POR EMPRESA PÚBLICA FEDERAL CONTRA ATO PRATICADO POR JUIZ ESTADUAL, EM PROCESSO DE INVENTÁRIO. COMPETÊNCIA ORIGINÁRIA DO TRIBUNAL REGIONAL FEDERAL. 1. As decisões proferidas em inventário – como em qualquer processo, de jurisdição voluntária ou contenciosa – só vinculam as pessoas que dele participam. Não ficam a elas submetidas os terceiros eventualmente prejudicados (CPC, art. 472 e 584, parágrafo único). 2. Na condição de gestora do FGTS (Lei 8.036/90, Art. 4º), a Caixa Econômica Federal não está necessariamente vinculada a decisões, proferidas em processo de inventário, quando prejudiciais aos interesses do referido Fundo. Situa-se, quando isso ocorre, na condição de terceiro prejudicado e, como tal, tem a faculdade de se opor àquelas decisões, utilizando-se, entre outros instrumentos, do mandado de segurança. O recurso do terceiro prejudicado (CPC, art. 499) não é via única para esse fim, nem é via obrigatória (Súmula 202/STJ). (STJ, RMS 18172, 1ª Turma, rel. Min. Teoria Zavascki, j. 21/09/2004.)

Situação importante é que a Lei nº 9.605/98 outorgou responsabilidade pelo dano ambiental própria tanto à pessoa jurídica como a seu administrador, membro do conselho e de órgão técnico, auditor, gerente, preposto ou mandatário. Assim, cada um deles é legitimado como autor para impetração de mandado de segurança.

### 9.6. Do conceito de autoridade coatora

Vários são os agentes públicos que podem ser apontados como *autoridade coatora* na ação de mandado de segurança impetrada para controlar ato administrativo ilegal praticado na gestão do meio ambiente. Dessa forma, sendo o meio ambiente administrado pelo *Sistema Nacional do Meio Ambiente* – SISNAMA, toda autoridade que responder por qualquer órgão ou entidade da União, do Distrito Federal, dos Estados e dos Municípios que o compõe pode ser autoridade coatora para efeitos de mandado de segurança.

É bom que se consigne que o controle judicial dos atos administrativos pertinentes ao meio ambiente não se opera sobre os atos da *administração ambiental*. Estes, em tese, são atos perfeitamente válidos e, dessa forma, inalcançáveis pela ação de controle. O que o mandado de segurança procura controlar são os *atos ilegais* praticados pelos agentes ímprobos.

Não raramente são interpostos mandados de segurança contra os *órgãos* ou até mesmo contra a *pessoa jurídica ambiental*. *Órgão,* na estrutura administrativa, é aquela parcela de poder da pessoa jurídica pública resultante de sua divisão por força de lei. Tem como objetivo fazer com que a Administração alcance uma maior operacionalidade. É o fracionamento administrativo a que é submetido todo ente jurídico público para atingir com maior eficiência o bem comum. Como parte de um todo que é, em princípio, não tem autonomia para figurar como substituto da autoridade coatora para fins de mandado de segurança.

O *Agente,* por sua vez, na estrutura tipicamente administrativa, é a pessoa física que *age* e movimenta Administração. A sua ação nunca é pessoal porquanto quem em verdade se manifesta é a pessoa jurídica pública por si mesma ou através de seu órgão. O agente público somente será autoridade coatora para fins de mandado de segurança por ação ilícita própria. Por isso, dirigir a peça mandamental contra pessoa jurídica de direito público é vício insanável, ensejador de indeferimento da peça inicial.

Os atos decorrentes de órgãos colegiados, como o CONAMA, não são enquadráveis como ato de autoridade coatora para fins de mandado de segurança. Como os atos emitidos são complexos, ou seja, não se executam por si mesmo, dependem de vontade de outro agente público para que tomem vida jurídica. Só violam direito líquido e certo se manifestados pela pessoa daquele que executa ou preside o órgão coletivo.

### 9.7. Da inicial do mandado de segurança

De forma didática é sempre bom lembrar que o ponto forte da peça de abertura do mandado de segurança é, sem dúvida, a parte da narrativa do fato ilegal ou praticado com abuso de poder pela autoridade administrativa ambiental. É indispensável que sejam esclarecidos os fatos para que não pairem dúvidas a respeito da delimitação do que se está discutindo no processo.

Embora se aplique a máxima *narra mihi factum dabo tibi ius*, é recomendável que o impetrante exponha suas razões de direito de forma a convencer o magistrado de sua insurgência.

Vale ressaltar que é extremamente indispensável que a narrativa do fato ilegal ou praticado com abuso de poder venha acompanhada dos documentos necessários a corroborar tais afirmativas. É o que se chama de prova pré-constituída ou inequívoca porquanto a via mandamental não admite espaço para qualquer atividade probatória. Se eventualmente for necessária a sua produção, o juiz indefere inicial e manda que o impetrante procure as vias ordinárias pra buscar o seu direito.

Há de se distinguir a complexidade dos fatos e do tema de direito daquelas situações que não prescindem da abertura da fase de instrução. Se o caso está compreendido no campo da referida dificuldade, nem por isso o MS exsurge como via imprópria, impondo-se o julgamento do mérito. Somente em defrontando-se o órgão julgador com quadro a exigir elucidação de fatos cabe dizer da impertinência da medida, sinalizando no sentido do ingresso em juízo mediante ação ordinária.[292]

Necessário provar que pode haver matéria controvertida de direito, o que não pode haver é a controvérsia da matéria fática, exceção: requisição a pedido da parte ou de ofício pelo juiz de documentos essênciais para o julgamento que se encontram em poder da autoridade coatora, os quais o impetrante não teve acesso, como se fora um pedido incidental de exibição de documentos (art. 6º, parágrafo único).

A petição inicial, no que couber, também deverá preencher os requisitos essenciais elencados pelo Código de Processo Civil, especialmente observando-se se quem praticou o ato possui prerrogativa de foro, sob pena de extinção da peça de plano. Outrossim, diferente do *habeas corpus*, em que o próprio paciente pode impetrá-lo em nome próprio, o mandado de segurança exige a representação de advogado regularmente inscrito na OAB.

### 9.8. Da decisão judicial liminar

Ao despachar a inicial do mandado de segurança, o magistrado tem alguns caminhos a serem tomados com relação ao controle de urgência através da liminar.

*a) Concede a liminar*

Tal hipótese ocorre quando provado o direito líquido e certo pelo impetrante, mas não só isso, deve haver uma necessidade desse direito ser protegido imediatamente, de modo que a espera pelo seu deferimento final pode ocasionar dano irreparável ou de difícil reparação ao impetrante. A esse respeito se remete o leitor à parte inicial deste capítulo.

Há mandados de segurança em que a própria medida liminar sem a ouvida da parte contrária é o objeto da ação, ou seja, se for protelado seu exame para quando da análise do mérito, a ação perde seu objeto.[293]

*b) Nega a liminar*

De outra banda, se o magistrado entender que não há urgência no deferimento da medida ou houver algum impedimento legal, tem ele o poder discricionário de indeferi-la.

---

[292] NERY, Nelson. *Comentários ao Código de Processo Civil*. 7ª ed. p. 1599.
[293] RECURSO EM MANDADO DE SEGURANÇA. REALIZAÇÃO DE CURSO DE APERFEIÇOAMENTO. CONSUMAÇÃO. PERDA DO OBJETO. I – Impetrado o mandamus visando à participação em curso de aperfeiçoamento, a superveniência de conclusão do respectivo curso, em relação ao qual o recorrente participou sob o pálio de liminar anteriormente concedida, conduz a extinção do writ por falta de interesse processual superveniente, em face do fato consumado. II – "Ausente a utilidade do writ, requisito que, juntamente com a necessidade da tutela compõe o interesse de agir, impõe-se a extinção do processo sem análise de mérito". III – Recurso ordinário desprovido(STJ, RMS 1746, 2ª Turma, rel. Min. Félix Fischer, j. 07/03/2006)

A esse respeito se remete o leitor aos comentários sobre o controle de urgência no capítulo anterior.

*c) Extingue o processo*

Quando não for causa de mandado de segurança ou quando lhe faltar alguns dos requisitos da Lei nº 1.533/51 – como a prova da ilegalidade ou abusividade do ato –, bem como dos arts. 282 e 283 do CPC, a petição inicial pode ser indeferida pelo juiz, sendo extinto o processo.

### 9.9. Do cabimento de agravo interno ou apelação

Nelson Nery[294] entende que a decisão liminar proferida em mandado de segurança, por ter caráter de interlocutória, pode ser atacada pela via do agravo. O agravo de instrumento contra a decisão liminar em MS de competência do juiz de primeiro grau tem o regime jurídico do CPC. Pode o relator antecipar os efeitos do mérito do recurso, concedendo a liminar que o juiz não dera (efeito ativo) ou cassando a liminar que fora concedida, até o julgamento do mérito ulterior, segundo o autor.

Com a vênia dessa sustentação, é entendimento pessoal que descabe agravo de instrumento contra decisão que concede ou nega controle jurisdicional de urgência em mandado de segurança, por falta de previsão legal. Esse é o posicionamento majoritário encontrado no Tribunal de Justiça gaúcho.[295 296]

A propósito, este é exatamente o teor da recente Súmula 622 do Supremo Tribunal Federal, *in verbis*:

Não cabe agravo regimental contra decisão do relator que concede ou indefere liminar em mandado de segurança.

Da mesma forma, descabe agravo interno da decisão do relator que examina a liminar em instância superior por absoluta falta de previsão legal.

E já há decisões recentes do STJ não conhecendo do recurso quanto à decisão que aprecie liminar em mandado de segurança, *in verbis*:

MANDADO DE SEGURANÇA. AGRAVO REGIMENTAL. NÃO CABIMENTO. AUSÊNCIA DE PREVISÃO LEGAL. LEI N. 1.533/51. SUMARIEDADE DO RITO. SÚMULA N. 622/STF. AGRAVO NÃO CONHECIDO. 1. A Lei n. 1.533/51 não prevê a hipótese de cabimento de agravo contra decisão que aprecia pedido de liminar. 2. A sumariedade do rito do mandado de segurança não condiz com a possibilidade de interposição de recurso contra decisão interlocutória. 3. "Não cabe agravo regimental contra decisão do relator que concede ou indefere liminar em mandado de segurança" (Súmula n. 622/STF).4. Agravo não conhecido. (AgRg no MS 11293, 3ª Seção, Hélio Barbosa, 22/02/2006)

RECLAMAÇÃO. LIMINAR EM MANDADO DE SEGURANÇA. CONCEDIDA OU NEGADA. DESCABIMENTO DE AGRAVO REGIMENTAL. SÚMULA Nº 622, DO STF. A suspensão de liminar, em writ of mandamus, só poderá ocorrer por ato do Presidente do Tribunal a que compete julgar o recurso da decisão a proferir-se na instância de origem, sob pena de usurpação de competência, nas hipóteses de

---

[294] Op. cit., p. 1599.

[295] Processual civil. Mandado de segurança. Agravo de instrumento. Interposição contra decisão que nega seguimento a agravo de instrumento antes interposto contra decisão proferida em ação mandamental. Incabimento. Exegese da súmula 622 do stf. Agravo a que se nega seguimento. (AGRAVO DE INSTRUMENTO Nº 70007748197, QUARTA CÂMARA CÍVEL, TRIBUNAL DE JUSTIÇA DO RS, RELATOR: VASCO DELLA GIUSTINA, JULGADO EM 04/12/2003)

[296] Processual civil. Liminar concedida em mandado de segurança. Interposição de agravo de instrumento. Desacabimento. É majoritário o entendimento da jurisprudência no sentido do descabimento do recurso de agravo de instrumento contra decisão concessiva ou denegatória de liminar em mandado de segurança. AGRAVO DE INSTRUMENTO NÃO CONHECIDO. (TJRS, 2ª Câmara Cível, AI nº 598 306 686, Rel. Des. João Carlos Branco Cardoso.

que trata o art. 4º, da Lei 4.348/64. Reclamação procedente. (STJ, Rcl 1491, Corte Especial, rel. Min. José Arnaldo da Fonseca, j. 01/09/2004)

O recurso cabível da decisão que concede o controle jurisdicional de urgência através de liminar é para o Presidente do Tribunal a quem está vinculado o prolator da decisão. Trata-se de uma excepcionalidade criada por lei em decorrência da imprevisão recursal da ação mandamental, nos termos do art. 4º da Lei nº 4.348/64. Dessa decisão cabe agravo ao Pleno, em 5 dias.

A pessoa jurídica de direito público a quem a autoridade coatora esteja vinculada tem legitimidade para buscar a retratação da liminar ao Presidente do Tribunal, já que contra ela também vige a proibição de interpor agravo de instrumento. Dúvida surge do terceiro atingido pela liminar. Mas tem se entendido que, por não integrar a lide, é possível utilizar-se ele da ação mandamental.

Da decisão que extingue liminarmente o processo, além da decisão final, cabe o recurso de apelação previsto no art. 12 da Lei do MS.

### 9.10. Da resposta da autoridade coatora

Despachada a inicial o juiz ordenará que no prazo de 10 dias a autoridade coatora preste as informações que achar necessárias ao deslinde da controvérsia.

É indispensável que seja a autoridade coatora notificada pessoalmente, através de ofício, com as cópias dos documentos do processo.

A informação do coator é essencial, por ser imperiosa a sua notificação, mas não imprescindível, conforme a própria lei deixa a antever no art. 10: *tenham sido ou não prestadas as informações pela autoridade coatora.*

A base jurídica da ação de mandado de segurança não é, pois, a notificação, com o efeito de citação, da autoridade coatora ou do réu na ação. É a relação processual firmada entre o impetrante e o juiz.[297]

### 9.11. Da presença obrigatória do Ministério Público

A presença do Ministério Público na ação de segurança, como fiscal da lei, assim como em certas ações, é indispensável e imprescindível, mormente quando o interesse público é relevante, sob pena de nulidade do processo.

Cumpre registrar que não basta a simples intimação do agente ministerial para que seja suprida a formalidade, é imperioso que haja sua manifestação, abordando a questão de fundo, em que pese a existência de posicionamento contrário.

A questão da obrigatoriedade de sua presença nesta via é pacífica no Superior Tribunal de Justiça:

MANDADO DE SEGURANÇA – MANIFESTAÇÃO DO MINISTÉRIO PÚBLICO – OBRIGATORIEDADE – OBSERVÂNCIA DO PRAZO DO ART. 10, DA LEI 1.533/51 – DISPENSABILIDADE – PRECEDENTES DA CORTE ESPECIAL DESTE STJ. – Havendo evidente interesse público, a intervenção do órgão do Ministério Público Federal, oficiando como fiscal da lei, é necessária e obrigatória, não se o podendo submeter ao prazo do art. 10, da Lei 1.533/51, sob pena de nulidade do processo. – Recurso conhecido e provido. (STJ, Resp 8841, 2ª Turma, Rel. Min. Peçanha Martins, j. 06/04/99)
PROCESSUAL CIVIL. MANDADO DE SEGURANÇA.INDICAÇÃO ERRÔNEA DO IMPETRADO. INFORMAÇÕES PRESTADAS PELA AUTORIDADE COATORA. SUPRIMENTO DA ILEGITIMIDADE.

---

[297] SIDOU, J. M. Othon. *Do mandado de segurança*. 3 ed. rev. e ampl. São Paulo: Revista dos Tribunais, 1980, p. 338.

> MANIFESTAÇÃO DO MINISTÉRIO PÚBLICO. OBRIGATORIEDADE. PARECER DO PARQUET DISPENSANDO A NECESSIDADE DE PRONUNCIAMENTO. IMPOSSIBILIDADE DE COAGIR O ÓRGÃO A MANIFESTAR-SE. AUSÊNCIA DE NULIDADE. 1. Em sede de mandado de segurança, deve haver o efetivo pronunciamento do Ministério Público não sendo suficiente a sua intimação, sob pena de nulidade. (ERESP 26715 / AM; Rel. Min. PAULO COSTA LEITE, CORTE ESPECIAL, DJ 12/02/2001; ERESP 24234 / AM; Rel. Min. HUMBERTO GOMES DE BARROS, CORTE ESPECIAL, DJ de 11/03/1996; ERESP 9271 / AM, Rel. Min. ANTÔNIO DE PÁDUA RIBEIRO, CORTE ESPECIAL, DJ de 05/02/1996). 2. Considera-se efetivo o pronunciamento se o Ministério Público, abordando a questão de fundo, entende que, por força da substância do mesmo não deve atuar como custos legis. 3. In casu, o douto representante do Parquet devidamente intimado da sentença afirmou ser desnecessária a sua manifestação. Consectariamente, ausente a nulidade processual haja vista que o Ministério Público teve a oportunidade de se manifestar e não o fez, à luz da exegese do art. 10, da Lei n.º 1.533/51. 4. A imposição de atuação do membro do Parquet, quanto à matéria versada nos autos, infringiria os Princípios da Independência e Autonomia do órgão ministerial. 5. Deveras, a suposta nulidade somente pode ser decretada se comprovado o prejuízo para os fins de justiça do processo, em razão do Princípio de que "não há nulidade sem prejuízo" ("pas des nullitè sans grief"). 6. A indicação errônea da autoridade coatora resta suprida em tendo esta, espontaneamente, prestado as informações confirmando a sua legitimidade passiva. 7. Recurso especial desprovido.

Pode ocorrer que junto à sua condição de fiscal, o MP exercita a sua condição de representante da pessoa jurídica de direito público interessada no ato impugnado, podendo da decisão recorrer.

### 9.12. Da sentença

Ao prolatar a sentença mandamental, o juiz pode:

*a) conceder a segurança*

Nessa hipótese, ele deve declarar a ilegalidade do ato ou abuso de poder, comunicando o inteiro teor da sentença à autoridade coatora. A decisão é desde já executável, até porque eventual recurso de apelação não terá efeito suspensivo. A ilegalidade ou abuso de poder deve cessar tão-logo seja cientificada a autoridade coatora da sentença. Desta decisão, caberá apelação sem efeito suspensivo.

*b) negar a segurança*

Nessa ocasião, deve ele declarar a legalidade do ato atacado. Caso haja liminar concessiva inicial, deve ser revogada nesse ato. O recurso de apelação interposto dessa decisão deve ser recebido em ambos os efeitos.

*c) não condenar no pagamento de honorários*

Ressalvados os posicionamentos dos que pensam em contrário – caso de Nery, que entende haver a condenação em pagamento de honorários em caso de concessão da segurança, mas não na sua denegação–, não cabe fixação de honorários advocatícios na sentença mandamental. A matéria, inclusive, é pacífica nos tribunais superiores, tendo sido sumulada:

> STF 512: "Não cabe condenação de honorários de advogado na ação de mandado de segurança";
> STJ 105: "Na ação de mandado de segurança não se admite condenação em honorários advocatícios".

*d) condenar ao pagamento das custas do processo*

Na ação mandamental, cabe condenação ao pagamento das custas processuais, suspensas caso a parte litigue sob o pálio da gratuidade judiciária.

### 9.13. Do cabimento do reexame necessário no caso de concessão de segurança

A sentença que conceder o mandado ficará sujeita ao duplo grau de jurisdição, podendo ser executa provisoriamente porquanto eventual recurso de apelação, como já salientado, não terá efeito suspensivo. Caso haja denegação da ordem, não há previsão para que sejam os autos remetidos de ofício à instância superior.

De outro lado, apenas a sentença prolatada por juiz singular é submetida ao grau de jurisdição superior; os acórdãos dos colegiados responsáveis pelo julgamento de ação originária não se submetem a esse tratamento.

Independentemente do valor da causa discutida, aplica-se a regra do reexame necessário da Lei nº 1.533/51 porquanto lei de caráter especial em relação ao Código de Processo Civil.

### 9.14. Da decadência

O direito ao uso do mandado de segurança é breve. Conforme o disposto no art. 18 da Lei nº 1533/51, é de 120 (cento e vinte dias) dias contados da ciência, pelo interessado, do ato impugnado.

O prazo é de decadência, portanto, não se suspende ou é interrompido com pedido de reconsideração na via administrativa. Mas, se na esfera administrativa o recurso administrativo foi recebido no efeito suspensivo, somente a partir da decisão do recurso começa a correr o prazo decadencial.

## 10. DO MANDADO DE SEGURANÇA COLETIVO

### 10.1. Das considerações gerais

O mandado de segurança coletivo também pode ser utilizado como ação de controle contra os atos ilícitos praticados por autoridade administrativa. Tome-se, por exemplo, no âmbito ambiental, resolução expedida pelo CONAMA no sentido de possibilitar que no estudo de impacto ambiental qualquer pessoa experiente possa subscrever o laudo e não o profissional habilitado. Dessa forma, qualquer conselho federal que envolva o profissional afastado tem toda legitimidade para propor mandado de segurança coletivo. Ou, já na execução do contrato administrativo, por este fundamento, venha a autoridade superior anular o contrato.

O mandado de segurança coletivo, na esteira do mandado de segurança individual, é uma das maiores garantias criadas pelo direito para proteger o grupo de cidadãos da prepotência do Estado e, por conseqüência, uma forma de ação de controle dos atos administrativos abusivos. Tamanha sua importância que é estudado em vários ramos do direito, como o constitucional, administrativo e processual cível, cada qual realçando seus aspectos típicos.

### 10.2. Da garantia constitucional

O art. 5º, inc. LXX, da Constituição Federal traz a possibilidade da impetração do mandado de segurança coletivo, rezando o seguinte:

> Art. 5º, LXX – o mandado de segurança coletivo pode ser impetrado por:
> 1 – partido político com representação no Congresso Nacional;
> 2 – organização sindical, entidade de classe ou associação legalmente constituída e em funcionamento há pelo menos um ano, em defesa de interesses de seus membros ou associados.

## 10.3. Da semelhança com o mandado de segurança individual

O mandado de segurança coletivo é em quase tudo idêntico ao mandado de segurança individual. A diferença relevante entre um e outro é quanto aos aspectos da legitimação ativa para a causa.

Na balizada lição de Nery:[298]

> O MSC nada mais é do que a possibilidade de impetrar-se m MS tradicional por meio de tutela jurisdicional coletiva. O adjetivo "coletivo" se refere à forma de exercer-se a pretensão mandamental, e não a pretensão deduzida em si mesma. O MSC se presta à tutela de direito difuso, coletivo ou individual. O que é coletivo não é o mérito, o objeto, o direito pleiteado por meio de MSC, mas sim a ação. Trata-se de instituto processual que confere legitimidade para agir às entidades mencionadas no texto constitucional (Barbosa Moreira, RP61/196; Grinover, RP 57/96; Nery, CDC Coment., 664 Nery, RP 57/96).

Assim, o mandado de segurança coletivo deve vir acompanhado de prova documental de que: a) o partido político seja reconhecido juridicamente e tenha representação no Congresso Nacional; b) a organização sindical (sindicato, federação ou confederação) seja reconhecida juridicamente pelo Ministério do Trabalho e Emprego; c) a entidade de classe tenha personalidade jurídica; d) a associação tenha existência legal há mais de um ano.

Some-se a isso a *necessidade de prova de que o interesse pretendido diga respeito aos membros ou associados e não aos interesses de um particular-filiado, isoladamente*.

Veja-se que, numa alínea constitucional, o legislador postou os partidos políticos e, noutra, a organização sindical, entidade de classe ou associação legalmente constituída e em funcionamento há mais de um ano. Quanto a estas, só podem agir desde que em defesa de seus membros ou associados. Quanto àqueles, Di Pietro[299] bem os definiu:

> Consoante artigo 1º da Lei nº 9096, de 19-9-95, "o partido político, pessoa jurídica de direito privado, destina-se a assegurar, no interesse do regime democrático, a autenticidade do sistema federativo e a defender os direitos fundamentai, definido com base na Constituição Federal".
> Com base nesse dispositivo, que define os objetivos dos partido políticos, Lúcia Valle Figueiredo concluiu, com razão, que "tudo que atina aos direitos humanos fundamentais, autenticidade dos sistema representativo pode ser objeto de mandado de segurança coletivo".s E cita vários exemplos extraídos da Constituição Federal: o desrespeito ao art. 5º, XLIX, que assegura ao preso o respeito à integridade física e moral; o descumprimento do art. 58, § 4º, que exige, durante o recesso parlamentar, a presença de comissão representativa no Congresso Nacional com composição proporcional, tanto quanto possível; discriminações entre brasileiros natos e naturalizados em hipóteses não previstas na Constituição; prática do racismo.

A diferença entre ambas entidades é que os sindicatos têm interesse mais restrito, pela própria natureza de sua existência.

O texto constitucional, entretanto, não esclarece se os interesses coletivos são relativos a todos os membros ou associados, ou se apenas à parte ou, ainda, se a alguns deles já seria suficiente. Hely Lopes Meirelles (1994, p. 27) afirma dever o direito coletivo ser de todos os membros da entidade, e não de apenas um ou de outros membros da mesma, sob pena de não ser o *writ* coletivo o meio adequado à sua defesa. Assim decidiu o STJ:

> PROCESSUAL CIVIL. MANDADO DE SEGURANÇA. SINDICATO. DEFESA DE INTERESSE INDIVIDUAL DE FILIADA. ILEGITIMIDADE.

---

[298] NERY, Nelson. *Comentários ao Código de Processo Civil*. 7. ed. p. 135.
[299] DI PIETRO, Maria Sylvia Zanella. *Direito Administrativo*. 7ª ed. São Paulo: Atlas, 1996. p. 521/522.

A Constituição Federal, em seu art. 5º, LXX, "b", conferiu às entidades sindicais a legitimidade para impetrar mandado de segurança coletivo, em nome de seus associados, para a defesa dos interesses coletivos. Carece de legitimidade o sindicato, no entanto, para impetrar o writ para defesa de direito subjetivo, individual, de dois de seus filiados em detrimento do interesse dos demais, como no caso. Precedente. Recurso a que se nega provimento.[300]

O STF, de forma mais branda, considera que o *mandamus* pode ser impetrado por um número reduzido de membros da entidade associativa, e não a toda a classe:

CONSTITUCIONAL. MANDADO DE SEGURANÇA COLETIVO. SUBSTITUIÇÃO PROCESSUAL. AUTORIZAÇÃO EXPRESSA: DESNECESSIDADE. OBJETO A SER PROTEGIDO PELA SEGURANÇA COLETIVA. C.F., ART. 5º, LXX, B. MANDADO DE SEGURANÇA CONTRA LEI EM TESE: NÃO CABIMENTO. SÚMULA 266-STF. I – A legitimação das organizações sindicais, entidades de classe ou associações, para a segurança coletiva, é extraordinária, ocorrendo, em tal caso, substituição processual. CF, art. 5º, LXX. II – Não se exige, tratando-se de segurança coletiva, a autorização expressa aludida no inciso XXI do art. 5º, CF, que contempla hipótese de representação. III – O objeto do mandado de segurança coletivo será um direito dos associados, independentemente de guardar vínculo com os fins próprios da entidade impetrante do writ, exigindo-se, entretanto, que o direito esteja compreendido nas atividades exercidas pelos associados, mas não se exigindo que o direito seja peculiar, próprio, da classe(...).[301]

Como já referido, no mandado de segurança coletivo, a legitimidade da impetração é do partido político com representação no Congresso Nacional e da organização sindical, entidade de classe ou associação legalmente constituída e em funcionamento há pelo menos um ano, em defesa de interesse de seus membros ou associados. No entanto, há uma dúvida jurisprudencial se há necessidade expressa de autorização dos associados por Assembléia Geral para presunção de legitimidade ativa. O STF[302] e STJ[303] já se manifestaram pela desnecessidade. Na doutrina, há uma inclinação também pela desnecessidade de assembléia autorizativa (vide ALFREDO BUZAID, Mandado de Segurança Coletivo, Saraiva, 1989, p. 67; ADA PELLEGRINI GRINOVER, Mandado de Segurança Coletivo: Legitimação Objeto e Coisa Julgada, Revista de Processo n. 58, p. 77).

## 11. DO MANDADO DE SEGURANÇA PREVENTIVO

Sempre que a autoridade dita coatora praticar ato lesivo ou abusar de poder caberá a impetração de mandando de segurança individual ou coletivo. Tais hipóteses são comissivas, pois exigem um agir da Administração.

---

[300] ROMS 9716/RS, 5ª Turma. Unanimidade. Rel. Min. Félix Fischer. In DJU, de 01/07/1999, p. 190.

[301] MS 22132/RJ. Pleno. Unanimidade. Rel. Min.: Carlos Velloso. Julgado em 21/08/1996.

[302] MANDADO DE SEGURANÇA COLETIVO – EXTINÇÃO DE CARTÓRIOS – FORMA – LEGITIMIDADE DA ASSOCIAÇÃO DOS NOTÁRIOS E REGISTRADORES DO BRASIL – ANOREG. Consoante dispõe o artigo 5º, inciso LXX, da Constituição Federal, as associações legalmente constituídas e em funcionamento há pelo menos um ano têm legitimidade, como substituto processual, para defender, na via do mandado de segurança coletivo, os interesses dos associados, não cabendo exigir autorização específica para agir. (RE 364051, 1ª Turma, rel. Min. Marco Aurelio, j. 17/08/2004)

[303] PROCESSUAL – SINDICATO – LEGITIMIDADE – MANDADO DE SEGURANÇA COLETIVO – INTERESSES COLETIVOS – INTERESSES INDIVIDUAIS – AUTORIZAÇÃO – DESNECESSIDADE – ART. 5º XXI DA CF – NÃO INCIDÊNCIA. I – Quando pedem Mandado de Segurança coletivo, em favor de seus associados, os sindicatos não os representam mas os defendem, como substitutos processuais. Por isso, não dependem de autorização dos substituídos; II – A defesa dos associados, pelo sindicato, envolve, tanto os interesses coletivos, quanto os individuais da categoria; III – A legitimação do sindicato, para requerer Mandado de Segurança coletivo, em defesa de seus membros, tem como pressuposto, apenas, a circunstância de a entidade estar "legalmente constituída e em funcionamento há, pelo menos, um ano." IV – A restrição estabelecida pelo Art. 5º, XXI da Constituição Federal não incide em relação ao sindicato. (RMS 16137, Primeira Turma, rel. Min. Humberto Gomes de Barros, j. 26/08/2003.)

Entretanto, a lei também prevê a hipótese em que o ato ainda não foi praticado pela Administração Pública, mas há uma expectativa que o seja. Desde que haja justo receio de que, se praticado, acarretará uma ilegalidade e, por conseqüência, um sofrimento, neste caso é permitido a impetração de mandado de segurança preventivo.

Mas, é de se ter presente, que não deve haver um risco singelo de lesão ao direito líquido e certo do impetrante. Deve haver uma real e efetiva ameaça comprovada ou, ao menos, indícios da iminência da ilegalidade.

Evidente que se ainda não há coação o mandado de segurança preventivo não pode ser atingido pelo instituto da decadência, consoante reiteradas decisões do STJ.[304]

E não é por ser de caráter preventivo que a lei dispensa o impetrante de provar a efetiva ameaça de seu direito líquido e certo, bem como de demonstrar a presença dos requisitos do *fumus boni iuris* e o *periculum in mora,* sob pena de seu indeferimento.

Como no mandado de segurança comum, o mandado *mandamus* preventivo deve vir acompanhado de prova pré-constituída porquanto a natureza do rito –sumário – não permite instrução elástica.

Nesse sentido, reiteradas as decisões do Superior Tribunal de Justiça:

ADMINISTRATIVO. CERTIFICADO DE ENTIDADE DE FINS FILANTRÓPICOS.CANCELAMENTO. RECURSO ADMINISTRATIVO. REVISÃO DE ATO ADMINISTRATIVO EIVADO DE NULIDADE. ART. 53 DA LEI 9.784/99. MANDADO DE SEGURANÇA. DENEGAÇÃO DA ORDEM. (...)3. Ademais, se o recurso administrativo não é cabível — como se alega — não se pode presumir que a autoridade impetrada vá recebê-lo, ou acolhê-lo. *Não se pode presumir que autoridade pública vá praticar uma ilegalidade. Não cabe mandado de segurança preventivo, baseado na presunção — sem qualquer fundamento de ordem objetiva a indicar isso — que a autoridade impetrada irá tomar uma decisão contra a lei. Em casos tais, presente o princípio da legitimidade dos atos da administração, não se pode considerar presente uma ameaça a direito da impetrante.* 4. Segurança denegada. (MS 9406, 1ª Seção, rel. Min. Teori Zavascki, j. 13/04/2005)

CONSTITUCIONAL. COMPOSIÇÃO DE TRIBUNAL. PREENCHIMENTO DE VAGAS DE DESEMBARGADOR. LISTA DE ANTIGÜIDADE. ATUALIZAÇÃO. PUBLICAÇÃO. DIREITO LÍQUIDO E CERTO. AUSÊNCIA DE PROVA PRÉ-CONSTITUÍDA. MANDADO DE SEGURANÇA. *1. O caráter preventivo da impetração não afasta a necessidade de que sejam efetivamente demonstradas a certeza e a liquidez do direito em tese ameaçado. 2. O direito invocado, para ser amparado, há que vir expresso em norma legal, e trazer em si todos os requisitos e condições de sua aplicação ao impetrante.* 3. Ao apreciar a ADIN 189-2/RJ, o Supremo Tribunal Federal declarou a constitucionalidade da Resolução nº 03/89 – TJ/RJ. Ilegalidade que não se reconhece. 4. Recurso em Mandado de Segurança conhecido, mas não provido. (RMS n. 12445, 5ª Turma, rel. Min. Edson Vidigal, j. 21/06/2001)

## 12. DA AÇÃO POPULAR

### 12.1. Das considerações gerais

A *actio popularis* já era conhecida dos romanos. Na Idade Média, embora prevista, não foi de grande utilidade pela estrutura própria do feudalismo então dominante. Na Idade Moderna, o primeiro texto a contemplar a ação popular apareceu na Bélgica, com a lei comunal de 30 de março de 1836. Em seguida veio a surgir na França, em 18 de julho de

---

[304] COMPENSAÇÃO – DIREITO DECORRENTE DA INCONSTITUCIONAL MAJORAÇÃO DE ALÍQUOTA – DECADÊNCIA. 1. O mandado de segurança, segundo jurisprudência desta Corte (Primeira Seção), é usado com efeito declaratório tão-somente. Tese jurídica, sobre a qual guardo reservas. 2. Em se tratando de writ preventivo, não há que se falar em decadência. Precedentes da Corte. 3. Recurso especial provido. (REsp 707409, 2ª Turma, rel. Min. Eliana Calmon, j. 14/03/2006.)

1837. Na Itália, surgiu a possibilidade de ações populares em matéria eleitoral, leis de 20 de setembro e 26 de outubro de 1859, a primeira sobre eleições políticas e a última sobre eleições administrativas.

Entre nós, surgiram alguns textos legais esparsos prevendo a ação popular, como o artigo 157 da Constituição do Império, em que se reprimia abusos de poder e prevaricação que juízes de direito e oficiais de justiça cometessem no exercício do cargo.[305] A Constituição de 1891 não a previu. Contudo, foi a Constituição de 1934 a primeira a dar guarida ao instituto, no inciso 38, do artigo 113, *in verbis*:

> Qualquer cidadão será parte legítima para pleitear a declaração de nulidade ou a anulação dos atos lesivos do patrimônio da União, dos Estados ou dos Municípios.

Na Carta Política de 1946, no artigo 141, § 38, o remédio foi restabelecido de maneira ainda mais ampla que na Constituição de 1934, uma vez que protegia, além da União, Estados e Municípios, as entidades autárquicas e sociedades de economia mista.

A Lei nº 4.717, de 29.01.1965, regulamentou a ação popular, texto que se mantém em vigor até hoje por recepção das demais constituições que se seguiram.

Esta lei se transformou numa típica ação de controle dos atos administrativos, entre tantos outros, daqueles praticados na licitação e na execução do contrato administrativo por expressa previsão de seu art. 4º.

No entanto, embora a ação popular tenha sido criada para tornar possível a efetivação da cidadania, possibilitando a que qualquer cidadão seja parte legítima para anulação ou a declaração de nulidade de atos lesivos ao patrimônio público, sua viabilidade prática é menor do que se podia esperar.

Não raramente se vê o uso da ação popular como sucedâneo de um revide político. Essa pessoalidade, no entanto, não descaracteriza a legitimidade de sua proposição.

## 12.2. Da garantia constitucional

Embora tenha sido regulamentada através da Lei nº 4.717/65, esta estrutura se encontra recepcionada de forma bem mais abrangente do que a sua origem, pela Constituição de 1988, quando no seu art. 5º, inciso LXXIII, assim dispôs:

> LXXIII – qualquer cidadão é parte legítima para propor ação popular que vise a anular ato lesivo ao patrimônio público ou de entidade de que o Estado participe, à moralidade administrativa, *ao meio ambiente e ao patrimônio histórico e cultural*, ficando o autor, salvo comprovada má-fé, isento de custas judiciais e do ônus da sucumbência.

## 12.3. Da regulamentação infraconstitucional

A Lei nº 4.717/65, como já foi dito, é o dispositivo que regulamenta a ação popular. No seu nascedouro, a legislação teve como objetivo proteger exclusivamente o patrimônio da Administração Pública.[306] Com o surgimento de novos direitos públicos, como o meio-

---

[305] O artigo citado tinha esta redação:

Art. 157 – Por suborno, peita, peculato e concussão, haverá contra eles a ação popular, que poderá ser intentada dentro de um ano e dia pelo próprio queixoso ou por qualquer do povo, guardada a ordem do processo estabelecido na lei.

[306] O art. 1º da Lei nº 4.717/65 tem esta redação:

Art. 1º Qualquer cidadão será parte legítima para pleitear a anulação ou a declaração de nulidade de atos lesivos ao patrimônio da União, do Distrito Federal, dos Estados, dos Municípios, de entidades autárquicas, de sociedades de economia mista (Constituição, art. 141, § 38), de sociedades mútuas de seguro nas quais a União represente os segurados ausentes, de

ambiente e o patrimônio histórico e cultural, o leque de proteção a ser protegido pela ação popular lhes foi estendido.

Assim, o art. 1º da Lei nº 4.717/65 é de ser interpretado através do art. 5º, inciso LXXIII, da Constituição Federal de 1988.

### 12.4. Do autor da ação

A própria Constituição Federal, ao embasar a ação popular como direito de *qualquer cidadão* (art. 5º, inciso LXXIII), deixou claro a legitimidade ativa para sua proposição, repetindo o art. 1º da Lei nº 4.717/65.

Mas a legitimação ativa de qualquer cidadão pressupõe o livre gozo dos direitos políticos. Neste sentido, cumpre observar o disposto no parágrafo terceiro do art. 1º da Lei nº 4.717/65, ao referir que a prova da cidadania, para o ingresso da ação, será feita com a apresentação do título eleitoral ou de documento correspondente. Assim, qualquer cidadão, seja brasileiro, naturalizado (e inclusive o português equiparado ao brasileiro no gozo de seus direitos políticos), poderá promover a ação popular.

No entanto, a pessoa jurídica, por outro lado, não possui legitimidade para propor a ação popular, conforme entendimento jurisprudencial já consolidado.

Proposta a ação, qualquer cidadão pode se habilitar como litisconsorte ou assistente do autor da ação popular, conforme o parágrafo quinto do art. 5º da Lei 4.717/65.

Questão interessante é quanto à natureza jurídica da legitimidade ativa. De forma majoritária, a doutrina tem dito que se trata de uma *espécie de substituição processual*, tendo em vista que o cidadão, como autor da ação, estaria agindo em nome da coletividade na proteção ao patrimônio público. A doutrina minoritária tem entendido que se trata ou de uma *legitimidade ordinária ampliada* ou *de uma defesa de direito individual, caracterizada pela sua forma indireta*.

### 12.5. Do réu

Consoante o disposto no art. 6º da Lei 4.717/95, a ação popular será proposta: "contra as pessoas públicas ou privadas e as entidades referidas no art. 1º, contra as autoridades, funcionários ou administradores que houverem autorizado, aprovado, ratificado ou praticado o ato impugnado, ou que, por omissas, tiverem dado oportunidade à lesão, e contra os beneficiários diretos do mesmo".

Por criação legislativa pragmática e de típica economia processual, o art. 7º, III, Lei 4.717/65, estabelece que qualquer pessoa, que seja beneficiada ou responsável pelo ato impugnado, e cuja existência tenha se tornado conhecida no curso do processo poderá integrar a lide, desde, claro não tenha sido proferida a sentença final de primeira instância, quando então, será reaberto o prazo para apresentação de sua defesa e de produção probatória.

Observe-se que a ação popular, diferentemente do mandado de segurança, pode ser proposta tanto contra os que tiverem autorizado, aprovado, retificado ou praticado o ato impugnado, por ação ou omissão, quer sejam eles: a) as pessoas jurídicas públicas ou privadas; b) os agentes públicos; c) os beneficiários diretos destes atos.

---

empresas públicas, de serviços sociais autônomos, de instituições ou fundações para cuja criação ou custeio o tesouro público haja concorrido ou concorra com mais de cinqüenta por cento do patrimônio ou da receita ânua, de empresas incorporadas ao patrimônio da União, do Distrito Federal, dos Estados e dos Municípios, e de quaisquer pessoas jurídicas ou entidades.

### 12.6. Da presença do Ministério Público

O Ministério Público intervém na ação popular como fiscal da lei, tanto que o § 4º do art. 6º da Lei nº 4.717/65 veda que assuma a defesa do autor da ação ou da probidade do ato inquinado de nulo. Diferentemente da ação civil pública quando a natureza jurídica de sua ação é a de típico substituto processual.

### 12.7. Do controle de urgência através de liminar

A Lei nº 6.513/77 introduziu na ação popular o controle de urgência através de concessão de liminar. Silenciando a respeito do recurso cabível contra a concessão da liminar, diversamente do que ocorre no mandado de segurança onde está previsto recurso específico ao Presidente do Tribunal, aplica-se o princípio da recorribilidade de toda decisão judicial e, neste caso, admite-se o agravo de instrumento.

### 12.8. Do prazo de contestação

O prazo para a contestação é de 20 (vinte) dias. Trata-se de regra especial e dessa forma não tem aplicação a regra do Código de Processo Civil, apesar de ser posterior. Esse prazo pode ser prorrogado por mais 20 (vinte) dias a pedido do interessado, desde que comprove a dificuldade de produção de prova documental.

### 12.9. Da sentença com eficácia *erga omnes*

A sentença na ação popular, de forma pragmática, produz efeitos *erga omnes*, salvo de for julgada improcedente por deficiência de prova, circunstância que não impede que qualquer cidadão renove o pedido, desde que produza prova nova.

### 12.10. Dos recursos

Da sentença que julga a ação popular cabe apelação. Se for denegatória, também caberá reexame necessário.

Situação peculiar é a de que, mesmo sendo julgada improcedente, qualquer cidadão ou mesmo o Ministério Público poderá recorrer, consoante o disposto no art. 19 da mencionada Lei nº 4.717/65.

### 12.11. Da prescrição

O art. 21 da Lei nº 4.717/65 estabelece que a prescrição da ação popular ocorrerá em 5 (cinco) anos.

## 13. DA AÇÃO CIVIL PÚBLICA

### 13.1. Das considerações gerais

Nas ações de controle judicial coletivo se insere a *ação civil pública* instituída e regulada pela Lei nº 7.347/85, para reprimir ou impedir danos a direitos, bens ou interesses da coletividade. A ação civil pública tem sido utilizada com grande repercussão no direito ambiental. Dessa forma, se o dano ou a tentativa de dano é praticado pela Administração Pública ou pelo poluidor ambiental tem-se que plenamente cabível a ação civil pública.

## 13.2. Do autor da ação

Segundo o art. 5º da Lei nº 7.347/85, com a nova redação que lhe deu a Lei nº 11.448/2007, são legitimados como autor para propor a ação civil pública o Ministério Público, a Defensoria Pública, todos os entes públicos (União, Estados, Distrito Federal e Municípios), as autarquias, as sociedades de economia mista, as empresas públicas, as fundações e a associação que, concomitantemente, esteja constituída há pelo menos 1 (um) ano nos termos da lei civil e inclua, entre suas finalidades, a proteção ao meio ambiente, ao consumidor, à ordem econômica, à livre concorrência ou ao patrimônio artístico, estético, histórico, turístico e paisagístico.

O que se observa, no entanto, é que, na prática, o Ministério Público se tornou o legitimado mais freqüente na propositura da ação civil pública. A independência de do Órgão e, especificamente, o art. 129, III, da Constituição, que lhe outorga a defesa dos interesses difusos e coletivos, levam a uma quase unicidade de que ação civil pública e Ministério Público se imbricam.

Por legitimação recente, não se sabe com qual dimensão a Defensoria Pública irá perpetrar no uso da ação civil pública.

## 13.3. Do réu da ação

Todo aquele que tentar ou praticar dano aos bens protegidos pela Lei nº 7.347/85 pode ser réu na ação civil pública.

No caso específico da ação visando controlar ato praticado na licitação, a Administração Pública e, do contrato administrativo, esta e o contratado.

## 13.4. Do controle de urgência através de liminar em ação cautelar

É cabível o controle de urgência na ação civil pública que tenha por objeto impedir atos administrativos de pretensão lesiva à coletividade. De forma pragmática, este controle é efetuado através de liminar em ação cautelar, nos exatos termos do art. 12 da Lei nº 7.347/85.

No entanto, deferida a liminar na situação acima descrita, poderá a pessoa jurídica interpor agravo de instrumento dirigido ao Presidente do Tribunal a que competir o conhecimento do respectivo recurso que, para evitar grave lesão à ordem, à saúde, à segurança e à economia pública, poderá o suspender a sua execução, cabendo desta decisão agravo regimental no prazo de 5 (cinco) dias a contar da publicação da decisão anterior, consoante exegese do § 1º do referido art. 12.

## 13.5. Do compromisso de ajustamento de conduta

Segundo o § 6º do art. 5º da Lei nº 7.347/85, os órgãos públicos legitimados poderão tomar dos interessados compromisso de ajustamento de sua conduta às exigências legais, mediante cominações, que terá eficácia de título executivo extrajudicial.

Este ajustamento pode ocorrer antes do ajuizamento da ação civil pública ou durante a sua tramitação de forma administrativa, quando o autor da ação requererá sua desistência, ou judicialmente, quando o juiz a homologará. Em qualquer das situações haverá título executivo, extrajudicial, nas primeiras hipóteses, e judicial, na segunda.

No controle dos atos de licitação ou de execução do contrato administrativo é possível o ajustamento de conduta.[307]

### 13.6. Do inquérito civil público

Ganhou vulto com a edição da Lei nº 7.347/85 a possibilidade de o Ministério Público instaurar, sob sua presidência, inquérito civil público, ou requisitar, de qualquer organismo público ou particular, certidões, informações, exames ou perícias, no prazo que assinalar, o qual não poderá ser inferior a 10 (dez) dias úteis. E somente nos casos em que a lei impuser sigilo poderá ser negada certidão ou informação, hipótese em que a ação poderá ser proposta desacompanhada daqueles documentos, cabendo ao juiz requisitá-los. Se esgotadas todas as diligências e o órgão do Ministério Público se convencer da inexistência de fundamento para a propositura da ação civil, promoverá o arquivamento dos autos do inquérito civil ou das peças informativas, de forma fundamentada, remetendo-os, no prazo de 3 (três) dias, ao Conselho Superior do Ministério Público, sob pena de falta grave que, em sessão pública, homologará ou rejeitará a promoção do arquivamento. Entendendo de não homologar o pedido de arquivamento, o Conselho designará, desde logo, outro órgão para o ajustamento da ação civil pública.

A estrutura do inquérito civil público está no art. 8º, §§ 1º e 2º e art. 9º, §§ 1º ao 4º da citada lei.

Durante a tramitação do inquérito civil público pode o indiciado, a qualquer momento, firmar compromisso de ajustamento de conduta, que se transformará em título executivo extrajudicial, consoante o disposto no § 6º do art. 5º da Lei nº 7.347/8.

Penso, inclusive, que é possível a instauração de inquérito civil público para analisar a legalidade dos atos praticados na licitação ou na execução do contrato administrativo.

### 13.7. Da ação de execução da obrigação de fazer ou não fazer

O ajustamento de conduta resultante como assunção de compromisso do indiciado no inquérito civil público, por força de lei, é título executivo extrajudicial e, se não cumprido, deverá ser executado na forma do art. 632 a 645 do CPC.

O art. 11, da Lei nº 7.347/85, que é uma adaptação do art. 632 do CPC, determina que, antes de proceder à execução específica, o juiz deverá determinar que o executado cumpra a prestação da atividade devida ou cesse a atividade nociva, sob pena de execução específica, podendo ainda cominar multa diária inclusive independentemente da manifestação do credor.

O prazo será aquele que for estabelecido no compromisso de ajustamento de conduta ou o que for fixado razoavelmente pelo juiz.

Nada impede que seja firmado pela Administração Pública ajustamento de conduta para a correção de ato administrativo da licitação ou de execução do contrato administrativo. Não satisfazendo a obrigação pode o ente público ou privado responsável ser compelido a fazê-lo através do processo de execução.

### 13.8. Da sentença

Nos termos do art. 16 da Lei nº 7.347/85, a sentença proferida na ação civil pública fará coisa julgada *erga omnes*, nos limites da competência territorial do órgão prolator, exceto se o pedido for julgado improcedente por insuficiência de provas, hipótese em que

---
[307] Essa matéria já foi enfrentada no capítulo da responsabilidade civil por dano ambiental.

qualquer legitimado poderá intentar outra ação com idêntico fundamento, valendo-se de nova prova.[308]

Segundo o art. 18 da lei, nas ações por ela tratada, não haverá adiantamento de custas, emolumentos, honorários periciais e quaisquer outras despesas, nem condenação da associação autora, salvo comprovada má-fé, em honorários de advogado, custas e despesas processuais.

O efeito da sentença na ação civil pública é idêntico àquela proferida na ação popular.

### 13.9. Dos recursos

São aplicáveis à ação civil pública os recursos previstos no CPC, por disposição expressa do art. 19 da Lei nº 7.347/85.

### 13.10. Da decadência

A Lei nº 7.347/85 não dispôs sobre prescrição, como o fizeram a ação de mandado de segurança e a ação popular.

A doutrina é duvidosa sobre a prescrição da ação civil pública. Penso que, sendo a imprescritibilidade exceção, e a prescrição a regra que, aliás, é consentânea com os princípios da razoabilidade e da segurança jurídica, é de se limitar o prazo do direito de ação à ação civil pública.

Mas, como o controle a ser exercido pela ação civil pública é sobre o enfoque do ato administrativo ilegal, penso que é de se aplicar, de forma subsidiária, a Lei nº 9.784/99, que estabelece, no seu art. 54, o limite temporal de 5 (cinco) anos para a anulação da ilegalidade. E depois de decorrido este tempo haverá *decadência* da pretensão anulatória mesmo através da ação civil pública.

## 14. DA AÇÃO DE PROCEDIMENTO COMUM ORDINÁRIO OU AÇÃO ORDINÁRIA

### 14.1. Das considerações gerais

O controle judicial do ato administrativo ilegal tem na ação de procedimento comum ordinário ou, como é mais usualmente chamada, na *ação ordinária*, seu controle mais amplo.

Assim, enquanto no mandado de segurança, na ação popular e na ação civil pública existe uma legitimidade especial e um objeto tópico específico determinado em leis próprias, na ação ordinária, este objeto pode ser o mesmo de qualquer uma destas ações constitucionais e ainda pode ser cumulado com outros pedidos desde que convergentes e seu regramento é o do CPC.

A ação ordinária, dessa forma, se torna no mais amplo instrumento processual de controle da Administração Pública.

### 14.2. Do controle de urgência através da tutela antecipada

A ação ordinária comporta controle de urgência através de tutela antecipada, desde que respeitado os limites especificados em leis especiais. A esse respeito se remete o leitor à parte inicial deste capítulo.

---

[308] Segundo o art. 17 da lei em comento, em caso de litigância de má-fé, a associação autora e os diretores responsáveis pela propositura da ação serão solidariamente condenados em honorários advocatícios e ao décuplo das custas, sem prejuízo da responsabilidade por perdas e danos. (Renumerado do Parágrafo Único com nova redação pela Lei nº 8.078, de 1990)

### 14.3. Do autor da ação

O autor da ação ordinária é todo aquele que tiver legítimo interesse de ver controlado o ato administrativo ilegal praticado.

### 14.4. Do réu da ação

O réu na ação ordinária de controle do ato administrativo é o ente público ou privado que tenha legitimidade administrativa.

Penso que, por força do art. 1º, parágrafo único, e do art. 2º, também parágrafo único, da Lei nº 8.666/93, que o *órgão* que tenha a atribuição de licitar e contratar é também legitimado passivo para responder à ação ordinária de controle. Trata-se de uma capacidade excepcional atribuída por força de lei.

### 14.5. Da sentença

A declaração de nulidade do ato administrativo ilegal proclamada pela sentença tem efeito restrito ao âmbito do processo e às partes nele envolvidas.

### 14.6. Dos recursos

Na ação ordinária de controle do ato administrativo ilegal são aplicáveis todos os recursos previstos no CPC.

### 14.7. Da decadência

Como ocorre no controle exercido pela ação civil pública, no controle efetuado através da ação ordinária do ato administrativo ilegal, é possível se aplicar, de forma subsidiária, a Lei nº 9.784/99, que estabelece, no seu art. 54, o limite temporal de 5 (cinco) anos para a anulação de qualquer ilegalidade na órbita de abrangência da competência federal, como é a licitação e o contrato administrativo.

Dessa forma, se decorrido este lapso de tempo, incide a vedação da *decadência* do direito de anular, o que impossibilita o ajuizamento da ação ordinária.

## 15. DO MANDADO DE INJUNÇÃO E DO *HABEAS DATA*

O mandado de injunção e o *habeas data* são ações de controles criados pela Constituição de 1988 com o intuito de aumentar o leque de garantias ao cidadão, respectivamente nos incisos LXXI e LXXII do seu art. 5º.

Ocorre que estes institutos não tiveram a devida repercussão e muitas vezes suas metas de proteção são subsumidas na interpretação mais larga do mandado de segurança.

O mandado de injunção ainda carece de regulamentação, embora o *habeas data* tenha na Lei nº 9.507/97 sua especificidade.

Ante a pouca relevância desses institutos no controle judicial, fica aqui tão-somente a informação de suas existências.

*Título XI*

# DA RESPONSABILIDADE CIVIL DA ADMINISTRAÇÃO PÚBLICA

## 1. DA EVOLUÇÃO HISTÓRICA

A assunção de responsabilidade civil da Administração Pública por atos de seus agentes é instituto recente sendo, conseqüência de uma importante evolução histórica.

O marco inicial dessa evolução residiu na teoria da irresponsabilidade, baseada na idéia de um Estado absoluto, soberano, já que o *princípe* não poderia ser contestado, resultando como princípios *the king can do no wrong* (o rei não pode errar) e *quod principi placauit habet legis vigorem* (aquilo que agrada ao príncipe tem força de lei). Diante disso, o Estado dispunha de autoridade plena sobre seus súditos, sem nenhuma contraprestação. Marcos do abandono dessa teoria foram o *Federal Tort Claim Act*, de 1946, e o *Crow Proceeding Act*, de 1947, respectivamente nos Estados Unidos da América do Norte e Inglaterra.

O segundo estágio dessa evolução foi a equiparação da responsabilidade civil da Administração Pública ao princípio geral clássico da responsabilidade por ato ilícito existente desde os romanos no sentido de que, havendo culpa do agente público, haveria responsabilidade da administração. Era a chamada *teoria civilista, da culpa civil* ou *da responsabilidade subjetiva*. No seu início, ainda houve o pensamento de que essa responsabilidade somente incidiria nos *atos de gestão,* e não nos *atos de império* (estes praticados pela Administração com todas as suas prerrogativas e privilégios de autoridade, pois representavam a natureza própria da existência do Estado que, no seu agir, inquestionavelmente impunham danos ao particular). A incidência da responsabilidade da Administração Pública apenas nos atos de gestão decorria de que isto o colocava no mesmo patamar de igualdade com os particulares, de onde a aplicação do direito comum.

O terceiro estágio veio com a chamada *responsabilidade objetiva*, que se desdobrou em situações que a culpa poderia manifestar-se no *serviço* ou sobre o *risco*, sendo ainda, que, esta última, para alguns, teria um *risco administrativo* ou *risco integral*. A maioria dos países, entre eles o Brasil, adota a teoria da responsabilidade objetiva do Estado, na modalidade de risco administrativo, segundo o qual são necessários três requisitos para que a Administração tenha o dever de indenizar: *ação ou omissão injusta*, *nexo causal* e *dano*. Dessa forma basta que o particular prove a ocorrência destes três requisitos para que tenha seu direito de reparação assegurado.

Por fim, ainda é encontrado um quarto estágio, surgido com a Revolução Francesa, mas depois abandonado como regra possível de responsabilização da Administração Pública, segundo o qual a sua responsabilidade seria integral ou absoluta mesmo ocorrendo culpa exclusiva da vítima. No entanto, apenas de forma excepcional essa teoria ainda encontra aplicação. No Brasil ela é encontrada na ocorrência de danos praticados por acidentes nucleares.

## 2. A RESPONSABILIDADE CIVIL DA ADMINISTRAÇÃO PÚBLICA NO BRASIL

Inicialmente o Brasil adotou a teoria da responsabilidade subjetiva, por aplicação do artigo 15 do CC de 1916. Por força da doutrina e da jurisprudência, especialmente do direito comparado, passou-se a entender que era possível a aplicação da responsabilidade objetiva.

Porém, no direito positivo a teoria objetiva é esposada pelo ordenamento jurídico através da Constituição de 1946. Entretanto, a Constituição de 1988 trouxe-lhe maior amplitude, ao estendê-la às pessoas jurídicas privadas prestadoras de serviço.

O art. 37,§ 6º, da Constituição Federal consolidou a responsabilidade objetiva, inclusive num típico avanço de proteção do indivíduo contra a ação do Estado e alargou a abrangência dessa responsabilidade às pessoas privada prestadoras de serviços públicos.

Há quem sustente que essa abrangência ficaria limitada às sociedades de economia mista, às empresas públicas e às fundações. Penso, todavia, que essa responsabilidade atinge inclusive aquelas pessoas físicas detentoras de delegações, como são, por exemplo, os tabeliães e os taxistas, dentre inúmeros outros casos.

### 3. DO CONCEITO

A responsabilidade civil da Administração Pública pode ser conceituada como sendo a obrigação legal de indenizar que tem o Poder Público ao dano causado a terceiros por agentes públicos, no desempenho de suas atribuições ou a pretexto de exercê-la.

### 4. DA BASE CONSTITUCIONAL

A responsabilidade de indenizar da Administração Pública está prevista no artigo 37, § 6º, da Constituição Federal, que assim estatui:

As pessoas jurídicas de direito público e as de direito privado, prestadoras de serviços públicos responderão pelos danos que seus agentes, nessa qualidade, causarem a terceiros, assegurado o direito de regresso contra o responsável nos casos de dolo ou culpa.

### 5. DO REGRAMENTO INFRACONSTITUCIONAL

O regramento infraconstitucional da responsabilidade da Administração Pública é os artigos do Código Civil 927 e seguintes.

Também é base infraconstitucional o Código do Consumidor quando se tratar de prestação de serviço.

### 6. DOS REQUISITOS

Diante do enunciado constitucional é possível alinhar os seguintes requisitos para a tipificação da responsabilidade civil da Administração Pública:

1) que fique demonstrado a existência de dano causado a terceiros por ação ou omissão injusta;
2) que o autor do dano seja um agente público de qualquer categoria (política, administrativa ou mesmo particulares em colaboração com a Administração, sem interessar o título sob o qual prestam o serviço);
3) que a pessoa jurídica a qual pertence o agente seja de direito público ou de direito privado prestadora de serviços públicos;
4) que o agente, na prática do dano, tenha agido nesta condição.

### 7. DAS CAUSAS EXCLUDENTES OU ATENUANTES DA RESPONSABILIDADE CIVIL

A Administração Pública responde pelos atos que seus agentes vierem a causar a terceiros. Esse é o núcleo da responsabilidade civil admitida no direito brasileiro por força do art. 37, § 6º, da Constituição Federal.

No entanto, tanto a doutrina como a jurisprudência tem exigido a necessidade da perquirição de elementos subjetivos quando houver alegação de que o dano ocorreu por força maior, culpa da vítima ou fato de terceiro. Estas situações seriam como causas excludentes ou atenuantes da responsabilidade da administração. Tome-se como exemplo de excludente por fato de terceiro o roubo praticado por preso foragido.

A força maior é o acontecimento imprevisível, inevitável e estranho à vontade das partes, como uma tempestade, um terremoto. Assim, ocorrendo o dano por força maior incide a excludente de responsabilidade civil para a Administração Pública.

Já a culpa da vítima como condição de elidir a responsabilidade da administração resulta da conclusão de que o dano veio a ocorrer por atuação exclusiva do administrado, ou mesmo por concorrência de culpas entre administrado e administração, situação em que haverá apenas mera atenuação do dever de indenizar, que, no entanto, deverá ser mensurado pelo grau de participação dos envolvidos.

Situação interessante, e que a doutrina procura excepcionar a regra da exclusão da responsabilidade da Administração Pública, é quando, com a força maior se alia um ato omissivo do Poder Público na consecução do serviço. Trata-se de exemplo clássico o caso das enchentes provocadas pelas chuvas, mas que também tiveram como concorrência a falta de limpeza de bueiros e galerias pluviais.

## 8. DA RESPONSABILIDADE DA ADMINISTRAÇÃO PÚBLICA POR ATOS LEGISLATIVOS E JUDICIAIS

Os atos legislativos e judiciais são atos de estado e por isso mesmo essencialmente políticos, circunstância que afastaria qualquer conotação de responsabilidade.

No entanto, essa exclusão apenas incidiria sobre atos legítimos. A abusividade praticada pelo ato legislativo na edição de uma lei ou a pessoalidade ou o erro de um julgamento (art. 5º, inciso LXXV, da Constituição Federal) são atos que fogem daquele apanágio e ingressam na categoria dos atos ilícitos. Diante disso, a Administração Pública por eles respondem.

## 9. DA RESPONSABILIDADE POR FALTA DE SERVIÇO PÚBLICO

Tema relevante é o da responsabilidade da Administração Público por falta de serviço público.

Não resta mais qualquer dúvida que as pessoas jurídicas de direito público – centralizadas ou descentralizadas – podem figurar no pólo ativo da relação de consumo, como fornecedor de serviços, e que por isso mesmo são obrigadas a fornecer os serviços adequados, eficientes, seguros e, quanto aos essenciais, contínuos.

Dessa forma o fornecimento inadequado ou ineficaz do serviço público conduz à aplicação do Código de Defesa do Consumidor, que, em seu artigo 14, combinado com o artigo 3º, atribui ao Estado, enquanto fornecedor de serviço público, e, por conseqüência, a aplicação do princípio da responsabilidade objetiva por danos decorrentes da falta de tal serviço público, incluindo, assim, a responsabilidade por conduta omissiva.

Aliás, é importante salientar que o Estado somente será considerado fornecedor e, portanto, estará sujeito às regras do Código de Defesa do Consumidor e da conseqüente responsabilidade objetiva quando for produtor de bens ou prestador de serviços remunerados por tarifas ou preços públicos. Por outro lado, não serão aplicadas as normas do CDC aos casos em que aquele for remunerado mediante atividade tributária em geral, como são os impostos, taxas e contribuições de melhoria.

## 10. DO CONTEÚDO DA INDENIZAÇÃO

De logo é de se ressaltar que a indenização é aplicável não somente aos danos materiais, mas também aos danos morais.

Como retribuição, a indenização deverá abranger o que a vítima efetivamente perdeu, o que despendeu e o que deixou de ganhar ou, em outras palavras, o dano emergente e os lucros cessantes, além da sucumbência.

No caso de morte ou lesão grave, a indenização abrangerá o tratamento, o sepultamento e a prestação alimentícia às pessoas a quem o falecido as devia, levado em conta a duração provável de sua vida, cujo parâmetro deve ser a fixada pelo IBGE.

Havendo concorrência de culpa, o valor a indenizar será repartido na proporção da responsabilidade.

## 11. DO DIREITO DE REGRESSO

A Administração Pública assume a responsabilidade de indenizar o particular pelo dano causado por seu agente de forma objetiva, consoante o disposto no art. 37, § 6°, da Constituição Federal.

Todavia, o direito de se ressarcir daquilo que pagou ao particular, o chamado direito de regresso, somente é exigível se ficar caracterizado que o agente agiu com dolo ou culpa.

Tem-se, dessa forma, que o regresso é embasado na responsabilidade subjetiva ou civil no qual é admissível a análise ampla da culpa ou do dolo. Dessa forma, é possível que a Administração Pública indenize o particular, se este demonstrar a ação ou omissão injusta, nexo causal e o dano, mas não consiga ressarcir-se do seu agente, se não demonstrar inquestionavelmente que ele agiu com dolo ou culpa. No campo do processo civil, uma resposta da Administração Pública numa ação de indenização por responsabilidade civil proposta por um particular através de denunciação da lide de seu agente pode se tornar juridicamente impossível se na contestação houver negativa de responsabilidade. Apenas na admissão da responsabilidade ou na de concorrência para o fato entre o particular e o agente, esta na medida da participação deste último, isso seria possível.

Este regresso só é cabível se a Administração efetivamente efetuou o pagamento do prejuízo ao lesado.

Situação inovadora criada pela Constituição Federal é a imprescritibilidade do direito de regresso, consoante o disposto no § 5° do art. 37 da Constituição Federal. Trata-se de uma excepcionalidade de nítido benefício para a Administração Pública que, no entanto, por força da própria norma constitucional, se caracteriza como argumento antípodo ao princípio da segurança jurídica.

## 12. DO PRAZO PARA PLEITEAR A REPARAÇÃO DO DANO

Prescreve em 5 (cinco) anos o direito do particular de pretender ver-se indenizado por dano causado por agente público. Trata-se de dispositivo expresso previsto no art. 1º C da Lei nº 9.494/97

Este dispositivo legal aumentou o alcance das pessoas protegidas peia prescrição qüinqüenal para atingir aquelas pessoas privadas criadas pelo Estado e que agem como se Estado fossem.

Aliás, a Lei nº 9.494/97, em verdade, é uma repetição aumentada do decreto-lei federal nº 4.597/92.

*Título XII*

# DA IMPROBIDADE ADMINISTRATIVA

## 1. DA EVOLUÇÃO HISTÓRICA

A palavra improbidade vem do radical latino *probus*, que significa crescer reto, e na tradição da língua portuguesa significa ter caráter, ser honesto, ser honrado. Por via de conseqüência, não ter probidade ou ser ímprobo significa não ter caráter, ser desonesto ou desonrado ou praticar comportamento imoral.

Desta forma, improbidade administrativa é o ato que afronta os princípios norteadores da atuação administrativa. O ato ímprobo não necessita efetivamente ter causado dano para gerar rescisão contratual, bastando que exista o risco de prejuízos materiais ou morais.

O Brasil passa por uma grave crise de probidade política que, infelizmente, parece ser algo recôndito pela continuidade de sua prática. É cada vez mais freqüente o envolvimento de agentes públicos com casos de corrupção, abuso do poder e outros fatos que desvirtuam a legítima função do administrador público.

A história da humanidade é cheia de momentos em que aqueles que deveriam governar não o fizeram de forma mais honesta e honrada, causando prejuízos enormes ao povo. Alguns casos se tornaram bastante conhecidos, como o episódio, não tão antigo, do PC Farias no governo do Presidente Fernando Collor de Mello ou os recentes casos do mensalão, do Valérioduto ou dos Sanguessugas no governo do Presidente Luis Inácio Lula da Silva. Este tipo de postura traz enormes prejuízos aos "administrados", ou seja, ao povo, prejudicando, inclusive, a imagem do país frente aos demais.

Neste ponto, Emerson Garcia e Rogério Pacheco Alves:

> O regular funcionamento da economia exige transparência e estabilidade, características de todo incompatíveis com práticas corruptas. A ausência desses elementos serve de desestímulo a toda ordem de investimentos, que serão direcionados a território menos conturbados, o que, em conseqüência, comprometerá o crescimento, já que sensivelmente diminuído o fluxo de capitais.[309]

A corrupção é algo muito antigo, chegando alguns autores a mencionar como o primeiro caso o momento em que a serpente oferece a maçã a Adão, numa troca simbólica do paraíso pelos prazeres ainda inéditos da carne. Na Grécia, o juiz corrupto era punido com a morte. A Lei das XII Tábuas também condenava à morte o juiz que recebesse dinheiro ou valores.

Posteriormente, a pena capital foi sendo afastada e substituída pela obrigação de ser devolvido o indevidamente recebido (*Lex Calpurnia de repetundis*). Com a edição da *Lex Acilia* (123 a.C.), a corrupção passou a constituir ilícito penal, sendo impostas as penas do furto (devolução em dobro). Anos após, foi instituída a pena de infâmia para os condenados nesses processos, através da *Lei de Servília* (111 a.C.).

Na idade média houve o *corrupt and ilegal practices act* de 1883, que visava combater os atos ilegais nas eleições. A compra e venda de votos era muito comum no Parlamento Inglês.

---

[309] GARCIA, Emerson. ALVES, Rogério Pacheco. *Improbidade Administrativa*. 3ª edição. Rio de Janeiro: Lumen Juris, 2006, p. 18.

Séculos depois, e entre nós, as Ordenações Filipinas, que vigoraram por longo período no Brasil e em Portugal, vedavam o recebimento de vantagens por parte dos Oficiais da Justiça e da Fazenda, cominando-lhe pena de perder o ofício e a obrigação de pagar vinte vezes mais do que o valor recebido.

O Código Penal Brasileiro de 1830 tratava os atos de corrupção como *peita* e suborno. O posterior Código de 1890 os unificou em uma única seção. No âmbito constitucional, no Brasil, todas as Constituições Republicanas previam a responsabilização do Chefe do Estado por infração à probidade da administração, excetuando-se a de 1824.

## 2. DA BASE CONSTITUCIONAL

Ante a relevância do tema, o certo é que a improbidade administrativa tem previsão na Constituição Federal de 1998, em seu art. 37, § 4º, quando diz que:

> Os atos de improbidade administrativa importarão a suspensão dos direitos políticos, a perda da função pública, a indisponibilidade dos bens e o ressarcimento ao erário, na forma e gradação previstas em lei, sem prejuízo da ação penal cabível.

## 3. DA REGULAMENTAÇÃO INFRACONSTITUCIONAL

A Lei nº 8.429/92, chamada de *Lei de improbidade administrativa*, tornou-se uma importante arma contra os atos de corrupção, ao tratar das sanções aplicáveis aos agentes públicos nos casos de enriquecimento ilícito no exercício de mandato, cargo, emprego ou função na administração pública direta, indireta ou fundacional.

Foi com esta idéia que o legislador constituinte criou este instituto, inserindo no direito pátrio uma nova modalidade de responsabilização do agente público, independente da criminal, civil ou administrativa.

No Estado do Rio Grande do Sul, pela atuação do Ministério Público Estadual no Tribunal de Contas do Estado, os atos de improbidade administrativa de contas têm sofrido um forte controle com proposições de ações civis públicas, e na área criminal pela ação da 4ª Câmara Criminal, quando os atos de improbidade são praticados por Prefeitos Municipais.

## 4. DO CONCEITO DE ADMINISTRAÇÃO PÚBLICA PARA FINS DE IMPROBIDADE ADMINISTRATIVA

O conceito de Administração Pública para fins de aplicação da Lei nº 8.429/92 é amplo, como se observa do seu art. 1º:

> Art. 1º. Os atos de improbidade praticados por qualquer agente público, servidor ou não, contra a administração direta, indireta ou fundacional de qualquer dos Poderes da União, dos Estados, do Distrito Federal, dos Municípios, de Territórios, de empresa incorporada ao patrimônio público ou de entidade para cuja criação ou custeio o erário haja concorrido ou concorra com mais de 50% (cinqüenta por cento) do patrimônio ou da receita anual, serão punidos na forma desta Lei.
> Parágrafo único. Estão também sujeitos às penalidades desta Lei os atos de improbidade praticados contra o patrimônio de entidade que receba subvenção, benefício ou incentivo, fiscal ou creditício, de órgão público bem como daquelas para cuja criação ou custeio o erário haja concorrido ou concorra com menos de 50% (cinqüenta por cento) do patrimônio ou da receita anual, limitando-se, nestes casos, a sanção patrimonial à repercussão do ilícito sobre a contribuição dos cofres públicos.

## 5. DO CONCEITO DE AGENTE PÚBLICO PARA FINS DE IMPROBIDADE ADMINISTRATIVA

Além do conceito ampliativo de administração pública que a lei busca proteger, ela também outorga definição elástica de quem seja o agente público causador do ato de improbidade administrativa, tanto que expressamente diz:

> Art. 2º Reputa-se agente público, para os efeitos desta Lei, todo aquele que exercer, ainda que transitoriamente ou sem remuneração, por eleição, nomeação, designação, contratação ou qualquer outra forma de investidura ou vínculo, mandato, cargo, emprego ou função nas entidades mencionadas no artigo anterior.

Além do generoso conceito de agente público, a Lei procurou ir mais além quando trouxe para seu leque conceitual a figura do terceiro que, de forma direta ou indireta, induza ou concorra para a prática do ato de improbidade ou mesmo que dele se beneficie. *Induzir* é instigar, incitar, sugerir ou persuadir. Já concorrer significa juntar-se a outrem, contribuir, cooperar. Portanto, quer nas formas ativas de indução ou concorrência para a prática do ato de improbidade administrativa, é também o terceiro integrante do conceito de agente público quando tão-somente dele se beneficie, que é a forma passiva. O artigo da Lei nº 8.429/92, que estende ao terceiro as sanções de improbidade administrativa, está assim escrito:

> Art. 3º As disposições desta Lei são aplicáveis, no que couber, àquele que, mesmo não sendo agente público, induza ou concorra para a prática do ato de improbidade ou dele se beneficie sob qualquer forma direta ou indireta.

## 6. DAS MODALIDADES DE IMPROBIDADE ADMINISTRATIVA

As modalidades de improbidade administrativa não são conceitos doutrinários ou de moldura legal aberta. É legal fechada. A Lei nº 8.429/92 prevê três modalidades de improbidade administrativa nos seus arts. 9º, 10 e 11: a) Atos de improbidade administrativa que importam enriquecimento ilícito; b) Atos de improbidade administrativa que causam prejuízo ao erário; c) Atos de improbidade que atentam contra os princípios da Administração Pública.

### 6.1. Dos atos de improbidade administrativa que importam enriquecimento ilícito

A primeira modalidade de improbidade administrativa é a resultante de atos que importam em enriquecimento ilícito prevista no art. 9º da Lei nº 8.429/92.

É a mais grave delas.

Segundo a ótica legal, aquele agente público por ela própria conceituado que auferir qualquer tipo de vantagem patrimonial indevida em razão do exercício de cargo (provimento mediante concurso público), mandato (provimento eletivo), função (geralmente resultante dos cargos em comissão), emprego (provimento mediante concurso regido pela CLT) ou atividades nas entidades acima citadas é administrativamente ímprobo.

Não bastasse a generalidade da conceituação, a lei exemplifica determinadas situações nos 12 incisos daquele artigo. A redação é a seguinte:

> Art. 9º Constitui ato de improbidade administrativa importando enriquecimento ilícito auferir qualquer tipo de vantagem patrimonial indevida em razão do exercício de cargo, mandado função, emprego ou atividade nas entidades mencionadas no art.1º desta Lei e, notadamente:

I – receber, para si ou para outrem, dinheiro, bem móvel ou imóvel, ou qualquer outra vantagem econômica, direta ou indireta, a título de comissão, percentagem, gratificação ou presente de quem tenha interesse, direto ou indireto, que possa ser atingido ou amparado por ação ou omissão decorrente das atribuições do agente público;
II – perceber vantagem econômica, direta ou indireta, para facilitar a aquisição, permuta ou locação de bem móvel ou imóvel, ou a contratação de serviços pelas entidades referidas no art. 1º, por preço superior ao valor de mercado;
III – perceber vantagem econômica, direta ou indireta, para facilitar a alienação, permuta ou locação de bem público ou o fornecimento de serviço por ente estatal por preço inferior ao valor de mercado;
IV – utilizar, em obra ou serviço particular, veículos, máquinas, equipamentos ou material de qualquer natureza, de propriedade ou á disposição de qualquer das entidades mencionadas no art. 1º desta Lei, bem como o trabalho de servidores públicos, empregados ou terceiros contratados por essas entidades;
V – receber vantagem econômica de qualquer natureza, direta ou indireta, para tolerar a exploração ou a prática de jogos de azar, de lenocínio, de narcotráfico, de contrabando, de usura ou de qualquer outra atividade ilícita, ou aceitar promessas de tal vantagem;
VI – receber vantagem econômica de qualquer natureza, direta ou indireta, para fazer declaração falsa sobre medição ou avaliação em obras públicas ou qualquer outro serviço, ou sobre quantidade, peso, medida, qualidade ou característica de mercadorias ou bens fornecidos a qualquer entidade mencionada no art. 1º desta Lei
VII – adquirir, para si ou para outrem, no exercício de mandato, cargo, emprego ou função pública, bens de qualquer natureza cujo valor seja desproporcional à evolução do patrimônio ou à renda do agente público;
VIII – aceitar emprego, comissão ou exercer atividade de consultoria ou assessoramento para pessoa física ou jurídica que tenha interesse suscetível de ser atingido ou amparado por ação ou omissão decorrente das atribuições do agente público, durante a atividade;
IX – perceber vantagem econômica de qualquer natureza, direta ou indiretamente, para omitir ato de ofício, providência ou declaração a que esteja obrigado;
X – receber vantagem econômica de qualquer natureza, direta ou indiretamente, para omitir de ofício, providência ou declaração a que esteja obrigado;
XI – incorporar, por qualquer forma, ao seu patrimônio bens, rendas, verbas ou valores integrantes do acervo patrimonial das entidades mencionadas no art. 1º desta Lei;
XII – usar, em proveito próprio, bens, rendas, verbas ou valores integrantes do acervo patrimonial das entidades mencionadas no art. 1º desta Lei.

### 6.2. Dos atos de improbidade administrativa que causam prejuízos ao erário

A segunda modalidade de improbidade administrativa é a decorrente de prática de lesão ao erário por qualquer ação ou omissão, dolosa ou culposa, que enseje perda patrimonial, desvio, apropriação, malbaratamento ou dilapidação dos bens ou haveres das entidades abrangidas pela lei.

Na mesma forma que exemplificou situações passíveis de enriquecimento ilícito, o legislador também elencou as formas causadoras de prejuízo ao Erário. Aqui também vale a conceituação de que, se não capitulável expressamente em qualquer dos 13 incisos do art. 10 da Lei, aplica-se a regra geral, segundo a qual, se o erário sofreu prejuízo por qualquer ação ou omissão, dolosa ou culposa, causando-lhe perda patrimonial, desvio, apropriação, malbaratamento ou dilapidação, tem-se improbidade administrativa.

A disposição legal que tipifica a modalidade de improbidade administrativa que causa prejuízo ao erário é a seguinte:

Art. 10. Constitui ato de improbidade administrativa que causa lesão ao erário qual- quer ação ou omissão, dolosa ou culposa, que enseje perda patrimonial, desvio, apropriação, malbaratamento ou dilapidação dos bens ou haveres das entidades referidas no art. 1º desta Lei, e notadamente:
I – facilitar ou concorrer por qualquer forma para a incorporação ao patrimônio particular, de pessoa física ou jurídica, de bens, rendas, verbas ou valores integrantes do acervo patrimonial das entidades mencionadas no art. 1º desta Lei;
II – permitir ou concorrer para que pessoa física ou jurídica privada utilize bens, rendas, verbas ou valores integrantes do acervo patrimonial das entidades mencionadas no art. 1º desta Lei, sem a observância das formalidades legais ou regulamentares aplicáveis à espécie;
III – doar à pessoa física ou jurídica bem como ao ente despersonalizado, ainda que de fins educativos ou assistenciais, bens, rendas, verbas ou valores do patrimônio de qualquer das entidades mencionadas no art. 1º desta Lei, sem observância das formalidades legais e regulamentares aplicáveis à espécie;
IV – permitir ou facilitar a alienação, permuta ou locação de bem integrante do patrimônio de qualquer das entidades referidas no art. 1º desta Lei, ou ainda a prestação de serviço por parte delas, por preço inferior ao de mercado;
V – permitir ou facilitar a aquisição, permuta ou locação de bem ou serviço por preço superior ao de mercado;
VI – realizar operação financeira sem observância das normas legais e regulamentares ou aceitar garantia insuficiente ou inidônea;
VII – conceder benefício administrativo ou fiscal sem a observância das formalidades legais ou regulamentares aplicáveis à espécie;
VIII – frustrar a ilicitude de processo licitatório ou dispensá-lo indevidamente;
IX – ordenar ou permitir a realização de despesas não autorizadas em lei ou regulamento;
X – agir negligentemente na arrecadação de tributo ou renda, bem como no que diz respeito à conservação do patrimônio público;
XI – liberar verba pública sem a estrita observância das normas pertinentes ou influir
de qualquer forma para a sua aplicação irregular;
XII – permitir, facilitar ou concorrer para que terceiro se enriqueça ilicitamente;
XIII – permitir que se utilize, em obra ou serviço particular, veículos, máquinas, equipamentos ou material de qualquer natureza, de propriedade ou à disposição de qualquer das entidades mencionadas no art. 1 desta Lei, bem como o trabalho de servidor público, empregado ou terceiros contratados por essas entidades;
XIV – celebrar contrato ou outro instrumento que tenha por objeto a prestação de serviços públicos por meio da gestão associada sem observar as formalidades previstas na lei; (Incluído pela Lei 11.107/05)
XV – celebrar contrato de rateio de consórcio público sem suficiente e prévia dotação orçamentária, ou sem observar as formalidades previstas na lei. (Incluído pela Lei 11.107/05)

## 6.3. Dos atos de improbidade administrativa que atentam contra os princípios da Administração Pública

A terceira modalidade de improbidade administrativa, embora a mais leve no conceito das demais, é, no entanto, a de repercussão prática mais dura. Isso porque o ato que atente contra os princípios que norteiam a Administração e que viole os deveres de honestidade e lealdade às instituições, por ação ou omissão do agente público, ou o assim equiparado por força de lei, qualquer que seja a sua extensão, é tido como ímprobo, sujeitando o seu autor a penas bem próximas do ato de improbidade por enriquecimento ilícito, como a perda da função pública e a suspensão dos direitos políticos.

A jurisprudência tem procurado amenizar estas situações por aplicação do princípio da proporcionalidade e do princípio dos crimes de bagatela, com o afastamento de algumas das sanções, especialmente as mais graves.

O dispositivo está assim redigido:

Art. 11. Constitui ato de improbidade administrativa que atenda contra os princípios da administração pública qualquer ação ou omissão que viole os deveres de honestidade, imparcialidade, legalidade, e lealdade ás instituições, e notadamente:
I – praticar ato visando fim proibido em lei ou regulamento ou diverso daquela previsto na regra de competência;
II – retardar ou deixar de praticar, indevidamente, ato de ofício;
III – revelar fato ou circunstância de que tem ciência em razão das atribuições e que deva permanecer em segredo;
IV – negar publicidade aos atos oficiais;
V – frustrar a licitude de concurso público;
VI – deixar de prestar contas quando esteja obrigado a fazê-lo;
VII – revelar ou permitir que chegue ao conhecimento de terceiro, antes da respectiva divulgação oficial, teor de medida política ou econômica capaz de afetar o preço de mercadoria, bem ou serviço.

## 7. DAS PENAS PELA PRÁTICA DE ATOS DE IMPROBIDADE ADMINISTRATIVA

Os atos tipificados na lei como de improbidade administrativa são penalizados independentemente de qualquer outra sanção que eles possam ensejar. Dessa forma, o agente público que praticou um ato de improbidade administrativa, tipificando este ato um crime, como tal também será penalizado. E se deste desse mesmo ato houver repercussão civil ou administrativa como tal, o agente público será responsabilizado.

A previsão legislativa é a seguinte:

Art. 12. Independentemente das sanções penais, civil e administrativas, previstas na legislação específica, está o responsável pelo ato de improbidade sujeito às seguintes cominações.
I – na hipótese do art. 9º, perda dos bens ou valores acrescidos ilicitamente ao patrimônio, ressarcimento integral do dano, quando houver, perda da função pública, suspensão dos direitos políticos de 8 (oito) a 10 (dez) anos, pagamento de multa civil de até 3 (três) vezes o valor do acréscimo patrimonial e proibição de contratar com o Poder Público ou receber benefícios ou incentivos fiscais ou creditícios, direta ou indiretamente, ainda que por intermédio de pessoa jurídica da qual seja sócio majoritário, pelo prazo de 10 (dez) anos:
II – na hipótese do art. 10, ressarcimento integral do dano, perda dos bens ou valores acrescidos ilicitamente ao patrimônio, se concorrer esta circunstância, perda da função pública, suspensão dos direitos políticos de 5 (cinco) a 8 (oito) anos, pagamento de multa civil de até 2 (duas) vezes o valor do dano e proibição de contratar com o Poder Público ou receber benefício ou incentivos fiscais ou creditícios, direta ou indiretamente, ainda que por intermédio de pessoa jurídica da qual seja sócio majoritário, pelo prazo de 5 (cinco) anos;
(III – na hipótese do art. 11, ressarcimento integral do dano, se houver, perda da função pública, suspensão dos direitos políticos de 3 (três) a 5 cinco) anos, paga- mento de multa civil de até 100 (cem) vezes o valor da remuneração percebida pelo agente e proibição de contratar com o Poder Público ou receber benefícios ou incentivos fiscais ou creditícios, direta ou indiretamente, ainda que por intermédio de pessoa jurídica da qual seja sócio majoritário, pelo prazo de 3 (três) anos.
Parágrafo único. Na fixação das penas previstas nesta Lei o juiz levará em conta a extensão do dano causado, assim como o proveito patrimonial obtido pelo agente.

Estas penalizações deverão ser aplicadas de forma cumulativa, embora, como já foi dito, haja uma tendência no Tribunal de Justiça do Estado do Rio Grande de não aplicar a cumulação de penas nas infrações de atos de improbidade administrativa que atentam contra os princípios gerais da Administração Pública. Afora isso, são elas aplicadas de forma cumulativa, independente das outras responsabilidades administrativa penal e civil que o mesmo ato venha a gerar para o agente público.

De qualquer sorte, as penas de perda da função pública e a suspensão dos direitos políticos só se efetivam com o trânsito em julgado da sentença condenatória, consoante o disposto no art. 20 da Lei nº 8.429/92.

Dispositivos que causam certa perplexidade ao exegeta são os dos incisos I e II do art. 21 da Lei. Eles estabelecem que na aplicação das sanções por improbidade administrativa (a) a demonstração efetiva da ocorrência de dano ao patrimônio público ou (b) a aprovação ou rejeição das contas pelo órgão de controle interno ou pelo Tribunal ou Conselho de Contas não podem constituir causa para a não aplicação das sanções.

Evidentemente que estes dispositivos são dirigidos ao juiz da causa como forma de alerta no sentido de que ele não deve deixar de proferir sentença condenatória, se for o caso, sob o fundamento de ausência de prova efetiva da ocorrência do dano ao patrimônio público ou sob a condicionante de que as contas públicas ainda não sofreram aprovação ou mesmo rejeição, em se tratando do Município, da Câmara Municipal ou do Tribunal de Contas estadual. Com essa disposição, o legislador limitou o princípio do livre convencimento judicial, em verdade, já muito estreito diante do art. 37, *caput*, da Constituição Federal, porque, se a administração pública tem que agir sob a égide absoluta da lei, da publicidade, da moralidade, da impessoalidade e da eficiência, o Judiciário, como órgão de controle externo da administração, não pode dizer diferente.

Pode o juiz, no entanto, na ausência de prova da existência efetiva da ocorrência do dano, deixar de determinar seu ressarcimento como pena por não haver prova que ele tenha ocorrido ou por impossibilidade de quantificá-lo. Na primeira hipótese, a sentença afasta qualquer pretensão futura de o ente público ou privado pretender buscar algum ressarcimento. Na segunda, não. A sentença neste ponto é meramente declaratória e, portanto, passível de liquidação e execução. O juiz pode ainda determinar ressarcimento parcial do dano, se parte dele estiver liquidado, e deixar para liquidação e execução futura o valor controverso. Esta interpretação é a que se retira da conjugação dos arts. 17, § 3º, e 21, ambos combinados com o art. 5º da Lei nº 8.429/92.

O art. 5º tem esta redação:

> Art. 5º. Ocorrendo lesão ao patrimônio público por ação ou omissão, dolosa ou culposa, do agente ou de terceiro, dar-se-á o integral ressarcimento do dano.

## 8. DO USO DAS AÇÕES CAUTELARES COMO CONTROLE PRÉVIO DOS ATOS DE IMPROBIDADE ADMINISTRATIVA

Além das sanções típicas previstas em lei para a prática de qualquer das modalidades de atos de improbidade administrativa e que tem na ação civil pública o devido processo legal, a Lei nº 8.429/92 prevê o de certas ações cautelares.

É assim que o art. 7º e seu parágrafo único prevêem a possibilidade de ajuizamento de ação cautelar de indisponibilidade de bens, e os arts. 15 a 17, a de seqüestro, sempre que o agente público ou terceiro for acusado pela prática de atos de improbidade que causar lesão ao patrimônio público ou ensejar enriquecimento ilícito, ainda na fase de indiciamento em inquérito administrativo.

Cumulativamente com qualquer destas ações cautelares, é possível a inclusão em qualquer dos pedidos de investigação, exame e bloqueio de bens, contas bancárias e aplicações financeiras mantidas pelo indiciado no exterior. O cumprimento destas determinações no exterior se operará mediante carta rogatória que obedecerá, quanto à sua admissibilidade e modo de cumprimento, ao disposto na convenção internacional: à falta desta, será remetida à autoridade judiciária estrangeira, por via diplomática, depois de traduzida para a língua do país em que há de praticar-se a determinação judicial, consoante disposição do art. 210 do CPC. A Portaria nº 26, de 14.08.90, do Chefe do Departamento Consular e Jurídico do Ministério das Relações Exteriores e do Secretário Nacional dos Direitos da Cidadania e Justiça, regula o cumprimento da rogatória para o exterior.[310]

Os arts. 7º e seu parágrafo único e 15 a 17 da Lei nº 8.429/92 estão assim redigidos:

> Art. 7º. Quando o ato de improbidade causar lesão ao patrimônio público ou ensejar enriquecimento ilícito, caberá á autoridade administrativa responsável pelo inquérito representar ao Ministério Público, para a indisponibilidade dos bens do indiciado.
> Parágrafo único. A indisponibilidade a que se refere o caput deste artigo recairá sobre bens que assegurem o integral ressarcimento do dano, ou sobre o acréscimo patrimonial resultante do enriquecimento ilícito.
> Art. 15. A Comissão processante dará conhecimento ao Ministério Público e ao Tribunal ou Conselho de Contas da existência de procedimento administrativo para apurar a prática de ato de improbidade.
> Parágrafo único. O Ministério Público ou Tribunal ou Conselho de Contas poderá, a requerimento, designar representante para acompanhar o procedimento administrativo.
> Art. 16. Havendo fundados indícios de responsabilidade, a comissão representará ao Ministério Público ou à procuradoria do órgão para que requeira ao juízo competente a decretação do seqüestro dos bens do agente ou terceiro que tenha enriquecido ilicitamente ou causado dano ao patrimônio público.
> § 1º. O pedido de seqüestro será processado de acordo com o disposto nos arts. 822 e 825 do Código de Processo Civil.

Não existe previsão expressa de ajuizamento de cautela para garantir os atos de improbidade administrativa que atentem contra os princípios da Administração Pública. No entanto, o legislador, quando estabeleceu as penas para esta modalidade de improbidade, no art. 12, inciso III, da Lei citada, fixou, entre outras, o ressarcimento integral do dano, se existente. Dúvida pode surgir na fixação correta de enquadramento de um ato de improbidade administrativa atentatório aos princípios da administração pública com dano e aquele que causar prejuízo ao erário. Para que se tipifique esta última modalidade, o prejuízo tem que ser produzido por ação ou omissão, dolosa ou culposa, diretamente no patrimônio público ou nos bens e haveres de entidades que a lei considera como integrante da administração pública. Naquele caso, o dano a ser ressarcido não resulta de perda, desvio, apropriação, malbaratamento ou dilapidação do patrimônio público, ou não incide sobre algo existente. O dano é tão-somente uma decorrência do descumprimento dos princípios que regem a administração pública. Frustrar a licitude de um concurso público não atenta diretamente contra o patrimônio público, mas pode vir a causar prejuízos pelo refazimento do certame. O ato de improbidade, neste caso, é atentatório aos princípios administrativos, e não de prejuízo ao patrimônio público. Diante disso, embora a lei diretamente não preveja, é possível o ajuizamento de qualquer das cautelares nominadas por ela previstas.

A indisponibilidade de bens ou o seqüestro são cautelares com objetos diferenciados. Ação cautelar de indisponibilidade de bens visa a tornar os bens do agente ou do terceiro inalienáveis ou intransferíveis, permanecendo eles na posse dos bens. Em geral, esta disposição é aplicável aos bens passíveis de registro público. Já a ação cautelar de seqüestro pressupõe a retirada dos bens do agente ou do terceiro para as mãos de depositário judicial. Neste último caso, a restrição imposta é de conseqüências bem mais graves.

---

[310] Esta possibilidade é prevista no art. 16, § 2º, da Lei nº 8.429/92 da seguinte forma:
Art. 16 (...)
§ 2º. Quando foi o caso, o pedido incluirá a investigação, o exame e o bloqueio de bens, contas bancárias e aplicações financeiras mantidas pelo indiciado no exterior, nos termos da lei e dos tratados internacionais.

Embora o art. 7º, ao tratar da inalienabilidade, faça referência exclusivamente ao Ministério Público como autor da demanda, não há razão para esta exclusividade quando se observa que a cautela de maior efeito, como a prevista nos arts. 15 a 17, expressamente outorga legitimidade postulatória tanto ao Ministério Público, como a qualquer daquelas pessoas públicas ou privadas capituladas no art. 1º da Lei. O aparente conflito decorre de uma má redação na lei.

Em qualquer das situações, fica o ajuizamento das cautelares condicionados à representação da autoridade administrativa responsável pelo inquérito. O ajuizamento da cautelar, dessa forma, não é de ofício, mas dependente de provocação administrativa na forma de representação. Compreende-se a lógica desta exigência quanto ao Ministério Público, por não deter este Órgão qualquer ingerência no controle interno da administração pública.

Evidentemente que a tão-só representação formal não basta como elemento ensejador do ajuizamento de qualquer das ações cautelares.

Revisando o que já foi dito quando se tratou do controle judicial da Administração Pública, além do aspecto formal, é preciso que ela contenha elementos probatórios razoáveis da existência da materialidade e indícios de autoria de um ato de improbidade administrativa que tenha causado lesão ao patrimônio público ou ensejado enriquecimento ilícito. A materialidade, numa ou noutra situação, pressupõe a existência de liquidez na prova quanto ao dano ou ao enriquecimento ilícito. Suposição ou dados controversos não podem servir de prova para fundamentar as restrições impostas pelas cautelares. De outro, há necessidade da existência de indícios que seja o agente ou o terceiro o autor do ato de improbidade administrativa. O deferimento judicial de cautelares sem tais resguardos atenta contra o princípio constitucional subjetivo de existência do devido processo legal.

Os bens que serão tornados indisponíveis ou aqueles que serão seqüestrados devem manter proporcionalidade com o dano sofrido pela administração pública ou o acréscimo patrimonial resultante do enriquecimento ilícito. Daí porque entendo que uma garantia de tal teor deve ficar entre 1.6 a 2.0 do valor do dano ou do acréscimo patrimonial obtido. Este é o coeficiente econômico admitido como razoável para garantir uma dívida de crédito rural. Como a pretensão é asseguratória de um futuro ressarcimento, R$ 1,60 a R$ 2,00 para cada R$ 1,00 de dano ou de acréscimo patrimonial, é razoável já que aí devem ser computados os juros, a correção monetária e as despesas processuais que incidirão sobre o originário. Os excessos devem ser controlados judicialmente.[311]

Penso que, além das cautelares específicas ou nominadas na Lei nº 8.429/92, medidas provisórias genéricas sempre poderão ser determinadas pelo juiz quando houver fundado receio de que uma parte, antes do julgamento da lide, cause ao direito da outra lesão grave e de difícil reparação, autorizando ou vedando a prática de determinados atos, o depósito de bens ou a prestação de caução, consoante o permissivo do art. 798, combinado com o art. 799, ambos do CPC.

Qualquer dos processos seguirá o rito previsto nos arts. 802 e ss. do CPC, com citação para resposta em cinco dias, contados da juntada do mandado, admitindo-se a confissão.

## 9. DA PRECEDÊNCIA DE INQUÉRITO OU PROCESSO ADMINISTRATIVO PARA APURAÇÃO DA PRÁTICA DE ATO DE IMPROBIDADE ADMINISTRATIVA

O processo civil de apuração de prática de atos de improbidade administrativa não raramente pressupõe a preexistência de inquérito ou processo administrativo.

---

[311] Sobre este assunto, ver o tópico Razoabilidade da garantia, em meu *O Contrato e os Títulos de Crédito Rural*, Livraria do Advogado Editora, 2000, p. 130.

Conhecendo qualquer pessoa existência de atos de improbidade administrativa que envolva agente público, deverá comunicar à autoridade administrativa competente de forma escrita. Se a comunicação foi verbal, será ela reduzida a termo (art. 14 e § 1º da Lei). O fato também poderá ser levado diretamente ao Ministério Público, que requisitará a instauração de processo administrativo ou de inquérito policial (art. 22 da Lei).[312]

Não está dentro das atribuições do Ministério Público promover diretamente o inquérito civil para apuração de atos de improbidade administrativa, por ausência de regramento na Lei nº 8.429/92 e por não elencado no art. 6º da LC nº 75, de 20 de maio de 1.993, que dispõe sobre a organização, as atribuições e o Estatuto do Ministério Público da União.

Em qualquer das situações, o comunicante deve qualificar-se e prestar informações completas sobre o fato e sua autoria, bem como as provas de que tenha conhecimento.

Se atendidos estes pressupostos, e a comunicação for feita diretamente à autoridade competente, esta determinará a imediata apuração dos fatos.

Instaurado o procedimento administrativo, que deve ser o previsto no Estatuto do Servidor Público Municipal para a demissão a bem do serviço público, a Comissão Processante dará conhecimento ao Ministério Público e ao Tribunal de Contas respectivo.

Como já foi dito antes, ficando demonstradas a materialidade e a existência de fortes indícios de responsabilidade do agente público e caracterizando a improbidade a modalidade de enriquecimento ilícito ou dano ao patrimônio público, a Comissão Processante, por seu presidente, deverá requerer ao Ministério Público ou à procuradoria do ente público correspondente para que ingresse perante no juízo competente, com o seqüestro de bens do agente público ou de terceiro que tenha enriquecido ilicitamente ou causado dano ao patrimônio público municipal. A ação cautelar, neste caso, é tipicamente preparatória.

Dependendo do caso, o pedido poderá alcançar a investigação, o exame ou o bloqueio de bens, contas bancárias e aplicações financeiras mantidas pelo indiciado no exterior, nos termos da lei e dos tratados internacionais.

## 10. DA AÇÃO CIVIL PÚBLICA POR ATO DE IMPROBIDADE ADMINISTRATIVA[313]

A ação de improbidade administrativa será ajuizada pelo Ministério Público ou pelo ente, público ou privado, definido no art. 1º da Lei, desde que atingido pelo ato de improbidade do agente ímprobo no prazo de 30 dias do deferimento da medida cautelar, consoante previsão do art. 17 da Lei nº 8.429/92, que, aliás, repete o art. 806 do CPC. Não sendo o caso de ação cautelar, o prazo de ajuizamento da ação de improbidade administrativa será dentro do prazo que a própria lei estabelece como o de prescrição da ação.

No caso de a ação principal ter sido proposta pelo Ministério Público, a pessoa jurídica de direito público ou a de direito privado definida na Lei poderá abster-se de contestar o pedido, ou poderá atuar ao lado do autor, desde que isso se afigure útil ao interesse público, a juízo do respectivo representante legal ou dirigente. É o que diz o § 3º do art. 17 da Lei nº 8.429/92. Por via de conseqüência, por existência de litisconsórcio necessário (art. 47 do CPC), a citação da pessoa jurídica de direito público ou de direito privado é ato processual indispensável.

---

[312] O art. 22 da Lei nº 8.429/92 tem esta redação:
"Art. 22. Para apurar qualquer ilícito previsto nesta Lei, o Ministério Público, de ofício, a requerimento de autoridade administrativa ou mediante representação formulada de acordo com o disposto no art. 14, poderá requisitar a instauração de inquérito policial ou procedimento administrativo."

[313] Maiores informações sobre ação civil pública veja-se a temática referente ao controle da Administração Pública

Esta ação não comporta transação, acordo ou conciliação, daí por que sua característica de ação civil pública, e tem seu prazo de prescrição em cinco anos, a contar do término do exercício do mandato do Prefeito ou do Vereador, ou da exoneração do agente público em cargo de comissão ou em função de confiança. Quando o agente público for servidor público ou empregado público, o prazo prescricional será aquele estabelecido para as faltas disciplinares previstas com a demissão a bem do serviço público. Estas disposições estão no art. 17 e §§ da Lei em comento.

O Ministério Público, quando não for o autor da ação, atuará como fiscal da lei, sob pena de nulidade do processo. Isto está disposto no § 4º do art. 17 da Lei.

A sentença que julgar procedente a ação de improbidade administrativa, além de aplicar as sanções previstas para cada modalidade de improbidade, determinará o pagamento ou a reversão dos bens, conforme o caso, em favor do Município, consoante o disposto no art.18 da Lei.

Durante a tramitação da ação civil pública por ato de improbidade administrativa, poderá o Ministério Público ou o ente público municipal competente requerer incidentalmente qualquer medida que poderia ter sido proposta na fase do procedimento administrativo, ou medidas provisórias inominadas previstas nos arts. 798 e 799 do CPC. A conveniência ou oportunidade do ingresso antes ou durante o processo, desta ou daquela medida, é do autor da demanda.

Posicionando-se o ente público ao lado do Ministério Público, portanto no pólo ativo da demanda, e sendo a ação julgada contra sua pretensão, fica a sentença sujeita ao duplo grau de jurisdição ou reexame necessário, por exegese ao art. 475, II, do CPC, quanto ao primeiro, e ao art. 10, da Lei nº 9.469/97, quanto à segunda.[314]

## 11. DOS EFEITOS SUCESSÓRIOS DA IMPROBIDADE ADMINISTRATIVA

A preocupação do legislador com o ato de improbidade administrativa vai além da existência física do agente público. O ressarcimento atinge o sucessor daquele que causou dano ao patrimônio público ou enriqueceu ilicitamente. É o que diz o art. 8º da lei em comento.[315]

---

[314] Os dispositivos da Lei nº 8.429/92 que fixam as regras do procedimento administrativo são os seguintes:

Art. 14. Qualquer pessoa poderá representar à autoridade administrativa competente para que seja instaurada investigação destinada a apurar a prática de ato de improbidade. § 1º. A representação, que será escrita ou reduzida a termo e assinada, conterá a qualificação do representante, as informações sobre o fato e sua autoria e a indicação das provas de que tenha conhecimento. § 2º. A autoridade administrativa rejeitará a representação, em despacho fundamentado, se esta não contiver as formalidades estabelecidas no § 1º deste artigo. A rejeição não impede a representação ao Ministério Público, nos termos do art. 22 desta Lei. § 3º. Atendidos os requisitos da representação, a autoridade determinará a imediata apuração dos fatos que, em se tratando de servidores federais, será processada na forma prevista nos arts. 148 a 182 da Lei nº 8.112, de 11 de dezembro de 1990, e, em se tratando de servidor militar, de acordo com os respectivos regulamentos disciplinares.

Art. 17. A ação principal, que terá o rito ordinário, será proposta pelo Ministério Público ou pela pessoa jurídica interessada, dentro do prazo de 30 (trinta) dias da efetivação da medida cautela. § 1º. É vedada a transação, acordo ou conciliação nas ações de que trata o *caput*. § 2º. A Fazenda Pública, quando for o caso, promoverá as ações necessárias á complementação do ressarcimento do patrimônio público. § 3º. No caso de ação principal ter sido proposta pelo Ministério Público, aplica-se, no que couber, o disposto no § 3, do art. 6º, da Lei nº 4; 717, de 29 de junho de 1965.

Art. 18. A sentença que julgar procedente ação civil de reparação de dano ou decretar a perda dos bens havidos ilicitamente determinará o pagamento ou a reversão dos bens, conforme o caso, em favor da pessoa jurídica prejudicada pelo ilícito.

Art. 23. As ações destinadas a levar a efeito as sanções previstas nesta Lei podem ser propostas: I – até cinco (cinco) anos após o término do exercício de mandato, de cargo em comissão ou de função de confiança; II – dentro do prazo prescricional previsto em lei específica para faltas disciplinares puníveis com demissão a bem do serviço público, nos casos de exercício de cargo efetivo ou emprego.

[315] O art. 8º da Lei nº 8.429/92 tem esta redação:

"Art. 8º. O sucessor daquele que causar lesão ao patrimônio público ou se enriquecer ilicitamente está sujeito às cominações desta Lei até o limite do valor da herança".

---

MANUAL DE DIREITO ADMINISTRATIVO

*Sucessor* é conceito de direito civil, especificamente, do direito de sucessão, e nele se integram os descendentes, os ascendentes, o cônjuge sobrevivente e a companheira, os colaterais, o Município, o Distrito Federal e a União, que é a chamada *sucessão legítima*, nos termos do art. 1.603 do CC e art. 2º da Lei nº 8.971/94 (quanto à companheira). Também é chamado de sucessor aquele beneficiário do *de cujus* por testamento.

No entanto, há um redutor na responsabilidade do sucessor, que é o *valor da herança*. E esta só se torna formalmente perfeita após a finalização do inventário. Estando este em tramitação, o ressarcimento a que foi condenado o agente público falecido é responsabilidade do monte e, por via de conseqüência, deve ser abatido.

## 12. DAS CONSEQÜÊNCIAS SECUNDÁRIAS DA LEI DE IMPROBIDADE ADMINISTRATIVA

Além das conseqüências diretas, a Lei nº 8.429/92 ainda traz em seu bojo conseqüências secundárias para seu exaurimento.

### 12.1. Da declaração de bens

Uma dessas conseqüências é a que impõe ao agente público a apresentação de declaração de bens, manifestação esta condicionante para sua posse e exercício, em que fiquem demonstrados quais os bens e valores que compõem o seu patrimônio privado (art. 13 e § 1º da Lei).

A declaração deve compreender os imóveis, móveis, semoventes, dinheiro, títulos, ações e qualquer outra espécie de bens e valores patrimoniais, localizados no país ou no exterior, e, quando for o caso, abrangerá os bens e valores patrimoniais do cônjuge ou companheiro, dos filhos e de outras pessoas que vivam sob a dependência econômica do declarante, excluídos apenas os objetos e utensílios de uso doméstico.

Este artigo e seu parágrafo único estão assim redigidos:

> Art. 13. A posse e o exercício de agente público ficam condicionados à apresentação de declaração dos bens e valores que compõem o seu patrimônio privado, a fim de ser arquivada no serviço de pessoal competente.
>
> § 1º A declaração compreenderá imóveis, móveis, semoventes, dinheiro, títulos ações, e qualquer outra espécie de bens e valores patrimoniais, localizados no País ou no exterior, e, quando for o caso, abrangerá os bens e valores patrimoniais do cônjuge ou companheiro, dos filhos e de outras pessoas que vivam sob a dependência econômica do declarante, excluídos apenas os objetos e utensílios de uso doméstico.

### 12.2. Da atualização anual da declaração de bens

Além de declarar os bens no momento da posse e exercício no cargo, emprego ou função pública, o agente público é obrigado e atualizá-la (§ 2º do art. 18 da Lei) anualmente e por ocasião que deixar sua exoneração ou demissão. Esta atualização, apesar de compulsória, não tem sido implementada pelo agente público e muito menos pela administração pública. No entanto, ela pode constituir uma fonte inestimável de prevenção para a prática de atos de improbidade administrativa.

Este parágrafo tem a seguinte redação:

> Art. 18. (...)
>
> § 2º. A declaração de bens será anualmente atualizada e na data em que o agente público deixar o exercício do mandado, cargo, emprego e função.

### 12.3. Da substituição da declaração de bens pela declaração de ajuste anual de renda

O agente público tem a faculdade de substituir a declaração de bens inicial ou sua atualização anual pela declaração de ajuste de rendas do ano de sua posse e exercício no cargo, emprego ou função pública ou substituí-la pela atualização anual (§ 4º do art.13 da Lei).

O dispositivo citado tem esta redação:

§ 4º. O declarante, a seu critério, poderá entregar cópia da declaração anual de bens apresentada à Delegacia da Receita Federal na conformidade da legislação do Imposto sobre a Renda e proventos de qualquer natureza, com as necessárias atualizações, para suprir a exigência contida no caput e no § 2º deste artigo.

### 13. DA DEMISSÃO NA RECUSA DE PRESTAR DECLARAÇÃO DE BENS OU DECLARÁ-LA FALSA

A preocupação do legislador em prevenir a prática de atos de improbidade administrativa foi tamanha que elegeu duas formas de demissão a bem do serviço público como sanção administrativa passível de pena de demissão: (a) a recusa em prestar a declaração de bens ou (b) a prestação de declaração falsa.

A tipificação da infração administrativa da primeira forma reside na recusa de prestar a declaração de bens, portanto, na prática de um ato negativo. Logo, para que isso ocorra, há necessidade de que a administração formalmente solicite a declaração, inclusive estabelecendo prazo, que deve ser previsto em lei, e esta seja negada, expressa ou tacitamente.

A segunda forma de demissão pode vir também de duas modalidades: a) a inserção de falsidade por comissão ou b) a inserção de falsidade por omissão.

Na primeira, o agente público declara falsamente a propriedade de um bem e na segunda, omite sua existência (§ 3º do art. 13 da Lei).

Este parágrafo está assim redigido:

Art. 13. (...)
§ 3º Será punido com a pena de demissão, a bem do serviço público, sem prejuízo de outras sanções cabíveis, o agente público que se recusar a prestar declaração dos bens, dentro do prazo determinado, ou que a prestar falsa.

### 14. DAS CONSEQÜÊNCIAS PENAIS DA LEI DE IMPROBIDADE ADMINISTRATIVA

A Lei nº 8.429/92, demonstrando a preocupação com os atos de improbidade administrativa na esfera administrativa e processual, também dispôs sobre conceitos penais.

#### 14.1. Da denunciação caluniosa

Representar contra agente público ou terceiro beneficiário, imputando ato de improbidade administrativa, sabendo-o inocente, é denunciação caluniosa, cuja pena de detenção vai de 6 (seis) a 10 (dez) meses e multa.

Como conseqüência cível desta condenação, a lei prevê que o denunciante indenize o denunciado pelos danos materiais, morais ou à sua imagem. Transitada em julgado a sentença, constituirá ela título executivo judicial, nos termos do art. 584, II, do CPC, cuja liquidação deverá ocorrer nos termos dos arts. 603 e seguintes do mesmo CPC.

### 14.2. Do afastamento preventivo do agente público

Como efeito preventivo da instauração do inquérito administrativo ou do processo civil público, poderá o administrador público ou o juiz competente determinar o afastamento do agente público do exercício do cargo, emprego ou função, desde quando a medida se faça necessária à instrução processual, sem prejuízo da remuneração.

O agente público tem o direto ao exercício do cargo, emprego ou função no qual foi investido. Seu afastamento, como medida de restrição a seu direito, é punição processual. Dessa forma, tanto a autoridade administrativa como o juiz deverá fundamentar a decisão lastreando-se na existência de materialidade e de indícios fortes da autoria e da efetiva conveniência deste afastamento.

Não basta o uso de palavras sacramentais.

A proximidade do agente público com a prova e a hierarquia dele com as testemunhas bem pode caracterizar exemplos de conveniência.

Diferentemente do afastamento para a apuração de infração administrativa, quando este prazo é previsto no estatuto do servidor (por exemplo, no Estatuto do Servidor Público Federal, Lei nº 8.112, de 11.12.1990, art. 147 e parágrafo único, o prazo é de 60 – sessenta – dias, com prorrogação por igual prazo), o afastamento decorrente da prática de improbidade administrativa não tem prazo fixado em lei, nem pode a lei de regência ou a autoridade administrativa fixá-la.

O tempo de duração da instrução processual administrativa é o limite máximo do afastamento.

### 15. DA PRESCRIÇÃO

O vocábulo prescrição vem do termo latino *praescriptio,* que significa *escrever antes* ou *no começo.* Mas é com a disposição de limitar a ação punitiva do Estado que a terminologia ganhou foro de aceitação jurídica.

Nesse sentido o art. 37, § 5º, da Constituição Federal é claro quando diz que *a lei estabelecerá os prazos de prescrição para ilícitos praticados por qualquer agente, servidor ou não, que causem prejuízo ao erário.*

Diante disso, e tratando a Lei nº 8.429/92 de processo civil que visa a punição do agente público por prática de improbidade administrativa, é que, no seu art. 23, buscou regrar a prescrição desta forma:

> Art. 23. as ações destinadas a levar a efeito as sanções previstas nesta lei podem ser propostas:
> I – até cinco anos após o término do exercício de mandato, de cargo em comissão ou de função de confiança;
> II – dentro do prazo prescricional previsto em lei específica para faltas disciplinares puníveis com demissão a bem do serviço público, nos caso de exercício de cargo efetivo ou emprego.

# Bibliografia

ACKEL FILHO, Diomar. *Município e Prática Municipal*. São Paulo: Editora Revista dos Tribunais, 1992

ANDRADE, Samira Hamud Morato de. *O Princípio do Devido Processo Legal e o Processo Administrativo*. Revista de Direito Constitucional e Internacional.

ÁVILA, Humberto. *Teoria dos Princípios: da definição à aplicação dos princípios jurídicos*. 2. ed. São Paulo: Malheiros, 2003.

BLANQUER, David. *Introducción al derecho administrativo*. Valencia: Tirot lo Blanch libros, 1998.

BARROSO, Luís Roberto. *Interpretação e Aplicação da Constituição*. São Paulo: Saraiva, 4ª edição, 2002.

BARROS, Wellington Pacheco. *Curso de Direito Agrário*. 5ª edição. 1º volume. Porto Alegre: Livraria do Advogado Editora, 2007.

——. *Curso de Processo Administrativo*. Porto Alegre: Livraria do Advogado Editora, 2005.

——. Contratos. *Estudos sobre a moderna teoria geral*. Porto Alegre: Livraria do Advogado Editora, 2004

——. *Dimensões do Direito*. 2ª edição. Porto Alegre: Livraria do Advogado Editora, 1999.

——. *A água na visão do direito*. Porto Alegre: Centro de Estudos do Tribunal de Justiça, 2005.

——. *O Município e seus agentes*. Porto Alegre: Livraria do Advogado Editora, 2002.

——. e Barros, Wellington Gabriel Zuchetto. *A proporcionalidade como princípio de direito*. Porto Alegre: Livraria do Advogado Editora, 2006.

BONAVIDES, Paulo. *Curso de Direito Constitucional*. 12 ed. São Paulo: Malheiros, 2002.

CANOTILHO, J. J. Gomes. *Direito Constitucional e Teoria da Constituição*. 2. ed. Portugal: Almedina, 1998.

CARBONNIER, Jean. *Derecho flexible: para uma sociologia no rigurosa del Derecho*. Madrid: Tecnos, 1974. Edição espanhola de Flexible Doit.

CARPENA, Márcio. *Do Processo Cautelar Moderno*. 2. ed. Rio de Janeiro: Editora Forense, 2004.

CARRAZA, Roque Antonio. *Princípios constitucionais tributários e competência tributária*. São Paulo: Revista dos Tribunais, 1986.

CASTRO, Carlos Roberto de Siqueira. *O devido processo legal e a razoabilidade das leis na Constituição de 1988*. Rio de Janeiro: Forense, 1989.

COSTA, Nelson Nery. *Direito Municipal Brasileiro*. 3. ed. Rio de Janeiro: Forense, 2005.

CRETELLA JÚNIOR, José. *Curso de direito administrativo*. 13. ed. revista e atualizada. Rio de Janeiro: Forense, 1994.

CUNHA, André da. *Estudos Jurídicos*, vol 36, nº 96, janeiro/abril, 2003, p. 106.

DE FARIA, Edimur Ferreira. *Curso de Direito Administrativo Positivo*. 4ª edição, Belo Horizonte: Editora Del Rey, 2001.

DI PIETRO, Maria Sylvia Zanella. *Direito Administrativo*. 14ª edição. São Paulo: Editora Atlas S.A.

FABRICIO, Adroaldo Furtado. *Breves notas sobre provimentos antecipatórios, cautelares e liminares*, Ver. Ajuris, Porto Alegre: Ajuris, ano 23, n. 66, 03/1996/2002.

FARIA, Edmur Ferreira de. *Direito administrativo*. 4ª edição. Belo Horizonte: Editora Del Rey, 2001.

FERRAZ, Sérgio. Processo administrativo ou procedimento administrativo; a coisa julgada administrativa. *Revista do Instituto dos Advogados Brasileiros*. Rio de Janeiro, REVAN, 2000. Abr/Jun, nº 92.

FIDA, Orlando e CARDOSO, Edson Ferreira. *Contratos, teoria, prática e jurisprudência*. vol 1. São Paulo: Edição Universitária de Direito, 1980.

FREITAS, Juarez. *O Controle dos Atos Administrativos e os princípios fundamentais*. 3. ed. atual. ampl. São Paulo: Malheiros. 2004.

——. *A interpretação sistemática do direito*. 2. ed. São Paulo: Malheiros, 1998.

GARCIA, Emerson e ALVES, Rogério Pacheco. *Improbidade administrativa*. 3ª edição. Rio de Janeiro: Editora Lumem Juris, 2006.

GASPARINI, Diógenes. *Direito Administrativo*. 12ª edição, São Paulo: Saraiva, 2007.

GOMES, Orlando. *Contratos*. 24ª edição. Rio de Janeiro: Editora Forense, 2001.

GRANZIERA, Maria Luiza Machado. *Contratos Administrativos*. São Paulo: Editora Atlas, 2002.

ITURRASPE, Jorge Mosset. *Teoria General del Contrato*. 2ª edição, Ediciones Jurídicas Orbir, Rosário, Argentina, 1976.

LAZZARINI, Álvaro. *Estudos de Direito Administrativo*. 2ª edição. RT, 1999.

LIMA, George Marlmelstein. *A força normativa dos princípios constitucionais*. Disponível em: <http://www.mundojuridico.adv.br/html/artigos/documentos/texto038.htm>.

——. *A hierarquia entre princípios constitucionais e a colisão de normas constitucionais*. Disponível em: <http://www.ambito-juridico.com.br/aj/dconst0047.htmm>. Acesso em 28/07/04.

LOPES, Miguel Maria de Serpa. *Curso de Direito Civil.* Volume III. 4ª edição. São Paulo: Livraria Freitas Bastos, 1964.
MACHADO JR., J. Teixeira e Heraldo da Costa Reis. *A Lei nº 4.320 Comentada.* 27ª ed. Rio de Janeiro: IBAM, 1996.
MARTORANO, Dante. *Direito Municipal.* Rio de Janeiro: Forense, 1985
MEDAUAR, Odete. *A Processualidade no Direito Administrativo.* São Paulo: Revista dos Tribunais, 1993.
———. *Direito Administrativo Moderno.* 7ª edição. Revista dos Tribunais.
MEIRELLES, Hely Lopes. *Direito Administrativo Brasileiro.* 25ª ed. São Paulo: Malheiros, 2000.
———. *Direito Muncipal Brasileiro.* São Paulo: Revista dos Tribunais.
MELLO, Celso Antônio Bandeira. *Curso de Direito Administrativo, Malheiros,* São Paulo: 12ª edição, 2000.
———. *Elementos de direito Administrativo.* São Paulo: RT, 1980.
MOREIRA, Egon Bochmann. *Processo Administrativo – Princípios Constitucionais e a Lei nº 9.784/99.* São Paulo: Ed. Malheiros, 2000.
MUKAI, Toshio. *Licitações e Contratos Públicos.* 6ª edição. São Paulo; Saraiva, 2004.
MUÑOZ, Luis. *Teoria General del Contrato.* México: Cardenas Editor Y Distribuidor, 1973.
NERY JUNIOR, Nelson. *Código de Processo Civil Comentado.* Editora Revista dos Tribunais, 7. ed.
———. *Princípios do Processo Civil na Constituição Federal.* São Paulo: Revista dos Tribunais, 1996.
NUNES, Pedro. *Dicionário de Tecnologia Jurídica.* 8ª edição. Rio de Janeiro: Livraria Freitas Bastos S.A.
PESSOA, Robertônio Santos. *Processo administrativo.* Texto disponível no site: <http:www1.jus.com.br/doutrina/texto.asp?id=2107>. Visitado em 28.12.2004.
PONTES, Helenílson Cunha. *O princípio da proporcionalidade e o direito tributário.* São Paulo: Dialética, 2000.
PAZZAGLINI FILHO, Marino. *Princípios constitucionais reguladores da administração pública: agentes públicos, discricionariedade administrativa, extensão da atuação do Ministério Público e controle do poder judiciário.* São Paulo: Atlas, 2000.
REQUIÃO, Rubens. *Curso de Direito Comercial.* 3ª edição. Saraiva: 1973.
REZEK NETO, Chade. *O princípio da proporcionalidade no estado democrático de direito.* São Paulo: Lemos & Cruz, 2004.
ROCHA, Carmem Lúcia Antunes. *Princípios Constitucionais do Processo Administrativo no Direito Brasileiro,* Revista Trimestral de Jurisprudência, nº 17, p. 28
ROLIM, Luciano Sampaio Gomes. *Uma visão crítica do princípio da proporcionalidade.* Disponível em <http://www1.jus.com.br/doutrina/texto.asp?id=2858>. Acesso em 12/08/04.
SANTANA, Ana Cristhina de Sousa. *Princípios administrativos aplicados a Administração Pública.* Disponível no site: <http://www.uj.com.br/publicacoes/doutrinas/default.asp?action=doutrina&iddoutrina=1907>, visitado em 01.03.2005
SANTOS, Marília Lourido dos. *Noções gerais acerca do processo administrativo e da Lei nº 9.784/99.* Pode ser encontrado no site <http://www1.jus.com.br/doutrina/texto.asp?id=410. Acessado em 09 dez 2004>.
SIDOU, J. M. Othon. *Do mandado de segurança.* 3 ed. rev. e ampl. Revista dos Tribunais, 1980
STUMM, Raquel Denize. O princípio da Proporcionalidade: no Direito constitucional Brasileiro. Porto Alegre: Livraria do Advogado, 1995. p 38-40.
TOMELIN, Georghio Alessandro. *Revista de Direito Administrativo,* Rio de Janeiro, 226:281-292, out./dez. 2001
WALD, Arnoldo. O contrato: passado, presente e futuro. *Revista Cidadania e Justiça,* ano 4, nº 8, 1º semestre de 2000.

# Índice sistemático

Sumário 5
Apresentação 7

**Título I – Da teoria geral do Direito Administrativo** 9
1. Da evolução histórica 9
1.1. Em Roma 9
1.2. Na Idade Média 9
1.3. Na França 9
1.4. Na Alemanha 10
1.5. Na Itália 11
1.6. Na Inglaterra e nos Estados Unidos 11
1.7. No Brasil 11
2. Do conceito de Direito Administrativo 12
3. Da codificação do Direito Administrativo 12
4. Do objeto do Direito Administrativo 13
5. Dos princípios 13
6. Das fontes 14
7. Da autonomia 15
8. Da interpretação 16
9. Da divisão interna do Direito Administrativo 16
10. Das relações do Direito Administrativo com outros ramos do Direito 17
10.1. Com o Direito Constitucional 17
10.2. Com o Direito Tributário e com Direito Financeiro 18
10.3. Com o Direito Penal 18
10.4. Com o Direito Processual 18
10.5. Com o Direito do Trabalho 18
10.6. Com o Direito Eleitoral 18
10.7. Com o Direito Municipal 19
10.8. Com o Direito Civil e Comercial 19
11. Das relações do Direito Administrativo com outras ciências 19

**Título II – Da Administração Pública** 21
*Capítulo I – Parte geral* 21
1. Das generalidades 21
2. Da evolução histórica do Estado 21
3. Do Estado e da Administração 22
4. Do conceito de Administração Pública 23
5. Da natureza jurídica da Administração Pública 24
6. Do fim da Administração Pública 25
7. Da pessoa e da personalidade 25
*Capítulo II – Da Administração Pública enquanto pessoas jurídicas* 25
1. Das generalidades 25
2. Das pessoas jurídicas 26
2.1. Das pessoas jurídicas típicas ou de direito público 26
2.2. Dos privilégios processuais das pessoas jurídicas públicas 27
2.3. Das pessoas jurídicas administrativas acidentais ou de direito privado com atribuições administrativas 27
*Capítulo III – Do Município* 28
1. Da estrutura clássica do Município 28
2. Do Município brasileiro ontem e hoje 29
2.1. Do Município no Brasil-Colônia 29
2.2. Do Município na Constituição de 1824 29
2.3. Do Município na Constituição de 1891 29
2.4. Do Município na Constituição de 1934 30
2.5. Do Município na Constituição de 1937 30
2.6. Do Município na Constituição de 1946 31
2.7. Do Município na Constituição de 1967 31
2.8. Do Município na Constituição de 1988 e nas Emendas Constitucionais nos 1/92, 16/97, 19/98 e 25/2000 31
3. Da organização do Município: criação, desmembramento, anexação, incorporação e fusão 34
4. Da autonomia Municipal: política, legislativa, administrativa e financeira 34
*Capítulo IV – Da Administração Pública enquanto organismo estruturado* 36
1. Das considerações Gerais 36
2. Da administração direta 36
2.1. Do conceito 36
2.2. Da concentração e desconcentração 36
2.3. Da estrutura 37
2.3.1. Da administração direta federal 37
2.3.1.1. Da Presidência da República 37
2.3.1.2. Dos Ministérios 37
2.3.2. Da administração direta estadual 37
2.3.3. Da administração direta municipal 37
2.3.4. Da administração do Distrito Federal 38
3. Da administração indireta 38
3.1. Da autarquia 38
3.1.1. Do conceito e generalidades 38
3.1.2. Da classificação 38
3.1.3. Do capital e do patrimônio 39
3.1.4. Do regime de pessoal 39
3.1.5. Da extinção e da destinação do patrimônio 39
3.2. Das agências reguladoras 39
3.2.1. Da criação 40
3.2.2. Do regime jurídico de pessoal 40
3.3. Da sociedade de economia mista 40
3.3.1. Do conceito 40
3.3.2. Da criação 41
3.3.3. Do objeto 41
3.3.4. Da natureza jurídica 41
3.3.5. Do regime jurídico do pessoal 42

3.3.6. Da extinção e destino do patrimônio 42
3.4. Da empresa pública 42
3.4.1. Do conceito 42
3.4.2. Do capital 42
3.4.3. Da forma societária 42
3.4.4. Do objeto 43
3.4.5. Do regime jurídico do pessoal 43
3.4.6. Da extinção e destino do patrimônio 43
3.5. Da fundação Pública 43
3.5.1. Das considerações gerais 43
3.5.2. Do momento da aquisição da personalidade jurídica 44
3.5.3. Do regime jurídico de pessoal 44
3.5.4. Da extinção e destino do patrimônio 44
3.6. Das agências executivas 44
3.7. Dos fundos especiais 45
3.7.1. Do conceito 45
3.7.2. Das características 46
3.7.3. Da criação por lei 46
3.7.4. Das receitas específicas 47
3.7.5. Das finalidades específicas 47
3.7.6. Do orçamento próprio 47
3.7.7. Da contabilidade própria 48
3.7.8. Da personalidade jurídica pública excepcional 48
3.8. Das entidades controladas pela União, Estados, Distrito Federal e Municípios 49
Capítulo V – Dos Poderes da Administração Pública 50
1. Das generalidades 50
2. Do poder regulamentar 51
2.1. Da introdução 51
2.2. Do conceito 51
2.3. Dos limites 51
2.4. Da forma 52
3. Do poder disciplinar 52
3.1. Do conceito 52
3.2. Dos limites 52
4. Do poder hierárquico 53
4.1. Do conceito 53
4.2. Dos limites 53
5. Do poder de polícia 53
5.1. Do conceito 53
5.2. Da polícia administrativa e da polícia judiciária 54
5.3. Dos meios de atuação 54
5.4. Das características 55
5.5. Dos limites do poder de polícia 55
5.6. Das modalidades de polícias por áreas de atuação 56
6. Do poder vinculado e do poder discricionário 56
6.1. Da introdução 56
6.2. Do conceito 56
6.3. Do desvio de poder e dos motivos determinantes 57

**Título III – Dos princípios que regem a Administração Pública** 59
Capítulo I – Da teoria geral dos princípios 59
1. Do conceito e da abrangência 59
2. Da importância e das funções dos princípios 62
3. Dos princípios e da Administração Pública 64
4. Da relação dos princípios que regem a Administração Pública 64

Capítulo II – Dos princípios que regem a Administração Pública em espécie 65
1. Das considerações sobre o tema 65
2. Do princípio da legalidade 65
3. Do princípio da impessoalidade 66
4. Do princípio da presunção de legitimidade ou de veracidade 67
5. Do princípio da especialidade 67
6. Do princípio do controle ou tutela 67
7. Do princípio da autotutela 68
8. Do princípio da hierarquia 68
9. Do princípio da continuidade do serviço público 68
10. Do princípio da razoabilidade e do princípio da proporcionalidade 69
11. Do princípio da publicidade 70
12. Do princípio da moralidade administrativa 71
13. Do princípio da eficiência 71
14. Do princípio da segurança jurídica 72
15. Do princípio da motivação 73
16. Do princípio da ampla defesa 74
17. Do princípio do contraditório 75
18. Do princípio da supremacia do interesse público 76
19. Do princípio da oficialidade 77
20. Do princípio do informalismo em favor do administrado 77
21. Do princípio da gratuidade 78
22. Do princípio da igualdade 78
23. Do princípio da dupla instância administrativa 79
24. Do princípio da proibição de prova ilícita 80
25. Do princípio do juízo natural 80
26. Do princípio da atuação conforme a Lei e o Direito 81
27. Do princípio da irrenunciabilidade de poderes ou competências administrativas 82
28. Do princípio da objetividade no atendimento do interesse público 83
29. Do princípio de atuação segundo padrões éticos de probidade, decoro e boa-fé 83
30. Do princípio da adequação entre os meios e os fins processuais 84
31. Do princípio da observância das formalidades essenciais à garantia dos direitos dos administrados 84
32. Do princípio da interpretação da norma administrativa conforme o fim público a que se dirige 85
33. Do princípio da irretroatividade da nova interpretação 87
34. Do princípio da "reformatio in pejus" 87
35. Do princípio da economia processual 88
36. Do princípio do ônus da prova 88
37. Do princípio da verdade real 89
38. Do princípio da sucumbência 89
39. Do princípio da dialeticidade recursal 89
40. Do princípio da unicidade recursal 90
41. Do princípio da voluntariedade recursal 90

**Título IV – Dos atos administrativos** 91
Capítulo I – Da parte geral 91
1. Da importância do tema 91
2. Da distinção entre ato e fato jurídico 91
3. Da origem da expressão ato administrativo 91

4. Da distinção entre ato administrativo e ato civil 92
5. Do conceito de ato administrativo 92
6. Da abrangência do ato administrativo 92
7. Da vigência e da eficácia do ato administrativo 93
8. Da retroatividade e da irretroatividade do ato administrativo 93
9. Do mérito do ato administrativo 93
10. Da motivação do ato administrativo 94
11. Dos princípios do ato administrativo 94

*Capítulo II – Dos atributos do ato administrativo* 95
1. Das generalidades 95
2. Da presunção de veracidade ou de legitimidade 95
3. Da imperatividade 95
4. Da auto-executoriedade 96
5. Da tipicidade 97

*Capítulo III – Dos elementos do ato administrativo* 97
1. Das generalidades 97
2. Da competência 97
3. Da forma 98
4. Do objeto 98
5. Do motivo 99
6. Da finalidade 99

*Capítulo IV – Da classificação dos atos administrativos* 100
1. Das generalidades 100
2. Dos atos de império e de gestão 100
3. Dos atos unilaterais e bilaterais 100
4. Dos atos simples, coletivos, compostos e complexos 100
5. Dos atos vinculados, discricionários e arbitrários 101
6. Dos atos internos, externos e mistos 102

*Capítulo V – Dos atos administrativo em espécie* 102
1. Das generalidades 102
2. Da autorização 103
3. Da licença 103
4. Da admissão 103
5. Da permissão 103
6. Da aprovação 103
7. Da homologação 104
8. Do parecer 104
9. Do visto 105
10. Do decreto 105
11. Da resolução 105
12. Da portaria 105
13. Da circular 106
14. Do despacho 106
15. Do alvará 106
16. Do aviso 106
17. Da ordem de serviço 107
18. Do ofício 107
19. Da instrução 107
20. Da certidão 107

*Capítulo VI – Da anulação, revogação e convalidação dos atos administrativos* 108
1. Da anulação 108
1.1. Da evolução histórica 108
1.2. Da extensão da anulação 110
1.3. Do conceito 111
1.4. Dos vícios que atualmente integram o conceito de anulação 111
1.4.1. Da incompetência 112
1.4.2. Da ilegalidade do objeto 112
1.4.3. Do vício de forma 113
1.4.4. Do ato inexistente 113
1.4.5. Do ato inválido 113
1.4.6. Do ato imperfeito 113
1.4.7. Do ato ineficaz 113
1.4.8. Do ato nulo 113
1.4.9. Do defeito de motivo 114
1.4.10. Do defeito de fim 114
1.5. Dos efeitos da anulação 114
1.6. Da necessidade de processo administrativo na anulação de efeitos absolutos 115
2. Da revogação do ato administrativo 115
2.1. Das considerações gerais 115
2.2. Da limitação do poder de revogar 116
3. Da convalidação do ato administrativo 117
3.1. Das considerações gerais 117
3.2. Dos pressupostos para convalidação 117

**Título V – Da licitação** 119
*Capítulo I – Da teoria geral da licitação* 119
1. Da evolução histórica 119
2. Do conceito 119
3. Da obrigatoriedade da licitação 120
4. Da base constitucional 120
5. Da regulamentação infraconstitucional 121
6. Da licitação como ato administrativo formal 121
7. Da licitação como direito público subjetivo do licitante 121
8. Do que deve licitar 122
9. Das vedações específicas aos agentes públicos responsáveis pelas licitações 123
10. Do objeto da licitação 123
11. Das definições legais 124
12. Dos tipos de licitação 125
12.1. Do menor preço 125
12.2. Da melhor técnica 125
12.3. Da melhor técnica e preço 125
12.4. Do maior lance ou oferta 126
13. Das modalidades de licitação 126
13.1. Das considerações gerais 126
13.2. Da concorrência 126
13.3. Da tomada de preços 127
13.4. Do convite 127
13.5. Do concurso 128
13.6. Do leilão 129
13.7. Do pregão 129
14. Das questões controvertidas envolvendo as modalidades licitatórias 130
14.1. Das licitações parceladas 130
14.2. Das licitações excepcionais 130
14.3. Da fungibilidade licitatória 130
14.4. Do que é vedado nas licitações 130
14.5. Da incidência de limites para as organizações industriais da Administração direta 131

14.6. Das licitações para compra de bens divisíveis 131
14.7. Das licitações de consórcios públicos 131
15. Da dispensa e inexigibilidade de licitação 131
16. Do critério de desempate nas licitações 134
17. Do real como expressão monetária nas licitações 135
18. Dos princípios da licitação 136
18.1. Das considerações gerais 136
18.2. Do princípio da igualdade 136
18.3. Do princípio da legalidade 136
18.4. Do princípio da impessoalidade 137
18.5. Do princípio da moralidade e da probidade 137
18.6. Do princípio da publicidade 137
18.7. Do princípio da vinculação ao instrumento convocatório 138
18.8. Do princípio do julgamento objetivo 138
18.9. Do princípio da adjudicação compulsória 138
18.10. Do princípio da ampla defesa 139

*Capítulo II – Do processo de licitação* 139
1. Das considerações gerais 139
2. Dos procedimentos internos da licitação 139
2.1. Das obras e serviços 140
2.1.1. Da elaboração e execução dos projetos 140
2.1.2. Da oportunidade para a licitação 140
2.1.3. Das vedações 140
2.1.4. Da nulidade no caso de desobediência 141
2.1.5. Da não-correção do valor da obra ou do serviço para fins de julgamento das propostas 141
2.1.6. Do direito do cidadão em obter os quantitativos de qualquer obra ou serviço 141
2.1.7. Da aplicação das regras de dispensa e inexigibilidade 141
2.1.8. Da programação pela totalidade das obras e serviços 141
2.1.9. Da proibição de retardamento 141
2.1.10. Das pessoas proibidas de participar 141
2.1.11. Das formas de execução 142
2.1.12. Da padronização 142
2.2. Dos Serviços Técnicos Profissionais Especializados 142
2.2.1. Da vinculação ao conceito ditado em lei 142
2.2.2. Da licitação na modalidade de concurso 143
2.2.3. Da cessão de direito pelo autor do projeto ou do serviço 143
2.2.4. Do compromisso da empresa com a prestação do serviço de seu empregado 143
2.3. Das compras 143
2.3.1. Da caracterização da compra e vinculação orçamentária 143
2.3.2. Das condições para as compras 143
2.3.3. Do registro de preços 144
2.3.4. Da impugnação do registro de preço por qualquer cidadão 144
2.3.5. Da publicação das compras do mês 144
2.4. Das aquisições de bens e serviços comuns 145
2.5. Das alienações 145
2.5.1. Dos requisitos para a alienação de bens em geral 145
2.5.2. Dos requisitos para a concessão do direito real de uso de imóveis 146
2.5.3. Dos requisitos para a legitimação de posse de terras públicas 146
2.5.4. Dos requisitos para a investidura 147
2.5.5. Dos requisitos para a doação com encargo 147
2.5.6. De quando é possível o leilão de móveis 147
2.5.7. De quando é possível a simplificação da habilitação na venda de imóveis 148
2.5.8. Dos requisitos para a alienação de bens adquiridos em processos judiciais ou doados em pagamento 148
2.6. Das concessões e permissões de serviço público 148
3. Da habilitação prévia ou registro em cadastro prévio de licitantes 149
4. Do processo administrativo licitatório 150
4.1. Das considerações gerais 150
4.2. Dos atos do processo licitatório 150
4.2.1. Da autuação 150
4.2.2. Da forma 151
4.2.3. Do tempo e do lugar 151
4.2.4. Dos prazos 151
4.2.5. Da comunicação 151
4.3. Do juízo administrativo da licitação 152
4.3.1. Das considerações gerais 152
4.3.2. Do juízo de instrução e julgamento – Comissão de Licitação 152
4.3.3. Do juízo de homologação e adjudicação – autoridade superior competente 153
4.3.4. Do juízo recursal – autoridade superior competente 153
4.4. Do edital de abertura 154
4.4.1. Das generalidades 154
4.4.2. Dos requisitos formais 154
4.4.3. Da publicação 155
4.4.4. Do controle sobre o edital 156
4.5. Do recebimento das propostas 156
4.6. Da habilitação 157
4.6.1. Das disposições gerais 157
4.6.2. Das disposições especiais sobre a habilitação 160
4.6.2.1. Da forma de apresentação dos documentos 160
4.6.2.2. De quando os documentos podem ser dispensados 160
4.6.2.3. Da substituição da habilitação pelo certificado de registro cadastral 160
4.6.2.4. Da habilitação de empresas estrangeiras 160
4.6.2.5. Do não recolhimento de taxas ou emolumentos 160
4.6.2.6. Das regras para a habilitação em licitações internacionais 161
4.6.3. Da possibilidade de diligências 161
4.6.4. Controle da habilitação 161
4.6.4.1. Do controle administrativo 161
4.6.4.2. Do controle pelo Tribunal de Contas 162
4.6.4.3. Do controle judicial 162
4.6.5. Da devolução dos envelopes aos inabilitados 162
4.6.6. De quando a Lei nº 8.666/93 tem aplicação apenas subsidiária 162
4.7. Da classificação das propostas 163
4.7.1. Das disposições gerais 163
4.7.2. Da classificação da licitação do tipo "menor preço" 163
4.7.3. Da classificação da licitação do tipo "melhor técnica" 164
4.7.4. Da classificação da licitação do tipo "melhor técnica e preço" 164
4.7.5. Da classificação na licitação do tipo "maior lance ou oferta" 165

4.7.6. Da classificação mista 165
4.7.7. Da desclassificação das propostas 165
4.7.8. Do controle da classificação 166
4.7.9. Do julgamento das propostas classificadas 166
4.8. Da homologação 168
4.9. Da adjudicação 168
4.10. Do quadro sinóptico do processo de licitação 170
4.11. Da anulação e da revogação da licitação 170
4.12. Dos recursos administrativos 171
4.12.1. Do recurso 171
4.12.2. Da representação 171
4.12.3. Da reconsideração 172

**Título VI – Do contrato administrativo** 173
*Capítulo I – Dos contratos em geral* 173
1. Da evolução histórico-jurídica dos contratos 173
1.1. No Direito Romano 173
1.2. Na Idade Média 175
1.3. Na atualidade brasileira 176
1.4. No Direito Civil 177
1.5. No Direito do Trabalho 177
1.6. No Direito Agrário 178
1.7. No Direito Comercial 179
2. Da evolução histórico-política dos contratos 179
3. Da evolução política do sistema contratual brasileiro 182
4. Do conceito e das características do contrato moderno 183
*Capítulo II – Da teoria geral dos contratos administrativos* 184
1. Das generalidades 184
2. Do conceito 186
3. Das características do contrato administrativo 186
3.1. Das partes específicas – Administração Pública *versus* particulares 188
3.2. Do dirigismo contratual absoluto 189
3.3. Da natureza de contrato de adesão 189
3.4. Da finalidade pública 190
3.5. Da alteração e rescisão unilateral pela Administração 190
3.6. Da forma escrita e do prazo determinado 191
3.7. Da presença de cláusulas exorbitantes 191
3.8. Do sancionamento administrativo 192
4. Da interpretação 192
5. Da publicidade 193
6. Dos contratantes 193
6.1. Da Administração Pública 193
6.2. Da capacidade excepcional do órgão 193
6.3. Do particular 194
7. Do foro do contrato administrativo 194
8. Da vinculação do contrato administrativo ao instrumento da licitação e da proposta 194
9. Da duração e da prorrogação do contrato administrativo 194
10. Da nulidade do contrato administrativo 195
11. Da aplicação subsidiária da Lei nº 8.666/93 ao convênio, ao acordo, ao ajuste ou a qualquer outra forma contratual firmada entre administrações 196
12. Da aplicação subsidiária dos princípios da teoria geral dos contratos e das disposições de direito privado aos contratos administrativos 197
*Capítulo III – Da formalização dos contratos* 198
1. Da convocação do licitante 198
1.1. Do prazo e das condições para a convocação 198
1.2. Da decadência da convocação 199
1.3. Da prorrogação da convocação 199
1.4. Da convocação dos remanescentes 199
1.5. Da não-convocação 199
2. Da forma escrita 200
3. Das cláusulas essenciais 201
4. Das cláusulas exorbitantes 202
4.1. Da exigência de garantia 202
4.2. Da alteração unilateral do contrato 202
4.3. Da rescisão unilateral 202
4.4. Da fiscalização 203
4.5. Da aplicação de penalidades 203
4.6. Da anulação 203
4.7. Da retomada do objeto 203
4.8. Da restrição ao uso da *exceptio non adimpleti contractus* 203
4.9. Da ocupação provisória de bens móveis ou imóveis, pessoal e serviços vinculados ao objeto do contrato 204
*Capítulo IV – Das garantias nos contratos administrativos ou dos contratos administrativos de garantias* 204
1. Das considerações gerais 204
2. Das espécies de garantias 204
2.1. Das garantias em benefício da Administração 204
2.1.1. Da caução em dinheiro ou em título da dívida pública 205
2.1.2. Do seguro-garantia ou "performance bond" 205
2.1 3. Da fiança bancária 205
2.1.4. Das regras gerais sobre as garantias em benefício da Administração 205
2.2. Das garantias que a Administração permite que o contratado ofereça a terceiros 206
2.2.1. Dos direitos emergentes da concessão 206
2.2.2. Dos créditos operacionais futuros 207
2.3. Das garantias em benefício do contratado 207
2.3.1. Da fiança 208
2.3.2. Do penhor de bens móveis ou de direitos integrantes 208
2.3.3. Da hipoteca de bens imóveis do FGP 208
2.3.4. Da alienação fiduciária 209
2.3.5. Das outras garantias 209
3. Da substituição das garantias 209
4. Da extinção das garantias 209
*Capítulo V – Da alteração do contrato administrativo* 210
1. Das generalidades 210
2. Da teoria da imprevisão e a alteração do contrato administrativo 211
3. De quando pode ocorrer a alteração no contrato administrativo 212
3.1. Da alteração unilateral 212
3.2. Da alteração bilateral 212
3.2.1. Da substituição da garantia 212
3.2.2. Da modificação do regime de execução ou modo de fornecimento 213
3.2.3. Da mudança na forma de pagamento 213
3.2.4. Do restabelecimento do equilíbrio econômico-financeiro 213
3.2.4.1. Dos fatos imprevisíveis 214
3.2.4.2. Dos fatos previsíveis 214

3.2.4.3. Dos fatos incalculáveis, retardadores ou impeditivos da execução do ajustado 215
3.2.4.4. Da força maior, do caso fortuito ou do fato do príncipe 215

*Capítulo VI – Da execução do contrato administrativo* 216
1. Das considerações gerais 216
2. Da fiscalização do contrato 216
3. Das responsabilidades acessórias do contrato 217
4. Da sub-contratação 217
5. Da inaplicabilidade do *exceptio non adimpleti contractus* 218
6. Do recebimento do objeto 218

*Capítulo VII – Da inexecução e rescisão do contrato administrativo* 219
1. Da inexecução 219
2. Da rescisão 219
2.1. Das considerações gerais 219
2.2. Dos motivos para a rescisão 220
2.3. Da necessidade de motivação 221
2.4. Dos tipos de rescisão e suas conseqüências 221
2.5. Da nulidade 221

*Capítulo VIII – Das sanções administrativas e penais* 222
1. Das considerações gerais 222
2. Da recusa do adjudicatário em assinar o contrato 222
3. Da cumulação de sanção para o agente administrativo 223
4. Do conceito de servidor público 223
5. Do alcance das sanções penais 223
6. Das sanções administrativas 223
6.1. Das sanções por atraso injustificado 223
6.2. Das sanções por inexecução total ou parcial 224
6.2.1. Da pena de advertência 224
6.2.2. Da pena de multa 225
6.2.3. Da pena de suspensão temporária de participação em licitação e impedimento de contratar com a Administração, por prazo não superior a 2 (dois) anos 225
6.2.4. Da pena de declaração de inidoneidade para licitar ou contratar 226
7. Das sanções Penais 226

*Capítulo IX – Dos recursos administrativos* 228
1. Das considerações gerais 228
2. Do recurso propriamente dito 228
3. Da representação 228
4. Do pedido de reconsideração 228
5. Do procedimento recursal 228

**Título VII – Dos bens públicos** 231
1. Da evolução histórica 231
2. Do conceito 231
3. Da classificação 232
4. Da afetação e da desafetação dos bens públicos 233
5. Da repartição dos bens públicos conforme a Constituição da República 234
6. Da utilização dos bens públicos por particulares 234
6.1. Da autorização 235
6.2. Da permissão 235
6.3. Da concessão 235
6.4. Da enfiteuse ou aforamento 236
6.5. Da cessão 236

6.6. Da locação de imóvel público urbano 236
6.7. Do arrendamento de imóvel rural 237
7. Da alienação 237
8. Dos bens da União 238
8.1. Da terra devoluta 238
8.2. Da plataforma continental 238
8.3. Das terras tradicionalmente ocupadas pelos índios 239
8.4. Do terreno de marinha 239
8.5. Dos terrenos acrescidos 239
8.6. Do mar territorial 239
8.7. Da zona contígua 239
8.8. Da zona econômica exclusiva 239
9. Dos bens dos Estados 239
10. Da água 239
10.1. Da água como bem público 239
10.2. Da outorga de direito de uso da água 240
10.2.1. Generalidades e objetivos 240
10.2.2. Das modalidades de outorgas 240
10.2.3. Do uso da água que independem de outorga 241
10.2.4. Dos casos de suspensão da outorga 242
10.2.5. Do prazo de duração da outorga 244
11. Do meio ambiente 244
11.1. Do conceito de meio ambiente 244
11.2. Da classificação do meio ambiente 245
11.2.1. Do meio ambiente natural 245
11.2.1.1. Do meio ambiente natural – solo 246
11.2.1.1.1. Dos aspectos gerais 246
11.2.1.1.2. Do solo e do direito de propriedade 247
11.2.1.2. Do meio ambiente natural – água 248
11.2.1.3. Do meio ambiente natural – ar 249
11.2.1.4. Do meio ambiente natural – fauna 250
11.2.1.5. Do meio ambiente natural – flora 252
11.2.2. Do meio ambiente cultural 253
11.2.3. Do meio ambiente artificial 253
11.2.4. Do meio ambiente do trabalho 254
11.3. Do meio ambiente como bem público específico 255
11.4. Da administração do meio ambiente 255
11.4.1. Das considerações iniciais 255
11.4.2. Dos órgãos que administram o meio ambiente 256

**Título VIII – Dos serviços públicos** 257
1. Do conceito 257
2. Da instituição, regulamentação, execução e controle 257
2.1. Da instituição 257
2.2. Da regulamentação 258
2.3. Da execução 258
2.4. Do controle 259
3. Da classificação 259
4. Dos princípios que regem o serviço público 260
5. Da descentralização para pessoa privada 261
5.1. Das considerações gerais 261
5.2. Da autorização 261
5.3. Da permissão 262
5.4. Da concessão 262
5.5. Da parceria público-privada 263
6. Dos direitos e deveres dos usuários 264

6.1. Dos direitos 264
6.2. Dos deveres 266
7. Da greve 266
8. Das formas de extinção da concessão 267
9. Das agências reguladoras 268

**Título IX – Dos servidores públicos** 269
*Capítulo I – Da parte geral* 269
1. Das considerações iniciais 269
2. Da distinção entre cargo, emprego e função 269
3. Do regime jurídico do servidor público 270
4. Da remuneração 270
4.1. Dos subsídios 271
4.2. Da irredutibilidade da remuneração e dos subsídios 271
5. Do direito de greve e de livre associação sindical 271
6. Da proibição de acumulação de cargos 272
7. Da aposentadoria 272
7.1. Da previdência complementar 274
7.2. Da contagem de tempo de contribuição 274
8. Da estabilidade 275
9. Do afastamento para exercício de mandato eletivo 276
10. Do provimento 276
11. Da vacância 276
12. Dos direitos e deveres do servidor público 277
13. Da responsabilidade civil e da responsabilidade regressiva 277
14. Dos limites de despesas com pessoal 278

*Capítulo II – Do concurso público* 280
1. Dos antecedentes 280
2. Do conceito 283
3. Do princípio constitucional 284
4. Da necessidade de previsão legal 285
5. Do cargo ou emprego público 286
6. Da natureza e complexidade do cargo ou emprego 287
7. Das modalidades de concurso público 288
7.1. Do concurso de provas 288
7.2. Do concurso de provas e títulos 291
8. Da abrangência 291
9. Das exceções ao concurso público 292
9.1. Dos cargos em comissão 292
9.2. Da contratação temporária de excepcional interesse público 295
10. Da comissão de concurso 300
11. Do edital de abertura de concurso 301
11.1. Do conteúdo formal 302
11.2. Do conteúdo material 302
12. Da inscrição 303
13. Do julgamento da inscrição 309
14. Da elaboração das provas 310
15. Da aplicação das provas 311
16. Da correção das provas 312
17. Da publicação das notas das provas 313
18. Do recurso administrativo 313
18.1. Da fundamentação do recurso 313
18.2. Da motivação da decisão recursal 314
19. Do controle do concurso pelo Poder Judiciário e pelo Tribunal de Contas 314
20. Do edital de aprovação 315
21. Da preclusão administrativa 315
22. Dos exames de aptidão física, psicológica ou psiquiátrica 315
23. Da nomeação 316
24. Da posse 317
25. Do exercício 317
26. Do estágio probatório 317
27. Da estabilidade 317

**Título X – Do controle da administração pública** 319
*Capítulo I – Da parte geral* 319
1. Da evolução histórica 319
2. Das espécies 319

*Capítulo II – Do processo administrativo ou do autocontrole administrativo* 320
1. Das considerações gerais 320
2. Da evolução histórica do instituto 320
3. Da doutrina do fato sabido e do processo administrativo 322
4. Do inquérito, da sindicância e do processo administrativo 323
5. Do procedimento e do processo administrativo 324
6. Das partes 324
6.1. Do conceito de Administração Pública como parte 324
6.2. Do legítimo interesse processual da Administração Pública 325
6.3. Do interessado como parte 325
6.4. Do legítimo interesse do interessado 326
6.4.1. Da capacidade do interessado como pessoa natural 326
6.4.2. Da representação do interessado 327
6.4.3. Da intervenção de interessados quando já iniciado o processo 327
7. Da instauração do processo administrativo 328
7.1. Da instauração pela Administração Pública 328
7.2. Do requerimento do interessado 329
8. Da autuação do processo 330
9. Da competência 330
9.1. Da delegação 331
9.2. Do que não pode ser delegado 332
9.3. Do conteúdo do ato de delegação 332
9.4. Da revogação da delegação 332
9.5. Da execução da delegação 333
9.6. Da avocação 333
10. Da autoridade ou órgão administrativo processante 334
11. Dos impedimentos e da suspeição 335
12. Dos servidores públicos auxiliares da autoridade ou do órgão processante 336
13. Da forma, tempo e lugar dos atos processuais 336
14. Da comunicação dos atos e dos prazos 337
15. Do contraditório 338
16. Do julgamento conforme o estado do processo 339
17. Do cabimento de medidas cautelares 339
18. Da instrução 341
19. Da audiência 342
20. Da decisão 343
21. Da suspensão e da extinção do processo administrativo 344
22. Dos recursos 345
23. Da revisão administrativa 349
24. Da coisa julgada administrativa 350

Capítulo III – Do controle legislativo 351
1. Das considerações gerais 351
2. Do controle Político 351
2.1. Do controle pelo Congresso Nacional 352
2.2. Do controle pela Câmara dos Deputados 352
2.3. Do controle pelo Senado Federal 352
2.4. Da Comissão Parlamentar de Inquérito (CPI) 353
3. Do controle contábil, financeiro e orçamentário 354
3.1. Das considerações gerais 354
3.2. Dos Tribunais de Contas 354
3.2.1. Dos antecedentes históricos 354
3.2.2. Da competência 355
3.2.3. Da composição 356
3.2.4. Do Tribunal de Contas dos Estados e as contas municipais 357
3.2.5. Da Súmula Vinculante nº 3 do STF 358

Capítulo IV – Do controle judicial 358
1. Do conceito de Administração Pública para fins de controle judicial 358
2. Do sistema de unidade de jurisdição 359
3. Dos limites do controle judicial 359
4. Dos privilégios processuais da Administração Pública 360
5. Do controle judicial liminar 360
5.1. Do conceito de liminar 360
5.2. Das espécies de liminar 360
5.2.1. Da liminar propriamente dita 360
5.2.2. Da medida cautelar 361
5.2.3. Da tutela antecipada 361
6. Da liminar como forma de controle judicial da Administração Pública 362
7. Dos pressupostos para a concessão de liminares 362
7.1. Da prova da existência de direito líquido e certo 362
7.2. Da prova inequívoca da verossimilhança, fundado receio de dano irreparável ou de difícil reparação e abuso de direito de defesa ou o manifesto propósito protelatório 363
7.3. Da prova do *periculum in mora* e *fumus boni iuris* 363
8. Das limitações para concessão de liminares contra o Poder Público 364
8.1. Do art. 5º da Lei nº 4.348, de 26 de junho de 1964 364
8.2. Do art. 1º, § 4º, da Lei nº 5.021, de 09 de junho de 1966 364
8.3. Do art. 1º, *caput*, e § 3º, da Lei nº 8.437, de 30 de junho de 1992 364
8.4. Do art. 1º da Lei nº 9.494, de 10 de setembro de 1997 365
8.5. Do art. 1º, § 5º, da Medida Provisória n. 2180, de 24 de agosto de 2001 365
9. Do mandado segurança individual 365
9.1. Das considerações gerais 365
9.2. Da garantia constitucional 366
9.3. Das situações de não cabimento de mandado de segurança 367
9.3.1. Como substitutivo das ações de cobrança 367
9.3.2. Como substitutivo de ação popular 367
9.3.3. Como substitutivo de ação civil pública 368
9.3.4. Contra lei em tese 368
9.3.5. Contra ato judicial recorrível 368
9.3.6. Como substitutivo de recurso 368
9.4. De quem pode praticar a ilegalidade ou o abuso de poder 369
9.5. Do autor do mandado de segurança 370
9.6. Do conceito de autoridade coatora 371
9.7. Da inicial do mandado de segurança 371
9.8. Da decisão judicial liminar 372
9.9. Do cabimento de agravo interno ou apelação 373
9.10. Da resposta da autoridade coatora 374
9.11. Da presença obrigatória do Ministério Público 374
9.12. Da sentença 375
9.13. Do cabimento do reexame necessário no caso de concessão de segurança 376
9.14. Da decadência 376
10. Do mandado de segurança coletivo 376
10.1. Das considerações gerais 376
10.2. Da garantia constitucional 376
10.3. Da semelhança com o mandado de segurança individual 377
11. Do mandado de segurança preventivo 378
12. Da ação popular 379
12.1. Das considerações gerais 379
12.2. Da garantia constitucional 380
12.3. Da regulamentação infraconstitucional 380
12.4. Do autor da ação 381
12.5. Do réu 381
12.6. Da presença do Ministério Público 382
12.7. Do controle de urgência através de liminar 382
12.8. Do prazo de contestação 382
12.9. Da sentença com eficácia *erga omnes* 382
12.10. Dos recursos 382
12.11. Da prescrição 382
13. Da ação civil pública 382
13.1. Das considerações gerais 382
13.2. Do autor da ação 383
13.3. Do réu da ação 383
13.4. Do controle de urgência através de liminar em ação cautelar 383
13.5. Do compromisso de ajustamento de conduta 383
13.6. Do inquérito civil público 384
13.7. Da ação de execução da obrigação de fazer ou não fazer 384
13.8. Da sentença 384
13.9. Dos recursos 385
13.10. Da decadência 385
14. Da ação de procedimento comum ordinário ou ação ordinária 385
14.1. Das considerações gerais 385
14.2. Do controle de urgência através da tutela antecipada 385
14.3. Do autor da ação 386
14.4. Do réu da ação 386
14.5. Da sentença 386
14.6. Dos recursos 386
14.7. Da decadência 386
15. Do mandado de injunção e do *habeas data* 386

**Título XI – Da responsabilidade civil da Administração Pública** 387
1. Da evolução histórica 387
2. A responsabilidade civil da Administração Pública no Brasil 387
3. Do conceito 388
4. Da base constitucional 388
5. Do regramento infraconstitucional 388
6. Dos requisitos 388
7. Das causas excludentes ou atenuantes da responsabilidade civil 388
8. Da responsabilidade da Administração Pública por atos legislativos e judiciais 389
9. Da responsabilidade por falta de serviço público 389
10. Do conteúdo da indenização 390
11. Do direito de regresso 390
12. Do prazo para pleitear a reparação do dano 390

**Título XII – Da improbidade administrativa** 393
1. Da evolução histórica 393
2. Da base constitucional 394
3. Da regulamentação infraconstitucional 394
4. Do conceito de Administração Pública para fins de improbidade administrativa 394
5. Do conceito de agente público para fins de improbidade administrativa 395
6. Das modalidades de improbidade administrativa 395
6.1. Dos atos de improbidade administrativa que importam enriquecimento ilícito 395
6.2. Dos atos de improbidade administrativa que causam prejuízos ao erário 396
6.3. Dos atos de improbidade administrativa que atentam contra os princípios da Administração Pública 397
7. Das penas pela prática de atos de improbidade administrativa 398
8. Do uso das ações cautelares como controle prévio dos atos de improbidade administrativa 399
9. Da precedência de inquérito ou processo administrativo para apuração da prática de ato de improbidade administrativa 401
10. Da ação civil pública por ato de improbidade administrativa 402
11. Dos efeitos sucessórios da improbidade administrativa 403
12. Das conseqüências secundárias da Lei de Improbidade Administrativa 404
12.1. Da declaração de bens 404
12.2. Da atualização anual da declaração de bens 404
12.3. Da substituição da declaração de bens pela declaração de ajuste anual de renda 405
13. Da demissão na recusa de prestar declaração de bens ou declará-la falsa 405
14. Das conseqüências penais da Lei de Improbidade Administrativa 405
14.1. Da denunciação caluniosa 405
14.2. Do afastamento preventivo do agente público 406
15. Da prescrição 406

Bibliografia 407

*Impressão:*
**Evangraf**
Rua Waldomiro Schapke, 77 - P. Alegre, RS
Fone: (51) 3336.2466 - Fax: (51) 3336.0422
E-mail: evangraf.adm@terra.com.br